河海大学

2010年鉴

主　编⊙赵　坚　郭继超

副主编⊙李　枫　钱恂熊

张鸿业　曹　翀

吴　红

河海大学出版社
HOHAI UNIVERSITY PRESS

图书在版编目(CIP)数据

河海大学年鉴．2010/赵坚,郭继超主编．—南京：河海大学出版社,2011.11

ISBN 978-7-5630-2810-8

Ⅰ.①河… Ⅱ.①赵… ②郭… Ⅲ.①河海大学—2010—年鉴 Ⅳ.①G649.285.31-54

中国版本图书馆 CIP 数据核字(2011)第 233666 号

书　　名 / 河海大学年鉴(2010)
书　　号 / ISBN 978-7-5630-2810-8/G·873
主　　编 / 赵　坚　郭继超
责任编辑 / 魏　连
装帧设计 / 杭永鸿
出版发行 / 河海大学出版社
地　　址 / 南京市西康路1号(邮编:210098)
电　　话 / (025)83737852(总编室)　(025)83722833(营销部)
网　　址 / http://www.hhup.com
照　　排 / 南京凯建图文制作有限公司
印　　刷 / 南京工大印务有限公司
开　　本 / 880毫米×1230毫米　1/16
印　　张 / 37.25
插　　页 / 6
字　　数 / 1122千字
版　　次 / 2011年11月第1版　2011年11月第1次印刷
印　　数 / 1～1000册
定　　价 / 150.00元

▲ 6月11日，中国共产党河海大学第十二次代表大会隆重召开。6月12日，大会通过并批准了第十一届党委会和纪委会的工作报告，选举产生了中国共产党河海大学第十二届委员会和纪律检查委员会。

▲ 4月29日，教育部副部长、党组副书记陈希（前排左四）视察我校。

▲ 9月6日，中国工程院院长、党组书记周济（后排中）视察我校。

▲ 12月23日，水利部党组书记、部长陈雷视察我校。

▲ 3月15日，中国人民解放军海军副政委徐建中中将到我校视察国防生驻地，检查宿舍内务情况，参观国防生大队队部和大队活动室、水资源大厅、体育馆、图书馆。

▲ 8月15-20日，我校57名2007级国防生出色地完成了首次随舰海上实习任务。

10月26日，新中国水文高等教育事业奠基人、水文学科开拓者，享誉国内外的教育家、科学家，河海大学教授、博士生导师，九三学社社员刘光文先生百年诞辰系列纪念活动在我校拉开帷幕。水利部副部长胡四一（左图左二），江苏省委常委、副省长黄莉新（左图右二）等为刘光文铜像揭幕。

11月17日，我校举行纪念张闻天同志诞辰110周年座谈会。

▲ 3月28日上午，我校举行力学专业办学50周年庆典，来自国内外的近300名校友和师生代表共500多人参加了庆典活动。

▲ 12月16日，我校“岩土力学与堤坝工程教育部重点实验室”建设项目通过专家组验收。

▲9月21日，我校举行中国工程院张建云院士双聘院士受聘仪式暨学术报告会。

▲9月29日，我校召开人才工作会议。会议的主题是：落实人才强校战略，进一步推动学校跨越式发展。会议举行了高层次引进人才授聘仪式，澳大利亚昆士兰大学水力学专家李凌、法国里尔科技大学岩土力学专家召建富受聘为“千人计划”特聘教授，香港科技大学岩土力学专家吴宏伟受聘为长江学者讲座教授。

▲ 5月18日，我校举行与中国水务集团有限公司、中国水务地产集团有限公司合作共建“河海大学国际学术交流中心”项目签字仪式。

▲ 12月23日，河海大学与广东省水利厅合作建立的“水利管理创新研究中心”揭牌仪式在我校举行。

▲ 12月31日，河海大学与连云港市人民政府共建连云港大学科技园框架协议签字仪式在我校举行。

▲ 10月14日，“国际岩土数值分析研讨会”及“数值流形研究中心”成立仪式在我校举行。

▲ 11月19-21日，依托国家“111计划”水文学及水资源学科创新引智基地，由国际水文科学协会（IAHS）和国际水资源协会（IWRA）主办，我校承办的“第五届国际水资源综合管理暨第三届国际水文学研究方法学术研讨会”在我校举行。

▲ 4月26日，河海大学与江苏省水利厅举行全面合作协议书签字仪式。

▶ 12月26日，河海大学与云南省水利厅全面合作框架协议签字仪式在我校举行。

◀ 12月30日，王乘校长、朱跃龙副校长一行13人访问了吉林省水利厅，签订了双方全面合作协议书。

▲ 5月31日，英国邓迪大学副校长安德森教授访问我校。王乘校长与安德森副校长签订了两校间合作协议以及有关学生交流的“3+1+1”项目合作协议。

▲ 11月5日，美国爱达荷大学代表团访问我校。王乘校长会见了代表团成员爱达荷大学常务副校长贝克教授等一行7人。双方就科研、教材交流、论文交流、教师互访、学生互换等方面的合作进行了交流，并签署了校际合作协议。

▲ 4月14日，我校召开2010年党风廉政建设工作会议。

▲ 10月12日，我校召开2010年度教育教学工作会议，会议主题为：强化实践教学，提高培养质量。

5月12-15日，河海大学健美操队在第四届全国体育大会健美操比赛中取得优异成绩。

10月29日，我校举行第二届学生体育文化节、第四十六届田径运动会暨第十二届老年运动会。

11月1日，河海大学第八届科技文化艺术节（金水节）开幕式暨文艺晚会在我校举行。校党委书记朱拓、副校长朱跃龙和校党委副书记王济干为本届金水节揭幕。

12月17日，第二届“海韵风华——感动河海十佳学生”颁奖晚会在我校隆重举行。

《河海大学年鉴》

（2010）

目 录

第一部分 学校概况

学校简介 …… (1)
学校历史沿革图 …… (3)
学校基本情况表 …… (4)

第二部分 特 载

中国共产党河海大学第十二次代表大会 …… (5)
中共教育部党组贺信 …… (5)
团结奋进 科学发展 开创建设高水平特色研究型大学新局面
——在中国共产党河海大学第十二次代表大会上的工作报告 …… 校党委书记 朱 拓 (6)
深入推进党风廉政建设 为学校事业科学发展提供坚强保障
——中共河海大学纪律检查委员会向校第十二次党代会的工作报告
…… 校党委副书记兼纪委书记 陈德奎 (17)
在中共河海大学第十二届委员会第一次全体会议上的讲话
…… 校党委书记 朱 拓 (23)
扎实推进党风廉政建设 为建设高水平特色研究型大学提供有力保障
——在中共河海大学纪律检查委员会十二届一次全会上的讲话
…… 校党委副书记兼纪委书记 陈德奎 (25)
中国共产党河海大学第十二次代表大会关于中共河海大学第十一届委员会工作报告的决议 …… (26)
中国共产党河海大学第十二次代表大会关于中共河海大学纪律检查委员会工作报告的决议 …… (27)
中国共产党河海大学第十二次代表大会闭幕词 …… 校党委书记 朱 拓 (27)
中国共产党河海大学第十二届委员会委员名单 …… (29)
中国共产党河海大学第十二届委员会常务委员会委员名单 …… (29)
中国共产党河海大学第十二届委员会书记名单 …… (29)
中国共产党河海大学第十二届委员会副书记名单 …… (29)
中国共产党河海大学纪律检查委员会委员名单 …… (29)
中国共产党河海大学纪律检查委员会书记名单 …… (29)
中国共产党河海大学纪律检查委员会副书记名单 …… (30)
中国共产党河海大学第十二次代表大会代表团名单 …… (30)

中国共产党河海大学第十二次代表大会列席、邀请列席代表名单 …………………… (31)
中国共产党河海大学第十二次代表大会主席团成员名单 …………………………… (32)
中国共产党河海大学第十二次代表大会秘书长名单……………………………………… (32)
中国共产党河海大学第十二次代表大会副秘书长名单………………………………… (32)
教育部副部长陈希视察河海大学 ……………………………………………………… (32)
中国工程院院长周济到河海大学视察指导工作 …………………………………… (33)
水利部部长陈雷视察河海大学 ………………………………………………………… (33)
河海大学党委做出《关于在全校开展向朱岳明同志学习的决定》 ………………… (34)
河海大学纪念新中国水文高等教育事业奠基人刘光文教授
百年诞辰系列活动………………………………………………………………… (35)
河海大学纪念张闻天同志诞辰110周年系列活动 ……………………………… (36)
河海大学力学专业办学50周年……………………………………………………… (37)

第三部分 学校工作

发展规划 ……………………………………………………………………………… (38)
规范管理 ……………………………………………………………………………… (38)
学科与重点工程建设……………………………………………………………………… (40)
概况……………………………………………………………………………………… (40)
重点学科 ……………………………………………………………………………… (41)
国家重点学科 ………………………………………………………………………… (41)
省级重点学科 ………………………………………………………………………… (41)
学位授权学科 ………………………………………………………………………… (42)
博士学位授权学科 …………………………………………………………………… (42)
硕士学位授权学科 …………………………………………………………………… (43)
专业学位授权点 ……………………………………………………………………… (46)
研究生教育 …………………………………………………………………………… (47)
概况……………………………………………………………………………………… (47)
博士研究生培养方案……………………………………………………………………… (50)
硕士研究生培养方案……………………………………………………………………… (52)
全日制专业学位研究生培养方案 ……………………………………………………… (53)
在职攻读工程硕士专业学位研究生培养方案 ………………………………………… (54)
相关统计 ……………………………………………………………………………… (56)
研究生指导教师统计 ………………………………………………………………… (56)
研究生基本情况统计 ………………………………………………………………… (69)
获全国优秀博士学位论文情况统计 ………………………………………………… (74)
获全国优秀博士学位论文提名情况统计 …………………………………………… (74)
获江苏省优秀博硕士学位论文情况统计 …………………………………………… (74)
研究生就业情况统计 ………………………………………………………………… (75)
本科教育 ……………………………………………………………………………… (75)

概况 …… (75)
本科专业设置 …… (82)
本科人才培养方案 …… (84)
相关统计 …… (86)
招生情况统计 …… (86)
在校生分类统计 …… (89)
等级考试情况统计 …… (90)
竞赛获奖情况统计 …… (91)
大学生获授权专利情况统计 …… (94)
免试推荐攻读硕士学位情况统计 …… (94)
“质量工程”国家、省级项目情况统计 …… (118)
编写教材情况统计 …… (118)
实习基地、实验室建设情况统计 …… (119)
就业情况统计 …… (127)
继续教育 …… (128)
概况 …… (128)
专业设置情况 …… (129)
学生分布情况 …… (130)
培训情况 …… (130)
高教研究 …… (132)
概况 …… (132)
高等教育研究新立项课题 …… (133)
科技工作 …… (134)
概况 …… (134)
国家科技平台 …… (135)
水文水资源与水利工程科学国家重点实验室 …… (135)
水资源高效利用与工程安全国家工程研究中心 …… (139)
相关统计 …… (140)
科研基地统计 …… (140)
科研项目、科研经费统计 …… (145)
科技成果统计 …… (154)
主办或承办重要学术活动统计 …… (166)
人事工作 …… (168)
概况 …… (168)
师资队伍现状 …… (170)
教职工基本情况分类统计 …… (184)
教职工结构统计 …… (184)
专任教师情况统计 …… (185)
离退休职工情况统计 …… (186)
教职工增减情况统计 …… (188)
死亡人员情况统计 …… (189)
合作与交流 …… (190)

国际(境外)合作与交流 …… (190)
国内合作与交流 …… (191)
相关统计 …… (193)
国际合作项目统计 …… (193)
聘请外籍教师情况统计 …… (193)
留学生培养情况统计 …… (194)
国际会议情况统计 …… (196)
来访人员情况统计 …… (196)
公派出国(境)人员情况统计 …… (199)
合作发展委员会组成名单 …… (204)
河海大学校友会组织机构 …… (207)
河海大学教育发展基金会理事会 …… (211)
体育工作 …… (211)
财务与审计 …… (216)
财务工作 …… (216)
审计工作 …… (218)
图书、档案与信息化 …… (219)
图书馆工作 …… (219)
档案工作 …… (222)
信息化建设 …… (224)
后勤保障与安全保卫 …… (226)
基本建设 …… (226)
校舍构成情况 …… (227)
校舍维修 …… (228)
房产管理 …… (228)
校园绿化 …… (228)
水电维修 …… (229)
医疗卫生 …… (229)
幼儿园工作 …… (231)
设备家具购置及管理 …… (231)
后勤服务 …… (234)
安全保卫 …… (235)
离退休与关心下一代工作 …… (236)
离退休工作 …… (236)
关心下一代工作 …… (236)
编辑与出版 …… (237)
期刊编辑出版情况 …… (237)
图书编辑出版情况 …… (240)
校办产业 …… (242)
党建工作 …… (243)
党建、组织和党校工作 …… (243)

纪检监察工作 ………… (246)
宣传与精神文明建设工作 ………… (248)
统战工作 ………… (249)
人民武装工作 ………… (250)
工会、教代会和共青团工作 ………… (251)
工会与教代会工作 ………… (251)
共青团工作 ………… (252)
对口支援 ………… (253)
概况 ………… (253)
相关统计 ………… (254)

第四部分　校区与院系工作

常州校区 ………… (255)
江宁校区 ………… (256)
水文水资源学院 ………… (257)
水利水电学院 ………… (260)
港口海岸与近海工程学院 ………… (261)
土木与交通学院 ………… (263)
环境学院 ………… (265)
能源与电气学院 ………… (267)
计算机与信息学院 ………… (268)
力学与材料学院 ………… (269)
地球科学与工程学院 ………… (271)
理学院 ………… (273)
商学院 ………… (274)
公共管理学院 ………… (275)
法学院 ………… (277)
外国语学院 ………… (278)
体育系 ………… (279)
机电工程学院 ………… (280)
计算机与信息学院(常州) ………… (281)
商学院(常州) ………… (283)
大禹学院 ………… (284)
独立学院 ………… (285)
文天学院 ………… (285)

第五部分　附　录

重要文件 ………… (287)

学校工作要点、工作总结 …… (287)
河海大学 2010 年度工作要点 …… (287)
河海大学 2010 年度工作总结 …… (289)
教育教学与学生管理 …… (295)
关于印发《河海大学授予博士、硕士学位工作规定》的通知 …… (295)
关于印发《河海大学研究生招生管理规定》的通知 …… (299)
关于印发《河海大学全日制研究生学籍管理规定》的通知 …… (302)
关于印发《河海大学全日制普通本科生考试纪律及违纪处分规定(修订)》的通知 …… (306)
关于印发《河海大学全日制普通本科生学籍管理规定(修订)》的通知 …… (308)
关于印发《河海大学本科生奖学金及荣誉称号评选办法》及相关实施细则的通知 …… (315)
关于印发《河海大学青年教师导师制管理办法(试行)》的通知 …… (327)
关于印发《河海大学研究生经费管理办法》的通知 …… (329)
关于印发《河海大学优秀主讲教师评选办法》的通知 …… (332)
关于印发《河海大学研究生奖学金管理办法》的通知 …… (333)
关于印发《河海大学全日制研究生培养工作规定》的通知 …… (336)
关于印发《河海大学非全日制研究生培养管理规定》的通知 …… (339)
关于印发《河海大学研究生优秀学位论文培育与评选办法》的通知 …… (341)
关于印发《河海大学班导师工作管理办法(修订)》的通知 …… (344)
学科建设与科技管理 …… (346)
关于印发《河海大学学术委员会章程》的通知 …… (346)
关于印发《河海大学科研准备金管理办法(试行)》的通知 …… (348)
关于印发《河海大学科技奖励办法(修订)》的通知 …… (349)
关于印发《河海大学科技项目经费管理办法(修订)》的通知 …… (351)
队伍建设 …… (354)
关于印发《河海大学博士后工作管理办法》的通知 …… (354)
关于印发《河海大学“领军人才培养支持计划”实施意见》的通知 …… (359)
关于印发《河海大学“优秀创新人才支持计划”管理办法》的通知 …… (361)
关于印发《河海大学人才引进实施办法》 的通知 …… (363)
关于印发《河海大学“青年教授”聘用办法(试行)》的通知 …… (366)
精神文明建设、党建与思想政治工作 …… (368)
关于推进学习型党组织建设的实施意见 …… (368)
河海大学 2010 年精神文明建设工作意见 …… (371)
关于在全校开展向朱岳明同志学习的决定 …… (373)
关于组织开展我校第四届“校园廉洁文化活动月”的通知 …… (374)
内部管理 …… (375)
关于印发《河海大学信息公开实施办法(试行)》的通知 …… (375)
关于印发《河海大学预算经费使用管理暂行办法》的通知 …… (378)
校领导重要讲话 …… (380)
团结一心　共创辉煌
——在 2010 年工作务虚会上的讲话 …… 校党委书记　朱　拓 (380)
适应新形势　把握新机遇　实现新发展
——在 2010 年度工作大会上的讲话 …… 校党委书记　朱　拓 (385)
在河海大学大学生思想政治教育工作会议上的讲话 …… 校党委书记　朱　拓 (389)

突出重点　整体推进　加快人才队伍建设步伐
——在2010年全校人才工作会议上的讲话 …………………… 校党委书记　朱　拓（394）
认真学习贯彻全国教育工作会议精神和中长期教育发展规划纲要
努力创造具有河海特色的教育教学新模式
——在河海大学2010年度教育教学工作会议上的讲话 ………… 校党委书记　朱　拓（397）
科学发展提升水平　凝聚智慧实现跨越
——在第五届教职工代表大会第五次会议上的工作报告 ……………… 校长　王　乘（403）
在河海大学2010级博士生开学典礼上的讲话 ……… 校长、研究生院院长　王　乘（411）
在河海大学2010年研究生毕业典礼暨学位授予仪式上的讲话 ……………………
…………………………………………………… 校长、研究生院院长　王　乘（412）
在河海大学2010届本科生毕业典礼上的讲话 ………………………… 校长　王　乘（413）
在河海大学大学生思想政治教育工作会议上的讲话 ………………… 校长　王　乘（414）
在河海大学2010级本科新生开学典礼上的讲话 ……………………… 校长　王　乘（417）
在河海大学2010级研究生开学典礼上的讲话 ……… 校长、研究生院院长　王　乘（418）
深入实施人才强校战略　加快高水平特色研究型大学建设进程
——在2010年全校人才工作会议上的讲话 ………………………… 校长　王　乘（420）
强化实践教学　提高培养质量
——在河海大学2010年度教育教学工作会议上的讲话 …………… 校长　王　乘（426）
弘扬办学传统　彰显办学特色
——在95周年校庆大会上的讲话 ……………………………………… 校长　王　乘（431）
在河海大学2010年党风廉政建设工作会议上的讲话 …………………
……………………………………………… 校党委副书记兼纪委书记　陈德奎（435）
机构设置 ……………………………………………………………………（440）
2010年党群系统机构图 ……………………………………………………（440）
2010年行政系统机构图 ……………………………………………………（441）
2010年院(系)机构图 ………………………………………………………（442）
校党政领导名单 ……………………………………………………………（443）
校党委常委名单 ……………………………………………………………（443）
校行政领导名单 ……………………………………………………………（443）
中共河海大学委员会委员名单 ……………………………………………（443）
中共河海大学纪律检查委员会书记、副书记名单 …………………………（443）
中共河海大学纪律检查委员会委员名单 ……………………………………（443）
校长助理名单 ………………………………………………………………（444）
党群机构领导名单 …………………………………………………………（444）
党委、总支、直属支部领导名单 ……………………………………………（445）
行政机构领导名单 …………………………………………………………（447）
直属单位、后勤集团领导名单 ……………………………………………（449）
院、系领导名单 ……………………………………………………………（450）
常州校区党政领导名单 ……………………………………………………（452）
常州校区党政机构领导名单 ………………………………………………（452）
江宁校区党政领导名单 ……………………………………………………（454）

江宁校区党政机构领导名单 …… (454)
组织员、调研员名单 …… (455)
学术机构 …… (457)
第七届学术委员会 …… (457)
第十届学位评定委员会 …… (457)
科学技术协会 …… (457)
2010年调整专项工作领导小组、委员会 …… (458)
河海大学公房清查领导小组 …… (458)
河海大学医疗经费管理工作领导小组 …… (458)
河海大学教职工大病医疗互助会管理小组 …… (458)
校本部校园改造及景观建设工作组 …… (458)
河海大学工程建设领域突出问题专项治理工作领导小组 …… (459)
河海大学国防生工作领导小组 …… (459)
河海大学教材图书采购工作领导小组 …… (459)
河海大学产业规范化建设领导小组 …… (459)
河海大学经营性资产管理委员会 …… (459)
河海大学采购工作监督小组 …… (460)
河海大学等四校国家大学生素质教育基地建设工作领导小组 …… (460)
河海大学设计院和江苏河海工程技术总公司改制工作领导小组和工作组 …… (460)
河海大学第六次全国人口普查工作领导小组 …… (460)
河海大学信息化工作领导小组 …… (461)
河海大学学生身心健康教育工作领导小组 …… (461)
河海大学水科技园领导小组 …… (461)
河海大学办公用房调配领导小组 …… (461)
河海大学任期目标责任制工作领导小组 …… (462)
河海大学规范劳动用工工作领导小组 …… (462)
河海大学国有及国有控股企业“小金库”专项治理工作领导小组 …… (462)
河海大学江宁校区西区建设领导小组 …… (462)
河海大学国际学术交流中心建设领导小组 …… (463)
河海大学“卓越工程师培养计划”工作领导小组 …… (463)
河海大学本科教学工作委员会 …… (463)
水文水资源与水利工程科学国家重点实验室管理委员会 …… (463)
河海大学沿海开发领导小组 …… (464)
水资源高效利用与工程安全国家工程研究中心建设管理委员会 …… (464)
河海大学工程管理专业教育评估领导小组和工作组 …… (464)
河海大学中央高校基本科研业务费管理领导小组 …… (464)
西部水电开发研究生培养基地(昆明)管理委员会 …… (465)
河海大学水利普查工作领导小组 …… (465)
河海大学军事课课程建设领导小组 …… (465)
河海大学军事课课程建设迎评工作小组 …… (465)
河海大学推荐免试研究生工作领导小组 …… (465)
河海大学继续教育教学指导委员会 …… (466)
河海大学研究生招生考试自命题工作领导小组 …… (466)

河海大学教师岗位评聘工作委员会 …………………………………………………………………(466)
河海大学其他专业技术岗位评聘工作委员会 …………………………………………………………(467)
河海大学岗位聘用申诉受理工作组 ………………………………………………………………(467)
河海大学教师岗位特别评聘工作委员会 ……………………………………………………………(467)
河海大学聘用委员会 ……………………………………………………………………………(467)
“1442工程”领导小组、培养办公室……………………………………………………………(467)
河海大学大学生社会实践活动领导小组 ……………………………………………………………(468)
中共河海大学委员会保密委员会 …………………………………………………………………(468)
中共河海大学委员会党校校务委员会 ……………………………………………………………(468)
河海大学关心下一代工作委员会 …………………………………………………………………(469)
河海大学反腐倡廉建设工作领导小组 ……………………………………………………………(469)
各级人大代表、政协委员、政府参事 ……………………………………………………………(469)
人大代表 ………………………………………………………………………………………(469)
政协委员 ………………………………………………………………………………………(470)
政府参事 ………………………………………………………………………………………(470)
各民主党派和无党派人士、侨、台联负责人名单 ……………………………………………(470)
担任民主党派各级组织负责人名单 ………………………………………………………………(472)
在省、市统一战线团体任职人员名单 ……………………………………………………………(472)
部分上级来文索引 ……………………………………………………………………………(473)
部分学校规章制度索引 ………………………………………………………………………(476)
奖励与表彰 ……………………………………………………………………………………(478)
2010年度获校外表彰的先进集体和先进个人 ……………………………………………………(478)
2010年度各类基金、奖学金获奖情况 ……………………………………………………………(491)
2010年度获校内表彰及奖励的先进集体和个人 …………………………………………………(494)
毕业生名单 ……………………………………………………………………………………(536)
2010届毕业博士研究生名单 ……………………………………………………………………(536)
2010届毕业硕士研究生名单 ……………………………………………………………………(538)
2010年授予专业学位人员名单 …………………………………………………………………(547)
2010届毕业本科生名单 …………………………………………………………………………(550)
水文水资源学院…………………………………………………………………………………(550)
水利水电学院……………………………………………………………………………………(551)
港口海岸与近海工程学院………………………………………………………………………(553)
土木与交通学院…………………………………………………………………………………(553)
环境学院…………………………………………………………………………………………(554)
能源与电气学院…………………………………………………………………………………(555)
计算机与信息学院………………………………………………………………………………(556)
力学与材料学院…………………………………………………………………………………(557)
地球科学与工程学院……………………………………………………………………………(558)
理学院……………………………………………………………………………………………(558)
商学院……………………………………………………………………………………………(559)
公共管理学院……………………………………………………………………………………(561)
外国语学院………………………………………………………………………………………(562)

法学院……(562)
机电工程学院……(563)
计算机与信息学院(常州)……(564)
商学院(常州)……(566)
2010 届本科结业生名单……(567)
2010 年结业生换毕业证人员名单……(568)
2010 年补授学位名单……(568)
2010 届继续教育毕业生名单……(569)
函授……(569)
夜大学……(576)
2010 年大事记……(579)

后　记

后　记……(582)

第一部分　学校概况

学 校 简 介

河海大学是一所拥有95年办学历史，以水利为特色，工科为主，多学科协调发展的教育部直属全国重点大学，是实施国家“211工程”重点建设的高校之一。其前身是创建于1915年的河海工程专门学校。近年来，以科技部批准成立水文水资源与水利工程科学国家重点实验室，国家发改委批准成立水资源高效利用与工程安全国家工程研究中心，教育部先后批准正式成立研究生院和建设“优势学科创新平台”为标志，学校的建设与发展跨上了一个新的台阶。

河海大学校本部位于南京市鼓楼区，并在常州市新北区、南京市江宁区设有校区，总占地面积2300余亩。

河海大学下设水文水资源学院、水利水电学院、港口海岸与近海工程学院、土木与交通学院、环境学院、能源与电气学院、计算机与信息学院、计算机与信息学院(常州)、机电工程学院、力学与材料学院、地球科学与工程学院、理学院、商学院、商学院(常州)、公共管理学院、法学院、外国语学院、体育系等18个专业院系。拥有1个一级学科国家重点学科(水利工程)，7个二级学科国家重点学科，4个一级学科省级重点学科，9个二级学科省级重点学科；10个国家级以及省部级重点实验室，7个国家级以及省部级工程研究中心；9个博士后流动站；38个博士点；124个硕士点；11种硕士专业学位类别，其中工程硕士专业学位涉及18个工程领域；50个本科专业。水利工程、土木工程两学科综合实力处于全国领先位置，尤其是水利工程学科总体实力最强，支撑及相关学科门类较多，水利及支撑学科人才梯队的综合实力处于国内一流地位。2010年底，各类学历教育在校学生39809名，其中研究生11496名，本科生18746名。

河海大学现有教职工3304名，具有高级技术职务的教师958名；博士生导师306名，有13名院士受聘担任学校的教授、博士生导师。中国工程院院士1名，“中组部海外高层次人才引进计划(千人计划)”3名，教育部“长江学者奖励计划”特聘教授4名、讲座教授1名，获“国家级教学名师奖”3名，国家杰出青年基金获得者4名，国家级有突出贡献中青年专家7名，人事部“新世纪百千万人才工程”获得者8名，教育部“新世纪优秀人才支持计划”获得者15名，省部级有突出贡献中青年专家7名，入选江苏省“333高层次人才工程”75名，入选江苏省高等学校“青蓝工程”培养对象100名，获“江苏省教学名师奖”6名。拥有“国家级教学团队”2个，“长江学者和创新团队发展计划”创新团队1个，“江苏‘青蓝工程’科技创新团队”4个。

2001年以来，学校承接的科研项目质量不断提高，承担了一批国家层面重点、重大研究计划和重点、重大工程科研项目。其中一批科研成果取得重大突破，达到国际先进水平；获国家级科技成果奖17项，省部级科技成果奖250项。

河海大学有着优良的育人传统。近十年来，本科毕业生就业率保持在90%以上。2005年，以优秀的成绩通过教育部本科教学工作水平评估。研究生教育规模快速发展，研究生培养质量持续提高，已建成具有水利特色的高层次人才培养和知识创新的基地。

河海大学开展广泛的国际交流和合作，是国家首批授权可授予外国留学生博士、硕士、学士学位的学校，已为50多个国家和地区培养了近千名博士、硕士与学士，与20多个国家和地区的70多所大学建立了校际协作关系。

河海大学的发展得到了党和国家的重视和关怀。1985 年 70 周年校庆，邓小平同志亲笔题写校名；1995 年 80 周年校庆，江泽民同志为学校题词："面向未来，开拓进取，进一步发展水利教育事业。"李鹏、李岚清、钱正英等党和国家领导人也为学校题词；2005 年 90 周年校庆，温家宝总理视察学校并作重要讲话，以"献身、求实、负责"的水利精神对学校寄予了殷切期望。

2010 年是河海大学发展历程中十分重要的一年，既是《国家中长期教育改革和发展规划纲要》启动实施的第一年，也是学校"十一五"发展规划的收官之年以及为"十二五"发展奠定良好基础的关键一年。在这一年，学校隆重召开了中国共产党河海大学第十二次代表大会，规划的宏伟蓝图催人奋进。4 月，时任教育部副部长陈希莅临学校指导工作，鼓励学校坚持战略目标和工作质量高标准，推进学校各项事业发展。年末，水利部陈雷部长亲临学校视察，勉励河海人进一步强化特色，改革创新，实现办成高水平特色研究型大学的目标，以优异的成绩迎接 2015 年河海大学的百年校庆！2010 年，全校上下以科学发展观为统领，以深入开展创先争优活动为契机，求真务实，团结奋进，使学校各项事业都得到了长足发展。圆满完成了 7 个一级学科博士点、12 个一级学科硕士点的增列报批工作；13 个省重点学科在中期评估检查中获得 6 个优秀、3 个良好、4 个合格的成绩，在全省高校中位居前列；新增 2 个国家特色专业，3 门国家精品课程，1 门国家双语教学示范课程；新增 1 篇全国优秀博士论文、2 篇全国优秀博士论文提名论文；新增国家"千人计划"特聘教授 1 名、"长江学者"讲座教授 1 名、江苏省"双创人才计划" 1 名；通过岩土力学与堤坝工程教育部重点实验室验收；新增科技合同经费总量首次突破 6 亿元，达 6.1 亿元，并获得 56 项省部级科学技术奖、4 项国家科技进步奖。

（校长办公室供稿）

学校历史沿革图

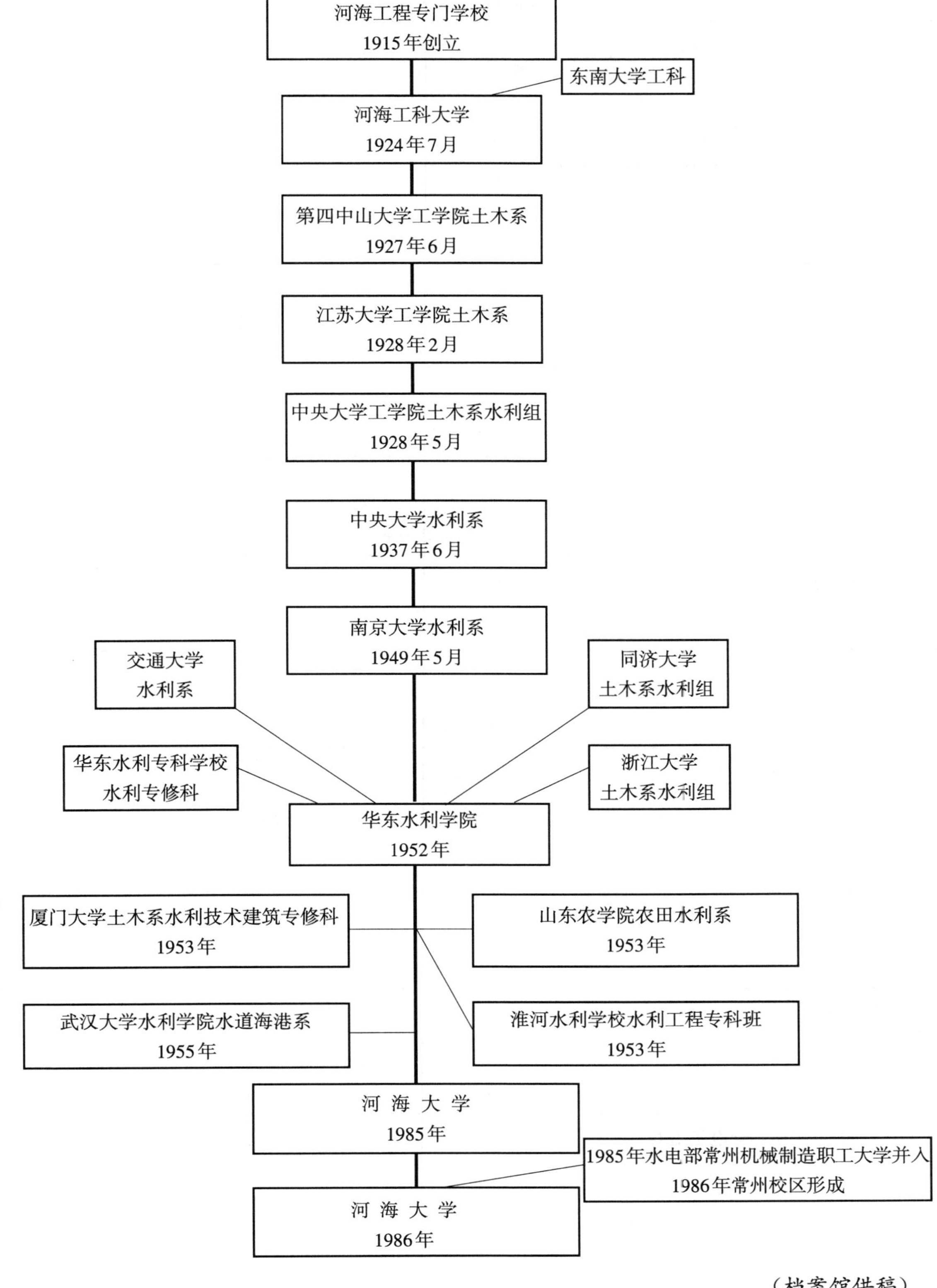

（档案馆供稿）

学校基本情况表

表1　在校学生数　　（人）

合计	全日制博士生	全日制硕士生	非全日制硕士生	本科生	继续教育				外国留学生
					小计	函授生	夜大生	脱产生	
39809	1761	6837	2898	18746	9396	6297	3077	22	285

表2　全校教职工数　　（人）

总计	专任教师						教辅人员	行政人员	工勤人员	科研机构人员	校办企业人员	附属机构人员
	小计	教授	副教授	讲师	助教	未定技术职务						
3304	1799	304	467	919	92	17	303	437	133	249	91	292

表3　学科专业数　　（个）

博士后流动站	博士点	硕士点	本科专业
9	38	124	50

表4　科研情况

获国家级奖励（项）	获部省级奖励（项）	鉴定成果（项）	收录论文（篇）	论文检索（篇）							著作（部）	授权专利（件）		合同经费（亿元）
				SCI	SCIE	EI	ISTP	中信所	人大复印	CSSCI		发明	实用新型	
4	56	14	2352	95	82	421	393	1361	11	358	32	43	129	6.63

表5　其他情况

占地面积（平方米）	校舍面积（平方米）	固定资产总额（万元）	教学科研设备（万元）	学校藏书（万册）
1437929	772581	187073.31	38553.21	243.41

注：学校藏书中不含电子图书。

（校长办公室、档案馆供稿）

第二部分　特　载

中国共产党河海大学第十二次代表大会

6 月 11 日，中国共产党河海大学第十二次代表大会隆重召开。中共教育部党组向大会发来贺信；中共江苏省委组织部副部长郭广银、中共江苏省委教育工委副书记丛懋林出席开幕式并讲话，对大会的召开表示热烈祝贺，对学校第十一次党代会以来的工作给予充分肯定，并对学校今后的建设与发展提出了要求和希望；南京大学党委书记洪银兴代表兄弟高校致贺辞。大会主席团执行主席朱拓、王乘、郑大俊、鞠平、陈德奎、吴远、朱跃龙、王济干、唐洪武、李乃富、徐卫亚和大会主席团成员在主席台就座，大会由王乘主持。

朱拓代表中共河海大学第十一届委员会向大会作了题为《团结奋进，科学发展，开创建设高水平特色研究型大学新局面》的工作报告，回顾了学校第十一次党代会以来的工作，总结了基本经验和努力方向，阐述了面临的挑战与发展机遇，明确了今后一个时期学校建设与发展的指导思想和奋斗目标，部署了今后 5 年的主要任务。陈德奎代表纪律检查委员会向大会作了题为《深入推进党风廉政建设，为学校事业科学发展提供坚强保障》的工作报告。各代表团对两个报告进行了审议。

6 月 12 日，大会通过并批准了第十一届党委会和纪委会的工作报告，选举产生了中国共产党河海大学第十二届委员会和纪律检查委员会。在朱拓致闭幕词后，大会圆满闭幕。王乘、郑大俊分别主持了大会。

随后召开的中共河海大学纪律检查委员会第一次全体会议选举产生了纪委书记和副书记；中共河海大学第十二届委员会第一次全体会议通过了纪律检查委员会选举结果，选举产生了党委常委、书记和副书记。

中共教育部党组贺信

中共河海大学委员会：

值此河海大学第十二次党代会开幕之际，谨向大会的召开表示热烈的祝贺！向出席会议的全体代表、全校共产党员和广大师生员工致以诚挚的问候和良好的祝愿！

自第十一次党代会以来，河海大学党委始终坚持党的教育方针和社会主义办学方向，团结带领全校党员和广大师生员工，以人才培养为根本，以学科建设为龙头，以队伍建设为核心，一心一意谋发展，聚精会神抓落实，人才队伍建设取得积极进展，学科建设成效显著，教育教学质量稳步提高，科技创新能力不断增强，办学空间进一步拓展，党的建设和思想政治工作全面加强，圆满完成了党代会提出的各项任务，为实现学校既定的奋斗目标奠定了坚实基础。

这次党代会是在《国家中长期教育改革和发展规划纲要》即将发布实施、河海大学改革发展进入关键时期召开的一次十分重要的大会，是学校政治生活和发展历程中的一件大事，对于全面总结成绩和经验，凝聚广大师生员工的智慧和力量，谋划今后一个时期的奋斗目标和发展思路，推动学校各项事业科学发展，具有十分重要的意义。我们相信，各位代表一定会不辜负全校党员和广大师生员工的重托，以对河海大学事业发展高度负责的态度，认真履行代表职责，正确行使民主权利，选举出坚强有力的新一届党委领导集体，把这次大会开成高举旗帜、谋划未来的大会，开成凝心力、团结奋进的大会。

希望学校新一届党委高举中国特色社会主义伟大旗帜，坚持以邓小平理论和“三个代表”重要思想为指导，深入贯彻落实科学发展观，团结带领全校党员，紧紧依靠广大师生员工，弘扬“献身、负责、求实”的水利精神，进一步解放思想，改革创新，真抓实干，在新的历史起点上谱写河海大学改革发展的新篇章！

预祝河海大学第十二次党代会取得圆满成功！

中国共产党教育部党组
二〇〇三年四月十七日

团结奋进　科学发展
开创建设高水平特色研究型大学新局面

——在中国共产党河海大学第十二次代表大会上的工作报告

校党委书记　朱　拓

(2010 年 6 月 11 日)

各位代表，同志们：

中国共产党河海大学第十二次代表大会是在我校贯彻落实《国家中长期教育改革和发展规划纲要》，加快建设高水平特色研究型大学的新形势下召开的一次重要大会。这次大会的主要任务是：以邓小平理论、“三个代表”重要思想为指导，贯彻落实科学发展观，全面总结我校第十一次党代会以来的工作，明确今后一个时期学校发展的奋斗目标、发展思路和主要任务，选举产生中国共产党河海大学第十二届委员会和纪律检查委员会，带领全校共产党员和师生员工团结奋进，开创建设高水平特色研究型大学新局面。

现在，我代表中国共产党河海大学第十一届委员会向大会作工作报告，请予审议。

一、第十一次党代会以来的工作回顾与总结

我校第十一次党代会召开至今已有 7 年。7 年来，在教育部党组和江苏省委的正确领导下，校党委带领全校共产党员和师生员工，以科学发展观为统领，实事求是，与时俱进，主动适应新形势；深化改革，创造条件，实现重点领域新突破，全面完成了学校第十一次党代会提出的各项任务，学校的办学特色和优势得到进一步强化，各项事业得到进一步发展。

7 年来，我们切实加强理论学习和思想武装，认真组织保持共产党员先进性教育，深入开展学习实践科学发展观活动，学校各级领导班子的治校能力和广大党员、干部的思想理论水平得到了进一步提高。

7 年来，我们圆满完成第十一次党代会确定的四项重大任务，高水平地完成“十五”“211 工程”建设项目，高标准地通过本科教学工作水平评估，高质量地通过试办研究生院验收，高起点地建设科研基地和学术创新团队，提升了学校的办学水平和可持续发展能力。

7 年来，我们抢抓机遇谋求发展，获准建设“国家优势学科创新平台”，推动部部共建、部省共建学校协议签订，主持国家“973”、“863”计划项目，新征办学用地 563 亩等，为学校的发展奠定了坚实基础。

在学校 90 周年校庆之际，温家宝总理视察学校并发表重要讲话，对学校的工作和取得的成绩给予了高度评价，勉励广大师生发扬“献身、求实、负责”的水利精神，希望学校为国家水利事业

和经济建设做出更大贡献，给全校师生鼓舞了信心，增添了力量。

（一）办学水平和综合实力显著提升

校党委紧紧围绕第十一次党代会确定的奋斗目标与各项任务，始终坚持以人才培养为根本、以学科建设为龙头、以队伍建设为核心，精心谋划，狠抓落实，学校的建设和发展取得了令人瞩目的成绩。

1. 强化特色优势，学科建设成效显著

以高水平通过“十五”“211 工程”建设国家验收、获准正式建立研究生院和建设“全球水循环与国家水安全”国家优势学科创新平台为标志，学校学科建设的成效持续显现。在保持和强化水利、土木学科传统优势的基础上，正在形成环境、管理学科的新优势，其他学科也得到进一步发展。水利工程被首批评定为一级学科国家重点学科，在教育部学科评估中位居全国第一；新增 4 个二级学科国家重点学科、2 个二级学科国家重点培育学科，9 个学科被列入江苏省“十一五”重点建设学科；新增 4 个博士后流动站、2 个一级学科博士点、28 个二级学科博士点(含自主设置 14 个)、86 个硕士点(含自主设置 14 个)、7 个工程硕士授权领域和工商管理硕士(MBA)专业学位授予权；博士点的覆盖面由 2 个学科门类 5 个一级学科增加到 4 个学科门类 14 个一级学科，硕士点的覆盖面由 5 个学科门类 23 个一级学科增加到 9 个学科门类 39 个一级学科，形成了水利土木、资源环境、经管人文和电气信息四大学科群；出台了专门政策与措施，进一步推动文科和理科的建设与发展。

2. 坚持质量为重，教育教学工作成绩优异

认真实施国家“质量工程”和学校“彩虹工程”、研究生创新工程，促进教育教学工作水平的不断提高。获国家教学成果奖 3 项，入选国家实验教学示范中心 2 个、国家教学团队 2 个、国家教学名师 3 名、国家特色专业 9 个、国家精品课程 9 门、国家双语示范课程 3 门、国家人才培养模式创新实验区 1 个，成为首批国家大学生创新性实验计划项目学校；通过实施“青马工程”、“1442 工程”等，培养了一批学生骨干；成立大禹学院，为拔尖人才的培养提供了更好平台。推进了研究生管理体制和培养机制改革，创新培养模式，建设了长江、黄河、西部水电开发国家研究生创新中心；2 篇论文获全国优秀博士论文奖，2 篇论文获全国优秀博士论文提名奖，博硕士论文抽检优良率位居江苏省内高校前列。本科生和研究生生源质量不断提升，毕业生就业率多年保持在 95%左右的高水平。本科生规模基本稳定，研究生招生规模大幅增加，在校硕士生由 3366 人增加到 7919 人，博士生由 897 人增加到 1745 人，研究生与本科生之比由 1∶5 提高到 1∶2.3，优化了人才培养结构，提升了人才培养层次。

3. 提升创新能力，科技事业发展迅速

加强科技创新能力建设，学校科研基地建设取得突破，科研项目总量和层次显著提升，高水平成果数量持续增加。获准建设“水文水资源与水利工程科学国家重点实验室”并通过验收，获准建设“水资源高效利用与工程安全国家工程研究中心”，新增 9 个省部级重点实验室和工程研究中心，学校主要学科领域都有省部级以上科研基地支撑。年度科技经费从 2.18 亿元增加到 4.18 亿元，7 年累计达 22.42 亿元，其中纵向和重大工程科研项目经费占 60%以上，国家基金项目数量和资助经费总量显著增加。主持国家“973 计划”项目 1 项、“863 计划”重大专项 2 项。获国家自然科学奖 1 项，国家科技进步奖 12 项，省部级奖 183 项，高水平学术论文数量明显增长。

4. 推进人才强校，师资队伍建设进展明显

教师队伍规模稳步增长，年龄结构、学历结构得到优化，具有博士学位的教师比例从 11.5%上升到 37.1%，重点学科博士学位教师比例由 35%提高到 70%以上。加强师资培养工作，特别是通过出国进修、学科带头人传帮带等多种方式对中青年学术骨干进行培养，让他们在教学和科研中勇挑重担，实现了学术带头人的新老交替。新增“千人计划”特聘教授 2 人，“长江学者”特聘教授和讲座教授 5 人，国家杰出青年科学基金获得者 4 人，“新世纪百千万人才工程”国家级人选 4 人，“新世纪优秀人才支持计划”入选者 14 人，江苏省“333 高层次人才培养工程”首席科学家 1

人、中青年科技领军人才5人；新增省部级创新团队4个。

5. 深化改革开放，发展活力持续增强

积极稳妥地推进学校管理制度的改革与创新，内部管理水平不断提高。完善多校区管理模式，提高办学效率；调整院系和基层学术组织设置，优化学科布局和学术活动组织方式；调整管理机构设置，提高工作质量与运行效率；加强部门、院系目标管理，实施中层领导班子任期目标责任制，推行以岗位聘用和收入分配制度改革为主要内容的人事制度改革，完善业绩评价体系和考核激励办法，进一步调动各级组织和各类人员的积极性；启动财务预算改革，优化办学资源配置，提高各类资源使用的效益。

坚持"以服务求支持、以合作促发展"，加强与各级政府和社会各界的全面合作，进一步拓展了学校发展空间，优化了办学的外部环境。通过合作发展委员会等有效载体，与水利等行业部门、地方政府、企事业单位建立合作互动机制；以江苏沿海开发上升为国家战略为契机，全面深化学校与江苏省及相关市县的合作关系；与海军和武警水电部队签订培养干部协议，申请军工项目资质，积极开辟新时期服务国防事业和军队建设的渠道。建立校友会组织和教育基金会，完善对外交流与合作的平台。与地方政府和企业合作办学，成立了河海大学文天学院。

积极开展国际交流与合作工作，加快国际化进程。与20个国家和地区的70余所大学、机构保持紧密合作关系，积极在相关国际组织发挥影响。组织大型国际学术会议30余次，每年保持150人次以上教师出访和200人次以上海外专家来访规模。通过联合培养、招生工作改革等途径，学校从在读学生中选派出国交流学生和外国留学生规模显著增长，2009年分别达到186人和254人。

6. 加快基础建设，学校办学条件进一步改善

适应学校事业快速发展的需要，努力加大建设投入，着力改善师生员工工作、学习和生活条件。在江宁校区邻近征地563亩；新建各类校舍面积26万多平方米；进行了水利馆等部分校舍的维修；教学科研仪器设备总值实现翻番，设施设备条件明显改善；教职工收入水平明显提高；开展了团购江南青年城商品房、调配仙霞路公寓房以及发放住房货币化补贴等工作，有效地改善了教职员工的住房条件。

（二）党建和思想政治工作全面加强

校党委高度重视党建和思想政治工作，坚持"围绕中心抓党建，抓好党建促发展"的方针，着力建设先进性长效机制，提高思想政治工作水平，完善惩治和预防腐败体系，带领全体师生员工一心一意谋发展、聚精会神搞建设，发挥党委领导核心作用，为完成第十一次党代会提出的各项任务提供了强有力的保障。

1. 党的自身建设成效显著，先进性长效机制不断完善

根据中央部署，结合学校实际，2005年开展了保持共产党员先进性教育活动，达到了"提高党员素质、服务广大师生、增强组织建设、促进各项工作"的目标；2009年以"凝心聚力抓机遇，科学发展上水平，特色强校创一流"为实践载体，开展了深入学习实践科学发展观活动，实现了"明确发展思路、解决突出问题、创新体制机制、促进科学发展"的目标。

以增强治校治教能力建设为重点，加强了领导班子和干部队伍建设。坚持党委领导下的校长负责制，完善学院党政共同负责制，认真执行民主集中制，贯彻落实"三重一大"制度，改进议事规则和决策程序，健全沟通协调机制，完善监督机制；按照"社会主义政治家、教育家"的要求，加强校级领导班子自身建设；不断改进中层干部选拔任用方式，轮岗交流力度持续加大；加强中层干部教育培训、考察、考核及管理工作，实施了干部海外培训计划。

以增强党组织的凝聚力、创造力、战斗力为目标，加强了基层党组织建设和党员教育管理工作。适时调整基层党组织，健全了党的组织体系；坚持推进目标管理，将党组织建设作为院、系工作的一级指标进行考核；建立入党积极分子队伍的动态管理机制，严格党员发展标准，实行党员发展推优制、公示制、答辩制；发挥校院两级党校作用，加强了党员教育与培训。目前教职工中党员比例达58.5%，本科生中党员比例达18.9%，研究生中党员比例达65.6%。校党委连续三次被省

委教育工委授予“先进基层党组织”称号。

2. 思想政治工作成效显著，精神文明建设成果丰硕

校党委高度重视思想政治工作，大力开展精神文明建设，在组织领导、工作规划、队伍建设和经费支持等方面给予了有力保证。认真贯彻《中共中央国务院关于进一步加强和改进大学生思想政治教育的意见》精神，制订了10多个专门文件，在思想政治理论课建设、辅导员队伍建设、心理健康教育等方面采取一系列措施加强大学生思想政治工作。成功举办了90周年校庆活动，积极组织了抗震抗旱、奥运火炬传递、纪念改革开放30周年、新中国成立60周年主题教育等重大活动。学校先后获得江苏省文明单位、江苏省文明高校、全国水利系统文明单位、江苏省高等学校思想政治教育工作先进集体等荣誉称号。

全面推进校园文化建设。开展河海传统教育、水利精神教育和水文化研究，编写出版了水文化教育系列丛书；通过建设校园文化景点，举办校园文化艺术节、科技节、金水节等活动，营造校园文化氛围，丰富校园文化生活。认真做好国家大学生文化素质教育基地的建设工作。我校学生在各级各类学术科技、文化体育竞赛中取得优异成绩，获“挑战杯”金奖及一等奖各1个、二等奖4个、三等奖8个，健美操队获得世界冠军，机器人足球队多次获得国际和国内大赛的冠、亚军。

坚持民主管理，发展学校民主政治，促进和谐校园建设。积极推进校务公开，学校被评为江苏省校务公开先进单位。积极支持教代会、工会、共青团、民主党派、侨台联及无党派人士开展工作，充分发挥他们在促进学校发展、维护师生权益和实行民主监督中的作用；加强党委对统战工作的领导，积极培养党外干部，努力为党外人士和民主党派参政议政创造条件，经过党委举荐，有12人担任民主党派中央及省市级负责人，26名党外人士在各级人大、政府、政协任职。支持离退休老同志开展各种有益的活动，积极推动关心下一代工作开展。

3. 反腐倡廉建设成效显著，惩治和预防腐败体系框架基本形成

校党委认真贯彻上级关于反腐倡廉建设的各项方针政策，全面推进党风廉政建设和反腐败工作，学校惩治和预防腐败体系框架基本形成，较好地预防了各种违法违纪现象的发生，党员干部的廉政意识普遍提高，责任感明显增强，广大群众对学校反腐倡廉建设工作满意度逐年提高，有力地促进了人才队伍建设和学校事业的健康快速发展。学校连续两次被评为全省教育系统纪检监察工作先进集体。2009年教育部考核检查组对我校反腐倡廉建设工作给予了充分肯定。

各位代表、同志们，回眸7年来建设与发展的历程，我们深深感到，学校各项成就的取得，是教育部、水利部、江苏省的正确领导和大力支持的结果，是全校师生员工群策群力和辛勤工作的结果，是海内外各届校友与同仁真诚关心和鼎力帮助的结果。在此，我代表校党委，向关心、支持学校工作的各级领导，向为学校事业发展做出贡献的全体共产党员、师生员工、离退休老同志及海内外校友，向热诚支持我们工作的各界朋友，表示衷心的感谢和崇高的敬意！

（三）基本经验和主要体会

回顾和总结7年来的办学实践，我们对学校的改革、建设与发展有了更加深刻的认识：

1. 必须坚持明确的奋斗目标，为学校科学发展提供思想保证

校党委始终坚持社会主义办学方向，坚持以邓小平理论和“三个代表”重要思想为指导，深入贯彻落实科学发展观，结合学校实际，明确了奋斗目标，凝练了特色发展、开放发展、和谐发展的战略思想，以发展理念提高认识、统一思想，以奋斗目标激励斗志、凝聚力量，这是学校事业又好又快发展的重要思想保证。

2. 必须坚持特色办学，全力提升学校发展的核心竞争力

建设特色鲜明的高水平研究型大学，不仅适应新世纪国家的需求和高等教育发展的趋势，而且符合我国水利事业的发展要求和学校的根本利益。7年来，我们把特色办学理念贯穿于学校改革发展的实践中，以水利及其相关领域的人才培养和科学研究的需求为牵引来构筑我们的特色和优势，以特色和优势学科率先发展带动相关学科共同发展，取得了丰硕成果，不断增强了学校发展的核心竞争力。

3. 必须坚持质量第一，着力加强学校内涵建设

我们充分认识到学校在国家、行业、区域发展中的历史责任与使命，正确处理内涵发展和外延发展的关系，对内固本强基，对外营造环境，扎实抓好学科建设、队伍建设、校园建设、制度建设，夯实基础；着力提高学生能力与素质，全面提升人才培养质量；繁荣学术、服务社会，不断提高科学研究和服务社会的水平和质量，进一步强化了学校的内涵建设。

4. 必须坚持开放办学，不断增强学校发展活力

学校把自身的发展放到科教兴国、人才强国、建设创新型国家的战略全局中，放到国际高等教育大背景中，放到中国水利事业和区域经济社会发展的大局中，深刻理解国际范围内水利及相关领域学科发展的趋势和国家的重大需求，切实把握当前形势和竞争格局下制约学校发展的瓶颈，与政府部门、流域机构、科研院所和国际同行紧密合作，建立并发展战略合作伙伴关系，集成校内外、国内外资源，努力构建充满活力的新体制、新团队和新优势。

5. 必须坚持重大任务引领，全面推进学校发展

我们根据国家需要与社会需求的新特点及其变化的新趋势，结合学校实际，从宏观和长远角度谋划全局，在学校发展的重点领域，集中全校优势力量，着力办好大事、要事，潜心寻求重大突破，并以此为引领，推动学校更好更快发展，为学校争先进位、实现可持续发展奠定坚实的基础。

我们还应该清醒地看到，面对新时期高等教育发展的形势、国内外高校竞争的态势和学校发展的目标要求，学校的建设与发展还存在一些困难和问题；学校目前的地位和影响力与国家的要求相比、与河海人的期盼相比还有较大差距。解决前进道路上的困难和问题，促进学校更好更快发展，关键在于加强和改进党的领导，进一步提高校党委领导学校发展的能力和水平。校党委要大力加强自身建设，进一步团结带领全校共产党员和师生员工，把学校的各项工作做得更好，尤其要在以下几个方面努力：

一是要进一步强化加快学校发展的责任感、紧迫感和使命感，切实增强全校上下团结一致的合力与抢抓机遇的能力。在外部，学校面临的竞争压力日益加大；在内部，各项改革的任务更为艰巨。纵向比较学校的发展有了长足的进步，但横向比较，发展速度相对滞后。我们不能满足于已经取得的成绩，必须进一步增强危机意识，增强加快学校发展的责任感、紧迫感和使命感；必须进一步强化领导班子的团结协作，集中精力议大事、民主决策定大事、真抓实干办大事，更好地引领学校的改革与发展；必须进一步解放思想，加大改革与创新的力度，切实解决各种矛盾和问题；必须进一步提高决策力和执行力，努力把学校的意志转化为全校师生员工的自觉行动，抢抓机遇促进学校快速发展。

二是进一步落实党管人才的要求，在领军人才和中青年教师的培养上要有战略举措。目前，我校高水平学术带头人数量不足，尤其是院士等在国际、国内有影响力的领军人物偏少，在学术圈活跃程度不够，优秀创新团队缺乏，这些已经成为学校发展的瓶颈。我们必须进一步强化党管人才的责任，制定一系列政策与措施，营造有利于人才成长、发展的良好环境；必须在领军人才的培养和创新团队的培育上，花更大精力，做出更大努力；必须在青年教师、骨干教师的培养上给予更多的关心和支持；必须在教师的引进、培养、使用、稳定等各个环节提出更高要求，开展更有效的工作。

三是进一步做好科研顶层设计，充分利用现有优势组织承接更多国家层面大项目，产出高水平成果。我校在学科配置上具备明显的特色和优势，但整体看来，学校科研方向的凝练、科研活动的开展、科研资源的配置还比较分散，所以有些优势在科研上并没有得到充分发挥，学校主持的国家层面的大项目及高水平成果还很少，我们必须高度重视这一问题。要进一步把握国家需求，改革科研管理体制，做好科技发展规划，明确学校重点科研方向，加强学科交叉，加快构建大的公共研究平台，着力培育高水平的科研团队，切实强化科研活动的组织，提高学校承担大项目、产出大成果、做出大贡献的能力。

我们认真总结了 7 年来办学的主要经验，深刻分析了存在的不足和今后工作的努力方向，这些

都是我们前进道路上的宝贵财富。我们一定要把这些宝贵财富转化成促进学校发展的动力，以此来加快学校发展的进程。

二、今后一个时期的奋斗目标和发展思路

深刻分析学校未来的发展形势，进一步明确今后一个时期的办学指导思想、奋斗目标和发展思路，是本次党代会的重要任务。我们要充分运用学校深入学习实践科学发展观活动的丰富成果，站在全局的高度，用战略的眼光，进一步审视和谋划学校的发展。

（一）面临的挑战与发展机遇

当今世界正在发生广泛而深刻的变化，现代科技发展日新月异，我国高等教育已经步入一个全新的发展阶段，学校发展面临着更为严峻的挑战，同时也迎来了一个发展中的重要战略机遇期。

今后一个时期，我们必须应对一系列重大挑战。新时期经济社会发展对教育、科技、人才提出了新的需求，加快高等教育强国、创新型国家、人力资源强国的建设进程对高校改革、建设与发展提出了更高要求，这对学校各项工作都提出了新的挑战；学校面临的外部竞争压力日益加大，尤其在学校水利特色优势领域，包括“985”高校在内的众多高校及水利科研机构加大投入，加快发展，竞争日趋激烈，对学校相关学科发展带来了巨大挑战；学校发展到目前阶段，在科技体制机制、校院两级管理、人事分配、资源配置与使用等许多方面还存在一系列矛盾和问题，有待我们去解决和克服。

为有效应对挑战，加快发展，我们必须紧紧抓住各种重大发展机遇。新时期高等教育必须担负起服务国家发展的历史方位、服务坚持科学发展观的国家发展、服务人的全面发展需求的新的三大使命，这为学校的发展注入了强大动力；即将颁布实施的《国家中长期教育改革与发展规划纲要》，体现了我国优先发展教育的信心和决心，引领和唱响了未来十年高等教育改革与发展的主旋律，明确了对行业特色高校建设与发展的支持，为学校的发展指明了方向，创造了条件；国家实施《国家中长期科学和技术发展规划纲要》和《国家中长期人才发展规划纲要》，为学校进一步提高科学研究和人才建设水平提供了机遇；我国水利事业加快由传统水利向现代水利、可持续发展水利转变，民生水利工作的要求不断提高，全球经济发展与水资源、能源等重要资源和环境的矛盾日益加剧，为学校更好地强化特色和发展优势提供了机遇；江苏省“两个率先”战略和沿海开发国家战略的加快实施，长三角和沿海地区一系列重要区域发展规划的出台，进一步丰富了学校区位优势的内涵；学校长期的办学实践所取得的辉煌成就，所积蓄的自我革新自我发展的潜能，为学校的进一步加快发展注入了强大的动力与活力。

（二）指导思想与奋斗目标

今后一个时期，学校建设与发展的指导思想是：以邓小平理论和“三个代表”重要思想为指导，深入学习实践科学发展观，全面贯彻党的教育方针；以服务国家需求、行业与地方发展为己任，勇于承担高等教育发展新的历史使命，持续提高人才培养质量、科学研究水平和社会服务能力；以《国家中长期教育改革和发展规划纲要》为指引，始终坚持走高水平特色研究型大学的发展道路，适应形势，抢抓机遇，一心一意谋发展，聚精会神搞建设，不断提升学校的办学水平和综合实力。

在总结学校第十一次党代会以来的办学实践和工作经验的基础上，结合新的发展形势，集中全校师生员工的智慧，确定学校建设与发展的奋斗目标是：团结奋进，科学发展，把河海大学建成高水平特色研究型大学。

为了实现这一目标，我们必须主动适应新形势，着力把握新机遇，不断追求新卓越，全力实现新跨越。总体来说，就是实施“两步走”的发展战略。

第一步，到2015年建校100周年时，形成高水平特色研究型大学格局。水利学科在国际上具有广泛影响，若干优势学科在国内达到一流，围绕学校特色的支撑及相关学科发展更加协调，整体办学水平位居行业特色大学前列。

第二步，到2020年前后，建成高水平特色研究型大学。水利学科国际一流，若干优势学科具有国际先进水平，各支撑及相关学科可持续发展，人才培养质量、科学研究水平、服务社会能力等方面基本达到国际知名大学的要求。

展望本世纪中叶，到华东水利学院建院百年之际，我们要努力把河海大学建设成为国际一流的高水平特色研究型大学。

为了实现以上奋斗目标，在今后5年内，我们必须在全面完成学校“十一五”发展规划的基础上精心编制并实施“十二五”发展规划，全力推动办学能力和水平的跨越。在办学能力方面，一是促进学科拓展与提升，实现学科能力的大幅提升；二是推动高水平师资的培养和集聚，实现教师规模、层次和能力的大幅提升；三是加快校园建设与基础能力建设，实现条件支撑能力的大幅提升。在办学水平方面，一是培养创新人才，实现人才培养水平的大幅提升；二是承担国家层面重大项目并产出高水平成果，实现科学研究水平的大幅提升；三是开展有组织高层次的服务社会活动，实现社会服务水平的大幅提升。

（三）发展思路

为实现高水平特色研究型大学的奋斗目标，实现跨越发展、科学发展，我们必须坚定不移地贯彻党的教育方针，进一步弘扬“献身、求实、负责”的水利精神，继承和发扬“艰苦朴素、实事求是、严格要求、勇于探索”的十六字校训。要树立四种意识：一是危机意识。牢固树立“不进则退，小进、慢进也是退”的观念，积极面对各种困难和挑战，充分把握好每一个发展机遇。二是责任意识。充分发挥主人翁精神，以兴校、荣校为己任，关心、支持学校发展。三是赶超意识。深刻认识学校实现跨越发展的重要性与紧迫性，切实做到围绕目标，找准差距，奋力拼搏，赶超先进。四是大局意识。要在国家发展和高等教育发展的大局中谋划发展，在学校根本利益和整体发展的大局中做好工作，正确处理好各种关系。

为实现高水平特色研究型大学的奋斗目标，实现跨越发展、科学发展，我们要坚持“特色、改革、开放”的总体发展思路：

把特色发展作为学校必然的战略选择。高水平大学建设的基本规律、高等教育发展的形势和我校办学传统与实际决定了我们必须走特色发展道路，努力做到以特色创优势，以特色促发展。在学科上，要依托传统优势，以水利为核心，发展若干优势学科和一批支撑学科；同时，在人才培养、科学研究、社会服务及校园文化等各个方面都要强调围绕学校发展目标、结合学校具体实际，形成鲜明的“河海”特色，从而提高学校核心竞争力，促进学校可持续发展。

把改革创新作为学校进步的强大动力。学校要发展，根本靠改革。要努力推动学校发展模式的转变，即从主要靠资源投入推动发展的模式转变为主要靠改革创新推动发展的模式。坚持以人为本，改革人才培养模式、科技管理政策、校院两级管理体制、收入分配制度、财务预算制度和资源配置与使用方式。加快解决国家需求与学校适应能力不足的矛盾、学校发展需要与资源短缺的矛盾、增强办学活力与体制机制约束的矛盾，为学校各项事业的进步提供强大动力。

把开放办学作为学校发展的内在需求。现代大学发展与经济社会发展之间的关系已经密不可分。要按照面向现代化、面向世界、面向未来的要求，主动适应国家需求，调整学科布局，改进和加强人才培养与社会服务工作；大力提高师生国际交流的能力，发展留学生教育，加快学校国际化进程；进一步加强产学研结合，完善开放式办学体系，充分利用国际、国内多种资源，增强学校发展后劲。

三、今后5年的主要任务

今后5年，是我校加快改革发展步伐的5年，是全面完成“十一五”规划、全面实施“十二五”规划的5年，是创造更加优异的成绩迎接百年校庆的5年。我们要紧密团结起来，坚持科学发展，以百倍的信心朝着既定目标奋勇前进，全力推动办学能力和水平的跨越！

为此，今后5年我们要切实做好各方面工作，尤其要全面完成以下几项主要任务：

（一）高标准开展学科建设

获准建设优势学科创新平台，不仅强化了我校在国家高等教育布局中的重要地位，更标志着我校获得进一步加快发展的重大机遇。我们一定要高度重视并全面加强平台建设，要通过平台建设促进学科内涵的拓展和水平的提升，巩固和强化水利学科优势，做多做强其他优势学科。

统筹推进优势学科创新平台建设和“211 工程”三期建设，切实贯彻“大平台、大队伍、大项目、大成果、大贡献”的建设思路，加快提高重点建设学科服务国家需求和发展学科前沿的能力，同时充分发挥重点建设学科示范带动作用，加快学科建设整体提档升级。

全力建设国际一流水利学科。继续加大投入，确保水利学科的国内领先地位，促进其形成广泛国际影响。面向水利宏观决策和重大工程建设等国家需求，加大专家参与力度，提高学校的话语权和影响力；瞄准水利学科前沿，拓展学科内涵，开展高水平科研，切实增强在国际范围内引领水利学科发展的能力。

加强建设工科优势。面向水利事业和经济社会发展需要，进一步加强工科优势建设，力求在更好支撑水利学科发展的基础上产生更多优势学科。对于已经形成显著特色和明显优势的土木、环境等学科，促进其在继续强化原有特色优势的同时大力发展本学科内涵，进一步提升学科实力和地位；对于快速发展的电气、信息、地质、测绘、机械等学科，支持其围绕水利发展自身特色，加快在特色方向建设上寻求突破、形成优势，以此带动学科水平和影响力的快速提升；对于新能源等新建学科，引导其充分利用学校已有基础和外部重大机遇寻找发展突破口，尽快形成比较优势。

加快提升理科水平。结合特色优势学科和新兴学科发展的需要，明确理科建设重点。切实推动力学进一步入学科主流，上更高水平，有更大优势；大力支持数学、物理、化学等基础理科围绕学校特色优势学科领域中与本学科相关的关键问题凝练方向，汇聚队伍，加快发展；积极发展海洋等符合国家战略需求和学校特色发展需要的新兴理科。

加大文科建设力度。继续保持经济管理类学科的快速发展，加强人文社科类学科建设，促进这些学科与水利等特色优势学科的交叉与融合，充分发挥其在水利文化建设、创新人才培养和人文环境营造等方面的重要作用。

（二）高质量培养创新人才

坚持以人才培养为中心，以教学质量为生命线，以学生为本。紧密围绕科技发展前沿和建设创新型国家的需求，调整专业布局，改革人才培养模式，完善人才培养方案，优化教学内容和方法，加强教学条件建设，营造创新文化环境，着力培养创新意识和创新能力，逐步形成与高水平特色研究型大学相适应的创新人才培养体系。

继续办优本科教育。深度参与国家“质量工程”；办好大禹学院，实施好“卓越工程师培养计划”，继续建设好“青马工程”、“1442 工程”，培养出一批未来的学术英才、工程英才和管理英才；继续做好国防生培养工作；努力提高本科毕业生升学率。

大力提高研究生培养质量。根据国家实施研究生教育创新计划的要求，继续推进研究生培养机制改革；加强研究生联合培养基地和创新中心的建设，使其成为全国性示范基地；提高研究生尤其是博士生的培养质量，加大优秀博士论文的培育力度；创新研究生培养模式，加快发展专业学位教育，着力培养高层次、应用性创新人才。

积极推进开放式办学。采取措施提升教师和学生的国际交往能力，通过加强校际交流等有组织的国际合作，构建师生国际交流与合作平台，加快发展留学生教育，扩大国际交流学生的规模，提高学校的国际知名度和影响力；积极发展网络教育，进一步发挥继续教育在国家终身教育体系中的功能和作用；支持文天学院的建设与发展。

不断完善教育管理工作体系。构建并完善教育教学相互融合的育人体系，辅导员、教师和管理人员相互配合的教育体系，招生、培养、就业全过程的管理体系，知识、能力、素质全方位的培育体系，日常管理、特色教育、专题研究多维度的工作体系。

做好招生就业工作。加大招生工作力度，通过适当扩大招生规模使在校全日制本科生达到 2 万人，研究生超过 1 万人，使在校全日制学生总量达 3 万人以上；加强招生宣讲和生源基地建设，不断提高新生质量。开设创业就业课程，着力做好毕业生就业工作，既要保持高就业率，更要提高就业质量。

（三）高水平提升科技创新能力

高水平科研是研究型大学的主要标志，高层次社会服务是高水平大学的重要特征。必须把科研和社会服务工作放在学校建设发展更加重要的位置，紧紧围绕建设创新型国家的重大机遇，大力加强科技创新能力建设，全面提升学校在国家创新体系中的地位，努力提高科技创新工作的能力和水平。

围绕国家目标和学校发展战略，着力构建并完善学校科技创新体系。建立以国家重点实验室、国家工程研究中心及省部级科技创新平台为主体的高水平科技创新组织体系，建立以人才、基地、方向、项目、成果为主体的科技创新能力支撑体系。

充分发挥特色优势组织科技大项目，产出高水平成果。继续发挥在重大工程建设和行业发展共性关键科学与技术问题研究上的优势，抢抓水利建设和沿海开发等重大科技发展机遇，加快培育军工科技等新的科研增长点，进一步凝练重点科研方向，积极组织承担国家层面的大项目，使主持的国家重大、重点科技计划项目与基金项目有明显增加，产生一批标志性成果，获国家与省部级科技奖、国家授权专利和发表高水平论文数有较大增长。

加快建设科技创新团队。把人事制度改革与科研管理体制及运行机制改革结合起来，根据不同学科类型及基础研究、科技攻关、技术开发等不同科研类型和不同性质的工作任务，改革评价激励机制与政策指标，促进科技创新团队的形成与发展；充分发挥学科优势，进行组织创新和管理创新，通过做实科研基地和研究所，建设高水平、开放型科技创新平台，为形成高水平的科技创新团队创造条件。

着力推进产学研结合，建设科技产业综合体。紧密结合学校特色和学科优势，建设层次高、影响大、效益明显的产学研结合平台和基地，为发展科技产业、促进科学研究和提高学校知名度服务。

高度重视学术道德，切实加强学风建设。加强制度建设，建立行之有效的学术规范体系，强化学术行为的制度约束；加强教育引导，提高科研人员的道德自律水平；加强全面监督，形成良好学术环境氛围。

进一步推动部部共建、部省共建工作，力争取得更大突破，为学校更好服务行业和地方发展提供广阔平台。完善合作发展委员会的管理与运行方式，健全学校服务社会发展、社会支持学校建设的长效机制。

（四）高强度推进师资队伍建设

人才资源是学校的第一资源。坚持党管人才原则，聚才兴校，把师资队伍建设作为学校的核心工作。以中青年优秀教师、创新团队和学科领军人才为重点，以铸造一流创新人才为要务，努力建设一支师德高尚、数量充足、结构优化、水平高超的师资队伍。

着力培养各类人才，尤其要关注中青年教师成长。优化教师队伍的学历结构和学缘结构，增加教师在实践一线挂职锻炼和在国内外学习进修的机会，促进中青年教师教学水平、科研创新和社会服务能力持续提高，鼓励中青年优秀教师脱颖而出。完善相关政策，促进跨学科、跨院系合作，形成高水平教学和科研创新团队，使中青年教师在团队中健康快速成长。坚持重点支持、重点培养的思路，努力培养中青年学术带头人，造就两院院士、长江学者等在国内外学术界有重大影响的领军人才。

积极引进高层次人才。充分利用国家高等学校创新引智计划、“千人计划”等政府项目的扶持政策，结合我校特色优势学科的发展需求，积极创造条件，引进在海内外有重要影响的学者来校工作；推进和完善教师专业技术职务高级岗位的国内外公开招聘，引进在本学科具有相当影响力的中青年学术骨干；积极引进国外高水平教师来校授课和共建课程；加快补充具有较大教学科研发展潜力的青年教师，为学校的可持续发展提供人才保障。

努力营造人才成长环境。加强和改进人才的引进、培养、使用、稳定各环节工作，切实做到事业留人、感情留人、待遇留人，努力创造人才生活、工作和成长的良好环境。重视技术支撑队伍的建设。进一步规范和完善岗位聘用制度，提高师资队伍的活力和竞争力。

（五）高要求深化内部管理改革

按照中国特色现代大学制度的要求，结合学校实际，深化改革，加快构建充满活力、富有效率、更加开放、有利于科学发展的内部管理体制机制，努力提高管理效能，促进科学发展。

深化校院两级管理体制机制改革。进一步明确职能部门和学院的职责与权限，促进管理重心适当下移，增强办学活力；进一步完善职能部门协调机制，提高执行力；进行财务预算改革，建立一个公正合理、激励先进、以目标任务为核算基础的财务预算制度；全面推进中层领导班子任期目标责任制，落实发展责任，完善考核机制，提高职能部门和学院实现目标的决心和能力。

深化人事制度及收入分配制度改革。通过改革，完善岗位聘用制度，建立科学的考核评价和激励机制，形成教师专注于高水平教学科研、其他专业技术人员专注于所从事的业务工作、管理人员专注于管理工作的良好氛围，做到人尽其才，才尽其用。不断提高教职工的收入水平，大力改善民生，增强教职员工的尊严感和幸福感。

提高学校依法管理、民主管理水平。制订学校章程。加强校院两级学术委员会建设，探索教授治学的有效途径。加强学校民主管理的组织建设，完善相关制度。

深化资源配置和实验室管理改革。进一步改进学校公共资源配置和使用方式，在校内建立办学成本的合理分担机制，提高各项资源使用的公平程度和实际效益。推进实验室管理方式改革，完善相关政策，构建公共实验平台，提高实验支撑能力。

加大对后勤工作的支持力度，继续深化后勤管理改革，切实提高服务、经营水平和可持续发展能力，提高师生员工的满意度。

完善校友会组织和基金会运作方式，提高学校社会资源的管理水平。

（六）高起点加快校园环境建设

要面向学校长远发展，进一步完善学校“十一五”规划明确的校区功能布局，加快校园硬环境与软环境建设进程，提高建设水平。

加快基本建设进程，促进主校区转移。加快江宁校区西区新征地的规划与建设，努力将西区南片 189 亩地建成具有国际影响的高水平公共实验研究平台。充分利用江宁校区现有土地资源，加快基本建设，力争用 3 年至 5 年时间形成完善的办学条件，促进主校区尽快向江宁校区转移。同时要规划、实施好校本部和常州校区的拟建、在建项目，改善师生员工的学习、工作与生活条件。

加快绿色、景观校园建设，迎接百年校庆。抓紧校本部的改造，同时统筹推进江宁、常州校区的环境规划与建设，努力建设一个历史文化与现代文明互补、水科学与水文化交融的绿色校园和景观校园。精心策划组织学校百年校庆庆典活动。

加强校园文化建设，高品位地建设河海精神家园。大力发扬水利精神和学校传统，凝练河海精神，丰富河海文化内涵，完善学校形象识别系统，建设文化传播平台，不断提高校园文化品位；建设良好的校风，形成宽松、和谐、民主、开放的创新文化环境。

加强校园信息化建设，着力建设数字化校园。加快设施改造，提高技术水平和服务质量，保证信息便捷、快速、安全。提升学校办公自动化水平。进一步加强图书馆建设，努力提高其资源建设水平和信息化程度，充分发挥其在育人、研究等方面的功能。

积极推动学校战略征地工作，为学校的未来事业寻求发展空间。

四、以改革创新精神全面加强党的建设

站在新的历史起点上，实现学校发展的宏伟蓝图，今后一个时期，我们必须全面加强党的建设，将党建和思想政治工作作为一项贯穿始终的重点工作来抓，为学校实现奋斗目标和完成近期六大任务提供坚强的政治、思想和组织保证。要深入学习贯彻党中央关于加强和改进党建工作的精神，紧紧围绕学校改革发展大局，大力推进学习型党组织建设，使党员学习能力不断提升、知识素养不断提高、先锋模范作用充分发挥，使党组织的凝聚力、创造力、战斗力不断增强，成为团结带领全校师生员工建设高水平特色研究型大学的坚强核心。

（一）进一步加强领导班子和干部队伍建设

加强各级领导班子的思想政治建设。按照科学理论武装、具有世界眼光、善于把握规律、富有创新精神的要求，在党员干部中形成重视和崇尚学习的浓厚氛围，形成勇于挑战自我、持续追求卓越、积极奋发有为的良好风气。

坚持和完善党委领导下的校长负责制，切实增强领导班子谋划发展和改革创新的能力，完善班子协调配合的工作运行机制。要在明确分工职责的基础上，建立和完善从领导体制、目标设定到监督检查的完整的工作体系，强化决策的执行效力和效益，加大对重大决策和重点工作落实情况的督查，做到有布置、有检查、有考核、有问责。

加强干部人事制度建设。建立健全干部任期管理、监督、考核、激励办法，积极引入竞争机制，形成能上能下、能进能出、富有生机与活力、有利于优秀人才脱颖而出的干部选拔和培养机制。加大党政干部理论培训和校内外轮岗交流、挂职锻炼的力度，着力提高干部适应不同环境、驾驭复杂局面的领导能力。

加强领导干部作风建设。学校各级干部要切实树立服务意识，坚持求真务实，全心全意为广大师生服务。做到尊重师生、理解师生、关心师生，真诚倾听师生员工的呼声，切实解决师生员工关心的热点、难点问题，多为师生员工办实事、办好事。

（二）进一步加强基层党组织和党员队伍建设

要贯彻党中央关于党内民主建设的新要求，继续推进党内民主建设，着力提高党内民主建设的制度化、规范化、程序化水平。要坚持党员主体地位，把党内民主贯穿于党内重要事务的酝酿、决策、实施的全过程，健全完善党内情况通报制度、情况反馈制度、重大决策征求意见制度、常委会向全委会报告工作制度，努力提高党务公开的层次与水平。

健全完善党政联席会议制度，切实发挥党组织的政治核心作用。完善和健全让党员经常受教育、永葆先进性的长效机制，积极组织开展创先争优活动。规范组织生活，创新党日活动，开展党建研究，切实加强基层党支部建设，充分发挥党支部的战斗堡垒作用和党员的先锋模范作用，使教职工党支部成为凝聚人心、推进发展的核心，学生党支部成为团结进步、健康成长的核心。切实做好党员的发展、教育、管理和服务工作，进一步做好在青年骨干教师和优秀大学生中发展党员的工作，坚持把思想入党放在首要位置，确保党员发展质量；加强校院两级党校建设，完善入党积极分子的培养和入党后的教育。

（三）进一步加强思想政治工作和精神文明建设

以社会主义核心价值体系为根本，进一步加强学校思想政治工作，切实提高思想政治教育的针对性、主动性和实效性。坚持育人为本、德育为先，加强对意识形态领域的研究和主阵地的把握，探索思想政治教育的新思路，促进大学生的全面发展。进一步加强马克思主义理论学科和思想政治理论课程建设，不断改进思想政治理论课教育教学，推进马克思主义中国化最新成果“进教材、进课堂、进头脑”，充实师资队伍，保证教学投入，充分发挥课堂教学在大学生思想政治教育中的主渠道作用。加强师德建设，坚持教书育人、管理育人、服务育人，形成促进学生全面成长的良好环境。重视辅导员和班主任队伍建设，提高学生工作队伍的专业化水平，充分发挥教师在学生思想政治教育与道德、学风教育中的作用。切实加强学生事务管理，多渠道健全贫困生资助工作体系，切实做好毕业生就业指导和服务工作。健全和强化大学生心理健康教育和咨询体系，引导学生健康成长。大力支持共青团工作，充分发挥学生会、研究生会和学生社团等学生组织自我教育、自我管理、自我服务的功能。积极开展精神文明创建活动。

积极发展学校民主管理。加强民主党派和无党派人士工作，坚持和完善民主座谈会、领导干部与党外人士联系交友等制度，支持民主党派以及无党派代表人士积极发挥作用，大力加强党外代表人士队伍建设，提高政治把握能力、参政议政能力、组织协调能力和合作共事能力。发挥工会组织在学校民主管理中的作用，加强教代会、工代会工作，完善民主管理的渠道。做好妇女工作，重视女干部的培养和女教师的成长。进一步关心离退休老同志，做好老同志工作；支持关工委工作，重视发挥老同志的作用。

做好安全稳定工作，杜绝发生重大治安事件和重大责任事故。

（四）进一步加强反腐倡廉建设

加强反腐倡廉建设，要坚定不移、常抓不懈。要以党风廉政建设责任制为抓手，坚持“标本兼治、综合治理、惩防并举、注重预防”的方针，完善反腐败领导体制和工作机制。要全面完成惩防体系工作规划任务，进一步强化领导干部“一岗双责”的责任意识，抓好反腐倡廉工作落实；深入开展反腐倡廉教育，积极推进廉洁文化进校园，构筑拒腐防变的思想道德防线；建立和完善反腐倡廉制度体系，加强对重要权力行使的制约和监督，严肃查处违纪违规行为，为学校事业科学发展、健康发展提供坚实保障。

各位代表，同志们：

河海的传统需要我们发扬，河海的事业需要我们传承。我们感激河海先贤们的奉献与成就，我们更加憧憬百年河海的光荣与梦想。创建高水平特色研究型大学是党和国家赋予河海大学的神圣使命，是全体河海人孜孜以求的宏伟目标。让我们高举中国特色社会主义伟大旗帜，深入贯彻落实科学发展观，坚持“特色强校、和谐兴校、质量立校、人才名校、环境美校、道德荣校”的发展方略，团结奋进，科学发展，为开创建设高水平特色研究型大学新局面并最终实现高水平特色研究型大学的目标而努力奋斗！

深入推进党风廉政建设
为学校事业科学发展提供坚强保障

——中共河海大学纪律检查委员会向校第十二次党代会的工作报告

校党委副书记兼纪委书记 陈德奎

（2010 年 6 月 11 日）

各位代表，同志们：

我受中共河海大学纪律检查委员会的委托，向大会报告本届纪委 7 年来的工作情况和对下届纪委的工作建议，请予审议。

一、7 年来的工作回顾

我校第十一次党代会以来，校纪委在上级纪委和学校党委的领导下，始终坚持以邓小平理论和“三个代表”重要思想为指导，深入贯彻落实科学发展观，按照党中央关于党风廉政建设和反腐败斗争的战略部署，根据新时期教育系统反腐倡廉的形势和任务，紧紧依靠广大党员和师生员工，围绕中心，服务大局，积极推进切合我校实际的惩治和预防腐败体系建设，党风廉政建设和反腐败工作取得了明显成效，为学校的改革、发展和稳定提供了坚强有力的政治保障。

（一）全面落实党风廉政建设责任制

党风廉政建设责任制是深入推进党风廉政建设和反腐败工作的一项基础性制度。学校党委自觉履行党风廉政建设责任主体职责，认真落实党风廉政建设领导体制和工作机制，做到了把党风廉政建设与学校党政工作一起部署，一起落实，一起检查，一起考核。班子成员注重加强自身建设，严于律己，主动接受纪委和群众的监督，发挥了表率作用。

2004年，校党委制定了党风廉政建设责任制考核办法和责任追究办法，从制度层面保证党风廉政建设责任制的贯彻落实。根据“谁主管，谁负责”的原则，党委书记和校长带头履行第一责任人的政治责任，班子其他成员主动担负起职责范围内党风廉政建设的直接领导责任。通过签订党风廉政建设“责任状”和“承诺书”，做到了责任明确、目标具体、责权统一，形成一级抓一级，逐级抓落实的责任网络，保证工作职责和业务工作开展到哪里，党风廉政建设的责任就延伸到哪里。

通过党委中心组学习、中层干部培训学习、专题谈话、述职述廉等方式，各级领导干部的“一岗双责”意识不断增强，院系和职能部门自觉地将反腐倡廉工作与业务工作有机融合，保证了反腐倡廉工作机制的有效落实。

校纪委充分发挥组织协调作用，积极协助党委落实中央《建立健全惩治和预防腐败体系2008—2012年工作规划》和三委部《关于加强高等学校反腐倡廉建设的意见》，并制定了贴近学校实际，操作性强的实施办法以及任务分解表，做到了任务分解明确、督促检查有力。2009年底，学校顺利通过了三委部组织的落实《关于加强高等学校反腐倡廉的意见》情况的量化考核和检查。我校将“党风廉政建设”作为7个一级指标之一，列入院(系)年度工作目标，并设立26个二级指标，年终由纪委牵头考核和评优的做法，得到了专家组的一致好评。

（二）深入推进反腐倡廉宣传教育

反腐倡廉建设重在教育，贵在预防。几年来，我校不断加大力度，提高宣传教育的有效性和针对性，增强政治免疫力，构筑了拒腐防变的思想和道德防线。

构建“大宣教”工作格局，注重了宣传教育的协同性。把党风廉政教育列入学校党委思想宣传教育的总体部署，建立由宣传、纪检、组织、人事、学工、团委、工会等部门共同参与的反腐倡廉宣传教育联席会制度，各部门各司其职，齐抓共管，形成合力，营造浓厚的宣传教育氛围。

坚持分类指导，提高了教育的针对性。把各级党员领导干部作为教育的重点，结合“三讲”教育、保持共产党员先进性教育、社会主义荣辱观教育、学习实践科学发展观等活动，深入开展理想信念、廉洁从政和党的作风纪律教育；加强对重要岗位、重点部位工作人员法律法规、工作制度和工作纪律等内容的教育，树立遵纪守法观念，增强拒腐防变意识；在广大教师中实施以普法教育、廉洁从教和学术道德为主要内容的师德师风建设；在大学生中广泛开展廉洁教育进课堂，同时还开展了以诚信教育、职业道德和学术道德为主题的系列教育活动。

创新工作形式，增强了教育的有效性。一是集中教育。每年年初学校召开“反腐倡廉建设工作会议”，学习上级文件精神，部署学校年度反腐倡廉建设工作；举办“新任处级干部培训班”，专题宣讲反腐倡廉要求。二是日常教育。校纪委通过专家报告会、知识竞赛、组织参观反腐倡廉成果展、组织干部到南京监狱进行警示教育等多种形式，积极开展日常教育。三是网络教育。通过发送“廉政邮件”，做到勤打招呼，常鸣警钟。“河海大学纪检监察网站”被评为全国“十佳校园廉洁教育主题网站”，同时获得“人气50强网站”称号。

推进校园廉政文化建设，注重了教育的渗透性。校内建设了反腐倡廉教育基地和廉洁文化景点，充分发挥文化的教育、示范、熏陶和导向作用。2007年以来，校纪委会同有关部门，每年举办“廉洁文化进校园活动周”，在师生中广泛开展廉洁征文、书画、短信、廉政影视作品观后感等竞赛活动，通过有形的创建活动，形成无形的辐射力和渗透力，营造浓厚的校园廉政文化氛围。3年来共有19件作品在全省教育系统评比中获奖，位居全省高校前列。

（三）基本建立和完善反腐倡廉制度体系

制度建设是构建惩治和预防腐败体系的核心，是预防腐败的根本保证。几年来，校纪委紧密结合学校实际，会同相关部门，建立健全规章制度，初步构建了有我校特色的反腐倡廉制度体系。据统计，2003年以来，学校共制定和修订了惩防体系制度建设的文件达60个。

在完善民主决策、民主管理方面，参与制定了《河海大学校级党政领导会议制度》，明确了党委常委会、校务工作会、党委会的议事范围、议事程序和参会人员，进一步健全和完善科学决策、民主决策机制，“三重一大”事项必须经过党委常委集体研究决定。健全教职工代表大会制度，保障广大教职工的知情权、参与权、选择权、监督权，充分发挥了教职工参与学校民主管理的积极性和主动性。

在加强干部队伍建设和管理工作中，参与制定了学校党政处级干部选拔任用工作暂行办法，坚持民主、公开、竞争、择优的原则选拔任用干部。完善党委讨论任免干部前征求纪委意见制度；加强干部的考核工作，对领导干部述职述廉工作进行制度化管理。协调落实对领导干部任期经济责任审计工作和审计结果的运用。

在规范内部财务管理方面，配合有关部门制定了《河海大学预算管理办法》、《河海大学事业性收费管理办法》、科技项目经费管理以及科研经费决算审签办法。在校办企业和国有资产管理方面，督促建立了学校资产经营公司的内部财务管理制度。

在基建工程、物资采购管理方面，会同资产等后勤部门制定了《河海大学采购管理暂行办法》，进一步完善了学校集中采购制度，加强了对大宗物资设备采购的规范化管理，完善河海大学基建工程、基建物资采购工作的实施细则，积极防范基建工程中的廉政风险。

在招生工作方面，牵头制定了《河海大学招生监督工作实施细则》以及各种特殊类型招生的管理制度，按照教育部要求，不断扩大招生公开范围，丰富公开内容；规范公开流程，完善公开形式。使招生工作在制度下运行，保证招生工作公开、公平、公正。

（四）进一步加大监督检查力度

7年来，以规范和制约权力为核心，围绕教职工普遍关心的热点问题，纪委加强对学校人、财、物权力较集中部门和单位的日常监督，并将监督关口前移，努力做好事前、事中和事后监督。

加强对干部人事工作监督。干部任前考察公示，书面征求纪委意见，接受任前廉政谈话；任期内述职必述廉，述廉必评廉；干部任期结束，纪委协调督促有关部门对负有经济责任者实施离任审计。自上次党代会以来，共进行经济责任人离任审计达60余次。认真执行领导干部个人有关事项报告制度，凡涉及出国、婚姻变化、配偶、子女就业等方面做到了书面汇报。同时纪委重视并做好人员招聘、职称评审、奖惩等方面的执纪监督工作。

加强对基建、物资采购、招生等工作的监督。成立了采购工作监督小组，由分管纪检、监察的校领导任组长，成员由监察处、财务处、审计处负责人以及教代会代表等人员组成。每年参与基建工程项目、物资采购招标验收监督等活动达200多次。做好招生监督工作，全程参与，积极推进招生“阳光工程”，认真执行“六公开、六不准”要求，特别重视加强对自主招生、艺术类以及高水平运动员招生工作的监督，有效防范了招生违规现象的发生。

加强财务监督。由纪委牵头，审计、财务等部门参与，对院系及直属单位进行财务工作大检查，规范各类收费行为，严格执行“收支两条线”规定，针对存在问题，提出整改措施和意见，并限期整改。

加强专项监督。按照上级的部署，实施专项检查监督，几年来，相继开展了图书教材采购工作清理回顾检查、商业贿赂、小金库、工程建设领域突出问题专项治理等工作，收到了良好的效果。

（五）认真做好信访和查案工作

重视并认真做好来信来访工作。认真受理群众来信来访，妥善化解矛盾纠纷，引导群众依法表达合理诉求，保障党员的合法权利，严肃查处违纪违规案件，促进了学校和谐稳定。

热情接待每一位来访者，认真对待每一封来信。7年来，纪检部门共受理群众信访举报200余件。按照“事事有结果、件件有着落”的要求，对有调查线索的信访件，逐一进行调查核实。在查清事实的基础上，本着实事求是的精神，对举报失实的问题进行澄清，还被举报人以清白，有效地教育和保护了党员干部。2006年，通过了省教育纪工委组织的信访达标检查。

依法依纪查处案件。校纪委按照“事实清楚、证据确凿、定性准确、处理恰当、手续完备、程序合法”的办案方针，对涉嫌犯罪行为，积极配合司法机关办案；对一般违纪违规行为，从“保护、惩处、监督、教育”的角度出发，正确把握政策，妥善处置。7年来，全校受到党纪政纪处分的共9人，其中被司法机关追究刑事责任的4人。坚持“一案两报告”（即案件调查报告和案件剖析报告)制度，充分发挥查办案件的治本功能。在2009年学校反腐倡廉建设大会上通过剖析秦雪峰受贿案，教育了干部，完善了制度。

各位代表，同志们，7年来，我校党风廉政建设和反腐败工作取得了一定成绩，为今后的工作奠定了坚实的基础。学校纪检监察部门的工作也多次得到上级部门的肯定与表彰，在2003年、2008年两次被评为江苏省教育纪检监察工作先进集体。

在认真总结过去工作成绩的同时，我们也清醒地认识到，我校党风廉政建设中仍然存在一些差距和不足。如：部门间完成落实惩防体系工作进展有的还不够平衡；教育有时还流于形式，针对性和实效性还有待加强；重点部位工作人员中违纪违法案件还偶有发生，管理监督还需进一步完善；面对新形势，纪检监察工作的思路还不够开阔，调查研究还不够深入，纪检监察干部的自身能力建设需进一步加强等。我们仍需继续努力，不辜负全校师生的期望。

二、主要认识和工作体会

回顾总结学校7年来党风廉政建设工作的成功实践，我们对学校纪检监察工作有了更深刻的认识和体会。

（一）必须确立服务大局的战略思想

稳定和发展是学校的永恒主题，反腐倡廉的根本目的是为了维护和保证学校的稳定和发展。围绕中心，服务大局是做好纪检监察工作的正确定位。多年来，纪委在协助党委抓党风建设，组织协调反腐败斗争中始终把握这个大局，通过大力加强党风廉政建设，维护好广大党员、师生的切身利益和校园稳定，为学校改革发展创造了良好的环境。

在谋划学校党风廉政建设的战略任务，制定并落实反腐倡廉政策措施中，始终注意服从和服务于学校稳定和发展这个大局，把党风廉政建设各项工作与教学、科研、管理工作相结合，参与到学校中心工作中去，在参与中服务，在服务中监督，为学校中心工作保驾护航。实践证明，只有坚持服务大局的思想，学校党风廉政建设各项措施才能得到深入贯彻，纪检监察部门的工作才能顺利开展，才能真正为学校改革发展稳定提供有力保障。

（二）必须形成整体联动的廉政氛围

中央一贯高度重视高校的党风廉政建设和反腐败工作。2008年9月，中纪委、教育部、监察部联合颁发《关于加强高等学校反腐倡廉建设的意见》，营造了良好的反腐倡廉环境。学校形成了“党委统一领导，党政齐抓共管，纪委组织协调，部门各负其责，依靠群众的支持和参与”的党风廉政建设与反腐败工作领导体制和工作机制。

校党委坚持把党风廉政建设作为一项重大政治任务，列入党委重要议事日程，纳入学校发展总体规划，融入学校各项工作。学校职能部门各司其职，各负其责，院系党风廉政建设与中心工作两手抓、两手硬；各级领导干部切实履行“一岗双责”，党风联络员、特邀监察员、离退休老同志和广大师生员工通过多种途径参与监督管理，形成了人人重视、个个参与党风廉政建设的良好氛围，确保了党风廉政建设各项工作落到实处。

（三）必须坚持重在预防的工作方针

胡锦涛总书记在中央纪委五次全会上指出：“反腐倡廉，预防是治本之策。”反腐倡廉建设既要从严治标，又要着力治本，把治标与治本统一于党风廉政建设和反腐败斗争的进程中。在校党委领导下，我们始终坚持惩防并举，着力注重预防，抓教育、抓制度、抓监督，不断推进体制、机制和制度创新，防患于未然。协调各基层党组织和相关部门，按照中央关于构建惩治和预防腐败体系的战略部署，对领导干部加强理想信念、思想道德、党纪国法和权力观的教育，筑牢拒腐防变的防线；注重党风廉政制度建设，努力构建“惩防体系”的制度框架，用制度规范领导干部的从政行为；采取有效措施，关口前移，加强对领导干部的监督，发现苗头性、倾向性问题，通过诫勉谈话、通报批评等形式早打招呼早提醒，防止小错酿大错。同时，严肃查处违法违纪案件，对查案中反映出来的管理漏洞进行认真整改。

（四）必须保持与时俱进的创新精神

与时俱进是一种精神状态、思想方法，是纪检监察工作体现时代性、把握规律性、富于创造性的根本要求。当今社会发展日新月异，新情况、新问题、新矛盾层出不穷。我们必须始终保持与时俱进、开拓创新的精神，努力做好反腐倡廉工作。高校党风廉政建设要根据新形势、新情况确定纪检监察的职能、任务和工作，必须用新的视角观察问题，推进反腐倡廉观念创新；必须研究新问题，推进反腐倡廉思路创新；必须探索新办法，推进反腐倡廉工作手段的创新。不断增强工作的前瞻性、针对性和实效性，更好地适应新形势的要求。

7 年来，我们服从服务于学校发展这个大局，紧紧围绕发展中的新情况、新问题来研究和推进纪检监察工作。加强各部门、各方面力量的配合，整合反腐倡廉资源，形成合力，努力实现教育、监督举措有新突破。建立了反腐倡廉宣传教育工作联席会制度，开展了廉洁文化进校园活动，营造了浓厚的学校反腐倡廉氛围，既引领全局，突出重点，又上下互动，全校联动，收到了好的效果。针对学校重点领域和关键环节，结合干部人事、工程建设、招标投标、物资采购、招生等方面开展工作，在参与中监督，在监督中服务，有效地维护和保障了学校良好的工作秩序。

7 年来的工作实践，我们深切地体会到，党风廉政建设必须依靠广大党员和师生员工，大家的智慧是我们开展党风廉政建设的智慧源泉，大家的监督是我们反腐倡廉的动力源泉。只有得到广大党员和师生员工的支持和参与，纪检监察工作才能卓有成效的开展。在此，我代表本届纪委向全校广大党员、师生员工、党风联络员、特邀监察员、离退休老同志对我们工作的理解、支持和帮助，表示衷心的感谢！

三、今后工作的建议

党的十七大首次将反腐倡廉与党的思想、组织、作风和制度建设并列为党的“五大建设”，党的十七届四中全会要求全党必须充分认识反腐败斗争的长期性、复杂性、艰巨性，把反腐倡廉建设放在更加突出的位置。当前，我国的教育正处于改革的攻坚期、发展的关键期，难度大、压力大、矛盾也多。随着教育资源配置、权力和利益的不断调整，党员干部、教师队伍思想观念和利益诉求会发生新的变化；随着教育投入不断增加，教育经费使用管理的难度和要求也在增加；随着学校和社会联系的不断加深，社会上一些消极、不健康的东西会侵蚀着党员干部和教师队伍。这些问题时刻提醒我们反腐败斗争形势依然严峻，任务依然艰巨。

各位代表、同志们，学校第十二次党代会将为我们今后各项事业的科学发展确定新的奋斗目标和努力方向，也必将对我校纪检监察工作提出新的更高的要求，广大党员、干部、教职工对纪检监察工作也寄予了厚望。我们要在上级纪委和学校党委的正确领导下，增强责任感和使命感，振奋精神，努力开拓党风廉政建设和反腐败工作的新局面。

（一）全面构建惩治和预防腐败体系

我们要以党风廉政建设责任制为抓手，进一步全面完成惩治和预防腐败体系的构建任务。要紧密结合学校实际，着眼长远，积极协助党委认真抓好 2008—2012 年惩防体系工作规划提出的各项任务的落实，不断强化领导干部“一岗双责”的责任意识，抓好反腐倡廉工作任务分解，责任考核，逐步完善责任追究制度，确保学校的贯彻意见落在实处，取得实效。

结合学校深化校院两级管理体制和机制改革，促进管理重心适当下移的工作部署，校院二级党组织要从政治和全局的高度，深刻认识构建惩防体系的重要意义，健全领导班子科学民主决策机制，把建立健全惩治和预防腐败体系工作融入学科建设、教学、科研、社会服务、管理等工作之中，注重科学合理、系统配套和可操作性，完善监督体系，不断拓展从源头上防治腐败的工作领域，充分发挥惩治和预防腐败体系的整体效能。

在构建惩防体系的过程中，尤其要紧紧围绕学校干部人事、基建项目、大宗物资采购、科研经费、招生、内部财务、教育收费、后勤服务和校办企业等重点部位和关键环节加强监督，防止出现问题。

（二）不断加强反腐倡廉针对性教育

充分发挥教育的基础作用，要贴近实际选好阵地、搭好舞台、创新方法，对全体师生进行针对性教育。

坚持“大宣教”格局，要把党风廉政教育作为一项重要的基础性工作来抓，注重宣传教育的广泛性。把党风廉政宣传教育纳入学校宣传教育、党员干部教育工作的总体规划，整合教育资源，丰富教育内容，创新教育方式，不断增强教育的亲和力、感染力和时效性。

突出教育重点，继续完善领导干部反腐倡廉教育制度。坚持教育与管理、自律与他律相结合，把反腐倡廉教育贯穿到领导干部的培养、选拔、使用、管理等各个方面。当前，要将《中国共产党党员领导干部廉洁从政若干准则》纳入宣传教育工作总体部署，列入干部教育培训规划，作为党委中心组学习和党性党风党纪教育的重要内容，作为各级领导班子民主生活会的重要内容，学好学实。

利用各种载体，加强廉政文化建设，贴近实际开展教育。要通过以读书思廉、以党课讲廉、以典型倡廉、以案件警廉、以氛围促廉等途径使廉洁教育真正入情入理、入脑入心，营造正气昂扬、清廉文明的校园文化氛围。

（三）努力提高党风廉政制度化水平

制度建设是惩防体系建设的核心内容，是推动反腐倡廉工作落到实处的重要保证。我们要加强反腐倡廉制度建设，努力形成内容科学、配套完备、有效管用的反腐倡廉制度体系，增强各部门领导干部的制度意识。

不断建立和完善制度。要及时梳理制度上存在的漏洞，对已有的制度，结合环境、条件的变化，做好修订完善，不适合实际的立即废止，避免因制度的缺失造成工作失误，产生腐败。要努力做到：工作开展到哪里，制度就建立到哪里；权力运行到哪里，制度就要约束到哪里。

不断加强重点制度建设。当前，要十分重视校院两级“三重一大”集体决策制度、重要部门和重点岗位的领导干部、工作人员定期轮岗交流制度、招标采购监督管理制度、人事制度及收入分配制度等方面的改革与创新，加强科研诚信规范建设，建立廉政风险防范机制。制定贯彻落实《中国共产党党员领导干部廉洁从政若干准则》的配套制度。使学校的发展既适应新形势的需要，又能沿着正确的方向前进，防止腐败现象的产生。

不断提高制度的执行力。制度的生命力在于执行落实，制度不执行，执行不到位，制度就如同虚设。当前在制度执行力方面存在的一些不足之处，既有客观方面的原因，也有执行者自身的认识差异。要按照权责一致的原则，保证和促使各级组织和工作人员严格执行廉政制度。对执行有力、成效明显者，要给予肯定和激励；加强对制度执行情况的检查监督，对制度执行不严、不力或造成不良后果的，必须实施问责，切实维护制度的权威性。

（四）切实加强党员干部作风建设

中央纪委书记贺国强同志在十七届中纪委第五次全体会议上就大力弘扬党的优良作风，着力解决党员干部在作风方面存在的突出问题，以领导机关和领导干部作风的改进，促进党风、政风和社会风气的好转提出了明确要求。学校的改革发展，不仅需要良好的政治环境、宽松的学术环境、和谐的人文环境，而且需要清明的廉洁环境。校风好坏，关键在党风，关键在各级干部的作风。要协助党委进一步加强党员干部作风建设，通过教育引导、健全制度、强化监督检查等方式，推动党员干部特别是领导干部在作风建设方面取得新的成效，以党员干部优良的作风促进校风学风建设。

全面加强党员干部思想作风、工作作风、领导作风、生活作风和学风建设。要大兴密切联系群众之风，建立健全领导干部联系院系、职能部门、基层党组织、学科带头人以及民主党派人士制度，坚持问政于师生、问需于师生、问计于师生。要大兴求真务实之风，党员干部要勇于对学校负责、对师生负责、对工作负责，不做表面文章，不搞形式主义。要大兴艰苦奋斗之风，加强品行修养，严肃财经纪律，严禁铺张浪费。

党员干部要带头做表率，切实抓好师德师风建设。要把学风建设、科研诚信作为广大师生特别是教师学术道德建设内容，大力弘扬严恺院士、徐芝纶院士治学严谨、求真务实的大师风范。对于诚信缺失、学术不端行为要采取零容忍的态度，严肃查处。

（五）进一步提升纪检监察工作水平

进一步发挥纪委委员的作用，加大纪检监察干部队伍培养力度，要以学习、培训、研讨、调研等形式，积极开展理论研究，发挥理论研究在指导实践、服务决策、推动工作方面所起的作用；加强对兼职纪检员和党风廉政监督员的培训，充分发挥他们的作用。

纪检监察干部身处反腐倡廉工作的第一线，必须在党委的领导下，切实加强自身建设，不断提升纪检监察工作的能力和水平；要善于组织协调，充分调动和发挥职能部门积极性，努力形成齐抓共管的工作局面；要明晰工作职责，规范办事程序，提高工作的预判性、主动性，不断提高工作能力。

纪检监察人员要进一步改进工作作风，加强学习，带头遵纪守法，严格执行工作纪律特别是办案纪律和保密纪律，自觉接受党组织、广大党员和师生的监督，恪尽职守、清正廉洁，要以“做党的忠诚卫士，当群众的贴心人”主题实践活动为载体，进一步树立纪检监察干部可亲、可信、可敬的形象。

各位代表，同志们，我们要正确认识党风廉政建设和反腐败斗争的形势，既要充分看到反腐倡廉建设已经取得的显著成效，又要深刻认识反腐败斗争的长期性、复杂性、艰巨性。让我们在上级纪委和学校新一届党委的领导下，紧紧依靠各级党组织和全体党员，深入贯彻科学发展观要求，把改革的推动力、教育的说服力、制度的约束力、监督的制衡力、惩治的威慑力结合起来，以更加坚定的信心、更加坚决的态度、更加有力的措施，更加扎实的工作，坚定不移地把党风廉政建设和反腐败斗争推向前进，为学校的改革、发展和稳定，为把我校建设成为高水平特色研究型大学而努力奋斗！

在中共河海大学第十二届委员会第一次全体会议上的讲话

校党委书记　朱　拓

（2010 年 6 月 12 日）

各位同志：

中国共产党河海大学第十二次代表大会，在上级领导的关心和支持下，经过全体代表和同志们的共同努力，圆满完成了大会的各项议程，胜利闭幕了。

这次大会是我校在认真学习贯彻党的十七大和十七届四中全会精神，深入贯彻落实科学发展观的重要时期召开的一次会议，也是我校在适应新形势，把握新机遇，实现新发展，推进学校建设发展步伐的重要时期召开的一次继往开来的会议。各位代表本着对党的事业和河海大学发展负责的态度，以一名共产党员的高度责任感，经过民主选举，产生了我校第十二届党的委员会和新一届纪律检查委员会。在此，我代表新一届党委班子，感谢全体代表的信任与支持，同时向全校师生承诺，在今后的工作中，我们一定要以强烈的事业心和高度的责任感，加倍努力，勇挑重担，团结合作，齐心协力，带领大家向着既定的奋斗目标前进，绝不辜负学校全体党员的重托，绝不辜负全校广大师生员工的信任和希望。

这次党委工作报告的第三部分关于今后 5 年的主要任务里，用了“高标准”、“高质量”、“高水平”、“高强度”、“高要求”、“高起点”6 个高，这成为我校今后一段时间内衡量成效的一个新标准，将把我校的事业发展推上一个新的台阶。建设高水平特色研究型大学是一项艰巨而复杂的系统工程，任重而道远。几年来，我们在各级领导的关心和支持下，在学校全体党员和广大师生员工的共同努力下，精心打基础，不断提水平，步入厚积薄发、跨越发展的快车道，开始进入上台阶、迈大步的新阶段。成绩属于过去，奋斗成就未来。当前，河海大学的事业站在一个新的起点上，充满着发展机遇。但是，我们此时此刻也必须清醒地认识到，学校面临的外部竞争压力日益加大，尤其在水利特色优势领域，包括“985”高校在内的众多高校及水利科研机构加大投入，加快发展，竞争日趋激烈，对学校相关学科发展带来了巨大挑战；学校发展到目前阶段，在科技体制机制、校院两级管理、人事分配、资源配置与使用等许多方面还存在一系列矛盾和问题，有待我们去解决和克服。我们深深感到肩上的担子之重，责任之大，只有同心同德，同舟共济，团结协作，才能不断提高学校的核心竞争力，在教学、科研、管理等方面有新的突破和新的气象。下面我提出几项要求，与同志们共勉。

第一，要努力创建“学习型”领导集体。学习是创新之基，工作之本，是增长才干、提高素质、做好工作的基础环节和重要途径。新一届党委班子成员特别是新任职的成员，要不断强化学习意识，从思想上认识到建设学习型党组织的重要性和必要性，把学习作为发挥党组织战斗堡垒作用的基础环节，领导班子成员要率先垂范，做学以致用的表率。当前，要把学习贯彻我校第十二次党代会的精神作为新一届党委的一项头等大事、首要政治任务来抓，认真学习，深刻领会，全面贯彻，切实把思想和行动统一到十二次党代会精神上来。要采取多种形式深入学习研讨党委工作报告，准确把握基本精神，不断掀起学习贯彻落实十二次党代会精神的新高潮。

第二，要加大建设“务实型”领导集体。这次党代会提出了学校今后一个时期的目标和任务，描绘了特色高水平研究型大学的宏伟蓝图，要把蓝图变为现实，最根本、最有效的途径就是进一步转变作风。学校能否实现跨越式发展的关键因素之一就是是否有一个勤奋敬业、高效务实的领导班子。新一届领导班子，必须狠抓落实，一项一项地抓，一件一件地办，静下心来埋头苦干，切实防止扯皮推诿，身先士卒，把精力集中到深入基层调查研究上来，坚持走群众路线，增强为广大师生服务的公仆意识，在思想上尊重师生，在感情上贴近师生，在行动上依靠师生，真诚倾听师生员工的呼声，切实解决师生员工关心的热点、难点问题，在“讲实话、出实招、办实事、求实效”上下工夫，多为师生员工办实事、办好事。

第三，要努力打造“团结型”的领导集体。党的十七大报告明确提出了建设“团结和谐的马克思主义执政党”的目标，把“团结和谐”作为党建目标，赋予了党的先进性建设的一个全新内涵。团结是做好一切工作的基石。河海大学的事业能不能发展，改革能不能深入，工作中的矛盾和问题能不能及时化解，关键在于领导班子是不是真正同心同德、团结一致、奋发有为地干事业。领导班子的团结稳定是一个单位科学发展的前提，团结对于领导干部来说，既是德也是才。为此，我们要坚持民主集中制原则，坚持集体研究、集体决策、集体领导的制度，充分发扬民主，广泛听取意见，多沟通多商量，集思广益，择善而从，动员各方力量，形成合力；我们要提高班子成员素养，为构建团结和谐党委班子夯实基础，党委班子成员必须不断加强自身的德才修养，不断提高思想境界，要有宽广的胸襟，工作上相互理解、相互支持、相互配合，使班子成员之间成为志同道合、肝胆相照的同志，始终保持共产党人的蓬勃朝气、昂扬锐气和浩然正气。

第四，要不断建设“创新型”的领导集体。新形势新任务给高校党建工作带来了新挑战，党建工作创新是我们构建社会主义和谐校园的必然要求，是学校进步的强大动力，更是我们实现学校跨越式发展的根本。我们要努力探索党建工作新思路，以改革创新的精神状态、思维方式、思想作风和工作方法，开创学校党建工作新局面。新领导班子成员必须解放思想，更新观念，在科学论证和有序实践的基础上，把改革作为开拓进取的有力武器，紧跟时代步伐，积极研究新形势下高等教育发展和高校党建的内在规律，以先进的理念为指导，研究新情况，解决新问题，形成新认识，用创新推动学校各项工作全面进步，开辟河海事业发展新局面。

第五，要坚持强化“廉洁型”领导集体。清廉、正派是对领导干部的最基本要求，也是广大群众最关注的问题。廉洁方能聚人，身正方能带人，律己方能服人，无私方能感人。作为新一届党委班子，保持一身正气，直接影响着整个学校的党风和学风，直接影响到领导班子在群众中的形象。为此，领导干部必须按照党要管党、从严治党的要求，切实加强党性修养，提高思想觉悟，用科学理论武装头脑，抵制不良风气的侵袭，加强艰苦奋斗、拒腐防变的自律意识，狠抓惩防体系建设和学术道德建设，在以优良党风促校风带学风上取得新成效，大力营造风清气正的校园环境。所有领导干部和党员、群众都要在“自重、自省、自警、自励”上下工夫，在“慎初、慎微、慎独、慎终”上下工夫。

在这里，我也对当选为新一届纪委委员的同志们说几句话，党的纪律检查委员会承担着维护党的纪律、保证党的方针政策在本部门贯彻落实的重大责任，承担着协助党委加强党风廉政建设、坚决开展反腐败斗争的光荣而艰巨的任务。党委希望你们认真学习贯彻邓小平理论和“三个代表”重要思想，深入贯彻落实科学发展观，坚定地站在党的原则的立场上，坚决同党内违纪行为和腐败现象作斗争，同时加强自身建设，努力以党风廉政建设的实际成果取信于师生员工。党委一定进一步加强对纪检工作的领导，支持你们依照《党章》和党风廉政建设的一系列规定履行职责，做你们坚强后盾。

今后几年是河海大学建设高水平特色研究型大学的关键时期。我们要坚定不移地以邓小平理论、“三个代表”重要思想为指导，全面落实第十二次党代会精神，在新一届党委领导下，围绕学校的中心任务，进一步加强和改进党的建设；深入推进学习实践科学发展观活动，积极开展创先争优活动，完善和加强党的先进性建设的长效机制，更充分地发挥党委在学校工作中统揽全局、协调各方的作用。

各位代表，同志们，让我们把思想认识统一到校党委确定的事业发展大计上来，把智慧和力量凝聚到实现第十二次党代会确立的目标和任务上来，坚定信心、勇挑重担、振奋精神、团结拼搏、真抓实干，为推进河海大学的跨越式发展，为把我校建设成为高水平特色研究型大学而努力奋斗，共同创造河海大学新的辉煌！

扎实推进党风廉政建设
为建设高水平特色研究型大学提供有力保障

——在中共河海大学纪律检查委员会十二届一次全会上的讲话

校党委副书记兼纪委书记　陈德奎

（2010 年 6 月 12 日）

各位委员：

我校第十二次党员代表大会已经胜利闭幕了，新一届纪律检查委员会也已选举产生。在此，衷心感谢各位代表对学校纪委工作的关心和支持，同时也深深感谢大家对我的信任。

党的十七届四中全会指出，坚决反对腐败，是党必须始终抓好的重大政治任务，必须充分认识反腐败斗争的长期性、复杂性、艰巨性，把反腐倡廉建设放在更加突出的位置。当前，我国的教育正处于改革的攻坚期、发展的关键期，教育系统反腐倡廉建设任务越来越重，涉及领域越来越宽。尽管我校党风廉政建设和反腐败工作取得了一定的成效，但必须清醒地认识到，学校实际工作中仍然存在一些亟待解决的问题，这时刻提醒我们反腐倡廉任务很重，责任很大。因此我们要在上级纪委和学校党委的正确领导下，深入学习贯彻落实科学发展观的要求，振奋精神，切实做好我校的纪检监察工作。借此机会，对新一届纪律检查委员会的工作提几点要求。

一、不断加强学习，增强党性修养

随着反腐倡廉工作面临的新情况新问题越来越多，作为新一届纪委的成员，首要任务，就是要带头加强学习，提高修养，牢固树立马克思主义的世界观、人生观、价值观和正确的权力观、地位观、利益观；同时，要认真学习贯彻中央决策部署，深刻认识加强我校党风廉政建设的重要性紧迫性，切实增强使命感责任感，不断提高履行纪委委员职责的思想政治素质。

二、深入调查研究，努力解决难题

围绕中心，服务大局是做好纪检监察工作的基本要求。纪委委员要紧紧围绕学校改革发展过程中的难点和群众关心的热点问题，积极探索新形势下党风廉政建设规律性问题，加强调查研究，提高对工作的预判性和前瞻性，在参与中服务，在服务中监督，为学校中心工作保驾护航。要善于总结经验，创造性地开展工作，实现工作方式方法的创新，不断增强业务才干和执纪办案的本领。要进一步贯彻落实《工作规划》和《意见》要求，全面建立健全我校的惩治和预防腐败体系，将我校党风廉政和反腐败斗争推向深入，不辜负全校党员、干部、师生员工的信任和重托。

三、加强自身建设，发挥表率作用

在党风廉政建设和反腐败工作中，我们承担着组织协调和监督检查的重要职责。纪委委员要不断加强自身建设，真正做到信念坚定、品德高尚、廉洁奉公、执纪为民；要在工作中自觉加强锻炼，拓宽工作视野，提高业务水平；要着力改进工作作风，各位委员都是学校有关单位、部门的负责人，有责任有义务带头抓好党风廉政教育宣传，带头搞好本单位、本部门的党风廉政建设。纪委委员处在反腐败斗争的前线，在监督别人的同时，也处在全校党员和全体师生员工的监督之下，大家要经得起监督。特别欢迎大家对我本人履行工作职责和廉洁自律方面的情况进行监督。让我们团结一致，互相学习，互相勉励，共同提高，自觉做遵纪守法的模范，做党的忠诚卫士，当群众的贴心人。

同志们，第十二次党代会为我校今后的发展提出了更高的目标和要求，我们要在上级纪委和学校党委的领导下，认真履行纪检监察委员会的各项职能，为学校的科学发展，为实现党代会确定的建设高水平特色研究型大学的宏伟目标做出应有的贡献！

中国共产党河海大学第十二次代表大会
关于中共河海大学第十一届委员会工作报告的决议

中国共产党河海大学第十二次代表大会听取了朱拓同志代表中共河海大学第十一届委员会所作的工作报告。代表们经过审议，同意并批准这个报告。

大会认为，报告全面总结了学校7年来的工作以及取得的成绩与经验，进一步明确了今后的努力方向；报告确定的“团结奋进，科学发展，开创建设高水平特色研究型大学新局面”的主题，体现了时代要求，符合学校实际，反映了全校广大党员和师生员工的共同愿望。

大会认为，报告实事求是地肯定了中共河海大学第十一届委员会的工作。自第十一次党代会以来，校党委带领全校共产党员和师生员工，以科学发展观为统领，深化改革，攻坚克难，主动适应新形势，实现重点领域新突破，学校的办学特色和优势得到进一步强化，各项事业得到进一步发展，全面完成了第十一次党代会提出的各项任务。

大会认为，报告客观分析了新形势下学校建设和发展所面临的机遇和挑战，提出了今后一个时期学校建设与发展的指导思想、奋斗目标、工作思路和主要任务，体现了科学发展观的要求，既鼓舞人心、催人奋进，又结合实际、切实可行。在我国高等教育步入新的发展阶段的同时，学校也迎来了发展中的重要战略机遇期。我们要始终坚持走高水平特色研究型大学的发展道路，以服务国家、行业和地方发展为己任，促进学科拓展与水平提升；以铸造一流创新人才为要务，推动高水平师资的培养和集聚；深化内部管理改革，加快校园建设与基础能力建设，持续提高人才培养质量、科学研究水平和社会服务能力，努力实现科学发展、跨越发展。

大会强调，实现本次党代会确定的奋斗目标，必须全面加强党的建设和思想政治工作，大力推进学习型党组织建设，使党员学习能力不断提升、知识素养不断提高、先锋模范作用充分发挥；深入开展创先争优活动，使党组织的凝聚力、创造力、战斗力不断增强；进一步加强反腐倡廉建设，为学校的改革、发展和稳定提供坚强的保证。

大会号召，全校各级党组织、各级领导干部、全体共产党员和广大师生员工，高举中国特色社会主义伟大旗帜，深入学习实践科学发展观，全面贯彻党的教育方针，认真落实《国家中长期教育改革和发展规划纲要》，在中共河海大学第十二届委员会的领导下，坚持“特色强校、和谐兴校、质量立校、人才名校、环境美校、道德荣校”的发展方略，团结奋进，科学发展，为开创建设高水平特色研究型大学新局面而努力奋斗！

中国共产党河海大学第十二次代表大会
关于中共河海大学纪律检查委员会工作报告的决议

中国共产党河海大学第十二次代表大会听取了陈德奎同志代表中共河海大学纪律检查委员会所作的工作报告。代表们经过审议，同意并批准这个报告。

大会认为，7 年来，校纪律检查委员会在上级纪委和学校党委的领导下，以邓小平理论、“三个代表”重要思想为指导，深入学习实践科学发展观，根据新时期学校党风廉政建设和反腐败工作的需要，围绕中心，服务大局，切实履行党章赋予的各项职责，全面推进学校惩治和预防腐败体系建设，为学校的改革、发展、稳定提供了保障。报告提出对今后工作的建议，思路清晰，针对性强，切合实际。

大会希望，新一届纪律检查委员会在上级纪委和学校党委的领导下，紧紧依靠各级党组织、广大党员和全校师生，积极进取，扎实工作，抓住教育、制度、监督等重要环节，不断加强从源头上预防和治理腐败的各项措施，为创建良好的育人环境，为完成学校第十二次党代会提出的各项任务做出新的贡献。

大会号召，全校各级党组织、全体党员和广大干部，要充分认识新形势下加强反腐倡廉建设的重要性和紧迫性，要把党风廉政建设和反腐败工作作为党的建设的重要组成部分和促进学校各项事业科学发展的重要保障，放在更为突出的位置，更好地融入各项工作之中，以更加坚定的信心、更加坚决的态度、更加有力的措施、更加扎实的工作，坚定不移地把党风廉政建设和反腐败斗争推向前进，为建设高水平特色研究型大学提供坚强保障。

中国共产党河海大学第十二次代表大会闭幕词

校党委书记 朱 拓

（2010 年 6 月 12 日）

各位代表、同志们：

在上级领导的关心和支持下，在各位代表的共同努力下，中国共产党河海大学第十二次代表大会已圆满地完成了会议的各项议程，即将闭幕。两天来，各位代表以崇高的使命感、责任感，以对学校事业高度负责的态度，辛勤工作，认真履行党代表应尽的职责，保证了这次会议的成功召开。在此，我代表大会主席团以及新一届党委委员、纪委委员，向全体代表致以衷心的感谢！

本次党代会是在认真学习领会党的十七届四中全会精神、深入贯彻落实科学发展观之际，在学校阔步迈向百年征程、加快建设高水平特色研究型大学关键时期召开的重要会议，是一次承前启后、继往开来、凝心聚力、团结奋进的大会。大会审议并通过了中共河海大学第十一届委员会的工作报告和纪律检查委员会报告，认真总结了 7 年来学校各项工作的主要成绩和基本经验，对上届党委和纪委的工作给予了充分肯定，统一思想、坚定信心，明确了今后一个时期的办学指导思想、奋斗目标和发展思路。大会选举产生了中共河海大学第十二届委员会和中共河海大学纪律检查委员会，为今后我校各项事业再上新台阶提供了坚强的政治和组织保证。

宏伟的发展蓝图催人奋进，全新的发展阶段任重道远，我们要全面贯彻落实党代会精神，用高水平特色研究型大学的奋斗目标鼓舞士气，用特色、改革、开放的发展思路凝聚人心，全力推动学校办学能力和水平的新跨越。

一、明确目标，贯彻落实第十二次党代会精神

未来5年是把我校建设成高水平特色研究型大学的关键时期，党委报告中也明确指出为了实现这一奋斗目标，今后几年中将全面实施“两步走”的发展战略，“高标准、高质量、高水平、高强度、高要求、高起点”地完成六项任务，弘扬水利精神，树立“危机意识、责任意识、赶超意识、大局意识”，推动整体目标的实现。这为我们的前进道路指明了方向，为我们的工作注入了新的动力。各级党组织要把学习贯彻第十二次党代会精神作为当前和今后一个时期的重要任务，深刻理解和把握学校改革发展的重大意义和精神实质，努力营造凝心聚力、共谋发展的良好氛围，把全校师生员工的积极性和创造性充分调动起来，激发广大干部群众为顺利实现党代会确定的目标任务而努力奋斗。

二、抢抓机遇，推进学校事业科学发展

我们必须坚定不移地用科学发展观统领学校改革发展的全局，切实把科学发展观贯穿于改革发展的全过程，落实到长远规划、学科建设、人才培养、科技创新、优化管理、文化建设和党的建设的各个工作环节。面向“十二五”我们要谋求新突破，实现新跨越，就必须深入分析我们面临的形势，敏锐地捕捉并牢牢地把握重要的发展机遇。全校党员领导干部要在树立科学发展理念、增强科学发展信心、凝聚科学发展共识上取得新进步，增强忧患意识，坚定必胜信念，抓住机遇，应对挑战，迎难而上，开拓进取，推动学校事业又好又快发展。

三、解放思想，切实加大改革创新力度

我们必须努力创造具有国际领先水平的原创性科研成果，培养和造就具有创新能力的高素质精英人才，不断开展原创性、高起点、高水平、高质量的创新活动，把改革创新作为学校进步的强大动力，这不仅是我们实现学校跨越式发展的根本，更是创建高水平特色研究型大学乃至世界一流大学的必经之路。我们要不断地解放思想，实事求是，与时俱进，将创新这一条工作主线，贯穿到学校建设、人才培养、科学研究、内部管理、精神文明建设、党组织建设等各项工作中去，着力打造“观念创新、机制创新、队伍创新、环境创新”的新局面。

四、创先争优，推进学习型党组织建设

实现党代会制定的宏伟目标，落实党代会的部署和要求，党的领导是关键，是保障。要切实抓好创建先进基层党组织、争当优秀共产党员的活动，完善长效机制，推动学习实践科学发展观活动向深度和广度发展。各级党组织和广大党员干部必须切实增强学习的紧迫感和自觉性，着力提高适应不同环境、驾驭复杂局面的领导能力，立足实际，务求实效，切实树立服务意识，全心全意为广大师生服务，更好地带领全校师生取得更加辉煌的成绩。

在这次两委委员换届中，根据部党组精神，校党委副书记郑大俊同志、副校长吴远同志因年龄原因从党委领导班子中退出来，他们热爱教育事业，几十年如一日，殚精竭虑为河海事业的发展倾注了巨大心血，同时还有部分同志也从党委和纪委班子中退了出来，他们的精神必将激励着我们奋发向上，取得学校事业发展新的业绩。在大会即将闭幕之际，让我们以热烈的掌声向他们表示衷心的感谢并致以崇高的敬意！

同志们，我校的事业发展即将踏上一个新的征程，让我们紧密团结起来，紧紧依靠全体党员和全校师生员工，把思想认识统一到校党委确定的事业发展大计上来，把智慧和力量凝聚到实现第十二次党代会确立的目标和任务上来，解放思想，开拓创新，锐意进取，在新的历史起点上实现河海大学的新跨越。

中国共产党河海大学第十二届委员会委员名单

（按姓氏笔画排序）

万国彤　王　乘　王　超　王济干　任立良　任旭华　刘汉龙　朱　拓
朱跃龙　阮怀宁　吴继敏　张　阳　张　勤　张海军　李乃富　陈德奎
周志芳　周建方　唐洪武　徐卫亚　郭继超　顾冲时　董增川　缪子梅
鞠　平

中国共产党河海大学第十二届委员会常务委员会委员名单

朱　拓　王　乘　鞠　平　陈德奎　朱跃龙　王济干　唐洪武　李乃富
徐卫亚

中国共产党河海大学第十二届委员会书记名单

朱　拓

中国共产党河海大学第十二届委员会副书记名单

陈德奎　王济干

中国共产党河海大学纪律检查委员会委员名单

（按姓氏笔画排序）

王建青　孙其昂　邢鸿飞　陈德奎　袁　越　高德华　蒋来娣　韩绪军
潘洪林

中国共产党河海大学纪律检查委员会书记名单

陈德奎

中国共产党河海大学纪律检查委员会副书记名单

高德华

中国共产党河海大学第十二次代表大会代表团名单

（以姓氏笔画排序）

水文水资源学院党委、港口海岸与近海工程学院党委代表团(20 名)

孔祥冬　王义刚　王永芝　王玉亭　冯卫兵　刘玉洪　朱宏亮　许圣斌
张长宽　陆宝宏　陈元芳　郝振纯　徐卫亚　诸裕良　陶桂兰　黄贤庆
葛朝霞　鲁子爱　管大为　瞿思敏

水利水电学院党委代表团(16 名)

方国华　王　乘　王润英　吉　昭　吴中如　张展羽　沈长松　苏　超
陈　菁　郑付刚　俞双恩　胡瑞媛　顾圣平　顾冲时　戴会超　魏有兴

土木与交通学院党委、理学院党委代表团(15 名)

王济干　刘汉龙　朱召泉　余湘娟　吴　中　吴　坚　张俊基　沈德建
陈才生　夏乐天　顾　华　曹平周　蒋　菊　韩梦洁　颜素珍

环境学院党委、计算机与信息学院党委代表团(18 名)

王　超　冯　钧　刘军英　华祖林　孙　敏　朱跃龙　许　峰　吴世友
吴宝海　李　轶　李东新　李臣明　李晓芳　沈逸昌　陈　杰　陈义群
徐淑芳　戴玉珍

能源与电气学院党委、外国语学院党委代表团(16 名)

刘成钢　朱志梅　吴　桦　李乃富　李训铭　李志华　屈　波　郑　源
郑亚南　赵晋泉　袁　越　钱　微　曹相芹　董华南　潘学萍　魏　萍

力学与材料学院党委、地球科学与工程学院党委代表团(17 名)

马　虎　王　泽　王泽华　冯广将　刘雯雯　安　如　江静华　张发明
张旭明　张秋野　张健飞　周志芳　岳建平　赵　引　唐洪武　耿芳芳
黄张裕

公共管理学院、法学院党委代表团(15 名)

刘小卫　刘爱莲　成　红　毕　霞　邢鸿飞　余文学　余达淮　张建民
陈天源　郑大俊　施国庆　胡兴波　高　燕　淳于中博　黄世虎

商学院党委、体育系直属党支部代表团(16 名)

丰景春　王玉梅　王卓甫　王建中　王建民　刘开兵　江苏旖　何有山

吴　远　吴洪彪　张　阳　杜晓荣　汪　群　周海炜　黄德春　韩国庆

机关党委代表一团(24名)

于　伟　王寿辉　王建青　任立良　朱　亚　阮怀宁　吴宁萍　张海军
张雪刚　杨　瑞　汪建新　陆国宾　陈　刚　周立新　郑金海　姚纬明
娄　健　胡忠平　郭继超　钱恂熊　曹继平　董增川　蒋来娣　雷贵荣

机关党委代表二团(25名)

万国彤　马成志　王如高　刘兴平　朱　拓　吴　红　宋　强　张　烨
张　勤　李　枫　周语明　郑垂勇　金　华　胡忠华　倪晓红　浦　玲
钱朝阳　高德华　曹松祥　黄林楠　舒红缨　韩绪军　蒲晓东　缪子梅
蔡丽萍

直属单位党委、江宁校区党工委、后勤集团党总支代表团(24名)

丁寿祥　马　民　马建明　王　平　王为钢　石传良　任旭华　刘晓云
吕家健　朱婵玲　祁本华　许圣斌　吴东敏　张　革　张鸿业　李冠华
汪北华　陈青生　林　芝　符晓陵　黄　波　彭世彰　戴　萍　鞠　平

离退休处党工委代表团(26名)

丁一农　丁莲珍　王　瑾　王大尧　王安继　朱　勇　张　岚　张鸣岐
李　深　李立功　林劲松　施泽华　胡金玺　胡维松　胡肇枢　徐　健
徐云生　郭祥林　钱自立　黄衍利　惠霞楠　温　毅　童凤昭　董立发
戴　辰　戴寿椿

常州校区党委代表一团(26名)

丁江平　马　聪　尹建兰　王　萍　王炎灿　王保元　冯兰萍　乔　熙
刘丹平　孙彦歆　吴继敏　吴震岱　宋利民　李德生　邱兰英　陈晓聪
陈德奎　郑镛钧　姜建国　胡　钢　胡井军　秦进东　康宏强　彭　雷
董涌波　蒋建宏

常州校区党委代表二团(25名)

王爱清　田晶华　朱天宇　朱灯林　朱昌平　江　琴　纪玲妹　张金波
张金城　李　凌　李庆武　杨　丽　杨春伟　陈正鸣　陈其勇　陈学忠
周建方　范新南　赵长青　赵占西　倪福生　梁　伟　蒋建平　楼力律
潘洪林

中国共产党河海大学第十二次代表大会列席、邀请列席代表名单

(以姓氏笔画排序)

列席代表(11名)

王　捷　刘树人　孙其昂　曲永岗　朱炳如　汤瑞凉　杨士魁　黄莉妙
蔡　新　潘洪山　戴玉良

邀请列席代表(36 名)

王志坚	乔丕中	刘　凌	刘业骥	刘新仁	安天庆	朱　伟	江　冰
许长新	许加军	余知义	余钟波	吴凤平	吴胜兴	宋太炎	宋文波
张　玮	张　常	李　凌	邵建富	陈守伦	陈建生	陈星莺	孟庆龙
姜弘道	胡沛成	赵　坚	郝雁南	夏兆镛	钱向东	高新陵	曹挺杰
章　青	黄　皎	黄　瑾	解启庚				

中国共产党河海大学第十二次代表大会主席团成员名单

（以姓氏笔画排序）

万国彤	王　泽	王　乘	王　超	王建民	王保元	王济干	冯广将
刘汉龙	刘兴平	刘晓云	朱　拓	朱宏亮	朱跃龙	何有山	余达淮
吴　远	吴中如	吴宝海	吴继敏	张　勤	张长宽	张俊基	张展羽
李乃富	汪北华	陈　杰	陈元芳	陈德奎	周建方	郑大俊	金　华
唐洪武	徐卫亚	郭祥林	郭继超	钱　微	高德华	彭　雷	董增川
蔡丽萍	潘洪林	颜素珍	鞠　平	魏　萍			

中国共产党河海大学第十二次代表大会秘书长名单

郑大俊

中国共产党河海大学第十二次代表大会副秘书长名单

陈德奎　　王济干

（组织部供稿）

教育部副部长陈希视察河海大学

4 月 29 日，教育部副部长、党组副书记陈希视察河海大学。教育部直属高校工作司司长陈维嘉、江苏省教育厅副厅长殷翔文以及教育部、省教育厅有关部门负责人陪同视察。

陈希副部长听取了校党委书记朱拓的工作汇报，对学校的建设给予充分肯定，并对学校今后的发展提出了四点要求：第一，要用更高的标准来提升办学水平，战略目标设定的标准要高，工作质量的标准要高；第二，要找准发展定位，突出水利及相关学科的优势，重点发展水利学科及相关支撑学科；第三，要在重视应用研究的同时，注重学术水平的提高；第四，要提高学生的实践能力和创新能力，更好地为行业和区域服务。陈希副部长还强调了高校建设发展中的学风问题和廉政建设问题。校长王乘主持了汇报会，全体校领导、校长助理及学校有关部门负责人参加了汇报会。

陈希副部长一行在校领导的陪同下还专程视察了江宁校区。

（党委办公室供稿）

中国工程院院长周济到河海大学视察指导工作

9 月 6 日，中国工程院院长、党组书记周济到河海大学视察指导工作。

在校党委书记朱拓、校长王乘的陪同下，周济院长首先来到中国工程院院士吴中如教授的工作室，给吴中如院士送上了教师节的祝福，并与吴中如院士进行了亲切交谈，关切地询问了吴中如院士的工作和身体情况。

视察中，周济院长听取了王乘校长所作的学校近期工作的汇报，对学校在建设发展中取得的成绩给予充分肯定。周济院长传达了胡锦涛总书记最近在院士工作大会上的重要讲话精神，指出在国家加快转变经济发展方式的过程中包括河海大学在内的高等院校面临着重要的历史责任和发展机遇，强调高校的建设要坚持“高水平，有特色”，要把学校的发展融入社会的发展中去，以服务为宗旨，提供更好的服务，为现代化建设做出更多的贡献，学校自身的发展才会更好。周济院长说，河海大学有光荣的历史，肩负着重大的历史责任。在加快转变经济发展方式过程中，在国家的科学发展中，水太重要了，是我们的生命线。水资源的问题、水安全的问题对中国的可持续发展是一个非常关键的问题。高校的发展不能被“排行榜”牵着鼻子走，重要的是真正帮助国家解决核心的问题。河海大学坚定方向解决生产实际中的问题，紧密结合实践培养水利人才，吴院士就是很好的代表。最后，周济院长向全体教职员工致以节日的问候。

校党委书记朱拓主持了汇报会，吴中如院士和校领导鞠平、陈德奎、李乃富、徐卫亚及校长助理、部分学术带头人、有关部门负责人参加了汇报会。

（党委办公室供稿）

水利部部长陈雷视察河海大学

12 月 23 日，水利部党组书记、部长陈雷到河海大学视察指导工作。水利部党组成员、副部长周英，江苏省委常委、副省长黄莉新，水利部党组成员、办公厅主任陈小江，水利部总规划师兼规划计划司司长周学文等陪同陈雷部长视察。

陈雷部长听取了校党委书记朱拓、校长王乘的学校近期工作汇报，考察了水资源实验大厅、节水示范园区、生活区和教学区。在考察图书馆时，陈雷部长受到了学生们的热烈欢迎，与学生进行了现场交流。他寄语河海学子们，要认真学习，不断丰富完善自我，成为我国水利水电事业的栋梁之才，为祖国水利水电事业的腾飞，为国家的繁荣昌盛，为中华民族的伟大复兴做出更多更大的贡献。之后，陈雷部长又与教师进行了座谈。

陈雷部长说，时隔 3 年再次来到河海，看到了河海大学欣欣向荣、蒸蒸日上的发展景象，也感受到了河海学子潜心学习、英姿勃发的良好精神面貌，倍感振奋和鼓舞。他充分肯定了河海大学建校 95 周年来取得的成绩。他指出，近一个世纪以来，河海大学与祖国同呼吸、共命运，始终站在社会变革和时代进步的前列，培养了一批又一批优秀人才，为国家富强、民族振兴和祖国水利水电事业发展做出了重要贡献。特别是近年来，学校坚持正确办学方针，遵循致高、致用、致远的育人理念，立足水利水电事业发展，服务经济建设中心，以提高质量为核心，以改革创新为动力，办学实力不断增强，人才培养特色鲜明，科技创新硕果累累，国际合作稳步推进，自身建设不断强化，学校的面貌正在发生日新月异的变化，驶入了快速发展的轨道。

陈雷部长在分析了当前水利发展形势、阐述了“十二五”时期水利行业的重点任务后，对河海大学下一步发展提出明确要求。他强调，面对新形势新任务，河海大学要肩负起崇高使命和历史责任，深入贯彻落实科学发展观，继承优良传统，发挥自身优势，以更加广阔的视野、更加奋发的精神、更加开放的姿态、更加执著的努力，建设一流的高等学校、打造一流的创新平台、开展一流的教学科研、凝聚一流的师资队伍、培养一流的水利人才、多出一流的创新成果。一要坚持育人为本，着力培养适应现代化建设需要的优秀人才；二要坚持质量第一，着力创建国内一流国际知名的高等学府；三要坚持办学特色，着力推进高水平特色研究型大学建设；四要坚持开放办学，为水利发展提供科技和人才支撑；五要坚持改革创新，着力增强学校持续发展的活力后劲；六要坚持科学民主，着力营造宽松平等和谐的学术氛围。

陈雷部长表示，水利部将一如既往地关心、重视河海大学的发展，在学科建设、人才培养、学术研究、科技攻关、行业交流、技术培训、重大专题及科研项目研究、国家和部级实验室建设等方面给予更多的支持，与教育部签订共建协议并抓好落实，推进学校事业又好又快发展，以优异成绩迎接2015年的百年校庆。

陪同陈雷部长视察的还有水利部政策法规司司长赵伟、水资源司司长孙雪涛、财务司司长张红兵、人事司司长刘雅鸣、国际合作与科技司司长高波、建设与管理司司长孙继昌、国家防汛抗旱总指挥部办公室常务副主任张志彤、水电局局长田中兴、水文局局长邓坚、《中国水利报》社长董自刚、办公厅副主任吴文庆和江苏省水利厅厅长吕振霖；河海大学参加汇报和陪同考察的还有中国工程院院士吴中如、原校长张长宽和学校领导班子成员等。

（党委办公室供稿）

河海大学党委做出《关于在全校开展向朱岳明同志学习的决定》

2010年4月15日，河海大学党委印发《关于在全校开展向朱岳明同志学习的决定》，号召全校师生员工学习朱岳明同志的先进事迹，要求各级党组织和各单位要充分认识开展向朱岳明同志学习活动的重要意义，加强领导，合理安排，认真组织实施，运用多种形式在全校形成学习朱岳明同志的热潮，形成推动科学发展、促进学校和谐的强大力量和实际行动。全校广大党员、干部和教师要以朱岳明同志为榜样，寻找差距，立足本职，比学赶超，积极进取，开拓创新，争创一流，在自身岗位上建功立业，以优异的成绩迎接学校第十二次党代会的召开，为实现学校的新发展做出更大贡献。

学校宣传部门按照党委的要求精心谋划，运用多种形式大力宣传朱岳明教授先进事迹，积极营造学习朱岳明教授先进事迹的环境氛围。宣传部门先后召开了多次座谈会，收集整理朱岳明同志的先进事迹，编印了《朱岳明教授先进事迹材料》，下发至各单位、支部、学生班集体；组织朱岳明同志先进事迹宣讲团在全校师生中做巡回报告，在全校师生员工中兴起了学习朱岳明先进事迹、立足本职岗位做贡献的热潮。《光明日报》、《中国教育报》、《中国水利报》等各大媒体和网站对朱岳明教授的先进事迹做了报道，在全社会引起了强烈反响。

省委统战部致函我校党委："开展向朱岳明同志学习活动很有意义"，并于2010年11月5日邀请以鞠平副校长为团长的我校朱岳明同志先进事迹报告团在江苏省政协会堂举行报告会。江苏省政协副主席、九三学社江苏省委主委许仲梓在总结发言中强调指出，朱岳明同志是民盟成员，但其影响绝不限于民盟；是河海大学老师，但其影响也绝不限于河海大学一个单位。朱岳明同志的先进事迹为我省民主党派树立和践行社会主义核心价值体系提供了生动教材。他要求省各民主党派联合学习委员会倡议全省民主党派各级组织在广大成员中迅速开展向朱岳明同志学习的活动。

（党委办公室供稿）

河海大学纪念新中国水文高等教育事业奠基人 刘光文教授百年诞辰系列活动

2010年是新中国水文高等教育事业奠基人、水文学科开拓者，享誉国内外的教育家、科学家，河海大学一级教授、博士生导师，九三学社社员刘光文先生百年诞辰。由河海大学和水利部水文局合办、水文水资源学院承办的系列纪念活动，于校庆95周年期间隆重举行并取得圆满成功，获评2010年全国水文行业十件大事之一。

全国政协原副主席钱正英院士为活动题词“纪念刘光文先生百年诞辰”，水利部副部长胡四一题词“水文学问人生，河海大家风范”。

系列纪念活动主要内容有：① 塑建刘光文铜像，举行铜像揭幕仪式；② 设立刘光文生平事迹及水文学科建设成就展示室；③ 召开纪念座谈会；④ 发行纪念邮折；⑤ 设立刘光文水文科技教育基金；⑥ 举办水文水资源学术研讨会；⑦ 出版纪念文集等。

刘光文早年毕业于清华大学，后在美国依阿华大学获工学硕士学位。抗战爆发后，他毅然于1938年中断在德国柏林工业大学的学业回国，实践科学救国、教育救国的理想。1952年刘光文参与筹建华东水利学院，是当年学校拥有的4位一级教授之一。他创办的新中国第一个水文本科专业及水文系，发展到目前的河海大学水文水资源学院，一直作为国家重点学科，长期保持全国领先地位并具有重要国际影响。刘光文毕生致力于教学科研工作，学术造诣精深，主编了中国水文界最有影响的《水文分析与计算》、《水文统计及近似计算》、《英汉水文学词汇》等著作、译著和教材，发表了许多高水平论文，主持长江三峡大坝设计洪水计算研究和我国多座大中型水库设计洪水的论证审查，取得一大批重要研究成果，培养了众多优秀专门人才。他提出并被国家采用的天气型组合法推求三峡工程最大可能洪水，至今仍是广泛应用于特大流域的唯一方法。刘光文先后兼任国务院三峡工程论证领导小组水文专家组顾问、全国水利水电类教材编审委员会副主任委员、国际水文计划中国国家委员会副主席等职务，曾当选为江苏省第三届人民代表大会代表，江苏省政协第四届、第五届常务委员。刘光文于1998年3月6日在南京病逝，享年88岁。他临终前留下遗嘱，将遗体捐献给南京医科大学作教学科研之用。

水利部副部长胡四一，江苏省常委、副省长黄莉新，江苏省政协副主席、九三学社江苏省委主委许仲梓，水利部水文局局长邓坚，南京水利科学研究院院长张建云院士，中国科学院汪集旸院士等出席10月26日上午举行的刘光文铜像揭幕仪式，参观展示室和参加纪念座谈会并讲话。胡四一、黄莉新、许仲梓、张建云为铜像揭幕。河海大学党委书记朱拓、校长王乘分别主持铜像揭幕仪式和纪念座谈会，并作了讲话。

胡四一在纪念座谈会上的讲话中说，我们纪念刘光文先生，为的是不忘记河海老一辈崇高的思想境界，精湛的学术专攻，严谨的治学作风和优良的师德风范；学习他对中国水利事业和人民教育事业的无限忠诚和无私奉献；学习他淡泊名利、为人师表、甘为人梯的高风亮节。正是像刘先生这样一大批德高望重的学者和教师，撑起了河海的脊梁，成就了河海的辉煌。他们是河海大学的骄傲，也是河海大学永远的精神财富，永远激励我们将河海大学的发展和我国水利教育科技事业不断推向前进。

黄莉新在讲话中指出，江苏省委、省政府坚定不移地实施科教兴省、人才强省战略，全力推进教育强省和高水平大学建设，以教育的现代化支撑全省经济社会发展的现代化。江苏省和教育部共建河海大学，是实施科教兴省战略的需要，也是实现“两个率先”的需要。希望河海大学继承和发扬刘光文教授等老一辈开拓者献身、求实、负责的水利精神，积极适应经济社会发展需求，立足江苏、面向全国，充分发挥办学特色优势，进一步解放思想、与时俱进、开拓创新，不断增强优势学科的核心竞争力，大力推进产学研结合，积极建设高水平特色研究型大学，为加快水利现代化建设，促进经济社会又好又快发展做出更大贡献。

水利部和省市有关方面负责人以及河海大学干部师生代表、校友代表、离退休老教师代表、刘光文亲属代表等在纪念座谈会上踊跃发言，高度评价刘光文先生爱国、创业、奉献的一生，表示要深入贯彻落实党的十七届五中全会精神，在科学发展的新征程中创造新的辉煌，以告慰先生的在天之灵。刘光文的女儿刘钟贤代表亲属，将先生留下的数千册专业图书和学术资料无偿捐献给水文水资源学院。座谈会上，还举行了刘光文诞辰100周年纪念邮折发行仪式，水利部水文局局长邓坚、河海大学校长王乘为邮折揭彩。河海大学教育发展基金会理事长郑大俊宣读了学校设立刘光文水文科技教育基金的决定，该基金主要用于奖励我国开设水文专业的高等院校优秀本科生、研究生，每年评选一次；在全国范围内奖励对本学科领域有杰出贡献的科技工作者和有突出贡献的青年科技工作者，每两年评选一次。业界同仁、广大校友和我校教师积极为基金会捐款，目前已筹集资金200多万元人民币，拟从2011年开始评定颁发。

胡四一还在10月26日下午举行的水文水资源学术研讨会上作了题为《水文水资源的发展回顾和主要任务》主旨报告。研讨会为期两天，安排50场学术报告和大会交流，收到论文78篇。协办单位水利部相关司局、水利水电科研院所、全国七大流域委员会水文局、省(市)水文局、江苏省水利厅和清华大学、南京大学、武汉大学、四川大学、西安理工大学等高校代表120多人，以及河海大学干部师生共400多人参加会议和学术研讨。

此外，水文水资源学院还以纪念刘光文百年诞辰为契机，积极组织师生广泛参与江苏高校第四届“校园廉洁文化活动月”主题教育活动。刘光文先生不仅在政治上一生爱党爱国，学术上造诣精深，而且他天爵常修、行仁倡义、廉洁奉公的形象也极为高大鲜明。在纷繁喧闹的现代社会里，他严于律己、心怀大爱，淡泊名利、不计得失，安贫乐道、节俭朴素，一辈子坚守自己安身立命的原则，始终保持着一份独特的宁静，给后人以深刻的启迪和震撼人心的力量。文化月活动主要包括廉政准则宣讲、廉政演讲比赛、廉政故事会、廉政动漫作品创作等丰富多彩的内容，突出时代性，注重发挥师生的创新能力和实践才干，以主题鲜明、形式多样、科技与文化交流为特色，展示老一辈科学家、教育家清正廉洁的崇高精神境界，激励师生学习继承优秀传统文化，践行弘扬社会主义核心价值观。“展水文大师风采，谱廉洁文化新篇”活动获评校党委组织奖及创新项目一等奖，并作为学校项目上报，获评2010年全省教育系统第四届校园廉洁文化活动月创新项目一等奖。

纪念刘光文百年诞辰系列活动得到全国水利、教育系统工作者和广大校友的热烈响应和大力支持，也得到社会各界和新闻媒体的广泛关注。《中国水利报》、《新华日报》、《扬子晚报》、《江苏教育报》、《江苏科技报》、江苏教育电视台、《水文》杂志、《水科学进展》杂志、《江苏九三》杂志和教育部、水利部、清华大学等全国十多家网站刊发报道数十篇(次)，刘光文先生的学识人品、道德形象深入人心，河海大学和水文学及水资源学科在全国的影响进一步扩大。

(水文水资源学院供稿)

河海大学纪念张闻天同志诞辰110周年系列活动

11月4日，河海大学纪念张闻天同志诞辰110周年报告会暨“张闻天班”命名仪式在江宁校区隆重举行。校党委副书记王济干，学校相关职能部门及各学院领导出席了大会。大会由校党委宣传部部长万国彤主持。

大会首先举行“张闻天班”命名仪式。学生处处长缪子梅宣读《关于命名水务工程09级1班等18个班级为2010年度“张闻天班”的决定》，与会领导为“张闻天班”授牌并赠送《水文化教育丛书》和两本校友丛书《群星璀璨》与《春华秋实》。

校党委副书记王济干发表讲话。王副书记追忆了张闻天同志的光辉业绩和崇高精神，回顾了学校缅怀纪念张闻天同志所取得的成绩，并对“张闻天班”同学今后的学习生活提出了期望和要求：一是希望大家坚定信念，树立高远理想；二是希望大家掌握本领，起示范引领作用；三是希望大家投身实践，促进全面发展。

学校还邀请林劲松教授作了报告。林教授以“纪念张闻天诞辰 110 周年，繁荣河海张闻天文化”为题，围绕“张闻天与河海”、“张闻天的生平”、“张闻天的主要事迹和挫折”等内容，给同学们做了一场情真意切、感人至深的精彩报告。对于我们在新的历史条件下，以张闻天同志为榜样，深入学习和大力弘扬张闻天的精神传统，进一步坚定理想信念，牢记党的宗旨，不断创造新的业绩具有重要的启迪意义。

（党委办公室供稿）

河海大学力学专业办学 50 周年

3 月 28 日上午，学校举行力学专业办学 50 周年庆典，来自国内外的近 300 名校友和师生代表共 500 多人参加了庆祝活动。校党委书记朱拓，副校长朱跃龙、李乃富，力学专业创办人之一、原校长左东启教授，原党委书记、校长姜弘道教授，力学专业创办人之一、力学系原系主任赵光恒教授出席庆典。庆祝大会由力学与材料学院院长钱向东教授主持。

朱拓书记在庆祝大会上发表讲话，他肯定了力学专业 50 年来所取得的成就，希望力学专业在今后进一步办出优势，办出特色，为把学校建设成国际一流水利学科的高水平研究型大学作出新的更大的贡献。

中国科学院院士、中国力学学会副理事长、北京理工大学校长胡海岩教授和我校赵光恒教授分别代表中国力学学会、力学专业创办人发言。力学系系主任邵国建教授做了主题报告，介绍了力学专业发展建设情况。清华大学航天航空学院党委书记庄茁教授、我校地球科学与工程学院院长周志芳教授分别代表兄弟高校和校内兄弟学院致辞。校友代表、教师代表和学生代表也相继发言和献词。

当学生代表向力学专业创建时期的老教师和老领导代表敬献鲜花时，全场起立，掌声雷鸣，将庆典活动推向了高潮。

庆祝活动期间，海内外百余单位、个人发来了热情洋溢的贺电、贺信，祝贺河海大学力学专业办学 50 年来所取得的辉煌成就。此次活动充分展现了力学专业的形象，凝聚了力学专业的力量，振奋了力学专业全体师生和广大校友的精神，将有力地促进力学专业的发展。

出席大会的嘉宾还有：清华大学、北京大学、武汉大学、华中科技大学、兰州大学、南京航空航天大学等兄弟高校的代表，以及校内有关部门和兄弟学院负责人。

（力学与材料学院供稿）

第三部分　学 校 工 作

发 展 规 划

一、“十二五”规划

河海大学“十二五”规划是在校党委直接领导下研究制定的。学校成立了由校党委书记任组长的校规划工作领导小组。领导小组确定了由校级规划和院(系)及直属单位规划两个层次构成的学校“十二五”规划体系框架。其中，校级规划包括《河海大学“十二五”事业发展总体规划》(以下略称《总体规划》)以及《学科与队伍建设》、《校园与基础能力建设》、《党建与精神文明建设》3个专项规划。领导小组对规划编制的工作规范提出了明确要求，确保了规划编制工作的有序推进。领导小组还对《河海大学“十二五”发展规划纲要》(以下略称《规划纲要》)和《总体规划》稿中的一些重大问题进行了多次讨论，并做出重要部署。

《总体规划》编制工作历时一年多。2009年下半年，学校组织开展关于“十二五”规划的前期研究，开始制定“十二五”规划的准备工作。2010年初启动“十二五”规划的编制工作，到2010年8月下旬，形成了《规划纲要》，确定了学校“十二五”规划的文本框架，并就学校发展思路和发展目标达成共识。9月全面启动编写规划文本。在《总体规划》编制过程中，召开了学校发展战略研讨会，对《规划纲要》形成广泛共识；召开了多次不同层次、不同类别的咨询会、座谈会、讨论会，向教授专家、学院教师和负责人、行政职能部门负责人、党群部门负责人、离退休老同志等广泛征求意见；召开两次双代会执委会听取意见；召开校党委常委会，对《规划纲要》稿和《总体规划》稿进行了多轮讨论，召开校党委全委会讨论审议《总体规划》。

二、国家教育体制改革试点项目

根据教育部关于做好《国家中长期教育改革和发展规划纲要》贯彻落实工作的要求，学校组织相关部门认真学习领会全国教育工作会议和国家教育规划纲要精神，结合学校“十二五”发展规划的制定，确定了“改革和完善与行业、企业合作办学的体制机制，促进水利行业高等教育特色发展”试点项目的改革目标、改革重点、改革事项、改革措施、保障条件、试点周期、需要的支持政策等内容，形成了实施方案。经国家教育体制改革领导小组办公室批准，该项目获批立项，我校成为国家教育体制改革试点高校。

(发展规划处供稿)

规 范 管 理

一、处级领导班子任期目标责任制

为进一步深化学校内部管理体制改革，加强处级干部管理与考核，充分发挥考核的导向、激励和监督作用，强化目标管理与责任意识，全面完成学校2010—2012年的工作任务，实现学校的科学发展，学校实施处级领导班子2010—2012年度任期目标责任制。年初出台了《关于实施处级领导班子任期目标责任制的意见》(河海委发〔2010〕19号)，确定了任期目标的内容与制订、实施与监督、考核与评定及实施任期目标责任制的领导与组织。在学校第五届教职工代表大会第五次会议上，校党委书记、校长与50个单位的负责人正式签订《任期目标责任书(任务书)》。

二、年度工作计划及考核工作

为推进任期目标责任制的顺利实施，组织对学校三年任期目标任务按年度细化，分解到各相关单位，要求各单位结合学校年度工作要点，统筹兼顾，合理安排，制订本单位年度工作计划。同时，还制订了《河海大学2010年度单位考核工作实施办法》，建立对单位的考核、评价、监督、激励机制，为学校年度目标任务的完成提供了制度保障。

三、二级机构的设置与管理

根据各职能部门与部分直属单位按照现有实际工作职责范围修改的单位职责，进行了梳理和分析，进一步明晰职能部门职责，形成《各职能部门职责分析报告》，并对各职能部门与部分直属单位的职责进行了重新修订。

四、规范行政管理工作

对学校2000—2010年的行政规范性文件进行了梳理，对近400份文件进行了保留、修改、废止、补充的确认，保证学校规章制度的时效性和适用性。重新梳理并进一步优化各部门已有的工作流程，并编印成册，在全校发放。强化全校行政工作督办力度，进一步完善督办机制，确保行政重大事项的落实和全校的行政执行力。做好学校每月工作计划，督促、汇总各单位工作计划执行情况。调研、起草学校接待工作管理办法、车辆管理办法等。对全校2000年以来的所有行政发文和行政会议进行了梳理并编定成册，方便查阅。

12月10—11日，对各学院(系)办公室主任，各职能部门、直属单位综合科科长，进行了2010年度行政业务培训，培训内容包括办公室秘书工作、信息公开和年鉴编写相关工作、印章管理和接待工作规范、信访工作、公文处理和文件规范性管理、校法律事务承接及办理相关工作等。

五、校务公开及依法治校工作

作为江苏省校务公开先进单位和江苏省校务公开领导小组确定的唯一高校联系单位，结合学校校务公开的良好基础，调研、起草并出台了《河海大学信息公开实施办法(试行)》，进一步完善学校信息公开栏目中的信息公开目录、指南等内容，明确了各单位信息公开工作的职责，推进学校校务公开进程。

根据信息公开工作需要，对学校发文稿签进行了修订，增设“公开属性”栏目，明确了文件是否“主动公开”、“依申请公开”或“不予公开”。

为进一步发挥信访工作在维护学校和谐稳定中的作用，3月22日学校成立信访办公室。信访办公室多途径开展矛盾纠纷排查和化解工作，坚持校领导每周接待制度，全年共受理群众来信来访312件，均做到件件有回音，事事有答复。

为维护学校合法利益，3月1日学校成立法律事务办公室，挂靠法学院。法律事务办公室全年审核学校各单位送交的各类合同400余份，承办了学校多起各类诉讼、非诉讼案件，为学校挽回了一定的经济损失，对学校许多重大投资、重大纠纷以及对外法律行为等提供了专项法律咨询。

(校长办公室供稿)

学科与重点工程建设

概　　况

一、学科建设

1. 博、硕士学位授权与专业学位授权点申报工作

(1) 组织开展自行审核增列博、硕士学位授权点工作，组织力学等 10 个一级学科申报博士学位授权一级学科点，其中 7 个学科增列为一级博士学位授权点；组织理论经济学等 12 个一级学科申报硕士学位授权一级学科点，其中 11 个学科增列为一级硕士学位授权点。

(2) 组织开展专业学位授权点申报工作，组织金融硕士等 12 个专业学位授权点申报，其中 9 个专业学位授权点申报成功。

2. 重点学科建设

(1) 完成江苏省重点学科建设中期检查工作。

(2) 完成江苏省重点学科年度建设计划的编制、审核、计划执行审核、检查和监督等工作。

二、导师队伍建设

1. 博士生指导教师遴选、聘任工作

完成了 2010 年度博士生指导教师遴选工作，遴选 37 位教授为 2011 年新上岗博士生指导教师，其中 10 人为兼职博士生指导教师。

2. 硕士生指导教师遴选工作

完成了 2010 年度硕士生指导教师遴选工作，遴选 92 人为 2010 年新上岗硕士生指导教师。

3. 研究生联合培养单位研究生指导教师的遴选工作

组织开展了研究生联合培养单位研究生指导教师的遴选工作，遴选研究生联合培养单位博士生指导教师 59 名，硕士生指导教师 313 名。

4. 研究生导师培训工作

开展了 2010 年度博士生导师研修和硕士生导师培训工作。

三、国家重点工程建设

1. 优势学科创新平台建设工作

(1) 做好优势学科创新平台建设的组织管理和监督指导工作，保证建设工作顺利进行。

(2) 完成大型仪器设备论证工作，全力推进项目建设工作，建设计划已基本完成且情况良好。

(3) 组织到“985 工程”高校和已实施优势学科创新平台建设项目的高校调研，为将来的平台项目验收做好准备工作。

2. “211 工程”三期建设工作

(1) 做好“211 工程”三期建设的组织管理和监督指导工作，保证建设工作顺利进行。

(2) 完成教育部对“211 工程”三期建设中期检查工作。

(3) 全面推进项目建设工作，建设计划已基本完成且情况良好。

3. 江苏省优势学科建设工程申报工作

组织水利工程等 4 个学科(群)申报江苏省优势学科，其中水利工程、环境科学与工程、海岸带资源开发与安全学科群正式立项。

重点学科

国家重点学科

国家重点学科(含培育)一览表

类　别	序　号	学科代码	学科名称	备　注
一级学科	1	0815	水利工程	
二级学科	1	080104	工程力学	
	2	081401	岩土工程	
	3	081501	水文学及水资源	
	4	081502	水力学及河流动力学	
	5	081503	水工结构工程	
	6	081504	水利水电工程	
	7	081505	港口、海岸及近海工程	
	8	083002	环境工程	培育
	9	120204	技术经济及管理	培育

省级重点学科

省级重点学科一览表

类　别	序　号	学科代码	学科名称
一级学科	1	0801	力学
	2	0814	土木工程
	3	0830	环境科学与工程
	4	1202	工商管理
二级学科	1	070701	物理海洋学
	2	080104	工程力学
	3	081402	结构工程
	4	081502	水力学及河流动力学
	5	081505	港口、海岸及近海工程
	6	081803	地质工程
	7	083002	环境工程
	8	120120	工程管理与项目管理
	9	120204	技术经济及管理

学位授权学科

博士学位授权学科

博士学位授权学科一览表

<table>
<tr><th>序 号</th><th>学科门类</th><th>一级学科代码</th><th>一 级 学 科 名 称</th><th>二级学科代码</th><th>二 级 学 科 名 称</th></tr>
<tr><td>1</td><td rowspan="3">03 法学</td><td>0303</td><td>社会学</td><td>030301</td><td>社会学</td></tr>
<tr><td>2</td><td rowspan="2">0305</td><td rowspan="2">马克思主义理论</td><td>030501</td><td>马克思主义基本原理</td></tr>
<tr><td>3</td><td>030505</td><td>思想政治教育</td></tr>
<tr><td>4</td><td>07 理学</td><td>0707</td><td>物理海洋</td><td>070701</td><td>物理海洋学</td></tr>
<tr><td>5</td><td rowspan="29">08 工学</td><td>0801</td><td>力学</td><td>080104</td><td>工程力学</td></tr>
<tr><td>6</td><td>0808</td><td>电气工程</td><td>080802</td><td>电力系统及其自动化</td></tr>
<tr><td>7</td><td>0812</td><td>计算机科学与技术</td><td>081203</td><td>计算机应用技术</td></tr>
<tr><td>8</td><td rowspan="7">0814</td><td rowspan="7">▲土木工程</td><td>081401</td><td>岩土工程</td></tr>
<tr><td>9</td><td>081402</td><td>结构工程</td></tr>
<tr><td>10</td><td>081403</td><td>市政工程</td></tr>
<tr><td>11</td><td>081404</td><td>供热、供燃气、通风及空调工程</td></tr>
<tr><td>12</td><td>081405</td><td>防灾减灾工程及防护工程</td></tr>
<tr><td>13</td><td>081406</td><td>桥梁与隧道工程</td></tr>
<tr><td>14</td><td>081420</td><td>土木工程材料 *</td></tr>
<tr><td>15</td><td rowspan="13">0815</td><td rowspan="13">▲水利工程</td><td>081501</td><td>水文学及水资源</td></tr>
<tr><td>16</td><td>081502</td><td>水力学及河流动力学</td></tr>
<tr><td>17</td><td>081503</td><td>水工结构工程</td></tr>
<tr><td>18</td><td>081504</td><td>水利水电工程</td></tr>
<tr><td>19</td><td>081505</td><td>港口、海岸及近海工程</td></tr>
<tr><td>20</td><td>081520</td><td>生态水利学 *</td></tr>
<tr><td>21</td><td>081521</td><td>城市水务 *</td></tr>
<tr><td>22</td><td>081522</td><td>海岸带资源与环境 *</td></tr>
<tr><td>23</td><td>081523</td><td>水灾害与水安全 *</td></tr>
<tr><td>24</td><td>081524</td><td>水信息学 *</td></tr>
<tr><td>25</td><td>081525</td><td>地下水科学与工程 *</td></tr>
<tr><td>26</td><td>081526</td><td>水利水电建设工程管理 *</td></tr>
<tr><td>27</td><td>081527</td><td>水系统科学 *</td></tr>
<tr><td>28</td><td>0816</td><td>测绘科学与技术</td><td>081601</td><td>大地测量学与测量工程</td></tr>
<tr><td>29</td><td>0818</td><td>地质资源与地质工程</td><td>081803</td><td>地质工程</td></tr>
<tr><td>30</td><td>0828</td><td>农业工程</td><td>082802</td><td>农业水土工程</td></tr>
<tr><td>31</td><td rowspan="3">0830</td><td rowspan="3">▲环境科学与工程</td><td>083001</td><td>环境科学</td></tr>
<tr><td>32</td><td>083002</td><td>环境工程</td></tr>
<tr><td>33</td><td>083020</td><td>景观生态学 *</td></tr>
<tr><td>34</td><td rowspan="5">12 管理学</td><td rowspan="4">1201</td><td rowspan="4">▲管理科学与工程</td><td>120120</td><td>工程管理与项目管理 *</td></tr>
<tr><td>35</td><td>120121</td><td>信息管理与电子商务 *</td></tr>
<tr><td>36</td><td>120122</td><td>金融工程 *</td></tr>
<tr><td>37</td><td>120123</td><td>移民科学与管理 *</td></tr>
<tr><td>38</td><td>1202</td><td>工商管理学</td><td>120204</td><td>技术经济及管理</td></tr>
</table>

注：▲为博士学位授权一级学科，* 为自主设置学科专业。

硕士学位授权学科

硕士学位授权学科一览表

序　号	门　类	一级学科代码	一 级 学 科	二级学科代码	二 级 学 科
1	01 哲学	0101	哲学	010101	马克思主义哲学
2				010105	伦理学
3				010108	科学技术哲学
4	02 经济学	0201	理论经济学	020106	人口、资源与环境经济学
5		0202	▲应用经济学	020201	国民经济学
6				020202	区域经济学
7				020203	财政学
8				020204	金融学
9				020205	产业经济学
10				020206	国际贸易学
11				020207	劳动经济学
12				020208	统计学
13				020209	数量经济学
14				020210	国防经济学
15	03 法学	0301	法学	030103	宪法学与行政法学
16				030105	民商法学
17				030108	环境与资源保护法学
18		0302	▲政治学	030201	政治学理论
19				030202	中外政治制度
20				030203	科学社会主义与国际共产主义运动
21				030204	中共党史
22				030206	国际政治学
23				030207	国际关系学
24				030208	外交学
25		0303	▲社会学	030301	社会学
26				030302	人口学
27				030303	人类学
28				030304	民俗学
29		0305	马克思主义理论	030501	马克思主义基本原理
30				030505	思想政治教育
31	04 教育学	0401	教育学	040106	高等教育学
32		0402	心理学	040203	应用心理学
33		0403	体育学	040303	体育教育训练学
34	05 文学	0501	中国语言文学	050101	文艺学
35		0502	外国语言文学	050201	英语语言文学
36		0503	新闻传播学	050302	传播学
37	07 理学	0701	▲数学	070101	基础数学
38				070102	计算数学
39				070103	概率论与数理统计
40				070104	应用数学
41				070105	运筹学与控制论

续表

序 号	门 类	一级学科代码	一 级 学 科	二级学科代码	二 级 学 科
42	07 理学	0702	物理学	070205	凝聚态物理
43		0705	▲地理学	070501	自然地理学
44				070502	人文地理学
45				070503	地图学与地理信息系统
46		0707	海洋科学	070701	物理海洋学
47	08 工学	0801	▲力学	080101	一般力学与力学基础
48				080102	固体力学
49				080103	流体力学
50				080104	工程力学
51		0802	▲机械工程	080201	机械制造及其自动化
52				080202	机械电子工程
53				080203	机械设计及理论
54				080204	车辆工程
55		0804	仪器科学与技术	080402	测试计量技术及仪器
56		0805	▲材料科学与工程	080501	材料物理与化学
57				080502	材料学
58				080503	材料加工工程
59		0807	动力工程及工程热物理	080704	流体机械及工程
60		0808	▲电气工程	080801	电机与电器
61				080802	电力系统及其自动化
62				080803	高电压与绝缘技术
63				080804	电力电子与电力传动
64				080805	电工理论与新技术
65		0809	电子科学与技术	080902	电路与系统
66		0810	▲信息与通信工程	081001	通信与信息系统
67				081002	信号与信息处理
68		0811	▲控制科学与工程	081101	控制理论与控制工程
69				081102	检测技术与自动化装置
70				081103	系统工程
71				081104	模式识别与智能系统
72				081105	导航、制导与控制
73		0812	▲计算机科学与技术	081201	计算机软件与理论
74				081202	计算机系统结构
75				081203	计算机应用技术
76		0814	▲土木工程	081401	岩土工程
77				081402	结构工程
78				081403	市政工程
79				081404	供热、供燃气、通风及空调工程
80				081405	防灾减灾工程及防护工程
81				081406	桥梁与隧道工程
82				081420	土木工程材料 *
83		0815	▲水利工程	081501	水文学及水资源
84				081502	水力学及河流动力学

续表

序　号	门　类	一级学科代码	一 级 学 科	二级学科代码	二 级 学 科
85	08 工学	0815	▲水利工程	081503	水工结构工程
86				081504	水利水电工程
87				081505	港口、海岸及近海工程
88				081520	生态水利学 *
89				081521	城市水务 *
90				081522	海岸带资源与环境 *
91				081523	水灾害与水安全 *
92				081524	水信息学 *
93				081525	地下水科学与工程 *
94				081526	水利水电建设工程管理 *
95				081527	水系统科学 *
96		0816	▲测绘科学与技术	081601	大地测量学与测量工程
97				081602	摄影测量与遥感
98				081603	地图制图学与地理信息工程
99		0818	▲地质资源与地质工程	081801	矿产普查与勘探
100				081802	地球探测与信息技术
101				081803	地质工程
102		0823	交通运输工程	082303	交通运输规划与管理
103		0828	▲农业工程	082801	农业机械化工程
104				082802	农业水土工程
105				082803	农业生物环境与能源工程
106				082804	农业电气化与自动化
107		0830	▲环境科学与工程	083001	环境科学
108				083002	环境工程
109				083020	景观生态学 *
110	09 农学	0903	农业资源利用	090301	土壤学
111	12 管理学	1201	▲管理科学与工程	120120	工程管理与项目管理 *
112				120121	信息管理与电子商务 *
113				120122	金融工程 *
114				120123	移民科学与管理 *
115		1202	▲工商管理学	120201	会计学
116				120202	企业管理学
117				120203	旅游管理学
118				120204	技术经济及管理学
119		1204	▲公共管理学	120401	行政管理学
120				120402	社会医学与卫生事业管理学
121				120403	教育经济与管理学
122				120404	社会保障学
123				120405	土地资源管理学
124		1205	图书馆、情报与档案学	120502	情报学

注：▲为硕士学位一级学科，* 为自主设置学科专业。

专业学位授权点

专业学位一览表

专业学位类别	专业学位领域代码	专业学位领域名称
工程硕士	085201	机械工程
	085203	仪器仪表工程
	085204	材料工程
	085207	电气工程
	085208	电子与通信工程
	085210	控制工程
	085211	计算机技术
	085212	软件工程
	085213	建筑与土木工程
	085214	水利工程
	085215	测绘工程
	085217	地质工程
	085222	交通运输工程
	085227	农业工程
	085229	环境工程
	085236	工业工程
	085239	项目管理
	085240	物流工程
工商管理硕士(MBA)	1251	—
金融	0251	—
国际商务	0254	—
资产评估	0256	—
法律	0351	—
社会工作	0352	—
翻译	0551	—
公共管理	1252	—
会计	1253	—
工程管理	1256	—

(研究生院供稿)

研究生教育

概　　况

一、招生工作

1. 优秀生源组织

在加强网络宣传的同时，组织各院系赴相关高校进行招生宣传，扩大我校影响，吸引更多优秀生源报考我校研究生。通过推免生互换计划，组织部分专家推荐优秀生源，推进部分学院和专业的优秀生源基地签约工作，进一步加强优秀生源基地建设。2010 年录取的硕士生 65％来自“211 工程”建设学校，55％来自设有研究生院的学校。

2. 招生计划执行情况

录取博士生 362 人，其中工学理学类 236 人，管理学法学类 126 人。

录取硕士生 2449 人，其中单考生 27 人(含为培养海军专门人才单独录取考生 24 人)，全日制工程硕士 230 人，MBA326 人。招收“少数民族高层次骨干人才计划”研究生 8 人。

接收推荐免试硕士研究生 610 人，其中接收本校 571 人，接收外校 39 人。

录取工程硕士 615 人，MBA95 人。

二、培养与学位工作

1. 创新人才培养建设项目

组织遴选出“研究生精品课程建设”项目 27 项，签订课程建设合同书，明确建设任务、周期与时间节点。遴选第二批“研究生教学用书资助出版”建设项目 19 项，项目负责人按期与出版社签订教材出版合同。

2. 博导讲座

在江宁校区为研究生开设博导讲座 25 场；校本部开设博导讲座 47 场。

3. 硕博连读

对硕士—博士学位连读研究生进行了选拔，共选拔 91 人。

4. 优秀学位论文

结合重大工程、重大课题以及江苏省研究生创新计划资助项目培育优秀学位论文。在认真遴选的基础上，组织申报国家、省优秀学位论文，获 1 篇全国优秀博士学位论文，2 篇全国优秀博士学位论文提名论文，4 篇江苏省优秀博士学位论文，11 篇江苏省优秀硕士学位论文。实施《河海大学关于申请博士学位发表学术论文的规定(试行)》，鼓励和促进研究生在高水平学术刊物上发表学术论文。

5. 学位授予工作

召开三次学位评定委员会会议，授予博士学位 301 人、硕士学位 1594 人(包括同等学力 1 人)、专业学位 648 人。

6. 研究生培养质量评估督导工作

对研究生学位论文抽检办法进行了修订，加入论文查重限制比例的要求，继续开展学位论文的抽检工作，共抽检硕士论文 60 篇，总体情况良好。完成新一轮督导专家聘任工作，共聘任督导专家 20 名，组织开展了研究生培养的督导工作。

三、教育创新工程

1. 全国专业学位研究生教育综合改革试点项目

2010年10月13日，教育部以“教研〔2010〕2号”批准我校作为全国首批专业学位研究生教育综合改革试点高校，开展水利工程领域全日制专业学位研究生教育综合改革试点工作。学校成立了综合改革试点工作领导小组，按照教育部文件要求制定了具体实施方案与进度安排表，并上报全国工程硕士教育指导委员会。

2. 研究生联合培养工作

积极探索全日制专业学位研究生培养新模式，与行业重点单位合作建设了水利部淮河水利委员会、松辽水利委员会、中水东北勘测设计研究有限责任公司研究生联合培养基地。做好长江、黄河、西部水电开发等研究生培养基地建设与培养日常管理工作，开展调研、跟踪与服务工作，与基地学生保持经常联络，保证基地工作正常进行。2010年新聘任基地博导59名、硕导313名。组织56名博硕士研究生进入各基地培养。

3. 江苏省研究生培养创新工程项目

2010年，23名博士生的研究项目被列入“江苏省研究生创新计划项目”并获得资助；2项课题入选江苏省2010年度研究生教育教学改革研究与实践课题；2个基地入选“江苏省产学研联合培养研究生优秀基地”；4门课程入选江苏省优秀研究生课程，资源与环境领域入选“江苏省研究生创新与学术交流中心”。

四、学位与研究生教育的国际化

结合“211工程”三期建设，推进我校研究生教育国际化，提高研究生培养质量，聘请巴黎综合理工大学、法国杜埃矿业学院、香港理工大学等高水平大学的知名学者开设5门英文授课课程，实施“与国外高水平学者共建研究生课程”项目。继续实施与法国里尔科技大学、法国杜埃矿业学院联合培养研究生项目，组织开展2010年度研究生赴法攻读硕士的选派工作，选拔2009级学生14名。组织开展“国家建设高水平大学公派研究生项目”选派工作，43名同学获得国家留学基金委资助前往国外高水平大学攻读博士学位或联合培养，选派计划数位列江苏第三。

五、教育管理

1. 德育工作

组织了2010级研究生入学教育，内容包括校史与河海精神教育、专业学习教育、校规校纪教育和职业规划与安全教育等四个方面。

举办首届研究生党支部书记培训班，共有113名研究生支部书记参加；举办第六期入党积极分子培训班，集中培训了274名入党积极分子。开展了2010年研究生“最佳党日活动”的评选工作，共评选出2010年研究生“最佳党日活动”17个。

2010年举办了2011年研究生公务员考试培训班，共有毕业研究生635人报名参加，其中校本部399人，江宁校区236人，课程分为公共基础知识、行政职业能力测试、法律知识、申论与公文写作、面试技巧等几个方面。

2. 奖励与奖学金评定

组织了2008级硕士研究生第二阶段基本奖学金评定工作，共有1536名研究生获得第二阶段奖学金，其中获得特等奖学金94名、一等奖学金731名、二等奖学金711名。

对2008级部分综合考核优秀的硕士研究生进行了第二阶段免交培养费评定，共有20名研究生获准免交第二阶段培养费。

对2010级硕士研究生特等奖学金进行了评定，共有89位研究生获得特等奖学金。

组织了2010级一期博士研究生第二阶段基本奖学金评定工作，共有107名博士生获得第二阶段奖学金，其中特等奖 8 名，一等奖 92 名，二等奖 7 名。

专项奖学金方面，2010 年宝钢奖学金获得者共有 4 人，其中力学与材料学院博士傅卓佳获得特等奖；张光斗奖学金获得者共有 3 人；潘家铮奖学金获得者共有 2 人；严恺奖学金获得者共有 10 人；徐芝纶力学奖学金获得者共有 4 人；阿特拉斯·柯普科奖学金获得者共有 3 人。

2010 评出河海大学优秀毕业研究生 48 人，优秀研究生干部 131 人，优秀研究生 209 人。

3. 稳定工作

组织各学院做好研究生的稳定和安全教育管理工作。组织做好新生的政治审查工作。全年对 2010 级硕士研究生和博士研究生进行了政审调档工作。

做好马鞍山矿山研究院一年级研究生、长江科学院研究生的教育管理工作。

密切关注研究生的心理健康教育工作，组织 2010 级硕士研究生新生参加心理测试，建立研究生心理档案。

4. 社会实践

2010 年暑期，组织了“赴昆勘院科技服务博士团”、“赴贵州省水利调研博士团”和“赴连云港科技考察服务博士团”等 3 支博士团，共 20 名博士生分赴各地开展了社会实践工作，开展科技服务工作。

5. 文化素质教育

2010 年 4—6 月，举办了河海大学第三届研究生体育文化节，活动分“迎世博、展风采篇”、“凝智慧、育文化篇”和“我运动、我快乐篇”等三个活动版块，内容包括在宁高校研究生辩论邀请赛、体育名人访谈、体育文化沙龙、世博系列知识讲座以及各类体育比赛共 16 项活动，参与人次达 4000 人次。11—12 月，举办了河海大学第八届研究生科技文化艺术节(金水节)，本届金水节的主题是“创新点亮青春，学术成就未来”，活动分为“上善若水——修身篇”、“笃学敦行——治学篇”、“百舸争流——文艺篇”和“ 似水流年——生活篇”等 4 个篇章，24 项活动，参加各项活动的研究生超过了 1 万人次，并有 400 人次获各类奖项。

2010 年组织了 17 场学术报告会，共有近 5600 人次到现场听取了报告。组织了研究生“学海争锋”学术论坛。各学院结合自身学科专业特点，开展了形式多样、主题鲜明的学术交流活动，如水利水电学院的“达峰论坛”、港口海岸与近海工程学院“学术经纬”、地球科学与工程学院“谈天论地”学术沙龙等。研究生“科技之星”评选活动为广大研究生树立了典型，增强了广大研究生的科研热情和参加学术活动的积极性。

6. 队伍与制度建设

根据《河海大学专职辅导员岗位设置聘任暂行办法》，出台了研究生辅导员配备方案。全年共配备了 10 名专职研究生辅导员，4 名兼职研究生辅导员和 3 名研究生助管。

系统梳理研究生档案管理工作，出台《河海大学研究生档案管理办法》，并设计了专门的硕士和博士的毕业研究生档案材料目录，便于毕业生材料的归档。

选送朱乔和余知义同学参加团中央组织的骨干培训，受到中央领导的接见。

六、研究生就业工作

1. 2010 届毕业研究生就业情况

2010 届毕业研究生总数为 2323 人，其中博士研究生 483 人，硕士研究生 1840 人，就业率为 96.2%。毕业生就业去向以江、浙、沪、粤等沿海发达城市为主，分布在全国水利、电力、交通、金融等行业的国家机关、科研院所、企事业单位。

2. 完善就业管理体制

实施院(系)就业工作目标责任制，年初将就业目标下达各院，并在年底进行考核，把完成工作情况作为对各学院领导班子考核的重要内容，促进就业工作的规范化、制度化、信息化建设。

3. 将五大就业工程纳入研究生就业工作体系，进一步提高毕业生就业质量参加水利、电力等行业协会举办的各类招聘会，宣传毕业生情况，收集用人单位需求信息；联系各地人才市场，上门推荐毕业生，带领研究生参加宁波、如皋、常州等市2010年高层次人才交流洽谈会。2010年学校层面接待用人单位达到700多家，学院层面接待用人单位400多家，需要人数近两万人次，75%左右的学生都能在学校找到满意的工作。完善就业网站各功能模块，将毕业研究生生源信息与招聘信息加入就业网，做好各种信息服务工作，建立起由学校、各学院分管副书记、辅导员以及学生信息员组成的信息网络、河海大学就业工作QQ、飞信群，做到信息半小时公布到位。

博士研究生培养方案

一、培养目标

培养面向现代化、面向世界、面向未来，适应我国社会主义建设需要，德、智、体全面发展的高级专门人才。具体要求如下：

(1) 掌握马列主义、毛泽东思想、邓小平理论，拥护四项基本原则，热爱祖国，遵纪守法，品行端正，学风严谨，具有强烈的事业心和献身精神，积极为社会主义现代化建设服务；

(2) 在相关学科、专业领域内，掌握坚实宽广的基础理论和系统深入的专门知识，具有独立进行科学研究工作的能力，并在科学或专门技术上做出创造性的成果；

(3) 具有用一门外国语熟练阅读本专业外文书刊的能力及较强的听、说、写、译的能力，并具有用第二外国语阅读本专业外文资料的初步能力；

(4) 熟悉现代信息技术，具有熟练的计算机和信息方面的技能；

(5) 身体健康。

二、学制和学习年限

攻读博士学位的标准学制为4年，实行弹性学制，学习年限最短不低于3年，最长不超过6年(在职学习的可延长2年)。硕博连读和直博生培养年限一般为5～6年，最长可延至7年。

三、培养环节

1. 培养计划的制定

博士研究生入学后，应在导师指导下，在规定的时间内按照培养方案和学位论文工作的有关规定，结合研究方向和本人实际情况制定个人培养计划。博士研究生培养计划报研究生院备案。

2. 课程和学分要求

博士研究生课程总学分一般为18学分，其中学位课程一般为12学分，非学位课程一般为6学分；另设教学环节。

各学科可根据自身的特点对学分进行适当调整，上下浮动1～2学分，具体学分数由各学位评定分委员会决定，并列入培养方案。对缺少本学科前期专业基础的研究生，在完成本学科规定学分的同时，导师应根据具体情况指定研究生补修前期的专业课程2～3门，补修课程列入研究生培养计划。

硕博连读研究生和直博生应分别完成硕士阶段和博士阶段的所有课程。

硕博连读研究生、直博生、应届优秀硕士报考的博士研究生在导师指导下可申请减免专业基础或专业课程学分，减免学分限3个以内。

研究生课程考试成绩按百分制计算，学位课程考试成绩达70分或单科达60分且加权平均达75分为合格，非学位课程考试成绩达60分为合格，教学环节通过为合格，合格即可取得相应学分。

3. 学术活动

博士研究生学术活动包括参加国内外学术会议、专家学术讲座、研究生院组织的博士生导师讲座，以及以学院为单位组织的研究生学术研讨活动等。申请学位论文答辩前必须参加 20 次以上的学术交流活动，至少做两次公开的学术报告(论文开题报告除外，其中一次原则上应为外文)。

4. 科学研究

博士研究生必须参加科学研究课题，应有在导师指导下独立负责某专题或子题的研究工作经历。课题完成后，由导师提出综合评审意见。

5. 文献阅读与综述

博士研究生开题前应研读不少于 80 篇文献(其中外文文献不少于 50%)，撰写一篇不少于 5000 字的文献综述报告。文献综述报告需在一定的范围内进行研讨或公开发表，由导师审核并评定成绩。

6. 开题报告

研究生学位论文的开题报告应公开进行。

博士研究生的开题报告原则上在第四学期内完成，且开题报告审核通过后至少 1 年方可申请答辩。

通过博士生资格认定的硕博连读研究生开题报告原则上在研究生入学后第六学期前完成，且开题报告审核通过后至少 1 年方可申请答辩。

直博生开题报告原则上在第六学期前完成，且开题报告审核通过后至少 1 年方可申请答辩。

7. 中期考核

博士生在第五学期前期完成中期考核。直博生在第六学期前完成博士生中期考核。中期考核需检查其课程学习情况和论文进展情况。

8. 学术论文

博士研究生应按要求公开发表与学位论文内容相关的学术论文。

申请博士学位者应以第一作者(包括导师第一作者，申请者为第二作者)，且第一署名单位为河海大学，公开发表一定数量与学位论文内容相关的学术论文。

(1) 申请理学、工学学科门类博士学位者，发表的学术论文应至少有 1 篇学术论文在外文学术期刊上发表并被 SCI 收录；

(2) 申请法学、管理学学科门类博士学位者，应符合以下条件之一：

至少有 1 篇学术论文在外文学术期刊上发表并被 SCI 或 SSCI 或 AHCI 收录；

有 2 篇学术论文被 SCI 或 EI 收录(其中至少 1 篇为外文文章)；

有 3 篇学术论文发表在 CSSCI 检索源期刊上。

导师为第一作者、研究生为第二作者发表的学术论文至多认定一篇。

(3) 其他等同条件如下：

获得国家级科技成果奖(有个人证书)，可免除论文发表的要求；获得省部级科技成果或哲学社会科学优秀成果一等奖(排名前 5 位)、二等奖(排名前 3 位)、三等奖(排名前 2 位)或发明专利授权(每项专利仅限 1 名博士生申请学位使用，由专利排名第一人认定)，等同于发表相同数量的 SCI 或 EI 论文。

成果均应以“河海大学”为第一署名单位。

9. 学位论文

博士学位论文研究工作必须经过论文开题报告、中期检查、论文预答辩、学位论文评阅、论文答辩等环节。

博士学位论文的选题和成果应在理论上或实践上对经济建设有较重要意义。论文立论正确，分析严谨，反映作者具有坚实宽广的基础理论和系统深入的专门知识。在科学或专门技术上做出创造性的成果，表明作者具有独立从事科学研究工作的能力。

硕士研究生培养方案

一、培养目标

培养面向现代化、面向世界、面向未来，适应我国社会主义建设需要，德、智、体全面发展的高级专门人才。具体要求如下：

(1) 掌握马列主义、毛泽东思想、邓小平理论，拥护四项基本原则，热爱祖国，遵纪守法，品行端正，学风严谨，具有强烈的事业心和献身精神，积极为社会主义现代化建设服务；

(2) 在相关学科、专业领域内，掌握坚实宽广的基础理论和系统的专门知识，具有从事科学研究工作或独立担负专门技术工作的能力；

(3) 具有用一门外国语熟练阅读本专业外文资料的能力及较强的听、说、写、译能力；

(4) 熟悉现代信息技术，具有较强的计算机和信息方面的技能；

(5) 身体健康。

二、学制和学习年限

攻读学术型硕士学位的标准学制为 3 年，实行弹性学制，学习年限最短不低于 2 年，最长不超过 5 年(在职学习的可延长 1 年)。

三、培养环节

1. 培养计划的制定

研究生入学后，应在导师指导下，在规定的时间内按照培养方案和学位论文工作的有关规定，结合研究方向和本人实际情况制定个人培养计划。硕士研究生培养计划报本人所在学院(系)备案。

2. 课程和学分要求

学术型硕士研究生课程总学分一般为 30 学分，其中学位课程一般为 18 学分，非学位课程一般为 9 学分，教学环节 3 学分。各学科可根据自身的特点对学分进行适当调整，上下浮动 1～2 学分，具体学分数由各学位评定分委员会决定，并列入培养方案。对缺少本学科前期专业基础的研究生，在完成本学科规定学分的同时，导师应根据具体情况指定研究生补修前期的专业课程 2～3 门，补修课程列入研究生培养计划。

研究生课程考试成绩按百分制计算，学位课程考试成绩达 70 分或单科达 60 分且加权平均达 75 分为合格，非学位课程考试成绩达 60 分为合格，教学环节通过为合格，合格即可取得相应学分。

3. 学术活动

学术型硕士研究生学术活动包括参加国内外学术会议、专家学术讲座，以及以学院为单位组织的研究生学术研讨活动等。申请学位论文答辩前必须参加 10 次以上的学术交流活动，至少做一次公开的学术报告(论文开题报告除外)。

4. 实践活动

硕士研究生必须参加实践活动。

学术型硕士研究生实践形式包括助教、助管、助研、生产实践、社会实践等，各项实践活动的累计时间要达 1 周以上。研究生完成实践活动后要进行小结，并请实践活动的所在单位对研究生实践环节的时间和效果进行考核和评价，小结和考核评价结果报所在学院。

5. 文献阅读与综述

学术型硕士研究生开题前应研读不少于30篇文献(其中外文文献不少于40%),撰写一篇不少于3000字的文献阅读报告。文献阅读报告需在一定的范围内进行研讨,由导师审核并评定成绩。

6. 开题报告

研究生学位论文的开题报告应公开进行。

硕士研究生的开题报告原则上在第三学期内完成,且开题报告审核通过后至少半年方可申请答辩。

7. 中期考核

学术型硕士研究生在第四学期前期完成中期考核。中期考核需检查其课程学习情况和论文进展情况。

8. 学术论文

学术型硕士研究生应按要求公开发表与学位论文内容相关的学术论文。

申请硕士学位者,应以第一作者(包括导师第一作者,申请者为第二作者),且第一署名单位为河海大学,在核心期刊(学校指定的期刊目录)上发表一篇与学位论文内容相关的学术论文。获得省部级科技成果或哲学社会科学优秀成果三等奖及以上(有个人证书)或实用新型专利授权(每项专利须由全体发明人授权,仅限1名硕士研究生申请学位使用),等同于在核心期刊上发表相同数量的论文。

9. 学位论文

硕士学位论文研究工作必须经过论文开题报告、中期检查、论文预答辩、学位论文评阅、论文答辩等环节。

学术型硕士学位论文必须对所研究的课题在基本理论、计算方法、测试技术、工艺制造等某一方面有新的见解,或用已有理论及最新科技成就解决工程技术的实际问题,在学术上有一定的理论意义或应用价值。必须注重理论分析,论文能体现硕士研究生具有坚实的理论基础,较强的独立工作能力和优良的学术作风。

全日制专业学位研究生培养方案

一、培养目标

培养掌握某一专业(或职业)领域坚实的基础理论和宽广的专业知识,具有较强的解决实际问题的能力,能够承担专业技术或管理工作、具有良好的职业素养的高层次应用型专门人才。具体要求为(以工程硕士为例):

(1)拥护党的基本路线和方针政策,热爱祖国,遵纪守法,具有良好的行业道德和敬业精神,具有科学严谨和求真务实的学习态度和工作作风,身心健康。

(2)掌握所从事领域的基础理论、先进技术方法和手段,在领域的某一方向具有独立从事工程设计、工程实施、工程研究、工程开发、工程管理等能力。

(3)掌握一门外国语。能比较熟练地阅读本专业的外文资料,并具有一定的写作能力。

二、学制和学习年限

攻读全日制专业学位研究生的标准学制为2年,实行弹性学制,最短不低于2年,最长不超过4年(在职学习的可延长1年)。

三、培养环节

采用课程学习、实践教学和学位论文相结合，校内导师指导和校外导师联合培养相结合的培养方式。

1. 培养计划的制定

研究生入学后，应在导师指导下，在规定的时间内按照培养方案和学位论文工作的有关规定，结合研究方向和本人实际情况制定个人培养计划。硕士研究生培养计划报本人所在学院(系)备案。

2. 课程和学分要求

全日制专业学位硕士研究生的课程设置由学位课程、非学位课程和实践环节三部分组成。课程总学分不少于25学分，其中学位课和非学位课不少于20学分，实践环节为5学分。可根据各专业领域特点，由各学院确定安排实验类课程、实习、生产实践、工程训练、前沿讲座等内容。

研究生课程考试成绩按百分制计算，学位课程考试成绩达70分或单科达60分且加权平均达75分为合格，非学位课程考试成绩达60分为合格，教学环节通过为合格，合格即可取得相应学分。

3. 实践环节

硕士研究生必须参加实践活动。

全日制工程硕士研究生实践活动采用集中实践与分段实践相结合的方式。在学期间，必须保证不少于半年的实践教学，应届本科毕业生的实践教学时间原则上不少于1年。我校全日制工程硕士研究生原则上应进入各类研究生培养基地开展实践教学。研究生以完成的实习总结报告和实践所在单位评语作为考核依据，取得实践环节的学分。

其他全日制专业学位研究生的实践活动按照相应的研究生培养方案有关规定执行。

4. 学位论文

全日制专业学位硕士研究生学位论文选题应来源于工程实际或具有明确的应用背景。论文应具备一定的难度和工作量，体现作者综合运用科学理论、方法和手段解决实际应用问题的能力，并有一定的理论基础，具有先进性、实用性。

在职攻读工程硕士专业学位研究生培养方案

一、培养目标

工程硕士专业学位是与工程领域任职资格相联系的专业性学位，侧重于工程应用，主要是为工矿企业和工程建设部门，特别是为国有大中型企业培养应用型、复合型高层次工程技术和工程管理人才。具体要求是：

(1) 较好地掌握马克思主义、毛泽东思想和邓小平理论；拥护党的基本路线和方针政策；热爱祖国，遵纪守法，具有良好的职业道德和创业精神，积极为我国经济建设和社会发展服务。

(2) 在所从事的工程领域上掌握坚实的基础理论和宽广的专业知识；掌握解决工程问题的先进技术方法和现代技术手段；具有创新意识和独立担负工程技术或工程管理工作的能力。

(3) 掌握一门外国语，能比较熟练地阅读所从事工程领域的外文资料。

(4) 身体健康。

二、学习年限

在职攻读工程硕士专业学位研究生学习年限一般为3～4年，最长不得超过5年。其中课程学习的时间为一年半至2年，论文研究和撰写论文时间为一年半至2年。

三、课程设置

在职攻读工程硕士专业学位研究生的课程分为学位课程、非学位必修课程和选修课程三大类。课程学习的总学分不得少于35个学分。

(1) 学位课程。一般要求修满20个学分。其中自然辩证法，36个课内学时，2个学分；第一外国语，108个课内学时，4个学分；专业外语，36个课内学时，2个学分；两门基础理论课程，72个课内学时，4个学分；两门专业基础课程(至少选修1门计算机课程)，72个课内学时，4个学分；两门专业课程(至少选修1门管理类课程)，72个课内学时，4个学分。

(2) 非学位必修课程。一般要求修满9个学分。其中科学社会主义理论与实践，18个课内学时，1个学分；科技文献阅读，学时不定，2个学分；1门基础理论课程，36个课内学时，2个学分；各学科领域专题课程，36个课内学时，2个学分；技术经济学，36个课内学时，2个学分。

(3) 选修课程。一般要求修满6个学分。至少选修3门课程，108个课内学时，6个学分。选修课程着重拓宽在职攻读工程硕士专业学位研究生的知识面，因此选修课程设置了管理类、技术经济类、计算机应用类及工程新技术方面的有关课程。

四、考核方式

(1) 课程考核。课程考核分考试与考查两种，对于科技文献阅读、各学科领域的专题课程等实践性教学环节可以采用考查方式进行考核；其他课程都应采取考试方式。在职攻读工程硕士专业学位研究生学位课程的合格成绩为：单科成绩在70分以上或学位课程的成绩加权平均在75分以上，否则作为不合格。非学位课程和选修课程的成绩在60分以上均为合格。

(2) 中期考核。在职攻读工程硕士专业学位研究生在课程学习结束后，对其德、智、体、能等方面进行综合性的中期考核，实行优胜劣汰。对于没有达到培养方案要求的、论文开题报告未通过且在半年内补作开题报告仍未通过者，将按《河海大学研究生工作手册》中的有关规定进行处理。

五、培养方式与方法

(1) 培养方式。在职攻读工程硕士专业学位的研究生，采取进校不离岗的方式培养。指导教师由校内具有工程实践经验的教师与工矿企业或工程部门经单位推荐的业务水平高、责任心强的具有高级技术职务的人员联合指导。来自企业的指导教师由学校按有关程序办理聘任手续。

(2) 培养方法。在职攻读工程硕士专业学位的研究生，课程阶段采取集中、分段进行，课程学习实行学分制，在校学习的累计时间不得少于6个月；论文阶段采取分散、不离岗进行。在职攻读工程硕士专业学位的研究生，在入学后两年半内完成论文开题报告。

六、科技文献阅读

在职攻读工程硕士专业学位的研究生，在论文选题期间必须在导师指导下较广泛地阅读中文和外文文献，并提交不少于5000字的文献阅读读书报告，经指导教师评定认可后方可取得相应学分。在职攻读工程硕士专业学位的研究生科技文献阅读的总阅读量应不得少于20篇。

七、学位论文

(1) 论文选题。在职攻读工程硕士专业学位的研究生学位论文选题应直接来源于生产实际，可以是一个完整的工程项目策划、工程设计项目或技术改造项目；可以是技术攻关研究专题；可以是新工艺、新设备、新材料、新产品的研制与开发。

(2) 论文形式。在职攻读工程硕士专业学位研究生的学位论文形式可以是工程设计；也可以是课题研究。在职攻读工程硕士专业学位研究生的学位论文应在导师指导下独立完成。

(3) 论文中期报告。在职攻读工程硕士专业学位的研究生，在论文研究和撰写论文阶段，应向指导教师提交论文中期报告，经指导教师认可后方可进入下一阶段的论文研究和撰写论文工作。

(4) 论文评审与答辩。在职攻读工程硕士专业学位的研究生学位论文评审与答辩均按照《河海大学关于博士、硕士学位论文评阅答辩的具体规定》办理。

八、学位授予

在职攻读工程硕士专业学位的研究生应按培养方案的要求，取得课程阶段规定的所有学分；通过中期考核；通过学位论文开题报告并通过学位论文答辩，方可由培养单位学位评定委员会审核批准授予工程硕士专业学位。

相 关 统 计

研究生指导教师统计

2010年博士生导师名单

（按姓氏笔画排序）

社会学

王毅杰　孙其昂　许加军　邢鸿飞　宋林飞　杨文健　陈阿江
陈绍军　施国庆　赵永乐　黄健元

马克思主义基本原理

丁长青　刘爱莲　余达淮　吴　远　黄明理

思想政治教育

孙其昂　郑大俊　尉天骄　戴　锐

物理海洋学

王如云　左君成　张长宽　李瑞杰　徐福敏

工程力学

乔丕忠　任青文　朱灯林　余天堂　吴锤结★[①]　张子明　杜成斌
邵国建　陈　文　陈国荣　周建方　林绍忠☆[②]　武清玺　苟晓凡
胡少伟★　章　青　黄文雄　程展林☆　蔡　新

电力系统及其自动化

丁晓群　卫志农　马宏忠　王宏华　王柏林　王海风★　朱　拓
陈星莺　赵晋泉　袁　越　曹　宁　潘文霞　鞠　平

---

① ★为外聘导师。
② ☆为基地导师。

计算机应用技术

王志坚　冯　钧　朱跃龙　许卓明　李继国　杨先一★　陈正鸣
周晓峰　徐立中　曾晓勤　韩立新

岩土工程

丁秀丽☆　文松霖☆　王　媛　王保田　王思敬★　卢廷浩　刘汉龙
孙树林　朱　伟　朱俊高　朱珍德　邬爱清☆　阮怀宁　何秀风
吴继敏　李青云☆　陈建生　周丰峻　施建勇　洪宝宁　徐卫亚
高玉峰　黄文雄　程展林☆　蔡耀军☆

结构工程

余　岭☆　吴胜兴　汪基伟　顾　强★　曹平周

市政工程

邵益生★　陈　卫　郑兴灿★

防灾减灾工程及防护工程

朱珍德　张燎军　杜成斌　陈国兴★　陈厚群★　徐卫亚　高玉峰
章　青

桥梁与隧道工程

吉伯海　朱珍德　陈志坚　陈国荣　蒋林华

土木工程材料

马爱斌　吴玉萍　张耀明★　林萍华★　蒋林华

水文学及水资源

王　文　王　俊☆　王　玲☆　王船海　包为民　卢耀如★　艾　萍
仲志余☆　任立良　刘　凌　余钟波　张行南　张建云★　李致家
李琼芳　束龙仓　汪集旸★　芮孝芳　陆桂华★　陈　进☆　陈　喜
陈元芳　陈西庆☆　周刚炎☆　周志芳　姜兆雄☆　姜翠玲　胡四一★
郝振纯　钟平安　夏自强　崔广柏　梁忠民　符淙斌★　黄振平
董增川　谢悦波　翟家瑞☆　谭德宝☆

水力学及河流动力学

王　泽　王玲玲　卢金友☆　刘东生☆　江恩惠☆　严忠民　吴建华
吴锤结★　张平仓☆　张永春★　张俊华☆　张柏山☆　李　凌　杨文俊☆
汪德爟　陈青生　赵　坚　唐洪武　程年生★　蒋传丰★　詹美礼
戴会超

水工结构工程

王　乘　王仁坤☆　乔丕忠　任旭华　任青文　刘斯宏　朱　晟
吴中如　张宗亮☆　张燎军　李同春　束一鸣　杨华全☆　杨启贵☆

汪在芹☆	沈振中	苏　超	苏怀智	陈五一☆	陈厚群★	周君亮★
郑东健	钮新强☆	顾冲时	蔡　新			

水利水电工程

方国华	王　乘	王新才☆	刘　超★	刘志明☆	刘德有★	汤元昌☆
张　健	张金良☆	张展羽	苏　超	陈守伦	郑　源	倪福生
唐德善	徐　辉★	索丽生★	彭世彰	詹美礼	蔡付林	

港口、海岸及近海工程

王义刚	王如云	冯卫兵	严以新★	张　玮	张长宽	张淑华
李瑞杰	郑金海	倪福生	梁应辰★	鲁子爱		

生态水利学

王　超	刘　凌	华祖林	朱　伟	严以新★	余钟波	张展羽
束龙仓	陆桂华★	姜翠玲	逄　勇	郝振纯	夏自强	索丽生★
崔广柏	董增川					

城市水务

方国华	张行南	芮孝芳	索丽生★	陆桂华★	董增川

海岸带资源与环境

王义刚	王如云	冯卫兵	严以新★	张　玮	张长宽	李瑞杰

水灾害与水安全

包为民	任立良	任青文	吴中如	李同春	李致家	陈建生
徐卫亚	顾冲时	章　青	蒋传丰★	谢悦波		

水信息学

王志坚	艾　萍	安　如	吴中如	徐立中

地下水科学与工程

汪集旸★	周志芳	骆祖江

水利水电建设工程管理

方国华	王卓甫	刘斯宏	严忠民	吴建华	张燎军	沈振中
周厚贵★	赵　坚	唐德善				

水系统科学

安天庆	陈才生	储继峰	吕海深

大地测量学与测量工程

刘焱雄★	何秀凤	岳建平	黄　腾

地质工程

孙树林	余钟波	吴继敏	宋汉周	陈志坚	周志芳	骆祖江

袁宝远

农业水土工程

张展羽 邵孝侯 陈 菁 茆 智★ 俞双恩 徐 辉★ 彭世彰
缴锡云

环境科学

吴丰昌★ 陆光华 蒋固政☆ 韩龙喜 雷阿林☆

环境工程

王 超 王沛芳 华祖林 朱 亮 李 轶 汪德爟 逄 勇
韩龙喜

管理科学与工程

丰景春 卞艺杰 王文珂☆ 王卓甫 王济干 王慧敏 冯峻林☆
刘春生☆ 许长新 吴凤平 张 阳 沈凤生☆ 沈菊琴 陆佑楣★
陈云华☆ 郑声安☆ 施国庆 祝立群☆ 蔡绍宽☆

技术经济及管理

丁长青 毛春梅 王济干 王慧敏 史安娜 成长春★ 许长新
张 阳 杨 晨 汪 群 沈菊琴 周海炜 武 博 郑垂勇
施国庆 赵 敏 赵永乐 唐德善 章仁俊 黄涛珍 黄德春

2010年硕士生导师名单

（按姓氏笔画排序）

伦理学

张 勤★[①] 黄晓晔

科学技术哲学

王 英 张 雁

应用经济学

尹庆民 华 坚 宋 敏 李仁俭☆[②] 杨恺钧 沈宗护☆

国民经济学

卢小广 张 阳 姜翔程 黄德春

区域经济学

刘奇洪

① ★为外聘导师。
② ☆为基地导师。

金融学

李　芒　　潘海英

产业经济学

史安娜

国际贸易学

朱智洺

宪法学与行政法学

陈秀萍

民商法学

王建文　　张莉莉　　陈广华　　龚鹏程

环境与资源保护法学

刘惠明　　成　红　　朱　强　　邢鸿飞　　李义松　　沈绿野　　徐　军
徐安住　　晋　海　　郭英华

政治学理论

李　宁　　谈育明

社会学

王毅杰　　陈　如★　　陈阿江　　施春华　　胡　亮　　徐　琴★　　顾金土
高　燕

人口学

朱秀杰　　周　伟　　黄健元

马克思主义理论

丁长青　　王　萍　　王集权　　刘爱莲　　孙其昂　　毕　霞　　许加军
吴　远　　吴朝国★　　宋开之　　沈晓静　　施国良　　尉天骄　　韩振燕
潘洪林　　颜素珍

马克思主义基本原理

顾玉兰★　　黄明理

思想政治教育

叶鸿蔚　　李　征　　陈继红　　单连春　　金林南　　宣云风★　　韩凤鸣
戴　锐　　魏　萍

高等教育学

马成志 刘丹平 刘兴平 成长春★ 余达淮 吴朝国★ 杨晓江★
陈滔娜 陈德奎 郑大俊 姚纬明 姜晓平 施春华 高雪梅
曹菱红 彭怀祖★

应用心理学

陈友庆

体育教育训练学

王建民 李育林 周 强 郭 平 褚宇帆

文艺学

朱 辉 纪玲妹

英语语言文学

尤 震 孙宁宁 朱桂成 郑亚南 祝吉芳 郝雁南 袁一平
顾 翔 梁建平 笪鸿安 彭辰宁 韩卫红 蔡 斌

传播学

于 红 邓天颖 吴劭文 汪修荣★ 陈正荣★ 易前良 郑晋鸣★
崔 军 潘 杰★

基础数学

叶国菊 吕海深 安天庆

计算数学

张学莹

应用数学

丁根宏 王如云 印凡成 孙合明 朱永忠 李晓军 陈才生
陈友朋★ 陈克军★ 周继东 夏乐天 徐小明 徐红梅 袁永生
储继峰

凝聚态物理

王忠纯★ 刘成林★ 巩江峰 朱卫华 吴 坚 吴建伟 张爱梅
邹 华 徐 援

自然地理学

陈洪全★ 徐 军

人文地理学

叶亚平

地图学与地理信息系统

王　红　许捍卫　阮仁宗　张友静　张晓祥　罗　健　葛小平
雍　斌　颜梅春

物理海洋学

王如云　左军成　何海伦　李瑞杰　林　祥　徐　青　蔡　辉
谭　亚

固体力学

严湘赣　张子明　苟晓凡　黄　丹　黄孟生

流体力学

王　泽　华祖林　张淑君　李　煜　汪德爟　赵振兴

工程力学

王山山　王向东　任青文　朱为玄　江　泉　许庆春　余天堂
张旭明　张健飞　杨海霞　邵国建　陆晓敏　陈　文　陈国荣
武清玺　姜冬菊　赵　引　夏　宁　徐汉中　殷德顺　秦忠国
郭兴文　钱向东　崔德密☆　梅明荣　章　青　符晓陵　黄文雄
黄淑萍　彭宣茂

机械制造及其自动化

王子伟☆　吕全亚☆　许焕敏　邢西哲　张宁权☆　张建军☆　张洪涛☆
李少牛☆　李吉波☆　李安定☆　苏广福☆　周科衡☆　尚广庆　林超洪☆
南冠群☆　胡鹏程☆　贺庆元☆

机械电子工程

丁　坤　于东玖　干为民★　卞新高　王锦桥　白建波　孙春华
朱天宇　朱灯林　朱炳麒　汤炳新　李龙华　肖　洪　周　军
林　岗　倪福生　唐亚鸣　梅志千

机械设计及理论

王占军　田松亚　纪爱敏　何　钢　张　敏　张根元　苏　洲
周建方　胡友安　赵恒文　徐立群　高新陵　康　兰　谢智雄
廖华丽　蔡慧官

测试计量技术及仪器

王亦红　张玉成☆　张国栋☆　陆　旭☆　陆云扬☆
徐国龙☆

材料学

马爱斌　方永浩　王德库☆　申明霞　刘小艳　孙红尧☆　江少群
江静华　何　辉　吴玉萍　吴其胜★　张　研　李兴贵　李改叶

杨东辉 陈建清 周泽华 林萍华★ 侯贵华★ 曾正宾☆ 焦宝祥★
蒋亚清 蒋林华 谢国治

材料加工工程

王泽华 包晔峰 朱庄安 杨顺贞 陆亚珍 姚河清 赵占西
蒋永锋

流体机械及工程

孙杏建☆ 许 昌 张维平☆ 李 龙 杨光明 周大庆 屈 波
胡德义☆ 赵生校☆ 赵振宙 郭建斌 霍志红

电力系统及其自动化

丁晓群 卫志农 马宏忠 方国材☆ 王劲夫☆ 乐秀璠 冯真秋☆
刘皓明 刘瞳昌☆ 向泽江☆ 孙黎霞 朱 拓 严登俊 吴 峰
吴志强☆ 时雷鸣☆ 李正凡☆ 杜灿勋☆ 杨劲松☆ 陈红祥☆ 陈星莺
陈家恒☆ 周 玲 周业荣☆ 周海强 洪允云☆ 赵显忠☆ 赵晋泉
唐 海☆ 袁 越 郭生柱☆ 郭朝晖☆ 黄协平☆ 黄慧民☆ 程夏蕾☆
鲁俊兵☆ 熊 杰☆ 蔡武卫☆ 潘文霞 潘学萍 薛 峰 鞠 平

电力电子与电力传动

张建生★ 陈 谦 袁晓玲

电工理论与新技术

朱锡芳★ 张立臣★

电路与系统

孙洪文 李东新 肖金球★ 顾 燕 静大海

通信与信息系统

丁海军 王 萍 王吉星☆ 白致威☆ 刘 景 刘国高 朱昌平
朱金秀 江 冰 牟 艳 齐本胜 何坤金 张学武 张金波
李庆武 杨启文 肖建康 陈 智☆ 陈正鸣 陈慧萍 林善明
范新南 胡 钢 康桂华 曹 宁 盛惠兴 黄 皎 韩光洁
韩庆邦★ 薛云灿

信号与信息处理

丁 强☆ 马贞立 王慧斌 孙京忠☆ 汤 敏 严 勤 严锡君
吴学文 张丽丽 李 颖☆ 李臣明 李岳衡 李银全☆ 周金陵
居美艳 林 韬☆ 徐立中 殷兴辉 黄凤辰 谭国平

控制理论与控制工程

尹 斌 方红庆 王 平 王 冰 王万成 王宏华 王柏林
吕国芳 毕宏斌☆ 何启莲☆ 吴 英☆ 李训铭 李志华 苏建元
陈家恒☆ 胡晓云☆ 徐 群 钱艳平

检测技术与自动化装置

张斌武　　费峻涛　　倪建军

模式识别与智能系统

刘惠义　　李士进　　倪伟新☆　　曾晓勤

计算机软件与理论

万定生	毛莺池	王志坚	冯　钧	艾　萍	朱跃龙	许卓明
李士进	李继国	陈金水	周晓峰	孟朝晖	娄渊胜	曹　敬
曾晓勤	韩立新					

计算机应用技术

万定生	王　敏	王从明☆	王志坚	王恒斌☆	艾　萍	任　齐☆
刘学工☆	刘惠义	朱跃龙	江　红	许　峰	许志勇☆	许卓明
许国艳	辛立勤☆	陈伟豪☆	陈金水	周金陵	周晓峰	娄渊胜
娄渊清☆	胡吉明	徐立中	郭学俊	曹　敬	梁正和	章　敏☆
廖小平	蔡　阳☆	蔡正林				

岩土工程

马晓辉	丰土根	王　伟	王　媛	王文远☆	王自高☆	王保田
邓　安	代国忠	卢　杰☆	卢廷浩	石　崇	艾英钵	刘汉龙
孙云志☆	孙少锐	朱　伟	朱俊高	朱珍德	阮怀宁	何　伟☆
余湘娟	吴永锋☆	吴抗修☆	吴跃东	宋胜武☆	张文慧	张坤勇
张福海	李开德☆	李守德	李国维	杨　建☆	杨建宏☆	沈　扬
苏爱军☆	陈　亮	陈永辉	陈建生	周云东	苗　青☆	施建勇
洪宝宁	胡　斌☆	赵仲辉	徐卫亚	袁俊平	郭海庆	顾长存
高玉峰	高明军	彭　劼	景来红☆	董海洲	路新景☆	雷国辉
魏植生☆						

结构工程

丁晓唐	王心联☆	王年香☆	王庆苗☆	韦芳芳	石良勇☆	刘玉峰☆
刘兴国☆	刘金山☆	吉伯海	向德忠☆	庄金祥☆	朱召泉	吴二军
吴胜兴	张　华	张今阳☆	李　健☆	李文虎★	李志武☆	李学安☆
李锡均☆	杨增夫☆	汪基伟	沈　洁☆	陈玉泉	陈兴贤☆	周　华☆
周　成☆	周　晨☆	周江平☆	周志军☆	周继凯	林起昌☆	范明桥☆
姜国庆☆	胡唐伯☆	赵风华★	涂扬举☆	曹　朗	曹平周	黄金达☆
龚永生☆	蒋鸿海☆					

市政工程

冯　骞	刘　成	孙　敏	陈　卫	林　涛	郑晓英	赵联芳

防灾减灾工程及防护工程

刘　军　　张富有　　杜成斌　　陈卫东☆

桥梁与隧道工程

邓越胜☆　任青文　陈国荣　郗举科☆　钟小春　聂利英　袁爱民
傅支黔☆

土木工程材料

王胜年　吴　勇☆　栗国忱☆

水文学及水资源

丁贤荣　牛玉国☆　王　文　王卫平　王卫光　王加虎　王建群
王船海　冯　杰　包为民　石　朋　任立良　刘　俊　刘　凌
刘　震　刘文涛☆　刘金涛　安　如　朱　琰　朱庆平☆　朱辰华☆
余钟波　吴志勇　张红月☆　张行南　张秀菊　张京生☆　张欧阳☆
张静怡　李　丽　李文家☆　李光炽　李国芳　李杰友　李致家
李琼芳　束龙仓　杨　侃　杨　涛　芮孝芳　陆宝宏　陆桂华
陈　喜　陈元芳　陈启慧　陈松生☆　陈肃利☆　陈新芳　周　密
林荷娟☆　胡　军☆　荣艳淑　郝振纯　钟平安　夏自强　徐向阳
徐时进☆　徐高洪☆　袁　飞　郭海晋☆　高　怡☆　崔广柏　康　瑛☆
曹丽青　梁忠民　黄振平　温忠辉　程海云☆　舒大兴　葛朝霞
董增川　谢悦波　韩友平☆　端木礼明☆　穆宏强☆　薛松贵☆　瞿思敏

水力学及河流动力学

王　泽　王玲玲　吕升奇　闫　静　严忠民　何建京　吴龙华
吴建华　吴建纲　时明立☆　李希宁☆　杨校礼　汪德爟　肖　洋
陈　珺　陈青生　陈界仁　周春天　姚文艺☆　姜乃迁☆　赵　坚
赵振兴　郝云麟☆　唐立模　唐洪武　徐建华☆　徐锡荣　盛金昌
黄　昉☆　黄细彬　傅宗甫　蒋登云☆　詹美礼　廖仁强☆　戴文鸿

水工结构工程

于　跃☆　马以超☆　王　建　王　乘　王义锋☆　王远亮☆　王国进☆
包腾飞　叶发明☆　乔丕忠　任旭华　刘兴宁☆　刘金堂☆　刘晓青
刘斯宏　孙怀昆☆　朱　晟　余　挺☆　吴中如　岑威钧　张小厅☆
张志诚　张继勋　张燎军　李　云☆　李　升☆　李同春　杜玉海☆
束一鸣　沈长松　沈振中　苏　超　苏怀智　邹丽春☆　陈秋华☆
周　钟☆　周利利☆　宗志坚☆　罗加谦☆　郎小燕☆　郑东健　姚纬明
娄绍撑☆　宫必宁　赵兰浩　凌　云☆　唐　毅☆　唐巨山☆　顾冲时
黄　婵☆　黄光明☆　喻建清☆　强　晟　董永全☆　蔡　新　戴妙林

水利水电工程

于永海　卫　臻☆　马东亮☆　马立鹏☆　马进荣☆　马福恒☆　仇庆松☆
卞炳乾☆　孔祥光☆　文加海☆　方国华　王　浩☆　王　琛☆　王小军☆
王玉洁☆　王吉焕☆　王红川☆　王希之☆　王志力☆　王贤平☆　王春云☆
王珊琳☆　王铁锋☆　计金华☆　付兴友☆　付建军☆　冉懋鸽☆　冯仕能☆
叶建群☆　司银云☆　申茂夏☆　闪　黎☆　龙起煌☆　乔　晔☆　任成功☆

任金明☆　伍宛生☆　刘元勋☆　刘光保☆　刘茂森☆　刘金焕☆　刘美义☆
刘翠杰☆　刘德有★　向超群☆　吕永明☆　孙　卫☆　孙　勇☆　孙业文☆
成　银☆　成卫忠☆　朱丽娟☆　朱启汉☆　朱孟业☆　江小辉☆　江亚丽☆
阳恩国☆　齐志坚☆　严　军☆　严文武☆　但　东☆　何文泉☆　何勇军☆
余彦群☆　吴　敏☆　吴　淳☆　吴荣民☆　吴晓铭☆　吴遵奇☆　宋兰芳☆
应　强☆　张　健　张　桥☆　张之平☆　张少华☆　张文学☆　张学军☆
张维平☆　张德虎　李　飞☆　李　巍☆　李　杰☆　李中华☆　李云汉☆
李元亚☆　李月明☆　李仕奇☆　李仕胜☆　李兆录☆　李成金☆　李健英☆
李晓英　杨　中☆　杨　洪☆　杨　全☆　杨　忠☆　杨云兰☆　杨正华☆
杨玉航☆　杨光亮☆　杨成祝☆　沈　宏☆　沈继华☆　沈嗣元☆　肖平西☆
苏　萍☆　陆　彦☆　陆忠民☆　陈　江☆　陈　枫☆　陈　雷☆　陈　江☆
陈　舟☆　陈及新☆　陈永红☆　陈光临☆　陈守伦　陈有勤☆　陈国海☆
陈孟荣☆　陈建林☆　陈炜旻☆　陈顺义☆　陈振文☆　陈祥荣☆　陈能平☆
周　云☆　周　永☆　周　建☆　周　辉☆　周垂一☆　周建旭　周益人☆
周清华☆　易　魁☆　林玉叶☆　林桂祥☆　罗小峰☆　罗友余☆　苑润保☆
范子武☆　范国福☆　范宝山☆　郑　源　郑圣义　郑全春☆　郑齐峰☆
郑爱武☆　郑雄伟☆　金德钢☆　侯　靖☆　姚章民☆　胡　明　胡兆球☆
胡晓林☆　费永法☆　贺立霞☆　赵世来☆　赵仕杰☆　赵永刚☆　钟卫领☆
唐　欢☆　唐宏进☆　唐德善　姬晋廷☆　徐　辉★　徐岩彬☆　徐建军☆
徐海云☆　徐锦才☆　栗国忱☆　浦承松☆　涂祝明☆　袁　浩☆　袁建忠☆
郭建斌　郭绪元☆　顾一新☆　顾圣平　崔元山☆　曹　青　盛金保☆
盛根明☆　黄　英☆　黄显峰　黄胜伟☆　黄荣卫☆　储德义☆　嵇仙宝☆
彭六平☆　彭少君☆　曾昭芳☆　曾新华☆　曾镇铃☆　谢　波☆　谢力明☆
谢兴华☆　谢丽华☆　谢淑琴☆　雷落军☆　熊支荣☆　蔡付林　谭界雄☆
潘军宁☆　潘建冬☆　潘继录☆　戴益华☆　魏　平☆　魏岩峻☆

港口、海岸及近海工程

王　震　王义刚　王如云　王环玲　冯卫兵　卢永昌☆　吕秋灵
庄　宁　曲永岗　何文钦☆　何良德　吴德安　张　蔚　张　玮
张长宽　张功新☆　张淑华　李　熙　沈丽宁　苏静波　陈　达
陈　君　陈国平　陈德春　宓宝勇☆　郑金海　郑桂兰　郝嘉凌
徐金环　徐福敏　殷佩生　袁文喜☆　诸裕良　陶建峰　陶桂兰
陶爱峰　梁桂兰　黄　蕙　龚　政　童朝峰　董志良☆　鲁子爱
管人地　蔡　辉

生态水利学

王　玲　朱永华　宋兰兰　严以新★　张丹蓉　姜翠玲　徐　慧
管仪庆　翟淑华☆

城市水务

薛联青

海岸带资源与环境

王义刚　严以新★

水灾害与水安全

吴浩云　林泽新

水信息学

王志坚

地下水科学与工程

杨　仪☆　徐劲松

水利水电建设工程管理

王润英　田正宏　刘永强　李俊宏　郑家祥☆　黄　河☆　管昆翔☆

水系统科学

朱永忠

大地测量学与测量工程

王　军☆　王　冲☆　王科峰☆　兰孝奇　史照良☆　田林亚　朱士才☆
朱长富☆　何秀凤　佘继红☆　张建忠☆　李文林☆　周西振　岳东杰
岳建平　苟胜国☆　冒爱泉☆　桑文刚　郭建东☆　黄　腾　黄张裕

摄影测量与遥感

李　浩　杨英宝　陈仁喜　陈建华　周绍光　郑德华　徐　佳

地图制图学与地理信息工程

王山东　葛　莹

地球探测与信息技术

张宏兵　杨凤根　饶文波　谭红兵

地质工程

马显光☆　王　昆☆　王　波☆　王　彬☆　王建平　王锦国　冯汉斌★
卢晓鹏☆　叶永年☆　石安池☆　石剑龙☆　任虎俊☆　刘建东☆　刘建刚
华建伟☆　孙树林　朱红雷☆　汤献良★　祁长青　余　波☆　吴继敏
宋汉周　张　耘☆　张　莱☆　张　瑞☆　张　勤　张发明　张汪应☆
张新华☆　李　忠☆　李　磊　李筱艳　杨　谦☆　杨保全　杨原宁☆
杨益才☆　沈春勇☆　陈志坚　陈春生☆　单治钢☆　周志芳　范丽贵☆
侯玉宾　施春华☆　胡梦蛟★　骆祖江　徐连峰☆　袁宝远　谈金忠☆
顾凤祥☆　高才坤☆　高正夏　商志红☆　黄　勇　黄跃进☆　程华根★
戴培安☆　魏继红

交通运输规划与管理

于　新　江朝华　吴　中　杨　涛★　郑长江　封学军　袁　黎
曹雪山　谢春生☆　鲁子爱

农业水土工程

于永海　　方部玲　　王高鹏　　冯宝平　　刑文刚　　朱成立　　张齐兴
张展羽　　邵光成　　邵孝侯　　陈　菁　　陈毓陵　　罗玉峰　　俞双恩
郝树荣　　夏继红　　徐　辉★　　徐俊增　　殷国玺　　郭龙珠　　郭相平
彭世彰　　缴锡云

农业生物环境与能源工程

王为木　　刘　慧　　张　洁

环境科学

马经安　　☆王　超　　王　鹏　　叶　闽☆　　华祖林　　孙　琴　　朱　伟
汤瑞凉　　吴云海　　吴国平☆　　杨汉培　　汪德爟　　陆光华　　柳七一☆
洪凌成　　逄　勇　　徐　颖　　袁旭音　　彭盛华☆　　韩龙喜　　褚克坚
雷少平☆　　熊　文☆

环境工程

王　超　　王沛芳　　王烈恩☆　　卢红伟☆　　华祖林　　朱　威☆　　朱　伟
朱　亮　　汤瑞凉　　阮爱东　　吴云海　　吴修锋☆　　吴培任☆　　张　惠☆
张松贺　　张炎斋☆　　张春雷　　李　勇　　李　轶　　李一平　　李继洲
汪顺才　　汪德爟　　连　煜☆　　陆光华　　陈德强　　罗小勇☆　　郑孝宇
姜永生☆　　洪凌成　　赵卫民☆　　赵振华　　逄　勇　　倪利晓　　徐　颖
崔树彬☆　　谢海旗☆　　韩龙喜　　韩德举☆　　操家顺

景观生态学

王　超

管理科学与工程

马邦凯☆　　丰景春　　仇　蕾　　卞艺杰　　尹忠武☆　　王卓甫　　王济干
王慧敏　　冯兰萍　　石小强☆　　刘　勇☆　　刘　毅☆　　刘四平☆　　刘明江☆
吕周洋　　江瑞勇☆　　许长新　　何有山　　吴凤平　　张　成☆　　张　婕
张云宁　　张建文☆　　张祯平☆　　张继国　　李红仙　　李红远☆　　杜　栋
杨文健　　杨高升　　陈万涛☆　　陈军飞　　陈京民　　郑峋如　　洪　河☆
祝立群☆　　胡震云　　荆宁宁　　赵云亮☆　　徐绪堪　　谈　飞　　郭万侦☆
曹以南☆　　梁　伟　　章恒全　　舒　欢　　简迎辉

信息管理与电子商务

杨　晨

工商管理学

丁　源　　于　金　　王培君★　　邓玉林　　刘　峰☆　　刘　戎　　吕苏榆
冷建飞　　张　俊☆　　张　龙　　张　颖　　杜　明☆　　陈　冉☆　　周申蓓
胡兴球　　唐勇军　　童　强☆　　廖为民☆　　穆范楠★

会计学

王普查　沈菊琴　谷文林　韩绪军

企业管理学

王　飞　厉　伟　田　泽　刘双芹　刘晓农　安　文　许纪校
吴庆平　张　阳　张静中　杜晓荣　杨　晨　汪　群　肖　煜
周海炜　赵永乐　唐　震　钱旭潮　鹿　翠　蔡成喜　魏长升

技术经济及管理学

毛春梅　王保乾　史安娜　孙　镞　余文学　李　锋　陈建明
陈绍军　岳金桂　武　博　郑垂勇　施国庆　荀厚平　赵　敏
袁汝华　章仁俊　黄涛珍　童纪新

行政管理学

张玲玲　杨正联　邵晓露☆　姚　峰　郭祥林　曹海林　黄林楠
黄涛珍　鲜恩伟☆

社会保障学

张　鑫　黄健元

土地资源管理学

余庆年　赵言文★　赵姚阳

情报学

吴东敏　张鸿业　杨晓宁　谢友宁

研究生基本情况统计

表 1　2010 年博士研究生招生统计表

学院名称	专业代码	专业名称	门类	学制	招生人数
总计					362
水文水资源学院	081501	水文学及水资源	工学	3	32
	081520	生态水利学	工学	3	2
	081521	城市水务	工学	3	1
水利水电学院	081502	水力学及河流动力学	工学	3	9
	081503	水工结构工程	工学	3	25
	081504	水利水电工程	工学	3	12
	081526	水利水电建设与管理	工学	3	3
	082802	农业水土工程	工学	3	6

续表

学 院 名 称	专 业 代 码	专 业 名 称	门类	学制	招生人数
港口海岸与近海工程学院	070701	物理海洋学	理学	3	4
	081505	港口、海岸及近海工程	工学	3	14
土木与交通学院	081402	结构工程	工学	3	3
	081405	防灾减灾工程及防护工程	工学	3	1
	081406	桥梁与隧道工程	工学	3	4
	081401	岩土工程	工学	3	32
环境学院	083000	环境科学与工程	工学	3	20
能源与电气学院	080802	电力系统及其自动化	工学	3	14
计算机与信息学院	081203	计算机应用技术	工学	3	18
	081502	水信息学	工学	3	1
力学与材料学院	080104	工程力学	工学	3	22
	081420	土木工程材料	工学	3	1
地球科学与工程学院	081601	大地测量学与测量工程	工学	3	7
	081803	地质工程	工学	3	3
理学院	081527	水系统科学	工学	3	2
商学院	120100	管理科学与工程	管理学	3	30
	120204	技术经济及管理	管理学	3	58
公共管理学院	030301	社会学	法学	3	17
	030501	马克思主义基本原理	法学	3	11
	030505	思想政治教育	法学	3	10

表 2　2010 年硕士研究生招生统计表

学院(系)名称	专业代码	专 业 名 称	门类	学制	录取人数
合　计					2449
水文水资源学院	070500	地理学	理学	3	24
	081501	水文学及水资源	工学	3	126
	081520	生态水利学★	工学	3	15
	081521	城市水务★	工学	3	12
	430115	水利工程	工学	2	26
水利水电学院	081502	水力学及河流动力学	工学	3	48
	081503	水工结构工程	工学	3	81
	081504	水利水电工程	工学	3	44
	081523	水灾害与水安全★	工学	3	9

续表

学院(系)名称	专业代码	专 业 名 称	门类	学制	录取人数
水利水电学院	081526	水利水电建设与管理★	工学	3	14
	082802	农业水土工程	工学	3	40
	082803	农业生物环境与能源工程	工学	3	8
	090301	土壤学	农学	3	1
	430115	水利工程	工学	2	49
	430128	农业工程	工学	2	7
港口海岸与近海工程学院	070701	物理海洋学	理学	3	7
	081505	港口、海岸及近海工程	工学	3	85
	081522	海岸带资源与环境★	工学	3	12
	430115	水利工程	工学	2	33
土木与交通学院	081401	岩土工程	工学	3	144
	081402	结构工程	工学	3	36
	081405	防灾减灾工程及防护工程	工学	3	22
	081406	桥梁与隧道工程	工学	3	13
	082303	交通运输规划与管理	工学	3	29
	430114	建筑与土木工程	工学	2	22
	430123	交通运输工程	工学	2	6
环境学院	081403	市政工程	工学	3	21
	083000	环境科学与工程	工学	3	77
	430130	环境工程	工学	2	16
能源与电气学院	080402	测试计量技术及仪器	工学	3	6
	080704	流体机械及工程	工学	3	21
	080802	电力系统及其自动化	工学	3	70
	080804	电力电子与电力传动	工学	3	14
	081101	控制理论与控制工程	工学	3	36
	430108	电气工程	工学	2	19
	430111	控制工程	工学	2	2
计算机与信息学院	080902	电路与系统	工学	3	20
	081002	信号与信息处理	工学	3	44
	081104	模式识别与智能系统	工学	3	13
	081200	计算机科学与技术	工学	3	47
	081524	水信息学★	工学	3	5
	085211	计算机技术	工学	2	10
	430109	电子与通信工程	工学	2	8
	430113	软件工程	工学	2	11

续表

学院(系)名称	专业代码	专业名称	门类	学制	录取人数
力学与材料学院	080102	固体力学	工学	3	14
	080103	流体力学	工学	3	6
	080104	工程力学	工学	3	50
	080501	材料物理与化学	工学	3	4
	080502	材料学	工学	3	21
	081420	土木工程材料★	工学	3	2
	085204	材料工程	工学	2	4
地球科学与工程学院	081601	大地测量学与测量工程	工学	3	32
	081602	摄影测量与遥感	工学	3	12
	081603	地图制图学与地理信息工程	工学	3	9
	081800	地质资源与地质工程	工学	3	47
	430116	测绘工程	工学	2	7
	430118	地质工程	工学	2	2
理学院	070100	数学	理学	3	35
	081527	水系统科学★	工学	3	5
商学院	020106	人口、资源与环境经济学	经济学	3	2
	020201	国民经济学	经济学	3	2
	020202	区域经济学	经济学	3	2
	020204	金融学	经济学	3	16
	020205	产业经济学	经济学	3	2
	020206	国际贸易学	经济学	3	3
	120100	管理科学与工程	管理学	3	56
	120201	会计学	管理学	3	11
	120202	企业管理	管理学	3	31
	120204	技术经济及管理	管理学	3	10
	120502	情报学	管理学	3	9
	125100	工商管理硕士	管理学		326
公共管理学院	010101	马克思主义哲学	哲学	3	3
	010105	伦理学	哲学	3	6
	010108	科学技术哲学	哲学	3	5
	030200	政治学	法学	3	5
	030300	社会学	法学	3	26
	030302	人口学	法学	3	6
	030501	马克思主义基本原理	法学	3	3
	030505	思想政治教育	法学	3	11
	040106	高等教育学	教育学	3	10

续表

学院(系)名称	专业代码	专业名称	门类	学制	录取人数
公共管理学院	040203	应用心理学	教育学	3	10
	050101	文艺学	文学	3	6
	050302	传播学	文学	3	19
	120401	行政管理	管理学	3	43
	120404	社会保障	管理学	3	9
	120405	土地资源管理	管理学	3	11
法学院	030103	宪法学与行政法学	法学	3	10
	030105	民商法学	法学	3	18
	030108	环境与资源保护法学	法学	3	21
外国语学院	050201	英语语言文学	文学	3	34
体育系	040303	体育教育训练学	教育学	3	3
机电工程学院	080200	机械工程	工学	3	46
	080503	材料加工工程	工学	3	9
	430102	机械工程	工学	2	8
计算机与信息学院(常州)	081001	通信与信息系统	工学	3	40
	081102	检测技术与自动化装置	工学	3	14

注：表中★为自主设置学科专业。

表3 2010年全日制研究生基本情况统计表 （人）

	毕业生数		招生数	在学研究生数			
	小计	其中：授学位		小计	一年级	二年级	三年级及以上
总　　计	1988	1988	2792	8598	2792	2569	3237
博　士　生	346	346	362	1761	362	355	1044
硕　士　生	1642	1642	2430	6837	2430	2214	2193
一、国家任务合计	1118	1118	2048	5631	2048	1811	1772
博　士　生	2229	2229	305	1155	305	283	567
硕　士　生	889	889	1743	4476	1743	1528	1205
二、委托培养研究生合计	163	163	128	746	128	107	511
博　士　生	85	85	38	404	38	34	332
硕　士　生	78	78	90	342	90	73	179
三、学校自筹经费研究生合计	707	707	616	2221	616	651	954
博　士　生	32	32	19	202	19	38	145
硕　士　生	675	675	597	2019	597	613	809

注：招生数为实际报到数。

表 4　2010 年非全日制研究生基本情况统计表　　(人)

	授予学位数	招生数	在学研究生数			
			小计	一年级	二年级	三年级及以上
非全日制硕士生	597	710	2898	710	553	1635

获全国优秀博士学位论文情况统计

2010 年河海大学获全国优秀博硕士学位论文一览表

作　者	学科专业	学位论文题目	指导教师
吴志勇	水文学及水资源	定量降雨与实时洪水预报研究	陆桂华

获全国优秀博士学位论文提名情况统计

2010 年河海大学获全国优秀博硕士学位论文一览表

作　者	学科专业	学位论文题目	指导教师
陈育民	岩土工程	砂土液化后流动大变形试验与计算方法研究	刘汉龙
徐俊增	农业水土工程	节水控制灌溉水稻生理生长响应机理研究	彭世彰

获江苏省优秀博硕士学位论文情况统计

2010 年河海大学获江苏省优秀博硕士学位论文一览表

类别	作　者	学科专业	学位论文题目	指导教师
博士学位论文	蒋昱州	岩土工程	高拱坝拱肩槽岩石流变力学特性试验研究及其长期稳定性分析	徐卫亚
	吴挺峰	水文学及水资源	河流型水库富营养化模型及影响因子研究	崔广柏
	孔　俊	港口、海岸及近海工程	潮致海岸地下水波动特征及其环境效应	宋志尧
	王　华	环境工程	滨江水体生镜改善机制及沉水植被恢复判别研究	逄　勇
硕士学位论文	张润森	土地资源管理	水库移民安置人口优化配置研究	施国庆
	石记松	工程力学	边界型无网格方法研究和应用	陈　文
	肖　杨	岩土工程	EPS 颗粒轻质填料工程特性与本构模型研究	刘汉龙
	龚永康	岩土工程	干湿条件下膨胀土边坡裂隙发育试验研究	陈　亮
	尚熳廷	水文学及水资源	大孔隙对土壤水力参数及水分运动的影响研究	冯　杰
	顾艳玲	水工结构工程	熵理论在大坝安全评价中的应用研究	顾冲时
	李同飞	港口、海岸及近海工程	河口海岸复杂条件下多向随机波浪传播与变形数学模型	郑金海
	王军战	摄影测量与遥感	基于 ASAR 卫星遥感数据的土壤湿度反演研究	张友静
	吴志伟	地球探测与信息技术	坝址温度场的演变及其示踪意义研究	宋汉周
	倪　雪	通信与信息系统	基于第二代 Curvelet 变换的图像处理算法研究	李庆武
	姜平进	计算机系统	基于身份的数字签名方案研究	李继国

研究生就业情况统计

表1 2010届毕业研究生就业流向按地区情况统计表 (%)

地 区	华东	华南	华北	华中	西南	西北	东北
占毕业生人数比例	79	5	5	5	2	2	2

表2 2010届毕业研究生就业流向按单位性质情况统计表 (%)

单位性质	机关、事业	部队	升学、出国	企业	二次就业	其他
占就业毕业生人数比例	39	1	3	34	4	19

表3 2010届毕业研究生到重点行业就业情况表 (%)

单位性质	到中水、中交、国电等单位	到其他重点单位	到其他一般单位
占就业毕业生人数比例	31.5	54	14.5

（研究生院、学生就业指导中心供稿）

本科教育

概 况

一、招生工作

1. 招生计划执行情况

2010年，教育部下达普通本科招生计划4900名，招生计划涵盖48个本科专业，其中商学院、环境学院和理学院共14个本科专业继续实行按类招生。大禹学院除水利类专业招生100人以外，新增工程力学专业(徐芝纶班)30人。学校除江苏省校本部和常州校区分别以单独的院校代码招生外，其他省(区、市)均以统一的院校代码招生。

我校实际面向全国31个省(区、市)招收本科生4914人，圆满完成招生计划。其中校本部普通类本科生3501人，艺术类本科生53人，常州校区普通类本科生1360人。录取新生中包括国防生50人、保送生13人、自主选拔录取93人、艺术特长生5人、高水平运动员26人、新疆预转本38人、内地新疆班20人、内地西藏班19人。

2. 生源情况

除个别地区外，各省报考我校上线生源充足，有22个省(区、市)理科录取最低分高出当地本一线20分以上，其中贵州、安徽、青海、浙江、云南、海南、天津、辽宁、西藏、福建、吉林、江西12个省(区、市)高出30分以上，贵州、安徽、青海、浙江、云南、海南、天津、辽宁、西藏9个省(区、市)高出40分以上，贵州、安徽、青海、浙江4个省高出50分以上。特别是在安徽、浙江和江苏，学校录取考生的理科排名位次均进入了所在省份的前9000名，安徽省进入了前7000名。

教育部进一步加大推行平行志愿投档改革的力度，实行平行志愿的省份扩大到了22个省(市、区)。学校在实行平行志愿的省份录取分数在维持往年较高水平上继续走高。其中贵州、安徽、浙江理科录取最低分均高出本一线50分以上，海南、云南、天津、辽宁、西藏录取最低分均高出本一线40分以上，福建、江西录取最低分均高出本一线30分以上。在今年首次推行平行志愿改革的河南和重庆两省(市)，学校的录取最低分均超出了本一线29分。

江苏考生的生源质量持续提升。其中理科考生录取最低分为383分，列全国近200所重点院校在江苏录取分数的第27位。文科考生录取成绩名列省内高校的前三位，以364分仅次于南京大学和南京航空航天大学。

二、就业工作

2010届本科毕业生总数为4562人，其中校本部3210人，常州校区1352人，就业率为95.9%；协议就业率为67.9%，升学出国率为28%。2010届毕业研究生总数为1840人，其中博士研究生483人，硕士研究生1840人，就业率为96.2%。毕业生就业去向以江、浙、沪、粤等沿海发达城市为主，分布在全国水利、电力、交通、金融等行业的国家机关、科研院所、企事业单位。2010年荣获“2010年度江苏省高校毕业生就业工作先进集体”称号。

1. 制度建设

学校成立“学生就业指导中心”，调整学生就业管理体制，把研究生就业并入就业指导中心，进一步健全校、院二级就业指导组织，做好全校研究生和本科生的就业指导、服务工作；颁布了《关于2010年毕业生就业工作的实施意见》(河海校政〔2010〕19号)，实施目标考核。

2. 就业工程

2010年继续推进五大就业工程。收集、汇总、公布2100余家用人单位和2万余条需求信息；为2010级新生发放《“开启规划之门，成就精彩人生”职业生涯规划手册》，开展40余场职业生涯规划、就业指导、求职技能、公务礼仪、公务员招考等内容讲座；举办2010年校内外大型毕业生供需洽谈会3场，参加行业、地方人才市场招聘会近20次，举办各类中、小型专场招聘会500余场；与常州市人才服务中心、如皋市人才服务中心等单位签订合作协议。2010届毕业生中共有660名同学到基层就业，8名同学报名参加大学生入伍预征。

3. 创业指导

通过“百业竞赛”、“百家讲坛”、“百个社团”、“百企多岗”等四百工程，加强大学生创业服务、教育、培训。2010年我校创业设计大赛共申报18个项目，有10个项目进入决赛，学生创业事迹被《扬子晚报》、《金陵晚报》等多家媒体报道。2010届毕业生中有3名同学自主创业，注册了自己为法人代表的公司。

4. 帮扶特困

学校关心爱护特殊困难毕业生，重点关注、帮扶、服务就业困难同学，积极组织、推荐特困毕业生参加“江苏省2010年特困家庭大学生就业援助”活动。

三、教学工作

1. 教学管理

(1) 日常教务管理。落实2008版人才培养方案，做好排课(含4校文化素质课、民族生单独编班的公共基础课)、选课、调停课管理、教室调度、录播教室建设等工作，维护学校正常的教学工作秩序。

贯彻“以人为本，学为主体”的教学理念，充分考虑学生身心健康和接受能力，指导科学、合理地编排课表。今年共安排了4840门次基础及专业课、178门次人文素质课，保证了学校本科教学正常秩序。积极落实公共基础课程教学改革。

完成了全国大学英语四六级考试、江苏省高校计算机等级考试的报名及考试组织工作。全年共有 16655 人次参加四六级考试；8438 人次参加省高校计算机等级考试。

组织指导优秀学生选拔。在公开、公平、公正的原则下，共选拔转专业学生 126 人，赴法学生 59 人，其中法国里尔科技大学工程师项目 17 人，法国里尔科技大学本科项目 30 人；法国杜埃矿业学院工程师项目 12 人。商学院“2+2”项目学生 17 人。做好 2007 级学生推荐免试研究生工作，推荐校内 627 人，校外 138 人。

(2) 学籍管理。修订《河海大学全日制普通本科生学籍管理规定》。做好 2009—2010 学年学籍处理工作。2010 年学籍异动情况：转入下一年级有 77 人，退学 43 人，休学 27 人，复学 18 人，转学(转入外校)2 人，转专业 146 人。

积极做好 2010 届毕业生学历证书电子注册 4496 人次。2010 届学位上报，普通本科生 4335 人，成教学士学位 989 人，来华留学本科生学士学位 4 人，共计 5328 人次。2010 级新生学籍电子注册，报到入学 4867，保留入学资格 2 人，38 名新疆预科生转正。2007 级、2008 级和 2009 级学生学籍学年电子注册 18769 人次。

(3) 开设辅修专业。2010 年共有 2007 级本科生 320 人、2008 级本科生 152 人参加主辅修专业学习。对修满并取得辅修专业规定学分的学生，学校颁发辅修专业证书，并记入学籍档案。

(4) 外语培训。为提高我校学生的英语口语能力，“朗阁培训中心(南京)”分别于 4—6 月、10 月在江宁校区举办了两期纯外教口语班。培训期间，我校配合朗阁培训中心组织学生参加由朗阁教育集团和 RAFLE(朗阁海外考试研究中心)联合主办的 2009 年度和 2010 年度雅思考情全国发布会，帮助学生洞悉雅思考试的动态，对雅思高频考点进行预测，为我校学生参加国家的“三个一流”国际交流项目、联合培养项目，培养具有国际视野的拔尖人才奠定了基础。

(5) 青年教师培养与教师表彰。2010 年继续开展新教师岗前试讲工作、“青年教师课堂教学质量再提高工程”。岗前试讲培养 76 名新教师，再提高工程培养 26 名教师。开展了 2010 年“再提高工程”经验交流会并为参与项目的教师颁发证书。

继续实施青年教师讲课竞赛、优秀主讲教师评选活动。2009—2010 学年评出青年教师讲课竞赛一等奖 4 名、二等奖 13 名。

制定或修订了相关教务管理规定。颁布实施《河海大学全校性公共选修课教学与管理工作暂行规定》、《河海大学优秀主讲教师评选办法》、《河海大学资助优秀主讲教师配备助教工作暂行管理办法》及《河海大学班导师工作管理办法(修订)》。重新编订《河海大学教师手册》，为广大教师提供了解相关规章制度的便捷途径。

以唐洪武教授为带头人的“水利水电工程国家特色专业主干专业课程群教学团队”成功入选江苏省级优秀教学团队。

开展河海大学“质量工程”总结活动，撰写了 9 个分报告和 4 个总报告，圆满完成了国家、省、校三级“质量工程”的总结工作任务。

做好宝钢教育奖与徐芝纶教学奖的选拔推荐工作。2010 年 3 人获宝钢教育奖优秀教师奖。1 人获徐芝纶教学奖一等奖；2 人获徐芝纶教学奖二等奖。

(6) 开展公共选修课检查工作，提高公共选修课教学质量。制定《河海大学全校性公共选修课教学与管理工作暂行规定》。文件明确规定了公共选修课的申报与审核、选课人数、课堂纪律与课程考核等方面要求。

2. 教学成果奖评选

组织开展 2010 年河海大学教学成果奖评选工作，共有 88 项成果参评。经成果申报、初审推荐、专家评审、校教学成果奖评审委员会推选、校学术委员会审定等环节，最终确定 10 项特等奖、15 项一等奖和 26 项二等奖。

3. 专业建设

(1) 优化专业结构。优化调整学校本科专业结构：水文与水资源、水利水电工程、港口航道与海岸工程等老牌优势专业确保国内领先地位，努力建成世界一流；新增新能源科学与工程、物联网工程两个战略性新兴产业相关专业；暂停工商管理、经济学、电子商务等6个本科专业；同时要求其他专业保持特色，并通过拓宽培养方向来加强专业建设。

(2) 品牌特色专业。农业水利工程、通信工程入选国家级特色专业建设点。

机械工程及自动化专业入选省级品牌特色专业建设点；自动化、数学与应用数学、工程管理入选省级特色专业建设点。

电气工程及其自动化、工程力学、思想政治教育、地质工程、热能与动力工程、农业水利工程成功通过第二批省级品牌、特色专业建设点验收。

通信工程、给水排水工程、测绘工程、地理信息系统参加了第三批省级品牌、特色专业建设点验收工作。

(3) 新专业。成功申报新能源科学与工程、物联网工程两个战略性新兴产业专业。

完成海洋技术和金属材料工程两个新增专业的备案上报工作。

(4) 卓越工程师教育培养计划。学校获批成为全国首批61所“卓越工程师教育培养计划”的实施高校之一。“通信工程”和“计算机科学与技术”两专业入选国家级“卓越工程师教育培养计划”试点专业。

水利水电工程、港口航道与海岸工程、土木工程、机械工程及自动化入选校级“卓越工程师教育培养计划”试点专业。

4. 课程建设

电力工程、水轮机、水电站入选国家级精品课程。

自然地理学、地理信息系统原理、测量学、电力工程、高频电子电路、水电站、信息管理学入选省级精品课程。

地下水水文学入选国家级双语教学示范课程、省级双语精品课程。

对2009年立项建设的研究性教学示范课程开展中期检查，主要检查课程教学网站、课程授课效果等，以此全面督促提升课程建设水平。

5. 教材建设与教材管理

完成2010年度春秋两季本科生及研究生教材选用、征订、发放及结算工作，及2010年度教材招标工作。制订《河海大学本科教材选用管理办法》。对现有教材库存清查与统计工作，完成教材管理信息化工作。对学校“十一五”各级规划教材开展检查工作并下拨二期建设经费。

6. 教学评估及督导工作

进一步做好学生网上评教工作，及时编制并发布评估报告。2009—2010学年第二学期学生评教统计的问卷有效记录为137571条，参评比例为95.6%。2010—2011学年第一学期学生评教统计的问卷有效记录为164204条，参评比例为99.04%。开展了2010—2012年度河海大学本科教学督导员的聘任工作，聘任俞多芬等18位教师为新一届本科教学督导员。

7. 实践教学

工程材料实验教学中心和测绘实验教学中心获江苏省教育厅专项补助经费100万元，建设项目开始实施。通过测算，制定了河海大学实验技术人员定编管理办法。制定“十二五”期间实验室具体建设规划及分年度实施计划，并将年度实施计划与教育部修购专项经费申报绑定。

全面实施大学生创新训练计划。2010年，学校共获得国家级创新计划项目40项，省级创新计划项目30项，设立校级创新计划项目157项。在教育部第三届大学生创新论坛上，1篇论文被收录全国大学生创新论坛优秀论文，1个项目作为大会优秀项目展示。

毕业设计(论文)网上管理系统与江苏省普通高等学校本专科毕业设计(论文)评优与抽检工作网数据对接良好，随着网络管理平台的日益完善，其功能将不断强大，毕业设计(论文)的过程管理水平和完成质量必将得到进一步提升。

毕业设计(论文)，在江苏省教育厅组织的2010年江苏省普通高等学校本专科毕业设计(论文)评优中，13篇论文和3个团队参评，共有11篇论文和3个团队获奖。其中一等奖2篇，二等奖4

篇，三等奖5篇，优秀团队3队。

8. 学生竞赛

共设立国家级创新计划项目40项、省级项目30项、校级项目157项，多名同学被选中参加教育部主办的第三届全国大学生创新论坛。参加大学生学科竞赛获国家级奖276项，省级奖388项。

9. 工程训练与工程训练中心建设

工程训练中心工作重心逐步转向对我校学生“三创”能力的培养上，利用以前的实验室进行改造，为学生的实践教学创造条件，部分建成了江宁校区大学生创新创业训练活动的场所，对学生进行了白天与晚上的开放，提升了学生的创新创业能力。

10. 国家大学生文化素质教育基地工作

国家大学生文化素质教育基地共参加三次对外交流会议活动。6月12—13日，参加了由中国高等教育学会、全国高等学校教学研究中心、教育部文化素质教育指导委员会、天津市委教育工委、南开大学共同举办的“2010人文素质教育与科学素质教育的融合”高层论坛，与国内外专家学者就大学生文化素质教育问题进行了探讨和交流。10月15—17日，参加由北京师范大学比较教育研究中心举办的“全国高校通识教育发展策略与课程优化设置高级研班”。11月27—28日，参加了教育部高等学校文化素质教育指导委员会、中国高等教育学会和中国人民大学举办的“高等学校文化素质教育开展15周年纪念大会”。

“博雅大讲堂”共开展讲座8次，参与人次达2400余人次。

11. 水利学科教学指导委员会、水利教育协会高等教育分会工作

组织申报2010年度国家精品课程，推荐《水工钢筋混凝土结构学》等5门课程进行申报；向教育部报送水利学科专业规范研制项目进展情况；组织举办第二届全国水利学科青年教师讲课竞赛和评选第二届全国水利优秀毕业生；筹组水利学科专业认证分委员会；向教育部报送高等学校本科专业目录修订工作意见和建议；在内蒙古农业大学召开2010年水利学科教学指导委员会全体(扩大)会议。

召开水利教育协会高等教育分会常务理事(通讯)会议，推荐阮怀宁同志担任高教分会秘书长；在内蒙农业大学召开高教分会第四届二次理事大会；修改《中国水利教育协会高等教育分会工作条例》；开展“首届大学生水利创新设计大赛”获奖作品跟踪工作；与水利教指委联合举办第二届全国水利学科青年教师讲课竞赛和第二届全国水利优秀毕业生评选活动。

四、本科生教育管理

1. 思想政治教育

坚持“德育为先、素质领先”、“以人为本、关爱学生”的育人理念，进一步推动学生教育管理模式和方式方法的创新，全力服务学生成长成才，不断强化学生综合素质。

组织学生参加“江苏省暨南京市各界清明凭吊革命先烈活动”、朱岳明教授先进事迹报告会、公祭大禹陵活动、纪念张闻天同志诞辰110周年报告座谈会等教育活动，把“三爱”、“四心”、“五意识”教育融入学生的日常生活。

2010年完成2009级“1442”工程学员选拔和2008级“1442”工程学员滚动考核。

加强新生入学教育。结合《河海大学本科学生手册(2010版)》、常州校区编写的《在河海里成长》和《梦开始的地方——河海大学欢迎你》课件，在新生中深入开展安全教育、校史校情教育、专业教育。

加强学生管理与学风建设。组织学生检查组做好“两早一晚”工作，检查组出勤率100%；做好节假日期间的学生教育管理工作和开学初的思想状况调查分析工作；做好考风教育，以考风促学风，按时做好考试违纪学生的处理工作。

加强网络思政教育。常州校区完善“学工在线”网站建设，编辑《学工通讯》电子版6期，“学工在线”网站受到学生普遍关注，在校区2010年度网站建设质量评比中获三等奖。

指导学生公寓自管会积极开展社区文化建设。完成了文明宿舍及星级宿舍评选工作，自管会组织各项活动20余次，举办了第八届公寓文化节系列活动。常州校区继续开展以“稳定社区、文明社区、温馨社区”为主题的“和谐社区”建设。

2. 素质教育

加强有中国特色社会主义的共同理想教育，加强“爱国、爱水、爱校”教育，帮助学生“立志、修身、成才”，全年召开近20场报告会、座谈会。

开展第二届“海韵风华——感动河海十佳学生”评选，在学业成绩、道德风尚、科技创新、创业实践、技能训练、社会实践、文化艺术、体育锻炼、社会工作及其他共十个类别内评选出最有代表性的十佳学生和十佳提名学生。

在毕业生中开展“情系河海”主题教育，组织了系列毕业生文明离校教育活动。

3. 评奖评优工作

进一步完善奖学金和各类荣誉称号评定办法，本年度共有23名学生获得严恺奖学金，6名学生获得徐芝纶力学奖学金，5名学生获得宝钢奖学金，7名学生获得费孝通奖学金，20名学生获得和汇奖学金，5名学生获得阿特拉斯·科普柯奖学金，5名学生获得潘家铮水电奖学金，3名学生获得张光斗科技教育基金奖学金，190名学生获得国家奖学金，42名毕业生获得西部创业奖学金，82名学生被评为优秀毕业生。全校共有24名学生被评为“省级三好学生”，17名学生被评为“省级优秀学生干部”，16个班级被授予“省级先进班集体”荣誉称号。全校共有6768人次(含常州)获得优秀学生奖学金。

4. 队伍建设与制度建设

开展了辅导员岗位培训，培训内容包括：辅导报告或专题报告、素质拓展、社会实践等环节；以学生工作研究会、思政教育专项课题、辅导员博客等为平台，加强理论研究和工作交流。开展以“爱心、知心、责任心、事业心”为主题的“四心创建工程”，完善队伍管理机制；组织外出专题调研，赴华东交通大学、长沙理工大学等高校考察交流。

5. 解困工作

设立新生入学“绿色通道”。共有346名同学通过绿色通道入学，发放现金2.01万元。赠生活用品80套，减免卧具73份，发放电话卡83张。

建立贫困生库。进行家庭经济困难本科学生认定工作，确定经济困难同学5345名，其中特困生2149名。

国家助学贷款。2009年续发老生贷款1573人，金额942.8万元，新发放贷款469人，金额281.1万元；发放西部就业贷偿或学费代偿资助44人，资助金额28.8216万元；征兵代偿8人，金额14.72万元。

校内贷款。办理新疆生、西藏学生校内无息贷款200人，审批贷款金额106.41万元。

评定国家励志奖学金和国家助学金。评出542名国家励志奖学金获得者，资助总额271万元；评出国家助学金一等奖1166人，二等奖2337人，资助总额408.6万元；续发2008年获得国家助学金(春季)3214名，发放金额372.1万元。

减免学费。本年度共为8名学生减免学费1.79万元(含西部开发减免4人，体育特长生4人)。

生活补助。发放补助135.4484万元。其中，907名经济困难学生寒假返乡补助10万元；春季临时伙食补助3750人，金额75万元；发放寒衣补助300人，金额7.5万元；2009年发放新疆、西藏生伙食补助533人次，金额共计3.258万元；另发放新疆少数民族学生生活补助金14.8万元、西藏少数民族学生生活补助金1.22万元；四川地震灾区补助50人，金额共计14.43万元；大病补助6人次，金额3.24万元。

勤工助学。全校共有6284人次通过勤工助学获得补助，发放补助金189.4888万元。

企事业单位、个人及社会团体等给予的社会资助。共发放146人，计32.444万元。其中：获招行银行一卡通奖学金25人，计5万元；周玲雅奖学金49人，计9.8万元；真维斯助学金55人，计10.8万元；中国扶贫基金会新长城办公室资助学生1人，计0.184万元。爱德基金会资助2人，计0.5万元；五星电器资助四川地震灾区学生9人，计4.5万元；江苏省五台山体育中心资助1人，计0.6万元；江西青少年发展基金会资助1人，计0.1万元；宁夏宣明会资助2人，计0.5万元；退休教师资助新疆生1人，计0.46万元。

教育储蓄。本年度共办理教育储蓄利息减免证明42人。

爱心超市共接受社会捐款7.8325万元，实现营业收入3.199万元，接收各类物资捐赠万余件。

社会实践。组织经济困难学生成立2支小分队，开展暑期社会实践。

6. 大学生心理健康教育

加强大学生心理健康教育队伍建设。组织开展辅导员心理健康教育业务培训；组织开展2010级心理委员培训。指导和组织校级心理健康协会召开了第八次代表大会，选举产生了心理健康协会第八届委员会；指导协会组织了参加南京市第四届高校心理健康知识竞赛并获得第一名。培训并考核2009级大学生朋辈辅导员，共194名学生获得大学生朋辈辅导员资格；开展2008级朋辈辅导员考核，评选优秀朋辈辅导员40名。

以“你我同行，阳光向上，健康成长”为主题，举办第七届“5·25”大学生心理健康活动月。

个体心理咨询室接待来访学生300余人次。增设朋辈心理咨询服务。开设“大学生心理健康”公选课，近600名学生通过课堂获得心理健康知识。编辑制作学生心理健康教育杂志《心翼》2期；编印《河海大学学生心理健康知识手册》；做好心理健康信息月报工作，建立学生心理档案，并与辅导员老师沟通干预和处理方案；做好学生突发性心理危机事件的处理工作。

五、国防生教育管理

2010届毕业国防生共85人，其中党员78人，入党比例达到91.8%。37名同学考取或保送研究生(外校7人)；64 %的同学获得校级以上奖励，获得“海军优秀国防生”15人次。

11月25日召开国防生党总支换届选举党员大会，选举蒲晓东为国防生党总支书记。

优化国防生骨干组织架构，深化国防生大部制改革，调整国防生大部人员名单，深化国防生学长制管理模式。继续推行党员四级考核体系，实行牵手工程。加强海军国防生各级组织建设，举行各级骨干培训活动10余期。

结合国防生第五届“大力培育当代军人核心价值观”主题文化月活动，举办各类国防生教育管理活动30余场。除常规的赴雨花台开展悼念先烈活动、带训高年级国防生训练、军政训练大赛、海上体验性实习活动之外，还组织赴《南京条约》签约地静海寺和宝船公园“感知航海历史足迹，树立强国海洋意识”党日活动，赴上海某军港开展为期一个月的基地化集中训练；举办国防生先进经验交流会、国防大学公方彬教授“当代军人核心价值观”讲座、“将军梦”职业规划大赛等活动，开展了带训国防生暑期训练活动和军乐队训练活动等。

编辑国防生杂志《海魂》两期。

扩充了军乐队的规模，并对新队员进行了集中培训，在2010年新生军训汇报表演和迎接江苏省教育厅军事理论课检查团等活动中承担了3场演奏任务，并和常州校区军乐队进行了系列交流活动。

本科专业设置

2010年本科专业设置一览表

<table>
<tr><th>院(系)别</th><th>学制</th><th colspan="2">专业名称</th></tr>
<tr><td rowspan="3">水文水资源学院</td><td>4年</td><td colspan="2">水文与水资源工程</td></tr>
<tr><td>4年</td><td colspan="2">资源环境与城乡规划管理</td></tr>
<tr><td>4年</td><td colspan="2">水务工程</td></tr>
<tr><td rowspan="3">水利水电学院</td><td>4年</td><td colspan="2">水利水电工程</td></tr>
<tr><td>4年</td><td colspan="2">农业水利工程</td></tr>
<tr><td>4年</td><td colspan="2">设施农业科学与工程</td></tr>
<tr><td rowspan="2">港口海岸与近海工程学院</td><td>4年</td><td colspan="2">港口航道与海岸工程</td></tr>
<tr><td>4年</td><td colspan="2">海洋科学</td></tr>
<tr><td rowspan="2">土木与交通学院</td><td>4年</td><td colspan="2">土木工程</td></tr>
<tr><td>4年</td><td colspan="2">交通工程</td></tr>
<tr><td rowspan="3">环境学院</td><td rowspan="2">4年</td><td rowspan="2">环境科学类</td><td>环境工程</td></tr>
<tr><td>环境科学</td></tr>
<tr><td>4年</td><td colspan="2">给水排水工程</td></tr>
<tr><td rowspan="5">能源与电气学院</td><td>4年</td><td colspan="2">电气工程及其自动化</td></tr>
<tr><td>4年</td><td colspan="2">自动化</td></tr>
<tr><td>4年</td><td colspan="2">热能与动力工程</td></tr>
<tr><td>4年</td><td colspan="2">风能与动力工程</td></tr>
<tr><td>4年</td><td colspan="2">新能源科学与工程</td></tr>
<tr><td rowspan="3">计算机与信息学院</td><td>4年</td><td colspan="2">计算机科学与技术</td></tr>
<tr><td>4年</td><td colspan="2">通信工程</td></tr>
<tr><td>4年</td><td colspan="2">电子信息工程</td></tr>
<tr><td rowspan="2">力学与材料学院</td><td>4年</td><td colspan="2">工程力学</td></tr>
<tr><td>4年</td><td colspan="2">材料科学与工程</td></tr>
<tr><td rowspan="3">地球科学与工程学院</td><td>4年</td><td colspan="2">地理信息系统</td></tr>
<tr><td>4年</td><td colspan="2">地质工程</td></tr>
<tr><td>4年</td><td colspan="2">测绘工程</td></tr>
<tr><td rowspan="3">理学院</td><td rowspan="2">4年</td><td rowspan="2">数学类</td><td>数学与应用数学</td></tr>
<tr><td>信息与计算科学</td></tr>
<tr><td>4年</td><td colspan="2">应用物理学</td></tr>
</table>

续表

<table>
<tr><th>院(系)别</th><th>学　　制</th><th colspan="2">专　业　名　称</th></tr>
<tr><td rowspan="10">商学院</td><td rowspan="5">4年</td><td rowspan="5">工商管理类</td><td>人力资源管理</td></tr>
<tr><td>财务管理</td></tr>
<tr><td>会计学</td></tr>
<tr><td>市场营销</td></tr>
<tr><td>工商管理</td></tr>
<tr><td rowspan="3">4年</td><td rowspan="3">管理科学与工程类</td><td>工程管理</td></tr>
<tr><td>信息管理与信息系统</td></tr>
<tr><td>电子商务</td></tr>
<tr><td rowspan="2">4年</td><td rowspan="2">经济学类</td><td>经济学</td></tr>
<tr><td>国际经济与贸易</td></tr>
<tr><td>公共管理学院</td><td>4年
4年
4年
4年</td><td colspan="2">思想政治教育
劳动与社会保障
广播电视新闻学
播音与主持艺术</td></tr>
<tr><td>法学院</td><td>4年</td><td colspan="2">法　学</td></tr>
<tr><td>外国语学院</td><td>4年</td><td colspan="2">英　语</td></tr>
<tr><td>大禹学院</td><td>4年
4年</td><td colspan="2">水利类强化班
徐芝纶强化班</td></tr>
<tr><td>机电工程学院</td><td>4年
4年
4年
4年
4年</td><td colspan="2">机械工程及自动化
材料科学与工程
工业设计
热能与动力工程
数字媒体艺术</td></tr>
<tr><td>计算机与信息学院(常州)</td><td>4年
4年
4年
4年
4年
4年</td><td colspan="2">通信工程
自动化
电子信息工程
计算机科学与技术
电子科学与技术
物联网工程</td></tr>
<tr><td>商学院(常州)</td><td>4年
4年
4年
4年</td><td colspan="2">信息管理与信息系统
国际经济与贸易
会计学
工商管理</td></tr>
</table>

本科人才培养方案

一、指导思想

(1) 贯彻党的教育方针，坚持以邓小平理论和“三个代表”重要思想为指导，全面落实科学发展观；立足“建设有特色的高水平研究型大学”的定位，面向现代化、面向世界、面向未来，以学生为本，主动适应经济社会发展对人才的要求，培养“具有创新精神、宽口径、厚基础、重实践、高素质”的高级人才。

(2) 坚持“致高、致用、致远”的教育理念，推行理论教学、实践教学和科学研究“三元结合”的人才培养模式，通过“精炼理论讲授，强化实践教学，倡导自主研学”的育人方式，实现科学教育与工程教育、人文教育的融合，注重通识教育与专业教育的贯通，突出实践与创新教育，使学生多途径获取知识、锻炼能力、提高素质。

(3) 将修订培养方案和推进本科专业评估工作相结合。按多模式多层次思路，重新评估各专业的培养目标和培养规格，积极探索多规格、多层次、个性化的人才培养模式，科学构建具有河海特色的“刚柔相济”的人才培养方案。

二、培养目标

坚持以人为本、持续地提高人才培养质量的根本宗旨，培养德智体美全面发展有扎实的理论与专业基础、一定的工程实践与创新能力、良好的合作与竞争意识的、具有国际视野和跨文化的交流能力的高素质人才。

三、基本原则

(1) 继承传统，深化改革，合理定位，创建特色。秉承学校优良传统，遵循“艰苦朴素、实事求是、严格要求、勇于探索”的校训，以建设有特色的高水平研究型大学发展目标为指导，坚持“致高、致用、致远”的教育理念，按照以人为本、现代化、国际化的思路，探索多规格、多层次、个性化刚柔相济的人才培养模式。

(2) 以人为本，立足素质，强化能力，体现创新。以学生全面主动发展为中心，进一步加强工程教育，培养学生发现与解决工程实际问题的能力，培养学生成为现代工程师所必备的能力与素质。以实现科学教育与工程教育、人文教育的融合，通识教育与专业教育的贯通。

(3) 锤炼课程，优化体系，分类指导，因材施教。坚持以人为本，以学生为本，继续推进公共课、基础课教学改革，进一步加大高等数学、大学物理、大学英语、计算机信息技术、大学语文等课程改革力度，实施小班化、分层次教学，充分利用计算机辅助教学，加强实验教学改革，积极探索思想政治课理论与实践教学的改革，进一步加强双语教学质量。

四、具体要求

1. 学分要求

总学分：约180学分，包括计划内学分(165～170学分)与素质拓展学分(10学分)。计划内学分：理工类专业约170学分，其中实践环节约占总学分的25%以上；经管与人文类专业约165学分，其中实践环节约占总学分的15%以上。

2. 课程设置

由公共基础课、学科基础课、专业课、实践教学体系等模块组成。课程性质分为必修与选修。

课程体系总体框架

课程类型 \ 专业类别		理工类专业（学分）	经管、人文类专业（学分）
计划内学分	公共基础课	约 65	约 65
	学科基础课	约 50	约 55
	专业课	约 15	约 20
	小计	约 130	约 140
	实践教学体系	约 43	约 25
	总学分数	约 170	约 165
素质拓展学分(学分)		10	

(1) 公共基础课。公共基础课模块由公共必修课和全校性选修课组成。公共必修课包括思想政治理论课程、高等数学、物理、大学外语、大学计算机信息技术、体育、军事理论等课程。

公共选修课包括面向全校学生开设的自然科学类、艺术类、人文素质类以及工程技术类等课程。学生在校期间必须修读 8 学分，其中理工、经管类学生必须选修人文艺术类课程 4 学分，自然科学或工程技术类 2 学分，人文类学生必须选修自然科学类与工程技术类 4 学分，人文艺术类 2 学分。

(2) 学科基础课。学科基础课模块是学生必须掌握的本学科的基本知识、基本理论和基本技能，主要包括专业大类所属学科的基础课与技术基础课以及与专业大类相关学科的基础课。按专业大类招生培养的专业，应设置学科基础课平台课(或者根据具体情况设置学院平台课)；没按专业大类招生培养的专业也应按一级学科设置相应的平台课。

(3) 专业课。专业课模块是加深专业基础与专业技能的课程，分为专业(方向)必修课和选修课，专业(方向)课是体现专业办学特色的核心课程。专业方向的设置要面向经济社会发展需求，专业选修课要注意面向本学科前沿知识领域，体现以人为本、因材施教的本科教育教学思路。对于招生量大、涉及面广的宽口径专业可根据需要设置若干个专业方向课程模块，每个方向模块不超过 10 学分，每门专业课程原则上不超过 3 学分。

(4) 实践教学体系。实践教学体系主要包括实验、实习、社会实践、课程设计、课程论文、毕业论文与毕业设计等，是培养学生获得对实际工程问题或现实社会中实际问题的分析和解决能力的重要环节，根据学校人才培养目标的总体要求，实践性教学环节要充分体现理论教学、实践教学与科学研究三元结合，重点培养学生的工程与创新意识、实践能力、分析和综合能力以及合作精神。各专业在人才培养方案中应明确实践教学的目标、任务及实施措施，建立并以学生为主体、以学生自我学习和训练为主的、开放式的、与理论教学联系紧密的实践教学体系。

实验教学模块：凡教学内容层次分明，实验内容超过 0.5 学分课程应单列实验课程，其中基础性实验、综合性实验以及研究与设计性实验所占的比例至少要满足教育部本科教学水平评估的要求，实验示范中心所开实验要分别满足国家和省的相关规定；实验学时从 1 学分计 24 学时恢复到 1 学分计 16 学时。

技能训练模块：完成国家规定的军事训练，在外语教学中增加外语应用能力训练，充分利用现代教育技术，提高学生外语听、说、写等应用能力；在学科基础和专业课中，通过课程设计(论文)，提高学生对该课程知识的综合分析、应用能力，促进专业素质与技能的提高。

工程训练模块：根据专业教学特点，低年级到工程训练中心，高年级到实际工程，让学生接受工程概念教育，通过实验模拟、仿真，进行专业认识实习、专业课程实习、专业考察、生产(毕业)实习等，形成工程概念，巩固和强化学生的专业知识，拓展专业视野。

科研训练模块：将毕业设计(论文)总学分中拿出约1/5学分放在第七学期，毕业设计(论文)安排在第七学期至第八学期完成。为培养学生动手能力，训练学生开展科研实践，让学生尽早介入教师的科研课题。

社会实践与创新训练模块：利用思想政治理论课程实践、第二课堂、暑期社会实践，增加社会调查、社会体验的实践时间和内容，加深学生对社会的认识，密切学生与社会的联系，培养学生适应社会能力、研究社会的能力。积极开展大学生创新训练计划，激发学生的创新思维和创新意识，着力提高大学生的学习、实践和创新能力。

相关统计

招生情况统计

表1 2010年普通本科招生计划及招生执行计划统计表

专业代码	专业名称	科类	学制	招生计划	招生执行计划
总计				4914	4914
校本部				3600	3554
020101	经济学类(经济学，国际经济与贸易)	文史、理工	4年	70	75
030101	法学	文史、理工	4年	90	84
030404	思想政治教育	文史	4年	35	35
050201	英语	文史	4年	100	96
050302	广播电视新闻学	文史	4年	70	64
050419	播音与主持艺术	艺术	4年	45	53
070101	数学类(数学与应用数学，信息与计算科学)	理工	4年	140	96
070202	应用物理学	理工	4年	70	54
070702	资源环境与城乡规划管理	理工	4年	35	33
070703	地理信息系统	理工	4年	60	52
071002	海洋科学	理工	4年	65	38
0714	环境科学类(环境工程，环境科学)	理工	4年	105	93
080106	地质工程	理工	4年	105	89
080205	材料科学与工程	理工	4年	105	68
080501	热能与动力工程	理工	4年	105	117
080507	风能与动力工程	理工	4年	35	46
080601	电气工程及其自动化	理工	4年	115	159
080602	自动化	理工	4年	70	63
080603	电子信息工程	理工	4年	70	53
080604	通信工程	理工	4年	145	123
080605	计算机科学与技术	理工	4年	180	118

续表

专业代码	专　业　名　称	科类	学制	招生计划	招生执行计划
080703	土木工程	理工	4年	185	212
080705	给水排水工程	理工	4年	105	108
080709	水务工程	理工	4年	105	129
0808	水利类(大禹学院强化班)	理工	4年	100	138
080801	水利水电工程	理工	4年	105	156
080802	水文与水资源工程	理工	4年	115	137
080803	港口航道与海岸工程	理工	4年	135	182
080901	测绘工程	理工	4年	105	95
081202	交通工程	理工	4年	70	69
081701	工程力学(大禹学院徐芝纶班)	理工	4年	30	29
081701	工程力学	理工	4年	80	80
081904	农业水利工程	理工	4年	110	114
090109	设施农业科学与工程	理工	4年	60	55
1101	管理科学与工程类(工程管理、信息管理与信息系统、电子商务)	理工	4年	180	120
1102	工商管理类(人力资源管理、财务管理、会计学、市场营销、工商管理)	文、理	4年	230	250
110303	劳动与社会保障	文、理	4年	70	71
常州校区				1300	1360
020102	国际经济与贸易	文、理	4年	120	147
080205	材料科学与工程	理工	4年	70	71
080303	工业设计	理工	4年	50	54
080305	机械工程及自动化	理工	4年	260	264
080501	热能与动力工程	理工	4年	50	81
080602	自动化	理工	4年	110	110
080603	电子信息工程	理工	4年	100	95
080604	通信工程	理工	4年	100	105
080605	计算机科学与技术	理工	4年	60	58
080606	电子科学与技术	理工	4年	70	70
080623	数字媒体艺术	理工	4年	50	50
110102	信息管理与信息系统	理工	4年	70	68
110201	工商管理	文、理	4年	70	69
110203	会计学	文、理	4年	120	118

表 2　2010 年普通本科分地区录取情况统计表

序号	省、自治区、直辖市	理科					文科					录取人数
		省控线	投档线	最低分	平均分	最高分	省控线	投档线	最低分	平均分	最高分	
1	北京市	494	495	495	533.35	587	524	526	526	534.09	566	53
2	天津市	509	553	553	564.21	590	519	557	557	563.71	571	129
3	河北省	561	570	570	593.6	622	539	563	563	566.62	576	174
4	山西省	536	553	558	571.31	606	533	552	552	560.41	575	77
5	内蒙古区	510	532	539	567.75	599	475	497	509	521.86	532	53
6	辽宁省	518	561	561	572.52	607	531	552	552	558.94	566	118
7	吉林省	530	562	563	578.1	606	517	531	531	537.63	543	72
8	黑龙江省	532	555	558	578.45	635	523	528	532	546.45	573	78
9	上海市	465	465	462	466.61	477	464	464	460	467.33	472	37
10	浙江省	551	601	602	609.07	628	590	616	617	622.83	643	190
11	安徽省	562	614	615	621.23	633	573	601	602	605.17	611	251
12	福建省	539	576	577	584.81	610	557	574	575	579.69	586	161
13	江西省	515	548	548	555.14	582	521	545	545	548.21	554	173
14	山东省	580	600	607	620.05	653	606	623	624	630.48	637	222
15	河南省	552	581	581	586.61	608	532	552	552	558.04	566	199
16	湖北省	557	573	576	583.29	598	530	532	532	544.15	557	137
17	湖南省	567	588	588	594.01	620	578	593	593	594.81	600	169
18	广东省	621	625	625	633.56	650	595	598	598	604.45	613	90
19	广西区	500	512	512	544.75	573	510	537	537	543.65	556	119
20	海南省	624	670	670	693.03	737	670					29
21	重庆市	533	561	562	572.44	604	573	584	584	590.88	598	58
22	四川省	512	517	517	532.42	578	543	551	551	554.2	561	128
23	贵州省	481	537	537	545.78	575	514	542	542	546.88	554	85
24	云南省	500	546	548	559.16	602	495	531	532	538	543	81
25	陕西省	556	583	583	591.09	618	559	572	572	578.94	594	128
26	甘肃省	531	540	559	573.66	611	511	527	527	535.4	555	68
27	青海省	405	449	457	490.28	539	430					50
28	宁夏区	474	503	503	517.04	553	496					45
29	新疆区	471	471	471	531.82	594	485	499	501	504.5	507	60
30	西藏区（汉族）	455	495	495	495.00	495						2
31	西藏区（少数民族）	260	297	297	305300	313						1
32	江苏省 校本部	355	383	383	385.42	403	345	364	364	368.95	377	1022
	江苏省 常州一本	355	358	358	362.25	402	345	353	353	354.79	365	578
	江苏省 常州二本	328	353	353	356300	368	321	343	343	345.32	350	

注：以上录取人数不含新疆预科转本科 38 人，新疆内高班 20 人，西藏内高班 20 人。

表3　2010年录取新生基本情况统计表

项　目		人数(人)	占招生总人数的比例(%)
录取新生	本　科	4914	100
新生性别	男	3173	64.6
	女	1741	35.4
政治面貌	党　员	21	0.43
	团　员	4779	97.25
生源类别	城镇应届	2301	44.85
	城镇往届	360	9.46
	农村应届	1647	35.09
	农村往届	567	10.60
志愿情况	第一志愿	4901	99.76
	第二志愿	13	0.24
	第三志愿	/	/
	服从志愿	/	/

在校生分类统计

表1　2010年本科学生按学科、年级分布情况统计表　(人)

	毕业生数		招生数	在校学生数				
	小计	授学位人数		小计	一年级	二年级	三年级	四年级
总　计	4365	4242	4872	18746	4894	4576	4616	4660
哲　学								
经济学	242	233	218	891	218	220	197	256
法　学	135	132	116	411	116	94	105	96
教育学								
文　学	121	120	213	687	213	180	163	131
历史学								
理　学	272	262	362	1249	365	338	269	277
工　学	2799	2712	3222	12408	3240	3020	3072	3076
农　学	46	43	54	181	54	41	41	45
医　学								
管理学	750	743	687	2919	688	683	769	779

表 2　2010 年本专科学生按学院分布情况统计表　　（人）

	毕业生数		招生数	在校学生数				
	小计	授学位人数		小计	一年级	二年级	三年级	四年级
总　计	4365	4245	4872	18746	4894	4576	4616	4660
水文水资源学院	238	237	299	981	301	228	215	237
水利水电学院	339	327	322	1390	325	298	372	395
港口海岸与近海工程学院	237	230	219	973	219	253	259	242
土木与交通学院	212	205	279	971	282	254	208	227
环境学院	194	183	201	816	201	213	203	199
能源与电气学院	264	255	384	1396	389	343	352	312
计算机与信息学院	266	259	294	1231	298	280	333	320
力学与材料学院	159	155	147	595	149	164	138	144
地球科学与工程学院	191	185	236	746	237	163	172	174
理学院	149	146	147	549	148	123	139	139
商学院	560	551	444	1981	444	436	515	586
公共管理学院	131	129	220	655	221	161	159	114
法学院	112	111	82	296	82	67	76	71
外国语学院	59	58	96	353	96	92	80	85
大禹学院			167	306	167	139		
机电工程学院	424	412	510	2072	510	506	526	530
计算机与信息学院(常州)	444	423	433	1812	433	435	465	479
商学院(常州)	386	379	392	1623	392	421	404	406

等级考试情况统计

2010 年应届毕业生参加英语四级考试情况统计表

院　别	修读人数	累计通过人数	累计通过率(%)
合　计	4456	4147	93.1
水文水资源学院	230	217	94.3
水利水电学院	314	288	91.7
港口海岸与近海工程学院	218	207	95.0
土木与交通学院	221	214	96.8
环境学院	187	172	92.0
能源与电气学院	270	248	91.9

续表

院　别	修读人数	累计通过人数	累计通过率(%)
计算机与信息学院	288	266	92.4
力学与材料学院	163	143	87.7
地球科学与工程学院	200	177	88.5
理学院	173	150	86.7
商学院	572	547	95.6
公共管理学院	151	143	94.7
法学院	91	88	96.7
机电工程学院	517	479	92.6
计算机与信息学院(常州)	466	416	89.3
商学院(常州)	395	392	99.2

注：修读人数以 2007 年 9 月 2 日学籍库中学生在籍名单统计而成，不含特指民族生。

竞赛获奖情况统计

2010 年学生参加省部级竞赛获奖情况统计

获 奖 名 称	获 奖 等 级	获 奖 数 量
全国大学生数学建模竞赛	全国一等奖	2
	全国二等奖	9
	江苏省一等奖	10
	江苏省二等奖	7
	江苏省三等奖	2
第七届“挑战杯”全国大学生创业计划大赛	全国三等奖	1
	江苏省二等奖	1
	江苏省三等奖	1
“天华杯”全国电子专业人才设计与技能大赛	江苏省二等奖	2
全国第一届大学数学竞赛	全国一等奖	1
	全国二等奖	2
	江苏省一等奖	6
	江苏省二等奖	10
	江苏省三等奖	17
“英特尔杯”大学生电子设计竞赛嵌入式系统专题邀请赛	二等奖	2
第五届全国大学生“飞思卡尔”杯智能汽车竞赛	全国二等奖	4
	华东赛区一等奖	4
	华东赛区二等奖	8

续表

获奖名称	获奖等级	获奖数量
“国信蓝点杯”全国软件专业人才设计与开发大赛	全国一等奖	2
	全国三等奖	1
	江苏省二等奖	4
	江苏省三等奖	10
第五届全国大学生交通科技大赛	一等奖	1
	三等奖	2
全国大学生英语竞赛	特等奖	6
	一等奖	19
	二等奖	45
	三等奖	98
全国大学生电子设计竞赛2010年“TI杯”模拟电子系统专题邀请赛	江苏省一等奖	8
	江苏省二等奖	16
全国电子专业人才设计与技能大赛	全国一等奖	3
	江苏省一等奖	3
	江苏省二等奖	2
	江苏省三等奖	4
第三届“高教杯”全国大学生先进成图技术及产品信息建模创新大赛	一等奖	1
	二等奖	8
	团队二等奖	1
第一届全国大学生地质技能竞赛	二等奖	1
全国大学生电子信息实践创新作品评选	二等奖	1
首届全国大学生基础力学实验竞赛	全国一等奖	3
	全国二等奖	3
	全国三等奖	32
	全国团队一等奖	1
	全国团队二等奖	1
“瑞萨杯”智能车竞赛	二等奖	2
	三等奖	1
第四届全国大学生机械创新设计大赛	二等奖	1
第四届全国大学生机械创新设计大赛(慧鱼组)	全国一等奖	1
	全国二等奖	1
	全国三等奖	2
2010中国机器人大赛(3vs3)	冠军	1
2010中国机器人大赛(5vs5)	冠军	1
2010中国机器人大赛(标准动作)	冠军	1

续表

获奖名称	获奖等级	获奖数量
第十届全国机器人大赛(5vs5)	冠军	1
第十届全国机器人大赛(11vs11)	冠军	1
第十届全国机器人大赛(三人组队形)	二等奖	1
第十届全国机器人大赛(4vs1 追捕目标)	二等奖	1
第三届全国大学生节能减排社会实践与科技竞赛	全国二等奖	1
	全国三等奖	1
中央电视台“希望之星”英语风采大赛江苏赛区	江苏省特等奖	1
	江苏省一等奖	1
第六届“用友杯”全国大学生创业暨沙盘模拟经营大赛	江苏省一等奖	1
全国大学生管理决策模拟大赛	全国一等奖	2
	全国二等奖	1
	华东赛区一等奖	1
	华东赛区二等奖	1
第三届“Science Word”杯数学中国数学建模网络挑战赛	江苏省一等奖	3
	江苏省二等奖	3
全国三维数字化创新设计大赛	特等奖	1
	一等奖	2
	二等奖	2
	三等奖	1
第三届江苏省大学生基础力学实验竞赛	二等奖	3
	三等奖	35
	团体二等奖	1
第三届江苏省理工科大学生人文社科知识竞赛	一等奖	1
	二等奖	9
	三等奖	48
江苏省普通高等学校本专科优秀毕业设计(论文)	一等奖	2
	二等奖	4
	三等奖	5
	优秀团队	3
第三届江苏省大学生机械创新设计大赛	一等奖	2
	二等奖	5
	三等奖	3
第十届江苏省高等学校非理科专业高等数学竞赛	一等奖	32
	二等奖	26
	三等奖	36

续表

获奖名称	获奖等级	获奖数量
江苏省高校第七届大学生物理及实验科技作品创新竞赛	特等奖	2
	江苏省一等奖	5
	江苏省二等奖	4
第二届江苏省水文化创意大赛	一等奖	4
	二等奖	10
	三等奖	18
江苏省高校学生多媒体作品竞赛	三等奖	4

大学生获授权专利情况统计

2010 年大学生获得国家授权专利项目情况统计

学院名称	项目数	项目类型
水文水资源学院	3	实用新型
水利水电学院	18	实用新型
土木与交通学院	2	实用新型
港口海岸与近海工程学院	4	实用新型
环境学院	2	实用新型
能源与电气学院	5	实用新型
计算机与信息学院	2	实用新型
力学与材料学院	1	实用新型
地球科学与工程学院	2	实用新型
理学院	6	实用新型
商学院	1	外观设计
合　计	46	

免试推荐攻读硕士学位情况统计

表 1　免试推荐攻读硕士学位情况统计表

学　院	录取类型			录取人数
	校外	校内(学术型)	校内(专业学位)	
合　计	138	462	171	771
水文水资源学院	7	38	7	52
水利水电学院	14	82	19	115
港口海岸与近海工程学院	14	44	16	74

续表

学　院	录　取　类　型			录取人数
	校外	校内(学术型)	校内(专业学位)	
土木与交通学院	11	48	14	73
环境学院	8	23	4	35
能源与电气学院	15	30	19	64
计算机与信息学院	18	28	14	60
力学与材料学院	7	18	1	26
地球科学与工程学院	7	26	6	39
理学院	3	11	3	17
商学院	20	25	6	51
公共管理学院	1	11	3	15
法学院	1	8		9
外国语学院	3	4	5	12
机电工程学院	9	28	30	67
计算机与信息学院(常州)		19	6	25
商学院(常州)		19	18	37

表2　2010年被本校接收免试硕士生名单(校内学术型)

序号	姓　名	性别	本科所在学院	本科生专业	研究生专业
1	张　龙	男	水文水资源学院	水文与水资源工程	电力系统及其自动化
2	安蒙华	男	水文水资源学院	水文与水资源工程	港口、海岸及近海工程
3	刘婷婷	女	水文水资源学院	水文与水资源工程	工业工程
4	王冰冰	女	水文水资源学院	水文与水资源工程	工业工程
5	柳煦颖	女	水文水资源学院	水文与水资源工程	工业工程
6	曾　瑞	女	水文水资源学院	水文与水资源工程	工业工程
7	丁吾鹏	男	水文水资源学院	水文与水资源工程	工业工程
8	陆　斌	男	水文水资源学院	水文与水资源工程	工业工程
9	陈　康	男	水文水资源学院	水文与水资源工程	环境科学与工程
10	江禾芝	女	水文水资源学院	水文与水资源工程	市政工程
11	孙银凤	女	水文水资源学院	水文与水资源工程	水文学及水资源
12	孙　晨	女	水文水资源学院	水文与水资源工程	水文学及水资源
13	苏明珍	女	水文水资源学院	水文与水资源工程	水文学及水资源
14	郑　雪	女	水文水资源学院	水文与水资源工程	水文学及水资源
15	杨　烨	女	水文水资源学院	水文与水资源工程	水文学及水资源
16	卫晓露	女	水文水资源学院	水文与水资源工程	水文学及水资源
17	张琼楠	女	水文水资源学院	水文与水资源工程	水文学及水资源
18	刘　宇	男	水文水资源学院	水文与水资源工程	水文学及水资源

续表

序号	姓名	性别	本科所在学院	本科生专业	研究生专业
19	克来木汗·买买提	女	水文水资源学院	水文与水资源工程	水文学及水资源
20	汪洪泽	男	水文水资源学院	水文与水资源工程	水文学及水资源
21	穆尼热·赛买提	女	水文水资源学院	水文与水资源工程	水文学及水资源
22	陈　娟	女	水文水资源学院	水文与水资源工程	水文学及水资源
23	张　潇	女	水文水资源学院	水文与水资源工程	水文学及水资源
24	朱　靖	男	水文水资源学院	水务工程	城市水务
25	贾　晨	女	水文水资源学院	水务工程	城市水务
26	李巧琳	女	水文水资源学院	水务工程	城市水务
27	黄益双	女	水文水资源学院	水务工程	工业工程
28	虞　静	女	水文水资源学院	水务工程	工业工程
29	王小祥	男	水文水资源学院	水务工程	工业工程
30	李　燕	女	水文水资源学院	水务工程	流体力学
31	杨　琳	女	水文水资源学院	水务工程	水利水电工程
32	王友恒	男	水文水资源学院	资源环境与城乡规划管理	生态水利学
33	彭焱梅	女	水文水资源学院	资源环境与城乡规划管理	生态水利学
34	李亚函	女	水文水资源学院	资源环境与城乡规划管理	工业工程
35	张皓月	女	水文水资源学院	资源环境与城乡规划管理	工业工程
36	王银丽	女	水文水资源学院	资源环境与城乡规划管理	工业工程
37	郭勉辰	女	水文水资源学院	资源环境与城乡规划管理	工业工程
38	覃春乔	男	水文水资源学院	资源环境与城乡规划管理	水文学及水资源
39	戚鑫珑	男	水利水电学院	农业水利工程	工业工程
40	陈　盛	男	水利水电学院	农业水利工程	农业生物环境与能源工程
41	黄万勇	男	水利水电学院	农业水利工程	农业水土工程
42	曹德君	男	水利水电学院	农业水利工程	农业水土工程
43	郭　杰	女	水利水电学院	农业水利工程	农业水土工程
44	王　辉	男	水利水电学院	农业水利工程	农业水土工程
45	李勇涛	男	水利水电学院	农业水利工程	水力学及河流动力学
46	周　庆	女	水利水电学院	农业水利工程	水力学及河流动力学
47	刘　钰	女	水利水电学院	农业水利工程	土壤学
48	钱　萍	女	水利水电学院	设施农业科学与工程	工业工程
49	陆红飞	男	水利水电学院	设施农业科学与工程	农业水土工程
50	刘　懿	女	水利水电学院	设施农业科学与工程	农业水土工程
51	冯兴亚	男	水利水电学院	水利类基地强化班(水工)	水工结构工程

续表

序 号	姓　名	性别	本科所在学院	本科生专业	研究生专业
52	邵晨飞	男	水利水电学院	水利类基地强化班(水工)	水工结构工程
53	刘何稚	男	水利水电学院	水利类基地强化班(水工)	水工结构工程
54	魏宇航	男	水利水电学院	水利类基地强化班(水工)	水利水电工程
55	王　宁	男	水利水电学院	水利水电工程	水利水电建设与管理
56	朱艳梅	女	水利水电学院	水利水电工程	水利水电建设与管理
57	陈静茹	女	水利水电学院	水利水电工程	水利水电建设与管理
58	薛　瑶	女	水利水电学院	水利水电工程	水利水电建设与管理
59	张　灿	男	水利水电学院	水利水电工程	水系统科学
60	傅兆庆	男	水利水电学院	水利水电工程	水灾害与水安全
61	李　佳	女	水利水电学院	水利水电工程	水灾害与水安全
62	孙振江	男	水利水电学院	水利水电工程	工程力学
63	周　亮	男	水利水电学院	水利水电工程	工业工程
64	瞿莉君	女	水利水电学院	水利水电工程	工业工程
65	柳　璐	女	水利水电学院	水利水电工程	工业工程
66	张晶芳	女	水利水电学院	水利水电工程	工业工程
67	李　署	男	水利水电学院	水利水电工程	工业工程
68	彭　迪	女	水利水电学院	水利水电工程	工业工程
69	王怡然	女	水利水电学院	水利水电工程	工业工程
70	朱天瑶	女	水利水电学院	水利水电工程	工业工程
71	翟奕菡	女	水利水电学院	水利水电工程	工业工程
72	张添烨	男	水利水电学院	水利水电工程	工业工程
73	姚怡红	女	水利水电学院	水利水电工程	工业工程
74	张　颖	男	水利水电学院	水利水电工程	农业水土工程
75	王　婧	女	水利水电学院	水利水电工程	水工结构工程
76	杨　磊	男	水利水电学院	水利水电工程	水工结构工程
77	孔维耀	男	水利水电学院	水利水电工程	水工结构工程
78	刘　权	男	水利水电学院	水利水电工程	水工结构工程
79	石永超	男	水利水电学院	水利水电工程	水工结构工程
80	齐慧君	男	水利水电学院	水利水电工程	水工结构工程
81	李经纬	男	水利水电学院	水利水电工程	水工结构工程
82	赵开伟	男	水利水电学院	水利水电工程	水工结构工程
83	郑宏伟	男	水利水电学院	水利水电工程	水工结构工程
84	薛向华	男	水利水电学院	水利水电工程	水工结构工程
85	王　瑞	女	水利水电学院	水利水电工程	水工结构工程
86	孙良辰	女	水利水电学院	水利水电工程	水工结构工程

续表

序号	姓名	性别	本科所在学院	本科生专业	研究生专业
87	张晶梅	女	水利水电学院	水利水电工程	水工结构工程
88	王锦锋	男	水利水电学院	水利水电工程	水工结构工程
89	祖丽胡玛吐尔逊	女	水利水电学院	水利水电工程	水工结构工程
90	都　辉	男	水利水电学院	水利水电工程	水工结构工程
91	丁　林	男	水利水电学院	水利水电工程	水工结构工程
92	李季琼	女	水利水电学院	水利水电工程	水工结构工程
93	周奕琦	女	水利水电学院	水利水电工程	水工结构工程
94	曹　聪	男	水利水电学院	水利水电工程	水工结构工程
95	邵潮鑫	男	水利水电学院	水利水电工程	水工结构工程
96	樊舒婕	女	水利水电学院	水利水电工程	水工结构工程
97	许焱鑫	男	水利水电学院	水利水电工程	水工结构工程
98	吴书鑫	男	水利水电学院	水利水电工程	水力学及河流动力学
99	宋荣华	男	水利水电学院	水利水电工程	水力学及河流动力学
100	吉　昭	男	水利水电学院	水利水电工程	水力学及河流动力学
101	魏小旺	男	水利水电学院	水利水电工程	水力学及河流动力学
102	郎　韵	女	水利水电学院	水利水电工程	水力学及河流动力学
103	王春红	女	水利水电学院	水利水电工程	水力学及河流动力学
104	阿衣丁别克·居马拜	男	水利水电学院	水利水电工程	水力学及河流动力学
105	杜　倩	女	水利水电学院	水利水电工程	水力学及河流动力学
106	金　晶	女	水利水电学院	水利水电工程	水利水电工程
107	崔　巍	男	水利水电学院	水利水电工程	水利水电工程
108	谢幼琼	女	水利水电学院	水利水电工程	水利水电工程
109	孟　楠	女	水利水电学院	水利水电工程	水利水电工程
110	官云飞	男	水利水电学院	水利水电工程	水利水电工程
111	高　力	男	水利水电学院	水利水电工程	水利水电工程
112	何　格	女	水利水电学院	水利水电工程	水利水电工程
113	钟大莉	女	水利水电学院	水利水电工程	水利水电工程
114	范呈昱	男	水利水电学院	水利水电工程	水利水电工程
115	张　末	女	水利水电学院	水利水电工程	水利水电工程
116	时　蕊	女	水利水电学院	水利水电工程	水利水电工程
117	李　砚	男	水利水电学院	水利水电工程	岩土工程
118	张　龙	男	水利水电学院	水利水电工程	岩土工程
119	杜妍平	女	水利水电学院	水利水电工程	岩土工程

续表

序号	姓　名	性别	本科所在学院	本科生专业	研究生专业
120	孟庆祥	男	水利水电学院	水利水电工程	岩土工程
121	钱　伟	男	港口海岸与近海工程学院	港口航道与海岸工程	海岸带资源与环境
122	董晓伟	男	港口海岸与近海工程学院	港口航道与海岸工程	海岸带资源与环境
123	王时悦	女	港口海岸与近海工程学院	港口航道与海岸工程	海岸带资源与环境
124	王　骏	男	港口海岸与近海工程学院	港口航道与海岸工程	港口、海岸及近海工程
125	习　宇	男	港口海岸与近海工程学院	港口航道与海岸工程	港口、海岸及近海工程
126	程晗怿	女	港口海岸与近海工程学院	港口航道与海岸工程	港口、海岸及近海工程
127	陈　悦	女	港口海岸与近海工程学院	港口航道与海岸工程	港口、海岸及近海工程
128	厉佳卉	女	港口海岸与近海工程学院	港口航道与海岸工程	港口、海岸及近海工程
129	吴　乔	男	港口海岸与近海工程学院	港口航道与海岸工程	港口、海岸及近海工程
130	曹　坤	男	港口海岸与近海工程学院	港口航道与海岸工程	港口、海岸及近海工程
131	魏　祥	男	港口海岸与近海工程学院	港口航道与海岸工程	港口、海岸及近海工程
132	崔江浩	男	港口海岸与近海工程学院	港口航道与海岸工程	港口、海岸及近海工程
133	张　丽	女	港口海岸与近海工程学院	港口航道与海岸工程	港口、海岸及近海工程
134	韩正权	男	港口海岸与近海工程学院	港口航道与海岸工程	港口、海岸及近海工程
135	闫晓璐	女	港口海岸与近海工程学院	港口航道与海岸工程	港口、海岸及近海工程
136	马舒文	女	港口海岸与近海工程学院	港口航道与海岸工程	港口、海岸及近海工程
137	钱　浩	男	港口海岸与近海工程学院	港口航道与海岸工程	港口、海岸及近海工程
138	顾　茜	女	港口海岸与近海工程学院	港口航道与海岸工程	港口、海岸及近海工程
139	安杰晶	女	港口海岸与近海工程学院	港口航道与海岸工程	港口、海岸及近海工程
140	石麒琳	女	港口海岸与近海工程学院	港口航道与海岸工程	港口、海岸及近海工程
141	陈小婷	女	港口海岸与近海工程学院	港口航道与海岸工程	港口、海岸及近海工程
142	王　衍	男	港口海岸与近海工程学院	港口航道与海岸工程	港口、海岸及近海工程
143	林尚飞	男	港口海岸与近海工程学院	港口航道与海岸工程	港口、海岸及近海工程
144	李卫文	男	港口海岸与近海工程学院	港口航道与海岸工程	港口、海岸及近海工程
145	李　泽	男	港口海岸与近海工程学院	港口航道与海岸工程	港口、海岸及近海工程
146	朱晓波	女	港口海岸与近海工程学院	港口航道与海岸工程	港口、海岸及近海工程
147	王　娜	女	港口海岸与近海工程学院	港口航道与海岸工程	港口、海岸及近海工程
148	杨第昌	男	港口海岸与近海工程学院	港口航道与海岸工程	港口、海岸及近海工程
149	雷　蕾	女	港口海岸与近海工程学院	港口航道与海岸工程	港口、海岸及近海工程
150	熊小舟	男	港口海岸与近海工程学院	港口航道与海岸工程	港口、海岸及近海工程
151	张　茜	女	港口海岸与近海工程学院	港口航道与海岸工程	港口、海岸及近海工程
152	钱学生	男	港口海岸与近海工程学院	港口航道与海岸工程	港口、海岸及近海工程
153	陈　橙	男	港口海岸与近海工程学院	港口航道与海岸工程	港口、海岸及近海工程
154	张小璐	女	港口海岸与近海工程学院	港口航道与海岸工程	工业工程

续表

序号	姓名	性别	本科所在学院	本科生专业	研究生专业
155	陆　薛	男	港口海岸与近海工程学院	港口航道与海岸工程	工业工程
156	夏昊凉	男	港口海岸与近海工程学院	港口航道与海岸工程	工业工程
157	卫琳静	女	港口海岸与近海工程学院	港口航道与海岸工程	工业工程
158	陈　茜	女	港口海岸与近海工程学院	港口航道与海岸工程	工业工程
159	何井姝	女	港口海岸与近海工程学院	港口航道与海岸工程	工业工程
160	万昌彬	男	港口海岸与近海工程学院	港口航道与海岸工程	工业工程
161	齐华萍	女	港口海岸与近海工程学院	海洋技术	海岸带资源与环境
162	赵建丽	男	港口海岸与近海工程学院	海洋技术	物理海洋学
163	张　吉	女	港口海岸与近海工程学院	海洋技术	物理海洋学
164	倪兴也	男	港口海岸与近海工程学院	水利类基地强化班(港航)	港口、海岸及近海工程
165	孙平玉	男	土木与交通学院	土木工程	防灾减灾工程及防护工程
166	陆阳洋	男	土木与交通学院	土木工程	防灾减灾工程及防护工程
167	王　众	男	土木与交通学院	土木工程	防灾减灾工程及防护工程
168	黄晓锋	男	土木与交通学院	土木工程	防灾减灾工程及防护工程
169	师晋红	女	土木与交通学院	土木工程	工程力学
170	周　旋	男	土木与交通学院	土木工程	工程力学
171	张叶超	男	土木与交通学院	土木工程	工业工程
172	顾康辉	男	土木与交通学院	土木工程	工业工程
173	唐　勇	男	土木与交通学院	土木工程	工业工程
174	庞　飞	男	土木与交通学院	土木工程	结构工程
175	霍　浩	女	土木与交通学院	土木工程	结构工程
176	岳春伟	男	土木与交通学院	土木工程	结构工程
177	郁金珠	女	土木与交通学院	土木工程	结构工程
178	田　圆	女	土木与交通学院	土木工程	桥梁与隧道工程
179	王建民	男	土木与交通学院	土木工程	桥梁与隧道工程
180	潘　哲	男	土木与交通学院	土木工程	桥梁与隧道工程
181	王满满	男	土木与交通学院	土木工程	桥梁与隧道工程
182	孙振东	男	土木与交通学院	土木工程	岩土工程
183	陈晖东	男	土木与交通学院	土木工程	岩土工程
184	王莹莹	女	土木与交通学院	土木工程	岩土工程
185	傅海燕	女	土木与交通学院	土木工程	岩土工程
186	朱俊淦	男	土木与交通学院	土木工程	岩土工程
187	周文斌	男	土木与交通学院	土木工程	岩土工程
188	熊　雄	男	土木与交通学院	土木工程	岩土工程
189	张　浩	男	土木与交通学院	土木工程	岩土工程

续表

序号	姓　名	性别	本科所在学院	本科生专业	研究生专业
190	史海岭	男	土木与交通学院	土木工程	岩土工程
191	陆志浩	男	土木与交通学院	土木工程	岩土工程
192	郑　龙	男	土木与交通学院	土木工程	岩土工程
193	王启贵	男	土木与交通学院	土木工程	岩土工程
194	周友进	男	土木与交通学院	土木工程	岩土工程
195	王由国	男	土木与交通学院	土木工程	岩土工程
196	黄文君	男	土木与交通学院	土木工程	岩土工程
197	吴　迪	女	土木与交通学院	土木工程	岩土工程
198	薛珊珊	女	土木与交通学院	土木工程	岩土工程
199	张晓田	女	土木与交通学院	土木工程	岩土工程
200	薛道骏	男	土木与交通学院	交通工程	工程力学
201	郑述隆	男	土木与交通学院	交通工程	工业工程
202	范诗浩	女	土木与交通学院	交通工程	工业工程
203	张媛君	女	土木与交通学院	交通工程	工业工程
204	欧阳燕	女	土木与交通学院	交通工程	工业工程
205	邵卫东	男	土木与交通学院	交通工程	工业工程
206	陆志慧	女	土木与交通学院	交通工程	交通运输规划与管理
207	高晓月	女	土木与交通学院	交通工程	交通运输规划与管理
208	袁　媛	女	土木与交通学院	交通工程	流体机械及工程
209	史策辉	男	土木与交通学院	交通工程	岩土工程
210	刁红国	男	土木与交通学院	交通工程	岩土工程
211	张　超	男	土木与交通学院	交通工程	岩土工程
212	谢　军	男	土木与交通学院	交通工程	岩土工程
213	喻　石	女	环境学院	给排水科学与工程	工业工程
214	王　莹	女	环境学院	给水排水工程	环境科学与工程
215	程康睿	男	环境学院	给水排水工程	环境科学与工程
216	冒文娟	女	环境学院	给水排水工程	环境科学与工程
217	龚　淼	男	环境学院	给水排水工程	环境科学与工程
218	陈　惠	女	环境学院	给水排水工程	市政工程
219	乔松玲	女	环境学院	给水排水工程	市政工程
220	冯　博	男	环境学院	给水排水工程	市政工程
221	杨林燕	女	环境学院	给水排水工程	市政工程
222	李　静	女	环境学院	给水排水工程	思想政治教育
223	朱心悦	女	环境学院	环境工程	环境科学与工程
224	李秋兰	女	环境学院	环境工程	环境科学与工程

续表

序号	姓　名	性别	本科所在学院	本科生专业	研究生专业
225	丁　珏	女	环境学院	环境工程	环境科学与工程
226	江　慧	女	环境学院	环境工程	环境科学与工程
227	肖　曼	女	环境学院	环境工程	环境科学与工程
228	任凌霄	男	环境学院	环境工程	环境科学与工程
229	张　奕	男	环境学院	环境科学	环境科学与工程
230	秦　琴	女	环境学院	环境科学	环境科学与工程
231	陶　美	女	环境学院	环境科学	环境科学与工程
232	胡琦玉	女	环境学院	环境科学	环境科学与工程
233	王维莉	女	环境学院	环境科学	流体力学
234	雷镕甄	女	环境学院	环境科学	流体力学
235	黄　晶	女	环境学院	环境科学类	环境科学与工程
236	郭园园	女	能源与电气学院	电气工程及其自动化	电力系统及其自动化
237	王荃荃	女	能源与电气学院	电气工程及其自动化	电力系统及其自动化
238	谢洁宇	男	能源与电气学院	电气工程及其自动化	电力系统及其自动化
239	刘冠群	男	能源与电气学院	电气工程及其自动化	电力系统及其自动化
240	陈　刚	男	能源与电气学院	电气工程及其自动化	电力系统及其自动化
241	赵宏飞	男	能源与电气学院	电气工程及其自动化	电力系统及其自动化
242	陈大宣	男	能源与电气学院	电气工程及其自动化	电力系统及其自动化
243	朱跃光	男	能源与电气学院	电气工程及其自动化	电力系统及其自动化
244	吴兴扬	男	能源与电气学院	电气工程及其自动化	电力系统及其自动化
245	梁　伟	男	能源与电气学院	电气工程及其自动化	电力系统及其自动化
246	姜　凯	男	能源与电气学院	电气工程及其自动化	电力系统及其自动化
247	王永贵	男	能源与电气学院	电气工程及其自动化	电力系统及其自动化
248	薛　忠	男	能源与电气学院	电气工程及其自动化	电力系统及其自动化
249	曹　静	女	能源与电气学院	电气工程及其自动化	电力系统及其自动化
250	霍政界	女	能源与电气学院	电子科学与技术	电力系统及其自动化
251	姜凯曦	男	能源与电气学院	电子商务	企业管理
252	张　钰	男	能源与电气学院	电子信息科学与技术	计算机科学与技术
253	曹春建	男	能源与电气学院	热能与动力工程	流体机械及工程
254	张蓝国	男	能源与电气学院	热能与动力工程	流体机械及工程
255	李玲玉	女	能源与电气学院	热能与动力工程	流体机械及工程
256	黄笑同	男	能源与电气学院	热能与动力工程	水利水电工程
257	朱　峰	男	能源与电气学院	热能与动力工程	水利水电工程
258	谭　超	女	能源与电气学院	自动化	电力电子与电力传动
259	蔡冬阳	女	能源与电气学院	自动化	电力系统及其自动化

续表

序号	姓　名	性别	本科所在学院	本科生专业	研究生专业
260	季　巍	男	能源与电气学院	自动化	控制工程
261	张　雪	女	能源与电气学院	自动化	控制理论与控制工程
262	张　杰	男	能源与电气学院	自动化	控制理论与控制工程
263	周　芸	女	能源与电气学院	自动化	控制理论与控制工程
264	李　敏	男	能源与电气学院	自动化	控制理论与控制工程
265	隋建凯	男	能源与电气学院	自动化	模式识别与智能系统
266	孟祥薇	女	计算机与信息学院	计算机科学与技术	信号与信息处理
267	何庆升	男	计算机与信息学院	计算机科学与技术	水系统科学
268	曹　震	男	计算机与信息学院	计算机科学与技术	计算机科学与技术
269	刘　天	男	计算机与信息学院	计算机科学与技术	计算机科学与技术
270	顾昕辰	男	计算机与信息学院	计算机科学与技术	计算机科学与技术
271	杨　莉	女	计算机与信息学院	计算机科学与技术	计算机科学与技术
272	成　艳	女	计算机与信息学院	计算机科学与技术	计算机科学与技术
273	赵鹏飞	男	计算机与信息学院	计算机科学与技术	计算机科学与技术
274	凌兵勇	男	计算机与信息学院	计算机科学与技术	计算机科学与技术
275	王雪婷	女	计算机与信息学院	计算机科学与技术	计算机科学与技术
276	张晓雪	女	计算机与信息学院	计算机科学与技术	计算机科学与技术
277	滕美林	女	计算机与信息学院	计算机科学与技术	计算机科学与技术
278	周文欢	男	计算机与信息学院	计算机科学与技术	计算机科学与技术
279	王赵玺	男	计算机与信息学院	通信工程	工业工程
280	凌　科	男	计算机与信息学院	通信工程	工业工程
281	李　璞	男	计算机与信息学院	通信工程	工业工程
282	戴鸿宇	女	计算机与信息学院	通信工程	模式识别与智能系统
283	孔　飞	男	计算机与信息学院	通信工程	信号与信息处理
284	瞿永钢	男	计算机与信息学院	通信工程	信号与信息处理
285	胡晓雯	女	计算机与信息学院	通信工程	信号与信息处理
286	钱惠玲	女	计算机与信息学院	通信工程	信号与信息处理
287	施惠娟	女	计算机与信息学院	通信工程	信号与信息处理
288	周林燕	女	计算机与信息学院	通信工程	信号与信息处理
289	李春娟	女	计算机与信息学院	电子信息工程	电路与系统
290	张芳玲	女	计算机与信息学院	电子信息工程	电路与系统
291	万雅文	女	计算机与信息学院	电子信息工程	电路与系统
292	徐华珺	女	计算机与信息学院	电子信息工程	模式识别与智能系统
293	高加猛	男	计算机与信息学院	电子信息工程	模式识别与智能系统
294	陈　健	男	力学与材料学院	材料化学	土木工程材料

续表

序号	姓　名	性别	本科所在学院	本科生专业	研究生专业
295	刘　蓉	女	力学与材料学院	材料科学与工程	土木工程材料
296	钱　玲	女	力学与材料学院	材料科学与工程	材料学
297	路　维	女	力学与材料学院	材料科学与工程	工程力学
298	杜甜甜	女	力学与材料学院	材料科学与工程	工程力学
299	袁锋华	男	力学与材料学院	材料科学与工程	工程力学
300	王　越	女	力学与材料学院	材料科学与工程	工业工程
301	楼益龙	男	力学与材料学院	材料科学与工程	工业工程
302	杨传铎	男	力学与材料学院	材料科学与工程	工业工程
303	史燕南	女	力学与材料学院	材料科学与工程	工业工程
304	陆　佳	女	力学与材料学院	材料科学与工程	工业工程
305	蔡　伟	男	力学与材料学院	工程力学	工程力学
306	丁玉堂	男	力学与材料学院	工程力学	工程力学
307	危　嵩	男	力学与材料学院	工程力学	工程力学
308	陈　彬	男	力学与材料学院	工程力学	工程力学
309	周　洲	男	力学与材料学院	工程力学	工业工程
310	伍　峰	男	力学与材料学院	工程力学	工业工程
311	代春林	男	力学与材料学院	工程力学	工业工程
312	陈喜凤	女	地球科学与工程学院	测绘工程	大地测量学与测量工程
313	李成仁	男	地球科学与工程学院	测绘工程	大地测量学与测量工程
314	袁　豹	男	地球科学与工程学院	测绘工程	大地测量学与测量工程
315	沈月千	男	地球科学与工程学院	测绘工程	大地测量学与测量工程
316	祖力比亚阿布都热西提	女	地球科学与工程学院	测绘工程	大地测量学与测量工程
317	热比亚	女	地球科学与工程学院	测绘工程	大地测量学与测量工程
318	柯元英	女	地球科学与工程学院	测绘工程	工业工程
319	王佳添	男	地球科学与工程学院	测绘工程	工业工程
320	曹　晨	男	地球科学与工程学院	测绘工程	工业工程
321	王荣其	男	地球科学与工程学院	测绘工程	工业工程
322	吴铭飞	男	地球科学与工程学院	测绘工程	摄影测量与遥感
323	张楠楠	女	地球科学与工程学院	地理信息系统	地理学
324	孙咸磊	男	地球科学与工程学院	地理信息系统	地理学
325	王　喆	女	地球科学与工程学院	地理信息系统	地理学
326	陆冰冰	女	地球科学与工程学院	地理信息系统	电力系统及其自动化
327	黄　佳	男	地球科学与工程学院	地理信息系统	工业工程
328	王　华	女	地球科学与工程学院	地理信息系统	工业工程

续表

序号	姓　名	性别	本科所在学院	本科生专业	研究生专业
329	步晨仪	男	地球科学与工程学院	地理信息系统	思想政治教育
330	左　婧	女	地球科学与工程学院	地理信息系统	岩土工程
331	徐媛媛	女	地球科学与工程学院	地质工程	地质资源与地质工程
332	李　伟	女	地球科学与工程学院	地质工程	地质资源与地质工程
333	武立军	男	地球科学与工程学院	地质工程	地质资源与地质工程
334	路文龙	男	地球科学与工程学院	地质工程	地质资源与地质工程
335	姜婷婷	女	地球科学与工程学院	地质工程	工业工程
336	宋晓含	女	地球科学与工程学院	地质工程	思想政治教育
337	荀志国	男	地球科学与工程学院	地质学	地质资源与地质工程
338	李丹丹	女	理学院	信息与计算科学	工业工程
339	申映华	男	理学院	信息与计算科学	管理科学与工程
340	张　敏	女	理学院	信息与计算科学	物理海洋学
341	郑　强	男	理学院	信息与计算科学	岩土工程
342	梁旭燕	女	理学院	信息与计算科学	岩土工程
343	梁英杰	男	理学院	数学与应用数学	工程力学
344	荣　昊	男	理学院	数学与应用数学	工业工程
345	尹亚川	男	理学院	数学与应用数学	固体力学
346	詹泸成	男	理学院	应用物理	岩土工程
347	黄德文	男	理学院	应用物理	岩土工程
348	陈声伟	男	理学院	应用物理学	凝聚态物理
349	刘　媛	女	商学院	工程管理	管理科学与工程
350	郑胜强	男	商学院	工程管理	管理科学与工程
351	陈伟伟	女	商学院	工程管理	管理科学与工程
352	施攀峰	男	商学院	工程管理	管理科学与工程
353	倪　洁	女	商学院	工程管理	管理科学与工程
354	卢亚琼	女	商学院	工程管理	管理科学与工程
355	沙妍君	女	商学院	国际经济与贸易	国际贸易学
356	姜　玲	女	商学院	财务管理	国民经济学
357	倪　晨	女	商学院	会计学	会计学
358	黄惠娟	女	商学院	会计学	会计学
359	李　芳	女	商学院	财务管理	技术经济及管理
360	薛　菲	女	商学院	财务管理	技术经济及管理
361	赵　璐	女	商学院	国际经济与贸易	技术经济及管理
362	张　歌	女	商学院	国际经济与贸易	技术经济及管理
363	王芬芬	女	商学院	会计学	技术经济及管理

续表

序号	姓名	性别	本科所在学院	本科生专业	研究生专业
364	王钰云	女	商学院	人力资源管理	技术经济及管理
365	杨　芳	女	商学院	经济学	金融学
366	范　凯	男	商学院	工程管理	企业管理
367	王　洁	女	商学院	工商管理	企业管理
368	付宏艳	女	商学院	人力资源管理	企业管理
369	曲文凤	男	商学院	人力资源管理	企业管理
370	姚　远	男	商学院	人力资源管理	企业管理
371	李晓宇	女	商学院	国际经济与贸易	区域经济学
372	蔡玉霜	女	商学院	经济学	社会学
373	汪　洋	男	商学院	财务管理	行政管理
374	乔洁琼	女	公共管理学院	高等教育管理	高等教育学
375	孙淑萍	女	公共管理学院	广播电视新闻学	传播学
376	柴志尚	男	公共管理学院	广播电视新闻学	高等教育学
377	张莉婷	女	公共管理学院	广播电视新闻学	社会学
378	白新珍	女	公共管理学院	广播电视新闻学	社会学
379	李　篁	女	公共管理学院	劳动与社会保障	体育教育训练学
380	王炳宏	男	公共管理学院	劳动与社会保障	土地资源管理
381	徐晓萍	女	公共管理学院	劳动与社会保障	行政管理
382	秦　群	女	公共管理学院	劳动与社会保障	行政管理
383	吴　迪	女	公共管理学院	思想政治教育	思想政治教育
384	孙晓蕾	女	公共管理学院	思想政治教育	思想政治教育
385	那　函	男	法学院	法　学	法律硕士(法学)
386	孙良琪	女	法学院	法　学	环境与资源保护法学
387	张红娇	女	法学院	法　学	环境与资源保护法学
388	黄　震	男	法学院	法　学	民商法学
389	李　霞	女	法学院	法　学	民商法学
390	严　啸	男	法学院	法　学	体育教育训练学
391	卢茂春	男	法学院	法　学	体育教育训练学
392	卢庭庭	女	法学院	法　学	宪法学与行政法学
393	石　莹	女	外国语学院	英　语	英语语言文学
394	李　艳	女	外国语学院	英　语	英语语言文学
395	李雪虹	女	外国语学院	英　语	英语语言文学
396	韩　甜	女	外国语学院	英　语	英语语言文学
397	闫玉蓉	女	机电工程学院	无机非金属材料工程	材料学
398	曹　婷	女	机电工程学院	热能与动力工程	流体机械及工程

续表

序号	姓 名	性别	本科所在学院	本科生专业	研究生专业
399	时蕾蕾	女	机电工程学院	热能与动力工程	民商法学
400	柳 杨	女	机电工程学院	热能与动力工程	水力学及河流动力学
401	王浠浠	女	机电工程学院	热能与动力工程	水文学及水资源
402	倪 扬	男	机电工程学院	热能与动力工程	行政管理
403	陈丽艳	女	机电工程学院	金属材料工程	材料物理与化学
404	何 青	男	机电工程学院	金属材料工程	材料学
405	马建军	男	机电工程学院	金属材料工程	工程力学
406	李全海	男	机电工程学院	金属材料工程	工程力学
407	徐晓艳	女	机电工程学院	数字媒体艺术	应用心理学
408	李凯英	女	机电工程学院	数字媒体艺术	传播学
409	孙 悦	女	机电工程学院	数字媒体艺术	高等教育学
410	尹硕辉	男	机电工程学院	机械工程及自动化	工程力学
411	陶 宇	男	机电工程学院	机械工程及自动化	交通运输规划与管理
412	孔 剑	男	机电工程学院	机械工程及自动化	结构工程
413	刘鹏鹏	男	机电工程学院	机械工程及自动化	水利水电工程
414	栗金文	男	机电工程学院	机械工程及自动化	岩土工程
415	张 磊	男	机电工程学院	工业设计	机械工程
416	张经炜	男	机电工程学院	机械工程及自动化	机械工程
417	殷 旭	男	机电工程学院	机械工程及自动化	机械工程
418	王建军	男	机电工程学院	机械工程及自动化	机械工程
419	张玉全	男	机电工程学院	机械工程及自动化	机械工程
420	邹志辉	男	机电工程学院	机械工程及自动化	机械工程
421	李俊贤	女	机电工程学院	数字媒体艺术	机械工程
422	沈 彬	男	机电工程学院	金属材料工程	材料加工工程
423	郝运涛	男	机电工程学院	金属材料工程	材料加工工程
424	张 宇	男	机电工程学院	热能与动力工程	机械工程
425	盛震宇	男	计算机与信息学院(常州)	计算机科学与技术	计算机科学与技术
426	倪立显	男	计算机与信息学院(常州)	计算机科学与技术	计算机科学与技术
427	冯 鹏	男	计算机与信息学院(常州)	电子信息工程	水信息学
428	沈 洁	女	计算机与信息学院(常州)	电子信息工程	高等教育学
429	孟东阳	男	计算机与信息学院(常州)	电子信息工程	摄影测量与遥感
430	孟 雨	女	计算机与信息学院(常州)	通信工程	通信与信息系统
431	李永强	男	计算机与信息学院(常州)	通信工程	通信与信息系统
432	徐 昕	女	计算机与信息学院(常州)	通信工程	通信与信息系统
433	巢 佳	女	计算机与信息学院(常州)	通信工程	通信与信息系统

续表

序号	姓　名	性别	本科所在学院	本科生专业	研究生专业
434	李　雪	女	计算机与信息学院(常州)	通信工程	通信与信息系统
435	宋加才	男	计算机与信息学院(常州)	电子信息工程	通信与信息系统
436	郭　惠	女	计算机与信息学院(常州)	电子信息工程	通信与信息系统
437	张　伟	女	计算机与信息学院(常州)	电子信息工程	通信与信息系统
438	束代群	女	计算机与信息学院(常州)	电子信息工程	通信与信息系统
439	孙　浩	男	计算机与信息学院(常州)	自动化	检测技术与自动化装置
440	顾丽萍	女	计算机与信息学院(常州)	自动化	检测技术与自动化装置
441	杨玉正	男	计算机与信息学院(常州)	自动化	检测技术与自动化装置
442	邵通广	男	计算机与信息学院(常州)	自动化	检测技术与自动化装置
443	霍政界	女	计算机与信息学院(常州)	电子科学与技术	电力系统及其自动化
444	张　玮	女	商学院(常州)	信息管理与信息系统	管理科学与工程
445	刘桂云	男	商学院(常州)	信息管理与信息系统	管理科学与工程
446	杨立娜	女	商学院(常州)	信息管理与信息系统	社会保障
447	王建龙	男	商学院(常州)	信息管理与信息系统	数　学
448	赵　宁	女	商学院(常州)	信息管理与信息系统	行政管理
449	颜　霖	女	商学院(常州)	工商管理	金融学
450	戴雪滢	女	商学院(常州)	工商管理	企业管理
451	章嘉俊	男	商学院(常州)	工商管理	社会学
452	郝　壮	男	商学院(常州)	国际经济与贸易	产业经济学
453	赵丁璐	女	商学院(常州)	国际经济与贸易	国际贸易学
454	赵可人	女	商学院(常州)	国际经济与贸易	技术经济及管理
455	陈陆滢	女	商学院(常州)	国际经济与贸易	金融学
456	莫卫粪	女	商学院(常州)	国际经济与贸易	情报学
457	王珮斐	女	商学院(常州)	会计学	产业经济学
458	王雪萍	女	商学院(常州)	会计学	会计学
459	高　云	女	商学院(常州)	会计学	企业管理
460	赵伟伟	女	商学院(常州)	会计学	人口、资源与环境经济学
461	夏正海	男	商学院(常州)	会计学	土地资源管理
462	徐红玲	女	商学院(常州)	会计学	行政管理

表3　2010年被本校接收免试硕士生名单(校内专业学位型)

序号	姓　名	性别	本科所在学院	本科生专业	研究生专业
1	赵元忆	男	地球科学与工程学院	测绘工程	测绘工程
2	陈思宁	女	水文水资源学院	水文与水资源工程	水利工程
3	徐微薇	女	水文水资源学院	水文与水资源工程	水利工程
4	石　军	男	水文水资源学院	水文与水资源工程	水利工程
5	王红艳	女	水文水资源学院	水文与水资源工程	水利工程
6	张晓玲	女	水文水资源学院	水文与水资源工程	水利工程
7	王超兴	女	水文水资源学院	水文与水资源工程	水利工程
8	杨　彬	女	水文水资源学院	水文与水资源工程	水利工程
9	邓　茜	女	水利水电学院	农业水利工程	水利工程
10	成永健	男	水利水电学院	设施农业科学与工程	水利工程
11	欧玉鹏	男	水利水电学院	设施农业科学与工程	水利工程
12	冯　闪	女	水利水电学院	设施农业科学与工程	水利工程
13	陈华雷	男	水利水电学院	水利水电工程	水利工程
14	吴漩灏	男	水利水电学院	水利水电工程	水利工程
15	陆　扬	女	水利水电学院	水利水电工程	水利工程
16	张钦杰	男	水利水电学院	水利水电工程	水利工程
17	陈小平	女	水利水电学院	水利水电工程	水利工程
18	朱旭洁	女	水利水电学院	水利水电工程	水利工程
19	张　鑫	男	水利水电学院	水利水电工程	水利工程
20	田始光	男	水利水电学院	水利水电工程	水利工程
21	胡　淼	男	水利水电学院	水利水电工程	水利工程
22	毛沄芝	女	水利水电学院	水利水电工程	水利工程
23	梁丽妮	女	水利水电学院	水利水电工程	水利工程
24	冯远周	男	水利水电学院	农业水利工程	农业工程
25	王　凯	男	水利水电学院	农业水利工程	农业工程
26	黄聪波	男	水利水电学院	农业水利工程	农业工程
27	陈功鎧	男	水利水电学院	农业水利工程	农业工程
28	吴志龙	男	港口海岸与近海工程学院	港口航道与海岸工程	水利工程
29	李　皓	女	港口海岸与近海工程学院	港口航道与海岸工程	水利工程
30	张奕泽	男	港口海岸与近海工程学院	港口航道与海岸工程	水利工程
31	钱　宽	男	港口海岸与近海工程学院	港口航道与海岸工程	水利工程
32	云　霄	男	港口海岸与近海工程学院	港口航道与海岸工程	水利工程
33	聂　鑫	男	港口海岸与近海工程学院	港口航道与海岸工程	水利工程
34	周子乐	男	港口海岸与近海工程学院	港口航道与海岸工程	水利工程
35	张　璐	女	港口海岸与近海工程学院	港口航道与海岸工程	水利工程

续表

序号	姓名	性别	本科所在学院	本科生专业	研究生专业
36	顾　威	男	港口海岸与近海工程学院	港口航道与海岸工程	水利工程
37	李　浩	男	港口海岸与近海工程学院	港口航道与海岸工程	水利工程
38	韩立茹	女	港口海岸与近海工程学院	港口航道与海岸工程	水利工程
39	胡招波	男	港口海岸与近海工程学院	港口航道与海岸工程	水利工程
40	李林青	男	港口海岸与近海工程学院	港口航道与海岸工程	水利工程
41	李　悦	女	港口海岸与近海工程学院	港口航道与海岸工程	水利工程
42	曹滨榕	男	港口海岸与近海工程学院	港口航道与海岸工程	水利工程
43	夏　静	女	港口海岸与近海工程学院	港口航道与海岸工程	水利工程
44	赵枢楠	男	土木与交通学院	土木工程	建筑与土木工程
45	倪　飞	男	土木与交通学院	土木工程	建筑与土木工程
46	侍　成	男	土木与交通学院	土木工程	建筑与土木工程
47	欧阳于	男	土木与交通学院	土木工程	建筑与土木工程
48	秦　磊	男	土木与交通学院	土木工程	建筑与土木工程
49	赵　益	男	土木与交通学院	土木工程	建筑与土木工程
50	张　弛	男	土木与交通学院	土木工程	建筑与土木工程
51	吴　斌	男	土木与交通学院	土木工程	建筑与土木工程
52	程　相	男	土木与交通学院	土木工程	建筑与土木工程
53	丁光亮	男	土木与交通学院	土木工程	建筑与土木工程
54	莫家权	男	土木与交通学院	土木工程	建筑与土木工程
55	刘津铭	男	土木与交通学院	交通工程	交通运输工程
56	张雪松	女	土木与交通学院	交通工程	交通运输工程
57	周志将	男	土木与交通学院	交通工程	交通运输工程
58	吴天明	男	环境学院	给水排水工程	环境工程
59	钱日成	男	环境学院	给水排水工程	环境工程
60	姜圣韬	男	环境学院	给水排水工程	环境工程
61	赵　薇	女	环境学院	给水排水工程	环境工程
62	钱　瑭	男	能源与电气学院	热能与动力工程	水利工程
63	吕　婧	女	能源与电气学院	热能与动力工程	水利工程
64	唐一铭	男	能源与电气学院	电气工程及其自动化	电气工程
65	宫建峰	男	能源与电气学院	电气工程及其自动化	电气工程
66	李　由	女	能源与电气学院	电气工程及其自动化	电气工程
67	钱程晨	男	能源与电气学院	电气工程及其自动化	电气工程
68	邱　鹏	男	能源与电气学院	自动化	电气工程
69	唐一铭	男	能源与电气学院	电气工程及其自动化	电气工程
70	宫建峰	男	能源与电气学院	电气工程及其自动化	电气工程

续表

序号	姓名	性别	本科所在学院	本科生专业	研究生专业
71	李 由	女	能源与电气学院	电气工程及其自动化	电气工程
72	钱程晨	男	能源与电气学院	电气工程及其自动化	电气工程
73	邱 鹏	男	能源与电气学院	自动化	电气工程
74	王 勇	男	能源与电气学院	电子信息工程	电子与通信工程
75	费雯靖	女	能源与电气学院	电子信息工程	电子与通信工程
76	胡一帆	男	能源与电气学院	电子信息工程	电子与通信工程
77	方 磊	男	能源与电气学院	电子信息工程	电子与通信工程
78	卢 建	男	能源与电气学院	热能与动力工程	机械工程
79	肖 磊	男	能源与电气学院	自动化	机械工程
80	陆 超	男	能源与电气学院	电子商务	国际商务硕士
81	崔盈雪	女	计算机与信息学院	通信工程	电子与通信工程
82	潘学威	男	计算机与信息学院	通信工程	电子与通信工程
83	徐 帅	男	计算机与信息学院	计算机科学与技术	计算机技术
84	陆相成	男	计算机与信息学院	计算机科学与技术	计算机技术
85	王祥忠	男	计算机与信息学院	计算机科学与技术	计算机技术
86	付言章	男	计算机与信息学院	计算机科学与技术	计算机技术
87	庞灿灿	女	计算机与信息学院	计算机科学与技术	计算机技术
88	章 勇	男	计算机与信息学院	计算机科学与技术	计算机技术
89	王胜凯	男	计算机与信息学院	计算机科学与技术	软件工程
90	樊 杰	女	计算机与信息学院	计算机科学与技术	软件工程
91	杨 丰	男	计算机与信息学院	计算机科学与技术	软件工程
92	郭腾飞	男	计算机与信息学院	计算机科学与技术	软件工程
93	杜 龙	男	计算机与信息学院	计算机科学与技术	软件工程
94	盛爱晶	男	计算机与信息学院	通信工程	软件工程
95	梁鹏飞	男	力学与材料学院	材料科学与工程	材料工程
96	蔡淑野	女	地球科学与工程学院	测绘工程	测绘工程
97	尤文进	男	地球科学与工程学院	测绘工程	测绘工程
98	吴金凡	女	地球科学与工程学院	地质工程	地质工程
99	张志浩	男	地球科学与工程学院	地质工程	地质工程
100	施月涛	男	地球科学与工程学院	地质学	地质工程
101	刘咏飞	男	理学院	数学与应用数学	电气工程
102	孙 玲	女	理学院	数学与应用数学	金融硕士
103	杨 正	男	理学院	数学与应用数学	金融硕士
104	付 饶	女	商学院	财务管理	会计硕士
105	张 琛	女	商学院	会计学	会计硕士

续表

序号	姓 名	性别	本科所在学院	本科生专业	研究生专业
106	蒋领兵	男	商学院	会计学	会计硕士
107	梁曦匀	女	商学院	财务管理	资产评估硕士
108	燕陈飞	男	商学院	财务管理	资产评估硕士
109	高 媛	女	商学院	会计学	资产评估硕士
110	高佳琪	女	公共管理学院	广播电视新闻学	法律硕士(非法学)
111	皇甫姣	女	公共管理学院	劳动与社会保障	法律硕士(非法学)
112	金明珠	女	公共管理学院	劳动与社会保障	社会工作硕士
113	王昊堃	男	外国语学院	英 语	翻译硕士
114	李 玲	女	外国语学院	英 语	翻译硕士
115	邵泉媛	女	外国语学院	英 语	翻译硕士
116	李小艳	女	外国语学院	英 语	翻译硕士
117	刘美英	女	外国语学院	英 语	翻译硕士
118	曹 娟	女	机电工程学院	数字媒体艺术	社会工作硕士
119	徐艺玮	女	机电工程学院	数字媒体艺术	社会工作硕士
120	周 蕊	女	机电工程学院	金属材料工程	机械工程
121	崔 立	男	机电工程学院	工业设计	材料工程
122	周永新	男	机电工程学院	工业设计	机械工程
123	唐建国	男	机电工程学院	机械工程及自动化	机械工程
124	邵 飞	男	机电工程学院	机械工程及自动化	机械工程
125	纪荣成	男	机电工程学院	机械工程及自动化	机械工程
126	郝珊珊	女	机电工程学院	机械工程及自动化	机械工程
127	樊文露	男	机电工程学院	机械工程及自动化	机械工程
128	陈 亮	男	机电工程学院	机械工程及自动化	机械工程
129	罗正亮	女	机电工程学院	机械工程及自动化	机械工程
130	郑永鹏	男	机电工程学院	工业设计	工业工程
131	王玉星	女	机电工程学院	工业设计	工业工程
132	赵 昕	女	机电工程学院	金属材料工程	工业工程
133	许晟勋	男	机电工程学院	金属材料工程	工业工程
134	陈晓聪	女	机电工程学院	热能与动力工程	工业工程
135	万 源	男	机电工程学院	热能与动力工程	工业工程
136	邹亮亮	男	机电工程学院	热能与动力工程	金融硕士
137	彭 鹏	男	机电工程学院	机械工程及自动化	工业工程
138	马 莉	女	机电工程学院	机械工程及自动化	工业工程
139	邵晓峰	男	机电工程学院	机械工程及自动化	工业工程
140	王靖坤	男	机电工程学院	机械工程及自动化	工业工程

续表

序号	姓 名	性别	本科所在学院	本科生专业	研究生专业
141	于智锋	男	机电工程学院	机械工程及自动化	工业工程
142	张晟恺	男	机电工程学院	机械工程及自动化	工业工程
143	吴海洋	男	机电工程学院	机械工程及自动化	工业工程
144	陈 勇	男	机电工程学院	机械工程及自动化	工业工程
145	刘传宝	男	机电工程学院	机械工程及自动化	工业工程
146	黄 涛	男	机电工程学院	机械工程及自动化	工业工程
147	孙龙娟	女	机电工程学院	机械工程及自动化	工业工程
148	丁振文	男	计算机与信息学院(常州)	电子信息工程	工业工程
149	马 腾	男	计算机与信息学院(常州)	电子信息工程	工业工程
150	王剑南	男	计算机与信息学院(常州)	通信工程	工业工程
151	王 驰	男	计算机与信息学院(常州)	通信工程	工业工程
152	欧阳明垄	男	计算机与信息学院(常州)	通信工程	工业工程
153	陈 磊	男	计算机与信息学院(常州)	计算机科学与技术	工业工程
154	纪慧敏	女	商学院(常州)	信息管理与信息系统	翻译硕士
155	叶 航	男	商学院(常州)	信息管理与信息系统	金融硕士
156	常 娜	女	商学院(常州)	信息管理与信息系统	社会工作硕士
157	苏晓鹭	女	商学院(常州)	信息管理与信息系统	资产评估硕士
158	兰 鑫	男	商学院(常州)	会计学	国际商务硕士
159	沈佳丽	女	商学院(常州)	会计学	国际商务硕士
160	陈华燕	女	商学院(常州)	会计学	会计硕士
161	刘 朵	女	商学院(常州)	会计学	会计硕士
162	邓静静	女	商学院(常州)	会计学	会计硕士
163	王 璇	女	商学院(常州)	会计学	会计硕士
164	李明帆	女	商学院(常州)	国际经济与贸易	翻译硕士
165	居 菁	女	商学院(常州)	国际经济与贸易	国际商务硕士
166	孙晓慧	女	商学院(常州)	国际经济与贸易	国际商务硕士
167	陈晓霞	女	商学院(常州)	国际经济与贸易	金融硕士
168	李忠艳	女	商学院(常州)	国际经济与贸易	资产评估硕士
169	周月雯	女	商学院(常州)	国际经济与贸易	资产评估硕士
170	胡旸阳	男	商学院(常州)	工商管理	金融硕士
171	郝晓琳	女	商学院(常州)	工商管理	资产评估硕士

表 4　2010 年被外校接收免试硕士生名单

序号	姓　名	性别	本科所在学院	本科生专业	接收单位
1	范　辰	男	水文水资源学院	水文与水资源工程	南京水利科学研究院
2	杨　溢	男	水文水资源学院	水文与水资源工程	南京水利科学研究院
3	董立兴	女	水文水资源学院	水文与水资源工程	同济大学
4	周　梁	女	水文水资源学院	水文与水资源工程	大连理工大学
5	董慧梅	女	水文水资源学院	水务工程	中国水利水电科学研究院
6	刘思恩	男	水文水资源学院	资源环境与城乡规划管理	中国人民大学
7	季海萍	女	水文水资源学院	资源环境与城乡规划管理	南京师范大学
8	李　艳	女	水利水电学院	农业水利工程	武汉大学
9	刘青青	女	水利水电学院	农业水利工程	长江科学院
10	印玲玲	女	水利水电学院	设施农业科学与工程	中国农业大学
11	陈　怡	女	水利水电学院	设施农业科学与工程	四川大学
12	董益峰	男	水利水电学院	水利类基地强化班(港航)	清华大学
13	孙晓燕	女	水利水电学院	水利类基地强化班(水工)	南京水利科学研究院
14	马　聪	女	水利水电学院	水利水电工程	同济大学
15	潘惠惠	男	水利水电学院	水利水电工程	同济大学
16	刘　飞	男	水利水电学院	水利水电工程	浙江大学
17	查文琦	男	水利水电学院	水利水电工程	武汉大学
18	郭发勇	男	水利水电学院	水利水电工程	中国科学院生态环境中心
19	黄　静	女	水利水电学院	水利水电工程	武汉大学
20	崔积峰	男	水利水电学院	水利水电工程	大连理工大学
21	任顺利	男	水利水电学院	水利水电工程	天津大学
22	毛凤凤	男	港口海岸与近海工程学院	港口航道与海岸工程	天津大学
23	王　鑫	女	港口海岸与近海工程学院	港口航道与海岸工程	大连理工大学
24	郑　巧	女	港口海岸与近海工程学院	港口航道与海岸工程	天津大学
25	沙　莎	女	港口海岸与近海工程学院	港口航道与海岸工程	上海交通大学
26	段　涛	男	港口海岸与近海工程学院	港口航道与海岸工程	天津大学
27	汤晨曦	男	港口海岸与近海工程学院	港口航道与海岸工程	上海交通大学
28	陈宏伟	男	港口海岸与近海工程学院	港口航道与海岸工程	天津大学
29	韩梦洁	女	港口海岸与近海工程学院	港口航道与海岸工程	武汉大学
30	金　健	男	港口海岸与近海工程学院	港口航道与海岸工程	武汉大学
31	张燕青	男	港口海岸与近海工程学院	港口航道与海岸工程	武汉大学
32	武倩楠	女	港口海岸与近海工程学院	港口航道与海岸工程	南京水利科学研究院
33	王剑峰	男	港口海岸与近海工程学院	港口航道与海岸工程	中国水利水电科学研究院
34	杨　晶	男	港口海岸与近海工程学院	港口航道与海岸工程	南京水利科学研究院
35	谢　乾	男	港口海岸与近海工程学院	港口航道与海岸工程	华东师范大学

续表

序号	姓　名	性别	本科所在学院	本科生专业	接收单位
36	马　旭	男	土木与交通学院	交通工程	同济大学
37	绪　欣	女	土木与交通学院	交通工程	中南大学
38	曹玉杰	男	土木与交通学院	土木工程	同济大学
39	蔡　毅	男	土木与交通学院	土木工程	同济大学
40	南文光	男	土木与交通学院	土木工程	同济大学
41	宗鹏安	男	土木与交通学院	土木工程	同济大学
42	陈月婷	女	土木与交通学院	土木工程	浙江大学
43	石英杰	男	土木与交通学院	土木工程	大连理工大学
44	尹穆楠	女	土木与交通学院	土木工程	浙江大学
45	戴　燚	女	土木与交通学院	土木工程	大连理工大学
46	赵廷飞	女	土木与交通学院	土木工程	清华大学
47	张沈习	男	环境学院	给水排水工程	同济大学
48	韩杏宁	女	环境学院	给水排水工程	同济大学
49	殷　珺	女	环境学院	给水排水工程	哈尔滨工业大学
50	洪天琪	男	环境学院	给水排水工程	武汉大学
51	张望伟	男	环境学院	环境工程	天津大学
52	廖　希	女	环境学院	环境工程	浙江大学
53	刘振财	男	环境学院	环境工程	中国科学院南京地理与湖泊研究所
54	魏　银	女	环境学院	环境工程	天津大学
55	仰雨菡	女	能源与电气学院	电气工程及其自动化	上海交通大学
56	蒋新新	男	能源与电气学院	电气工程及其自动化	华中科技大学
57	林　慧	女	能源与电气学院	电气工程及其自动化	武汉大学
58	褚茜茜	女	能源与电气学院	电气工程及其自动化	东南大学
59	白朗明	男	能源与电气学院	热能与动力工程	大连理工大学
60	裴　婷	女	能源与电气学院	热能与动力工程	武汉大学
61	成晓奕	女	能源与电气学院	热能与动力工程	武汉大学
62	李　朦	女	能源与电气学院	热能与动力工程	武汉大学
63	沈亚萍	女	能源与电气学院	热能与动力工程	武汉大学
64	阙玲花	女	能源与电气学院	热能与动力工程	浙江大学
65	杨自秀	女	能源与电气学院	热能与动力工程	西安交通大学
66	徐兴亚	男	能源与电气学院	自动化	东南大学
67	胡　浩	男	能源与电气学院	自动化	哈尔滨工业大学
68	姚国友	男	能源与电气学院	自动化	南京航空航天大学
69	张　倩	女	能源与电气学院	自动化	南京航空航天大学

续表

序号	姓名	性别	本科所在学院	本科生专业	接收单位
70	殷瑞雪	女	计算机与信息学院	电子科学与技术	东南大学
71	袁　丽	女	计算机与信息学院	电子科学与技术	南京理工大学
72	张馨竹	女	计算机与信息学院	电子信息工程	东南大学
73	王笛清	男	计算机与信息学院	电子信息工程	中国科技大学
74	蔡雅慧	女	计算机与信息学院	电子信息工程	天津大学
75	李　翔	男	计算机与信息学院	电子信息工程	南京航空航天大学
76	丁　旭	男	计算机与信息学院	计算机科学与技术	东南大学
77	李忠美	女	计算机与信息学院	计算机科学与技术	东南大学
78	李　洋	男	计算机与信息学院	计算机科学与技术	东南大学
79	田文婷	女	计算机与信息学院	计算机科学与技术	东南大学
80	严剑锋	男	计算机与信息学院	计算机科学与技术	同济大学
81	邢潇方	女	计算机与信息学院	通信工程	东南大学
82	张　洁	女	计算机与信息学院	通信工程	东南大学
83	侯振楠	男	计算机与信息学院	通信工程	东南大学
84	刘　鹏	男	计算机与信息学院	通信工程	哈尔滨工程大学
85	魏　巍	男	计算机与信息学院	通信工程	东南大学
86	侯　捷	男	计算机与信息学院	通信工程	东南大学
87	王晓龙	男	计算机与信息学院	通信工程	南京航空航天大学
88	赵宏臻	男	力学与材料学院	材料科学与工程	东南大学
89	陈　成	男	力学与材料学院	材料科学与工程	同济大学
90	张亚力	女	力学与材料学院	材料科学与工程	东南大学
91	夏林生	男	力学与材料学院	工程力学	同济大学
92	王　凡	男	力学与材料学院	工程力学	浙江大学
93	潘　菲	女	力学与材料学院	金属材料工程	中国科学院上海硅酸盐研究所
94	王　媛	女	力学与材料学院	金属材料工程	天津大学
95	陈莹颖	女	地球科学与工程学院	测绘工程	武汉大学
96	姜　洲	男	地球科学与工程学院	测绘工程	中国矿业大学
97	朱　令	男	地球科学与工程学院	地理信息系统	海军工程大学
98	王　杰	男	地球科学与工程学院	地理信息系统	兰州大学
99	李　觅	男	地球科学与工程学院	地质工程	同济大学
100	刘　睿	男	地球科学与工程学院	地质工程	同济大学
101	张平平	女	地球科学与工程学院	信息管理与信息系统	大连理工大学
102	武胜萍	女	理学院	数学与应用数学	南京大学
103	马佰庆	男	理学院	信息与计算科学	东南大学
104	张　媛	女	理学院	应用物理学	南京大学

续表

序号	姓　名	性别	本科所在学院	本科生专业	接收单位
105	徐　莹	女	商学院	财务管理	中南大学
106	徐于楠	女	商学院	财务管理	厦门大学
107	徐蒙蒙	女	商学院	财务管理	厦门大学
108	李小弟	男	商学院	工程管理	东南大学
109	刘海涛	男	商学院	工程管理	天津大学
110	荆　淼	女	商学院	工程管理	西安理工大学
111	李彦浩	男	商学院	工商管理	厦门大学
112	吴江林	男	商学院	工商管理	北京理工大学
113	袁飞飞	男	商学院	工商管理	中国矿业大学
114	孙英明	女	商学院	国际经济与贸易	同济大学
115	潘　磊	男	商学院	国际经济与贸易	厦门大学
116	黄秀蓉	女	商学院	会计学	山东大学
117	邹　飞	女	商学院	会计学	暨南大学
118	张玲霞	女	商学院	会计学	中南财经政法大学
119	施云皓	男	商学院	会计学	武汉大学
120	钱　驰	男	商学院	会计学	南京大学
121	刘　鹏	男	商学院	会计学	中国地质大学
122	余　磊	男	商学院	经济学	中国人民大学
123	陈光远	男	商学院	人力资源管理	浙江大学
124	唐站站	男	商学院	人力资源管理	对外经济贸易大学
125	李　妲	女	法学院	法　学	东南大学
126	金　珂	女	公共管理学院	思想政治教育	南京大学
127	朱明成	男	外国语学院	英　语	上海外国语大学
128	苏　昕	男	外国语学院	英　语	南京师范大学
129	马潇萌	女	外国语学院	英　语	南京师范大学
130	王春香	女	机电工程学院	工业设计	东南大学
131	李　杰	女	机电工程学院	机械工程及自动化	北京航空航天大学
132	魏　莱	女	机电工程学院	机械工程及自动化	东南大学
133	严秋雯	女	机电工程学院	机械工程及自动化	东南大学
134	周瑜婷	女	机电工程学院	机械工程及自动化	北京航空航天大学
135	朱　宏	女	机电工程学院	机械工程及自动化	大连理工大学
136	张　静	女	机电工程学院	机械工程及自动化	哈尔滨工业大学
137	莫　静	女	机电工程学院	数字媒体艺术	中山大学
138	丛　娜	女	机电工程学院	数字媒体艺术	南京航空航天大学

“质量工程”国家、省级项目情况统计

表 1　2010 年河海大学新增国家级、省级“质量工程”项目一览表

项 目 名 称	数 量	获 批 项 目
国家精品课程	3 门	电力工程 水轮机 水电站
国家双语教学示范课程	1 门	地下水水文学
国家特色专业建设点	2 个	农业水利工程 通信工程
省级品牌特色专业建设点	4 个	机械工程及自动化(品牌) 自动化 数学与应用数学 工程管理(特色)
省精品课程	8 门	电力工程 水电站 信息管理学 高频电子电路 测量学 地理信息系统原理 自然地理学 地下水水文学
省级教学团队	1 个	水利水电工程国家特色专业主干专业课程群教学团队

表 2　2010 年河海大学新增国家级、省级实践教学“质量工程”项目一览表

项 目 名 称	批 准 年 份	获批项目数(项)
国家级大学生创新性实验计划	2010 年	40
省级大学生实践创新训练计划	2010 年	30

编写教材情况统计

2010 年编写教材情况统计表

教　材　名　称	编 写 人	备　　注
水力学(工程流体力学)	许荫椿、薛朝阳、胡德保	河海大学出版社
微积分(下册)	朱永忠	河海大学出版社
土木工程建设法规(第 2 版)	吴胜兴、罗世荣 宋宗宇、王　岩	高等教育出版社
理论力学	许庆春	中国水利水电出版社
体育健康教育	王建民	南京大学出版社

续表

教 材 名 称	编 写 人	备 注
工程水文学(第4版)	詹道江、徐向阳、陈元芳	中国水利水电出版社
水力学(第2版)	赵振兴、何建京	清华大学出版社
Auto CAD 2010(中文版)土建工程应用教程	殷佩生、吕秋灵、沈丽宁	河海大学出版社
Java程序设计与应用	李 明、卞艺杰 陈京民、陶飞飞	清华大学出版社 北京交通大学出版社
水质预报	包为民、李琼芳、李国芳 瞿思敏、庄一鸰	河海大学出版社
水信息技术课程指导书	谢悦波	中国水利水电出版社
工程经济学	顾圣平、蒋水心	中国水利水电出版社
市场营销管理——需求的 创造传播和实现(第2版)	钱旭潮、王 龙、韩 翔	机械工业出版社
水电站(第4版)	刘启钊、胡 明、马吉明	中国水利水电出版社
研究生英语教程(第5版)	郑亚南、孙宁宁	河海大学出版社
电力工程	鞠 平	机械工业出版社
流体力学	王惠民	河海大学出版社
工程力学导论	卓家寿、邵国建、黄 丹	科学出版社
水利概论	姜弘道、严忠民、李玉柱	中国水利水电出版社
地理信息系统教程	许捍卫、马文波、赵相伟、 徐艳杰、贺巧宁	国防工业出版社
大学英语阅读教程	周自强、李永生	南京师范大学出版社
机械CAD/CAM技术	朱灯林	机械工业出版社
工程力学实验	周美英	机械工业出版社
有限元法基本原理及应用	王占军	高等教育出版社
体育健康教育	沈丽英	南京大学出版社
市场调查与预测	丁云伟、黄贤凤	中国电力出版社

实习基地、实验室建设情况统计

表1 河海大学校外实习基地一览表

序 号	基 地 名 称	相 关 学 院
1	江苏省宜兴市善卷洞管理处教学实习基地	水文水资源学院
2	黄河水利委员会水文局教学实习基地	水文水资源学院
3	张家港市水利局教学实习基地	水文水资源学院
4	张家港市水资源监测站教学实习基地	水文水资源学院
5	上海徐汇区水务署教学实习基地	水文水资源学院

续表

序　号	基地名称	相关学院
6	常熟市水利局教学实习基地	水文水资源学院
7	太仓市水利(水务)局教学实习基地	水文水资源学院
8	南通市水利勘测设计研究院教学实习基地	水文水资源学院
9	上海水文总站教学实习基地	水文水资源学院
10	南京市浦口区水务局教学实习基地	水文水资源学院
11	无锡市文博旅游发展有限公司教学实习基地	水文水资源学院
12	芜湖市水文水资源局教学实习基地	水文水资源学院
13	黄山市水文水资源局教学实习基地	水文水资源学院
14	广西水文局实践基地教学实习基地	水文水资源学院
15	浙江水文局教学实习基地	水文水资源学院
16	合肥市水利局教学暨就业基地教学实习基地	水文水资源学院
17	新安江水力发电厂教学实习基地	水利水电学院
		能源与电气学院
		商学院
		理学院
18	江苏沙河抽水蓄能发电有限公司教学实习基地	水利水电学院
		能源与电气学院
19	滩坑水电站(含开潭、五里亭、外雄工程)教学实习基地	水利水电学院
20	佛子岭水电站(含白莲崖、响洪甸工程)教学实习基地	水利水电学院
21	华东电网有限公司富春江水力发电厂教学实习基地	水利水电学院
		能源与电气学院
22	江西柘林水电开发有限责任公司教学实习基地	水利水电学院
23	安徽淠史杭教学实习基地	水利水电学院
24	安吉县水利局教学实习基地	水利水电学院
25	余姚市水利局教学实习基地	水利水电学院
26	南京蔬菜科学研究所教学实习基地	水利水电学院
27	富春江水利枢纽教学实习基地	水利水电学院
28	泰州引江河枢纽教学实习基地	水利水电学院
29	溧阳沙河水库教学实习基地	水利水电学院
30	扬州瓜洲船闸枢纽教学实习基地	水利水电学院
31	六合水利局教学实习基地	水利水电学院
32	南京武定门泵站、北河口水厂教学实习基地	水利水电学院
33	南京汤山阳山碑材教学实习基地	水利水电学院
34	宁波市水利水电规划设计研究院教学实习基地	水利水电学院
35	湖南托口水电站生产实习基地	水利水电学院
36	宜兴油车水库教学实习基地	水利水电学院

续表

序　号	基地名称	相关学院
37	南京市蔬菜花卉科学研究所教学实习基地	水利水电学院
38	上海松江现代农业园区五库示范区教学实习基地	水利水电学院
39	江苏昆山永宏温室公司教学实习基地	水利水电学院
40	南京奶业集团淳化养殖基地教学实习基地	水利水电学院
41	山东寿光蔬菜博览园教学实习基地	水利水电学院
42	寿光县孙家集镇三元朱村教学实习基地	水利水电学院
43	山东寿光蔬菜批发市场有限公司教学实习基地	水利水电学院
44	山东寿光万芳园艺有限公司教学实习基地	水利水电学院
45	南京农林局循环农业园教学实习基地	水利水电学院
46	上海孙桥现代农业开发区教学实习基地	水利水电学院
47	葛洲坝水利枢纽教学实习基地	港口海岸与近海工程学院
		土木与交通学院
		能源与电气学院
48	连云港交通局教学实习基地	港口海岸与近海工程学院
49	中港三航江苏公司教学实习基地	港口海岸与近海工程学院
50	连云港港务局教学实习基地	港口海岸与近海工程学院
51	中港三航宁波公司教学实习基地	港口海岸与近海工程学院
52	浙江省水利河口研究所教学实习基地	港口海岸与近海工程学院
53	连云港建港指挥部教学实习基地	港口海岸与近海工程学院
54	泰州市华通公路工程有限公司教学实习基地	港口海岸与近海工程学院
55	中国海洋大学教学实习基地	港口海岸与近海工程学院
56	国家海洋局第一海洋研究所教学实习基地	港口海岸与近海工程学院
57	中国科学院海洋研究所教学实习基地	港口海岸与近海工程学院
58	国家海洋局东海预报中心教学实习基地	港口海岸与近海工程学院
59	江苏海宏建设工程有限公司教学实习基地	港口海岸与近海工程学院
60	国家海洋局东海分局南通中心站教学实习基地	港口海岸与近海工程学院
61	国家海洋局东海监测中心教学实习基地	港口海岸与近海工程学院
62	国家海洋局第二海洋研究所教学实习基地	港口海岸与近海工程学院
63	日照港务局/岚山港务局教学实习基地	港口海岸与近海工程学院
64	国家海洋局北海分局教学实习基地	港口海岸与近海工程学院
65	中国长江三峡工程开发总公司教学实习基地	港口海岸与近海工程学院
		商学院
66	黄河小浪底水利枢纽工程教学实习基地	土木与交通学院
		能源与电气学院
		商学院

续表

序号	基地名称	相关学院
67	江都水利枢纽工程管理处教学实习基地	土木与交通学院
		计算机与信息学院
		水利水电学院
68	浙江天荒坪抽水蓄能电站教学实习基地	土木与交通学院
		能源与电气学院
		理学院
69	扬州市交通局教学实习基地	土木与交通学院
70	上海大众汽车制造厂教学实习基地	土木与交通学院
71	南京多伦科技有限公司教学实习基地	土木与交通学院
72	上海城建院交通工程有限公司教学实习基地	土木与交通学院
73	上海中远招商物流有限公司教学实习基地	土木与交通学院
74	南京水利科学研究院铁心桥模拟实验场教学实习基地	土木与交通学院
75	隔河岩水电站教学实习基地	土木与交通学院
76	绍兴县规划设计院教学实习基地	土木与交通学院
77	广州大学建筑设计研究院东莞设计部教学实习基地	土木与交通学院
78	天津城建设计院有限公司教学实习基地	土木与交通学院
79	南京水泥工业设计研究院教学实习基地	土木与交通学院
80	江苏省建工设计研究院有限公司教学实习基地	土木与交通学院
81	江苏南通六建建设集团有限公司南京分公司教学实习基地	土木与交通学院
82	江苏省第二建筑设计研究院教学实习基地	土木与交通学院
83	南通建工集团股份有限公司教学实习基地	土木与交通学院
84	中铁四局集团二公司教学实习基地	土木与交通学院
85	江苏埃菲尔钢结构有限公司教学实习基地	土木与交通学院
86	中铁芜湖建筑设计研究院教学实习基地	土木与交通学院
87	南京市市政设计院教学实习基地	土木与交通学院
88	南京丰源建筑设计研究院教学实习基地	土木与交通学院
89	南京奥体中心建设工程管理有限公司教学实习基地	土木与交通学院
90	江苏省建筑科学研究院教学实习基地	土木与交通学院
91	上海天演建筑物移位工程公司教学实习基地	土木与交通学院
92	仪征化纤股份有限公司给排水厂教学实习基地	环境学院
93	无锡城北污水处理厂教学实习基地	环境学院
94	江心洲污水处理厂教学实习基地	环境学院
95	江宁给排水公司教学实习基地	环境学院

续表

序 号	基 地 名 称	相 关 学 院
96	苏州福星污水处理厂教学实习基地	环境学院
97	无锡芦村污水处理厂教学实习基地	环境学院
98	苏州娄江污水处理厂教学实习基地	环境学院
99	无锡太湖新城污水处理厂教学实习基地	环境学院
100	昆山经济技术开发区给水排水公司教学实习基地	环境学院
101	江苏省兆盛水工业装备集团有限公司教学实习基地	环境学院
102	长江水利委员会长江下游水文水资源勘测局教学实习基地	环境学院
103	南京航空航天大学工程训练中心教学实习基地	能源与电气学院
		计算机与信息学院
		力学与材料学院
104	东台新能源有限公司教学实习基地	能源与电气学院
105	南京冷却设备有限公司教学实习基地	能源与电气学院
106	熔盛重工集团教学实习基地	能源与电气学院
107	谏壁发电厂教学实习基地	能源与电气学院
108	大林水电厂教学实习基地	能源与电气学院
109	双富电厂教学实习基地	能源与电气学院
110	水利部淮河水利委员会通信总站教学实习基地	计算机与信息学院
111	水利部淮河水利委员会水文局教学实习基地	计算机与信息学院
112	水利部淮河水利委员会蚌埠闸教学实习基地	计算机与信息学院
113	苏州索迪 IT 实训基地教学实习基地	计算机与信息学院
114	南京东软人才实训中心教学实习基地	计算机与信息学院
115	南京麦伦斯科技有限公司教学实习基地	计算机与信息学院
116	南京科泰电子商务急速服务有限公司教学实习基地	计算机与信息学院
117	南京大地建设(集团)股份有限公司构件厂教学实习基地	力学与材料学院
118	南京天明玻纤制品有限公司教学实习基地	力学与材料学院
119	南京东锐铂业有限公司教学实习基地	力学与材料学院
120	江苏宜兴共昌轧辊有限公司教学实习基地	力学与材料学院
121	南京大地普瑞预制件房屋有限公司教学实习基地	力学与材料学院
122	南京新善恒基混凝土有限公司教学实习基地	力学与材料学院
123	常州市南车戚墅堰机车有限公司教学实习基地	力学与材料学院
124	江苏兴荣美乐铜业有限公司教学实习基地	力学与材料学院
125	常州戚墅堰机车车辆厂教学实习基地	力学与材料学院
126	江苏省地质测绘院测绘工程系实习基地教学实习基地	地球科学与工程学院

续表

序　号	基 地 名 称	相 关 学 院
127	华东天荒坪抽水蓄能有限责任公司教学实习基地	地球科学与工程学院
128	江苏省测绘局教学实习基地	地球科学与工程学院
129	南京市规划局地图编制中心教学实习基地	地球科学与工程学院
130	江苏今迈信息科技有限责任公司教学实习基地	地球科学与工程学院
131	南京国图信息科技有限公司教学实习基地	地球科学与工程学院
132	宜兴善卷洞教学实习基地	地球科学与工程学院
133	南京师范大学人武学院测绘工程系教学实习基地	地球科学与工程学院
134	南京政治学院军事训练基地测绘工程系教学实习基地	地球科学与工程学院
135	南京湖山地质教学实习基地	地球科学与工程学院
136	广东惠州抽水蓄能电站地质教学实习基地	地球科学与工程学院
137	南京普天通信股份有限公司教学实习基地	理学院
138	江苏中江信息技术培训学校教学实习基地	理学院
139	浙江建德新安江水利发电厂教学实习基地	理学院
140	中信建设投资股份有限公司教学实习基地	商学院
141	南京市三益监理有限公司教学实习基地	商学院
142	南京市鸿信房地产开发有限公司教学实习基地	商学院
143	南通五建集团教学实习基地	商学院
144	南京市建发监理有限公司教学实习基地	商学院
145	宜兴抽水蓄能电站教学实习基地	商学院
146	南京卷烟厂教学实习基地	商学院
147	江苏省外事服务中心教学实习基地	商学院
148	国电南自人力资源部教学实习基地	商学院
149	雨花区政府教学实习基地	公共管理学院
150	鼓楼区政府教学实习基地	公共管理学院
151	秦淮区政府教学实习基地	公共管理学院
152	南京市劳动保障监察支队教学实习基地	公共管理学院
153	南京市企业职工养老保险结算管理中心教学实习基地	公共管理学院
154	南京市劳动就业服务管理中心教学实习基地	公共管理学院
155	南京市劳动和社会保障局农保处教学实习基地	公共管理学院
156	江苏省农民工工作办公室教学实习基地	公共管理学院
157	南京市鼓楼区民政局教学实习基地	公共管理学院
158	江苏省民政厅教学实习基地	公共管理学院
159	南京电视台教学实习基地	公共管理学院
160	江苏新力传媒教学实习基地	公共管理学院
161	《科技日报》(江苏记者站) 教学实习基地	公共管理学院

续表

序　号	基 地 名 称	相 关 学 院
162	南京人民广播电台新闻中心教学实习基地	公共管理学院
163	光明日报江苏记者站教学实习基地	公共管理学院
164	南京日报经营管理部教学实习基地	公共管理学院
165	江苏广播电视总台(集团)新闻中心教学实习基地	公共管理学院
166	苏卫传媒教学实习基地	公共管理学院
167	《江苏工人报》教学实习基地	公共管理学院
168	江苏省广播电视信息网络股份有限公司教学实习基地	公共管理学院
169	江苏省律师协会及其省属律师事务所教学实习基地	法学院
170	上海市协力律师事务所苏州分所教学实习基地	法学院
171	南京市检察院系统及基层各区县检察院教学实习基地	法学院
172	南京市法院系统及基层各区县法院教学实习基地	法学院
173	中山公证处教学实习基地	法学院
174	安徽天长市检察院教学实习基地	法学院
175	文天学院教学实习基地	外国语学院
176	浙江绍兴水利局教学实习基地	大禹学院
177	常州兰翔机械总厂教学实习基地	机电工程学院
178	江苏省水利机械制造总厂教学实习基地	机电工程学院
179	江苏利港电力有限公司教学实习基地	机电工程学院
180	常州飞天集团公司教学实习基地	机电工程学院
181	常州爱斯特空调设备有限公司教学实习基地	机电工程学院
182	常州赛德热电厂教学实习基地	机电工程学院
183	江西省水利科学研究所教学实习基地	机电工程学院
184	常州戚墅堰机车车辆厂教学实习基地	机电工程学院
185	常州飞天集团公司常州齿轮厂教学实习基地	机电工程学院
186	振华港口机械集团股份(有限)公司常州基地教学实习基地	机电工程学院
187	宝钢集团常州冶金机械厂教学实习基地	机电工程学院
188	常州格力博工具有限公司教学实习基地	机电工程学院
189	常州宝菱重工机械有限公司教学实习基地	机电工程学院
190	常州三浦灵狐动漫产业有限公司教学实习基地	机电工程学院
191	常州联合锅炉容器有限公司教学实习基地	机电工程学院
192	水利部淮河水利委员会通信总站教学实习基地	计算机与信息学院(常州)
193	常州市致远通用控制技术有限公司教学实习基地	计算机与信息学院(常州)
194	常州市国税局信息中心教学实习基地	计算机与信息学院(常州)
195	广州周立功单片机发展有限公司教学实习基地	计算机与信息学院(常州)
196	常州市东株电子有限公司教学实习基地	计算机与信息学院(常州)
197	常州新区加贝电器设备有限公司教学实习基地	计算机与信息学院(常州)

续表

序 号	基 地 名 称	相 关 学 院
198	常州银河半导体有限公司教学实习基地	计算机与信息学院(常州)
199	常州华城常半微电子有限公司教学实习基地	计算机与信息学院(常州)
200	常州市武进区横林镇人民政府教学实习基地	计算机与信息学院(常州)
201	上海微创软件有限公司教学实习基地	计算机与信息学院(常州)
202	水利部南京水利水文自动化研究所教学实习基地	计算机与信息学院(常州)
203	常州太平洋电力设备(集团)有限公司教学实习基地	计算机与信息学院(常州)
204	常州天成数码科技有限公司教学实习基地	计算机与信息学院(常州)
205	常州金源南方铁路器材有限公司教学实习基地	计算机与信息学院(常州)
206	常州机械设备进出口集团公司教学实习基地	商学院(常州)

表 2 河海大学教学实验室(中心)分布一览表

责 任 单 位	个 数	实 验 室(中 心)
教务处	1	工程训练中心
水文水资源学院	1	水资源环境实验中心
水利水电学院	3	水利水电实验中心
		施工实验室
		农业工程实验室
港口海岸与近海工程学院	1	港口航道及海岸工程实验中心
土木与交通学院	2	结构工程实验室
		岩土力学实验室
环境学院	3	环境学院实验中心
能源与电气学院	4	电工电子实验中心
		电气自动化实验中心
		水动实验室
		机械与金属结构监测实验室
计算机与信息学院	2	计算机基础实验中心
		信息技术实验中心
力学与材料学院	3	材料工程实验室
		力学实验中心
		水力学实验室

续表

责任单位	个数	实验室(中心)
地球科学与工程学院	2	地质工程实验室
		测绘工程实验室
理学院	2	物理实验中心
		数学技术实验室
商学院	1	管理实验中心
公共管理学院	1	文科实验室
外国语学院	1	语音实验室
机电工程学院	3	常州校区工程训练中心
		机械基础实验教学中心
		机电工程学院实验中心
计算机与信息学院(常州)	3	计算机基础实验教学中心
		电子与信息技术实验教学中心
		电气信息专业综合实验中心
商学院(常州)	1	经济与管理实验教学实验中心
常州校区数理教学部	1	物理实验中心
常州校区外语教学部	1	语音实验室

就业情况统计

表 1 2010 届本科毕业生就业地区流向统计表 (%)

地区	华东	华南	华北	华中	西南	西北	东北
占毕业生人数比例	74	5	8	5	3	3	2

表 2 2010 届本科毕业生就业单位性质统计表 (%)

单位性质	机关、事业	部队	升学、出国	企业	二次就业	其他
占就业毕业生人数比例	7	2	28	58	4	1

表 3 2010 届本科毕业生到重点行业就业情况表 (%)

单位性质	到中水、中交、国电等单位	到其他重点单位	到其他一般单位
占就业毕业生人数比例	24.5	52.2	23.3

(教务处、学生处、研究生院、学生就业指导中心供稿)

继续教育

概　　况

一、办学规模与发展

通过机制创新，2010年成人招生比上年增加33.3%，招生人数达4022名，成人学历教育招生规模取得了历史最高点。学生覆盖10个省(自治区、直辖市)，成人学历教育在籍学生达9396名(2010年毕业生2661名，自考毕业生1500名)，自考助学专业目前在读学生为2023名。

按照“稳定发展学历教育，加强非学历培训，扩大自学考试专业领域，继续提高教育质量”的办学思路：新增陕西、四川两个校外教学点；申请新增自学考试《公共管理》专业，完成生源组织；组织申报2个省级特色专业和3门精品课程的建设计划；新编出版教材1本，自编教材1本。

2010年举办各类培训班达42期，培训人数达到了5260人次，其中国家级水利普查培训班8期，共1815人，江苏省水利普查培训班9期，共2189人。超额完成学校经济指标，上缴学校综合利润586.98万元。

教育部将河海大学列入“继续教育数字化学习资源开放服务”平台和国家“继续教育示范基地建设”计划单位，标志着我校的继续教育已经进入到国家队伍行列。

二、教学改革与教学管理

加强成人教育教学过程管理，切实把工作重心转移到加强教学工作和提高人才培养质量上来，克服成人教育资源紧缺等困难，确保9396名学生教学秩序有条不紊，完成2661名毕业生工作。

将学校的继续教育推进至国家建设层面，成立了网络技术部，规划网络教育平台建设，进行教学系统功能设计，和网络教育的教务和教学系统的集成运行模式设计；通过基于远程教育体系的成人高等教育培养方案的修订、远程教育平台建设的启动、首批70余门远程教育资源的建设及其在函授教育中的部分应用，基本具备了试办远程教育的条件；基本建成继续教育管理信息系统，并开始投入使用。

根据学校第十二次党代会对我校继续教育确定的发展方向，确定了以构建学习型社会和终身教育体系为核心，加强现代远程教育的基础建设，广泛并深度参与水利行业的继续教育，进一步发展学历教育为基本点的“十二五发展规划”。

根据水利部“十二五”人才工作规划的六项重点任务，向水利部提出《河海大学关于建议全面参与水利行业培训的建议》，积极争取将学校纳入水利行业继续教育人才培养基地。与水利教育协会共同启动了基层水利职工培训需求调研、培训大纲制定，以及培训资源的建设计划；在继续打造品牌特色培训项目的同时，扩大水利行业培训领域，创新培训手段。

加强规范管理。通过成立河海大学继续教育教学指导委员会、开展函授站教育教学工作评估、全面梳理自考助学在籍学生，促进成人教育教学质量提高。

加强校外教学点的建设与管理。开展了校外教学点的评估工作，督导校外教学点和函授站做好省、市教育部门对其进行的审批(备案)、年检、评估、清查等工作，为校外教学点后期顺利开展教育教学工作和招生工作打好基础。

三、管理队伍建设与学生工作

加强制度建设，促进规范管理。通过党风廉政制度和议事等一系列制度建设，促进管理的规范化。制定、修订《增量激励办法》、《河海大学函授招生工作奖励暂行规定》、《河海大学函授站教育辅导站评估体系》、《继续教育学院助管聘用暂行管理办法》等文件。

召开河海大学2010年度函授教育工作会议，传达学习成人高等教育有关文件精神；总结、交流上一年度函授教育教学管理工作及函授站招生工作经验；评选先进函授站6个、三好生140名、优秀学生干部46名；表彰2010学年夜大学、脱产班“优秀学生干部”20名、“三好学生”54名；对下一年度函授教育教学工作及函授站招生等工作进行研讨和部署。

四、网络学院筹备工作

向教育部申请建设网络教育学院，各项筹备工作正在有序开展中。构建了现代远程继续教育的硬件支持系统，新建2台服务器；开发了现代远程继续教育的软件支持系统，组织开发了包括集网络教育、函授教育、夜大教育、自考教育、培训教务管理于一体的综合教务管理系统，设计并合作开发了基于云服务模式下面向水利行业的现代远程培训系统；完善了远程教育资源建设基础条件，包括建设了2个专业远程教育课程录播(答疑)教室，建设了可以同时支持5套教学现场课程录制的移动录播设备；加强了远程教育的数字化资源建设，首批录制了70余门远程教育课程。

专业设置情况

2010年成人高等教育专业设置情况一览表

办学类型	学制	专业名称
函授(专科起点本科)	2.5年	会计学 工商管理 工程管理 电气工程及其自动化 水利水电工程 水文与水资源工程 测绘工程 土木工程
函授(高中起点本科)	5年	电气工程及其自动化 水利水电工程
函授(专科)	2.5年	水利水电工程管理 电气工程及其自动化 水利水电工程 农业水利技术 水文与水资源 机电一体化技术 经济管理 财务管理
夜大(专科起点本科)	2.5年	会计学 工程管理 人力资源管理

续表

办学类型	学制	专业名称
夜大(专科)	2.5年	人力资源管理 建设工程管理 财务管理 国际经济与贸易 机电一体化技术 数控技术 计算机信息管理

学生分布情况

2010年成人高等教育学生分布情况 （人）

	毕业生数			招生数			在校学生数			毕业班学生数		
	计	本科	专科	计	本科	专科	计	本科	专科	计	本科	专科
总计	2661	1421	1240	3017	2079	938	9396	5572	3824	5827	2941	2886
函授本专科	2071	1303	768	2096	1876	220	6297	5031	1266	3760	2714	1046
夜大本专科	590	118	472	921	203	718	3077	519	2558	2045	205	1840
成人脱产班							22	22		22	22	
专升本	1421	1421		1775	1775		4694	4694		2919	2919	
高中起点本专科	1240		1240	1242	304	938	4702	878	3824	2908	22	2886

培训情况

2010年培训办班情况

序号	培训班名称	委托单位	培训时间	结业人数
1	江苏省水利基层工程管理所长培训班	江苏省水利厅	2010.1.26	56
2	瑞迪公司2010年年度全员培训班	瑞迪公司	2010.3.9	55
3	连云港市水利系统党务干部培训班	连云港市水利局	2010.3.24	62
4	成人高考专科辅导班	继续教育学院	2010.4.9	31
5	成人高考专升本辅导班	继续教育学院	2010.4.9	46
6	水利相关院校参与第一次全国水利普查会议	国务院第一次全国水利普查领导小组办公室	2010.5.6	70
7	全国水文站长培训班	水利部水文局	2010.5.25	104

续表

序号	培训班名称	委托单位	培训时间	结业人数
8	第一次全国水利普查数据处理试点培训班	国务院第一次全国水利普查领导小组办公室	2010.5.28	224
9	漳卫南运河管理局处级干部水利前沿科学与管理培训班	漳卫南运河管理局	2010.6.8	34
10	第一次全国水利普查师资队伍培训班	国务院第一次全国水利普查领导小组办公室	2010.6.12	176
11	第一次全国水利普查第一次教材编制座谈会	国务院第一次全国水利普查领导小组办公室	2010.6.13	80
12	淮河水利委员会专业技术人员高级研修班培训	淮河水利委员会	2010.7.5	40
13	第一次全国水利普查第二次教材编制座谈会	国务院第一次全国水利普查领导小组办公室	2010.8.3	50
14	湖北省水利厅领导干部高级研修班	湖北省水利厅	2010.8.30	23
15	漳卫南运河管理局处级干部水利前沿科学与管理培训班	漳卫南运河管理局	2010.9.11	37
16	河南省登封市水务局水利专业知识培训班	河南省登封市水务局	2010.9.23	40
17	河北省水利水电第二勘测设计研究院水利专业知识培训班	河北省水利水电第二勘测设计研究院	2010.9.24	35
18	辽宁省水文系统干部培训班	辽宁省水文局	2010.9.25	42
19	河北省水利工程局领导干部高级研修班	河北省水利工程局	2010.9.26	35
20	漳卫南运河管理局处级干部水利前沿科学与管理培训班	漳卫南运河管理局	2010.10.10	32
21	河北省水利水电第二勘测设计研究院水利专业知识培训班	河北省水利水电第二勘测设计研究院	2010.10.11	30
22	南京市领导干部进高校自主选学——人水和谐与可持续发展培训班	南京市委组织部	2010.10.15	37
23	全国水情预报员培训班	水利部水文局	2010.10.18	116
24	辽宁省水文系统干部培训班	辽宁省水文局	2010.10.19	43
25	吉林省水库防洪调度培训班	吉林省水利厅	2010.10.24	47
26	第一次全国水利普查地下水取水井专项普查清查登记培训班	国务院第一次全国水利普查领导小组办公室	2010.10.26	712
27	全国水文站站长培训班	水利部水文局	2010.11.17	152
28	云南省乡镇水管(水保)站(所)长高级研修班	云南省水利厅、云南省水利学校	2010.11.17	68
29	第一次全国水利普查强化班	国务院第一次全国水利普查领导小组办公室	2010.11.22	261
30	长江水利委员会水文局处级干部轮训班	长江水利委员会	2010.11.25	32
31	江苏省水文站站长培训班	江苏省水文局	2010.12.2	29
32	广西水利工程规范化管理培训班	广西区水利厅	2010.12.7	30
33	江苏省第一次全国水利普查综合培训班	江苏省水利普查办公室	2010.12.15	280

续表

序号	培训班名称	委托单位	培训时间	结业人数
34	江苏省第一次全国水利普查经济社会用水情况调查培训班	江苏省水利普查办公室	2010.12.17	239
35	江苏省第一次全国水利普查河湖开发治理保护普查培训班	江苏省水利普查办公室	2010.12.20	239
36	江苏省第一次全国水利普查地下水取水井专项普查培训班	江苏省水利普查办公室	2010.12.22	221
37	第一次全国水利普查数据处理与空间数据采集业务骨干培训班	国务院第一次全国水利普查领导小组办公室	2010.12.23	242
38	江苏省第一次全国水利普查河湖基本情况普查培训班	江苏省水利普查办公室	2010.12.27	242
39	江苏省第一次全国水利普查水利工程基本情况普查培训班	江苏省水利普查办公室	2010.12.29	242
40	江苏省第一次全国水利普查灌区专项普查培训班	江苏省水利普查办公室	2010.12.29	242
41	江苏省第一次全国水利普查行业能力建设情况普查培训班	江苏省水利普查办公室	2010.12.29	242
42	江苏省第一次全国水利普查数据处理培训班	江苏省水利普查办公室	2010.12.29	242
合计				5260

（继续教育学院供稿）

高教研究

概　　况

一、研究机构

河海大学高等教育研究的组织机构主要是由河海大学高等教育研究所、河海大学公共管理学院高等教育硕士点和河海大学高等教育研究会等组成。

高等教育研究所创建于1984年5月，其前身为高等教育研究室，挂靠教务处。1987年成立高等教育研究所，1987—2003年期间为独立处级部门。2004—2006年挂靠教务处。2007年挂靠发展规划处，下设办公室、资料室。

高等教育硕士点设置在河海大学公共管理学院，始建于2001年。现有在校研究生64人，教师15名，其中教授10人，副教授4人，讲师1人，具有博士学位的教师6人，硕士学位教师4人。研究方向有四个：高等教育基本理论、高等教育管理、大学生德育与学生事务、比较高等教育。

河海大学高等教育研究会现有17位常务理事，34位理事。主要围绕教育管理、大学生心理健康、高等教育质量评估、高等学校发展规划、专业建设、课程建设等开展研究工作。

二、研究课题

河海大学高等教育科学研究2010年度课题以提高我校办学质量为主题组织申报，围绕办学质量绩效评价、大学战略规划与实施、大学执行力、高层次水利人才培养和创新型人才培养与质量控制、高校公共实验平台、大学科技园、特色专业建设质量、研究生教育质量等方面立项课题15项，其中重点课题4项，面上课题11项，共资助经费10万元。

完成我校“十一五”立项的中国高等教育学会、江苏省高等教育学会2项课题和校立项的高教研究4项重大课题的管理工作，包括成果评审、结题验收等工作。

三、学术活动

举办校庆95周年高等教育研究成果报告会，报告会有专家报告会、高教研究课题成果报告会、青年学者论坛等形式。

加强与上级主管部门、学会以及兄弟院校之间的联系。配合江苏省教育厅和兄弟院校的课题研究在全校范围内发放、回收相关调查问卷；收集、整理相关资料，为江苏省教育科学“十二五”发展规划和课题指南的研制提供建设性意见等。

积极开展和推动学术交流。承担规划前期研究课题3项、校内立项高教研究课题3项，参与课题研究多项；参加各级高等教育学会主办的学术会议6次。

高等教育研究新立项课题

2010年度河海大学高等教育科学研究课题

序 号	课题编号	课 题 名 称	主 持 人	课题类别
1	20101101	人才强校战略实施途径研究	蒋来娣	重点课题
2	20101102	国内外高校行政管理机构设置对比研究	赵 坚	重点课题
3	20101103	人才培养质量监控体系研究与我校近年来毕业生社会评价调查与分析	黄林楠	重点课题
4	20101104	河海大学研究生培养基地建设研究	高雪梅	重点课题
5	20101201	大学执行力文化研究	宋亚琼 孔祥冬	面上课题
6	20101202	高水平特色研究型大学本科生就业竞争力培养模式研究	沈蓓绯	面上课题
7	20101203	拔尖创新型水利人才培养质量及监控体系研究	宋瑞平	面上课题
8	20101204	以培养创新人才为目标的教学质量控制体系研究	叶鸿蔚	面上课题
9	20101205	高校大学生职业发展能力开发培训体系研究——基于近年来我校毕业生社会评价调研	魏 萍 刘成钢	面上课题
10	20101206	提高特色专业建设质量研究	许捍卫	面上课题
11	20101207	全日制专业学位研究生教育质量研究	曹菱红	面上课题
12	20101208	工程硕士教育质量研究	李 枫	面上课题
13	20101209	高等学校大型公共实验平台开放管理中高效管理的绩效研究	张超豪	面上课题
14	201012010	大学办学质量绩效评价体系与我校实践研究	朱昌平	面上课题
15	201012011	行业特色型高校创新人才培养的训练方法与实践研究	娄保东	面上课题

（高等教育研究所、常州校区供稿）

科技工作

概　　况

一、科技经费

全年新增科技经费总量突破6亿元，达6.63亿元，其中科技处归口合同经费3.93亿元，到款科技经费3.44亿元，科技产业经费2.7亿元。

二、重点科技项目

学校加大了各类科技计划重点、重大项目组织力度，通过精心策划，有效组织，获国家自然科学基金74项、国家社科基金11项、江苏省自然科学基金项目14项、江苏省社科基金12项、教育部人文社科基金12项；教育部博士点基金14项；主持或参与水利行业公益性项目24项等。在新增合同经费中，一、二类项目占项目总经费近46.7%；从项目体量看，100万元以上大项目有55项。

全面启动中央高校基本科研业务费资助科研项目立项工作，共资助625项课题。其中2009年业务费资助329项：国家青年基金培育项目13项，新引进青年教师科研启动项目44项，青年骨干教师项目272项(含常州校区32项)；2010年业务费资助296项：青年教师项目174项(含常州校区25项)，研究生项目63项(含常州校区6项)，重大项目及成果培育项目25项，引进高层次人才科研启动项目8项，专项资助项目9项，人文社科、理科专项项目17项。

三、科技成果

全年共申报国家奖9项，省部级奖励154项，较去年增长39%。已公布的获奖成果有获国家科技进步奖4项，获省部级及以上奖励56项。

2010年中信所公布我校2009年度被检索论文总数为2352篇，其中：SCI95篇、SCIE82篇、EI421篇、ISTP393篇、中信所1361篇。全年专利申请量大幅提高，达到492件，比上年增长32.6%。专利授权187件，其中发明专利43件，实用新型129件，外观设计15件。

认真做好科技成果的宣传与转化工作，及时更新和维护科技处网站上的成果信息。及时总结各类科技成果，搜集各项科技成果信息，组织专家和材料参加江苏省、南京市、无锡市、苏州市、长沙市等科技成果展示洽谈会。

四、科研基地

2010年，“岩土力学与堤坝工程教育部重点实验室”通过教育部验收；积极做好“水文水资源与水利工程科学”国家重点实验室各项建设工作，组织召开国家重点实验室建设管理委员会会议及第二届学术委员会第三次会议；推进“水资源高效利用与工程安全”国家工程研究中心建设，组织召开国家工程研究中心建设管理委员会第一次会议。

五、学术交流

全年共组织各类学术活动近1200场次；修订了《河海大学关于资助教职工参加国内外学术活动的有关规定》，利用学校专项资金，共资助由我校主办或协办的大型学术活动18场次，资助90余名教师参加国内外各类学术活动。对学术交流专项经费的资助办法进行了修改，重点资助参加国际性、专业性大型学术会议，提高教师的学术水平。

六、科技管理

建立科技工作例会制度；举办2010年河海大学科技管理研修培训班；进一步加强校院二级科研管理队伍建设，完善科技信息平台。大力加强科研项目的管理，规范科研项目的管理程序，强化科研人员的质量意识。本年度结合国家相关政策和学校发展的需要，在充分调研的基础上起草和修订了《河海大学关于加强科研质量管理的若干意见》等新的管理文件。

七、科普工作

举办了河海大学2010年“世界水日”“中国水周”系列活动、2010年世界知识产权日系列宣传活动，参加了江苏省举办的“2010年全国科技活动周暨江苏省第22届科普宣传周活动”和河海大学“第22届校园科普周活动”、河海大学第8届学生“科普画”大赛、第4届及第5届“科普杯”知识竞赛、2010年全国科普日迎新生科普知识竞赛。

国家科技平台

水文水资源与水利工程科学国家重点实验室

一、研究工作和水平

1. 承担研究项目情况

2010年，实验室共承担研究项目76项，到款经费6952.76万元，较2009年增长22%。其中国家级项目56项，经费5132.76万元，占经费总额的73.8%。实验室2010年度在研项目构成情况见表1。

表1 实验室2010年度在研项目构成情况

	国家级						省部级	国际合作	横向合作
	“973”计划	“863”计划	科技支撑	科技重大专项	国家重大工程	国家自然科学基金			
课题（项）	6	2	6	12	3	27	9	3	8
经费（万元）	895.12	60	489.55	974.7	2242.79	470.6	723	245	852

2. 研究成果及其影响

2010年，发表论文480篇，其中在国内外重要学术期刊发表论文383篇，被SCI检索收录论文61篇，SCI收录论文总数较2009年增长56.4%；被EI检索收录论文115篇。出版学术专著6部。新授权发明专利6项，软件著作权11项。

本年度获国家科技进步奖二等奖1项，省部级科技进步奖14项，其中特等奖1项(主持单位)，一等奖7项(主持单位6项)，二等奖5项(主持单位4项)。

二、队伍建设和人才培养

1. 实验室队伍基本情况

2010年，围绕实验室研究方向和聘期目标任务，实验室考核调整了团队及有关人员，经建设管理委员会审议通过，依托单位批准，形成了由固定研究人员、流动人员及博士后、博硕士研究生组成且具有稳定研究方向的研究团队。

实验室现有在职人员81人，其中固定研究人员72人，专职技术支撑与管理人员9人。固定人员中具有正高级技术职务43人(占53.1%)，有博士学位62人(占76.5%)，45岁以上人员24人(占29.6%)，35～45岁人员30人(占37.0%)，35岁及以下人员27人(占33.3%)。现有中国工程院院士2人，长江学者奖励计划特聘教授2人，“千人计划”引进人才2人，国家杰出青年基金获得者1人。

2. 人才培养与成效

2010年李凌教授、乔丕忠教授入选“海外高层次人才引进计划(千人计划)”。吕海深教授、肖洋副教授、杨涛副教授分别赴加拿大滑铁卢大学、澳大利亚科学研究科学院、英国剑桥大学进行为期1年的交流访问。

现有博士后在站人员14人，出站3人。博士研究生在读98人，硕士研究生在读290人。

三、学术交流与运行管理

1. 学术交流

2010年，实验室先后有46人次参加国际会议，144人次参加国内会议，9人次在国内会议上做特邀报告，邀请国内外知名专家学者56人次到实验室进行学术交流，举办、承办学术会议7场。

2010年度，实验室举办了第5届国际水资源综合管理暨第3届国际水文学研究方法学术研讨会(2010年10月)、水工模型试验和原型观测技术国际研讨会 、数学模型在流域尺度水资源一体化管理实践中的作用国际研讨会(2010年1月)、2010年统计与管理科学国际会议(2010年10月)。

2010年度邀请到实验室进行学术交流国内外知名专家学者，包括挪威科学院院士Lars Gottschalk教授及Irina Krasovskaia教授、美国西弗吉尼亚大学Julio F. Davalos教授、英国邓迪大学郑东生教授、国际水协会主席David Garman博士、澳大利亚昆士兰大学You－Gan Wang教授、“千人计划”特聘教授段青云教授等。美国College of William & Mary(威廉玛丽学院)弗吉利亚海洋研究所Jerome P. Y. Maa教授来室进行为期两个月的客座研究。

2. 国际合作

2010年度，实验室人员主持、参与了3项国际合作项目。吴时强教授级高级工程师与山东电力建设第三工程公司合作，主持的沙特阿拉伯“沙特RABIGH2×660MW燃油电站工程取排水模型试验”国际合作项目进展顺利。王国庆教授级高级工程师等人与中国农业科学院合作，参与了“中英瑞气候变化项目(水资源领域)”研究。德国罗斯托克大学Peter Froehle教授及同事参与本实验室“中国东南沿海与德国波罗的海海岸保护对比研究”的课题研究。

3. 实验平台建议与开放共享

实验室不断完善基础实验设施，向国内外应用基础研究和高层次人才培养开放实验平台。实验室建立了仪器设备规范管理和共享机制，实现大型设备国内外开放共享。2010年有190余项科研项目使用实验平台，大型仪器设备使用率最高为100%，平均使用率为71%，共享率最高82%，平均共享率为64.5%。实验平台全年接待实验人数400多人，接待实验2000多人次。实验室进一步完善了基于校园网的“信息资源共享平台”，为相关研究人员提供一个基于自愿原则的各种资源共享服务平台。

4. 自主研究课题执行情况

本年度在研自主研究课题28项，其中本年度新立项5项，结题6项，项目列表见表2。

表 2　2010 年度在研与新立项自主研究课题

序号	课 题 名 称	负责人	课 题 类 别	总经费（万元）	当年经费（万元）	开始时间	结束时间
1	流域水文模拟及不确定性理论研究	陈　喜	团队重点课题	150	20	2009.9	2012.9
2	气候变化对流域水循环过程及水文极端事件的影响	郝振纯	团队重点课题	150	20	2009.9	2012.9
3	特大型水电梯级下游河道水沙变异及效应	陆永军	团队重点课题	50	40	2009.1	2010.12
4	变化环境下农业灌溉水肥高效利用机理及其生态效应研究	彭世彰	团队重点课题	150	20	2009.9	2012.9
5	变化环境下水文过程响应理论与方法研究	任立良	团队重点课题	150	20	2009.9	2012.9
6	水沙运动过程及模拟研究	唐洪武	团队重点课题	150	20	2009.9	2012.9
7	水资源配置综合集成研讨厅研究	王慧敏	团队重点课题	130	20	2009.9	2012.9
8	大江河口水沙长期演变规律与运动特性研究	郑金海	团队重点课题	150	20	2009.9	2012.9
9	建于覆盖层上的心墙堆石坝变形及渗流特性研究	陈生水	团队重点课题	60	16	2009.1	2010.12
10	水利工程病变机理与健康诊断	顾冲时	团队重点课题	150	20	2009.9	2012.9
11	水工程结构病灾破坏机理和寿命预测	乔丕忠	团队重点课题	150	20	2009.9	2012.9
12	长江下游福姜沙水道整治对防洪影响试验研究	夏云峰	团队重点课题	60	16	2009.1	2010.12
13	考虑土壤与地形空间变异的山坡水文相似性研究	刘金涛	自由探索课题	30	10	2010.6	2012.12
14	湖泊底泥内源污染控制机理	刘　凌	自由探索课题	30	10	2009.9	2012.9
15	水生植物的水动力学效应及护坡关键技术研究	陆永军	自由探索课题	30	15	2009.1	2010.12
16	太湖水动力物理模型建设关键技术研究	吴时强	自由探索课题	40	8	2009.1	2010.12
17	不同尺度下分布式流域水文过程模拟及不确定性研究	杨　涛	自由探索课题	30	10	2009.9	2012.9

续表

序号	课题名称	负责人	课题类别	总经费（万元）	当年经费（万元）	开始时间	结束时间
18	南方喀斯特流域产汇流机理及分布式水文模型研究	石　朋	自由探索课题	30	10	2009.9	2012.9
19	长江河口深水航道工程后环流机制及悬沙输运	童朝锋	自由探索课题	30	10	2010.6	2012.2
20	潜水蒸发对区域水分生产率的影响及评价系统开发	罗玉峰	自由探索课题	30	10	2010.6	2012.12
21	土石坝溃坝离心模型水流系统控制技术研究	陈生水	自由探索课题	30	6	2009.1	2010.12
22	不同灌溉模式稻田重金属Cd、Cr赋存形态及其迁移转化规律研究	徐俊增	自由探索课题	30	10	2010.6	2012.12
23	珠江三角洲入海泥沙通量变化特征及再分配规律研究	张　蔚	自由探索课题	30	10	2009.9	2012.9
24	一种新型大气－水文双向耦合模式的构建及应用	雍　斌	自由探索课题	30	10	2009.9	2012.9
25	非均匀推移质泥沙运动滞后机理及其对输沙率影响研究	肖　洋	自由探索课题	30	10	2010.6	2012.12
26	拱坝安全性的多因素协同预警技术研究	苏怀智	自由探索课题	30	10	2009.9	2012.9
27	基于近场动力学理论的混凝土损伤累积与渐进破坏研究	黄　丹	自由探索课题	30	10	2009.9	2012.9
28	流域陆面水文耦合及污染物集成模拟	余钟波	人才培育课题	60	20	2009.9	2012.9

5. 开放研究课题执行情况

2010 年 9 月实验室发布了 2010 年度开放研究基金管理办法及申请指南。收到来自 21 家国内外科研单位与高等院校申请课题共 28 项，其中，来自“985”高校的有 7 项，来自“211”高校的有 13 项。经过初步格式审查后，交由同行专家进行了评审。根据专家评审意见，主任会议初审，学术委员会审议，共批准了 17 项开放课题。

本年度开放研究基金额度为 85 万元，每项基金资助力度为 5 万元，研究期限为 2011 年 1 月至 2012 年 12 月。

四、实验室公众开放活动

实验室重视对外开放，2010 年度共接待参观访问 914 人次，举办科技夏令营 2 次、科普讲座 8 次，组织学生社会实践 4 次。接待大学生 158 人次，中学生 180 人次，小学生 120 人次，其他人员 456 人次。

五、依托单位与主管部门的支持

2010 年，实验室的依托单位和主管部门在实验室科学研究团队的调整、高层次研究人员的培养、学术交流与合作的促进、“学术特区”制度的完善等方面继续给予大力支持，为实验室发展创造了良好的条件。

2010 年 12 月 1 日，实验室召开建设管理委员会会议，实验室依托单位进一步明确共建双方在杰出人才培养、高水平论文培育、基础设施与平台基地建设、国家重大项目策划等方面应通力合作，各自制定相应的政策和措施，为实验室良好运行提供条件保障。

水资源高效利用与工程安全国家工程研究中心

一、概况

水资源高效利用与工程安全国家工程研究中心(简称中心)根据《国家发展改革委关于组建水资源高效利用与工程安全国家工程研究中心项目的批复》(发改高技〔2005〕483 号)的组建意见，由河海大学、中国长江三峡集团公司于 2005 年 3 月共同组建而成，以“南京河海科技有限公司”为法人载体，注册资金 3500 万元人民币。

二、技术领域

中心拥有水资源利用、水资源合理配置、水污染控制与治理、长距离调水系统调度与仿真、水工程安全诊断与评价技术 5 个研发方向，形成面向企业和行业的“水电站(群)水电联合优化调度系统”、“区域(流域)水资源综合规划”、“水文水环境监测系统”、“水环境信息共享与决策支持系统”、“监控信息一体化支撑平台”、“水工程安全监控系统”、“泥利用与固化技术及装备”、“生态疏浚(清淤)技术与装备”、“环保技术与新材料”等 11 项核心技术和产品。

三、研发实验/试验基地

近 3 年来，中心获得了国家发改委 2800 万元的资金补助，在学校中心建设了水资源综合计算与分析、水工程安全、水污染控制技术、淤泥资源化利用、疏浚技术、多电源联合调度与仿真测试等 9 个实验/试验平台；拥有水文预报研究所、水资源研究所、水利水电自动化研究所、疏浚技术教育部工程研究中心、水电工程安全教育部工程研究中心等 14 个研发机构。在南京河海科技有限公司建设技术支撑平台和技术孵化基地(科技园)，在中国长江三峡集团公司实施科研项目示范工程。

四、产学研合作

产学研合作是中心建设内容的重要组成部分，是实现成果转化、技术转移的主要手段，也是支撑中心可持续发展的重要环节。中心先后完成了与南京鼓楼区政府合作的“南京科技园”、与常州市政府合作的“常州基地”等，与国电南自联合成立产业化基地“南京河海南自水电自动化有限公司”等。2010 年在学校与连云港政府合作的基础上共建“连云港大学科技园”并拟设立中心“连云港基地”。

五、科技项目与成果

2010 年，以中心名义参与申报的项目 12 项，其中国家科技项目 7 项；签订了科研项目合同 12 个，累计合同额 1331.4 万元；组织申报并获得软件著作权 2 项，与河海大学联合申报并获授权的发明专利 3 项，实用新型专利 5 项，在各类学术期刊发表的主要学术论文 31 篇。

六、运营公司建设稳步发展

运营公司“南京河海科技有限公司”自成立以来，积极申报并获得一般纳税人资格、软件企业资质、技术贸易证书、ISO9001质量管理体系认证、AAA资信等级证书、高新企业等资质证书。2010年公司完成了上海市滩涂地形查询系统软件项目、近海风电场选址及风电组运行与维护技术开发、湖北磁湖水生态保护与修复工程清淤固结(一期)工程、衡阳平湖底泥清淤处理及生态修复工程等多个项目，经营状况良好。全年主营业务收入939.96万元，实现净利润459.79万元。

相 关 统 计

科研基地统计

表1 国家级科研基地一览表

序号	名 称	主要负责人	批准部门	批准时间
1	水文水资源与水利工程科学国家重点实验室	彭世彰	国家科技部	2004年
2	水资源高效利用与工程安全国家工程研究中心	陈星莺	国家发改委	2005年

表2 省部级科研基地一览表

序号	名 称	主要负责人	批准部门	批准时间
1	浅水湖泊综合治理与资源开发教育部重点实验室	王 超	教育部科技司	2003年
2	海岸灾害及防护教育部重点实验室	郑金海	教育部科技司	2005年
3	岩土力学与堤坝工程教育部重点实验室	刘汉龙	教育部科技司	2007年
4	南方地区高效灌排与农业水土环境教育部重点实验室	俞双恩	教育部科技司	2008年
5	水电工程安全教育部工程研究中心	顾冲时	教育部科技司	2001年
6	疏浚技术教育部工程研究中心	倪福生	教育部科技司	2007年
7	可再生能源发电技术教育部工程研究中心	鞠 平	教育部科技司	2009年
8	江苏省交通基础技术工程研究中心	吴 中	江苏省发改委	2000年
9	江苏省岩土工程技术工程研究中心	刘汉龙	江苏省发改委	2003年
10	江苏省循环经济工程研究中心	郑垂勇	江苏省发改委	2005年
11	江苏省水灾害监控与决策支持系统工程中心	朱跃龙	江苏省发改委	2009年
12	东部资源环境与持续发展研究中心	郑垂勇	江苏省、中国科学院、水利部	1985年
13	江苏省输配电装备技术重点实验室	范新南	江苏省科技厅	2009年
14	江苏省水资源与可持续发展研究中心	郑垂勇	江苏省教育厅	2009年
15	水利部水工金属结构检测中心	郑圣义	水利部	1993年
16	水利部水库移民经济研究中心	施国庆	水利部	1993年
17	水利部水利经济研究所	袁汝华	水利部	1985年
18	水利部节水园	俞双恩	水利部	2000年
19	教育部城市环境与可持续发展联合研究中心水资源与水利工程研究分中心		教育部	2005年

表 3　境外合作科研基地一览表

序号	名　称	合作单位	负责人	成立时间
1	中德水资源研究所	德国柏林水资源与系统工程研究所	李致家	2002 年
2	中港水利建设 3s 技术应用联合实验室	香港理工大学	何秀凤	2003 年
3	中荷环境岩土工程合作研究中心	荷兰代尔夫特岩土研究所	刘汉龙	2004 年
4	中加瞬变流仿真与控制研究中心	加拿大多伦多大学	刘德有	2005 年
5	中德海岸及海洋工程研究所	德国达姆斯特科技大学	严以新	2005 年
6	中美全球变化与水循环联合研究中心	美国沙漠研究所	余钟波	2007 年

表 4　地市级科研基地一览表

序号	名　称	主要负责人	批准部门	批准时间
1	南京市土工合成材料工程研究中心	束一鸣	南京市科技局	2002 年
2	常州市数字化制造技术重点实验室	朱天宇	常州市科技局	2007 年
3	常州市输配电及节电技术重点实验室	范新南	常州市科技局	2008 年

表 5　校内科研基地一览表

序　号	名　称	挂靠/所属单位
1	新材料新能源研究开发院	河海大学
2	高等教育研究所	发展规划处
3	水文预报研究所	水文水资源学院
4	工程水文及水文气象研究所	
5	水资源研究所	
6	水文水利自动化研究所	
7	水生态环境研究所	
8	城市水务工程研究所	
9	全球变化与水循环研究中心	
10	平原河流与湖泊水文研究中心	
11	水工结构研究所	水利水电学院
12	水利水电工程研究所	
13	水力学及河流研究所	
14	农业水利研究所	
15	农业环境研究所	
16	水运工程科学研究所、高坝通航研究所、水运规划与物流工程研究所	港口海岸与近海工程学院

续表

序　号	名　　称	挂靠/所属单位
17	物理海洋研究所	港口海岸与近海工程学院
18	海岸带资源与环境研究所、风暴潮与减灾防灾研究所	
19	海岸及海洋工程研究所	
20	工程 CAD 与图学研究所	
21	岩土工程科学研究所	土木与交通学院
22	结构工程研究所	
23	安全与防灾工程研究所	
24	桥梁工程研究所	
25	隧道与城市轨道工程研究所	
26	道路与铁道工程研究所	
27	交通运输工程研究所	
28	建筑与景观研究所	
29	水资源保护研究所	环境学院
30	现代水处理技术研究所	
31	环境与生态水力学研究所	
32	环境规划与评价研究所	
33	固体废弃物处理及资源循环利用研究所	
34	环境水利科学研究所(非实体)	
35	电力系统自动化研究所	能源与电气学院
36	电力电子与运动控制研究所	
37	水电自动化研究所	
38	能源与动力研究所	
39	河海大学可再生能源研究所	
40	河海大学智能电网研究所	
41	计算机应用技术研究所	计算机与信息学院
42	智能科学与技术研究所	
43	通信与信息系统研究所	
44	探测与对抗研究所	
45	工程力学研究所	力学与材料学院
46	结构与材料力学研究所	
47	计算力学研究所	
48	水力学流体力学研究所	
49	工程材料研究所	
50	金属材料与防护研究所	

续表

序　号	名　　称	挂靠/所属单位
51	工程地质与灾害研究所	地球科学与工程学院
52	水文地质与环境研究所	
53	同位素水文研究所	
54	测绘工程研究所	
55	遥感与空间信息工程研究所	
56	地理信息科学与工程研究所	
57	地下水科学与工程研究所	
58	数学研究所	理学院
59	应用物理研究所	
60	水利经济研究所	商学院
61	战略管理研究所	
62	管理科学研究所	
63	投资研究所	
64	知识产权研究所	
65	工程管理研究所	
66	产业经济研究所	
67	环境会计与资产管理研究所	
68	技术创新与经济发展研究所	
69	规划与决策研究所	
70	人力资源研究所	
71	项目管理信息化研究所	
72	国际工程与海外项目管理研究所	
73	日韩企业研究所	
74	基础设施投融资研究中心	
75	科技经济研究中心	
76	东方管理研究中心	
77	河海大学游艇管理研究中心	
78	应用心理学研究所	公共管理学院
79	非营利组织研究所	
80	社会保障研究中心	
81	环境与社会研究中心	
82	政府水管理研究所	
83	马克思主义理论研究中心	
84	社会发展研究所	

续表

序　号	名　　称	挂靠/所属单位
85	性别与发展研究中心	公共管理学院
86	国土资源管理研究所	
87	河海大学人口与发展研究中心	
88	河海大学中国移民研究中心	
89	河海大学社区研究中心	
90	河海大学张闻天研究所	
91	河海大学思想政治理论课教育中心	
92	河海大学普通话测试站	
93	公用事业法研究所	法学院
94	环境法研究所	
95	商法研究所	
96	大学体育教育科研所	体育系
97	热能工程研究所	常州校区
98	工业设计研究所	
99	机电控制及水下机器人研究所	
100	机械设计与制造研究所	
101	焊接技术与金属结构研究所	
102	群众体育与健康指导研究中心	
103	电子与信息技术研究所	
104	电气与控制工程研究所	
105	计算机技术研究所	
106	物联网工程研究所	
107	水下信息感知技术研究中心	
108	输配电技术研究中心	
109	低碳经济与技术研究所	
110	水利信息统计与管理研究所	
111	中小企业管理研究所	
112	企业信息化与工业工程研究所	
113	区域经济研究中心	
114	苏南经济发展研究所	
115	地方文化研究所	
116	法律与政策研究所	

科研项目、科研经费统计

表 1　2010 年承担国家自然科学基金项目统计表

序号	项目批准号	项 目 名 称	负责人	批准金额（万元）	单　位
1	51008113	多龄期钢筋混凝土结构多次地震损伤机理及抗震性能研究	沈德建	21	土木与交通学院
2	51008116	路堤荷载下现浇 X 形混凝土桩负摩阻力特性试验与桩－土相互作用机理研究	孔纲强	21	土木与交通学院
3	51008117	干湿循环条件下膨胀土裂隙发展及其对土体强度影响的定量规律	袁俊平	21	土木与交通学院
4	51009054	波浪荷载作用下饱和粉土动力特性的试验研究	丰土根	20	土木与交通学院
5	51009058	基于声发射波形分析的混凝土及其组成材料损伤识别与评价	王　岩	20	土木与交通学院
6	51009060	港口物流网络时空演变模拟及规划支持系统研究	王　伟	20	土木与交通学院
7	51079052	土体局部化变形带形成的微细观机理及演化规律研究	洪宝宁	37	土木与交通学院
8	51044003	基于 Voronoi 随机网格技术的散体岩石材料流动与破碎过程的连续仿真	刘　军	10	土木与交通学院
9	41001011	西南岩溶流域产汇流规律的分布式模拟方法研究	石　朋	21	水文水资源学院
10	41001012	中国 20 世纪下半叶以来干旱情势量化研究	吴志勇	21	水文水资源学院
11	41001044	富营养化湖泊沉积物中氨氧化菌群落结构及活性的环境响应规律及调控机理研究	赵大勇	21	水文水资源学院
12	41030636	分布式新安江模型研究	张行南	215	水文水资源学院
13	51009045	基于产汇流耦合的洪水预报模型参数实时校正方法研究	吴晓玲	20	水文水资源学院
14	51009046	气候变化对水稻灌溉需水的影响及其不确定性研究	王卫光	20	水文水资源学院
15	51079038	地下水位消落对产流机制及河川径流影响研究	陈　喜	37	水文水资源学院
16	51079039	重大水利工程运用对下游区域防洪影响综合评价研究——以三峡－鄱阳湖系统为例	梁忠民	43	水文水资源学院
17	41001348	基于多源数据同化的湖泊水华生消机制研究	毛劲乔	21	水利水电学院

续表

序号	项目批准号	项 目 名 称	负责人	批准金额(万元)	单 位
18	51009047	南方地区避雨栽培对作物品质的影响及最佳农田水分调控模式	邵光成	20	水利水电学院
19	51009051	泵站虹吸式出水管虹吸形成时间比尺效应实验研究	冯建刚	20	水利水电学院
20	51009053	三向受压状态下土体的渗流－侵蚀－应力耦合管涌机理研究	罗玉龙	20	水利水电学院
21	51009055	强震作用下“库水－高土石坝－地基－孔隙水”动力耦合机理研究	岑威钧	20	水利水电学院
22	51009056	大体积混凝土水管冷却问题的无单元法计算理论与机理研究	程 井	20	水利水电学院
23	51079041	基于 WSR 方法论的农村饮水安全水价研究	陈 菁	28	水利水电学院
24	51079042	水稻旱涝交替胁迫叠加效应及其机理研究	郭相平	35	水利水电学院
25	51079044	混凝土损伤模型及高拱坝破坏模式研究	李同春	37	水利水电学院
26	51079046	碾压混凝土坝渐变力学特性与安全监控方法研究	顾冲时	38	水利水电学院
27	51079047	堆石坝面防渗土工膜双向拉伸力学特性研究	束一鸣	36	水利水电学院
28	51079050	长距离供水工程中的水锤防护	张 健	30	水利水电学院
29	51079051	长距离供水系统的水力振动特性和减振研究	周建旭	32	水利水电学院
30	41001377	区域经济系统虚拟水(VW)测算的可计算非线性动态水资源 I—O 模型研究	田贵良	22	商学院
31	51007019	海上风力发电机组的非线性无源控制方法	王 冰	20	能源与电气学院
32	51076041	大型混流式水轮机尾水管水力振动研究	郑 源	32	能源与电气学院
33	51077041	计及风电随机性的储能技术在风电并网中的应用研究	袁 越	35	能源与电气学院
34	51077042	互联电网分布式电压稳定评估与控制方法研究	赵晋泉	37	能源与电气学院
35	51077043	基于多代理和多模型技术的智能城市电网自愈控制理论研究	陈星莺	37	能源与电气学院
36	61074186	非线性系统的状态伴随复频域特性框架及应用	周 军	34	能源与电气学院
37	11002047	时滞神经网络复杂动力学与控制研究	茅晓晨	21	力学与材料学院

续表

序号	项目批准号	项 目 名 称	负责人	批准金额（万元）	单 位
38	11002048	基于DIC技术的水工混凝土材料细观破坏机理研究	雷　冬	16	力学与材料学院
39	11002049	药物控释系统释药过程分数阶导数建模的研究	李西成	22	力学与材料学院
40	11042002	2010年环境力学夏季讲习班	陈　文	15	力学与材料学院
41	51008114	时空随机分布锈蚀的钢筋混凝土构件承载力概率模型研究	夏　宁	19	力学与材料学院
42	51009057	基于碳纳米管—水泥基材料力敏元件的大体积混凝土内部应力实时监测技术	刘小艳	20	力学与材料学院
43	51079045	病损混凝土坝的失效破坏机理与安全控制标准	任青文	38	力学与材料学院
44	51049001	水坝及其相关领域的理论与实践	任青文	10	力学与材料学院
45	11004047	一维半导体异质纳米结构的制备、调控与界面	巩江峰	23	理学院
46	61001139	多流形数据建模及其在头部姿势估计中的应用研究	刘向阳	20	理学院
47	51079040	基于时空序列的水文过程相似性挖掘	朱跃龙	35	计算机与信息学院
48	61001068	基于特征建模的移动自组网实时可靠多播自适应性能优化	谭国平	22	计算机与信息学院
49	61003224	车辆自组织网络结构演化及传播动力学研究	张丽丽	7	计算机与信息学院
50	41001334	基于薄膜扩散梯度（DGT）技术研究植物络合素（PCs）对土壤镉污染的生物标记作用	孙　琴	21	环境学院
51	51008112	不同电子受体条件下活性污泥胞内贮存物的形成与转化机制研究	方　芳	20	环境学院
52	51009048	分汊河道中温差剪切分层流运动特性研究	顾　莉	20	环境学院
53	51009049	振荡波和单向流共同作用下太湖及其主要支流底泥侵蚀实验	李一平	20	环境学院
54	51009050	新型多功能生物耦合膜介质对河流难降解有机物污染底质的修复	李　铁	20	环境学院
55	51079048	湖泊岸坡带地表/地下水动力交互作用及其营养物质入湖规律	李　勇	37	环境学院
56	51079049	异域水体新兴污染物的复合污染及生态效应研究	陆光华	38	环境学院

续表

序号	项目批准号	项 目 名 称	负责人	批准金额（万元）	单 位
57	31000220	运用流式细胞仪分选技术研究蚌湖超微型浮游植物群落结构	谭 啸	19	环境学院
58	51008115	高速铁路PCC桩桩承式路堤承载机理与变形特性研究	丁选明	21	水资源高效利用与工程安全国家工程研究中心
59	41006001	珠江口至长江口高精度高分辨率台风浪与潮汐风暴潮耦合嵌套数值模拟研究	林 祥	20	港口海岸与近海工程学院
60	41006046	动力格局变异下珠江河口泥沙通量的响应过程及预测	张 蔚	21	港口海岸与近海工程学院
61	41006108	基于SAR的海面台风风场反演方法研究	徐 青	19	港口海岸与近海工程学院
62	41076048	引入波浪漫滩边界的近岸海域悬沙输运数值模式及其应用	朱首贤	43	港口海岸与近海工程学院
63	51009052	层状裂隙岩体流一固耦合作用下的变形机理与工程应用研究	王环玲	20	港口海岸与近海工程学院
64	51009059	潮致地下水在滨海潜水层的传播机制及运动特征	孔 俊	18	港口海岸与近海工程学院
65	51009061	硫酸盐膨胀性腐蚀对混凝土材料力学性能影响研究	陈 达	20	港口海岸与近海工程学院
66	51009062	淤泥质海岸潮汐汊道口门形态演变动力机制研究	龚 政	20	港口海岸与近海工程学院
67	51061130545	河网分汊河道地貌演变对中国珠江三角洲及荷兰 Rotterdam Rijnmond 河网洪水灾害的影响研究	郑金海	50	港口海岸与近海工程学院
68	41002089	基于结构面特征精细识别与模拟的洞室超挖预测理论研究	孙少锐	19	地球科学与工程学院
69	41071347	多智能体空间区位竞争模型及其产业集聚的动态演化研究——以吴江IT产业为例	葛 莹	35	地球科学与工程学院
70	41073034	典型盐类矿物结晶水氢氧同位素分馏效应及成矿指示作用	谭红兵	44	地球科学与工程学院
71	51079043	非饱和水流和污染物迁移对垂直裂隙响应的研究	黄 勇	33	地球科学与工程学院
72	51079053	数码影像高精度工程监测关键技术及质量控制方法	李 浩	34	地球科学与工程学院
73	61073066	复杂产品设计中的自由曲面特征技术研究	陈正鸣	33	常州校区
74	61074056	基于智能滑模控制器的微陀螺仪自适应控制理论与方法研究	费峻涛	30	常州校区

表2　2010年承担教育部博士点基金统计表

序号	课题编号	课题名称	负责人	资助经费（万元）	单位
1	20100094110002	含重金属高含水率淤泥的固化利用与力学性质研究	王保田	6	土木与交通学院
2	20100094110003	淮北平原区农村非点源污染及水源健康研究	余钟波	6	水文水资源学院
3	20100094110005	土工袋基础隔震消能技术及机理分析	刘斯宏	6	水利水电学院
4	20100094110010	混合材料粘结界面断裂的粘聚本构关系研究	乔丕忠	6	力学与材料学院
5	20100094110014	胶凝堆石坝抗震工作性态研究	蔡　新	6	力学与材料学院
6	20100094110015	现浇X形桩技术加固高速公路软土地基试验研究	刘汉龙	6	土木与交通学院
7	20100094110016	扭王字块护面的斜坡堤堤顶胸墙波浪力计算方法研究	郑金海	6	港口海岸与近海工程学院
8	20100094120001	时滞神经网络的非线性动力学研究	茅晓晨	3.6	力学与材料学院
9	20100094120004	原状地基土体管涌的渗流—侵蚀—应力耦合机理研究	罗玉龙	3.6	水利水电学院
10	20100094120005	大体积混凝土施工期温度场及应力场的无单位仿真计算方法研究	程　井	3.6	水利水电学院
11	20100094120008	近岸方向波谱在台风浪预报中的资料同化研究	张　蔚	3.6	港口海岸与近海工程学院
12	20100094120009	氨胁迫下轮叶黑藻差异表达基因的筛选与分析	张松贺	3.6	环境学院
13	20100094120013	体内体外混合配束节段匹配预制混凝土箱梁受力性能试验研究	袁爱民	3.6	土木与交通学院
14	20100094120017	基于协同编码的无线多跳自组网实时可靠多播协议特征建模与性能优化	谭国平	3.6	计算机与信息学院

表3　2010年牵头承担水利公益性行业科研专项项目统计表

序号	项目批准号	项目名称	负责人	批准金额（万元）	单位
1	201001035	边坡地震失稳机理与抗震安全度评价方法研究	李同春	244	水利水电学院
2	201001028	平原河网地区典型水利工程生态环境效应研究	韩龙喜	238	环境学院
3	201001016	水库群不可控洪水调度的安全度与效益研究	陈守伦	171	水利水电学院
4	201001052	伊犁河和额尔齐斯河经济和生态用水保障	夏自强	300	水文水资源学院

表 4 2010 年承担江苏省自然科学基金项目统计表

序号	项目批准号	项目名称	负责人	批准金额(万元)	单位
1	BK2010075	水处理污泥低温熟料产业化及应用研究	蒋亚清	30	力学与材料学院
2	BK2010076	河流水生植物修复与水流特性的联系研究	王沛芳	20	力学与材料学院
3	BK2010513	海洋粉土的动强度和动变形特性的试验研究	丰土根	9	土木与交通学院
4	BK2010514	Al—Si 纳米复合薄膜破坏机理的近场动力学研究	黄　丹	9	力学与材料学院
5	BK2010515	铜基块体金属玻璃的成分预测及其冲蚀磨损性能研究	纪秀林	10	常州校区
6	BK2010516	融合多卫星遥感技术的苏北典型流域农业干旱时空变化监测与水资源调配	刘金涛	9	水文水资源学院
7	BK2010517	桥梁工程中大体积混凝土结构施工仿真的高效算法及温控防裂方法研究	强　晟	9	水利水电学院
8	BK2010518	配筋对高强混凝土早期抗裂性能影响试验研究及分析	沈德建	9	土木与交通学院
9	BK2010519	长江中下游水稻灌溉需水量时空变化规律及其对气候变化的响应研究	王卫光	9	水文水资源学院
10	BK2010520	对等网中基于本体的多媒体信息融合与检索关键技术	严　勤	10	计算机与信息学院
11	BK2010521	超强高韧超细晶镁合金的微结构特征与形变机制	杨东辉	10	力学与材料学院
12	BK2010522	太湖沉积物中好氧氨氧化过程的环境调控研究	赵大勇	9	水文水资源学院
13	BK2010201	三轴微陀螺传感器建模与控制的关键技术研究	费峻涛	9	常州校区
14	BK2010030	基于单元式太阳能集中供热老小区既有建筑节能改造关键技术研究与示范工程	白建波	30	常州校区

表 5 2010 年承担国家社科基金项目统计表

序号	项目批准号	项目名称	负责人	批准金额(万元)	单位
1	10AJY005	气候变化条件下我国水资源管理问题研究	王慧敏	20	商学院
2	10BZX073	中国经济伦理与经济伦理学发展研究	余达淮	12	公共管理学院
3	10BTY041	我国职业运动员产权问题分析与保障机构构建研究	王建民	12	体育系
4	10BKS065	马克思主义魅力及马克思主义信仰的理论与实证研究	黄明理	12	公共管理学院

续表

序号	项目批准号	项目名称	负责人	批准金额（万元）	单位
5	10BGL079	低碳经济技术扩散与政府创新管理研究	史安娜	12	商学院
6	10BRK001	气候变化与人口迁移关联性及其政策研究	陈绍军	11.5	公共管理学院
7	10CJY039	农村义务教育供给机制与政策研究	陈静漪	10	公共管理学院
8	10CGL069	突发水灾害事件应急管理机制研究	佟金萍	10	商学院
9	10CGL051	我国跨界水资源冲突的微观行为宏观调控研究	牛文娟	10	商学院
10	10CKS007	马克思主义中国化与当代中国政治思想研究	李　宁	10	公共管理学院
11	10CSH010	低碳社会构建中城市居民消费模式转型研究	张虎彪	10	公共管理学院

表 6　2010 年承担教育部人文社科一般项目统计表

序号	项目批准号	项目名称	项目类别	负责人	批准金额（万元）	单位
1	10YJA630175	RJVs 利益驱动下我国区域创新资源整合机理研究	规划项目	武　博	9	商学院
2	10YJA790080	城市供水水价形成机制的经济学研究	规划项目	姜翔程	9	商学院
3	10YJA710055	思想政治教育现代化转型研究	规划项目	孙其昂	9	公共管理学院
4	10YJC630085	组织间关系对软件接包联盟拓展市场能力的影响研究	青年项目	胡兴球	7	商学院
5	10YJC630188	供应链收益共享契约的协调模型、优化策略及其计算实现	青年项目	庞庆华	5.1	常州校区
6	10YJC630220	CTO—CEO 信任关系对企业技术战略决策模式的影响研究	青年项目	唐　震	7	商学院
7	10YJCZH133	危机管理视角的网络舆情监管机制研究	青年项目	孙　林	7	校长办公室
8	10YJC790158	中国房地产价格调控：目标、路径与绩效	青年项目	厉　伟	7	商学院
9	10YJC710026	毛泽东意识形态理论及其当代价值研究	青年项目	黄世虎	6.5	公共管理学院
10	10YJC710084	英国政治教育理论的演变及其借鉴意义——基于“问答逻辑”的研究	青年项目	郑黎明	7	公共管理学院
11	10YJC751141	视觉文化研究中的凝视理论	青年项目	朱晓兰	6	公共管理学院
12	10JDSZ3025	女大学生心理压力及应对方式研究	专项项目	朱志梅	1	外国语学院

表 7　2010 年承担江苏省社科基金项目统计表

序 号	项目批准号	项 目 名 称	项目类别	负责人	批准金额（万元）	单 位
1	10SHB008	新生代农民工劳动权能感研究	一般项目	王毅杰	2	公共管理学院
2	10FXB005	江苏中小企业法律风险防范机制研究	一般项目	王建文	2	法学院
3	10EYB016	江苏经济增长与劳动收入占比研究	一般项目	姚惠泽	2	常州校区
4	10SHB009	交通运输方式变革对社会生活方式影响研究	一般项目	张　雁	2	公共管理学院
5	10TQC013	网络舆情政府监管方式研究	一般项目	孙　林	2	校长办公室
6	10TQC013	农村发展中水环境管理问题研究	一般项目	田贵良	2	商学院
7	10TQB006	台湾纪录片研究	一般项目	陈家洋	2	公共管理学院
8	10EYC023	江苏发展低碳经济研究	一般项目	华　坚	2	商学院
9	10GLC014	加快中小企业自主品牌成长问题研究	一般项目	黄永春	2	商学院
10	10WWD012	马克·吐温小说汉译文本流通与跨文化影响研究	自筹项目	尤　震	0	外国语学院
11	10ZXD014	博弈逻辑基础理论及其应用研究	自筹项目	张晓云	0	公共管理学院
12	10JYD022	新形势下加强和改进大学生思想政治教育研究	自筹项目	郑大俊	0	公共管理学院

表 8　2010 年承担江苏省软科学研究项目统计表

序 号	项目批准号	项 目 名 称	负 责 人	批准金额（万元）	单 位
1	BR2010087	江苏省重大科技项目监察模式创新研究	史安娜	5	商学院
2	BR2010087	区域知识产权战略实施绩效评价指标体系研究——以江苏苏南若干辖市为例	杨　晨	2	商学院

表 9　2010 年牵头承担部分科技计划项目统计汇总表

序 号	项 目 类 别	项目批准数
1	国家自然科学基金项目	74
2	江苏省自然科学基金项目	14
3	国家社会科学基金项目	11
4	江苏省软科学研究项目	2
5	江苏省社科基金项目	12
6	教育部人文社科一般项目	11
7	教育部博士点基金项目	14
8	水利部公益性行业科研专项项目	4

表 10 2010 年各单位科技合同经费统计表 （万元）

单位名称	一类		二类		三类		合计项数	合计经费数
	项目数	经费数	项目数	经费数	项目数	经费数		
水文水资源学院	14	1231	28	1517.4	89	2174.28	131	4922.68
水利水电学院	19	521.2	38	1741.95	100	3426.51	157	5689.66
港口海岸与近海工程学院	13	455.13	21	2138.5	66	1900.31	100	4493.94
土木与交通学院	12	193.6	14	671.6	52	2027.37	78	2892.57
环境学院	10	521	20	1715.97	41	497.55	71	5424.00
能源与电气学院	6	195	10	410.07	44	1086.91	60	1691.98
计算机与信息学院	7	129.4	11	393.8	14	267.21	32	790.41
力学与材料学院	17	314.6	12	330.73	63	855.14	92	1500.47
地球科学与工程学院	5	165	12	502	41	1192.98	58	1859.98
理学院	2	43	1	50	0	0	3	93
商学院	10	101.5	20	593.5	45	1314.12	75	2009.12
公共管理学院	10	77.9	35	1224.56	31	799.1	76	2101.56
法学院	2	2.8	6	94.7	1	7.5	9	105
外国语学院	0	0	0	0	0	0	0	0
体育系	1	12	1	4	0	0	2	16
水文水资源与水利工程科学国家重点实验室	0	0	3	821	5	152	8	973
水资源高效利用与工程安全国家工程研究中心	1	21	6	1223.2	4	79.7	11	1323.9
常州校区	10	127.6	12	106.4	44	4364.85	66	4598.85
其他	1	2	4	46.17	6	86.49	11	134.66+1400（含1400万元中央高校基本业务费）
合计	140	4113.73	254	13585.55	646	20232.02	1040	37931.3+1400

表 11 2010 年各单位科技项目到账经费统计表 （万元）

单位名称	一类		二类		三类		合计项数	合计经费数
	项目数	经费数	项目数	经费数	项目数	经费数		
水文水资源学院	30	742.5	47	1486.77	131	2253.53	208	4482.8
水利水电学院	40	514.8	68	1713.19	175	3060.03	283	5288.02
港口海岸与近海工程学院	20	358.77	35	1752.68	99	2148.53	154	4259.98
土木与交通学院	28	343.8	34	690.76	98	1708.12	160	2742.68
环境学院	24	771.5	39	2349.75	65	712.15	128	3833.4
能源与电气学院	13	253	10	420.96	64	797.23	87	1471.19
计算机与信息学院	15	128	16	279.4	24	338.64	55	746.04

续表

单位名称	一类		二类		三类		合计项数	合计经费数
	项目数	经费数	项目数	经费数	项目数	经费数		
力学与材料学院	27	418.7	15	231.26	88	738.06	130	1388.02
地球科学与工程学院	11	219.8	18	511.63	62	1179.76	91	1911.19
理学院	4	67	1	25		18.5	5	110.5
商学院	12	102.9	40	723.19	60	1131.12	112	1957.21
公共管理学院	10	59	44	716.14	61	713.72	115	1488.86
法学院	2	2	7	90.46	1	12.5	10	104.96
外语院								
体育系	1	9.6	1	4			2	13.6
水文水资源与水利科学国家重点实验室	2	19.75	4	530	6	190.07	12	739.82
水资源高效利用与工程安全国家工程研究中心	1	21	5	101.91	4	67.7	10	190.61
常州校区	3	11.8		1029.2	62	1000	65	2041
其他	0	31.2	6	102.08	8	109.6	14	242.89＋1400(含1400万元中央高校基本业务费)
合计	243	4075.12	390	12758.38	1008	16179.26	1641	33012.77＋1400

科技成果统计

表1　2010年各类科技成果汇总表

学院(系)	奖励(项)				论文(篇)							著作(部)	专利(项)					鉴定(项)
	申报国家奖	获得国家奖	申报省部级奖	获得省部级奖	SCI光盘	SCIE	EI光盘	ISTP	中信所	人大复印	CSSCI		申请发明专利	申请实用新型	授权发明专利	授权实用新型	软件著作权	
水文水资源学院	2		8	7	6	3	50	48	232			3	11	11		7	2	
水利水电学院	4	2	14	12	17	4	75	63	267		8	2	20	37	7	27	10	2
港口海岸与近海工程学院			6	6	3	3	13	45	64			1	13	14	2	5	6	1
土木与交通学院	1		23	17	3	18	104	14	187				47	21	10	26	4	8
环境学院			6	3	19	8	38	16	127			1	48	22	6	12		1
地球科学与工程学院	1	1	3	1	5	10	18	13	78				7	12	1	4	3	

续表

学院(系)	奖励(项)				论文(篇)							著作(部)	专利(项)					鉴定(项)
	申报国家奖	获得国家奖	申报省部级奖	获得省部级奖	SCI光盘	SCIE	EI光盘	ISTP	中信所	人大复印	CSSCI		申请发明专利	申请实用新型	授权发明专利	授权实用新型	软件著作权	
能源与电气学院			1	1	2	1	30	41	47			5	17	23	4	14	1	
计算机与信息学院			1	1	2	7	16	29	33			1	21	20	1	14	4	
力学与材料学院	1	1	9	3	17	11	44	51	79				17	9	9	5	7	1
理学院					19	9	11	3	20		1	1	2	17		11		
商学院			34			1	1	29	109	4	183	7		7			1	
公共管理学院			21					3	21	6	113	4						
法学院			5								12	1						
外语院			5						1		3	4						
体育系											2	2						
常州校区			17	1		7	15	40	80		24		72	20	3	4	40	
其　他			1		2		6	41	16	1	12			4				
共　计	9	4	154	52	95	82	421	393	1361	11	358	32	275	217	43	129	78	14

注：论文数据为2010年公布的我校2009年论文被检索情况。

表2　2010年度专利授权情况统计表(发明专利)

序号	专利名称	专利号	发明人	校内单位
1	内膨胀槽式太阳能真空集热管	ZL200610041393.6	王　军、张耀明、刘德有	水利水电学院
2	热管式球面碟式太阳能聚光集热系统	ZL200610041392.1	王　军、张耀明、刘德有	水利水电学院
3	可调式农田排水沟水位控制堰	ZL200710021602.5	殷国玺、张展羽、张国华	水利水电学院
4	实体模型表面流场图像测试的高性能示踪粒子及制作方法	ZL200710021720.6	唐洪武、陈　红、陈　诚、唐立模	水利水电学院
5	一种农田暗管水位水质联控排水装置	ZL200810154859.2	张展羽、殷国玺、马国华	水利水电学院
6	基于混凝土浆液介质的透水模板布渗透性测试方法及装置	ZL200810235468.3	田正宏、顾冲时、武良金、刘兆磊、王　晓、孟思宇、王　会、许敏忠	水利水电学院
7	大型渠道非过水坡面截渗除污系统	ZL200910027951.7	张展羽、迟艺侠、朱成立、夏继红	水利水电学院
8	一种测定河道草皮护坡抗冲性能的方法	ZL200610040378.X	张　玮、钟春欣、应翰海、龚静怡	港口海岸与近海工程学院
9	一种测定河道草皮护坡抗冲刷性能的试验装置	ZL200610040379.4	张　玮、钟春欣、应翰海、龚静怡	港口海岸与近海工程学院
10	淤泥固化材料压制土木工程砌块的方法	ZL200810196109.1	吉伯海	土木与交通学院

续表

序号	专 利 名 称	专 利 号	发 明 人	校 内 单 位
11	测定早期混凝土导热系数、导温系数的测试装置及测试方法	ZL200810122928.1	沈德建、吴胜兴、李　杰、奈小颉	土木与交通学院
12	加固软土地基的带孔波纹塑料套管粒料注浆桩及加固方法	ZL200910024638.8	陈永辉、王新泉、冯兆祥、林　飞	土木与交通学院
13	加固厚覆盖层深埋软土层变径塑料套管混合桩及成桩方法	ZL200910024640.5	陈永辉、王新泉、曹德洪、顾长存、高明军	土木与交通学院
14	水玻璃作为脱硫废弃料体积安定性改良剂及路用施工方法	ZL200910029991.5	华明杰、王保田、汪莹鹤、张文慧	土木与交通学院
15	一种磷石膏一淤泥联合固化处理方法	ZL200910026859.9	高玉峰、桂　跃、黎　冰、陈国栋、周　源、武广繁、张　建	土木与交通学院
16	水工结构物脱空填充硅酮胶修补水轮机蜗壳脱空的施工方法	ZL200910181761.0	周继凯、李建华、张运雄、赵新华、马晓辉、戴晓俊、王程江	土木与交通学院
17	滑动式智能测斜仪	ZL200610039483.1	李国维、李临生	土木与交通学院
18	单壁螺纹塑料套管现浇混凝土桩的施工方法	ZL200610097347.8	陈永辉、徐立新、张正刚、马小彬	土木与交通学院
19	一种现浇大直径管桩混凝土快速浇注装置及施工方法	ZL200810019690.X	刘汉龙、高玉峰、马晓辉	土木与交通学院
20	饮用水生物活性炭处理工艺的脱氢酶活性测定预处理方法	ZL200810023462.X	陈　卫、王磊磊、林　涛	环境学院
21	多孔混凝土生态囊护坡方法	ZL200810019677.4	朱　伟、赵联芳、李　磊、张春雷、汪顺才	环境学院
22	多功能污水处理实验装置及其应用	ZL200810025342.3	吴云海、宫　莹、杜　冰	环境学院
23	垂直驳岸固定式自动升降生态浮床载体	ZL200810123578.0	王　超、王沛芳、侯　俊、张松贺、李平夫	环境学院
24	堆场淤泥处理用轻型开口楔快速插板机	ZL200710133876.3	张春雷、汪顺才、朱　伟、洪振舜、高玉峰	环境学院
25	污水厂产生的脱水污泥进行固化/稳定化处理用固化剂	ZL200710133875.9	朱　伟、李　磊、张春雷、林　城	环境学院
26	一种定日镜跟踪控制装置及其控制方法	ZL200810025001.6	钱艳平、郭铁铮、刘德有、陈　强、卞新高、潘文霞、郭　苏	能源与电气学院
27	同步发电机实测电气参数测辨方法	ZL200810244026.5	查卫华、袁　越、陈小虎、张仰飞	能源与电气学院

续表

序号	专利名称	专利号	发明人	校内单位
28	一种超低比转速混流式水轮机	ZL200910028482.0	周大庆、郑　源、顾星康、屈　波、徐　峰、张丽敏	能源与电气学院
29	一种电力变压器实时闭环自动控制方法	ZL200910181675.x	周　玲、丁晓群、刘洪亮、王兆亮、田维波	能源与电气学院
30	快捷布设的无线多媒体传感器网络	ZL200810156200.0	徐立中、张学武、王慧斌、樊棠怀、黄凤辰	计算机与信息学院
31	加气混凝土废料综合利用的处理方法	ZL200710192004.4	蒋亚清、龚明子、郭　莉	力学与材料学院
32	T型转角挤压自动化连续加工设备及其加工方法	ZL200810021097.9	马爱斌、江静华	力学与材料学院
33	一种低合金耐磨耐蚀钢及其制造方法	ZL200810243773.7	马爱斌、王秋月、江静华	力学与材料学院
34	用于堆石坝的混凝土面板	ZL200810235376.5	殷德顺、王保田、郭兴文	力学与材料学院
35	高耗能自解耦式磁流变阻尼器	ZL200810242953.3	杜成斌、李志全、于国军、孙立国	力学与材料学院
36	一种含相变材料的新型高效固体渗锌剂及其渗层加工方法	ZL200910029990.0	江静华、马爱斌	力学与材料学院
37	一种等水头悬挂式微压滴灌装置	ZL200910033411.x	刘孝洋	力学与材料学院
38	一种无泵恒定流低压滴灌装置	ZL200910033410.5	刘孝洋	力学与材料学院
39	一种水泥基材料的内养护剂的制备方法	ZL200710192002.5	蒋亚清、郭　莉、龚明子	力学与材料学院
40	废弃铸砂改良膨胀土的方法及施工方法	ZL200810243910.7	孙树林、张　鑫、魏永耀、盘　霞	地球科学与工程学院
41	变压器油中微水及混合气体超声在线检测方法及装置	ZL200710021320.5	朱昌平、单鸣雷、齐本胜、韩庆邦、李　建	常州校区
42	工业无线射频通信网络平台及其现场部署方法	ZL200910184487.2	张学武、李臣明、王慧斌、樊棠怀、李建霓、陈　功、马志杰、汤崇远、黄凤辰、吴学文、严锡军、徐立中	常州校区
43	水轮发电机组轴向位移的检测装置及其工作方法	ZL200610011271.2	朱昌平、刘德有、单鸣雷	常州校区

表3 2010年度专利授权情况统计表(实用新型专利)

序号	专利名称	专利号	发明人	校内单位
1	变化雨强校测雨量计的量瓶	ZL200820238103.1	舒大兴	水文水资源学院
2	地热加温式雨雪量计	ZL200820238104.6	舒大兴	水文水资源学院
3	一种采集土壤水分的装置	ZL200920043587.9	张　波、冯　杰、刘方贵、尚熳廷、舒　茂、张小娜、黄　燕、陈庆海	水文水资源学院
4	一种提取土样水分的装置	ZL201020173553.4	包为民、张　波、王　涛、李　倩、瞿思敏、石　朋	水文水资源学院
5	一种组合型立轴风力机	ZL200920039895.4	赵振宙、郑　源、胡国祥、吴玉萍、周大庆、王　涛	水利水电学院
6	基于导叶和升力叶片的立轴风车装置	ZL200920180186.8	赵振宙、郑　源、赵振宁	水利水电学院
7	一种排水闸门	ZL200920232178.3	俞双恩、丁继辉、蒋元勋、邢文刚、邵光成	水利水电学院
8	一种混凝土氯离子渗透性测试的加载装置	ZL200920256571.6	顾冲时、方永浩、包腾飞、郑东健、苏怀智、吴中如	水利水电学院
9	测量潮汐流能量转换装置性能的装置	ZL201020148048.4	李　龙、唐洪武、屈　波、赵恒文、程云山	水利水电学院
10	一种潮汐流发电装置	ZL201020148057.3	李　龙、唐洪武、王　泽、郑　源、周大庆	水利水电学院
11	侧限条件下新拌混凝土体积压缩系数的测试装置	ZL201020163425.1	顾冲时、田正宏、王永泉、井锦旭、李雪宁、曹力力	水利水电学院
12	液压水下卧倒门闸的闸下清淤用射流管	ZL201020103263.2	唐洪武、卢永金、肖　洋、王继保、于朋朋、田志军	水利水电学院
13	一种转速可调的垂直轴风力机	ZL201029044120.6	赵振宙、郑　源、赵振宁	水利水电学院
14	电控可变速微调阀门	ZL201020511670.7	张馨竹、李　妲、陈　祥、	港口海岸与近海工程学院
15	一种土体裂隙发育监测仪	ZL200920035733.3	龚永康、陈　亮、张开普、武广繁	土木与交通学院
16	带孔波纹塑料套管粒料注浆桩	ZL200920036793.7	陈永辉、王新泉、孙宏林、顾长存、张正刚	土木与交通学院
17	一种加固厚覆盖层深埋软土变径塑料套管混合桩	ZL200920036794.1	陈永辉、徐宏跃、徐立新、刘汉龙、王　斌	土木与交通学院
18	一种水平位移监测仪	ZL200920042001.7	陈　亮、王宇铭、林　统	土木与交通学院
19	一种研究渗透性破坏现象的试验装置	ZL200920042002.1	陈　亮、梁　越、陈建生	土木与交通学院
20	一种溶质运移弥散性参数测定仪	ZL200920042003.6	陈　亮、梁　越、陈建生	土木与交通学院

续表

序号	专利名称	专利号	发明人	校内单位
21	垃圾土压缩沉降分层观测仪	ZL200920044450.5	施建勇、艾英钵、刘晓东、彭功勋、廖智强	土木与交通学院
22	用于淤泥堆场和吹填场地的压入式转叶取样器	ZL200920044785.7	高玉峰、周　源、洪振舜、陶　辉、黎　冰、桂　跃、张　建	土木与交通学院
23	一种多向采集水样装置	ZL200920047238.4	刘建刚	土木与交通学院
24	叠环式直剪单剪两用剪切仪	ZL200920047263.2	施建勇、钱学德、卢廷浩、朱月兵、刘　慧	土木与交通学院
25	一种便于脱模的水泥基建筑材料组合试模	ZL200920047604.6	沈德建、吴胜兴、魏小马、李金坤、李　聪、宋　玲	土木与交通学院
26	一种浇筑变截面水泥基材料试件的试模	ZL200920047605.0	沈德建、吴胜兴、宋　玲、李金坤、李　聪、佘小劼	土木与交通学院
27	一种浇筑端部不同连接方式混凝土轴拉试件的试模	ZL200920047606.5	沈德建、吴胜兴、魏小马、李金坤、李　聪、宋　玲	土木与交通学院
28	用于获取稀软泥样的压入式滑片取样器	ZL200920043584.5	高玉峰、周　源、洪振舜、陶　辉、黎　冰、桂　跃	土木与交通学院
29	拉压支座结构	ZL200920231934.0	袁爱民、陆近涛、吉伯海	土木与交通学院
30	一种四级配混凝土试件往复弯拉试验装置	ZL200920233072.5	周继凯、吴胜兴、沈德建、陈育志、秦爱平	土木与交通学院
31	可移动式护栏	ZL200920234712.4	郑长江、袁　黎	土木与交通学院
32	一种结构与土相对位移的测量装置	ZL201020022226.9	丁选明、陈育民、杨　贵、李　平	土木与交通学院
33	切缝夹砂药包及其爆破安装装置	ZL201020163479.8	阮怀宁、谢华刚、赵正信、吴玲丽、温　森、周　琦、张　静、王福章、余华中、刘金辉、丁道红、刘　讯、蔡　军、李　鑫	土木与交通学院
34	一种闭口薄壁型钢—保温芯材—薄面板复合节能楼面板	ZL201020174030.1	曹平周、过轶青	土木与交通学院
35	一种开口薄壁型钢—保温芯材—薄面板复合节能楼面板	ZL201020174043.9	曹平周、过轶青	土木与交通学院
36	一种闭口薄壁型钢—保温芯材—薄面板复合节能外墙板	ZL201020174044.3	曹平周、过轶青	土木与交通学院
37	一种开口薄壁型钢—保温芯材—薄面板复合节能内墙板	ZL201020174061.7	曹平周、过轶青	土木与交通学院

续表

序号	专利名称	专利号	发明人	校内单位
38	一种开口薄壁型钢—保温芯材—薄面板复合节能屋面板	ZL201020174062.1	曹平周、过铁青	土木与交通学院
39	一种混凝剂自动加药控制系统	ZL200920232164.1	刘志刚、李 铁	环境学院
40	小扰动分层底泥原位取样器	ZL200920234284.5	张春雷、汪顺才、李 磊、朱 伟、钟小春	环境学院
41	一种用于水处理的光催化反应器	ZL200920236046.8	李 铁、张文龙、雷洪犇、李 晶	环境学院
42	一种节能曝气填料装置	ZL200920255645.4	刘志刚、李 铁、王 晴	环境学院
43	一种一体化氧化沉淀池	ZL200920255646.9	刘志刚、李 铁、王 晴	环境学院
44	一种导流式水平潜流人工湿地反应器	ZL201020105875.5	李 铁、刘 建	环境学院
45	一种新型人工湿地填料模块	ZL201020105878.9	李 铁、胡 啸、刘 建	环境学院
46	一种太阳能刮泥机	ZL201020142435.7	刘志刚、李 铁、陆孙琴、张洪光	环境学院
47	一种太阳能格栅	ZL201020142463.9	刘志刚、李 铁、丁亚楠、黄 芸、李 巍	环境学院
48	一种多级水力增氧生态湿地型护坡装置	ZL201020163465.6	侯 俊、吴建成、王 超、胡芬娟、王沛芳、钱 进	环境学院
49	一种 HID 灯电子镇流器	ZL200920043053.6	严登俊	能源与电气学院
50	高精度药剂自动加注装置	ZL200920043054.0	叶彦斐	能源与电气学院
51	一种现场总线接入装置	ZL200920043055.5	叶彦斐	能源与电气学院
52	一种同步整流 Buck—Flyback 变换器	ZL200920047530.6	周 岩、王柏林	能源与电气学院
53	一种直流开关电源启动电路	ZL200920047536.3	周 岩、王柏林	能源与电气学院
54	一种光伏发电最大功率点跟踪装置	ZL200920230609.2	王 冰、周其进	能源与电气学院
55	基于振动信号幅频变化的分接开关触头脱落故障诊断装置	ZL200920231942.5	马宏忠、鞠 平、陈 琳、王付宗、陆 林、姜 宁、王春宁、濮 岚	能源与电气学院
56	基于 NGH 方法的电力次同步谐振抑制系统	ZL201020117571.0	马宏忠、濮 岚、张志新、郭晓宁、陈远俊、张惠峰、王 刚	能源与电气学院

续表

序号	专利名称	专利号	发明人	校内单位
57	基于无线转矩测量的有载分接开关传动部分故障诊断系统	ZL200920231943. X	马宏忠、鞠　平、姚华阳、姜　宁、王春宁、韩敬东、张惠峰、金基平	能源与电气学院
58	无线传感器网络雨量节点模块	ZL200920039525. 0	严锡君、龚行梁、陈　飞、李红娜、朱　杰、马　文、李亚东	计算机与信息学院
59	音频信号检测与音箱电源自动控制装置	ZL200920039526. 5	严锡君、龚行梁、陈　飞、李红娜、朱　杰、马　文、李亚东	计算机与信息学院
60	无线传感与执行控制器网络设备	ZL200920234666. 8	王慧斌、李臣明、樊棠怀、张学武、李建霓、马志杰、周　璐、杨　杰、仲启强、徐　枫、黄凤辰、严锡君	计算机与信息学院
61	复杂场景下图像目标提取与识别装置	ZL200920235339. 4	李　敏、凌　静、徐立中、王慧斌、樊棠怀、石爱业	计算机与信息学院
62	图像处理和压缩编码及远程监测实验设备	ZL200920235340. 7	王慧斌、刘超颖、张丽丽、吴学文	计算机与信息学院
63	一种蓝藻水华实时监控装置	ZL200920256719. 6	张　振、黄　炜、王慧斌	计算机与信息学院
64	多载波信道接入的无线通信网络化水文多参数量测仪器	ZL200920257247. 6	张家华、钟云龙、张　振、叶鹏飞、徐立中	计算机与信息学院
65	短距离超声测距模块	ZL200920284241. 8	严锡君、龚行梁、陈卫兵、何金灿、井　辉、金　华、卜训兵、李亚东、管　星、叶云峰、徐淑芳、李红娜、陈　飞、朱　杰、徐立中	计算机与信息学院
66	光源识别传感器阵列模块	ZL200920284242. 2	严锡君、张金华、金　明、陈卫兵、井　辉、龚行梁、卜训兵、李亚东、管　星、叶云峰、徐淑芳、李红娜、陈　飞、朱　杰、徐立中	计算机与信息学院
67	路迹识别光敏传感器阵列模块	ZL200920284243. 7	严锡君、卜训兵、金　明、陈卫兵、龚行梁、张金华、李亚东、管　星、叶云峰、徐淑芳、李红娜、陈　飞、朱　杰、徐立中	计算机与信息学院
68	湿地及沿海滩涂环境监测的微小型化无线网关	ZL201020022766. 7	黄　炜、钟云龙、李臣明	计算机与信息学院

续表

序号	专利名称	专利号	发明人	校内单位
69	红外光学超分辨率成像仪	ZL200920234630.X	徐　枫、石爱业、樊棠怀、吴学文、钟云龙、李　敏、郑胜男、高红民、徐立中	计算机与信息学院
70	桥梁缆索用渗锌钢丝	ZL200920041308.5	江静华、范星都、马爱斌	力学与材料学院
71	一种测量水泥混凝土抗干缩开裂性能的三维约束试验装置	ZL200920047537.8	邢晓明、蒋亚清	力学与材料学院
72	阻力型垂直轴风力机复合叶片	ZL200920235241.9	吴玉萍、陈　冷、郑　源	力学与材料学院
73	混凝土早早期收缩超声波实时监控装置	ZL200920282856.7	刘开琼、左俊卿、陈徐东、杨金花、金　丹	力学与材料学院
74	弹梁式侧壁摩阻力仪	ZL200920283507.7	王　建、王锦国、周志芳、阮　静、陈　策	地球科学与工程学院
75	灌注桩桩底应力测试装置	ZL201020022881.4	王　建、王锦国、周志芳、兆　祥、阮　静	地球科学与工程学院
76	一种测量PN结特性曲线及波尔兹曼常数的实验仪	ZL200920180401.4	宋建平、夏洪海、袁伶华、雷　撼	理学院
77	一种车内环境舒适度显示报警装置	ZL200920256002.1	张开骁、陈　昆、袁伶华、李圆圆、范秀磊、肖　瑶	理学院
78	一种光电检测探头固定装置	ZL200920256003.6	张开骁、张学潮、周　斌、李　瑶、巩江峰、谢海燕、吴建伟	理学院
79	一种巨磁电阻效应的实验装置	ZL200920256004.0	张开骁、黄德文、袁　航、于丛珊、吴建伟、巩江峰	理学院
80	一种固体线胀系数测量装置	ZL200920256005.5	张开骁、刘　飞、李凯英、于　丽、刘明熠、朱卫华	理学院
81	一种船舶几何尺寸的测量装置	ZL200820214580.4	范新南、徐立中、张学武	常州校区
82	温控风扇控制器	ZL200920044012.9	胡金星、张秀平	常州校区
83	电器温控智能风扇	ZL200920044013.3	胡金星、张秀平	常州校区
84	阻抗测量仪的信号源	ZL200920036815.X	高　远、齐本胜、殷　明	常州校区
85	可躺卧式书包	ZL200920043119.1	朱秀全	水文水资源学院
86	新型正姿防近视测焦笔	ZL200920043118.7	李冬梅	水文水资源学院
87	自净水水龙头	ZL201020508658.0	刘冬青	水文水资源学院

续表

序号	专利名称	专利号	发明人	校内单位
88	新型斜面水力运输机	ZL200920231913.9	朱方园、缪海平、杨　波	水利水电学院
89	多功能地漏	ZL200920231916.2	王子健	水利水电学院
90	接入式集中用水水能利用装置	ZL200920231914.3	张福星、黄　艳、夏　林、姚　尧、孙　涛	水利水电学院
91	宿舍废水再利用系统	ZL200920231917.7	安正韬、谢升申、刘　震、艾合买提·热合曼	水利水电学院
92	新型门锁结构	ZL200920043142.0	杨　扬	水利水电学院
93	多功能手杖	ZL200920043113.4	周鹏飞	水利水电学院
94	无音温控吹风机	ZL200920043128.5	刘春高	水利水电学院
95	太阳能电动牙刷	ZL200920043134.6	张　石	水利水电学院
96	新型感温发光水杯	ZL201020508804.X	陈维梁、刘秀莉	水利水电学院
97	活塞式固体压碎机	ZL201020508809.2	杨　才	水利水电学院
98	一种改进污染土修复装置	ZL201020508813.9	孟庆祥、游　波、樊舒婕、尹德顺	水利水电学院
99	一种简易救生球	ZL201020508793.5	孟庆祥、樊舒婕	水利水电学院
100	一种楼顶风力发电机	ZL201020508803.5	孟庆祥、樊舒婕	水利水电学院
101	一种室内除湿装置	ZL201020508808.8	孟庆祥、樊舒婕	水利水电学院
102	一种污染土原位修复装置	ZL201020508791.6	孟庆祥、游　波、樊舒婕、尹德顺	水利水电学院
103	一种自供电式测速仪	ZL201020508764.9	孟庆祥、樊舒婕	水利水电学院
104	一种盆景自动浇灌设备	ZL201020508762.X	赵伏田	水利水电学院
105	芯片钥匙	ZL201020508749.4	曾小董	水利水电学院
106	多功能绘图尺	ZL200920043111.5	薛荣军	土木与交通学院
107	管道接入式微型水轮发电装置	ZL200920231915.8	潘邢华、蔡委伟、刘　欣、吴思雄、谢荣凯	土木与交通学院
108	无线遥控爆竹点火器	ZL201020508812.4	葛珂楠、张凯旗、王　娜、张　茜	港口海岸与近海工程学院
109	新型多功能眼罩	ZL201020505889.6	葛珂楠、张凯旗	港口海岸与近海工程学院

续表

序号	专利名称	专利号	发明人	校内单位
110	360度旋转插排	ZL201020508756.4	葛珂楠、张凯旗、王　娜、张　茜	港口海岸与近海工程学院
111	电控可变速微调阀门	ZL201020511670.7	张馨竹、李　妲、陈　祥	港口海岸与近海工程学院
112	河岸多级阶梯式增氧消能护坡结构	ZL201020508758.3	戴星星、吴晓露、段育辉、邓巴曲加、钟　芝、王亚琳、胡　渊	环境学院
113	河岸消能净化护坡结构	ZL201020508757.9	戴星星、王德胜、王锐意、喻　炜、覃花鲜、邵　华、段育辉、钟　芝	环境学院
114	一种长效取暖保温组合双层茶瓶	ZL200920043135.0	居俐洁	能源与电气学院
115	智能酒后人车安全系统	ZL200920043138.4	梁　伟	能源与电气学院
116	一次性指套式无毛保健牙刷	ZL200920043136.5	林　方	能源与电气学院
117	智能游泳圈	ZL200920043124.2	何丽钦	能源与电气学院
118	一种水管清理器	ZL201020507745.4	居俐洁、任慧建、孙　树	能源与电气学院
119	电动自行车抱闸刹车省力结构	ZL200920308355.1	孙英明、王富平、顾露香、伏　潜、张　峰	计算机与信息学院
120	高层公寓排水管道发电装置	ZL201020505886.2	石亮亮	计算机与信息学院
121	吸烟式烟套	ZL201020507717.2	王海涛	力学与材料学院
122	便利旅行桌	ZL201020508659.5	张　晗	地球科学与工程学院
123	一种便利袋手提套	ZL201020507743.5	张　晗	地球科学与工程学院
124	一种可定时和休闲的台灯	ZL201020505887.7	王国良、王淳茗、徐　能、高　欢、刘建锋	理学院
125	一种多功能台灯	ZL201020507238.0	尹亚川、秦　健、刘冬冬、刘千驹、陈国霁	理学院
126	一种兼顾戴眼镜者使用的3D眼镜	ZL201020507240.8	郑　强、朱广洋、聂　鑫、李　屹、史　磊	理学院
127	一种安全防酒驾车载系统	ZL201020507237.6	付　冲、张杰峰、张晴晴、黄侦芬、刘　闻	理学院
128	指纹识别防盗手机	ZL201020507257.3	张小兵、李丹丹、梁旭燕、吴新海、陆一洵	理学院
129	一种节水分压圆面喷灌器	ZL201020507716.8	张欢明、赵　飞、蔡　冯、朱振龙、芮梦娜	理学院

注：序号85～129为本科生获得专利。

表 4　2010 年度专利授权情况统计表(外观设计专利)

序号	专利名称	类　型	发明人	校内单位
1	高速时序信号测试板	ZL200930296794.0	周金陵、黄凤辰、徐立中	计算机与信息学院
2	无线视频节点单元	ZL200930296793.6	王慧斌、刘超颖、马　玉、孙红叶、吴　燕、蒋世林、黄彩霞、沈俊雷	计算机与信息学院
3	带太阳能电池板的遥测台	ZL200930296792.1	张　振、张家华、徐立中	计算机与信息学院
4	单片机实验装置(mcs51)	ZL200930296791.7	严锡君、黄凤辰、徐立中	计算机与信息学院
5	微伏信号调理电路板	ZL200930296790.2	徐立中、姚　岚、陈　婷、贾琳琳、于红颖、顾　珑、刘海旭	计算机与信息学院
6	水电厂上下游水位及机组效率测量装置	ZL200930296789.X	王慧斌、樊棠怀、徐立中、高红民、魏成林、李　慧	计算机与信息学院
7	高速脉冲信号及步进时序产生器	ZL200930296788.5	李　敏、徐立中、李　健、赵克双	计算机与信息学院
8	水文遥测正交调制信号适配器	ZL200930296787.0	黄　炜、李臣明	计算机与信息学院
9	数字式闸门开度测量仪	ZL200930296785.1	徐立中、樊棠怀	计算机与信息学院
10	多 DSP 信号仿真器	ZL200930296795.5	徐立中、凌　静、汤晓斌、周晓红、李炜豪、彭立军、马　文、汤崇远	计算机与信息学院
11	射频功率谱分析仪显示板卡	ZL200930349923.8	徐成之、金　明、徐立中	计算机与信息学院
12	全方位光电检测板	ZL201030144403.6	严锡君、龚行梁、张金华、卜训兵、李亚东、张腾宇、张洪学、叶云峰	计算机与信息学院
13	基于 ARM 机器人主板	ZL201030144412.5	严锡君、毛莺池、徐淑芳、卜训兵、龚行梁、张金华、李亚东、张腾宇、张洪学、叶云峰	计算机与信息学院
14	基于 ARM 机器人控制板	ZL201030144405.5	严锡君、徐淑芳、毛莺池、张金华、卜训兵、龚行梁、李亚东、张腾宇、张洪学、叶云峰	计算机与信息学院
15	生物浮床	ZL201030296060.5	范　凯、糜万元、肖敏艳、施云皓、燕陈飞、蔡玉霜、宋文波、潘邦澜峰、马青云	商学院

注：序号 15 为本科生获得专利。

主办或承办重要学术活动统计

主办或承办重要学术活动统计表

序号	活动名称	时间	规模(人)	活动地点	主办、承办单位
1	“全国科学技术学暨科学学理论与科技政策2010年联合年会——全球化时代的科学技术：使命、政策与范式转变”研讨会	2010.4.9	150	河海大学	中国自然辩证法研究会科学技术学(S&TS)专业委员会、中国科学学与科技政策研究会科学学理论与学科建设专业委员会、江苏省自然辩证法研究会主办，河海大学承办
2	有限元高性能计算暨纪念卞学鐄先生学术会议	2010.4.25	40	河海大学	中国力学学会和中国计算力学专业委员会主办，江苏省力学学会、清华大学和北京力学会协办，河海大学承办
3	首届全国大学生基础力学实验竞赛研讨会	2010.4.25	90	河海大学	中国力学学会教育工作委员会、教育部高等学校力学教学指导委员会力学基础课程教学指导分委员会、高等学校国家级实验教学示范中心工作委员会力学学科组共同主办，江苏省力学学会和河海大学共同承办
4	中国高等院校市场学研究会学术年会	2010.7.23	200	河海大学	中国高等院校市场学研究会主办，河海大学承办
5	国家自然基金委环境力学夏季讲习班	2010.8.21	100	河海大学	国家自然基金委员会数理学部主办，河海大学承办，中国力学学会环境力学专业委员会、美国工程力学学会、江苏省力学学会、河海大学研究生院、海岸灾害及防护教育部重点实验室协办
6	第一届全国高坝安全学术会议暨中国水力发电工程学会水工及水电站建筑物专业委员会2010年年会	2010.9.25	120	河海大学	中国水力发电工程学会水工及水电站建筑物专业委员会主办，河海大学承办，中国水电工程顾问集团公司、中国水电顾问集团中南、西北、昆明勘测设计研究院、长江勘测规划设计研究有限责任公司、国家大坝安全工程技术研究中心、大唐宣威水电开发有限公司、水文水资源与水利工程科学国家重点实验室、中国科学院力学研究所、江苏省力学学会等单位协办
7	首届中国原水论坛	2010.10.13	300	宁　波	中国水利学会主办、宁波原水集团有限公司、河海大学承办
8	纪念刘光文百年诞辰水文水资源学术研讨会	2010.10.26	120	河海大学	河海大学、水利部水文局主办

续表

序号	活动名称	时间	规模（人）	活动地点	主办、承办单位
9	中国工程院2010流域水安全与重大工程安全高层论坛	2010.10.29	400	河海大学	中国工程院土木、水利建筑工程学部和国家自然科学基金委员会材料与工程科学部主办，河海大学、南京水利科学研究院、水文水资源与水利工程科学国家重点实验室、水资源高效利用与工程安全国家工程研究中心承办
10	2010年统计与管理科学国际会议暨中国现场统计研究会资源与环境统计分会第六届学术会议	2010.10.29	200	河海大学	河海大学及中国现场统计研究会资源与环境统计分会主办
11	《水工建筑物抗震设计规范》修订关键技术研讨会	2010.11.4	60	北　京	中国水力发电工程学会抗震防灾专业委员会主办，中国水利水电科学研究院工程抗震中心和河海大学水工结构研究所承办
12	中国科协第220次青年科学家论坛	2010.11.5	50	河海大学	中国科学协会主办，河海大学承办
13	江苏省法学会行政法学研究会2010年学术年会	2010.11.6	130	南　京	江苏省法学会行政法学研究会主办，高淳县人民政府承办，河海大学协办
14	第五届国际水资源综合管理暨第三届国际水文学研究方法学术研讨会	2010.11.19	200	河海大学	国际水文科学协会(IAHS)和国际水资源协会(IWRA)主办，水文水资源与水利工程科学国家重点实验室、河海大学水文水资源学院承办
15	江苏省社会学学会第六次代表大会暨2010学术年会	2010.11.20	80	河海大学	江苏省社会学学会和河海大学联合主办
16	江苏省高校图书情报委员会情报咨询专业委员会2010年学术年会	2010.11.17	110	河海大学	江苏省高校图工委情报咨询专业委员会主办，河海大学承办
17	2010年江苏省哲学社会科学界学术大会管理学专场	2010.12.5	250	河海大学	中共江苏省委宣传部和江苏省哲学社会科学界联合会主办，河海大学承办
18	第一届全国水利水电移民工程学术研讨会	2010.12.10	130	北　京	国家水电可持续发展研究中心、河海大学、中国长江三峡集团公司、中国华能集团公司、中国华电集团公司联合主办

（科技处、水文水资源与水利工程科学国家重点实验室、水资源高效利用与工程安全国家工程研究中心、常州校区供稿）

人事工作

概　　况

一、师资队伍建设

1. 加强人才引进力度，完善师资队伍结构

修订了《河海大学人才引进实施办法》，推进人才引进工作。全年引进接收各类人员126人，专任教师的博士比有了大幅提升。

2. 积极创造条件，构建人才培养工程体系

按照学校的整体部署，从师资队伍的现状、学科建设、平台建设、人才培养的需要出发，以杰出人才培养、创新团队培育为抓手，重点关注高端拔尖人才和青年骨干教师的培养，制定实施各层次人才培养支持计划，相继出台了《河海大学“领军人才培养支持计划”实施意见》、《河海大学“青年教授”聘用办法(试行)》、《河海大学“优秀创新人才支持计划”管理办法》、《河海大学青年教师导师制管理办法(试行)》等4个文件，进一步明晰各类人员资助层次，统筹规划，形成一个层次分明、相互衔接、各有侧重、配套平衡的人才汇聚和培养工程体系。

2010年新增“千人计划”1名、长江学者“讲座教授”1名、江苏省“双创人才计划”项目获资助1人；江苏省“六大人才高峰”资助项目获资助2人；配合完成2010年江苏省“333高层次人才培养工程”3个资助项目的合同签订工作；完成江苏省2008年“青蓝工程”10名培养对象和1个团队的考核工作；完成2010年“青蓝工程”项目申报工作，有1个创新团队、6名中青年学术带头人和8名优秀青年骨干获得资助。2010年新增享受国家政府特殊津贴3人，江苏省有突出贡献中青年专家称号1人。

大力加强对年轻教师的培养，切实做好培训、进修和出国留学工作。加强新进人员的岗前培训工作，全年完成了105名新进人员的岗前培训工作，组织了12场报告会、团队拓展训练、基础理论学习和考试等活动。为青年教师提供更多的发展机会，积极推荐青年教师参加各类研修班，推荐1名教师参加省教育厅举办的高校中青年骨干教师研修班，2名教师参加中央党校举办的高校哲学社会科学骨干教师研修班，1名教师参加“形势与政策”课骨干教师培训班，2名教师参加江苏省人才工作领导小组举办的“333工程”专题高级研讨班。

做好选派青年教师进行挂职锻炼工作。培养优秀中青年骨干教师，为青年教师创造更多的锻炼机会与发展平台，2010年选派了10多名青年教师和党政管理人员到政府、企业和重大工程管理单位锻炼。制订《河海大学青年教师校内挂职培养暂行管理办法》，在全校范围试行青年教师到党政管理岗位挂职培养，既充实了管理人员队伍，又提高了青年教师的管理能力。

3. 加大出国研修力度，促进青年教师成长

进一步提高青年教师的外语水平，加快教师出国留学进程，根据师资队伍发展需要，2010年开展了中青年教师外语培训工作。暑期选送了10位青年骨干教师赴上海外国语大学进行外语强化培训，同时在校内组织了近年来进校的71名青年教师进行为期2个月的外语集中培训。

拓宽青年教师国际视野，加快国际化进程，2010年学校加大了选派青年骨干教师出国留学的力度。根据有关政策要求，进一步优化选派教师出国的资助方案；采取多种措施，积极沟通，在增加国家公派名额的基础上，通过1∶1配套的方式增加国家留学基金委和学校合作派遣青年教师出国研修名额。通过国家公派、国家与学校合作公派和学校公派等多种渠道，2010年有计划性和针

对性地选派35名青年骨干教师出国研修。

4. 加强内涵建设，增强博士后流动站的影响力

修订完善了《河海大学博士后管理办法》，加大博士后流动站建设力度，充分发挥人才蓄水池作用，以师资博士后和企业博士后为新的增长点不断扩大在站博士后规模。学校现已拥有9个博士后流动站，2010年新增博士后34人，其中全脱产占1/3左右。企业博士后规模也不断扩大，目前学校已与中国长江三峡工程开发总公司、华东勘测设计研究院、浙江水利河口研究院等省外工作站联合招收企业博士后，今年首次与省内的南通四建、江苏亚威、苏州创新等工作站联合招收博士后，促进区域经济建设的更快发展。2010年是5年一次的全国博士后流动站评估年，在今年的评估工作中，水利工程博士后流动站被评为“全国优秀博士后科研流动站”，李晓东同志被评为“全国优秀博士后管理工作者”。2010年共有13名博士后获得中国博士后科学基金资助。

5. 资源共享，发挥校外人才优势，促进师资队伍建设水平不断提升

加强各类兼职人员的审批与管理。继续实施《河海大学“河海学者”聘用办法(试行)》，重点做好“双聘”院士、特聘教授和兼职教授的管理与考核工作。2010年新增双聘院士1人、河海学者讲座教授1人、兼职教授23人。组织召开了“河海大学高层次人才建设研讨会”，邀请院士、长江学者等专家开展学术交流研讨和指导学术骨干与青年教师，促进他们学术水平的提升。

二、人事制度改革

贯彻落实学校第十二次党代会精神，实施“人才强校”战略，进一步推动我校人才队伍建设，组织召开了河海大学人才工作会议，会议提出了学校今后一段时期人才队伍建设工作的指导思想、总体目标及七大主要建设任务，出台了一系列加强人才队伍建设的管理文件，并对下一步学校人才工作进行了周密规划和部署，为深入推进实施人才强校战略，加快高水平特色研究型大学建设进程提供强大的人才支持和发展动力。继续推进岗位设置及人员聘用制改革，科学制定岗位职责和考核评估办法，进一步推进学校收入分配制度改革工作。

1. 新一轮机构和岗位设置以及人员聘用工作

根据学校总体工作安排，对全校党政管理部门、直属业务单位以及院系党政管理岗位进行重新设岗，严格审核各单位党政管理岗位数。印发了《河海大学2010年二级单位内设管理机构及岗位调整的意见》和《河海大学2010年七级及其以下职员聘用实施意见》，对党政管理部门和学院内设机构以及职员聘用条件等进行了明确规定。成立河海大学2010年管理岗位聘用工作组，召开了3次聘用工作组会议和3次校务会专门讨论布置管理岗位人员聘用事宜。通过聘用工作，共聘用七级及其以下党政管理人员335人。2010年度，共有88人申请晋升科级干部，其中申请晋升正科级的共33人，29人通过资格审查，23人通过笔试、面试，22人聘用在正科级岗位上；申请晋升副科级的共55人，48人通过资格审查，38人通过笔试、面试并全部聘用在副科级岗位上，完成全校新一轮科级干部公开招聘、晋升和岗位聘用工作。

对调整后的院系二级机构，依据统筹性、实体化、发展性、普适性的原则进行了重新设置，按照教学、科研、平台三种类型对院系二级机构进行了分类，全校共设置院系二级机构206个，并对相应机构负责人进行了聘用。

2. 各系列专业技术职务评聘工作

完成专业技术职务层级初聘工作，修订专业技术职务层级初聘条件。在2010年专业技术职务评聘工作中，强化“设岗聘用”，2010年共有244人申请高一级专业技术岗位，经评审共有122人晋升到高一级专业技术岗位。为了进一步规范我校专业技术岗位聘用工作，结合2010年专业技术岗位聘用工作的实际情况，并征求各单位意见，对专业技术职务初次聘用基本任职条件进行了补充和完善。

3. 分配制度改革工作

进一步完善分配制度改革，努力提高教职工收入水平。2010年起，将岗位基础津贴计入住房

公积金和新职工住房补贴缴存基数，提高住房公积金和新职工的住房补贴；在调研的基础上，制定了在职人员和退休人员年终一次性补贴发放方案及退休人员共享费增加方案；加强收入分配政策的导向性和激励性，完善学院(系)和机关直属单位“绩效考核津贴”分配方案，使全校教职工收入稳步增长。

师资队伍现状

一、中国科学院、中国工程院院士

中国科学院、中国工程院院士一览表

序号	姓名	性别	出生年月	当选年份	院士名称	从事领域	受聘时间	备注
1	吴中如	男	1939.10	1997年	中国工程院院士	大坝安全监测、监控和水工结构领域		
2	王思敬	男	1934.12	1995年	中国工程院院士	工程地质学、环境工程地质学和岩石力学	2000.12	双聘院士
3	卢耀如	男	1931	1997年	中国工程院院士	水文地质、工程地质及环境地质	2001.3	双聘院士
4	周君亮	男	1925.2	1995年	中国工程院院士	水利和航运建筑物设计	2001.5	双聘院士
5	梁应辰	男	1928.8	1994年	中国工程院院士	水道与港口工程	2001.5	双聘院士
6	汪集旸	男	1935.10	1995年 2001年	中国科学院院士	地热和水文地质	2001.5	双聘院士
7	陈厚群	男	1932.5	1995年	中国工程院院士	水工结构、水利水电工程抗震	2001.6	双聘院士
8	张耀明	男	1943.12	2001年	中国工程院院士	太阳能热利用、无机非金属和纤维光学	2004.4	双聘院士
9	陆佑楣	男	1934.1	2003年	中国工程院院士	水利水电工程	2004.8	双聘院士
10	茆　智	男	1932.9	2003年	中国工程院院士	农田水利、节水灌溉	2004.7	双聘院士
11	符淙斌	男	1939	2003年	中国科学院院士	气候学、全球变化科学领域	2005.10	双聘院士
12	王　浩	男	1953.8	2005年	中国工程院院士	水文水资源	2005.12	双聘院士
13	李圭白	男	1931.9	1995年	中国工程院院士	给水排水工程	2006.12	首席科学家
14	周丰峻	男	1938.7	1999年	中国工程院院士	岩土工程	2007.1	双聘院士
15	张建云	男	1957.8	2009年	中国工程院院士	水文、水资源、水利信息系统工程	2010.9	双聘院士

二、教育部"长江学者奖励计划"特聘教授

教育部"长江学者奖励计划"特聘教授一览表

序号	姓名	性别	出生年月	单位	从事专业	受聘时间
1	李 凌	男	1968.3	水利水电学院	水力学及河流动力学	2003.1
2	余钟波	男	1964.11	水文水资源与水利工程科学国家重点实验室	水文和水文地质	2005.2
3	乔丕忠	男	1968.9	土木与交通学院 水利水电学院	水工结构工程	2007.3
4	刘汉龙	男	1964.3	土木与交通学院	岩土工程	2008.5
5	吴宏伟	男	1962.2	土木与交通学院	岩土工程	2010.2

三、国家杰出青年科学基金获得者

国家杰出青年科学基金获得者一览表

序号	姓名	性别	出生年月	单位	项目名称	获得时间
1	李 凌	男	1968.3	水利水电学院	河流、海岸动力学及泥沙研究	2004 年
2	鞠 平	男	1962.7	能源与电气学院	基于 WAMS 的电力系统在线整体建模与协调控制	2007 年
3	刘汉龙	男	1964.3	土木与交通学院	高土石坝静、动力学特性与应力变形分析	2008 年
4	戴会超	男	1965.1	水利水电学院	水力学与水信息学	2010 年

四、"河海学者"特聘教授

"河海学者"特聘教授一览表

序号	姓名	工作单位	国籍	学位	合作单位	合作教授	从事专业	受聘时间
1	马平亚	美国威廉玛丽学院弗吉尼亚海洋科学研究所	美国	博士	港口海岸与近海工程学院	郑金海	物理海洋学	2009.5
2	李 军	加拿大滑铁卢大学	加拿大	博士	地球科学与工程学院	何秀凤	大地测量与导航	2010.4

五、2010 年聘任兼职教授

2010 年聘任兼职教授一览表

序号	姓名	现工作单位	行政(技术)职务	兼职单位
1	谢崇宝	中国灌溉排水发展中心	副总工程师、教授级高级工程师	水利水电学院
2	王仙美	江苏省交通规划设计院有限公司港航设计二所	所长、研究员级高级工程师	港口海岸与近海工程学院
3	姜 晔	江苏省交通规划设计院有限公司港航设计二所	所长、研究员级高级工程师	港口海岸与近海工程学院
4	万 隆	中水淮河规划设计研究有限公司	董事长、党委书记、教授级高级工程师	水利水电学院

续表

序号	姓　名	现 工 作 单 位	行政(技术)职务	兼 职 单 位
5	冯广志	中国农业节水和农村供水技术协会	副会长、教授级高级工程师	水利水电学院
6	姜国庆	南京恒基混凝土有限公司	总经理、研究员级高级工程师	土木与交通学院
7	姜竹生	江苏省交通运输厅工程质量监督局	局长、研究员级高级工程师	土木与交通学院
8	孙子宇	中国交通建设股份有限公司 中国港湾工程有限责任公司	总工程师、董事长兼总经理、研究员级高级工程师	港口海岸与近海工程学院
9	陈　斌	福建省水利规划院	总工程师、研究员级高级工程师	水文水资源学院
10	stefan kaden	德国柏林水资源研究所	所长、客座教授	水文水资源学院
11	吴生高	南京市科技信息研究所	所长、高级经济师	商学院
12	寇日明	中国再保险股份有限公司	副总裁、高级会计师、高级工程师	商学院
13	刘德辉	深圳湾游艇会有限公司	董事长	商学院
14	吕　珍	深圳市工务署	副署长	商学院
15	张校军	绍兴市水利局	局　长	水利水电学院
16	吴建华	南京工程学院	党委书记、教授	公共管理学院
17	俞向阳	连云港港口集团	董事长、党委书记、高级经济师	港口海岸与近海工程学院
18	宿　政	吉林水利厅	厅长、党组书记	水利水电学院
19	车黎明	吉林水利厅	副厅长	水利水电学院
20	陈　骥	香港大学	助理教授	水文水资源学院
21	孙宗凤	连云港市水利局	党组书记、局长、高级工程师	水文水资源学院
22	钱国超	江苏省交通运输厅	副厅长、研究员级高级工程师	土木与交通学院
23	崔德密	淮河水利委员会水利科学研究院	院长、高级工程师	力学与材料学院
24	Kumud Acharya	美国沙漠研究所	副教授	水文水资源学院
25	李东永	韩国海洋研究院	首席科学家、研究员	港口海岸与近海工程学院
26	邓　坚	水利部水文局	局长、教授级高级工程师	水文水资源学院

六、享受国务院政府特殊津贴人员名单

于维忠　马良筠　乌守恭　方开泽　毛定一　王　超　王　瑚
王云球　王文修　王木兰　王世泽　王世夏　王惠民　王锡第
王德信　卢永生　卢盛松　史金松　包为民　叶秉如　左东启
石高玉　任立良　任青文　任荣祖　刘大恺　刘汉龙　刘启钊
刘景麟　刘新仁　向大润　孙一清　孙小鹏　孙其昂＊[①]　朱元甡

① ＊为2010年新增人员。

朱岳明	许炳楠	过　达	严以新	何才法	吴中如	吴胜兴 *
宋太炎	应勤杰	张　常	张　阳	张二骏	张长宽	张东生
张发祥	张君伦	李开运	李立功	李安中	杨仲侯	杨有为
杨建基	汪龙腾	汪德爟	沈祖诒	沈家荫	芮孝芳	陆兆溱
陈玉璞	陈宏赍	陈怀先	陈国启	陈定圻	陈建生	陈慧远
卓家寿	周　氏	周之豪	周志芳	周恩济	周耀庭	孟庆生
林劲松	林益才	林毓梅	经士农	范永法	范钟秀	郑大俊
郑金海 *	郑垂勇	金雅鹤	姚敬之	姜弘道	施国庆	洪广文
洪佩孙	胡沛成	胡维俊	赵光恒	赵振兴	赵渭钧	夏兆镛
夏颂佑	席与耀	唐洪武	徐卫亚	徐友仁	徐志英	徐泽中
徐道远	殷宗泽	袁银忠	速宝玉	郭志平	钱孝星	陶碧霞
顾冲时	顾家龙	顾淦臣	商学政	崔广柏	康清梁	符丕大
黄　瑾	龚崇准	傅作新	傅春台	彭世彰	董增川	程文辉
谢金赞	解启庚	詹维源	詹道江	蔡志长	樊期曾	薛鸿超
薛朝阳	戴寿椿	戴明生	鞠　平	魏震木		

七、“千人计划”人选

2010 年：乔丕忠

八、“新世纪百千万人才工程”国家级人选

2010 年：苏怀智

九、江苏省“双创人才计划项目”

2010 年：费峻涛

十、江苏省“六大人才高峰”高层次人才

2010 年 D 类：申明霞(教育)　　朱伟(建筑)

十一、江苏省“333 工程”科研项目资助

2010 年：王沛芳

十二、江苏省“青蓝工程”科研项目资助

2010 年青蓝工程科技创新团队：

大型水利水电工程环境与灾害(带头人：戴会超)

2010 年中青年学术带头人：

王建文　陆光华　范新南　姜翠玲　郭相平　韩立新

2010 年优秀青年骨干教师：

方红庆　陈军飞　吴建伟　李　铁　杨　涛　张　蔚　蒋永峰

雷国辉

十三、教工公派出国培训

教工公派出国培训一览表

序号	院(系)、部门	姓　名	出国时间	回国时间	出国类别	出国性质	去往国家（地区）	备　注
1	计算机与信息学院	王　敏	2010.6		访问学者	单位公派	美　国	创新人才计划
2	港口海岸与近海工程学院	封学军	2010.2	2010.10	访问学者	单位公派	美　国	河海大学骨干教师出国计划
3	水文水资源学院	杨　涛	2010.2	2010.9	访问学者	单位公派	澳大利亚	创新人才计划
4	商学院	华　坚	2010.2	2010.9	访问学者	单位公派	美　国	MBA 教师培训计划
5	商学院	张　颖	2010.2	2010.9	访问学者	单位公派	美　国	MBA 教师培训计划
6	商学院	冷建飞	2010.2	2010.9	访问学者	单位公派	美　国	MBA 教师培训计划
7	港口海岸与近海工程学院	童朝峰	2010.5		访问学者	国家公派	美　国	留学基金委 1∶1 配套项目
8	商学院	谷文林	2010.7	2010.12	访问学者	单位公派	美　国	MBA 教师培训计划
9	水利水电学院	肖　洋	2010.7		访问学者	单位公派	英　国	创新人才计划
10	商学院	王保乾	2010.6	2010.12	访问学者	单位公派	美　国	MBA 教师培训计划
11	商学院	邓玉林	2010.7		访问学者	单位公派	美　国	MBA 教师培训计划
12	商学院	周申蓓	2010.10		访问学者	单位公派	美　国	MBA 教师培训计划
13	港口海岸与近海工程学院	龚　政	2010.10		访问学者	国家公派	荷　兰	留学基金委 1∶1 配套项目
14	商学院	吕苏榆	2010.9		访问学者	国家公派 单位公派	美　国	留学基金委 1∶1 配套项目；MBA 教师培训计划
15	理学院	储继峰	2010.11		访问学者	单位公派	德　国	创新人才计划
16	商学院	姜翔程	2010.9		访问学者	单位公派	美　国	MBA 教师培训计划
17	计算机与信息学院	毛莺池	2010.9		访问学者	国家公派	美　国	留学基金委 1∶1 配套项目
18	商学院	陆庆春	2010.9		访问学者	单位公派	美　国	MBA 教师培训计划
19	力学与材料学院	殷德顺	2010.9		访问学者	国家公派	美　国	留学基金委 1∶1 配套项目
20	商学院	吕周洋	2010.9		访问学者	单位公派	美　国	MBA 教师培训计划

续表

序号	院(系)、部门	姓　名	出国时间	回国时间	出国类别	出国性质	去往国家（地区）	备　注
21	水利水电学院	苏怀智	2010.9		访问学者	国家公派	美　国	留学基金委 1∶1 配套项目
22	水利水电学院	陈　丹	2010.9		访问学者	国家公派	澳大利亚	留学基金委 1∶1 配套项目
23	商学院	刘双芹	2010.10		访问学者	单位公派	美　国	MBA 教师培训计划
24	港口海岸与近海工程学院	孔　俊	2010.9		访问学者	国家公派	澳大利亚	留学基金委国际旅费项目
25	水文水资源学院	王卫光	2010.9		访问学者	国家公派	澳大利亚	留学基金委 1∶1 配套项目
26	商学院	陈军飞	2010.9		访问学者	单位公派	澳大利亚	MBA 教师培训计划
27	公共管理学院	单连春	2010.9		访问学者	国家公派	美　国	留学基金委 1∶1 配套项目
28	水文水资源学院	吕海深	2010.9		访问学者	单位公派	加拿大	创新人才计划
29	水文水资源学院	朱永华	2010.9		访问学者	单位公派	加拿大	创新人才计划
30	力学与材料学院	周泽华	2010.10		访问学者	单位公派	美　国	创新人才计划
31	港口海岸与近海工程学院	陈　达	2010.9		访问学者	单位公派	法　国	创新人才计划
32	商学院	刘　戎	2010.9		访问学者	单位公派	美　国	MBA 教师培训计划
33	港口海岸与近海工程学院	张　弛	2010.12		访问学者	国家公派	英　国	留学基金委国际旅费项目
34	法学院	徐金海	2010.9		访问学者	国家公派	美　国	留学基金委 1∶1 配套项目
35	商学院	贺丽莳	2010.10		访问学者	单位公派	美　国	MBA 教师培训计划
36	机电学院	康　兰	2010.3	2011.2	访问学者	单位公派	美　国	常州校区计划
37	计算机与信息学院（常州）	汤斌华	2010.11		访问学者	单位公派	美　国	常州校区计划
38	计算机与信息学院（常州）	韩光洁	2010.10		访问学者	单位公派	日　本	常州校区计划
39	常州校区外语教学部	汤孝妹	2010.8		进修培训	单位公派	英　国	常州校区计划
40	常州校区外语教学部	陈　春	2010.8	2011.3	访问学者	单位公派	美　国	常州校区计划

十四、博士后工作

2010 年博士后在站情况一览表 （人）

流动站名称	所在学院	进站人数	出站人数	在站人数	
				小计	其中：企业博士后数
水利工程	水文水资源学院		1	12	
	水利水电学院	5	3	17	1
	港口海岸与近海工程学院	1		5	
土木工程	土木与交通学院	7	2	22	2
	地球科学与工程学院	1		2	
力学	力学与材料学院	6	1	12	1
环境科学与工程	环境学院	5	2	10	
工商管理	商学院	1		4	
管理科学与工程	商学院	2		8	1
测绘科学与技术	地球科学与工程学院	1		3	
计算机科学与技术	计算机及信息学院	3		4	
电气工程	能源与电气学院	2		3	
合计		34	9	102	5

十五、一至三级岗教授名单

教师系列

一级岗：吴中如

二级岗：王　超　左军成　乔丕忠　任立良　任青文　刘汉龙　朱　伟　阮怀宁　余钟波　张长宽　张　阳　李同春　陈建生　周志芳　郑垂勇　姜弘道　施国庆　唐洪武　徐卫亚　顾冲时　彭世彰　鞠　平　戴会超

三级岗：丁长青　卫志农　王　媛　王义刚　王志坚　王建民　王泽华　王济干　王玲玲　王慧敏　包为民　卢廷浩　史安娜　任旭华　刘　凌　刘爱莲　刘斯宏　华祖林　孙其昂　朱天宇　朱岳明　朱俊高　朱跃龙　许长新　邢鸿飞　严忠民　何秀凤　吴玉萍　吴　远　吴建华　吴胜兴　吴继敏　宋汉周　张子明　张友静　张行南　张　玮　张展羽　杜成斌　杨　晨　汪基伟　汪德爟　沈长松　邵国建　陆光华　陈　卫　陈才生　陈　文　陈守伦　陈志坚　陈绍军　陈金水　陈青生　陈星莺　陈　菁　陈　喜　武清玺　周建方　郑大俊　郑　源　施建勇　赵永乐　赵　坚　赵振兴　逄　勇　郝振纯　钟平安　倪福生　唐德善　夏自强　徐立中　徐向阳　袁　越　顾圣平　尉天骄　曹平周　曹家和

梁忠民 章仁俊 章 青 黄振平 曾晓勤 董增川 蒋林华
谢悦波 鲁子爱

图书系列

三级岗：高新陵

十六、高级专业技术职务人员名单

(一) 校本部

1. 水文水资源学院

教　　授：王 文 王建群 王船海 包为民 艾 萍 刘 俊 刘 凌 吕海深 余钟波 张行南 李光炽 李杰友 李致家 李琼芳 杨 侃 陈 喜 陈元芳 姜翠玲 荣艳淑 郝振纯 钟平安 夏自强 徐向阳 梁忠民 黄振平 葛朝霞 谢悦波 薛联青

副 教 授：王 玲 王卫光 叶亚平 石 朋 刘金涛 朱永华 张丹蓉 张秀菊 张静怡 李 丽 李国芳 杨 涛 陆宝宏 陈启慧 罗 健 徐 慧 袁 飞 曹丽青 舒大兴 瞿思敏

副研究员：王卫平 刘 震 李崇辉(2010.10退休) 周 密 温忠辉

高级实验师：王万杰 张宗德(2010.2退休)

高级政工师：刘德友

2. 水利水电学院

教　　授：方国华 王玲玲 刘斯宏 朱 晟 严忠民 吴中如 张 健 张展羽 张蓉生 张燎军 李同春 束一鸣 沈长松 沈振中 苏 超 苏怀智 邵孝侯 陈 菁 陈守伦 陈界仁 郑东健 俞双恩 唐德善 郭相平 顾圣平 顾冲时 盛金昌 詹美礼 蔡付林 缴锡云

研 究 员：方部玲 宫必宁 黄细彬

教授级高级工程师：吴建华

副 教 授：于永海 王 建 王为木 王润英 王高鹏 冯宝平 包腾飞 田正宏 刘 慧 刘永强 刘晓青 朱成立 吴建纲 岑威钧 张 洁 张齐兴 肖 洋 周建旭 罗玉峰 赵兰浩 郝树荣 唐立模 夏继红 徐俊增 殷国玺 曹 青 强 晟 戴文鸿

副研究员：邢文刚 吴龙华 张志诚 周春天 徐锡荣 傅宗甫 缪名芬 戴妙林

高级实验师：王志良 刘明明 阮善发 林义兴(2010.8退休) 武良金 郭 震 陶艳芝

3. 港口海岸与近海工程学院

教　　授：王义刚 王如云 冯卫兵 左军成 张 玮 张长宽 张淑华 李瑞杰 陈永平 郑金海 徐福敏 诸裕良 鲁子爱

教授级高级工程师：陈国平

副 教 授：王 震 吕秋灵 江朝华 何良德 吴德安 张 蔚 李 熙 沈丽宁 苏静波 陈 达 陈 君 林 祥 郑桂兰 徐 青 殷佩生 陶桂兰 曹雪山 龚 政 童朝峰 管人地(2010.4退休) 谭 亚

副研究员：朱志敏 陈德春 黄 蕙 蔡 辉

高级实验师：丁 坚 马洪蛟 李 宇 茅丽华

4. 土木与交通学院

教　　授: 王　媛　王保田　卢廷浩　刘汉龙　吉伯海　朱召泉　朱俊高
朱珍德　余湘娟　汪基伟　洪宝宁　高玉峰　曹平周　雷国辉
颜素珍

研 究 员: 曹菱红

副 教 授: 丁晓唐　于　新　邓　安　韦芳芳　刘　军　吴二军　吴跃东
张　华　张文慧　张坤勇　张富有　张福海　李守德　沈　扬
陈　亮　陈永辉　陈礼和(2010.8退休)　周　坚　周云东　周继凯
郑长江　钟小春　聂利英　袁俊平　郭海庆　顾长存　曹　朗
曹雪山　彭　劼

副研究员: 艾英钵　李国维　宗国庆

高级实验师: 张海霞　高明军

高级政工师: 楼林义

5. 环境学院

教　　授: 王　超　王沛芳　华祖林　朱　亮　杨汉培　汪德爟　陆光华
陈　卫　祝建中　逄　勇　徐　颖　袁旭音　韩龙喜　操家顺

副 教 授: 孙　敏　孙　琴　吴云海　吴俊明　张松贺　李　轶　李　勇
李一平　李继洲　陈德强　林　涛　赵振华　倪利晓　笪学军

副研究员: 丁训静　郑孝宇　洪凌成

高级政工师: 吴世友(2010.9退休)

6. 能源与电气学院

教　　授: 丁晓群　卫志农　马宏忠　王宏华　王柏林　严登俊　李训铭
周　军　郑　源　赵晋泉　袁　越　潘文霞

副 教 授: 尹　斌　方红庆　王　冰　王亦红　乐秀璠　刘皓明　吕国芳
孙黎霞　许　昌　余一平　吴　峰　吴　新　张德虎　李志华
杨光明　苏建元　陈　谦　周　玲　周海强　屈　波　郑圣义
赵恒文　徐　群　秦战生　袁晓玲　郭建斌　潘学萍　霍志红
魏　萍

研 究 员: 李　龙

副研究员: 方　静(2010.8退休)

高级实验师: 严慧敏　韩敬东

高级工程师: 王惠庆　冯　晔　张卫存

7. 计算机与信息学院

教　　授: 万定生　王志坚　冯　钧　刘惠义　许卓明　李继国　陈金水
周晓峰　徐立中　殷兴辉　曹　宁　曹　敬　曾晓勤

研 究 员: 严　勤　蒋德富　韩立新

副 教 授: 马贞立　王　敏　王慧斌　庄卫华(2010.7退休)　许　峰　许国艳
严锡君　吴学文　李士进　李东新　李臣明　孟朝辉　胡吉明
胡居荣　郭学俊　廖小平　谭国平

副研究员: 李岳衡　李晓芳　陆晓平(2010.10退休)　周金陵　周爱群　黄凤辰

高级实验师: 杨　方

高级工程师: 郑金陵　俞金龙　娄渊胜

8. 力学与材料学院

教　　授: 马爱斌　方永浩　王　泽　王向东　王泽华　任青文　朱为玄

许庆春 何建京 余天堂 吴玉萍 张子明 杜成斌 杨海霞
邵国建 陆晓敏 陈 文 陈国荣 周星德 武清玺
姜弘道(2010.11退休) 赵振兴 秦忠国 章 青 黄文雄 蒋林华

研 究 员: 钱向东 彭宣茂

教授级高级工程师: 蒋亚清 黄淑萍

副 教 授: 申明霞 江静华 严湘赣 何 辉 张旭明 张淑君 李 煜
杨东辉 陈玉泉 陈建清 周泽华 苟晓凡 姜云鹏 姜冬菊
赵 引 殷德顺 郭兴文 黄 丹 黄莉妙 谢国治

副研究员: 王山山 江 泉 李兴贵 梅明荣

高级工程师: 尚作平

高级实验师: 邱 玲

9. 地球科学与工程学院

教 授: 丁贤荣 田林亚 刘建刚 孙树林 安 如 何秀凤 宋汉周
张友静 张发明 张宏兵 李 浩 陈志坚 陈建生 周志芳
岳东杰 岳建平 骆祖江 袁宝远

研 究 员: 黄 腾 谭红兵

副 教 授: 王 红 王建平 王锦国 兰孝奇 冯广将 孙少锐 朱 琰
许捍卫 阮仁宗 李 艳 李筱艳 杨凤根 杨英宝 杨保全
周绍光 郑德华 侯玉宾 徐 军 高正夏 黄 勇 黄张裕
葛 莹 颜梅春 魏继红

副研究员: 祁长青 饶文波 龚友平 董海洲

高级工程师: 王山东

高级实验师: 吕民康 陈建华 周西振 罗增益 赵仲荣 高亚成

10. 商学院

教 授: 于 金 丰景春 王卓甫 王慧敏 许长新 张 阳 张静中
杜晓荣 杨 晨 汪 群 沈菊琴 陈京民 周海炜 武 博
赵永乐 钱旭潮 曹家和(2010.6退休) 章仁俊 章恒全 黄德春
童纪新

研 究 员: 赵 敏 袁汝华

教授级高级工程师: 何有山

副 教 授: 仇 蕾 王 飞 王保乾 卢小广 厉 伟 刘双芹 华 坚
吕苏榆 朱智洺 许纪校 宋 敏 张云宁 李 芒 李 锋
李红仙 杨恺钧 杨高升 肖 煜 谷文林 陈军飞 陈柳鑫
孟庆军 岳金桂 郑峋如 姜翔程 施国良 洪玉振 胡震云
荆宁宁 唐 震 谈 飞 鹿 翠 简迎辉 蔡成喜 潘海英
魏长升

副研究员: 曲正平 陈建明

副 编 审: 史 虹

11. 公共管理学院

教 授: 丁长青 毛春梅 王 英 王 萍 王集权 刘爱莲 孙其昂
毕 霞 许加军 余达淮 宋开之 杨文健 陈友庆 陈阿江
陈绍军 施国庆 施春华 尉天骄 黄明理 黄健元 黄涛珍
戴 锐

研 究 员: 余文学 姜晓平

副　教　授：于　红　王毅杰　张　雁　张　鑫　张玲玲　沈晓静　陈继红
陈滔娜　单连春　易前良　金林南　谈育明　顾金土　高　燕
曹海林　黄晓晔　韩凤鸣　韩振燕
副研究员：杨正联
主任编辑：张建民

12. 理学院
教　　授：叶国菊　安天庆　朱卫华　朱永忠　陈才生　夏乐天　袁永生
副　教　授：丁万平　丁根宏　方小华　印凡成　孙合明　吴　坚　吴建伟
吴道明　张学莹　李晓军　杨际青　周继东　林建伟　郁大刚
郑苏娟　姚健康　胡庆云　钮　群　徐　援(2010.11退休)　徐小明
徐红梅　储继峰　董祖引
高级工程师：宋建平
高级实验师：郑松鹤

13. 外国语学院
教　　授：郑亚南　梁建萍
副　教　授：尤　震　王为民　王国权　孙宁宁　朱志梅　朱桂成　吴益华
张　帆　沈　琦　邹　亚　孟　军　范　锐　范晓慧　祝吉芳
徐　薇　袁一平　谈玉光　顾　翔　崔　霞　笪鸿安　彭辰宁
韩卫红　蔡　斌
副研究员：王明珍
高级工程师：丁风香
高级政工师：钱　微

14. 法学院
教　　授：邢鸿飞　李义松
副　教　授：王建文　刘惠明　成　红　沈绿野　陈广华　陈秀萍　徐　军
徐安住　晋　海　郭英华　龚鹏程

15. 体育系
教　　授：王建民　李育林　周　强　郭　平　褚宇帆
副　教　授：刘安兵　张迎春　张建滨　张晓欣　苏正南　陈庆平　胡晓娟
赵　玲　薛　涛　戴祖民

16. 党委办公室、统战部
教　　授：王济干　朱　拓　郑大俊
研　究　员：陈德奎
副　教　授：王建青
副研究员：郭继超

17. 组织部、党校
教　　授：张　勤

18. 纪委、监察处
副　教　授：王志峰　高德华

19. 宣传部
副　教　授：万国彤
副研究员：王如高
高级工程师：孙成群　孟　凯　胡富斌
主任编辑：贾克香

20. 校工会

副 教 授：舒红缨

高级政工师：金 华 戴玉良(2010.9退休)

高级会计师：王玉霞

21. 校长办公室

教 授：王 乘 朱跃龙 吴 远 唐洪武 徐卫亚 鞠 平

研 究 员：赵 坚

副 教 授：李乃富

副 研 究 员：李 枫

22. 合作发展委员会办公室、校友会办公室、教育发展基金会办公室

副 教 授：马成志

高级政工师：方 坚(2010.1退休)

23. 发展规划处

教 授：董增川

高级实验师：龚静怡

24. 教务处、国家大学生文化素质教育基地建设办公室

教 授：阮怀宁

副 教 授：叶鸿蔚 蔡正林

副 研 究 员：吴启坤(2010.11退休) 陈耀庭 武 荣

高级工程师：娄保东

高级政工师：梁素兰(2010.12退休)

25. 科技处

教 授：史安娜 任旭华

副 教 授：陈毓陵

副 研 究 员：王绍泉 陆宏生 金建新 赵启芳

高级工程师：虞希光 翟立群

26. 研究生院、党委研究生工作部

教 授：束龙仓 施建勇

研 究 员：姚纬明

副 教 授：张海军

副 研 究 员：高雪梅

27. 人事处

副 教 授：丰土根 蒋来娣

28. 人才交流中心

副 教 授：张心怡

副 编 审：吴俊燕

29. 财务处

高级会计师：刘继明 吴凤华 杜荣江 周语明 欧阳芳 黄 宁

副 研 究 员：倪晓红

30. 审计处

副 教 授：韩绪军

高级会计师：张超豪

31. 学生工作(部)处、人武部、校团委

副 教 授：刘 嵩 封学军 缪子梅

副 研 究 员： 刘兴平　张静芬　黄林楠

32. 国际合作处、国际教育学院、港澳台事务办公室

教　　授： 任立良

副 教 授： 管仪庆

33. 后勤管理处

副主任医师： 马红兵　王　泳　王达军　王澄农　华明亚　汤海兰　李振陶　浦　卫　蔡京巧

副主任药师： 马剑宁　赵淑玲

34. 资产管理处、信息中心

教　　授： 胡　明

副 研 究 员： 万亦农　江　红　吴宁萍　陆国宾　梁正和

高级工程师： 张　军　贺朝敖(2010.3 退休)

35. 离退休人员工作处

研 究 员： 郭祥林

高级实验师： 周志权(2010.2 退休)

36. 设计院

高级工程师： 李　晶　李梦侠　倪　军　黄　波　彭新宣　蒋　华

37. 出版社

副 教 授： 王　平

副 研 究 员： 武　青　施　萍

副 编 审： 毛积孝　朱　辉　吴劭文　陈玉国　周　勤　魏　连

38. 档案馆

研 究 馆 员： 张鸿业

副研究馆员： 王　清

39. 继续教育学院

研 究 员： 陈青生

副 研 究 员： 王瑞庆

高级工程师： 张　军

高级政工师： 许圣斌　谭江海(2010.12 退休)

40. 图书馆

教　　授： 卞艺杰　高新陵

研 究 馆 员： 吴东敏　杨晓宁(2010.12 退休)　谢友宁

副 教 授： 符晓陵

副 研 究 员： 扈昌鑫

副研究馆员： 王美珍　史宇清　朱兰芳　余清芬　武晓峰

高级政工师： 王冰花

41. 期刊部

编　　审： 马敏峰

副 研 究 员： 马　民　张荣安(2010.12 退休)

副 编 审： 许宇鹏　吴　玲　张志琴　陈吉平　徐广生(2010.10 退休)　彭桃英　高渭文　傅伟群　熊水斌

副研究馆员： 梁志建

高级工程师： 高建群

高级实验师： 施　业

42. 校办产业管理办公室

副 教 授：李冠华

副 研 究 员：董维武

高级工程师：马晓辉 余志颃 杨光中

43. 水文水资源与水利工程科学国家重点实验室

教 授：彭世彰

44. 水资源高效利用与国家工程安全研究中心

教 授：朱 伟 陈星莺

副 研 究 员：张亚群

高级政工师：祁本华

（二）江宁校区

江宁校区管委会

副 研 究 员：王 捷

（三）常州校区

1. 机电工程学院

教 授：包晔峰 朱天宇 朱灯林 纪爱敏 周 军 姚河清 赵占西 倪福生 梅志千 廖华丽

副 教 授：丁 坤 于东玖 卞新高 王占军 王锦桥(2010.3退休) 田松亚 白建波 朱炳麒 汤炳新 张根元 张 敏 肖 洪 苏 洲 陆亚珍 林 岗 胡友安 唐亚鸣 徐立群 钱雪松 康 兰 蒋永锋 谢智雄

副 研 究 员：李龙华

高级实验师：杨顺贞 周美英 傅 雯

2. 计算机与信息学院(常州)

教 授：朱昌平 李庆武 陈正鸣 范新南 费峻涛 薛云灿

副 教 授：丁海军 刘国高 刘 景 朱金秀 齐本胜 何坤金 张学武 张金波 杨启文 肖建康 陈慧萍 林善明 倪建军 康桂华 盛惠兴 黄 皎 景雪琴 韩光洁

高级工程师：牟 艳

高级实验师：宋凤琴 张亚新 殷 明

3. 商学院(常州)

教 授：王普查 吴凤平 张继国 杜 栋

副 教 授：冯兰萍 田 泽 刘晓农 安 文 吴庆平 杨志明 徐绪堪 梁 伟 潘江波

副 研 究 员：田晶华 刘奇洪

4. 人文社科部

教 授：纪玲妹

副 教 授：沈蓓菲 赵晓春 秦卫明

5. 数理教学部

教 授：张斌武

副 教 授：马会礼 王建永 何春元 熊传华

6. 外语教学部

教 授：郝雁南

副 教 授：任锡平 李永生 周自强 赵 婵

7. 体育教学部

副　教　授：沈丽英　　周　霏　　窦延军

8. 公共课教学部党总支

副　教　授：蒋建平

9. 党委办公室、管委会办公室、保卫工作办公室

教　　　授：吴继敏　　周建方　　潘洪林

副　教　授：刘丹平

10. 教务部

教　　　授：江　冰

副　教　授：王　萍

11. 科技与国际合作部

教授级高级工程师：蔡　新

12. 资产管理部

副 研 究 员：秦进东

高级工程师：徐留粉

13. 财务部

高级会计师：王　静　　张晓春　　李德生

14. 信息中心、图书馆

教　　　授：胡　钢

副　教　授：陈家骏

副 研 究 员：葛海蓉

副研究馆员：朱末霞　　谭德维

15. 后勤管理部

副　教　授：陆劲松

副主任医师：马　蓓

教职工基本情况分类统计

教职工结构统计

2010 年教职工人员分布情况统计表　　（人）

	教职工数							
	合计	专任教师	行政人员	教辅人员	工勤人员	科研机构人员	校办企业职工	其他附设机构人员
总　计	3304	1799	437	303	133	249	91	292
其中：女	1310	627	233	152	51	73	35	139
正高级专业技术职务	329	304	3	8	0	14	0	0
副高级专业技术职务	629	467	48	43	1	35	7	28
中级专业技术职务	1524	919	269	125	2	138	14	57
初级专业技术职务	278	92	78	39	0	52	1	16
未定专业技术职务	544	17	39	88	130	10	69	191

专任教师情况统计

表 1　2010 年专任教师学历(位)情况统计表　　（人）

	合计	博士研究生			硕士研究生			本　科		
		小计	其中：获学位		小计	其中：获学位		小计	其中：获学位	
			博士	硕士		博士	硕士		博士	硕士
总　计	1799	666	666		783		778	350		41
其中：女	627	199	199		265		264	163		20
正高级专业技术职务	304	217	217		69		69	18		1
副高级专业技术职务	467	168	168		196		196	103		13
中级专业技术职务	919	281	281		440		435	198		24
初级专业技术职务	92				61		61	31		3
未定专业技术职务	17				17		17			

表 2　2010 年专任教师年龄情况统计表　　（人）

	合计	30 岁及以下	31～35 岁	36～40 岁	41～45 岁	46～50 岁	51～55 岁	56～60 岁	61～65 岁	66 岁及以上
总　计	1799	493	374	272	252	269	89	35	11	4
其中：女	627	224	157	98	84	34	22	8		
正高级专业技术职务	304		1	13	73	134	48	20	11	4
副高级专业技术职务	467	4	77	109	116	116	33	12		
中级专业技术职务	919	390	291	147	61	19	8	3		
初级专业技术职务	92	82	5	3	2					
未定专业技术职务	17	17								

表 3　2010 年专任教师学科分布情况统计表　　（人）

	合计	正高级专业技术职务	副高级专业技术职务	中级专业技术职务	初级专业技术职务	未定专业技术职务
总　计	1799	304	467	919	92	17
其中：女	627	65	158	345	53	6
哲　学	59	20	11	16	12	
经济学	90	16	31	42	1	
法　学	48	2	13	30	3	
教育学	94	6	25	44	13	6
文　学	150	5	28	94	21	2
历史学	8		2	5	1	
理　学	138	8	37	79	14	
工　学	1081	228	280	546	18	9

续表

	合计	正高级专业技术职务	副高级专业技术职务	中级专业技术职务	初级专业技术职务	未定专业技术职务
农 学	22	5	10	7		
医 学	1			1		
管理学	108	14	30	55	9	

离退休职工情况统计

表1 离退休人员情况统计表 （人）

	合计	教师(专业技术职务)				干部(行政职务)				工人
		正高级	副高级	中 级	初 级	司局级	处级	科级	其他	
总 计	1478	222	439	213	5	32	10	133	21	303
其中：2010年退休	52	2	13	6		1	8	7	2	13
离 休	71	4	18	2		22	16	3	6	
退 休	1407	218	421	211	5	10	94	130	15	303

表2 2010年退休人员名单

姓 名	性别	出生年月	退休前		参加工作时间	退休时间	备 注
			单 位	行政(技术)职务			
方 坚	男	1950.1	三办	高级政工师	1968.3	2010.1	
吴立新	女	1955.1	后勤管理处	主治医师	1971.12	2010.1	
王建萍	女	1955.1	档案馆	工程师	1969.12	2010.1	
周志权	男	1950.2	离退休工作处	高级实验师	1974.7	2010.2	
张宗德	男	1950.2	水文水资源学院	高级实验师	1968.4	2010.2	
姚煜华	男	1950.2	保卫处	高级工	1965.12	2010.2	
董财荣	女	1960.2	校办产业管理办公室	高级工	1977.10	2010.2	
魏桂福	男	1950.2	后勤集团	高级工	1968.10	2010.2	提前退休转正式退休
贺朝敖	男	1950.3	资产管理处	高级工程师	1969.1	2010.3	
赵如琴	女	1955.3	计算机与信息学院	幼教高级	1973.5	2010.3	
王庆章	男	1950.3	后勤集团	高级工	1968.12	2010.3	提前退休转正式退休
杜传玉	男	1950.3	后勤集团	高级工	1970.3	2010.3	提前退休转正式退休
丁春凤	女	1955.4	后勤管理处	幼教一级	1972.11	2010.4	
李萍 A	女	1955.4	图书馆	馆 员	1973.5	2010.4	
管人地	男	1950.4	港口海岸与近海工程学院	副教授	1969.11	2010.4	
彭银宝	男	1950.5	基建处	助理工程师	1969.3	2010.5	

续表

姓 名	性别	出生年月	退休前		参加工作时 间	退休时间	备 注
			单 位	行政(技术)职务			
曹有虎	男	1950.5	后勤集团	助理研究员	1969.1	2010.5	提前退休转正式退休
蒯月秋	女	1960.6	出版社	高级工	1981.9	2010.6	
吴春玲	女	1960.6	后勤集团	高级工	1978.8	2010.6	
裴玉琴	女	1955.6	校长办公室	助理工程师	1973.4	2010.6	
李静美	女	1955.6	校长办公室	助理工程师	1973.4	2010.6	
曹家和	男	1948.6	商学院	教 授	1967.11	2010.6	
王炳平	男	1949.8	后勤集团	高级工	1969.7	2009.8	
庄卫华	女	1950.7	计算机与信息学院	副教授	1971.9	2010.7	
赵 闯	男	1950.7	基建处	科 员	1968.11	2010.7	
谷世荣	男	1950.7	后勤集团	副 科	1968.3	2010.7	
张银秀	女	1960.7	后勤集团	技 师	1979.10	2010.7	
林义兴	男	1950.8	水利水电学院	高级实验师	1978.1	2010.8	
邹明德	男	1950.8	港口海岸与近海工程学院	讲 师	1970.9	2010.8	
陈礼和	男	1950.8	土木与交通学院	副教授	1968.12	2010.8	
方 静	女	1950.8	能源与电气学院	副研究员	1969.4	2010.8	
孟庆山	男	1950.8	后勤集团	高级工	1969.11	2010.8	提前退休转正式退休
杭建君	女	1960.8	校办产业管理办公室	高级工	1981.4	2010.8	提前退休转正式退休
戴玉良	男	1950.9	工 会	高级政工师	1970.7	2010.9	
吴世友	男	1950.9	环境学院	高级政工师	1969.10	2010.9	
尹晓玲	女	1955.9	财务处	经济师	1974.2	2010.9	
吴惠兰	女	1955.9	纪委办公室	政工师	1974.12	2010.9	
王小亮	男	1950.9	后勤集团	高级工	1964.10	2010.9	提前退休转正式退休
李崇辉	女	1954.4	水文水资源学院	副研究员	1970.12	2010.10	
陆晓平	男	1950.10	计算机与信息学院	副研究员	1968.10	2010.10	
徐广生	男	1950.10	期刊部	副编审	1968.12	2010.10	
王本立	男	1950.10	出版社	高级工	1968.11	2010.10	
梁 军	女	1960.10	图书馆	技 师	1980.12	2010.10	
罗文洲	男	1950.10	后勤集团	高级工	1968.4	2010.10	提前退休转正式退休
李 平	女	1955.10	校办产业管理办公室	高级工程师	1982.3	2010.10	提前退休转正式退休
杨周道	男	1949.3	校办产业管理办公室	讲 师	1966.11	2009.3	
徐 援	女	1955.5	理学院	副教授	1973.10	2010.11	

续表

姓　名	性别	出 生 年 月	退　休　前		参加工作时　　间	退休时间	备　注
			单　位	行政(技术)职务			
吴启坤	女	1950.11	教务处	副研究员	1968.10	2010.11	
张　辉	男	1950.11	基建处	技　师	1969.3	2010.11	
姜弘道	男	1940.11	力学与材料学院	教　授	1961.9	2010.11	
张荣安	男	1950.12	期刊部	副研究员	1969.3	2010.12	
孙　宁	女	1955.12	水文水资源与水利工程科学国家重点实验室	实验师	1973.6	2010.12	
谭江海	女	1950.12	继续教育学院	高级政工师	1965.8	2010.12	
梁素兰	女	1950.12	教务处	高级政工师	1968.11	2010.12	
顾　珺	女	1960.12	财务处	高级工	1980.12	2010.12	
陈建宁	男	1950.12	土木与交通学院	技　师	1968.3	2010.12	
杨晓宁	男	1950.12	图书馆	研究馆员	1968.10	2010.12	
陆　樵	男	1950.12	后勤集团	高级工	1968.12	2010.12	提前退休转正式退休
李　洁	女	1960.5	常州校区图书馆	高级工	1976.6	2010.5	
段　平	女	1955.6	商学院(常州)	主任科员	1976.3	2010.6	
王锦桥	男	1949.12	机电工程学院	副教授	1969.3	2010.12	
陈敏芝	女	1959.12	常州校区图书馆	高级工	1980.3	2010.12	

教职工增减情况统计

表 1　2010 教职工增加情况统计表　　(人)

	合计	新　增　人　数(人)											
		当 年 毕 业 生				博士后出站留校	回国定居	转业复员	招工	调　入			其他
		博士生	硕士生	本科生	大专中专生					省外调入	省内调入	市内调入	
小　计	125	62	30	5		10	9	1		1	1	3	3
其中:女	53	24	19	1		3	3			1	1	1	
正高级专业技术职务	3											2	1
副高级专业技术职务	4					1	1					1	1
中级专业技术职务	8	8											
初级专业技术职务	5	1	3				1						
未定专业技术职务	105	53	27	5		9	7	1		1	1		1

表2　2010教职工减少情况统计表　（人）

	合　计	减　少　人　数									
		升学	自费留学	出国定居	合同期满	辞职	离退休	除名	死亡	调出	其他
小　计	82					12	53		5	10	2
其中：女	40					7	29			3	1
正高级专业技术职务	6						3		2	1	
副高级专业技术职务	23					1	20		1	1	
中级专业技术职务	21					5	9		1	6	
初级专业技术职务	7						4			2	1
未定专业技术职务	25					6	17		1		1

死亡人员情况统计

2010年河海大学教职工死亡人员名单统计表

姓　名	性　别	出生年月	原工作单位	原行政(技术)职务	死亡时间
朱　华	男	1944.6	水文水资源学院	副所长、教授	2010.2.19
杨毓臻	男	1915.1	保卫处	处　长	2010.2.26
夏颂佑	男	1933.4	水利水电学院	所长、教授	2010.3.5
张祖贤	男	1934.5	图书馆	馆长、教授	2010.3.9
朱岳明	男	1958.3	水利水电学院	副主任、教授	2010.3.21
杨玉清	男	1927.8	后勤伙食科	工　人	2010.4.2
徐关泉	男	1931.11	水利水电学院	教　授	2010.4.16
杨伯时	男	1926.4	公共管理学院	副教授	2010.4.16
寒　萍	男	1921.5	商学院	副主任	2010.5.6
程云山	男	1964.7	能源与电气学院	副教授	2010.5.15
刘治中	男	1945.10	水文水资源学院	副教授	2010.5.29
张惠贤	女	1933.4	力学与材料学院	副教授	2010.6.22
周恩济	男	1917.9	水文水资源学院	教　授	2010.7.9
李振乾	男	1929.10	资产管理处	工　人	2010.7.12
宗序周	男	1924.10	校党委	副书记	2010.7.14
王加泉	男	1932.10	体育系	副教授	2010.8.12
陈光文	男	1954.12	后勤集团	工　人	2010.8.28
张宗尧	男	1937.9	力学与材料学院	副教授	2010.9.6
杨克己	男	1929.7	港口海岸与近海工程学院	教　授	2010.9.13
胡贵平	男	1939.2	土木与交通学院	教　师	2010.9.23
郭　颖	女	1926.10	组织部	部　长	2010.10.16

续表

姓　名	性　别	出生年月	原工作单位	原行政(技术)职务	死亡时间
郭建平	男	1967.6	公共管理学院	讲　师	2010.10.20
张蓉生	男	1955.12	能源与电气学院	教　授	2010.10.24
楼申芬	女	1934.6	外国语学院	副教授	2010.11.28
高鸿达	男	1918.3	印刷厂	会　计	2010.12.14
徐翠英	女	1927.9	保卫处	工　人	2010.12.23
胡美娟	女	1936.10	后勤集团	工　人	2010.12.30

（人事处、离退休工作处、常州校区供稿）

合作与交流

国际(境外)合作与交流

一、国际及与港澳台合作与交流

2010年与境外大学、研究机构新签协议及备忘录10份，举办国际会议5次，与荷兰代尔夫特科技大学在上海世博园共同举办“面向中荷三角洲和沿海开发合作研讨会”。

全年接待来访专家学者300人，其中港澳台访问团7批次共85人，长期外籍语言及科技专家14人，境外大学校长、院士及国际学会主席等重要人士22人；出访团组150余批次，221人次出国(境)访问或参加学术会议；共派出研究生、本科生出国攻读学位及交流190人，其中赴法参加合作项目的学生比去年增加30%，达61人。

2010年获准并顺利实施教育部和国家外专局海外名师项目、“中荷关于江苏沿海开发合作研究”特色项目、教育部对台重点项目等。新增教育部和国家外专局“海外名师项目”(陈清祥，美国，工程力学)、“江苏沿海地区开发研究聘请外教特色项目”，并顺利实施教育部和国家外专局“高等学校学科创新引智111计划”。

2010年度与荷兰IHE联合招收水信息学、水文学及水资源、港口和海岸工程专业硕士研究生11人，并顺利完成在我校一个学期的阶段学习，将赴荷兰深造。

7月3—8日，实施教育部对台重点项目“台湾青少年健美操代表团训练交流项目”。在6天的交流活动期间里，来自台湾高校的5名教师和15名健美操运动员与河海大学师生一起，进行健美操训练和比赛交流，并开展一系列文化交流活动。

二、外国留学生教育

学校获教育部中国政府奖学金自主招生的资格。留学生规模继续扩大，全年来校留学生285人，比去年同期增长12%；培养层次进一步提高，形成了以长期学历生为主，特别是研究生占学历生比例较高的格局，目前在校学历生占70%，而学历生中研究生占59.2%。

留学生来源进一步多样化。在校生中有中国政府奖学金生、外国政府奖学金生、联合国机构组织奖学金生、学校奖学金生、企业奖学金生、交换生、自费生等，分别来自66个国家；今年和美国杰克逊州立大学和越南城西大学签订了上述两校向我校输送留学生的协议；我校今年成为实施《中国一苏格兰博士生教育及高教伙伴关系的合作协议》高校之一。

推进全英文课程授课的专业建设，按一级学科启动了水利水电工程专业培养方案中英文版本的制订工作。

已向教育部国际合作与交流司、UNESCO中国全委会、水利部国科司递交了关于筹建UNESCO-IHE亚洲分院的申请材料，作为荷兰IHE在亚洲区域的镜像分支机构，不仅取得与UNESCO国际水利环境学院一样的、联合国教科文组织一类中心的地位，而且成为由中国政府支持联合国教科文组织的有机组成部分，将通过师生交换、合作教研、联合培养研究生，提升我校水利学科的国际知名度。

创新的招生和培养模式。积极与我国有海外工程业务的有关公司和企业进行紧密合作，设立企业奖学金，校企联合招收和培养留学生。首期由中国港湾工程有限公司设立全额奖学金资助的在我校学习水文学及水资源硕士学位专业的10名苏丹学生顺利完成学业，苏丹驻华大使和中港集团董事长孙子宇亲自参加毕业典礼，《中国日报》、《中国商报》、江苏教育电视台都做了报道，扩大了学校的影响。与中国水电顾问集团昆明勘测设计研究院签署《联合招收和培养东南亚留学生的服务协议》，首期由河海大学和中国水电顾问集团昆明勘测设计研究院联合招收和资助的5名老挝学生已经入学。

交换生项目得到加强。在继续开拓非洲和东南亚等我校传统生源地市场的同时，积极通过交换生项目开拓发达国家教育市场，促成我校在法国的友好学校——杜埃矿业学院派出5名学生到我校攻读水利水电工程、岩土工程、环境工程等专业硕士学位。

国内合作与交流

一、合作发展委员会工作

河海大学合作发展委员进一步加强学校与各成员单位之间的联系，积极为成员单位提供优秀毕业生和各种规格的人才培养服务，与成员单位共享优质资源，共同开展高素质人才的培养。进一步加强科技合作，积极寻求新的增长点，促进科技合作和科技成果转化向纵深发展，促进成员单位工程技术专家和管理专家与学校的交流与合作。做好合作发展委员会成员单位考生的本科招生工作和推荐免试研究生的工作。做好合作发展委员会成员单位之间的日常沟通和联系工作，确保成员单位与学校有关部门的联络与协调工作正常进行。

访问合作发展委员会成员单位。校领导朱拓、王乘等分别率团访问了合作发展委员会的成员单位，与成员单位保持了密切的联系与合作。走访的成员单位主要有：中国交通建设股份有限公司、中国水电工程顾问集团公司、中国水利水电建设集团公司、中国人民武装警察部队水电指挥部、水利部长江水利委员会、水利部黄河水利委员会、水利部淮河水利委员会、水利部珠江水利委员会、水利部松辽水利委员会、水利部海河水利委员会、水利部太湖流域管理局、江苏省水利厅、吉林省水利厅、云南省水利厅、广西壮族自治区水利厅、南通市人民政府、连云港市人民政府、水利部水利水电规划设计总院、中国水电顾问集团昆明勘测设计研究院、中国水电顾问集团贵阳勘测设计研究院、中国水电顾问集团东北勘测设计研究有限责任公司、中国水电顾问集团北方勘测设计研究有限公司、中交集团上海航道局有限公司、中交集团第三航务工程局有限公司、水利部淮河水利委员会沂沭泗水利管理局、连云港港口集团有限公司、贵州乌江水电开发有限责任公司、华能澜沧江水电有限公司等单位。并与中国水电工程顾问集团公司、海河水利委员会、水利部太湖流域管理局、江苏省水利厅、中交集团上海航道局有限公司、中交集团第三航务工程局有限公司、连云港市人民政府、连云港港口集团有限公司、中国水电顾问集团贵阳勘测设计研究院等单位签署了全面合作框架协议。

接待合作发展委员会成员单位来访。合作发展委员会成员单位多次来访学校，与我校就人才培养、科学研究、成果转化等方面进行了深入的交流与探讨，对河海大学的发展给予了高度的评价。来访的单位主要有：中国长江三峡集团公司、宁波市水利局、江苏省科技厅、中国人民武装警察部队水电指挥部、南京市水利局、南京市江宁区人民政府、南京市鼓楼区人民政府、中国水电顾问集团北京勘测设计研究院等单位。

二、校友会工作

河海大学校友会第二届会员代表大会成功召开。10 月 26 日，来自全国各地的近百位校友代表，参加了河海大学校友会第二届会员代表大会，会议听取了第一届校友会会长张长宽教授所做的理事会工作报告。王乘校长代表学校，向出席大会的各位校友和来宾介绍了学校近 5 年来在学科建设、人才培养、科学研究、师资队伍建设、后勤保障与社会服务等方面取得的成绩。校友代表、江苏省水利厅厅长吕振霖、深圳校友会副会长龚南代表广大校友和各地校友分会作了发言。大会选举产生了河海大学校友会第二届理事会理事，在随后召开的河海大学校友会第二届理事会第一次会议上，通过了第二届校友会顾问名单，选举产生了第二届理事会常务理事、理事会会长、副会长、秘书长，聘任了第二届理事会副秘书长。王乘校长当选为第二届校友会会长。大会筹备工作得到江苏省民政厅、江苏省教育厅等相关部门的悉心指导和各地校友的积极配合。广州、浙江、甘肃等校友分会也纷纷发来贺信。

正式启动校友信息系统的建设工作，整合校友资源，收集整理了校友数据 7 万余条，建立了校友名录。通过 2009 年度校友会和《校友通讯》的年审。更换了校友会法人登记证书和组织机构代码证书，对校友会负责人信息进行了备案。参加 2010 年江苏省高校校友工作研讨会，协助组织和参加各级各类校友毕业返校聚会活动。编辑、出版《校友通讯》期刊 4 期。

加强与各地校友分会和校友的交流。一年来，先后走访了淮河水利委员会、新疆、甘肃、上海、福建、厦门、广州、深圳等地的校友分会，召开校友座谈会十多场，接触校友 200 多人，了解校友的工作、学习、生活情况，向广大校友介绍学校近期的发展情况，带去了母校的问候，加强了校友和校友之间、校友和学校之间的联系和交流。浙江、江西、宁夏等地校友分会正在积极筹建。

三、教育发展基金会工作

基金会充分利用学校的人才、技术、设施等资源优势和学校良好的社会影响，通过社会捐赠、盘活资产、开展合作等途径，本年度为学校事业发展筹措资金近 6000 万元。完成了“和汇奖学金、助学金”、“科普柯系列奖学金”、“吴佳琪奖学金”、“宝钢教育奖”、“潘家铮水电奖学金”、“张光斗科技教育基金一优秀学生奖学金”、“严恺教育科技基金”和“徐芝纶教育基金”有关奖项的评审、颁奖、发放奖金等一系列工作。起草了“关于积极争取社会捐赠、规范管理流程”等 7 个与基金管理相关的文件，并与有关部门进行沟通、协调、征求意见。

做好对各类基金的综合管理、日常捐赠和基金运作方面的工作，加强了基金捐赠人与学校有关部门的联络与协调工作。在省教育厅和省民政厅的指导和监督下，在有关部门的配合下，认真准备、精心组织，完成了 2009 年度基金会年检工作和 2010 年度免税资格的复核工作。

按照章程规定，召开河海大学教育发展基金会理事会两次，与会理事、监事听取了河海大学教育发展基金会 2009 年度运作情况和财务状况的报告，审阅了基金会 2009 年度工作报告、2009 年度审计报告，讨论了基金会接受的非定向捐赠款项的投向使用，决定支持河海大学教育事业的发展和建设，资助河海大学经济困难学生完成学业，奖励优秀学生和教师，支持河海大学改善办公环境与条件。

相 关 统 计

国际合作项目统计

2010 年国际合作项目统计表

国家	合作单位	协议内容	签订时间
英国	伦敦大学玛丽皇后学院	河海大学与伦敦大学玛丽皇后学院合作意向备忘录	2010.1.20
法国	里尔科技大学	河海大学与里尔力学试验中心合作协议	2010.4.15
越南	水利大学	河海大学与越南水利大学合作意向备忘录	2010.4.21
英国	邓迪大学	河海大学与英国邓迪大学“3+1+1”学士一硕士培养计划	2010.5.30
加纳	夸梅恩克鲁玛科技大学	河海大学与加纳夸梅恩克鲁玛科技大学合作意向备忘录	2010.6.6
日本	长冈技术科学大学	河海大学与长冈技术科学大学科研与教育合作协议续订	2010.6.17
荷兰	联合国教科文组织水教育学院	联合国教科文组织水教育学院水教育与研究全球合作伙伴	2010.7.2
美国	爱达荷大学	河海大学与美国爱达荷大学教学与科研合作备忘录	2010.11.5
英国	斯特莱斯克莱德大学	河海大学与英国斯特莱斯克莱德大学合作协议	2010.11.8
荷兰	联合国教科文组织水教育学院	河海大学与联合国教科文组织水教育学院联合培养硕士备忘录	2010.11.26

聘请外籍教师情况统计

聘请外籍教师情况统计表

序号	姓 名	性别	国 籍	任教时间	从事工作
1	Deborah Wang	女	美 国	2009.8—2010.12	英语教学
2	Patricia Xavier	女	英 国	2009.8—2010.12	英语教学
3	Alexander Baron	男	美 国	2009.8—2010.12	期刊部编辑
4	Keith Budd	男	英 国	2009.8—2009.12	英语教学
5	Andrew Trapp	男	美 国	2010.4—2010.12	英语教学
6	Jamie Murphy	男	英 国	2009.8—2010.8	英语教学
7	Miklos Nyary	男	美 国	2009.8—2010.8	英语教学
8	Ryan Devane	男	新西兰	2009.9—2010.6	英语教学
9	Heather Pavey	女	美 国	2010.3—2010.12	英语教学
10	David Kindred	男	加拿大	2010.3—2011.1	英语教学
11	Sebastien Giambra	男	比利时	2010.3—2011.1	英语教学
12	高桥公哉	男	日 本	2010.3—2011.1	日语教学
13	Elizabeth Doughty	女	澳大利亚	2010.4—2010.11	公共管理教学
14	Chris Moyer	男	美 国	2010.8—2010.12	英语教学

留学生培养情况统计

2010 年留学生培养情况统计表

国 别	本科	硕 士 研究生	博 士 研究生	普通 进修	高级 进修	访问 学者	短期	其他	小计
合 计	63	64	37	97	1		22	1	285
澳大利亚				1			6		7
阿尔及利亚	2	4		4					10
埃塞俄比亚		1		2					3
安哥拉	1			1					2
贝 宁		2	2						4
布隆迪	9	2	1	2					14
赤道几内亚	5			1					6
多 哥		1							1
厄立特里亚		1							1
佛得角	1								1
冈比亚	1								1
刚果(布)	3	2		3					8
刚果(金)	1								1
几内亚	1	1	2						4
几内亚比绍	1								1
加 纳		1	4	8					13
加 蓬	2								2
津巴布韦		1		1					2
喀麦隆				2					2
科特迪瓦	1								1
肯尼亚	1			3					4
莱索托	1								1
卢旺达	2	1		2					5
摩洛哥			1						1
莫桑比克	1								1
尼日尔	1								1
尼日利亚	3	3	2	9					17
塞拉利昂	1	2							3
塞舌尔	3								3
苏 丹		13	1						14
坦桑尼亚	3	3		1					7

续表

国　别	本科	硕　士 研究生	博　士 研究生	普通 进修	高级 进修	访问 学者	短期	其他	小计
突尼斯				1					1
乌干达	2								2
赞比亚	1	1		1					3
中　非		1							1
阿根廷				3					3
哥伦比亚		1		1					2
哥斯达黎加				1					1
洪都拉斯	1								1
美　国				12			10		22
墨西哥							1		1
爱尔兰				1					1
爱沙尼亚				1					1
波　兰				2					2
丹　麦				5					5
法　国		5		8			2		15
荷　兰			1	1					2
葡萄牙				1					1
斯洛文尼亚				1					1
西班牙				1					1
意大利				1					1
英　国				1	1				2
柬埔寨		1							1
老　挝	3	2							5
马来西亚							3		3
孟加拉国		1							1
缅　甸			4						4
斯里兰卡	1								1
土耳其		1		1					2
叙利亚		3	2	2					7
也　门	3			1					4
伊拉克			5	4					9
伊　朗			1	2					3
印度尼西亚	2	1	1	2					6
约　旦	1								1
越　南	5	9	10	3				1	28

国际会议情况统计

主办、承办国际会议情况统计表

时　间	会议名称及主题	会议地点	主 办 单 位	学校代表（人）	境外学者（人）	境内学者（人）	境内论文（篇）	境外论文（篇）	学校论文（篇）
2010.3.20—21	中美土木工程鉴定与加固学术研讨会	河海大学	土木与交通学院	95	7	95	1	7	1
2010.5.19—21	大跨径桥梁维护新技术国际学术研讨会	河海大学	土木与交通学院	20	3	60	10	5	3
2010.10—20	地表水与地下水相互作用对流域生态系统的影响学术研讨会	河海大学	国际合作处	15	5	15	5		
2010.10.29—31	统计与管理科学国际会议	河海大学	商学院	40	4	130	103	1	50
2010.11.19—21	第五届国际水资源综合管理暨第三届国际水文学研究方法学术研讨会	河海大学	水文水资源与水利工程科学国家重点实验室和水文水资源学院	50	30	170	90	20	36

来访人员情况统计

境外来访人员情况统计表

国别（地区）	来 访 单 位	来访专家或负责人姓名	行政(技术)职务	来访目的	来访时间	接 待 单 位
越　南	土木工程大学	DAO Tang Kiem	所　长	学术交流	2010.1.5	国际合作处
日　本	京都大学	徐培亮	教　授	学术报告	2010.3.16	地球科学与工程学院
英　国	国王大学	FLorian Pappenberger 等 3 人	博　士	学术报告	2010.3.17	水文水资源学院
英　国	斯特莱斯克莱德大学	罗国麟	院　士 教　授	学术交流	2010.3.18	国际合作处、能源与电气学院
老　挝	能源与矿产部	Chareune inthavy 等 15 人	主　任	合作访问	2010.3.27	国际合作处、水利水电学院
美　国	华盛顿州立大学	肯尼思等 5 人	教　授	学术会议	2010.3.20	土木与交通学院
美　国	杰克逊州立大学	陈美琪	主　任	合作访问	2010.3.25	国际合作处
日　本	德岛文理大学	丸林英俊	教　授	学术报告	2010.3.26	理学院
美　国	加州州立大学富乐敦分校	Robert Palmer 等 3 人	副校长	合作访问	2010.3.29	国际合作处
澳大利亚	澳大利亚青年志愿者	Elizabeth Doughty	博　士	合作交流	2010.4.1	公共管理学院、国际合作处
加　纳	Kwame Nkrumah 科技大学	Kwafo Adarkwa 等 4 人	校　长	合作访问	2010.4.6	国际合作处
新加坡	南洋理工大学	楚　剑	教　授	学术报告	2010.4.8	土木与交通学院

续表

国别（地区）	来访单位	来访专家或负责人姓名	行政(技术)职务	来访目的	来访时间	接待单位
英　国	英国国家电网公司	周小尧	博　士	学术报告	2010.4.16	能源与电气学院
加拿大	国立水利研究院	B.G. Krishnappan	教　授	学术交流	2010.4.18	国际合作处
越　南	越南水利大学	Le Dinh Thanh	副校长	合作访问	2010.4.21	国际合作处
法　国	杜埃矿业学院	karine	主　任	合作访问	2010.4.26	国际合作处
荷　兰	代尔夫特科技大学	Cees Timmers	主　任	合作访问	2010.4.27	国际合作处
荷　兰	Utrecht 大学	Toner Hoitink	博　士	学术报告	2010.5.4	港口海岸与近海工程学院
巴基斯坦	巴基斯坦大学	李新生	主　任	合作访问	2010.5.11	国际合作处
英　国	特许水务与环境管理学会	保罗霍顿等 3 人	研究员	合作访问	2010.5.12	国际合作处、水利水电学院
瑞　士	瑞士联邦工学院	Walter Graf	教　授	学术交流	2010.5.14	国际合作处
香　港	香港科技大学	吴宏伟	教　授	学术交流	2010.5.19	土木与交通学院
新加坡	新加坡国立大学	赖载兴等 7 人	教　授	合作访问	2010.5.24	国际合作处
香　港	香港理工大学	梁达强等 49 人	副主任	学术交流	2010.5.29	体育系
英　国	英国邓迪大学	Anne Anderson 等 3 人	副教授	合作访问	2010.5.31	国际合作处
美　国	杰克逊州立大学	陈美琪	主　任	合作访问	2010.5.31	国际合作处
加拿大	瑞尔森大学	刘金元	博　士	学术报告	2010.6.1	土木与交通学院
香　港	香港理工大学	Wong Kit Po 等 2 人	教　授	学术交流	2010.6.3	水文水资源与水利工程科学国家重点实验室
澳大利亚	西澳大学	Brett Nener 等 3 人	教　授	学术交流	2010.6.4	水文水资源与水利工程科学国家重点实验室
法　国	里尔科技大学	Salah Maouche 等 6 人	副校长	合作访问	2010.6.8	国际合作处
日　本	长冈技术大学	陆旻皎	教　授	合作访问	2010.6.10	国际合作处
瑞　士	瑞士洛桑学院	Caroline Mathies	讲　师	学术报告	2010.6.11	国际合作处
英　国	邓迪大学	Dong-Sheng Jeng	教　授	学术交流	2010.6.11	港口海岸与近海工程学院
美　国	密西西比大学	Mingliang ZHANG	教　授	学术报告	2010.6.13	港口海岸与近海工程学院
新西兰	坎特博雷大学	鲍勃·瑞德	院　长	合作访问	2010.6.17	商学院
台　湾	中华大学	李煜舲	教　授	学术报告	2010.6.18	港口海岸与近海工程学院
日　本	德岛大学	蒋景彩	教　授	学术报告	2010.6.18	土木与交通学院
美　国	佛罗里达大学	Y. Peter Sheng	教　授	学术报告	2010.6.18	港口海岸与近海工程学院
英　国	普利茅斯大学	陈永平	博　士	学术报告	2010.6.18	港口海岸与近海工程学院
美　国	密苏里科技大学	Mehmet B. Can Ulker	博　士	学术报告	2010.6.13	水利水电学院

续表

国别(地区)	来访单位	来访专家或负责人姓名	行政(技术)职务	来访目的	来访时间	接待单位
德　国	罗斯托克大学	Peter Frohle	博　士	学术报告	2010.6.28	港口海岸与近海工程学院
美　国	哥伦比亚大学	Upmanu Lall	教　授	学术交流	2010.6.30	水文水资源学院
香　港	香港科技大学	汤有光	教　授	学术交流	2010.6.30	水文水资源学院
台　湾	万能科技大学	周佳宏等 20 人	教　练	学术交流	2010.7.4	港澳台事务办公室、体育系
日　本	国际水利学会	Nobuyuki Tamai	主　席	合作访问	2010.9.11	国际合作处
西班牙	国际水利学会	Christopher George	秘书长	合作访问	2010.9.11	国际合作处
越　南	越南水利大学	崔铭楚	副校长	学术交流	2010.9.25	港口海岸与近海工程学院、国际合作处
挪　威	奥斯陆大学	Lars Gottschalk	院　士	学术报告	2010.9.27	水文水资源与水利工程科学国家重点实验室
奥地利	格拉兹大学	E. Bauer	教　授	学术交流	2010.9.27	水利水电学院
美　国	密西西比州立大学	韩凤祥	副教授	学术报告	2010.9.29	水利水电学院
美　国	西弗吉尼亚大学	戴维劳斯	教　授	学术报告	2010.9.30	水文水资源与水利工程科学国家重点实验室
香　港	香港城市大学	Hong Yan	教　授	学术报告	2010.9.30	能源与电气学院
美　国	俄亥俄州立大学	Larry C. Brown	教　授	学术报告	2010.10.9	水利水电学院
日　本	东京电力公司	曹祥麟	教　授	学术报告	2010.10.11	能源与电气学院
英　国	英国顿迪大学	Ji—Sheng Zhang	博　士	学术交流	2010.10.12	港口海岸与近海工程学院
瑞　典	阿特拉斯·科普柯公司	麦格勒斯	总　裁	合作访问	2010.10.12	教育发展基金会办公室
美　国	国际土力学及岩土工程协会	Pinto Petro	教　授	学术交流	2010.10.14	土木与交通学院
美　国	加州大学伯克利分校	石根华	教　授	学术交流	2010.10.14	土木与交通学院
美　国	劳伦斯伯克利国家实验室	Jonny Rutqvist	教　授	学术交流	2010.10.14	土木与交通学院
台　湾	台湾大学	刘格非	教　授	学术交流	2010.10.14	土木与交通学院
美　国	劳伦斯·伯克利实验室	Stefan Finsterle 等 2 人	博　士	学术交流	2010.10.21	土木与交通学院
德　国	罗斯托克大学	Christian Schlamkow 等 2 人	教　授	学术交流	2010.10.22	港口海岸与近海工程学院
美　国	弗吉尼亚海洋研究所	马平亚	教　授	学术交流	2010.10.29	港口海岸与近海工程学院

续表

国别（地区）	来访单位	来访专家或负责人姓名	行政(技术)职务	来访目的	来访时间	接待单位
美　国	美国沙漠研究所	张　勇	教　授	学术报告	2010.11.3	水文水资源与水利工程科学国家重点实验室
英　国	英国 Strathclyde 大学	Julian Feuchtwang-Foy	博　士	学术报告	2010.11.5	能源与电气学院
美　国	爱达荷大学	Baker Dung	副校长	合作访问	2010.11.5	国际合作处
英　国	斯特拉思克莱德大学	Scott Macgregor 等 2 人	院　长	合作访问	2010.11.9	能源与电气学院、国际合作处
台　湾	中原大学	黄坤锦	教　授	学术交流	2010.11.9	公共管理学院
香　港	香港科技大学	李宗津	教　授	学术报告	2010.11.19	土木与交通学院
印度尼西亚	交通部	Endang Puji Lestari 等 7 人	主　任	合作访问	2010.11.25	国际合作处、港口海岸与近海工程学院
墨西哥	墨西哥第三世界水管理研究所	塞西莉亚·陶塔嘉达	教　授	学术交流	2010.11.26	公共管理学院
日　本	国际水资源协会	詹姆士·倪昆	教　授	访问交流	2010.11.26	期刊部
法　国	国际水资源协会	汤姆·苏	博　士	访问交流	2010.11.26	期刊部
美　国	加州大学富乐敦分校	王世本	副校长	学术交流	2010.12.3	国际合作处
法　国	里尔科技大学	Beatrice Delpouve 等 2 人	主　任	合作访问	2010.12.4	国际合作处
台　湾	中华台北大专院校体育总会	陈坤宁等 10 人	教　授	访问交流	2010.12.6	体育系
日　本	日本中央大学	山田正等 4 人	教　授	合作访问	2010.12.7	国际合作处、土木与交通学院
加拿大	加拿大 Dalhousie 大学	申锦瑜	教　授	学术交流	2010.12.27	港口海岸与近海工程学院、国际合作处

公派出国(境)人员情况统计

短期公派出国(境)人员情况统计表

序号	姓　名	单　　位	专业技术职务	国家（地区）	时　间
1	何秀凤	地球科学与工程学院	教　授	澳大利亚	2010.1.11—1.20
2	王慧敏	水文水资源与水利工程科学国家重点实验室	教　授	香　港	2010.1.30—3.1
3	谢悦波	水文水资源学院	教　授	荷　兰	2010.2.1—4.30
4	姜翠玲				
5	张丹蓉		副教授		
6	王　超	环境学院	教　授	美　国	2010.3.1—3.31
7	钱　进		讲　师		
8	侯　俊				

续表

序号	姓 名	单 位	专业技术职务	国家（地区）	时 间
9	刘斯宏	水利水电学院	教 授	美 国	2010.3.13—3.18
10	沈振中	水利水电学院	教 授	美 国	2010.3.13—3.18
11	张燎军	水利水电学院	教 授	美 国	2010.3.13—3.18
12	强 晟	水利水电学院	副教授	美 国	2010.3.13—3.18
13	包腾飞	水利水电学院	副教授	美 国	2010.3.13—3.18
14	牛志伟	水利水电学院	讲 师	美 国	2010.3.13—3.18
15	李俊宏	水利水电学院	讲 师	美 国	2010.3.13—3.18
16	徐 磊	水利水电学院	讲 师	美 国	2010.3.13—3.18
17	孙少锐	地球科学与工程学院	副教授	美 国	2010.3.13—3.18
18	陈 松	地球科学与工程学院	讲 师	美 国	2010.3.13—3.18
19	李 枫	校长办公室	副研究员	美 国	2010.3.13—3.18
20	郑金海	港口海岸与近海工程学院	教 授	日 本	2010.3.23—3.30
21	施国庆	公共管理学院	教 授	墨西哥	2010.3.24—3.27
22	陈绍军	公共管理学院	教 授	墨西哥	2010.3.24—3.27
23	陈 文	力学与材料学院	教 授	美 国	2010.3.27—4.10
24	王 乘	河海大学	教 授	美 国	2010.3.28—4.2
25	陶建峰	港口海岸与近海工程学院	讲 师	德国、荷兰	2010.4.4—4.11
26	胡 真	理学院	讲 师	英 国	2010.4.6—4.11
27	张长宽	港口海岸与近海工程学院	教 授	德国、荷兰	2010.4.7—7.14
28	刘汉龙	土木与交通学院	教 授	日 本	2010.4.11—4.15
29	陈育民	土木与交通学院	讲 师	日 本	2010.4.11—4.15
30	管仪庆	国际合作处	副教授	荷 兰	2010.4.11—4.17
31	张 阳	商学院	教 授	澳大利亚	2010.4.11—4.20
32	黄德春	商学院	教 授	澳大利亚	2010.4.11—4.20
33	周海炜	商学院	教 授	美 国	2010.4.13—4.30
34	王玉霞	校工会	高级会计师	新加坡	2010.4.16—4.20
35	缪名芬	水利水电学院	副研究员	新加坡	2010.4.16—4.20
36	潘洪山	地球科学与工程学院	高级政工师	新加坡	2010.4.16—4.20
37	黄和平	离退休工作处	助理研究员	新加坡	2010.4.16—4.20
38	钱 婧	国际合作处	助理工程师	新加坡	2010.4.16—4.20
39	张 阳	商学院	教 授	新西兰	2010.4.17—4.24
40	黄德春	商学院	教 授	新西兰	2010.4.17—4.24
41	郝振纯	水文水资源学院	教 授	奥地利	2010.5.1—5.8
42	王加虎	水文水资源学院	讲 师	奥地利	2010.5.1—5.8
43	李 丽	水文水资源学院	讲 师	奥地利	2010.5.1—5.8

续表

序号	姓　名	单　　位	专业技术职务	国家（地区）	时　间
44	施国庆	公共管理学院	教　授	德　国	2010.5.2—5.15
45	陈绍军				
46	陈红胜	国际合作处	讲　师	越　南	2010.5.5—5.9
47	佴永林		助理研究员		
48	胡　真	理学院	讲　师	日　本	2010.5.30—6.3
49	王高鹏	水利水电学院	副教授	美　国	2010.6.1—6.30
50	王泽华	力学与材料学院	教　授	法　国	2010.6.1—7.1
51	施国庆	公共管理学院	教　授	法　国	2010.6.3—6.6
52	李育林	体育系	教　授	法　国	2010.6.9—6.23
53	刘汉龙	土木与交通学院	教　授	韩　国	2010.6.22—6.26
54	高新陵	图书馆	教　授	美　国	2010.6.22—7.20
55	符晓陵		副教授		
56	邢鸿飞	法学院	教　授	荷　兰	2010.6.23—6.28
57	陈绍军	公共管理学院	教　授	孟加拉国	2010.6.27—7.1
58	管仪庆	国际合作处	副教授	荷　兰	2010.6.28—7.3
59	张　阳	商学院	教　授	法　国	2010.7.3—7.22
60	汪　群				
61	唐　震				
62	王建群	水文水资源学院	教　授	加拿大	2010.7.4—7.8
63	吴晓玲		讲　师		
64	赵　坚	校长办公室	教　授	台　湾	2010.7.4—7.11
65	叶志达	科技处	助理工程师		
66	郑金海	港口海岸与近海工程学院	教　授	德　国	2010.7.5—8.5
67	陶爱峰		讲　师		
68	冯向波				
69	王建民	体育系	教　授	韩　国	2010.7.6—7.30
70	陈　文	力学与材料学院	教　授	德　国	2010.7.9—8.16
71	周海炜	商学院	教　授	英　国	2010.7.15—8.15
72	黄德春				
73	徐卫亚	河海大学	教　授	法　国	2010.7.15—8.25
74	李致家	水文水资源学院	教　授	日　本	2010.7.18—7.22

续表

序号	姓　名	单　　位	专业技术职务	国家（地区）	时　间
75	任青文	力学与材料学院	教　授	澳大利亚	2010.7.19—7.23
76	邵国建	力学与材料学院	教　授	澳大利亚	2010.7.19—7.23
77	章　青	力学与材料学院	教　授	澳大利亚	2010.7.19—7.23
78	黄文雄	力学与材料学院	教　授	澳大利亚	2010.7.19—7.23
79	黄淑萍	力学与材料学院	教　授	澳大利亚	2010.7.19—7.23
80	钱向东	力学与材料学院	研究员	澳大利亚	2010.7.19—7.23
81	邬　萱	力学与材料学院	工程师	澳大利亚	2010.7.19—7.23
82	苏静波	港口海岸与近海工程学院	讲　师	澳大利亚	2010.7.19—7.23
83	孙秀宝	审计处	会计师	澳大利亚	2010.7.19—7.23
84	陈　喜	水文水资源与水利工程科学国家重点实验室	教　授	英　国	2010.7.19—7.23
85	周忠国	理学院	讲　师	日　本	2010.8.1—8.7
86	颜素珍	土木与交通学院	教　授	美　国	2010.8.1—8.21
87	赵　坚	校长办公室	研究员	美　国	2010.8.1—8.21
88	郭祥林	离退休处	研究员	美　国	2010.8.1—8.21
89	笪学军	环境学院	副教授	美　国	2010.8.1—8.21
90	魏　萍	能源与电气学院	副教授	美　国	2010.8.1—8.21
91	冯广将	地球科学与工程学院	副教授	美　国	2010.8.1—8.21
92	蔡丽萍	机关党委	副教授	美　国	2010.8.1—8.21
93	韩绪军	审计处	副教授	美　国	2010.8.1—8.21
94	王志峰	纪委办公室	副教授	美　国	2010.8.1—8.21
95	刘丹平	常州校区管委会	副教授	美　国	2010.8.1—8.21
96	秦进东	常州校区资产管理部	副研究员	美　国	2010.8.1—8.21
97	吴宝海	计算机与信息学院	讲　师	美　国	2010.8.1—8.21
98	张雪刚	研究生院	讲　师	美　国	2010.8.1—8.21
99	陈红胜	国际合作处	讲　师	美　国	2010.8.1—8.21
100	浦　玲	组织部	助理研究员	美　国	2010.8.1—8.21
101	刘晓云	直属单位党委	助理研究员	美　国	2010.8.1—8.21
102	汪建新	发展规划处	助理研究员	美　国	2010.8.1—8.21
103	于　伟	教务处	助理研究员	美　国	2010.8.1—8.21
104	雷贵荣	后勤管理处	助理研究员	美　国	2010.8.1—8.21
105	朱　亚	信息中心	助理研究员	美　国	2010.8.1—8.21
106	汪北华	后勤集团	助理研究员	美　国	2010.8.1—8.21
107	陈学忠	计算机与信息学院(常州)	助理研究员	美　国	2010.8.1—8.21
108	吴震岱	常州校区工会	助理研究员	美　国	2010.8.1—8.21
109	王炎灿	常州校区组织人事部	经济师	美　国	2010.8.1—8.21

续表

序号	姓　名	单　　位	专业技术职务	国家（地区）	时　间
110	周海炜	商学院	教　授	德　国	2010.8.2—8.6
111	黄德春				
112	朱跃龙	河海大学	教　授	韩国、新加坡、澳大利亚	2010.8.5—8.16
113	王　乘	河海大学	教　授	台　湾	2010.8.9—8.13
114	郑金海	港口海岸与近海工程学院			
115	施国庆	公共管理学院			
116	任立良	港澳台事务办公室			
117	郭继超	党委办公室	副研究员		
118	管仪庆	国际合作处	副教授	美　国	2010.8.16—8.27
119	王卓甫	商学院	教　授	澳大利亚	2010.8.17—8.23
120	施国庆	公共管理学院	教　授	英　国	2010.8.22—8.27
121	杜成斌	力学与材料学院	教　授	马其顿	2010.8.29—9.4
122	陈　文	力学与材料学院	教　授	德国、英国	2010.8.29—9.30
123	管仪庆	国际合作处	副教授	瑞　典	2010.8.30—9.10
124	郑金海	港口海岸与近海工程学院	教　授	南非、安哥拉	2010.9.1—9.10
125	张　蔚		副教授		
126	陈元芳	水文水资源学院	教　授	澳大利亚	2010.9.3—9.17
127	赵仲辉	岩土工程研究所	副教授	西班牙	2010.9.4—9.8
128	袁俊平	土木与交通学院	副教授	西班牙	2010.9.5—9.11
129	唐洪武	河海大学	教　授	南　非	2010.9.6—9.9
130	姜弘道	力学与材料学院	教　授	澳大利亚	2010.9.8—9.20
131	王建青	统战部	副教授	德　国	2010.9.11—10.1
132	晋　海	法学院	副教授	比利时、法国	2010.9.18—9.30
133	赵秀侠	外国语学院	讲　师	日　本	2010.9.28—11.18
134	陈　卫	环境学院	教　授	美　国	2010.10.2—10.6
135	蒋亚清	力学与材料学院	教　授	荷　兰	2010.10.3—10.7
136	施国庆	公共管理学院	教　授	荷　兰	2010.10.3—10.9
137	张长宽	港口海岸与近海工程学院	教　授	荷　兰	2010.10.10—10.20
138	汪　群	商学院	教　授	美　国	2010.10.13—10.17
139	陈　文	力学与材料学院	教　授	西班牙	2010.10.16—10.21
140	张　阳	商学院	教　授	韩　国	2010.10.20—10.23
141	周海炜				
142	于　金				

续表

序号	姓　名	单　　位	专业技术职务	国家（地区）	时　间
143	毕　霞	公共管理学院	教　授	澳大利亚	2010.10.20—10.25
144	郑金海	港口海岸与近海工程学院	教　授	台　湾	2010.11.23—12.2
145	冯卫兵	港口海岸与近海工程学院	教　授	台　湾	2010.11.23—12.2
146	蔡　辉	港口海岸与近海工程学院	副研究员	台　湾	2010.11.23—12.2
147	邵宇阳	港口海岸与近海工程学院	讲　师	台　湾	2010.11.23—12.2
148	李琼芳	水文水资源学院	教　授	法　国	2010.10.24—10.28
149	张　阳	商学院	教　授	菲律宾	2010.10.27—10.29
150	周海炜	商学院	教　授	菲律宾	2010.10.27—10.29
151	施国庆	公共管理学院	教　授	意大利	2010.11.1—11.7
152	张春雷	环境学院	讲　师	印　度	2010.11.7—11.13
153	邓　安	岩土工程研究所	副教授	印　度	2010.11.8—11.12
154	王卓甫	商学院	教　授	美　国	2010.11.11—11.23
155	朱　拓	河海大学	教　授	荷兰、法国	2010.11.25—12.2
156	顾冲时	水利水电学院	教　授	荷兰、法国	2010.11.25—12.2
157	刘汉龙	土木与交通学院	教　授	荷兰、法国	2010.11.25—12.2
158	阮怀宁	教务处	教　授	荷兰、法国	2010.11.25—12.2
159	周建方	常州校区管委会	教　授	荷兰、法国	2010.11.25—12.2
160	管仪庆	国际合作处	副教授	荷兰、法国	2010.11.25—12.2
161	唐洪武	河海大学	教　授	美　国	2010.11.27—12.11
162	叶国菊	理学院	教　授	泰　国	2010.12.5—12.10
163	于　今	商学院	教　授	日　本	2010.12.12—12.17
164	刘金涛	水文水资源学院	讲　师	美　国	2010.12.12—12.18

合作发展委员会组成名单

名誉主任

中国工程院院士、全国政协原副主席　钱正英

名誉副主任

中国科学院院士、中国工程院院士、中国工程院原副院长　潘家铮

中国水力发电工程学会理事长　周大兵

主　　任

中国工程院院士、国务院三峡工程建设委员会原副主任、
中国长江三峡工程开发总公司原总经理　陆佑楣

辽宁省省委书记　王　珉

常务副主任

河海大学原校长　张长宽

副 主 任

中国水利教育协会副会长　陈自强

江苏省教育厅副厅长　丁晓昌

长江水利委员会　*①

黄河水利委员会　*

太湖流域管理局　*

中国港湾工程有限责任公司　*

中国水利水电规划设计总院　*

中国水电工程顾问集团有限公司总经理　晏志勇

民进中央副主席　朱永新

上海市水务局局长　张嘉毅

江苏省水利厅厅长　吕振霖

新疆维吾尔自治区水利厅副厅长　邓铭江

中国葛洲坝水利水电工程集团有限公司副总经理　陈邦峰

南京水利科学研究院副院长　蔡跃波

江苏红豆实业股份有限公司董事长　周海江

华中科技大学常务副校长　林萍华

个人委员

中国科学院院士　沈珠江　汪集旸

中国工程院院士　王思敬　陈厚群　吕志涛　卢耀如　周君亮　郑守仁　徐乾清　梁应辰　吴中如

中国水利文协理事会主席　李昌凡

中国水利学会原理事长　朱尔明

新华日报报业集团总经理　许洪祥

山东省政协原副主席　汪　峡

全国政协委员、岳麓书社编审　唐浩明

香港大学副校长　李焯芬

台湾成功大学副校长　欧善惠

新加坡南洋理工大学原副校长　陈长宁

荷兰代尔夫特高校与科研院所联盟原科技主席、国际水力学会秘书长　Overbeek

日本长冈科技大学教授　早川典生

美国佛罗里达农工大学、佛罗里达州立大学工学院院长　陈景仁

美国印地安那大学、印地安那波利斯普渡大学工程与技术学院终身教授　陈耀兵

法国里尔科技大学教授　邵建富

江苏省人民政府副省长　黄莉新

国务院南水北调工程建委会专家委员会秘书长　汪易森

国务院南水北调办公室投资计划司司长　刘春生

秘书长

致公党中央副主席　严以新

办公室

主任　马成志

① *因单位人员变动，副主任人员尚未明确。

成员单位(排名不分先后)

水利部人事劳动教育司
国家防汛抗旱总指挥部办公室
水利部信息中心
水利部长江水利委员会
水利部黄河水利委员会
水利部珠江水利委员会
水利部海河水利委员会
水利部松辽水利委员会
水利部淮河水利委员会
水利部太湖流域管理局
河南省水利厅
江西省水利厅
山东省水利厅
山西省水利厅
江苏省水利厅
四川省水利厅
云南省水利厅
安徽省水利厅
甘肃省水利厅
福建省水利厅
辽宁省水利厅
北京市水利局
青海省水利厅
西藏自治区水利厅
新疆维吾尔自治区水利厅
河北省水利厅
湖南省水利厅
海南省水利局
宁夏回族自治区水利厅
天津市水利局
上海市水务局
上海航道局
广东省水利厅
深圳市水务局
南京市水利局
厦门市水利局
连云港市水利局
盐城市水利局
天津航道局
广州航道局
中国水利报社
中国水利学会
水利部水利水电规划设计总院
青海省水文水资源勘测局
中国水电工程顾问集团公司
中国水利水电科学研究院
中国水利投资公司
南京水利科学研究院
水利部天津勘测设计研究院
长江勘测规划设计研究院
中国水力发电工程学会
中水北方勘测设计研究有限公司
南京水利水文自动化研究所
江西柘林水电开发有限责任公司
黄河万家寨水利枢纽有限公司
小浪底水利枢纽建设管理局
上海勘测设计研究院
江苏省水利勘测设计研究院
南京电力自动化设备总厂
咸阳市供电局
连云港市交通局
长江口航道建设有限公司
中港第二航务工程局
河海大学
中港第三航务工程局
中港第三航务工程勘察设计院
中港第四航务工程局
中港第四航务工程勘察设计院
上海航道勘察设计研究院
中国水利水电第四工程局
上海东海工程局
上海市水务工程设计研究院
水利部南水北调规划设计管理局
中国水电顾问集团华东勘测设计研究院
中国水电顾问集团西北勘测设计研究院
中国水电顾问集团成都勘测设计研究院
中国水电顾问集团中南勘测设计研究院
中国水电顾问集团昆明勘测设计研究院
中国水电顾问集团贵阳勘测设计研究院
水利部东北勘测设计研究院有限责任公司
黄河勘测规划设计有限公司
南京港口集团有限公司
江苏省高速公路集团有限公司
海军后勤部海军工程设计研究局
广东省航道局
江苏省社会科学院

中国科学院南京地理湖泊研究所
江苏省建筑科学研究院
江苏省环保厅
江苏省交通厅
无锡市人民政府
盐城市人民政府
邳州市人民政府
中共宿迁市委
江宁区人民政府
中国葛洲坝水利水电工程集团有限公司
江苏红豆实业股份公司
颐中(青岛)实业有限公司
国电自动化研究院(南瑞集团)
中国人民武装警察部队水电指挥部
江宁房地产开发总公司
中国农业银行江苏省分行营业部
中国民生银行南京分行
福建兴业银行南京分行
中信实业银行南京分行
山东省水利科学研究院
南京南瑞继保电气有限公司
南京市海事局
江苏省教育厅
江苏省科技厅
南京市环保局
苏州市人民政府
常州市人民政府
泰州市人民政府
连云港市人民政府
鼓楼区人民政府
中国长江三峡工程开发总公司
中国港湾建设(集团)总公司
扬州曙光电缆厂
常州宏发土工复合材料工程有限公司
海军后勤部军港机场营房部
上海浦东发展银行南京分行
中国建设银行江苏省分行营业部
中国工商银行江苏省分行营业部
招商银行南京分行
华夏银行南京分行
贵州乌江水电开发有限责任公司
连云港港口集团有限公司
南通市人民政府
天津市引滦饮用水源保护工程有限责任公司

河海大学校友会组织机构①

顾问(以姓氏笔画为序)

严以新　全国人大常委、致公党中央副主席
张长宽　河海大学原校长
张世英　北海舰队副司令员
张基尧　国务院南水北调办公室原主任
李菊根　中国水电顾问集团公司原总经理
汪　峡　山东省政协原副主席
陆佑楣　中国工程院院士、中国长江三峡工程开发总公司原总经理
陈　云　中国交通建设集团副总裁
周大兵　中国水力发电工程学会理事长
林萍华　华中科技大学常务副校长
姜弘道　河海大学原校长
胡四一　水利部副部长
索丽生　全国人大常委、民盟中央副主席
曹广晶　中国长江三峡集团公司董事长
梅锦煜　武警水电指挥部总工程师
黄莉新　江苏省人民政府副省长

① 第二届，2010年10月26日第一次全体会议通过。

翟浩辉　　水利部原副部长

会长、副会长

会　长：王　乘　　河海大学校长

副会长：(以姓氏笔画为序)

王　凯　　南京市水利局局长
王济干　　河海大学党委副书记
冯　军　　江苏省电力公司总经理
吕振霖　　江苏省水利厅厅长
朱　拓　　河海大学党委书记
朱跃龙　　河海大学副校长
张建云　　南京水利科学研究院院长
钟建驰　　江苏省交通厅副巡视员、泰州长江大桥指挥长
唐洪武　　河海大学副校长
徐卫亚　　河海大学副校长
鲍永安　　南京市鼓楼区区委书记
鞠　平　　河海大学副校长

秘书长、副秘书长

秘 书 长：赵　坚　　河海大学校长办公室主任

副秘书长：马成志　　河海大学合作办、校友办、基金办主任兼校长办公室副主任
彭　雷　　河海大学常州校区管委会副主任兼办公室主任

常务理事(以姓氏笔画为序)

王　凯　　南京市水利局局长
王　乘　　河海大学校长
王兴华　　泰州中盛光电集团总经理
王济干　　河海大学党委副书记
冯　军　　江苏省电力公司总经理
冯晓东　　苏州香山工坊建设投资发展有限公司董事长
叶志才　　宿迁市水务局副局长
吕振霖　　江苏省水利厅厅长
孙宗凤　　连云港市水利局局长
孙继胜　　常州永安公共自行车系统有限公司董事长
朱　拓　　河海大学党委书记
朱洪高　　河海大学文天学院董事长
朱跃龙　　河海大学副校长
许书平　　泰州市科技局局长
张　涛　　华泰证券副总裁
张伏林　　无锡市水利局处长
张建云　　南京水利科学研究院院长
张爱军　　徐州市人民政府副秘书长
邵建林　　苏州市交通局局长
邹允祥　　南京建工集团总经理
陆小伟　　江苏省水利勘察设计研究院院长
陈　杰　　镇江市人民政府副市长
郑垂勇　　河海大学校长助理

胡永法 淮安市水利局副局长
赵 坚 河海大学校长办公室主任
钟建驰 江苏省交通厅副巡视员、泰州长江大桥指挥长
唐洪武 河海大学副校长
徐 辉 南通市人民政府副市长
徐卫亚 河海大学副校长
顾强生 射阳县人民政府县长
鲍永安 南京市鼓楼区区委书记
鞠 平 河海大学副校长

理事(以姓氏笔画为序)

马成志 河海大学合作办、校友办、基金办主任兼校长办公室副主任
毛龙泉 南京市建设工程局副局长
王 凯 南京市水利局局长
王 乘 河海大学校长
王卫国 南通港口集团董事长、总经理
王兴华 泰州中盛光电集团总经理
王济干 河海大学党委副书记
王培君 江苏省教育学院副院长
王雪峰 南京工业大学党委副书记
王德明 南京工业大学党委书记
冯 军 江苏省电力公司总经理
冯晓东 苏州香山工坊建设投资发展有限公司董事长
叶 健 江苏省水利厅党组成员、规划办主任
叶志才 宿迁市水务局副局长
刘 平 南通市水利副局长
刘 恒 南京水利科学研究院副院长、国际小水电中心主任
刘 超 扬州大学原副校长
刘永忠 淮安市市委书记
刘金东 常州南方电器元件厂有限公司董事长
吕振霖 江苏省水利厅厅长
孙京忠 南京水利水文自动化研究所副所长
孙宗凤 连云港市水利局局长
孙金华 南京水利科学研究院副院长、南通市副市长
孙继胜 常州永安公共自行车系统有限公司董事长
庄娱乐 江苏省中国科学院植物研究所所长
成长春 盐城师范学院院长
朱 宇 江苏省知识产权局局长
朱 拓 河海大学党委书记
朱洪高 河海大学文天学院董事长
朱海生 江苏省水利厅党组成员、办公室主任
朱跃龙 河海大学副校长
许书平 泰州市科技局局长
吴 远 河海大学副校长
吴朝国 南京审计学院党委副书记

张　涛　　华泰证券副总裁
张伏林　　无锡市水利局处长
张建云　　南京水利科学研究院院长
张爱军　　徐州市人民政府副秘书长
李乃富　　河海大学副校长
李亚平　　江苏省水利厅副厅长
李洪天　　南京晓庄学院院长
杨建明　　苏州水利设计研究院院长
杨展里　　南通市人民政府副市长
苏春海　　江苏省委组织部处长
邵　强　　南京市供销合作社主任
邵建林　　苏州市交通局局长
邹允祥　　南京建工集团总经理
陆小伟　　江苏省水利勘察设计研究院院长
陆永泉　　江苏省水利厅副厅长
陆桂华　　江苏省水利厅副厅长
陈　杰　　镇江市人民政府副市长
陈永红　　南通市通州区区委副书记
陈生水　　南京水利科学研究院副院长
陈伟斌　　常州市新北区人民政府副区长
陈辉东　　连云港市人民政府副秘书长
陈德奎　　河海大学党委副书记
陈德静　　南京工程学院党委副书记、副院长
周海江　　红豆集团董事长
郑大俊　　河海大学教育发展基金会理事长
郑垂勇　　河海大学校长助理
金乃冰　　昆山市人民政府副市长
段红飚　　新华海集团总裁
胡永法　　淮安市水利局副局长
胡金波　　江苏省教育厅副厅长
赵　坚　　河海大学校长办公室主任
钟文乐　　泰州市职业技术学院副院长
钟建驰　　江苏省交通厅副巡视员、泰州长江大桥指挥长
唐洪武　　河海大学副校长
徐　辉　　南通市人民政府副市长
徐卫亚　　河海大学副校长
殷翔文　　江苏省教育厅副厅长
秦伯强　　中国科学院南京地理与湖泊研究所副所长
耿国平　　无锡市惠山区人民政府副区长
郭继超　　河海大学党委办公室主任
钱　钢　　新沂市委副书记
陶长生　　江苏省水利厅副厅长
顾强生　　射阳县人民政府县长
章　跃　　淮阴工学院党委书记

彭　雷　河海大学常州校区管委会副主任兼办公室主任
鲍永安　南京市鼓楼区区委书记
蔡跃波　南京水利科学研究院副院长
樊友国　天技科技集团董事长
潘元志　连云港市副秘书长
薛建良　无锡市公共事业局副局长
鞠　平　河海大学副校长

河海大学教育发展基金会理事会[①]

理事长

郑大俊　河海大学党委原副书记

副理事长

严以新　致公党中央副主席
吴　远　河海大学副校长

秘书长

朱宏亮　河海大学港口海岸与近海工程学院党委书记

理事(按姓氏笔画排序)

朱宏亮　河海大学港口海岸与近海工程学院党委书记
严以新　致公党中央副主席
吴　远　河海大学副校长
郑大俊　河海大学党委原副书记
周语明　河海大学财务处处长
徐卫亚　河海大学副校长
缪子梅　河海大学学生工作处处长

监事

黄莉妙　河海大学力学与材料学院调研员

(国际合作处、合作发展委员会办公室、校友会办公室、
教育发展基金会办公室、常州校区供稿)

体育工作

一、群众体育

开展校内群体竞赛活动。全面贯彻落实“阳光体育运动”的体育教育理念，树立“健康第一”的指导思想，广泛开展内容丰富、形式多样的群众性体育活动。

河海大学第2届学生体育文化节、第46届田径运动会暨第12届老年人运动会于10月29日上午在江宁校区田径场隆重开幕。校党委书记朱拓，校长王乘，副校长鞠平，党委副书记陈德奎，副校长吴远，党委副书记王济干，副校长唐洪武、李乃富、徐卫亚，海军驻河海大学选培办主任乔光玉大校及各学院、各部门负责人出席开幕式。校党委王济干副书记致开幕词，朱拓书记宣布开幕。

① 第一届，2007年6月29日第一次理事会会议通过。

水利水电学院、土木与交通学院、老年体协 3 个单位获评“最佳入场方队”。活动时间为 10 月 29 日—11 月 28 日，活动内容包括：① 健身性体育活动：体育科普宣传，广播操、太极拳推广等；② 竞技性体育活动：以普及性的田径、球类等竞赛项目为主；③ 娱乐性体育活动：体育游戏、趣味游戏、传统体育活动等；④ 创造性体育活动：自编操表演、体育征文、体育摄影等；⑤ 观赏性体育活动：团体操表演、观赏体育比赛等；⑥ 综合性体育活动：校园文化互相渗透，展示学生才能与个性的活动及专家讲座、专家咨询等。

体育文化节的首项活动“河海大学第 46 届田径暨第 12 届老年人运动会”于 10 月 29—30 日在江宁校区体育场举行。竞赛分学生组、教工组和老年人组。其中学生组分男生组、女生组和男女生混合集体；教工组分青年组和中老年组；老年人组由离退休人员参加。参加竞赛的学生代表队 14 支；教工代表队 15 支。竞赛项目包括学生男生 13 项、女生 12 项、男女生混合集体项目 4 项；教工青年组男女各 5 项，中老年组男女各 2 项。本届运动会破校记录 10 项。团体总分排名情况如下：

学生团体总分前六名分别为：商学院，大禹学院，地球科学与工程学院，公共管理学院，计算机与信息学院，水文水资源学院。

男生团体总分前六名分别为：商学院，大禹学院，地球科学与工程学院，水文水资源学院，水利水电学院，港口海岸与近海工程学院。

女生团体总分前六名分别为：商学院，公共管理学院、法学院，大禹学院，地球科学与工程学院，环境学院，水利水电学院。

男女生混合集体项目总分前六名分别为：商学院，计算机与信息学院，大禹学院，地球科学与工程学院，公共管理学院，水文水资源学院。

体育文化节还举行了其他竞赛活动，开展了五人制足球、三人制篮球、乒乓球、网球、羽毛球、舞龙舞狮、跆拳道、拉丁舞表演赛、轮滑、台球、摄影、征文、摄像、自行车赛等 14 项比赛近百场次，参与人数近千人次；同时举办了体育科普知识讲座；教师学生积极参与裁判、志愿者服务和课余体育锻炼活动。各学院在体育文化节期间也举办形式多样、丰富多彩的体育竞技及趣味项目 20 多项。

12 月 3 日，以“青春、展示、快乐”为主题的河海大学第二届学生体育文化节闭幕颁奖仪式在江宁校区举行。校党委副书记王济干出席仪式，江宁校区管委会、研究生院、教务处、团委、体育系和各学院有关负责人及师生代表参加了仪式。王济干副书记对文化节的举办给予了高度评价，并为获得 2010 年河海大学群众体育先进单位的商学院、公共管理学院、港口海岸与近海工程学院、水文水资源学院、计算机与信息学院、水利水电学院颁奖。同时，还颁发了河海大学第 46 届田径运动会学生团体奖、单项奖和第 2 届学生体育文化节优秀社团奖。2010 年河海大学优秀社团为：乒乓球协会、羽毛球协会、台球协会、夏日天堂瑜伽社、舞狮协会、万象工作室、五月流火轮滑社。

2010 年度除了举办第 2 届体育文化节外，在江宁校区月月有竞赛：乒乓球(3 月)，排球(4 月)，足球(5 月)，网球或游泳(6 月)，篮球(9 月)，田径运动会和体育文化节(10 月)，五人制足球(11 月)，“12·9”冬季长跑(12 月)。

常州校区坚持每年举办一届校区运动会，并进行篮球、排球、足球、游泳、羽毛球、乒乓球等项目的“河海杯”系列比赛。成立和指导学生体育协会或社团 20 余个，常年开展各类体育文化活动，校园体育活动丰富多彩，做到“月月有比赛，周周有看点，人人都参与”。

体质测试工作。完成我校 2007 级至 2010 级学生《标准》测试工作，并按时将所有学生《标准》测试数据，通过中国学生体质健康网报送教育部“国家学生体质健康标准数据管理系统”。

表 1　河海大学学生分年级、性别、样本数的综合评定等级人数比例统计表

年　级		样本数	优秀(%)	良(%)	及格(%)	不及格(%)
大学一年级	总体	3387	0.74	17.01	58.07	24.18
	男	2135	1.08	19.81	55.46	23.65
	女	1252	0.16	12.22	62.54	25.08
大学二年级	总体	2990	11.04	19.06	61.00	8.90
	男	1958	13.89	22.06	56.54	7.51
	女	1032	5.62	13.37	69.48	11.53
大学三年级	总体	4287	11.55	28.50	50.71	9.24
	男	2760	9.53	28.59	50.07	11.81
	女	1527	15.19	28.36	51.87	4.58
大学四年级	总体	3593	8.43	22.57	60.67	8.33
	男	2229	7.99	17.63	64.92	9.46
	女	1364	9.16	30.65	53.74	6.45
总　体	总体	14257	8.09	22.30	57.13	12.48
	男	9082	8.10	22.43	56.38	13.09
	女	5175	8.06	22.07	58.45	11.42

二、运动队伍

我校高水平运动队实施“教体结合”发展战略和办队模式。2010 年教育部对普通高校高水平运动队建设还进行了重新评估。我校高水平运动队主要项目有：足球(男、女)、健美操、乒乓球 3 项，其他项目有田径、篮球、羽毛球、游泳、跆拳道、定向越野、男女排球、男女沙滩排球、武术、棋类、网球、垒球等 14 项。在严抓管理，确保“两不误”的前提下，高水平运动队在全国大学生比赛以及省、市高校比赛中，取得了令人瞩目的成绩。

表 2　2010 年河海大学运动队取得的成绩

序　号	内　　容	成　　绩
1	第 4 届全国体育大会健美操比赛	普及组集体轻器械、集体徒手、组合风采一等奖，竞技三人操三等奖。集体徒手操获大会“最佳表演奖”。健美操队获大会“最佳体育道德风尚奖代表队”称号。竞技组混合双人操一等奖，普及组女子风采一等奖
2	2009—2010 李宁中国大学生足球联赛总决赛(沈阳)	第五名
3	2010—2011 李宁中国大学生足球联赛江苏赛区预赛暨江苏省大学生足球联赛(高水平组)	第一名
4	2010 年“合力杯”第 6 届中国黄山国际登山大会	高校部团体第二名，男子青年组第一名
5	第 16 届全国大学生乒乓球锦标赛(成都)	丙组男子团体第五名，女子单打第五名

续表

序 号	内 容	成 绩
6	首届全国高校阳光体育乒乓球比赛(上海)	男女混合团体第六名(二等奖)
7	江苏省第17届运动会(高校部)比赛	团体总分第七名(753.9分),体育道德风尚奖,并获得江苏省“校长杯”
8	亚洲大学生手球比赛	第三名
9	全国大学生手球比赛	第四名
10	江苏省第17届运动会男子篮球	第一名
11	江苏省第17届运动会游泳女子团体	第八名
12	常州市大学生长跑比赛男子	第五名
13	常州市大学生长跑比赛女子	第四名

表3 学生男子参加各类田径比赛最好成绩

项 目	姓 名	单 位	成 绩	名 称	地点	时间
100米	陈 述	公共管理学院	10″42	全国第6届大学生运动会	成都	2000.9
200米	陈 述	公共管理学院	21″83	全国第8届大学生田径锦标赛	广州	2001.8
400米	刘建波	公共管理学院	49″00	全国第6届大学生运动会	成都	2000.9
800米	王 佳	公共管理学院	1′58″50	江苏省第15届高校田径运动会	南京	2002.5
1500米	王 佳	公共管理学院	4′09″30	全国第9届田径锦标赛	大连	2002.7
5000米	冯 彬	法学院	14′21″00	全国田径大奖赛	肇庆	2009.4
10000米	冯 彬	法学院	30′21″50	全国青年锦标赛	淮安	2008.11
110米栏	张建民	公共管理学院	15″07	江苏省第15届高校田径运动会	南京	2002.5
400米栏	德 苏	留学生	56″50	南京市高校田径运动会	南京	1988.5
4×100米	余 力、奚 波 黄传广、陈 述	校 队	42″61	南京市大学生田径运动会	南京	2003.10
4×400米	闻绍波、王 舰 姜胜虎、刘建波	校 队	3′26″10	南京市大学生田径运动会	南京	1997.5
跳 高	徐雪峰	商学院	2.15米	第44届校运会	南京	2008.10
跳 远	黎 亮	常州校区	7.20米	常州校区第46届校运会	常州	2010.10
撑杆跳高	葛 伟	公共管理学院	4.60米	江苏省第15届高校田径运动会	南京	2002.5
三级跳远	黎 亮	常州校区	15.23米	江苏省大学生田径锦标赛	苏州	2009.5
铅 球	李 根	商学院	12.99米	南京市大学生田径运动会	南京	2005.4

续表

项　目	姓　名	单　位	成　绩	名　　称	地点	时间
标　枪	胡晓强	常州校区	56.12 米	南京市大学生田径运动会	南京	2005.4
铁　饼	韩建欧	商学院	43.30 米	南京市大学生田径运动会	南京	2003.10
链　球	张海涛	公共管理学院	48.92 米	全国大学生田径锦标赛	成都	1997.8
十项全能	张建民	公共管理学院	6110 分	江苏省第 15 届高校田径运动会	南京	2002.5

表 4　学生女子参加各类田径比赛最好成绩

项　目	姓　名	单　位	成　绩	名　　称	地点	时间
100 米	李　篁	公共管理学院	12″40	第 15 届校运动会	南京	2009.10
200 米	宋　微	常州校区	25″81	全国第 8 届大学生田径锦标赛	广州	2001.8
400 米	贺恒艳	商学院	58″57	江苏省大学生田径锦标赛	苏州	2009.5
800 米	党璞瑜	公共管理学院	2′20″16	全国第 9 届大学生田径锦标赛	大连	2002.7
1500 米	党璞瑜	公共管理学院	4′48″80	江苏省第 15 届高校田径运动会	南京	2002.5
3000 米	陈海燕	公共管理学院	10′41″30	江苏省第 15 届高校田径运动会	南京	2002.5
5000 米	陈海燕	公共管理学院	18′30″00	江苏省第 15 届高校田径运动会	南京	2002.5
5 公里竞走	陈海燕	公共管理学院	26′31″00	全国第 9 届大学生田径锦标赛	大连	2002.7
100 米栏	王　晨	公共管理学院	16″90	江苏省第 11 届高校田径运动会	苏州	1990.5
400 米栏	贺恒艳	商学院	1′04″39	“耐克杯”第 11 届全国大学生田径锦标赛	武汉	2010.7
4×100 米	王　晨、刘丽侠 史腊华、吴雪梅	校　队	52″90	江苏省第 11 届高校田径运动会	苏州	1990.5
4×400 米	张传爱、宋　微 党璞瑜、陈海燕	校　队	4′08″63	江苏省第 15 届高校田径运动会	南京	2002.5
跳　高	沈媛媛	公共管理学院	1.65 米	南京市大学生田径运动会	南京	1997.5
跳　远	李　篁	公共管理学院	5.98 米	江苏省第 17 届高校运动会	南京	2010.5
三级跳远	李　篁	公共管理学院	13.07 米	江苏省大学生田径锦标赛	苏州	2009.5
铅　球	刘　莉	公共管理学院	12.50 米	校田径运动会	南京	1994.10
标　枪	班如乙	公共管理学院	42.90 米	南京市大学生田径运动会	南京	1998.5
铁　饼	孙耀先	商学院	40.58 米	南京市大学生田径运动会	南京	2005.4
七项全能	史腊华	公共管理学院	3248 分	江苏省第 11 届高校田径运动会	苏州	1990.5

三、场馆建设

2010年圆满完成江宁校区游泳池教学与开放工作；完成江宁校区篮球场地的改建和建设工作；完成对校本部羽毛球场改建，购置(13片)羽毛球塑胶标准场地，解决了原地板移滑、易造成运动伤害问题；进一步完善管理规章制度，严格执行场馆管理规定、管理人员工作职责等。

10月27日，举行江宁校区综合体育馆开工仪式。江宁区规划局局长朱光、江宁区建筑工程局副局长张明根、江宁经济技术开发区管委会招商局副局长张鲁鲁、综合体育馆承建单位南通四建有限公司副总经理王斌等来宾，河海大学党委书记朱拓、校长王乘、副校长鞠平、党委副书记陈德奎、副校长朱跃龙、党委副书记王济干、副校长唐洪武和徐卫亚以及参加校友会第二届会员代表大会的校友代表和师生代表400余人参加了开工仪式。开工仪式由副校长李乃富主持，王乘校长致辞，工程承建单位南通四建有限公司副总经理王斌讲话，校党委书记朱拓宣布体育馆正式开工。江宁校区综合体育馆占地面积1.3万平方米，总建筑面积2.2万平方米，融体育馆、训练馆、剧场、学生活动中心、文化创业用房等功能为一体。工程总投资达1亿元，将于2012年9月1日建成。

四、承办赛事

(1) 2010年11月19—26日，成功承办了2010—2011李宁中国大学生足球联赛(江苏赛区)暨2010年江苏省大学生甲A组足球比赛，河海大学获得冠军。

(2) 2010年4月17－18日，承办了由江苏省教育科技工会主办的“在宁直属高校第2届教职工羽毛球比赛”。

(3) 常州校区完成江苏省第17届运动会高校部各项比赛的筹备、组织、竞赛和开闭幕式等工作，组织江苏各高校主管领导和体育部门负责人参加省运会闭幕式及颁奖活动。

(体育系、常州校区供稿)

财务与审计

财 务 工 作

一、财务收支情况

1. 收入情况

2010年学校总收入140755万元，比2009年的84145万元增加56610万元，增长68%。其中：财政拨款76993万元，占总收入的55%；事业收入34195万元，占总收入的25%；其他各类收入29567万元(含科研经费拨款21195万元)，占总收入的20%。从收入来源看，财政补助收入与学校自筹收入各自占总收入的比重约为55%和45%。

2. 支出情况

2010年学校总支出135869万元，比2009年的85491万元增加50378万元，增长59%。总支出中基本支出58965万元，占43%；项目支出76503万元，占57%；经营支出402万元，主要是学校幼儿园的支出。

与2009年相比，工资福利支出由21726万元增加到25737万元，增加4010万元，增长19%。主要原因是学校十分重视教职工待遇的提高，人员经费支出在2009年校内绩效工资改革的基础上仍保持较大幅度增长。

商品和服务支出由 34592 万元增加到 44612 万元，增加 10020 万元，增长 29%。主要原因是学校科研经费增加后，有关的公用经费支出也相应增加。

对个人和家庭的补助支出由 14253 万元增加到 22426 万元，增加 8173 万元，增长 57%。主要原因是 2010 年发放一次性购房补贴 7247 万元。

基本建设支出由 5396 万元减少到 4903 万元，减少了 493 万元，下降 9%。

其他资本性支出由 9235 万元增加到 37789 万元，增加 28554 万元，增长 310%。主要原因是学校化债资金 20100 万元在今年作为自筹基建经费一次性支出，优势学科建设经费的专用设备购置费增加 4456 万元。

二、财务管理工作

1. 调整工作重心，在开源节流、增收节支工作中把“开源”、“增收”摆在更加突出位置

(1) 财政拨款保持较快增长。在教育部的大力支持下，2010 年学校获得高校化债资金 20100 万元，购房补贴 7247 万元，捐赠配比资金 1040 万元等，财政拨款较快增长。

(2) 加强对学生学费、住宿费的收缴管理。严格执行国家对教育收费管理的若干规定，认真做好收费项目审批、收费公示等环节工作，高质量通过省物价局的收费检查，收费工作规范有序，学杂费收缴率达 98.1%。继 2009 年获得首批“江苏省教育收费规范高校”称号后，今年再获“江苏省价格诚信单位”称号。

(3) 强化对校办产业等履行经济合同的监督管理。进一步完善各校办企业的年度目标责任书，细化经营合同条款，将校办产业的责、权、利有机统一，并严格监督执行，积极催收产业应交利润及返还款项，力争完成收缴校办产业投资收益，维护学校利益。

(4) 积极配合推进教育发展基金会各项工作，完善学校多渠道筹措办学经费体系，认真做好教育发展基金会资金与财务管理工作，为基金会提供全面、优质的会计服务，教育发展基金会在多渠道筹措办学经费中发挥了重要作用。

2. 强化预算管理，保障促进学校事业又好又快发展

针对资金投入方式的新变化，及时出台实施了《河海大学预算经费管理暂行办法》，有效规范资金使用。紧紧围绕学校事业发展方向及年度工作重点，细化预算编制，保证资金投入方向更加科学合理。在经费供需矛盾突出的情况下，努力使有限的经费发挥最优的效益，保证学校事业有重点地持续发展。

启动了以任务、目标为导向的资源配置改革，将在不断总结经验的基础上，进一步推进完善学校预算改革，更好地发挥预算对学校各项事业的保障促进作用。

3. 合理调配资金，努力提高资金管理收益

在财政拨款实行国库集中支付及所收学费等预算外资金又需要全额上缴中央财政的双重政策影响下，学校银行存款余量明显降低。经认真分析学校不同时期的现金流量，在保证学校事业发展、基本建设用款前提下，努力提高资金增值效益，全年实现利息收入 776 万元，资金管理收益突出。

4. 注重财务分析，强化财务监督，充分发挥经费使用效益

加强对国拨专项经费使用过程的跟踪管理，及时了解各项目经费的使用情况和实施进度，定期发布经费使用信息，不断提高预算执行率。

为维护财经制度的严肃性，保证财务数据更真实准确，提高资金使用效益，继续加大对应收款项专项清理工作，严格坚持“前账不清，后账不借”的管理原则，使往来款项比上年有明显降低，进一步提高了经费使用效益。

努力做好重大经济事项的过程控制，尽可能地节约开支，保护学校利益不受损害，将财务管理范围向经济活动的事中扩展，提高经费使用效益。

5. 加强队伍建设，财会队伍整体素质进一步提高

积极支持财会人员提高专业技术职务层次，强化业务培训，选送业务骨干十多人参加专业培训，提升专业水平。制定《财务处廉政建设若干规定》，从自律角度要求财务人员廉洁自律、不以权谋私，从律他角度要求财务人员坚持原则、秉公办事。

6. 高质量完成各项常规财务工作，不断提高会计服务质量

继续加强会计基础工作规范化建设和会计服务工作，按照精细化管理的要求做好各项常规工作，全面完成教育事业、基建、工会、校友会以及校办产业的会计核算和财务管理工作；按规定程序，及时做好每月银行对账单双签及大额资金使用信息的上报工作，学校资金安全完整；做好营业税、个人所得税等各项涉税工作，继续获得多项税收政策优惠；及时核对准确发放全体教职工和离退休人员的工资、津贴、福利及学生的奖学金、贷学金、勤工助学经费和困难补助；完成了校园“一卡通”的线路改造、硬件更新及软件升级等工作；严格按照《会计档案管理办法》的要求对全部会计档案进行分类整理，专人负责，妥善保管，及时归档，确保财务资料安全完整；及时归类分析整理各类财务数据，为校领导及相关部门的工作决策提供有效的财务信息。

审 计 工 作

一、审计管理

(1) 以财务制度为依据，以确保学校资金安全为目的，每月对学校所有的54个银行资金账户(含校办企业及后勤实体)进行核查、检查。对重点、疑点资金的出入情况进行关联性测试，对风险较大的资金流动情况及时与相关部门领导沟通，保障了学校资金的安全。

(2) 参与项目招投标、工程竣工验收、合同、相关制度会签等工作。参与校内物资采购工作，全年参加学校物资采购招投标会议及外出考察60多次，涉及金额8500万元。

(3) 学校被江苏省教育厅评为“全省教育系统审计工作先进集体”。

二、专项审计工作

(1) 强化基建、修缮项目审计，开展全过程跟踪审计。坚持1万元以上先审计后付款制度，完成学校基建、修缮工程项目审计218项，送审金额3136.71万元，为学校节约资金156.09万元。开展水利馆维修工程、江宁校区第四学生食堂工程以及河海大学综合体育馆工程的全过程跟踪审计，工程预算达6308.77万元。

(2) 开展财务收支审计、专项经费审计及审计专项调查。财务收支审计方面：组织完成6项财务收支审计工作；组织完成6项由学校出资的企业法人年度会计报表的审计工作；完成部分校办企业改制前的清产核资审计工作。专项经费审计方面：对学校“211工程”建设经费(中期)进行了审计；对学校有关教师承担的纵向重大科研项目经费决算进行了审签，涉及科研项目40项，审签经费1300万元。审计专项调查方面：对学校2007年1月至2010年5月期间的医疗费用支出情况进行专项调查，出具调查报告，为学校调整、完善有关政策提供依据。

(3) 开展领导干部经济责任审计。下半年陆续开始对14位在重要部门、重要岗位上担任领导职务的同志经济责任履行情况进行了审计，完成并已经出具审计报告9份，涉及资金31552万元，提出合理化建议十余条。在审计过程中严格执行审计准则，围绕被审计单位经济活动，以评价其财务收支的真实、合法、效益性为基础，对被审计人经济责任的履行情况进行审计评价。

(财务处、审计处供稿)

图书、档案与信息化

图书馆工作

一、概况

学校两地三校区共设有3座图书馆建筑，馆舍总面积为4.3万平方米，其中校本部主楼面积1.10万平方米，辅楼面积0.20万平方米，江宁校区图书馆面积1.89万平方米，常州校区图书馆面积0.93万平方米，学校各院系分图书馆或资料室面积合计约0.2万平方米。依据学校事业发展需要，开展文献资源建设及共享服务体系建设、深化特色文献数字化建设，推进信息服务，不断创新服务模式，进行信息推广。

图书馆设有办公室、读者服务部一至三部、技术部、信息部、资源建设部等7个部门。图书馆信息部承担现代信息检索利用等信息服务工作；资源建设部承担学校的图书期刊和电子资源信息资源的采访、采购和编目、验收工作；技术部负责图书馆的各类现代技术平台及设备的日常维护及文献数字化项目的建设等工作，保证图书馆的正常稳定运行；读者服务部一至三部分别负责各校区图书馆面向读者的日常窗口服务；图书馆还设置有科技查新站，该站拥有教育部、水利部授权的部级查新站资质。

二、馆藏资源建设

近年来，除纸质文献外，图书馆加大电子版文献资源建设力度，为全校师生教学和科研服务提供坚实的保障。积极参与国家和江苏省的文献资源保障项目建设；与水利部科技发展中心合作建设水利数字化图书馆第二期工程；与东南大学等6所设在江宁区的院校合作开展资源共享；与南京工业大学、盐城工学院、南京晓庄学院等兄弟院校联合开展信息服务和查新工作；与江苏省有关高校及南京水利科学研究院等省内外多家科研单位签订了资源共建共享协议；与全国各高校图书馆同步使用全国性的电子资源数据库及科技信息。

纸质图书文献收藏量达223万册，水科学领域如水文水资源、水力发电工程、土木工程、海洋港口工程、环境、交通工程等特色收藏有较深厚的历史积淀。图书馆收藏了国内外著名数据库及行业特色电子文献数据库，如Science Direct、IEEE/IET Electronic、Springer Link、Ebsco：host、美国心理学会(APA)数据库、硕博士论文(PQDD)、工程索引(EI)、中国学术期刊数据库(CNKI)、中文科技期刊数据库(VIP)、万方数据库，以及超星数字图书馆、书生之家、方正电子图书、水利古籍数字文献等。2010年成立了古籍阅览室，在加强水利史文献建设方面迈进了一大步。目前有40多个独立购置的文献数据库，其中电子图书100多万种，全文电子期刊近3万种，数字图书馆极大地丰富了馆藏资源，为读者提供了丰富的信息咨询和全天候的服务，今后还将不断充实水利文献，以更有力地支撑学校事业的发展。

图书馆和教务处联合开发的“河海大学本科教学资源信息管理与服务系统”包含大量的教学管理信息和教学资源信息，已经成为师生获取教学信息的重要平台；建设的重点学科导航数据库也受到有关专业读者的好评；截至2010年底，自建的硕博研究生学位论文数据库已收藏论文11167篇，随书光盘数据库收藏光盘信息3359件。

每月组织一次以上专家网上选书，确保资源建设质量；根据专业数据库类别，组织专家学者开展购置必要性论证；经常组织读者外出参与现场选书等活动；图书馆与学生会合作建有图书馆学生读者协会，引导学生参与图书馆网站新书推荐通道，通过计算机参与到图书馆资源建设中来。

三、读者服务工作

读者服务主要通过各分馆的服务窗口和图书馆网络进行。先进的图书管理软件平台支持图书开架服务。主要读者服务项目有：馆内阅览、图书外借、电子阅览、视听服务、馆际互借、文献传递、科技查新、学科服务、定题跟踪、竞争情报等。由于数字图书馆建设，图书馆服务内容增加迅速，2010 年仅通过图书馆网页访问数据库的使用量就有 170 万人次，每天进入图书馆阅览学习的读者达到上万人次。

为了让更多的师生了解和使用我校的网上数据库，除承担有关专业的信息检索课程教学外，定期对全校师生开办数据库使用培训班及其专题讲座，例如“文献资源检索利用”、“中外文文献传递服务”、“SCI 数据库利用”、“如何利用文献数据库申请基金项目”、“如何利用文献数据库撰写论文”等。全年举办的各类数据库检索利用培训、专题报告会等合计 72 场，参加人数 4933 人；还组织师生读者开展文献检索技能培训考核并发证，举办了 2010 年信息服务月专题活动、每月深入学院 1～2 次为专家提供上门服务、开展外刊资源速递专刊向专家推送文献信息等工作，用多种手段促进电子资源推广和利用，取得好的效果。

2010 年继续举办读者服务月活动。此次活动主要通过网络来进行，开展读书之星评比，以及论文征集和主题摄影比赛，形式多样，生动活泼。

河海大学图书馆科技查新中心，面向江苏省及临近省份的高校、政府机构、工矿企业、科研院所开展科技查新与咨询服务，查新数量及质量都在教育部科技查新站中保持先进水平。2010 年全年科技查新 804 项(包括高校申报博士点基金、新教师专项基金查新 60 余项)，大部分查新均使用了 DIALOG 数据库进行检索，提高了查全率。作者论文收录引用检索课题 419 项，数量比去年增加 150%。在科技查新课题中，有 60%的项目获得了江苏省各类科技产业发展项目支持，为地方经济提供了有效的信息咨询服务。

四、图书科研与学术交流

河海大学是国家和江苏省文献信息保障系统建设的主要成员馆之一，积极参与国家及江苏省的信息工程和江苏省图工委的高校数字图书馆建设工作。2010 年成功举办了“江苏省高校图工委情报咨询专业委员会 2010 年全体委员会”及“江苏省高校图书情报委员会情报咨询专业委员会 2010 年学术年会”。

2010 年，继续积极参与 JALIS 三期数字图书馆 7 个项目的建设，例如《南京高校(江宁地区)文献资源共享服务》项目、《精品课程教学资源数据库系统》项目、《江苏省高校数字图书馆技术应用与服务平台建设》项目、《江苏省高等学校图书馆事业管理数据库》项目等，其中在《南京高校(江宁地区)文献资源共享服务》项目中，河海大学承建了“资源建设协调与原文传递”建设内容，取得了良好的成果，在江苏 JALIS 三期项目中期检查中，受到好评。

2010 年图书馆情况统计表

项目			2010 年
一般服务状况	读者	学生(人)	33068
		教师(人)	3661
		校外读者(人)	1400
	开架书刊	图书(册)	2016674
		现刊(种)	6116
	外借书刊	文献(册次)	431446

续表

项　　目			2010年
文献资料收集状况	现有文献	文献累积总量(册)	2240749
		中文书刊(册)	2019293
		外文书刊(册)	225246
		电子文献(光盘)(件)	10803
		中文文献数据库(个)	35
		外文文献数据库(个)	21
	当年购置文献	中文图书(册)	82937
		外文图书(册)	1645
		其中：原版书(册)	593
		中文报刊(种)	35964
		外文报刊(种)	3057
		其中：原版报刊(种)	2037
		中文文献数据库(个)	35
		外文文献数据库(个)	21
		光盘电子文献(件)	1435
馆舍设备情况	馆舍	建筑面积(平方米)	48302
		阅览室座位(个)	5545
	设备	复印机、扫描仪(台)	26
		计算机、服务器(台)	764
		资源存储量(TB)	46
年度经费情况	文献	文献购置费(元)	10757279
		实际使用购置费(元)	10756902
	图书	购中文图书(元)	2686509
		购外文图书(元)	469925
		其中：原版书(元)	403334
	报刊	购中文报刊(元)	810111
		购外文报刊(元)	2889151
		其中：原版报刊(元)	2322991
	音像及数据库	购音像资料(VCD光盘)(元)	4514
		购中文数据库(元)	1914607
		购外文数据库(元)	2032210

档 案 工 作

一、概况

围绕档案的资源体系、利用服务体系、安全管理体系建设，以档案信息利用中心、档案爱国主义教育基地建设为目标，发挥人的主观能动性，努力做好档案的收集、归档、利用服务工作，做好档案资源建设和规划，积极为学校工作提供档案信息保障。全年完成了接收整理档案 6863 卷，其中文书档案 992 卷、会计档案 2669 卷、学籍档案 2407 卷、科技档案 795 卷；归档照片 9739 张(形成照片光盘 42 张)、录像光盘 8 张；接收试卷档案 6300 卷(袋)。采集录入档案目录信息 5 万余条。完成了 1 万余卷库存档案条形码标签编制与粘贴及传输设备与各终端连接布线工作。补录整理硕士生学籍档案 10178 卷、博士生学籍档案 1715 卷、工程硕士生学籍档案 1985 卷。完成了研究生档案库调库工作，搬迁、重排架档案 1 万余卷。

二、档案信息化建设

做好档案信息管理系统的使用和完善工作。在对“档案信息管理系统”进一步设计调试完善的基础上，制定《河海大学“档案信息管理系统”使用手册》下发各立卷单位执行，对立卷单位档案兼职人员进行了配套必要的培训指导，完成了临时库归档设计方案，设置授予立卷单位客户端相应权限，实现了档案兼职人员在客户端可自行查阅、录入、归档操作的目标。初步进行了“库房管理模块”的开发，实现了按条形码借阅档案的业务流程，“库房管理模块”设计考虑将“校园一卡通”与其连接使用，为自动生成档案借阅单和借阅手续自动化打下了基础。完成了“学籍档案录检表”、1976—1980 年文书档案的数字化扫描，完成全文检索的著录、标引与全文数据建库工作。初步完成了张闻天陈列馆多媒体网上利用系统的设计框架，为张闻天陈列馆的利用拓宽渠道。对学校部分数据库信息进行调查和分析，研究与制定了相关数据库归档方案，编制了与档案信息管理系统接口程序。

三、档案的编研和利用

开展档案的编研工作，为学校各项工作提供有效的服务。完成了《河海大学大事记》、《部分学校规章制度索引》、《2009 年获校外表彰的先进集体、先进个人》、《2009 年获校内表彰的先进集体、先进个人》、《2009 年各类基金、奖学金获奖情况》、《河海大学教职工人头卡管理系统》、《河海大学各类委员会汇编》等内部资料编写。参与完成了《河海大学年鉴》、《河海大学专业史》的编写并提供大量档案信息支撑；接待档案利用 1348 人次、提供档案利用 4123 卷次；参与了张闻天诞辰 110 周年、刘光文诞辰 100 周年、力学办学 50 年纪念活动相关工作并为学校大型活动提供历史资料与活动场地布置支持，完成了《力学 50 年发展史展览》、《刘光文先生生平事迹及水文学科成就展》、《河海大学画册(2010 版)》资料采集处理与编排工作。为各类评估提供了大量的档案信息支撑和服务工作。完成了德育基地部分展馆解说词撰写与讲解员选拔培训工作及校史馆 60 多块展板改补版工作，开放张闻天陈列馆、校史陈列馆，接待参观者 1540 人。

四、档案科研与学术交流

发挥学校档案管理的优势，积极开展学术交流活动，拓宽视野，主动为国家水利档案事业服务，为宣传学校、扩大学校的影响发挥了作用。

主持完成了水利部《水利档案信息化建设方案》的编制工作。承担了全国水利普查办公室《全国水利普查档案管理办法》、《水利普查档案归档类目》的编制工作。提出了全国水利普查档案整体方案的建议。

完成了国务院南水北调办公室《档案管理办法和归档范围》、《南水北调办公室国家秘密及其密级具体范围规定》的编制工作。主持的国务院南水北调办公室委托的《南水北调工程档案维护与管理》专项研究，通过了由国家档案局、水利部、国务院南水北调办公室、江苏省档案局、有关高校专家参加的评审组评审验收。

参与了江苏省高校档案研究会第8届会员代表大会筹备组织工作，我校当选为研究会副理事长单位；成功申报江苏省档案科技项目《档案安全防护研究》。

五、常州校区档案工作

2010年文书档案收集、整理、归档共计721件；研究生业务档案立卷95卷；本科教学类立卷281卷；科研档案项目13项；财务报表、账册43册，凭证391册；收集、复制声像档案资料114个主题包共计光盘90片；基建项目档案立卷25卷，设备项目档案立卷6盒。

完成了高基表、能源表等省、部、市各类统计报表并为校区各部门提供基础数字；完成了第六次全国人口普查任务；参与校区年鉴编写、审核工作。

加强档案信息化管理，不断改进和完善现有档案信息化管理系统，充实档案电子信息内容。目前网站可查询毕业生信息，从1999级至今有学生学籍、学生成绩信息12600多条，在校生信息5400多条。实现了库内照片资料的网上查询，档案网上可直接查询270多个主题的图片资料和库内所有实物照片、光盘资料的目录。

校区档案网已录入包括学生学籍、党政文件、科技成果、本科生优秀论文等各类信息286914条，电子照片信息1800多条。档案网访问量累计17700余次。

2010年档案情况统计表

指　标　名　称		单　位	2010年
馆存全部档案	全　宗	个	2
	案　卷	卷	89032
	以件为保管单位档案	件	5624
	录音、录像、影片档案	盘	411
	照片档案	张	58313
	底　图	张	840
馆存永久、长期档案	计	卷	76986
	其中：永久保管	卷	22230
本年接收档案	案　卷	卷	6768
	以件为保管单位档案	件	721
	录音、录像、影片档案	盘	2
	照片档案	张	10663
	底　图	张	
馆　存　资　料		册	4365
档案编目情况	案卷目录	册	147
	全引目录	册	179
	专题目录	册	64
	重要文件目录	册	55

信息化建设

一、数字化校园建设

1. 建立信息化工作机制

成立河海大学信息化建设工作领导小组，由校长担任组长，负责学校信息化建设总体规划方案的审定，负责年度重大信息化项目的计划、立项、经费预算与总结验收；协调解决信息化建设和管理中的重大问题。信息化领导小组下设信息化办公室，主要负责信息化工作的具体协调。研究制定《河海大学信息化工作管理办法》(草拟)，规范数字化校园建设中的各项工作。

2. 制定“十二五”信息化专项规划

对有关高校进行调研，完成了《河海大学“十二五”信息化建设规划纲要》起草工作，确定发展目标为“一个中心、两个平台、三个标准体系”。一个中心是指建设以共享数据库为目标的数据中心，支撑校务业务应用系统共享数据的存储、使用；两个平台是指建设包括万兆核心、高速、稳定、安全的网络设施、实用高效的集成服务器系统和共享数据存储系统的信息基础设施平台和具有统一框架、统一编码、统一门户的涵盖学校的人事、科研、研究生、教学、学工、资产、图书、档案、现代远程教育等核心业务内容的高度集成的实用的综合业务应用平台；三个标准体系是指建设河海大学信息化各种信息代码标准体系、应用系统技术开发标准体系和河海大学信息化建设管理标准体系。

3. 完成应用系统建设任务

完成了统一身份认证及校园信息门户系统项目，于7月份向全校师生开通试运行。该门户是数字化校园的信息集中展示平台，也是校园内不同业务系统的服务集成平台。它可以集成互联网和校园网的信息，通过对校内现有各业务系统、信息资源以及校外各类资讯的有效整合，师生只需拥有一套账号密码即可访问校内资源。

进一步完善研究生信息管理系统。针对新上岗人员进行了系统培训。配合研究生培养方案2010版在系统中的实施，重新开发了研究生学位信息向教育部申报的模块，继续完善开发了许多统计功能模块。

4. 提供信息化服务

积极与水利部信息中心加强联系，加入水利专网并整合专网内的资源，建立水利专网资源的导航页面。加强学校主页的维护和二级单位网站的虚拟主机服务和管理。

完成虚拟化软件VMware的采购和虚拟主机迁移工作，完成了学校120多个部门级Web网站、Web业务应用系统从刀片服务器向虚拟化平台迁移的工作，虚拟服务器运行状态稳定，大大提高了资源的利用率和系统的稳定性。

二、校园网络基础设施与应用建设

1. 网络基础设施建设

利用2009年教育部修购基金“校园网基础服务设施更新改造”项目、“河海大学校园网IPv6技术升级和应用示范”项目，完成校本部、江宁校区的楼宇网络接入改造工程，总计更新2000—2003年的设备100余套，接入点达3000多个。完成江宁校区博学楼的网络接入集成项目，该楼宇接入点达2500个左右。

完成学校的存储设备及备份系统的建设。中心采购了IBM－N6040(业务运用存储)和IBM－N3300(备份存储)作为学校邮件及数据库存储系统的硬件，配置了36TB主存储容量和12TB的备份存储容量，实现了集中存储管理机制，大大提高了数据的可管理性、安全性、可扩展性和可恢复性，从而解决了校园网数据持续增长带来的严峻挑战。

重点完成了《教育科研基础设施 IPv6 技术升级和示范项目》，并顺利通过中期检查。承接了教育部科技支撑计划项目《新一代可信任互联网试验网》子课题，组织团队，进行科技攻关，现完成部署 6000 多个信息点。稳步推进下一代互联网项目的建设，完成了学校科技处、水利工程试验网等网站资源向 IPv6 网迁移发布工作，增加了我校 IPv6 网的资源。实施 IPv6/IPv4 组播系统的研究，探索组播技术，利用中心现有的技术设备，基本实现了网络组播，并制定推广方案。

2. 网络基础应用建设

加强校园网安全管理，满足所有教职工的办公上网需求；保证河海大学的主网站和托管的 100 多个虚拟网站、教务系统、科研管理系统等信息系统安全稳定运行；全年收发电子邮件 200 多万封，处理垃圾邮件 500 多万封。

升级了邮件系统，针对以前系统中容易出现的故障，增加系统后台管理功能，减弱以前因为用户感染病毒或者网络上的垃圾邮件爆发而导致系统不能正常工作现象，并采用双机热备方案，减少了邮件系统故障。此次升级邮箱的空间有所调整，为教师提供 1G 的邮箱和 1G 的网络存储，为学生提供了 200M 的邮箱和 200M 的网络存储。

三、校园网络用户服务

在窗口服务方面，坚持微笑服务，热情接待上门办理业务的师生，帮助他们解决问题。设置热线电话 7582，面向用户提供电话咨询和报障服务，提高接线员的综合业务水平，尽量通过电话帮助用户解决问题。上门服务，要求快速及时响应，迅速解决问题，并做好耐心的解释工作。对于用户终端的问题，也能主动帮助其解决。建立了服务质量跟踪机制，及时对用户进行回访，为及时掌握服务情况，提高服务水平、服务质量和用户满意度，切实维护广大用户的利益发挥了重要作用，据统计今年的用户满意度为 98%。

组织技术维护人员对校本部二舍、三舍、四舍、五舍、六舍、八舍、新疆馆、研东楼、研一舍共 724 间宿舍，江宁校区教学区三舍、四舍、七舍、八舍、九舍、十舍以及一心楼共 408 间宿舍的网络端口和线路进行检测，共维修信息点 604 个，对一舍、九舍、十舍、十一舍无线网络也进行了检测。下半年开学后大大地减少了网络故障的发生率，从而有效地提高了用户的满意度。印制了新生上网指南宣传彩页 4000 份，在新生入学时进行分发，指导学生使用校园网。

开通了第二批水利部专网电话用户 71 户。并对第一批用户进行了回访，对用户反映的报修难问题，协调、沟通并妥善加以解决。

及时处理用户投诉，做到及时响应，耐心解释，快速解决。用户回访，努力做到贴心服务，让用户有良好的用网体验。开发了网络信息服务帮助台，搭建信息中心与用户沟通的桥梁，通过电话、网络、邮件、短信等方式及时与用户沟通，该网站于 12 月底测试运行。制定了《河海大学网络信息服务帮助台管理办法》(试行)，规范了各栏目的功能和负责的部门，确保帮助台网站能够更好地发挥作用。

完成了校内许多大型活动的网络保障工作，如十二届校党代会、本科网上招生、刘光文百年诞辰纪念活动、院士论坛等，确保了以上活动正常进行；加强了系统应用的培训工作，先后培训 80 人次。

四、常州校区信息化建设

全面保障了 2010 年度常州校区网络全年安全、高效、稳定地运行。对校区信息化建设从技术层面进行了初步调研工作。对河海大学常州校区主网站进行了改版。完成了 WEB 建站平台的后期维护合同的签订。向教育网提交校区域名 hhuc. edu. cn 和 hhuc. cn 的申请及备案。

建设完成了计算机与信息学院网站、科技部网站、纪检审网站、财务部网站、输配电实验室网站、电子信息技术省级实验示范中心网站等，为数字化校园的建设打下基础，基本实现了所有部门主页的平台化建设工作目标。

完成了教学楼网络改造工程；对宿舍楼进行网络改造，将五号楼全楼通过无线方式接入校园网，对4号、6号、7号楼更换了全楼的网络设备。新开通移动公司百兆带宽，满足了师生的网络需求。改进上网流量收费方式，增加包月上网形式，降低了收费标准，目前费用降到原先的一半。

（图书馆、档案馆、信息中心、常州校区供稿）

后勤保障与安全保卫

基本建设

一、年度基建工程建设概况

2010年，基建处根据学校对三大校区的整体定位，深入推进各项基建工程的有序开展，共承担基本建设项目6项，建设规模达111740平方米，建设总投资为51310万元，本年度完成投资13677万元。现已交付使用的工程有江宁校区商学楼(现称“博学楼”)、江宁校区四期学生公寓1号、2号组楼；正在开工建设的工程有江宁校区学生四食堂、江宁校区综合体育馆、常州校区科研实验综合楼一期工程；正在维修的工程有校本部水利馆改造维修工程。

二、基建项目管理

1. 校本部国际学术交流中心

校本部国际学术交流中心总建筑面积为33142.79平方米，总投资达2.3亿元，是学校不断拓展国际视野，加强国际、校际交流的重要场所。目前，该项目的可行性研究报告(含项目建议书)已编写完成，并报江苏省改革与发展委员会批准，建设项目的场地清理以及前期的十多项手续也已陆续完成。

2. 江宁校区综合实验楼、行政楼、青年教师公寓

作为学校整体资源向江宁校区转移的标志性工程，江宁校区综合实验楼、行政楼、青年教师公寓已完成项目建议书、可行性报告的编写及报批工作，现已进入方案深化设计阶段。

3. 江宁校区西区189亩实验基地

根据学校整体规划，江宁校区189亩实验基地将成为学校提高科研水平、承接国家级大型、特大型研究项目的国内一流的研究平台。目前已完成项目建议书、可行性研究报告的编写及报批、建设监理、桩基工程的招标等工作，进入施工前的准备阶段。

三、基建规划

编制或参与编制了《河海大学“十二五”基本建设规划》、《教育部直属高校2011年中央预算内投资项目建议表》、《河海大学2010年基建调整计划、2011年“二上”投资计划建议》等，并上报教育部，进一步明确了未来5年内学校基本建设的发展思路。同时，通过修编江宁校区东区、西区校园建设规划，并报政府相关部门批准，推动江宁校区整体发展。

2010年基建项目建设基本情况一览表

项目名称	建设性质	建设规模（平方米）	总投资（万元）	施工面积（平方米）	建筑层次	开工年月	完成投资额		竣工面积（平方米）	主要功能
							累计	当年1月—12月		
小计		111740	51310	114940			38265	13677	37554	
江宁校区西区征地	续建		18689			2006.1	18641	69		基础设施
江宁校区商学楼	续建	39200	11171	37554	15	2008.3	11171	5155	37554	教学、科研
常州校区科研实验综合楼	新建	15600	4800	16716	12	2010.3	3000	3000		教学、科研、实验
江宁校区四期学生公寓	新建	32900	6400	32780	6	2010.1	4600	4600		生活服务
江宁校区第四学生食堂	新建	5540	1250	5790	5	2010.6	740	740		生活服务
江宁校区综合体育馆	新建	18500	9000	22100	4	2010.12	113	113		体育设施

校舍构成情况

2010年校舍构成情况一览表 （平方米）

	学校产权建筑面积				正在施工面积	非学校产权建筑面积		
	小计	其中：危房	其中：当年新增	其中：被外单位借用		小计	独立使用	共同使用
总计	634031				117590	75000	75000	
一、教学及辅助用房	286333				62150			
教室	81416				6500			
图书馆	39132							
实验室、实习场所	138748				55650			
体育馆	18961							
会堂	8076							
二、行政办公用房	40729				11000			
三、生活用房	293665				44440	75000	75000	
学生宿舍（公寓）	184886				32900	75000	75000	
学生食堂	34215				4540			
教工单身宿舍	20035				1000			
教工食堂	1671							
生活福利及其他用房	52858				6000			
四、教工住宅	13304							

注：1. 统计截止时间为2010年9月底。

2. 正在施工面积中含江宁校区电学楼（26000平方米）、商学楼（37554平方米）。

3. 教工住宅面积为未出售面积。

校舍维修

通过学校网站发布修缮工程招标信息，实行招标信息公开化，采取随机抽签的方式从专家库抽取评标专业人员评标，保证了评标过程的公平、公正、公开，并有效地降低工程造价。

完成2011年教育部修购专项(房屋及基础设施)项目申报工作，申报项目7项，累计经费4132万元。

2010年完成校本部、江宁校区教学、实验、办公用房、学生宿舍、教学配套设施、公共部位维修改造施工、设计、监理及采购合同18项，合同总造价约650万元。资料整理收集归档35项；工程项目送审20项。

常州校区主要完成的修缮项目：毕业生宿舍大修；东大门亮化美化工程；校园东北角绿化区园路铺设；学生社区宣传栏建设；高配及水泵房维修；田径运动场下水道改造；公共设施屋面防水，墙壁渗水、漏水维修；一号楼管道井上下水管支架加固改造；学生浴室室内吊顶笼头维修；各类家具、特种设备维修等。

进一步加强校区修缮工程的管理，推行修缮工程项目“两审制”，完成一审审计项目60多项，节约了校区修缮资金。

房产管理

完成西康路3号35户已售人员及各种特殊遗留问题人员的扩建房扩建部分预出售工作。办理20户接龙房的回购工作。办理部分散户房租的收缴工作。办理1户仙霞路拆迁户房屋换购工作。完成12户用户退房及27户借用房手续。

根据教育部2010年拨款额度及要求，完成本年度在职“老职工”住房补贴发放工作：第1批实际发放896人，实发金额25632055元，第2批实际发放70人，实发金额2341848元。

开展公房清理工作；完成2010年度学院办公、科研、实验用房配置、测算与调整工作。

对各学院办公科研用房进行调查与核实，并结合各学院教职工与学生人数等情况，依次测算出《各学院现有办公、科研、实验用房明细表》、《各学院办公、科研、实验用房标准配置面积表》等。本年度签订办公用房协议13份，并对商学院、公共管理学院、水文水资源学院等7个学院进行了办公科研用房调整，调整面积约8000平米。

完成2009年度国有资产年度统计报表和高校建筑基本信息资产清查报表的编制和上报工作。对全校已调整变动的办公用房进行了平面图的修正。

校园绿化

河海大学现有校本部、江宁校区和常州校区3个校区，校园总占地面积132公顷。学校连续9年被南京市绿化委评为“南京市绿化先进单位”。

校园绿化情况表

绿化种类	校本部	江宁校区	常州校区
应绿化面积(平方米)	158800	242000	179812
已绿化面积(平方米)	158700	241000	175875
绿化覆盖率(%)	51.18	45	58
人均绿地面积(平方米)	15.88	30.2	23.2
乔木灌木(株)	46700	29800	25000
草坪、地被(平方米)	43208	150000	118000
花坛、花带(平方米)	1540	2000	850
绿篱(米)	2035	1500	3000
垂直绿化(平方米)	16200	1500	250
盆花(盆)	5000	8000	50000
花房、苗圃(平方米)	2300		2250

水电维修

2010年学校幼儿园通过江苏省节水型幼儿园验收，并与南京市节水办、水资源管理中心共同组织节水宣传活动，小朋友参与节水漫画、横幅签名，媒体报道节水从娃娃抓起。

水电费回收工作。2010年校本部水电费总支出为937万元，回收340万元，净支出597万元；江宁校区全年水电费总支出604万元，回收89万元，实际净支出515万元；常州校区全年水电费总支出421万元，回收163.80万元，实际净支出257.2万元。

水电运行工作。利用暑假期间，对全校的配电房、变电所进行了检测、维护；完成河海馆直供水改造，保证教学科研及师生正常用水，没有发生停水事故。

计量改造工作。安装卡表174只，电子表65只，水表41只，更换各种型号阀门36只。

节水节电工作。利用橱窗、板报、印发学习材料等形式，开展节水节电宣传活动；完成部分楼宇的节能灯改造；加强水平衡测试工作，及时修复大、小漏点；严格控制供电线路无功损耗，全年功率因素维持在0.93以上；坚持及时调整全校路灯和家属区路灯开闭时间；常州校区组织节水型远红外感应控制器及时修复的节水龙头的安装，加大节水措施。

医疗卫生

学校在校本部设有医院，在江宁校区和常州校区设有卫生所，其中江宁校区卫生所的工作人员由校本部医院派出。学校医院(校本部、江宁校区卫生所和常州校区卫生所)承担学校及社区的医疗、预防、保健、健康教育、康复、计划生育指导等六位一体的服务工作。

表1　2010年医院医生情况统计表　（人）

专业技术职务	校本部、江宁校区	常州校区
副主任医师	9	1
主治医生	3	3
医　师	6	
副主任药师	2	
主管药师	1	1(外聘)
药　士	1	
主管检验师	2	
检验师	1	1
主管护师	11	
护　师	6	1
护　士	3	1
其　他	2	1
合　计	47	9

表2　2010年医院医疗情况统计表　（人）

项　目	校本部、江宁校区	常州校区
配方(份)	64186	7090
急诊(人)	1065	283
治疗输液(人)	6275	1176
肌注(人)	604	265
心电图检查(人)	350	25
24小时心电图(人)	25	
B超检查(人)	617	
胸透(人)	18306	
摄片(人)	48	
临床化验(项次)	2737	336
生化(项次)	19986	1407
收治病人(人)	88	
全年体检(人)	17897	1342
接种疫苗(人)	1300	1301
无偿献血(人)	326	

幼儿园工作

学校幼儿园为省级示范园。为确保幼儿在园的健康和安全，对班级教育教学以及生活所需的设施、设备进行了更新，使幼儿生活环境更加舒适。2010 年共招收托班 103 人，幼儿班 60 人，共计 163 名新生，在园幼儿总数为 513 名，17 个班级。幼儿教职工 67 人，其中正式编制 32 人，人事代理、人才派遣共 13 人，劳务用工 22 人。幼儿园注重加强教师队伍的素质、技能培训，形成了一支教育技能强、综合素质高的教师队伍。接待不同级别的幼教同行观摩教学活动 23 节课时，全园教师有 17 篇论文和活动设计获奖或发表。

表 1　2010 年幼儿园幼儿入园情况统计表　　　（人）

班级	个数	在园幼儿人数					在园幼儿人数中第二代子女数
		合计	大托	小班	中班	大班	
合计	17	513	103	150	112	148	153
大托	4		103				39
小班	5			150			49
中班	4				112		23
大班	4					148	42

表 2　2010 年幼儿园教师情况统计表　　　（人）

		合计	其中					
			高级教师	一级教师	二级教师	三级教师	未定级教师	其他
总人数		67	13	17			10	27
教师	大托	8		6			1	1
	小班	10	4	2			4	
	中班	8	2	4			2	
	大班	8	3	3			2	
保育员		17						17
园长		4	3	1				
后勤人员		12	1	1			1	9

设备家具购置及管理

加强采购工作制度化建设。重视采购工作的法规化、制度化、程序化，采购工作的各程序、各环节、各步骤严格按照学校采购工作有关规章制度以及组织采购工作必须遵循的监督、审计、财务等有关制度或要求执行，每项采购过程均依章行事，合乎规范，工作人员廉洁自律。组织评标、谈判等程序公平、公正，告知性信息公开、透明，本年度共发布招投标信息 386 条。制定《河海大学评标专家及专家库管理办法》。

完成采购网上竞价管理系统的调研工作，推进采购管理信息化建设；加强采购前的潜在供应商的考察工作，建立供应商诚信档案；加强采购评审专家和供应商信息库建设，已建立专家库信息400条，涵盖水利、土木、电气、环境、信息类、测绘专业以及家具、公共设施类等；进一步规范评标专家的使用和管理程序，建立了由资产处提出需求、监察处负责抽取和通知的制约机制，更加有利于评标过程的客观和公正；已建供应商库信息350条，涵盖能源、电讯、服务、服装 、化学、化工、计算机、消防、零售、批发、机械制造等行业。

进一步加强与配合相关部门做好设备采购前的论证工作，包括采购方式的论证，有效控制单一来源购置方式；组织2009年度采购设备的质量跟踪回访工作。

全年组织开标等采购评审会议约152场次(不含学院)，完成采购经费11258.53万元；做好各类仪器设备登记验收工作；完成2010年度资产管理信息系统的建设、维护以及各类统计、上报工作。

表1 2010年设备购置情况汇总表(2万元以上)

单位名称	购置金额(元)	购置台(件)数
水文水资源学院	48000.00	2
水利水电学院	2236415.46	28
港口海岸与近海工程学院	846000.00	5
土木与交通学院	704240.00	17
环境学院	1929818.00	26
能源与电气学院	295320.00	6
计算机与信息学院	1070140.00	22
力学与材料学院	626000.00	4
地球科学与工程学院	948187.00	19
商学院	201100.00	6
公共管理学院	866300.00	13
校长办公室	870653.50	4
教务处	58000.00	1
研究生院	51400.00	1
财务处	76000.00	1
学生处	30150.00	1
资产管理处	170000.00	2
信息中心	771565.00	9
离退休处	269819.00	1
图书馆	27122.00	1
水资源与水利工程科学国家重点实验室	3534466.40	14
江宁校区	73000.00	3
后勤集团	34600.00	1
机电工程学院	550300.00	15
计算机与信息学院(常州)	117750.00	2
商学院(常州)	40000.00	1
常州校区教务部	258400.00	7
常州校区后勤服务集团	187000.00	2

表 2　2010 年大型设备购置情况汇总表(10 万元以上)

设备名称	单价(元)	购置日期	使用单位
土壤水分测定仪	124372.00	2010.3	水利水电学院
地下水监测系统	132592.46	2010.4	水利水电学院
岩土和隧道有限元分析软件	128000.00	2010.4	水利水电学院
SMART 交互式覆写框	118960.00	2010.9	水利水电学院
并行网络软件	263809.00	2010.9	水利水电学院
混凝土全自动渗透测试仪	132000.00	2010.10	水利水电学院
单面冻融试验机	217000.00	2010.10	水利水电学院
曙光工作站	207100.00	2010.12	水利水电学院
电液伺服试验机	135000.00	2010.1	港口海岸与近海工程学院
移动式不规则波造波机研制	398000.00	2010.6	港口海岸与近海工程学院
步入式恒温恒湿加淋雨试验室	180000.00	2010.10	港口海岸与近海工程学院
手持多普勒流速流量测量仪	110768.00	2010.7	环境学院
激光衍射法粒度分析仪	299200.00	2010.7	环境学院
总有机碳分析仪	187000.00	2010.10	环境学院
多联机室内外机	107000.00	2010.10	环境学院
纳米粒度分析仪	280000.00	2010.12	环境学院
流变仪	280000.00	2010.1	力学与材料学院
电液伺服万能试验机	142000.00	2010.7	力学与材料学院
动态信号测试系统	144000.00	2010.12	力学与材料学院
虚拟演播室主系统	358000.00	2010.1	公共管理学院
客　车	610037.00	2010.7	校长办公室
友谊山友谊厅中央空调	181086.50	2010.12	校长办公室
三层骨干汇聚交换机	232730.00	2010.12	信息中心
小轿车	269819.00	2010.6	离退休处
自动气象站	235816.00	2010.5	水资源与水利工程科学国家重点实验室
多参数水质检测仪	496734.00	2010.5	水资源与水利工程科学国家重点实验室
探地透视仪	623790.00	2010.5	水资源与水利工程科学国家重点实验室
红外线热像仪	351803.00	2010.9	水资源与水利工程科学国家重点实验室
土壤通量监测系统	301926.00	2010.11	水资源与水利工程科学国家重点实验室
高速冷冻离心机	171929.00	2010.11	水资源与水利工程科学国家重点实验室
碳元素分析仪	303274.00	2010.12	水资源与水利工程科学国家重点实验室

续表

设 备 名 称	单价(元)	购置日期	使 用 单 位
固液剖面微型传感器测量系统	442049.00	2010.12	水资源与水利工程科学国家重点实验室
水下光谱仪	379093.00	2010.12	水资源与水利工程科学国家重点实验室
热重一差热综合热分析仪	215808.00	2010.6	机电工程学院
扭矩测量仪	118000.00	2010.12	机电工程学院
矢量网络分析仪	433212.00	2010.6	计算机与信息学院(常州)
高低温交变湿热试验室	305000.00	2010.7	计算机与信息学院(常州)
运动控制系统开发平台	120000.00	2010.12	计算机与信息学院(常州)
别克商务车	379914.00	2010.6	常州校区管委会办公室
路由器	148000.00	2010.1	常州校区信息中心
防火墙模块	208600.00	2010.1	常州校区信息中心
路由器、POS机等设备	370000.00	2010.10	常州校区信息中心
脱排油烟机	222079.00	2010.10	常州校区后勤管理部

后 勤 服 务

餐饮服务方面。饮食服务中心利用教育部下拨的五、六食堂改造资金，按照A级食堂标准，调整操作间布局，改善就餐环境，提升食堂硬件条件；以实行餐厅经理负责制为抓手，加强食品卫生安全管理，确保饭菜质量，千万百计保持饭菜价格稳定；适当引进和增加特色窗口及特色食品的供应，全面提高食堂饮食服务档次，按照健康、营养、可口的要求，认真办好教职工餐厅。师生对各餐厅服务的满意度良好。全年营业额1523.3万元。

物业服务方面。物业管理中心加强员工岗位技能培训，持续提高工作质量，强化效率意识，提高服务的时效性；不断探索办公楼管理、教室管理、学生公寓管理、绿化和环卫管理的新方式、新方法；充分利用现有苗圃资源，培育各类应季花卉苗木，满足客户需求，在确保绿化日常养护工作的同时，承接了校园绿化植物6000余株的补栽工程。根据各部门专业技术人员的特点，不断寻找新的经济增长点。收发室全面分析邮政服务状况，调整服务方案，共计收发信件30万余封，同时收订报纸杂志费10万元，获得了经济效益和社会效益双丰收，物业管理中心全年营业额750万元。

车队服务方面。后勤集团车队积极为师生提供安全、准时的班车服务，同时配合学校国际学术交流中心的筹建工作，及时做好加油站、修理厂关闭和车队的拆迁工作。车队全年营业额399.85万元。

修缮及综合服务方面。修缮中心努力做好校内小型修建和应急修建工作，同时将修缮服务延伸到教师住户家中，为教师提供服务。全年营业额340万元。综合服务中心在给师生提供便捷的复印、教具收发、日常用品零售的基础上，还开展了捐资助学活动。全年营业额877万元。劳动服务公司在处理好历史遗留问题的同时，做好责任范围内的门面房的管理工作，确保国有资产保值增值。

安 全 保 卫

一、稳定工作

发挥校园各级稳定工作组、信息队伍的作用，及时掌握学校师生员工的思想动态，广泛收集情报信息，认真做好各类信息的处理、分析和处置，先后做好了世博会、涉日保钓等期间的稳定工作，有效地维护了学校的稳定。全校没有出现影响稳定的事件。

及时向上级领导机关和公安部门报送信息，做到及时报、无漏报、不迟报、无误报。全年共上报信息40多条，月报10期，录用信息在江苏省公安厅直管高校中处于前列。

二、综合治理工作

加强检查，消除隐患，确保消防设施安装到位。先后开展100多次消防安全检查，消防安全培训6次，组织消防演习3次，发现消防隐患35处，整改消防隐患20多处。今年发生消防事件5起，但是由于扑救及时，事后补救到位，没有给学校造成大的损失。常州校区成立312人组成的义务消防员队伍，对校区进行消防知识普及宣传。

全面推进“平安校园”创建工作，认真贯彻“谁主管，谁负责”的原则，做到职责明确，责任到人，校园安全，人人参与。12月9—10日，南京市初查组对学校平安校园创建工作进行检查，认为我校已经达到申报江苏省平安校园的基本条件，同意学校接受江苏省复审组验收。

制定出台校园交通管理初步方案，通过限制进校车辆数量、规范车辆停放、发布违章信息、安装交通设施等办法，保证校园秩序，强化交通安全管理。

加强校园安全巡查，保证师生财务安全。将常规检查与专项检查相结合，普通检查与重点检查相结合，自查与抽查相结合，形成良好的安全检查运行机制。每逢新学期开学前后、重要节假日均开展校园治安大检查，对查出的隐患针对性地提出整改意见。2010年盗窃案件比上年下降19%。

开展安全宣传和教育。在全校开展安全培训11次，举办安全教育讲座7次，发放安全材料1万多份。

三、户籍、证件管理工作

为师生提供户籍服务。今年办理新生户籍1939人，办理毕业生户籍3234人，为师生提供户籍服务2000余人次。与公安部门联系，帮助师生解决问题。先后帮助补办学生户籍12人次。常州校区2010年度共办理毕业生户口迁出654人，新生迁入358人，新分配教师及独生子女户口挂靠父母迁进23人。

完成全国第六次人口普查工作。学校成立了由校长为普查组长的领导小组，10月4日—11月22日期间，先后组织70多名学生参加了人口普查工作，及时完成我校20个普查小区地图绘制工作。被普查人数达到2.2万多人，涉及数据十几万个。学校一次性通过了普查数据核对工作，受到了南京市、鼓楼区人口普查办公室的好评。

（后勤管理处、资产管理处、后勤集团、保卫处、常州校区供稿）

离退休与关心下一代工作

离退休工作

加强学习型党支部建设，针对离退休人员特点，自编学习材料，安排学习计划，在坚持每月一次组织生活和政治学习的基础上，推行理论学习辅导、专题报告、参观考察等多样化的学习活动方式。调整离退休人员党支部设置，顺利完成14个支部的换届工作。

认真组织离退休党员参加学校第十二次党代会。积极开展创先争优活动，落实“支部创建有特色、党员争先有亮点”实施方案。召开事关学校发展和政策调整的专题座谈会8次，为学校改革发展建言献策。“以党建为重点、以服务为保证、以活动为促进”，切实做好离退休教职工的工作，确保离退休人员的和谐稳定。

先后组织6批共562人参加春游、秋游、祝寿、参观世博会等活动。老年大学开设书画、形体、舞蹈等深受老同志喜爱的课程。配合老年文体协、退教协等组织在宁高校老年人门球赛、在宁高校第11届健身运动会、校第12届老年人运动会等活动，组织老同志参加各种兴趣小组活动。

为离退休人员办理出国出境、公证、函调、去世人员的查档工作，全年查档90人次。全年为离退休老同志收转信件2000多件。保证老年活动中心每周7天开放服务，做好设备的更新与维修工作。

探望、慰问住院病人120多人次，上门慰问98人次，帮助抢救危重病人5人，为行走不便及外地老同志报销医药费72人次，办理住院支票190多人次，全过程帮助处理丧事21人，为老同志安全行车2万公里。

认真对待老同志来信来访，加强落实督办。通过图书馆的过刊捐赠，丰富老年人阅览室的可读内容。做好老龄工作的宣传、报道工作。在网站、校级及以上媒体发表宣传报道稿件50篇，展出4期宣传橱窗，完成省级及以上单位要求的报告、征文稿件6篇，向省委老干部局报送信息12篇。

关心下一代工作

加强组织建设。调整校、院两级关工委组织，调整后的关工委有两个特点，一是各负责人是分管学生和离退休工作的领导干部，便于协调和开展工作；二是将刚退休、年龄相对低、身心健康、热心关心下一代工作的老同志充实到关工委中，增加了关心下一代工作队伍的活力。

加强学习交流。重点学习党的十七届五中全会、“十二五”规划精神。加强工作人员的培训，汇编上级关于关心下一代工作的文件和兄弟高校的工作经验，供大家学习。加强工作研究，组织学生心理问题调研，参与省部各片的经验交流和研讨，向教育部上报关心下一代工作征文稿件4篇。

开展各项活动。举行河海大学纪念张闻天同志诞辰110周年座谈会，组织多次张闻天事迹报告会。组织离退休老党员为200多名新生入党积极分子讲授“弘扬优良传统、加强党性教育、争做时代先锋”党课。开展结对共建、爱心帮扶等活动。学生处和离退休工作处联合举办“朝阳夕阳好时光”联谊活动，老同志向爱心超市捐赠了5000元、10幅国画以及其他礼品，老少共同表演了自编的精彩的文艺节目。推进百名教授走进课堂、走进教室、走进宿舍的“三进”工作，做好教学督导、心理辅导、入党积极分子培养等工作。老教师还积极参与校园廉政文化月、重阳节、写春联等文化活动，使老少共建活动在各学院之间持续开展。

常州校区关工委与团委、学工部联合聘请校内外专家、教授举办学习贯彻《“两会”精神报告会》、《助人为乐情常在——奥运会志愿者讲座》、《水问题的时代特征》、《珍爱生命之源》、《常州市青马工程培训》、《社会主义核心价值观》、《如何成才》、《大学生心理健康讲座》、《重释上善若水》、《如何做好学生工作》、《创新精神与高技术企业》、《如何加强学生创新教育》等为内容的专场报告会共39场，听报告人数近两万人次。

（离退休工作处、常州校区供稿）

编辑与出版

期刊编辑出版情况

2010年，由河海大学主办的期刊共6种：《河海大学学报(自然科学版)》、《河海大学学报(哲学社会科学版)》、《水利水电科技进展》、《水资源保护》、《水利经济》和《Water Science and Engineering》。全年共出版期刊39期，其中正刊32期，增刊7期。共刊登论文988篇，其中正刊刊登论文647篇，增刊刊登论文341篇。

一、《Water Science and Engineering》

《Water Science and Engineering》(水科学与水工程)创刊于2008年，国际标准连续出版物号为ISSN 1674－2370，国内统一连续出版物号为CN 32－1785/TV，季刊。该刊是以水科学研究与水工程建设为论述主题的国际性英文学术期刊，主要刊登水科学研究、水工程建设、水资源保护、水生态修复等方面的原创性研究(技术)论文。2010年出版正刊4期，刊登论文43篇。

收录、转载《Water Science and Engineering》的数据库或检索工具有：中国学术期刊综合评价数据库(CAJCED)、中国核心期刊(遴选)数据库、中文科技期刊数据库、美国《化学文摘》(CA)、美国《剑桥科学文摘》(Pro Quest-CSA)、美国《工程索引》(EI)、波兰《哥白尼索引》(IC)等。

《Water Science and Engineering》第二届编辑委员会名单：

主任委员： 王　乘

副主任委员： 汪德爟

委　　员： (国内按姓氏笔画为序，国外按姓氏字母为序)

王　乘　王　超　任立良　刘汉龙　刘国纬　刘　恒　刘斯宏
许唯临　余钟波　吴中如　吴丰昌　吴吉春　张建民　杨金忠
汪德爟　陈厚群　陈　喜　郑金海　施国庆　唐洪武　索丽生
董国海　李凌(澳大利亚)　乔丕忠(美国)　邵建富(法国)
Asit K. Biswas(墨西哥)　Michael Cernea(美国)
Dong-sheng Jeng(澳大利亚)　Frank W. Schwartz(美国)
Thayer Scudder(美国)　Vijay P. Singh(美国)
Ulrich C. E. Zanke(德国)

主　　编： 吴中如　Vijay P. Singh(美国)

常务副主编： 汪德爟

副 主 编： 刘汉龙　余钟波　施国庆　乔丕忠(美国)

二、《河海大学学报(自然科学版)》

《河海大学学报(自然科学版)》创刊于1957年，国际标准连续出版物号为ISSN 1000－1980，国内统一连续出版物号为CN 32－1117/TV，双月刊。该刊于2010年出版正刊6期，增刊2期，其中正刊刊登论文137篇，增刊刊登论文151篇。

收录、转载《河海大学学报(自然科学版)》的数据库或检索工具有：中文核心期刊要目总览(全国中文核心期刊)、中国科技期刊引证报告(中国科技论文统计源期刊或中国科技核心期刊)、中国科学引文数据库(CSCD)、RCCSE中国权威学术期刊、中国学术期刊综合评价数据库(CAJCED)、中国科技论文与引文数据库(CSTPCD)、中国期刊全文数据库、中文科技期刊数据库、中国数字化期刊群、中国期刊网、俄罗斯《文摘杂志》(AJ)、美国《数学评论》(MR)、美国《化学文摘》(CA)、美国《剑桥科学文摘》(CSA)、波兰《哥白尼索引》(IC)等。2010年荣获第3届中国高校优秀科技期刊奖。

《河海大学学报(自然科学版)》第十届编辑委员会名单：

顾　　问：(以姓氏笔画为序)
王思敬　卢耀如　严以新　张佑启　张耀明　汪集旸　邵建富
陆佑楣　陈厚群　周君亮　茆　智　姜弘道　索丽生　梁应辰

主任委员：王　乘

副主任委员：吴中如　鞠　平　朱跃龙　严忠民

委　　员：(以姓氏笔画为序)
王志坚　王卓甫　王　乘　王　超　包为民　乔丕忠　任立良
刘汉龙　朱天宇　朱跃龙　许长新　阮怀宁　严忠民　何秀凤
余钟波　吴中如　吴胜兴　吴继敏　张子明　张长宽　张荣安
张展羽　李瑞杰　芮孝芳　陈　卫　陈才生　陈吉平　周志芳
周建方　郑金海　赵　坚　唐洪武　徐卫亚　殷士龙　袁　越
顾冲时　彭世彰　董增川　蒋林华　鞠　平

主　　编：严忠民

副 主 编：陈吉平

三、《河海大学学报(哲学社会科学版)》

《河海大学学报(哲学社会科学版)》创刊于1999年，国际标准连续出版物号为ISSN 1671－4970，国内统一连续出版物号为CN 32－1521/C，季刊。该刊于2010年出版正刊4期，增刊2期，其中正刊刊登论文86篇，增刊刊登论文92篇。

收录、转载《河海大学学报(哲学社会科学版)》的数据库或检索工具有：中国学术期刊综合评价数据库(CAJCED)、中国期刊网、中国数字化期刊群、中国核心期刊(遴选)数据库、中国期刊全文数据库、中文科技期刊数据库、《中国社会科学文摘》、中国人民大学书报资料中心复印报刊资料、超星数字图书馆、水信息网等。2010年《河海大学学报(哲学社会科学版)》再次被评为全国百强社科学报。

《河海大学学报(哲学社会科学版)》第三届编辑委员会名单：

主任委员：朱　拓

副主任委员：郑大俊　吴　远

委　　员：(以姓氏笔画为序)
王济干　王　萍　王慧敏　史安娜　刘爱莲　孙其昂　朱　拓
许长新　邢鸿飞　吴　远　吴　玲　张　阳　张荣安　李义松
杨　晨　陈阿江　郑大俊　郑亚南　郑垂勇　施国庆　徐　军
尉天骄　曹家和　章仁俊　黄明理　颜素珍

主　　编：吴　远

副　主　编：尉天骄　　黄明理　　吴　玲

四、《水利水电科技进展》

《水利水电科技进展》创刊于1981年，国际标准连续出版物号为ISSN 1006－7647，国内统一连续出版物号为CN 32－1439/TV，双月刊。该刊于2010年出版正刊6期，增刊2期，其中正刊刊登论文129篇，增刊刊登论文80篇。

收录、转载《水利水电科技进展》的数据库或检索工具有：中文核心期刊要目总览（全国中文核心期刊）、中国科技期刊引证报告（中国科技论文统计源期刊或中国科技核心期刊）、中国学术期刊综合评价数据库（CAJCED）、中文科技期刊数据库、中国期刊全文数据库、中国数字化期刊群、中国期刊网、中国核心期刊（遴选）数据库、俄罗斯《文摘杂志》（AJ）、美国《剑桥科学文摘》（CSA）等。

《水利水电科技进展》第四届编委会名单：

顾　　问：王思敬　卢耀如　朱尔明　吴中如　张超然　张蔚榛　张耀明　汪集旸
陆佑楣　陈厚群　陈祖煜　周君亮　郑守仁　姜弘道　胡四一　索丽生
梁应辰　韩其为　潘家铮

主任委员：王　乘

副主任委员：鞠　平　汪易森　芮孝芳

委　　员：（以姓氏笔画为序）
马敏峰　方红卫　王义刚　王　乘　王银堂　冯树荣　孙才志
孙树林　邢大韦　严忠民　吴时强　吴昌瑜　张友静　张春生
张荣安　张展羽　李文学　李光伟　李纪人　李英能　束一鸣
杨泽艳　汪易森　汪基伟　沈凤生　芮孝芳　陈美发　周厚贵
周　健　周维博　周惠成　郑东健　金　峰　金菊良　姚文艺
姜文来　姜翠玲　施国庆　胡铁松　逄　勇　唐洪武　徐世烺
徐宗学　柴军瑞　谈广鸣　高建群　曹叔尤　黄岁樑　蒋林华
谢新民　鞠　平

主　　编：芮孝芳

副　主　编：马敏峰　高建群

五、《水资源保护》

《水资源保护》创刊于1985年，国际标准连续出版物号为ISSN 1004－6933，国内统一连续出版物号为CN 32－1356/TV，双月刊。该刊于2010年出版正刊6期，刊登论文137篇。

收录、转载《水资源保护》的数据库或检索工具有：中国科技期刊引证报告（中国科技论文统计源期刊或中国科技核心期刊）、RCCSE中国核心学术期刊、中国期刊网、中国数字化期刊群、中文科技期刊数据库、中国学术期刊综合评价数据库（CAJCED）、中国核心期刊（遴选）数据库、中国期刊全文数据库、波兰《哥白尼索引》（IC）等。

《水资源保护》第七届编辑委员会名单：

顾　　问：（按姓氏笔画排序）
方子云　左东启　刘昌明　刘鸿亮　张宗祜　张蔚榛　胡四一
夏　青　索丽生　薛禹群

主任委员：孙雪涛

副主任委员：王　乘　程晓冰　梅锦山　黄振平

委　　员：（按姓氏笔画排序）
马　军　孔繁翔　方红卫　王　乘　王　浩　王　超　邓铭江
史振华　石秋池　石效卷　任立良　刘国纬　刘　恒　刘树坤

刘静玲　孙　成　朱　威　朱党生　许新宜　吴亚蒂　张林生
李　兰　李青山　连　煜　孙雪涛　陈　卫　陈守煜　陈建生
林　超　郑西来　姜加虎　施国庆　洪一平　逄　勇　袁　鹏
高乃云　高学平　高渭文　黄振平　黄维波　梅锦山　彭世彰
程晓冰　程绪水

主　　编：黄振平

副 主 编：石秋池　朱党生　高渭文

六、《水利经济》

《水利经济》创刊于1983年，国际标准连续出版物号为ISSN 1003－9511，国内统一连续出版物号为CN 32－1165/F，双月刊。该刊于2010年出版正刊6期，增刊1期，其中正刊刊登论文115篇，增刊刊登论文18篇。

收录、转载《水利经济》的数据库或检索工具有：中国科技期刊引证报告(中国科技论文统计源期刊或中国科技核心期刊)、RCCSE中国核心学术期刊、中国期刊网、中国数字化期刊群、中文科技期刊数据库、中国学术期刊综合评价数据库(CAJCED)、中国核心期刊(遴选)数据库、中国期刊全文数据库、中国人民大学书报资料中心复印报刊资料、CEPS中文电子期刊服务网等。

《水利经济》第五届编辑委员会名单：

顾　　问：张光斗　汪集旸　张楚汉　徐乾清

主任委员：綦连安

副主任委员：王　乘　郑垂勇　祁正卫

委　　员：(以姓氏笔画为序)

王文珂　王　治　王　乘　王经国　王爱国　王　超　方国华
毛春梅　史安娜　叶寿仁　田中兴　田圃德　任宪韶　刘　明
孙金华　朱卫东　祁正卫　余文学　张红兵　张志彤　张志琴
张学俭　张展羽　张淑华　张嘉涛　李　晶　李代鑫　杨得瑞
陈明忠　陈美章　陈锡康　岳金桂　郑垂勇　侯京民　段红东
祖雷鸣　胡永法　赵　敏　赵　耀　徐　乘　袁汝华　高而坤
崔伟中　章仁俊　黄涛珍　程回洲　窦玉林　綦连安　裴宏志
赫崇成

主　　编：郑垂勇

副 主 编：祁正卫　章仁俊　张志琴

图书编辑出版情况

2010年，出版社按照“改革创新促发展，精品图书树品牌，拓展规模求生存”的工作思路，以出版社改制为契机，以内部管理体制改革为着力点，深化业绩激励机制、内部运行机制改革；以学科优势为支撑，以水利科技为特色，做强学术精品图书，打造河海出版品牌；以自主选题为主导，以多元化合作为补充，做大高校教材和素质教育图书规模，拓展出版市场空间。全年新出图书129种，重版重印图书141种，图书生产码洋2500多万元，销售码洋1900多万元，营业收入近1330万元，实现利税近320万元，确保了国有资产的保值增值。

按照教育部和新闻出版总署制定的时间表，积极推进转企改制工作，于6月底完成了资产评估、产权变更登记、工商变更登记等工作，将出版社改制为法人独资的“南京河海大学出版社有限公司”。

以制订“十二五”出版规划为契机，广泛宣传河海大学出版社，广为征集出版选题，着力开拓高校教材和素质教育图书品种。获得河海大学"211工程"三期资助研究生系列教材、常州工学院等9所院校高职高专设计艺术系列教材的专有出版权；同时，积极发展多元化合作，发挥社会资源的作用，出版了63种素质教育图书。

依托学校学科优势，大力资助出版高水平、有特色的学术专著，完成了国家"十一五"重点出版规划项目《水稻控制灌溉理论与技术》和《太湖流域水资源保护规划及新技术丛书》(5本)的组稿、出版工作，《碾压混凝土坝安全诊断与预警理论和方法》和《大型泵站结构设计分析及抗震安全度评价》入选第一批国家"十二五"重点出版规划项目。

积极策划、申报江苏省文化产业引导资金项目，《服务"三农"多媒介出版工程》首次入选并获得80万元的项目资助，该项目已被江苏省新闻出版局推荐申报国家新闻出版总署组织的新闻出版改革发展项目库。

2010年出版社图书出版情况统计表

类别	种数（种）		总印数（万册）		总印张（千印张）		定价总金额（万元）	
	合计	新出	合计	新出	合计	新出	合计	新出
图书总计	270	129	92.27	42.93	10821	4707	2523.77	1287.27
使用《中国标准书号》部分合计	270	129	92.27	42.93	10821	4707	2523.77	1287.27
马克思列宁主义，毛泽东思想	3		2.12		268		32.34	
哲　学	3	1	1.11	0.38	160	49	32.16	12.38
社会科学总论	9	5	2.57	1.53	301	150	56.55	29.71
政治、法律	12	8	2.09	1.09	422	293	111.92	81.17
军　事	2	1	1.57	0.11	241	13	37.60	2.52
经　济	12	4	2.61	0.62	526	230	183.28	125.04
文化、科学、教育、体育	102	52	48.52	24.50	4384	2185	1005.45	526.13
语言、文字	18	7	3.49	0.83	584	111	102.00	28.00
文　学	5	1	0.87	0.10	155	32	21.62	5.00
艺　术	7	2	2.44	0.11	324	24	66.95	8.42
历史、地理	4	4	0.97	0.97	101	101	35.21	35.21
自然科学总论								
数理科学、化学	24	10	4.78	1.87	745	346	126.36	55.08
天文学、地理科学	3	2	0.59	0.29	115	51	22.18	9.58
生物科学	1	1	0.10	0.10	5	5	5.80	5.80
医药、卫生								
农业科学	5	3	0.67	0.59	69	56	13.77	11.75
工业技术	61	20	17.34	9.41	2293	993	511.67	245.70
交通运输	2	2	0.09	0.09	10	10	3.24	3.24
航空、航天								
环境科学	5	5	0.27	0.27	26	26	7.40	7.40
综合性图书	2	1	0.11	0.11	93	86	48.27	45.15

（期刊部、出版社供稿）

校办产业

一、产业规范化建设工作

完成河海大学出版社改制工作。根据教育部和新闻出版总署关于深化高校出版体制改革的要求，将河海大学出版社改制为河海大学出资的法人有限公司。

全面展开河海大学设计院、江苏河海工程技术总公司改制工作。按照教育部有关文件精神，学校启动了河海大学设计院和江苏河海工程技术总公司改制工作。以2010年6月30日为基准日，对两家公司进行了净资产审计和资产评估，并起草了新公司章程、合资协议。

完成了对河海大学教学设备厂、河海大学工程技术研究所、江苏河海电子科技公司3家集体企业的清算审计工作。对江苏河海管理咨询公司进行了清算审计，江苏河海管理咨询公司已经停业。

建立健全我校校办企业财务预算管理体制，更好地发挥财务预算对校办企业发展的促进作用，产业办会同财务处制定了《河海大学校办企业财务预算管理暂行办法》。

为规避学校所出资企业的经济法律风险，到工商局查询学校出资企业情况，对可能存在风险的企业进行了排查。做好校办企业冠用校名的规范和清理工作，制定了《河海大学规范校办企业冠用校名行为的暂行管理办法》。

二、主要校办企业经营情况

校办企业经营情况一览表

序号	企业名称	学校股权(%)	主要经营范围
1	江苏河海大学资产经营有限公司	100	经营、管理学校经营性资产及对外投资的股权和收益
2	江苏河海工程技术总公司	100	水利、水电、交通、市政工程新材料、新设备、新技术的研究、开发、应用及转让；工程技术咨询服务
3	河海大学设计院	100	建筑工程设计、水利工程设计、水运工程设计、水力发电工程设计等
4	南京河海大学出版社有限公司	100	教材、教学参考书、教学工具书(含电子音像制品)、专著、译著、通俗政治理论读物的出版发行
5	河海大学印刷厂	100	书刊印刷
6	江苏河海管理咨询公司	100	企业管理咨询服务、财务咨询服务等
7	南京河海科技有限公司	50	合理、高效、安全、可持续地开发利用水资源，研制先进的监测、控制与调度技术及产品、水生态环境处理设备、节水设备等，为重大水资源开发与管理提供技术及工程咨询
8	江苏河海工程建设监理有限公司	40	水利水电工程、工业与民用建筑工程、道路与桥梁工程、港口与航道工程、市政工程的监理等

续表

序号	企业名称	学校股权（%）	主要经营范围
9	南京河海南自水电自动化有限公司	30	水电站自动化系统、水利工程自动化系统、水情自动测报系统、水资源监控与高度系统、环境自动化监测系统、岩土工程及大坝安全监测自动化系统、数字流域、电力系统自动化等自动化产品以及仪器仪表的研制、生产、销售、服务；水利、电力、冶金和石化等行业自动化系统的设计、咨询与工程总承包
10	南京河海电力软件有限公司	25	电力系统应用软件的开发、销售等

（校办产业管理办公室供稿）

党建工作

党建、组织和党校工作

一、创先争优活动

根据教育部党组《关于在教育系统党的基层组织和党员中深入开展创先争优活动的通知》和省委教育工委《关于在全省教育系统基层党组织和党员中深入开展创先争优活动的实施意见》，2010—2012年在全校开展创先争优活动。制定实施方案，成立领导小组，分阶段安排工作，积极推进活动深入开展；召开二级单位党组织活动推进会，进一步建立健全学习实践科学发展观的长效机制，以加强师德教育和机关作风建设等方式提升创先争优的活动影响力，形成了创建“五个好”先进基层党组织、争当“五个带头”优秀共产党员的“创先争优”氛围。教育部《教育系统深入开展创先争优活动工作简报》第108期全文编发我校创先争优活动取得的积极成效。

二、基层党组织和党员队伍建设

1. 党员发展工作

在教工和学生党员发展工作中按照“坚持标准，保证质量，改善结构，慎重发展”的方针，严格要求各党委、总支按照计划发展党员，根据“早教育、早选苗、早培养”的要求，完善预审和审批程序。定期召开书记办公会、组织员工作会议讨论党员发展工作，并对党员发展工作进行检查。全年发展党员共计2736人，其中教工党员10人，本科生党员2270人，研究生党员456人。2010年12月在校教职工党员占在职教职工总数的54.9%，研究生党员比例为66.62%，本科生党员比例为19.73%。

2. 党员教育管理工作

以建设学习型党组织为牵引，以校党委带头、二级单位党组织联动为基础，积极推进“结合推动科学发展，结合党员能力提高，结合河海精神凝聚，结合加强党性修养”学习机制的建设，进一步推动党员学习能力和党性素养的提高，“四结合”学习机制得到上级部门认可。制订2010年度党内组织生活安排计划，由校、院两级共同实施对党员教育培训。利用组织生活和政治学习时间，组织党员学习有关文件，引导和教育党员坚定正确的世界观、人生观、价值观，忠诚党的教育事业，发扬敬业奉献精神。

组织党员、部分入党积极分子参加各种党内教育活动；通过组织部党校网页向各党委、党总支推荐党员教育录像片十余部，发放各种学习资料、期刊杂志、学习光盘万余份。为二级党组织学习培训提供光盘资料。

党员日常管理规范化、制度化、科学化。制定落实组织生活计划，坚持落实学生党员目标管理；根据中组部要求，强化党费收缴、组织关系接转、流动党员管理等基础工作。

深入开展先锋工程，积极做好帮扶、关怀、激励工作，关心爱护党员及生活困难党员。在“七一”期间，组织全校新党员宣誓活动；组织老中青党员座谈会，在节日期间慰问老党员，为相关党员送去校党委、校领导的关心与同志们的关爱。

3. 推优表彰工作

省委教育工委表彰我校优秀共产党员标兵 1 人，优秀共产党员 1 人；优秀党务工作者 1 人；先进基层党组织 2 个。

2010 年按照年初确定的党员教育活动主题，各基层党组织在党建工作的理论研究、制度建设、工作方法和组织活动等方面积极探索，认真开展最佳党日活动和党建创新工作。2010 年校内评出最佳党日活动 47 项，党建工作创新优秀奖 9 项、党建工作创新奖 10 项。

三、基层党组织建设

1. 围绕学校建设发展抓好党建、基层党组织换届及目标管理和考核工作

2010 年全校 25 个二级单位党组织圆满完成换届选举工作，组织完成换届选举方案、编制日程、规范程序、审核报批等工作。参与研究制定《河海大学党建与精神文明“十二五”专项规划》，参与校级领导班子任期目标责任制前期调研。制定出台相关文件，规范基层党支部设置，加强党支部建设，继续实施党支部目标管理，发挥党组织的作用。指导各二级单位党委科学合理设置党支部，落实组织生活、换届选举、党员发展工作制度。实施学生党员目标管理检查和党支部目标考核评估验收，建立特邀党建组织员制度。

2. 党员学习和党建研究

组织学校各级党组织贯彻落实党的十七大和十七届五中全会精神，认真学习《国家中长期教育改革和发展规划纲要》、《国家中长期人才发展规划纲要(2010—2020 年)》、《2010—2020 年深化干部人事制度改革规划纲要》、《关于推进学习型党组织建设的意见》、河海大学第十二次党代会等相关学习资料。各二级单位党委、党总支、直属支部按照校党委党内组织生活学习内容的要求，认真组织落实党内学习与组织生活。

做好党建工作调研，2010 年共组织申报党建研究课题 30 项，经评审给予立项。

四、干部工作

1. 干部选拔、调整、挂职交流工作

认真落实《领导干部选拔任用工作条例》，坚持任人唯贤、德才兼备的标准，加大干部工作的改革创新力度，依法按章办事，做好各项干部工作。积极贯彻落实培养与使用干部并重的工作方针，抓好干部使用与培养教育，关心在基层一线干部的成长。做好缺岗干部的补充工作，全年涉及调整变动 7 人次；加强后备干部队伍建设，推荐选拔了 74 名正处级后备干部，93 名副处级后备干部；按照规定做好干部选拔任用后续工作、组织干部的离任和交接工作；参与实施干部审计 14 人；做好考察材料、干部审批表等整理归档工作，组织开展试用期干部考核 49 人。

积极做好干部队伍推荐培养工作，推荐 8 人参加省委公推公选考察。

做好挂职干部的服务和考核工作，为到地方挂职、校区间交流干部做好后勤服务及工作安排；为新疆农业大学交流干部做好工作及生活安排，为他们解决实际问题。认真做好“中组部博士团”

的工作，选派 1 人赴贵州遵义挂职；积极做好“科技干部挂职服务沿海”的推荐工作，推荐 2 人到盐城任职；做好“科技镇长团”人选推荐工作，2010 年我校科技镇长挂职 7 人；对接沿海开发的需求，选派 3 人赴连云港挂职锻炼。

2. 干部队伍管理工作

加强干部的考核及管理，按照校党委要求制定干部年度考核文件和个人重大事项报告制度。根据相关要求，对全校中层干部进行年度述职考评。落实干部任前征求纪委意见制度、校领导与中层干部谈话制度、干部任前及廉政谈话制度以及校领导联系学院制度。

落实教育部对校领导班子及成员 2010 年考核工作要求，认真组织完成校领导班子及成员 2010 年度考核工作。

3. 做好优秀大学生选调工作

组织落实省委组织部在优秀大学生中开展选调生推荐工作，为地方基层选拔培养优秀年轻干部，完成 2010 届毕业生的选调、推荐、考察的组织协调工作，有 9 名选调生被选派到江苏各地工作。

4. 积极做好其他干部选送工作

今年完成其他干部工作 4 类，分别是教育部选拔驻外后备干部工作，教育部选拔干部赴联合国教科文组织借调工作，教育部推荐第三批公选高级外交官工作，江苏省委组织部征聘新一轮江苏省领导干部选拔考试命题专家工作。

五、党校工作

1. 干部教育培训工作

认真落实《干部教育培训工作条例》，在干部培训中坚持分层次、按类别、全覆盖的工作方式，举办了党委、总支书记、党群部门负责人培训班，新上岗中层干部培训班，全校组织员培训班。全年选送 24 名中层干部参加赴美 3 周的研修、18 名干部参加国家教育行政学院、江苏省委党校以及江苏省教育工委的专题培训。与其他部门协作举办了辅导员培训班、科级干部培训班、机关党支部组织委员培训班。编印《河海党校》4 期，同时为各种培训班精选编印学习资料。

2. 入党积极分子和党员培训工作

举办一期教工入党积极分子培训班，有 26 名教工入党积极分子参加培训并按期结业。举办 2010 级新生党员培训班，组织各分党校做好学生入党积极分子培训工作，做好全校结业统考工作。2010 年全校参加培训的入党积极分子达 5000 余人。

3. 提高党课教学效果

为保证入党积极分子通过党课在思想上达到党员的要求和标准，2010 年党校在党课教育方面采取多种渠道和方法，提高教学水平，巩固教学成果。积极开展党课教学质量问卷调查活动，对党课内容安排、授课教师教学方式与教学水平、培训形式、培训效果等进行深入调研。加强党课兼职教师队伍建设，重新聘任了党校兼职教师。举办党课教师研讨会和组织集体备课活动。拓展教学形式，邀请离退休老党员为新生入党积极分子讲授特殊党课。

4. 做好“河海大学管理者在线学习中心”运行和维护工作

及时更新课程内容，制定中层干部网上学习计划，重新分配学习资源，为全体中层干部学习提供了一个便捷、高效、资源丰富、个性化的学习平台。

六、其他重点工作

(1) 完成省委教育工委组织的党内统计报表工作。完成江苏省委教育工委布置的上半年和下半年党内统计报表各 1 套，完成全年度党内统计报表 1 套。

(2) 落实省委扶贫工作任务。挂钩帮扶淮安市楚州区复兴镇的扶贫资金共计 5.1 万元。

纪检监察工作

一、惩治和预防腐败体系建设

为进一步加强学校党风廉政建设和反腐败工作，拓宽监督渠道，强化民主监督，完善监督机制，努力构建我校惩治和预防腐败体系，结合学校原人员工作变动，调整了河海大学反腐倡廉建设工作领导小组，下设河海大学预防职务犯罪工作组。聘请万定生等 13 位同志为河海大学党风廉政监督员，马德祥等 19 位同志为兼职纪检监察员，11 月 26—27 日举办党风廉政监督员、兼职纪检员培训班，提高党风廉政监督员、兼职纪检员的理论素养和业务能力。

颁布了《中共河海大学纪律检查委员会工作制度》、《中共河海大学纪律检查委员会工作职责》，健全纪委工作制度和纪委委员工作职责，为新一届纪律检查委员会顺利开展工作，提供制度保障。

建立健全权力运行监督制约机制，以基建处为试点，制定了《河海大学基建处廉政风险防范管理试点工作实施方案》，探索建立风险预警机制，查找风险点，积极探索反腐倡廉关口前移试点工作。

12 月 22 日与鼓楼区检察院签订预防职务犯罪“校检共建”协议，共同建立健全预防职务犯罪长效、互动的工作机制和经常性的教育机制。同时，邀请鼓楼区检察院预防职务犯罪科科长顾丽娟做“高等学校预防职务犯罪问题”专题报告，组织重要岗位和重点部门干部参加了警示教育。

年底学校党政领导班子成员根据工作分工，听取分管部门、联系学院 2010 年党风廉政建设情况专题汇报。

二、落实党风廉政建设责任制

1 月 19 日，学校组织召开了新换届后的中层干部勤政廉政教育大会。校党委书记朱拓作了题为《廉政树形象，勤政谋发展，协力创佳绩》的报告，对如何建设高素质干部队伍进行了阐述；校党委副书记兼纪委书记陈德奎对全体中层干部进行了任前集体谈话，希望全体中层干部在 3 年任职期间都能交出一份令人满意的廉政答卷。220 名担任实职的中层干部签订了《河海大学中层干部廉政承诺书》。将党风廉政建设任务列入党政管理职能部门及直属业务单位的“工作目标任务书”，将党风廉政建设要求写入学院、部门的任期目标任务和年度工作计划中，并做好落实、过程检查工作。在新上岗中层干部培训中纳入反腐倡廉教育内容，由校党委副书记兼纪委书记陈德奎讲授党风廉政建设专题党课。年末，根据学校统一安排，对学院党风廉政建设目标完成情况进行考核，对领导班子党风廉政建设情况进行群众测评，对中层干部落实党风廉政责任制情况和遵守干部廉洁自律制度情况进行述职述廉并接受群众测评。

三、反腐倡廉宣传教育工作

年初纪委下发了《关于转发教育部〈关于切实加强教育系统廉洁自律和厉行节约工作的通知〉的通知》，要求加强党员领导干部廉洁自律和厉行节约工作，促进干部在节日期间廉洁自律。

4 月 14 日根据校党委工作安排，牵头召开了党风廉政建设工作会议。校党委书记朱拓在会上就新形势下进一步加强党风廉政建设工作向全校各级党员干部提出要求，教育党员干部要充分认识高校党风廉政建设工作责任重大，时刻牢记“为民、务实、清廉”的要求，不断推动我校反腐倡廉建设取得新成效。会上，校党委副书记兼纪委书记陈德奎作了党风廉政建设工作报告，总结学校 2009 年的反腐倡廉工作，传达教育部和省教育厅的有关会议精神，布置了 2010 年反腐倡廉工作的主要任务。同时，学生处、基建处、资产管理处、地球科学与工程学院、常州校区财务部就加强本单位的党风廉政建设工作进行了交流发言。

5月底为配合学校第十二次党代会召开，对2003—2010年期间党风廉政建设工作进行梳理、回顾，制作了26块展板，展示学校党风廉政建设和反腐败工作的成果。

5月28日组织基建处、资产处、后勤管理处、学生处、图书馆、后勤集团等重点岗位的人员40余人参加江宁区检察院召开的驻区高校警示教育大会，听取预防职务犯罪宣讲报告，观看预防职务犯罪宣传展板。江宁区人民检察院副检察长、反贪局局长汤文国同志通报了驻区高校基建及招生领域立案查处的多起职务犯罪案件的案情，解读预防职务犯罪的知识，提高大家加强廉洁自律的意识。

9月9日邀请学校法律系副教授龚鹏程作了“政府采购与招投标中的法律问题”专题讲座，就采购和招投标的有关问题向学校有关采购部门及负责专项采购的相关学院工作人员进行宣传。通过高校采购典型案例，提醒大家增强法律意识，知法守法，依法办事。

2010年，党委以学习贯彻《中国共产党党员领导干部廉洁从政若干准则》为主线，开展学习教育活动。4月2日，下发了《关于学习贯彻〈廉政准则〉的通知》，要求二级党委把《廉政准则》纳入当月中心组学习内容，组织一次专题学习，并对本单位全体党员干部进行一次《廉政准则》宣讲活动。6月份，给每位校领导和中层干部下发了《〈中国共产党党员领导干部廉洁从政若干准则〉学习读本》，要求各级领导干部进一步认真学习，以身作则，在行使职权、履行职责过程中，规范职务行为，正确行使权力，做到为民、务实、清廉。10月22日，校党委书记朱拓就《中国共产党党员领导干部廉洁从政若干准则》的深刻内涵和重要意义向校领导和全体中层干部进行了宣讲。各学院党委书记也都在本部门向党员宣讲了《廉政准则》精神，为进一步检验《廉政准则》学习成效，增强党员干部廉洁从政意识，组织全校正处职领导干部进行了一次《廉政准则》知识闭卷测试。同时，还开展了读书思廉活动。按照学校党委要求，处级领导干部每人都学习、阅读了一至两本廉政书籍，并且撰写了读书思廉的体会文章。

9月下旬协调有关部门开展我校第4届“校园廉洁文化活动月”系列活动，选出6项优秀作品上报到省教育厅参赛，获创新等项目一等奖3项、二等奖1项、三等奖2项。

全年坚持向全校处级及以上领导干部和重点部门人员有针对性地编发“廉政邮件”4次。

四、党内监督和行政监察工作

制定了《河海大学采购监督暂行办法》，规范学校货物、工程和服务采购监督工作。

配合做好招生、招标、采购等评审专家库的调整充实工作。

强化对权力运行的制约监督，重点做好学校基本建设、大宗物资、设备采购的监督，配合做好学校各类招生、干部考察、人员招聘、职称评审等工作关键环节的执纪监督，规范权力运行。全年共参与各类监督工作400多人次。

加强对领导班子和党员领导干部认真落实《廉政准则》各项规定的监督。12月上旬深入5个学院，就执行党风廉政责任制和“三重一大”制度情况进行调研，撰写调研报告，为学校制定政策提供依据。

按照上级文件要求，积极配合有关部门，集中开展专项治理工作。根据中央和教育部文件精神，结合我校工程建设实际，配合有关部门继续开展问题查找、信息报送和整改落实等工作。此外，在去年开展“小金库”专项治理工作的基础上，今年与财务处、审计处在校内各企业进行“小金库”问题的自查自纠，完成专项检查和治理工作。

五、信访和查办案件工作

全年接待来信、来访、来电25件，已处理23件，正在处理的2件。目前尚未发现违纪违法案件线索。

宣传与精神文明建设工作

一、理论学习和思想政治教育工作

(1) 党委中心组理论学习。制定了《河海大学党委中心组理论学习计划》、《关于组织党委中心组认真开展党的十七届五中全会精神专题学习的通知》等，对学习活动进行了总体安排；本年度编印了 6 期中心组学习参考资料；围绕学习全国教育工作会议、党的十七届五中全会精神等专题组织了 9 次党委中心组学习。

(2) 教职工学习教育活动。制定了《2010 年宣传思想工作意见》，提出总体要求，按学期制定了《河海大学教职工学习教育活动计划》，对学习活动进行全面布置；编印了 6 期教职工学习参考资料；组织师生学习《中共中央关于制定国民经济和社会发展第十二个五年规划的建议》、《国家中长期教育改革和发展规划纲要(2010—2020 年)》等重要文件，邀请全国人大代表、全国政协委员传达“两会”精神等。

(3) 形势政策教育。通过课堂教学、形势报告会等多种形式，深入开展世情、党情、国情、社情、校情教育，增强广大师生员工贯彻执行党的路线、方针、政策的自觉性。

(4) 创先争优活动。设计制作学校创先争优活动网站，编写学校创先争优活动简报 19 期，校报推出“创先争优”栏目，编发了系列文章。

(5) 思想政治教育工作。召开河海大学加强和改进大学生思想政治教育工作会议，谋划今后一个时期进一步加强和改进大学生思想政治教育工作。认真总结学校贯彻落实中央 16 号文件精神的具体做法和工作成效，修订《河海大学学习贯彻中央 16 号文件汇编》。进一步加强经常性思想政治教育工作，积极做好师生教育和引导工作。扎实推动中国特色社会主义理论体系和社会主义核心价值体系“进教材、进课堂、进学生头脑”工作。

(6) 反腐倡廉宣传教育。组织开展第四届“校园廉洁文化活动月”，制定了《关于进一步加强廉政文化建设的实施意见》，进一步推动廉洁文化进校园，积极营造“以廉为荣，以贪为耻”的良好氛围。

(7) 网络思想政治工作。认真做好网络思想政治工作。组织参与中国大学生在线组织的“第四届全国高校百佳网站网络评选”活动和“2010 中国大学生在线摄影大赛”。做好教育部思政司组织的关于开展高校网络文化建设和管理情况调研。做好西祠胡同河海同窗情、河风海韵等论坛的舆情监控，完成网络突发事件紧急处理。

二、精神文明创建活动

制定了《河海大学 2010 年精神文明建设工作意见》；组织编制了学校精神文明建设“十二五”规划；运用橱窗展板、校报、横幅、电子屏等多种形式，宣传学习全国及学校教书育人楷模；下发了评选河海大学道德模范通知，大力宣传学校的典型人物和先进事迹，用身边的人教育身边的人；修饰完善校标，制定《河海大学校标应用规范》；做好学校视觉识别系统设计、招标前的各项准备工作；组织参展江苏省教育博览会，新颖独特的展位设计和丰富翔实的内容受到广泛好评；开展“爱国、爱水、爱校”和“道德荣校”宣传教育活动；开展“迎世博、讲文明、树新风”主题教育活动；完成了教育部、省教育厅“五五”普法检查验收工作；做好 2009 年度省高校思想政治教育研究会课题申报工作；开展抵制互联网、手机低俗之风宣传教育活动；开展 2009—2010 年度精神文明建设先进单位、先进窗口和先进个人评选工作；继续做好校友宣传和采访工作；编印精神文明建设简报 12 期。

三、宣传工作

（1）对外宣传报道。2010 年，有 136 篇宣传报道文章在省级以上媒体（含省级）发表或播报，有 920 多篇新闻宣传报道在各类媒体上登载或播报。其中在《光明日报》、《中国教育报》、《科学时报》、《中国水利报》等具有影响力的国家级、省级报纸上发表的千字以上文章 16 篇，如：《美丽“彩虹”为学生搭成功之桥》、《河海大学“科学发展和谐发展开放发展”硕果累累》等。

（2）编辑和发布主页新闻。制定了《河海大学主页新闻发布工作管理办法》。4 月份以来，编辑、发布主页新闻近 700 篇，及时、准确、全面地记录了学校各方面的重要新闻。

（3）建立了新闻发布会制度。围绕学校第十二次党代会、学校教学科研政策等师生员工关注的新闻或信息，举行了 4 场新闻发布会，不断推动办学民主化和校务公开化进程。

（4）启动了校园网主页改版和河海大学新闻网建设工作，开通并维护新浪河海大学官方微博。

（5）校报加大舆论引导力度，围绕学校中心工作，编发系列评论员文章，做好思想引导工作；推出纪念温家宝总理视察河海大学发表重要讲话 5 周年等专版；参加江苏省高校校报研究会好新闻评选，有 4 篇稿件获奖；调整校报编委会成员，完善校报稿费发放办法；继续抓好校报记者队伍建设工作；全年共编辑出版报纸 18 期。

（6）拍摄制作了反映河海大学第十一次党代会以来成就的专题片《科学发展谱新篇》、反映我校优秀共产党员标兵的专题片《环境保护的尖兵》等电视专题片 7 部；组织录制了第十二次校党代会、朱岳明同志先进事迹报告会等全场录像 36 次；拍摄了 2010 年台湾青少年健美操训练交流活动等。全年共组织拍摄校内各项活动 213 次，制作河海《视频新闻》95 篇次。

（7）校广播站创办新闻播报、身边的河海人、读书时光等栏目；开设专题栏目，如“毕业进行时”节目，与学生进行在线互动和歌曲预约点播；穿插播出就业指导信息、招聘信息等，为学生提供服务。全年播出新闻、专题、娱乐节目共计 210 小时。

（8）全年为学校重大活动拍照 250 余次，获得图片资料 1 万余张，向各单位提供图片 3000 余张。做好研究生、本科生毕业照的拍摄等工作。

（9）充分利用现代教育技术和多媒体制作手段，为学校教学科研、数字化教学资源建设服务。

（10）校本部电子屏全年发布信息 400 多条；江宁校区电子屏及时转播全国“两会”、亚运会等国内外重要时事新闻，累计播放视频新闻 200 小时。

统 战 工 作

一、组织建设和制度建设

针对中层干部和管理人员新一轮聘任的情况，年初重新调整了“党员领导干部与党外代表人士联系交友名单”。对二级基层党组织统战工作分管领导及兼职统战员重新统计。

针对二级基层党组织负责人新上岗人员较多的情况，举办了统战知识专题讲座，邀请省委统战部副部长周和平作报告，介绍我党统一战线的历史进程及当前统一战线要求和任务。

协助各民主党派基层组织做好组织发展和成员教育管理工作，协助考察、培养、发展成员 6 人（其中民盟 3 人、致公党 2 人、农工党 1 人）。举办暑期民主党派、统战团体负责人学习研讨班。

二、举荐工作和参政议政

推荐省政府参事室参事人选 1 名，南京市政协委员人选 1 名。1 人担任农工党省委专委会副主任委员。1 人当选为南京留学人员联谊会第二届理事会常务理事，3 人留任理事。

各级人大代表、政协委员提案 30 多件，其中全国政协委员、校民革支部主委陈星莺教授独立提交的《关于江苏沿海开发与风电“海上三峡”建设协调发展的建议》，被民革中央人口资源环境委员会确定为2010年重点调研课题。2010年4月全国政协常委、民革中央副主席何丕洁来我校召开座谈会，专题调研江苏沿海开发。校九三学社社员郭英华撰写的《关于深化司法体制改革，预防司法腐败的建议》被九三学社中央选为社中央提案在全国政协十一届三中会上提出，同时荣获九三学社中央2010年参政议政工作先进个人。致公党支部认真地履行参政议政职能，获致公党全省参政议政工作先进集体三等奖。

三、民主党派活动

召开由各民主党派基层组织、无党派人士联谊会、侨联、台谊会负责人等参加的统一战线成员学习朱岳明教授先进事迹座谈会。民盟江苏省委副主委于琨奇、校党委书记朱拓应邀参加。做好相关外宣工作，受江苏省委统战部邀请，我校报告团在省政协礼堂做朱岳明教授先进事迹报告，各民主党派省委领导及机关干部、民盟省辖市领导近500人参加报告会。

举办统一战线成员学习贯彻学校第十二次党代会精神报告会。校党委书记朱拓做专题报告，使各民主党派、统战团体主要骨干更好地理解党代会精神和今后一个时期的奋斗目标，组织各自成员学习、贯彻学校第十二次党代会精神，凝心聚力，共谋发展。

认真组织统一战线成员积极参与学校民主管理、民主决策。校领导先后主持召开四次民主党派、统战团体负责人、教授代表座谈会，分别征求对学校第十二次党代会筹备工作和两委工作报告以及对学校“十二五”规划的意见和建议。

支持各民主党派加强思想建设，开展形式多样的组织活动，增强凝聚力，扩大在省内乃至在全国的影响。今年是九三学社建社65周年，校九三学社委员会获全国“优秀基层组织”称号，另有2人获全国“优秀社员”称号。8月，在中国农工民主党建党80周年之际，校农工党支部获省“先进基层组织”称号。

努力为地方经济建设服务。组织5位专家参加常州市侨联组织的产学研对接活动。组织8位专家、教授参加省委统战部、常州市委统战部组织的“统战聚智聚力，校所企合作共赢”产学研项目洽谈会，有6个项目当场达成深入合作意向，还有4个项目校企双方将做进一步考察了解。

组织学术报告会。统战部与学生处、常州校区联合，组织“我与教授面对面”系列报告会，邀请民主党派中的7位知名教授，历时20天，分别在江宁校区和常州校区做了7场报告。

充分利用省侨联“归侨聊天室”平台，组织在校老归侨参加“口述历史，精心整理”活动，为省侨联开展抢救归侨历史“活资料”工作准备第一手材料。人民网、新浪网、中国新闻网、江苏侨联网等十余家媒体对该项活动进行了宣传报道。支持侨联舞蹈队参加省侨联举办的在宁高校侨界夕阳红健身舞表演赛，荣获三等奖。组织侨联、台谊会成员赴安徽马鞍山秋游，并到文天学院参观考察。

配合中国药科大学，成功主办华东高校统战工作理论研讨会。1篇论文入选华东高校统战工作理论研讨会论文集。作为协作片牵头单位，成功举办江苏高校统战工作协作片南京二片年会。

人民武装工作

一、大学生征兵工作

做好大学生征兵工作，开展各项宣传活动，男女生各10多人报名并参加了体检，男、女生各1人光荣入伍。

二、新生军事技能训练工作

开展新生军训工作，完成了解放军三大条令教育、队列、轻武器射击、军体拳训练及解放军光荣传统教育等系列内容，评选出“军训积极分子”、“军训队列标兵”等先进个人287名，“军训先进宿舍”等先进集体20个。

继续实行高年级国防生带训模式，52名高年级国防生和带训部队官兵一起实施新生军训工作，独立承担相关排的带训任务，达到了“会讲、会教、会做，会做思想工作”的要求。

三、国防教育和宣传活动

举办重大节日升旗活动；举办国防、军事、时事讲座8场；举办2010年教职工国防教育日活动；指导“国防协会”和军乐队、国旗护卫队、定向越野队、射击队开展活动。

国防大学公方彬教授为本科生和国防生作了题为《社会主义核心价值观和当代军人核心价值观》的报告。

组织学生参加鼓楼区国防知识宣传活动。

（组织部、纪委办公室、监察处、宣传部、统战部、人武部供稿）

工会、教代会和共青团工作

工会与教代会工作

一、教代会工作

4月23日，学校举行第五届教职工代表大会第五次会议。听取、审议王乘校长的学校工作报告、《河海大学2009年财务决算及2010年财务预算工作报告》，讨论、审议《河海大学第五届四次教代会提案办理及第五届五次教代会提案征集工作报告》。

教代会闭会期间，各专门工作委员会根据工作条例，认真履行职责，积极开展工作，协调落实“两代会”决议和处理提案，提案落实、答复率为100%。

加强对各学院(单位)民主管理和院务公开工作的督查和指导。土木与交通学院召开学院调整后的首届教职工代表大会，其他学院按照《河海大学教职工代表大会暂行条例》规定正在筹备召开二级教代会。

二、工会工作

在学校开展创建“教工之家”、建设和谐人文校园活动。制订二级“教工之家”建设标准及考核等切实可行的办法，稳步推进基层工会的“小家”建设。继续开展与院系共建二级“教工之家”工作，成立“建家”工作领导小组，出台《关于开展创建二级“模范教职工之家”活动的意见》。环境学院和土木与交通学院申报江苏省“模范职工小家”。12月15日，江苏省总工会“模范教工之家”验收专家组对河海大学创建江苏省“模范教工之家”工作进行检查验收，李乃富副校长向验收组专家做学校工作汇报。验收组查看了工会台账、“建家”书面材料和图片资料，考察了工会活动阵地和检查了环境学院教工“小家”等，对我校“建家”工作给予充分肯定并宣布河海大学申报江苏省“模范教工之家”获得通过。

继续在教职工中开展以“三育人”为中心的“展师德风采、创优秀群体、树文明新风”活动。组织评选表彰“三育人”先进集体和个人、“青年岗位标兵”、“青年岗位能手”活动；评选和表彰了“文明新风家庭”、“巾帼示范岗”、“工会工作先进个人”、“女工工作先进个人”等；成功申报1

个江苏省总工会“工人先锋号”荣誉称号，3个江苏省教育科技工会“工人先锋号”荣誉称号，2人获省“工会工作先进个人”，获评1个省级“巾帼示范岗”。继续开展奖励发表优秀论文的青年教师工作，对88位发表优秀论文的青年教师进行奖励，受表彰的论文共有131篇。

积极开展丰富多彩的文体活动，提升校园文化品位，推进校园文化建设。举办了书画展、书画笔会、摄影展、摄影采风、青年教工厨艺大赛、钓鱼比赛、二十四式太极拳培训、乒乓球团体赛、羽毛球选拔赛，以及庆“三八”、“五一”、“五四”趣味运动会、教职工子女教育经验交流会、“五校两院一地”、“相约明天”青年联谊等活动；暑假期间组织近百位骨干教师和优秀管理人员到山西五台山、平遥等地疗休养，组织90名教职工去上海世博会参观。

做好教职工福利工作。对大病和困难教职工发放救助金，开发了《河海大学大病医疗查询系统》软件，本年度新增大病医疗互助会人数110人，发放补助22人次。

开展支援青海玉树抗震救灾捐款行动，全校共募集善款及特殊党费3609962.7元。

完善二级工会组织，学院调整后对学院工会组织进行了调整和增补。

共青团工作

一、基层组织建设

全校设有17个基层团委，67个团总支，694个团支部；共有团员19998人，占学生总数的97%；有4100人被推荐为党组织的发展对象。

坚持党建带团建，深入开展创先争优活动，以“争创先进基层团组织，争当优秀共青团员”为目标，开展“三比三争”主题实践活动。始终把握思想引领的根本任务，以学校第十二次党代会为契机，举办“高举团旗跟党走，青春献礼党代会”主题教育活动。深入推进“大学生青年马克思主义者培养工程”，选拔50名校级“青马”学员，开办“青马工程”暑期培训营，开展6次理论学习，3次学习交流，2次实践锻炼，2次实践参观，1次素质拓展，10个课题立项。召开第三十一次学代会，指导学生科协、社团联合会、自管会等3个学生组织换届选举或中期调整工作。举办分团委书记和团支部书记培训班，选派两名优秀团干部赴南通、河北挂职锻炼，推荐4名优秀团员参加江苏省菁英学校。搭建引导青年的宣传平台，丰富团委网站，创办团刊《河海青年》，发刊2期，印刷200本下发至各基层团组织。

二、课外科技活动

秉承“受教育、长才干、做贡献”的宗旨，按照“立足特色、发扬传统、取得实效”的总体要求，“事业化规划、组织化推进、社会化运作、项目化支撑、特色化提升”的总体思路，开展以“服务科学发展，建设美好家园”为主题的暑期社会实践活动，组建校级团队100支，院级团队200余支，近1.4万名学生分赴到祖国各地开展实践活动，受到当地政府和人民的好评，仅校级团队就收到锦旗、表扬信、感谢信100多份，各大媒体也对我校学子实践活动给予了大量的报道，并建立了32个校级社会实践基地。河海大学赴江宁区“追踪节水型社会试点”实践调查团和赴开封引黄灌溉区节水措施调查实践团分别获得全国大中专学生志愿者节水调查专项活动二、三等奖。

举办第22届科技节，围绕创新、科技和人文三个方面，开展徽标设计大赛、“坝气十足”坝型设计大赛和“科普杯”知识竞赛等26项活动。选拔12支队伍参加第6届江苏省大学生创业计划大赛，其中，清源生物科技有限公司创业团队、温倍尔婴儿用品有限公司创业团队、翌晨紫外C水消毒设备有限责任公司创业团队分别获得特等奖和一、二等奖。清源生物科技有限公司创业团队还获得第7届挑战杯全国大学生创业计划大赛铜奖。对2009年创新训练计划进行结题验收，实施2010年大学生创新训练计划，评选出157项校级立项，其中校级重点30项。

三、志愿者服务

开展第二届牛首山旅游文化节志愿服务、南京世界历史文化名城博览会志愿服务、“文明乘坐地铁，共建和谐城市”等志愿服务活动16次。志愿者队伍荣获了首届“江宁区优秀志愿服务集体”、“南京市优秀志愿服务集体”称号。先后召开江苏省第三批赴圭亚那援外志愿服务项目推荐会、第3届在宁高校青年志愿者联系会。开展了苏北志愿者、西部志愿者的宣传和招募工作。

四、校园文化活动

举办以“展现青春风采，弘扬水韵文化，建设和谐校园”为主题的第22届校园文化艺术节。围绕“青春风采篇、水韵文化篇、和谐校园篇”三个篇章，分别开展校园歌手大赛、主持人大赛、篮球赛等30项活动。加强大学生艺术团、合唱团的建设，多次在全国大学生演讲比赛、江苏省大学生文化艺术节等活动中获奖。开展第8届社团巡礼月，63个学生社团举办了新东方英语T型台K歌大赛等50场社团活动。

（校工会、校团委、常州校区供稿）

对口支援

概　况

我校充分依托自身学科、人才和技术优势，以援助新疆农业大学和西藏大学农牧学院的建设与发展为切入点，积极支持西部地区发展高等教育，努力为西藏和新疆的经济社会发展提供人才支撑和智力支持。

2010年，我校继续落实对口支援新疆农业大学和援疆学科建设备忘录。基于国家“本科教学质量和教学改革工程”的实施，学校接受新疆农业大学孙玉芳老师到我校教务处做处长助理，毛绪平老师到我校理学院做交流教师。12月1日，教育部、国家民委、新疆维吾尔自治区人民政府在乌鲁木齐市召开内地高校支援新疆第六次协作计划会议，北京等24个支援省、自治区、直辖市教育部门主管领导及教育部等8部委相关部门和所属高校负责人参加了会议。我校党委副书记王济干参加会议并作大会发言，介绍了学校半个多世纪以来尽心尽力做好新疆少数民族学生教育管理工作取得的成绩和经验。

2010年，我校继续落实《河海大学对口支援西藏大学农牧学院框架协议》内容。11月21日，教育部召开“7所高校对口支援西藏大学签约仪式”，我校和北京大学等7所高校与西藏大学签订了对口支援协议，吴远副校长代表学校在协议上签字。根据协议，7所高校将帮助西藏大学做好学校规划，提高教育质量，加强学科特色，主要支援方式有互派教师干部、设立科研基地、开展学生交流等。河海大学的具体任务是重点对口支援西藏大学农牧学院的水利水电学科建设。

2010年继续以高度的政治责任感全力做好西藏少数民族专业技术人才特殊培养工作，将“西藏特培”工作列入学校的重要工作，积极为西藏地区培养优秀的专业技术人才，为西藏的经济社会发展提供人才支撑。6月13日，学校召开座谈会欢送在我校顺利完成学业的6名西藏少数民族特培学员，学员导师、校办、党委宣传部、人事处、后勤管理处、水利水电学院负责人参加了座谈会。我校承担的第一批6名“西藏特培”学员顺利完成学业，学校在全国总结大会上受到了表彰，扎西普顿学员获得全国“西藏特培”优秀学员奖。9月20日，我校召开第二批4名“西藏特培”

学员迎新座谈会。学校根据学员自身情况和学习要求，通过双向选择，确定各自的导师。学员与各自的导师交流了培养计划及选课安排后，进入正常的学习阶段。“特培”学员每个人都根据自身情况及工作需要，选修了6～7门课程，包括水工建筑物、水文预报、工程项目管理、钢筋混凝土结构、坝工新材料及新技术等。课程学习期间，我校组织“西藏特培”学员分别到江苏省泰州引江河水利工程和江都水利枢纽工程参观考察，旨在提高学员实践技术能力。学校各部门为学员们的学习、生活提供大力支持和帮助，采取各种措施努力为他们营造良好的学习和生活环境，及时帮助他们解决实际困难，在“十一”、元旦、藏历新年等节日都组织了相关庆祝活动。

相关统计

表1　2010年“质量工程”对口支援接受进修教师一览表

姓　名	选派单位	接受单位	结业时间
孙玉芳	新疆农业大学	教务处	2010.6
毛绪平	新疆农业大学	理学院	2010.6

表2　2010年第一批西藏少数民族专业技术人才特殊培养人员结业名单

姓　名	工作单位	接受学院	结业时间
朗色次仁	西藏自治区山南地区扎朗县水利局	水利水电学院	2010.6
加央扎西	西藏自治区山南地区水利局	水利水电学院	2010.6
扎西普顿	西藏自治区水利规划研究院	水利水电学院	2010.6
次仁旺堆	西藏自治区日喀则地区水利局	水利水电学院	2010.6
洛　松	西藏自治区昌都地区水利局	水利水电学院	2010.6
丹　增	西藏自治区旁多水利枢纽管理局	水利水电学院	2010.6

表3　2010年第二批西藏少数民族专业技术人才特殊培养人员名单

姓　名	工作单位	接受学院	进修时间
洛珠尼玛	西藏自治区水文水资源勘测局	水文水资源学院	2010.9—2011.6
米玛次仁	西藏自治区拉萨市水利局	水利水电学院	2010.9—2011.6
小巴桑	西藏自治区防汛机动抢险队	水利水电学院	2010.9—2011.6
达　娃	西藏大学农牧学院	水利水电学院	2010.9—2011.6

（校长办公室供稿）

第四部分 校区与院系工作

常州校区

一、概况

河海大学常州校区的前身为1986年成立的河海大学机械学院，1996年5月更名为河海大学常州分校，2000年6月，更名为河海大学常州校区。常州校区位于国家级高新技术产业开发区内，占地436亩。校区设有机电工程学院、计算机与信息学院(常州)、商学院(常州)和人文社科、数理教学、外语教学、体育教学4个公共课教学部，拥有15个本科专业；有机械工程1个一级学科硕士点，机械设计及理论、机械电子工程、机械制造及自动化、材料加工工程、通信与信息系统、检测技术与自动化装置6个二级学科硕士点，机械工程、电子与通信工程、项目管理、物流工程、工业工程5个工程硕士授权领域。有教职工590人，其中具有高级专业技术职务116人；本科生5600多人。

二、研究生教育

常州校区有博士生导师11人，硕士生导师66人。招收硕士研究生105人。坚持质量方针，持续提高研究生培养质量，继续以提高研究生学位论文质量为切入点，加强研究生培养过程管理，严把研究生论文质量关，研究生培养质量持续提高，省硕士论文抽查合格率100%，获省优秀硕士论文1篇。研究生就业率100%。

三、本科教育

加强“质量工程”建设，申报成功国家级特色专业建设点1个、省级品牌专业2个、省级“人才模式创新基地”1项、省级精品课程2门。开展教育教学改革，2个专业成为教育部“卓越工程师教育培养计划”首批启动项目，同时自行组织实施“英才计划”，旨在培养工程英才、学术英才和管理英才。开展专业建设，申报成功“物联网工程”本科专业。人才培养质量持续提高，2010届本科生毕业率97.2%，学位授予率93.9%，英语四级一次通过率93.5%，毕业生就业率95.7%。

四、公共课教学

公共课教学部下设人文社科、数理教学、外语教学、体育教学4个教学部门，共有教职工94人，其中教授2人，副教授15人。人文社科部主要承担思想政治理论、大学语文等方面的教学以及学生人文素质教育工作，开设系列人文社科类选修课，主办各种人文素质教育活动，指导学生社团，将第一课堂与第二课堂紧密结合，推进校园文化建设；数理教学部主要承担高等数学、大学物理等课程的教学实验任务；外语教学部主要承担英语教学工作；体育教学部主要承担体育教学、训练与竞赛、群体活动、场馆管理等工作，同时还开设了系列体育选修课，主办各类小型竞赛活动，指导学生体育协会工作，将课内学习与课外活动紧密结合，推进校园体育文化建设。

五、学生创新教育

推进创新教育，立项建设大学生创新训练项目国家级 16 项、省级 10 项、校级 30 项；立项资助校内外各级竞赛 23 项。学生全年获国家级省部级以上奖 89 项，获省级优秀毕业设计(论文)3 项、团队 1 项，获奖学生 411 人次。《中国教育报》专题报道了常州校区的创新人才培养工作。校区毕业生任杰作为全国大学生村官的典型，受到国家副主席习近平的亲切接见，被《人民日报》头版头条报道。

六、科技工作和服务地方工作

新增科研合同经费 4599 万元，其中纵向项目经费 243 万元，横向项目经费 4356 万元；到账经费 2040 万元。获国家授权专利 12 项、软件著作权 40 项；省部级科研项目 7 项、常州市科技计划 5 项，参与“973”项目 1 项。成功立项常州市重点实验室 1 项，策划组织低碳经济、水下机器人等培育基地。新增省级企业研究生工作站 1 家。先后与江苏常武启动电机有限公司、常州伯龙三维复合材料有限公司、江苏星星干燥设备有限公司、江苏一步干燥设备有限公司、常州三晶世界科技产业园、溧阳经济开发区、三一集团、句容市政府等签订了产学研合作协议。

七、人才队伍建设

新进教师 15 人，其中博士 11 人(含教授 1 人、副教授 1 人)、硕士 4 人。选派出国进修 8 人，目前教师中具有国外学习经历的 53 人，占 17.7%。1 人入选江苏省“双创人才”计划，2 人入选江苏省“青蓝工程”，1 人入选常州市“831”工程人才。新增江苏省产业教授岗位 1 个。设立优秀创新人才培育项目，首批资助 6 人。

八、党建、思想政治工作与和谐校园建设

开展创先争优活动，加强基层党组织建设，完成 6 个二级党委、73 个党支部的换届工作。新发展和新接受党员 771 人，转出组织关系 626 人。年底本科生党员比例 19.45%，比上年提高 4 个百分点。1 个基层党组织获江苏省先进基层党组织称号，2 个基层党组织、1 名党务工作者、4 名党员分获常州市和常州市教育工委先进基层党组织、优秀党务工作者和优秀共产党员称号。以纪念中央 16 号文件颁布 5 周年为契机，总结校区近年来大学生思想政治教育方面的经验，加强大学生思想政治工作。以校风建设月、社团巡礼月、文化艺术节、科技节为载体，以社会主义核心价值体系为引领，在大学生中加强理论武装工作，开展“爱国、爱水、爱校”教育，丰富校园文化生活。加强平安校园建设，全年无重大安全责任事故，无重大不稳定事件发生，与校本部一道接受了江苏省平安校园建设考核。

江宁校区

一、概况

河海大学江宁校区位于南京市江宁经济技术开发区，总面积 1666 亩，距校本部约 20 公里，于 2001 年 9 月投入使用。校区东临机场高速公路，南傍牛首河，西接牛首山风景区，北靠将军山、翠屏山，交通便利，环境优美。

2010 年，江宁校区新增建筑面积 5.3 万平方米，其中博学楼 3.8 万平方米，于 6 月份投入使用；四期学生公寓 1.5 万平方米，于 9 月份投入使用。目前总建筑面积达 39.3 万多平方米。

10 月 27 日，江宁校区综合体育馆正式开工建设，占地面积 1.3 万平方米，建筑面积 2.2 万平

方米，预计将于2012年9月建成。

二、管理体制

学校对江宁校区实行“条块结合”的管理模式，江宁校区党工委、管委会作为学校党委、行政的派出机构，对内负责协调校区内各单位和各院系的相关工作，对外代表学校加强与江宁区地方政府及其职能部门和周边单位的沟通与协调。校区党工委、管委会下设党政办公室、宣传办公室、财务办公室、保卫办公室、后勤办公室、信息办公室等职能部门。

随着学校工作重心转移，教务处、学生处、团委、基建处、图书馆等部门和商学院、能源与电气学院、计算机与信息学院、理学院、大禹学院等学院的主体已进驻江宁校区。

三、办学情况

按照学校资源配置与校区布局规划，校区与校本部是统一的办学整体，主要承担低年级本科生、部分高年级本科生和硕士研究生的教育培养任务。目前，共有学生12538人，其中本科生9945人，硕士研究生2593人。

四、信息化建设

继续做好校区多媒体教室、录播教室设备及音响的使用、维护和管理工作。更新13个多媒体教室电脑，新投入使用10台投影仪。

管委会信息办公室和中控厂家合作开发了一套网络控制中控设备和一套B/S结构多媒体教室设备监控软件。目前，校区共有14个多媒体教室安装使用该系统。

完成勤学楼、博学楼弱电工程建设及网络系统的安装、调试和验收工作。

五、安全保卫

加强防火、防盗和交通安全硬件建设。增设火灾报警器34只、灭火器1130具，新设消防泵通道门1处，完成二氧化碳灭火系统检修和1624具到期灭火器维修换药，更换消防水带120条；新设外墙防爬刺620多米、防盗报警探测器10对、公共区域监控器29只、防盗报警器257只；安装电动门、重划道路标识线和停车线、增设交通标志牌和减速垫等。

加强安全检查，全年共开展全面检查6次、专项检查30多次，查处违章用电事件56起。

圆满完成省部级领导视察、学校第十二次党代会、本科生毕业典礼、新生接待及开学典礼、第46届田径运动会等重要和大型活动的安全保卫工作。

六、后勤保障

完成校区物业、餐饮、绿化、班车、水电、保安、超市等后勤社会化项目的招投标工作，加大对乙方服务工作的监督和考核力度。

加强班车管理，提高班车运行效率。根据教职工乘车需求适时调整班车时刻和发车数量。目前，工作日发车32趟次/日，双休日和节假日发车18趟次/日。

加强水电设施日常监测与维护，及时排查安全隐患，将楼宇配电柜纳入水电合同托管范围。协助学校职能部门对学生宿舍电热水器进行全面安全检查。

水文水资源学院

一、概况

水文水资源学院前身为1952年建立的水文系，1984年更名为水资源水文系，1995年成立水文水资源及环境学院，2002年更名为水资源环境学院，2007年调整为水文水资源学院。

学院设有水文与水资源工程系、水务工程系、城市资源环境系；水文预报研究所、工程水文及水文气象研究所、水资源研究所、水文水利自动化研究所、城市水务工程研究所、水生态环境研究所、干旱研究所、中德水资源研究所；全球变化与水循环研究中心、平原河流与湖泊水文研究中心、水资源环境实验中心；河海大学水问题研究所和国际河流研究所挂靠学院。拥有水文学及水资源国家重点学科。设有水文学及水资源、城市水务、生态水利学3个博士学位授权点，水文学及水资源、城市水务、生态水利学、自然地理学、人文地理学5个硕士学位授权点，水文与水资源工程、水务工程、资源环境与城乡规划管理3个本科专业点。现有教职工96人，其中教授31人，副教授26人；博士生导师25人；36人具有国外学术背景，66人具有博士学位。有双聘院士5人。有博士生101人，硕士生452人，工程硕士生247人，本科生1234人(其中留学生10人)。

学院与国内外水文水资源领域著名的学术机构建立了良好的合作关系。

二、学科建设

完成“211工程”三期建设项目“水文水信息及水资源”中期检查，对建设过程各项内容做了自查自评，并初步遴选出3项标志性成果，为最终验收做好基础准备工作。

完成“211工程”三期建设设备采购任务，大部分设备已完成验收。

学院负责的“全球水循环与国家水安全优势学科创新平台”项目中两个方向即“水循环过程孕灾机理与防洪减灾”和“水资源演变规律与可持续利用”的建设，除“涡度相关系统”正在招投标阶段外，其他设备已完成采购。

与水利水电学院合作完成了“江苏高校优势学科建设工程一期项目”的申报工作。

与安徽省水文局合作完成了“新安江流域水文综合实验基地”项目建议书并报送水利部审批。

三、人才培养

招收博士生35人，学术型硕士生151人，专业学位硕士生22人，工程硕士138人；毕业博士41人，硕士119人，工程硕士48人，研究生就业率达98.5％。招收本科生305人，其中留学生4人；本科生毕业率达98％，就业率达97.95％。

获评全国优秀博士论文1篇，江苏省优秀博士论文1篇和优秀硕士论文1篇，江苏省普通高校研究生科研创新计划项目2项。国务院学位办博士论文抽检D类为零，江苏省及学校学位论文抽查合格率100％。8人进入校企研究生联合培养基地培养，31人进入学院教学科研实践基地培养。公派出国研究生14人。培养博士、硕士留学生5人。

水文与水资源工程专业11月通过全国工程教育专业认证。《地下水水文学》被评为国家及江苏省双语教学课程。出版国家级和省级教材5部，参与编写全国水利普查培训教材3部。

“健康湖泊保护规划研究”获评江苏省优秀毕业设计团队，“一个新随机模拟模型在我国北方中小河流洪水随机模拟中的应用”获评江苏省优秀毕业设计。

四、科技工作

获国家自然科学基金8项(其中重点项目1项)；获水利部公益性项目10项；获“973”计划课题1项，参与1项；获国家科技重大专项2项，参与1项；获江苏省自然科学基金3项；获水利部水利科技重点项目2项；获江苏省科技计划项目1项。合同经费4922.68万元，到账经费4482.8万元。发表论文308篇，其中SCI论文23篇，EI论文71篇；出版著作4部。获省部级科技奖7项，其中一等奖2项。

举办第5届国际水资源综合管理暨第3届国际水文研究方法学术研讨会、数学模型在流域尺度水资源一体化管理实践中的作用国际研讨会、纪念刘光文先生百年诞辰系列活动之一“水文水资源学术研讨会”。59人次在学院或国家重点实验室举办讲座，89人次参加国内外各种学术活动。

五、实验室建设与管理

实验中心完成全院3个专业30多门实验实习课的教学实践工作(其中实验课程6门)。实验教学(含课内实验)开出率100%,有综合性、设计性实验的课程占有实验的课程总数的比例超过90%,实验项目中综合性、设计性实验超过60%。

继续推进实验室开放,根据社会发展需求增加仪器设备,充实实验内容,更新实验手段。完成江宁校区学院实验用房规划工作。

六、师资队伍建设

新增博士生导师2名、硕士生导师5名。引进博士7名。

3支团队入选"河海大学优秀创新团队发展计划",5人入选"河海大学优秀创新人才"。1人获校优秀主讲教师称号,1人获全国水利学科青年教师讲课竞赛二等奖,1人获严恺教育一等奖,1人获严恺科技一等奖。

水文专业国家教学团队通过中期检查。全年资助青年教师参加国内外学术交流5万余元,10名教师在国外进行了超过3个月的进修交流。

七、学生工作

积极组织开展或参与学校校园文化艺术节、科技节、公寓文化节、心理健康月以及青年志愿者服务等各项活动,学生社会实践参与率100%,获评学校暑期社会实践先进单位称号。1人获评"江苏省优秀共青团员"和宝钢教育基金优秀学生奖,1人获评学校"十佳学生"。

本科生共9人获国家奖学金;1人获全国大学生英语竞赛二等奖,2人获三等奖;4人获江苏省大学生数学竞赛二等奖,3人获三等奖;4人获江苏省人文社科知识竞赛三等奖,13人获优秀奖。在核心期刊发表论文9篇次。获国家实用新型发明专利3项,第19届全国发明展银奖1项,江苏省水文化创意设计大赛优胜奖2项,学校大学生创新训练计划6个项目。

28个宿舍获评"文明宿舍",31个宿舍获评"文明示范宿舍"。

八、党建与精神文明建设

完成了新一届院党委会换届选举工作。举办了第12期共223人参加的入党积极分子培训班。

学院现有党支部31个,党员687人,其中教工党员56人,学生党员631人。当年发展学生党员162人。在校本科生党员比例为25%,其中四年级党员比例为46.63%、三年级党员比例为37.85%、二年级党员比例为13.27%、一年级党员比例为2.33%。一年级新生递交入党申请书比例达85%。

由学校和水利部水文局合办、学院承办的纪念刘光文先生百年诞辰系列活动取得了圆满成功,入选2010年全国水文行业十件大事。

开展创先争优活动,组织师生党员60余人参观学习安徽小岗村改革创新精神和沈浩同志"艰苦奋斗、无私奉献"的崇高精神;《学校基层党组织活动内容与形式创新研究》课题获学校立项;制作了反映学院7年来教学、科研、理论学习、组织建设、支部活动、党员风采、辉煌成就等方面取得成绩的展板在校园内展出;加强党风廉政建设,以纪念刘光文教授诞辰100周年系列活动为契机,开展以"展水文大师风采,谱廉洁文化新篇"为主题的"校园廉洁文化活动月"教育活动,获评校党委组织奖及创新项目一等奖,并作为学校项目上报,获评2010年江苏省教育系统廉洁文化周活动创新项目一等奖。

在校园网、校报等校内媒体发表各类文章416篇,《中国水利报》、《水利部网站》、《新华日报》、《扬子晚报》、《江苏教育报》等校外媒体发表文章27篇。

加强院领导班子建设,成立院务委员会,认真贯彻党政共同负责制。加强统战工作,积极开展与党外人士交友活动。

水利水电学院

一、概况

水利水电学院的前身是1952年建立的水力发电系、水工结构系和水利土壤改良系。1954年水力发电系和水工结构系合并为河川系。1958年，水利土壤改良系改名为农田水利工程系。1985年河川系改名为水力发电工程系。1995年，以水力发电工程系、农田水利工程系、水利水电科学研究所等系所为基础组建成立了水利水电工程学院。2009年更名为水利水电学院。

学院内设机构为五所二系一中心，即水工结构研究所、水利水电工程研究所、水力学及河流研究所、农业水利研究所、农业环境研究所、水利水电工程系、农业水利工程系和水土保持工程研究中心。有6个博士点、9个硕士点和水利水电工程、农业水利工程、设施农业科学与工程3个本科专业。现有教职工133人，其中中国工程院院士1人，长江学者特聘教授3人，河海学者特聘教授2人，博士生导师24人；教授35人，副教授33人。另有双聘院士3人，兼职博导6人，兼职教授33人。有本科生1400余人，硕士生700余人，工程硕士生300余人，博士生200余人。

二、学科建设

成立学科建设领导小组，对优势学科创新平台和“211工程”三期建设计划进行进一步论证，完成仪器设备采购申请、场地调查、采购方式调研及购买论证工作，完成年度建设计划。完成水利工程国家重点学科的二级学科水力学及河流动力学、水工结构工程、水利水电工程的自查工作。

三、人才培养

成功申报“农业水利”国家级特色专业、“水电站”国家级精品课程。开展“河流动力学”双语课程建设，推进“水利水电工程”国家特色专业、“水工建筑物”国家精品课程和“水利工程”国家实验教学示范中心建设。

出版教材5部，出版《农业水利工程专业实验教学指导书》，完成《水工建筑学实验指导书》编写工作。新增3个教学实习基地，组织学生参加实践创新竞赛，获校创新训练计划15项，其中国家计划3项。

新增研究生培养基地4个。23名硕士研究生分别赴学校“长江”、“黄河”和“西部水电开发”等培养基地实习。获全国优秀博士论文提名1篇和江苏省优秀硕士论文1篇。继续接收外国博、硕士留学生，继续为西藏等少数民族地区培养专业技术人才。

招收本科生324人，硕士生244人，工程硕士生210人，博士生56人。毕业生深造率、毕业率、学位率分别为45.7％、98.9％、94.5％；英语四级考试一次通过率、累计通过率和英语六级考试累计通过率分别为68％、91.7％、51.3％。

进站6名博士后，1人获中国博士后科学基金特别资助，3人获中国博士后科学基金资助，1人获江苏省博士后科研B类资助。

四、科学研究

新增科研合同经费6753.08万元，其中纵向经费3890.21万元，占57.6％；到账经费5475.68万元。

获国家科技进步二等奖2项，省部级科技奖13项；发表SCI论文40篇，EI论文123篇，国际权威杂志论文4篇；出版学术专著6部；获授权专利18项，其中发明专利10项。

举办全国性或国际学术会议10次，参加全国性或国际性学术会议115人次，出境参加学术交流活动 42 人次，邀请国内外专家举办报告会 22 场。

五、实验室建设与管理

制订实验场地及设备共享管理办法。建立教辅人员考评机制，通过实施在岗抽查、平时考核和年终考核等措施，加强对教辅人员的管理与考核。

完成实验室信息统计任务(包括实验室基本信息、仪器设备信息、实验项目信息等内容)。做好大型仪器设备的购前论证、规范管理、效益考核工作。

六、师资队伍建设

引进国家“千人计划”1 人、长江学者及国家杰出青年科学基金获得者 1 人、香港大学博士后 1 人、河海大学博士后 1 人。聘任 5 名校外专家为兼职教授。

“水利水电工程国家特色专业主干专业课程群教学团队”入选 2010 年江苏省高等学校优秀教学团队，“大型水利水电工程环境及灾害”团队入选江苏省“青蓝工程”科技创新团队。1 人入选江苏省“青蓝工程”中青年学术带头人，1 人获第 8 届光华工程科技奖青年奖，2 个团队被评为江苏省科教系统“工人先锋号”创新团队。

继续实施“新引进青年教师导师制”，6 名 35 岁以下青年教师获国家自然科学基金，1 人获霍英东教育基金会第 12 届高校青年教师奖三等奖，1 人获全国水利学科青年教师讲课竞赛二等奖。

七、学生工作

加强学生党建工作，搭建学生成长平台，辅导员发表管理类论文 2 篇，申报党建课题 2 项。举办“达峰论坛”，开展本硕博联动，离退休人员为低年级学生开展专业教育和科技创新服务。开展世界水日、中国水周系列活动，举办“坝气十足”坝型设计大赛。召开学生党建与思想政治研究工作专题会，制定学生管理系列文件，建立“学长制”等管理制度，本科生无考试违纪现象。举办“乐水学堂”，帮助民族学生学习进步。发展民族学生党员 3 名，申报民族学生党建题材研究课题 1 项，举办“民族一家亲”民族活动月活动。获“南京市优秀志愿服务集体”称号和“民族团结先进集体”称号。

毕业生就业工作学校考核为优秀，获校暑期社会实践活动先进集体和“金水节”优秀组织奖，1 人获评“感动河海”十佳学生。

八、党建与精神文明建设

召开第四次学院党员代表大会，选举产生新一届党委，制定未来 5 年发展目标。加强党风廉政建设，开展向朱岳明同志学习活动，举办纪念伍正诚教授诞辰 100 周年系列活动。推进党员创先争优活动，成立领导小组，制作简报，宣传学院先进党员典型。

学院有教职工党支部 5 个，党员 100 人，占教职工总数 75%。党政管理人员发表管理类论文 7 篇，被评为学校工会工作先进集体和群众体育先进单位。建立领导干部联系党外人士交友制度，1 名民主党派成员进入学院领导班子。

坚持党政联席会议制度和民主集中制，推进院务公开，在学科发展规划、岗位人员任免、大宗项目采购、年终福利分配等重大事项上，保证教职工的知情权、参与权和监督权。

港口海岸与近海工程学院

一、概况

港口海岸与近海工程学院的前身是 1952 年建立的水道及港口工程系，1985 年更名为航运及海洋工程系，1995年成立港口航道及海岸工程学院，2000年更名为交通与海洋工程学院，2004年更名为交通学院、海洋学院，2009年更名为港口海岸与近海工程学院。

学院下设水港系、海洋系、工程CAD与图学教研室、水运工程科学研究所、海岸及海洋工程研究所、海岸带资源与环境研究所、物理海洋研究所、风暴潮灾害研究所、高坝通航研究所、水运规划与物流工程研究所、工程CAD与图学研究所、港口航道工程与海岸海洋科学实验中心等教学科研机构。现有港口海岸及近海工程、海岸带资源与环境、物理海洋学3个博、硕士点，港口航道与海岸工程、海洋科学2个本科专业。港口海岸及近海工程学科为国家重点学科，物理海洋学为江苏省重点学科，港口航道与海岸工程专业为国家特色专业。教育部高等学校水利学科港口航道与海岸工程专业教学指导委员会挂靠学院。现有教职员工105人，其中教授16人，副教授29人；博士生导师14人，硕士生导师33人；双聘院士1人。有博士生75人，学术型硕士生392人，专业型硕士生31人，工程硕士生647人。

学院与美国、英国、法国、荷兰、德国、日本、澳大利亚及台湾等国家和地区的高等学校、科研机构建立了人才联合培养机制和科研合作关系；为多个国家培养了数十名博、硕士研究生。

二、学科建设

编写“十二五”学科规划。组织申报江苏省高校优势学科建设工程项目。建设优势学科创新平台、“211工程”三期建设项目。继续建设国家重点学科、江苏省重点学科，成功申报海洋科学硕士学位授权一级学科点。

三、人才培养

招收博士研究生18人，硕士研究生136人，工程硕士生80人。授予博士学位20人，硕士学位94人，工程硕士学位82人。获省优秀博士论文1篇、省优秀硕士论文1篇，省普通高校研究生科研创新计划项目1项，校研究生精品课程建设项目2项。

招收本科生218人。本科生英语四级考试一次通过率90.2%，累计通过率95%。本科生毕业率99.2%，学位授予率96.2%，继续深造率40.9%。

“依托港口航道与海岸工程国家品牌专业优势建设水运物流课程群”课题获全国高校物流教研教改课题一等奖，“依托港口海岸及近海工程国家重点学科，创建港口物流仿真实验中心，构建三位一体仿真实训平台培养港口物流专业人才的研究与实践”课题获全国高校物流教研教改课题三等奖。《Auto CAD(中文版)土建工程应用教程》正式出版。获校级大学生创新训练计划立项项目7项，其中校级重点项目2项，省级项目1项，国家级项目2项。获第3届“高教杯”全国大学生先进成图技术与产品信息建模创新大赛一等奖1项、二等奖4项，并获水利类团体二等奖和优秀指导教师二等奖。1人获江苏省普通高等学校毕业设计论文三等奖。

四、科学研究

新增科研项目102项，其中国家科技重大专项1项、“973”课题2项、国家自然基金项目10项。科研合同经费4494万元，其中纵向经费2593万元，到账经费4260万元。

发表学术论文138篇，其中三大检索论文47篇。出版专著1部，参编专著1部。获省部级科技奖8项，发明专利授权3项。

五、实验室建设与管理

做好“海岸灾害及防护教育部重点实验室”的建设与管理，成立港口航道工程与海岸海洋科学实验中心。

实验教学(含课内实验)开出率100%，有综合性、设计性实验的课程占有实验的课程总数的比例为90%，实验项目中综合性、设计性实验的比例为40%。每个实验室至少有1门实验课程实施开放式实验教学，为学生参加科研、各类竞赛和课外科技活动提供条件。

六、师资队伍建设

新聘教授1人、副教授2人、讲师12人，聘任5位国内外知名专家为兼职教授。

1人入选江苏省“青蓝工程”优秀青年骨干教师培养对象，1人被评为校优秀主讲教师，1人获校徐芝纶教学二等奖，1人获第2届全国水利学科青年教师讲课竞赛二等奖，1人获校青年教师讲课竞赛一等奖。

七、学生工作

6个班级被评为校级“优良学风班”，2008级港航六班获“张闻天班”称号，2007级港航三班获江苏省“优秀班集体”称号。28人获国家励志奖学金，6人获严恺奖学金，2人获徐芝纶力学奖学金，4人获周玲雅奖学金，3人获真维斯奖学金，3人获一卡通奖学金。

发表学术论文14篇，获专利6项。获全国大学生科技创新项目一等奖2项、二等奖2项、三等奖2项，江苏省二等奖1项。

八、党建与精神文明建设

各支部进行换届选举，现共有29个党支部，其中教工党支部7个，学生党支部22个。

本科生党员比例为23.4%，其中大一至大四学生党员比例分别为2.3%、10.3%、31.8%和47.3%；硕士研究生党员比例为74.9%，博士研究生党员比例为90.9%。

发表宣传报道191篇，其中校内187篇，校外4篇。

土木与交通学院

一、概况

土木与交通学院由2个系、8个所和1个实验中心组成，即土木工程系、交通工程系、岩土工程科学研究所、结构工程研究所、安全与防灾工程研究所、桥梁工程研究所、隧道与轨道工程研究所、道路与铁道工程研究所、交通运输工程研究所、建筑与景观研究所、土木与交通工程实验中心。

岩土工程为国家重点学科，土木工程为江苏省一级重点学科。设有土木工程博士后流动站，拥有土木工程一级博士学位授予权，岩土工程、结构工程、防灾减灾与防护工程、桥梁与隧道工程、市政工程5个二级学科博士及硕士学位授予权。拥有岩土力学与堤坝工程教育部重点实验室、江苏省岩土工程技术工程研究中心、江苏省交通基础工程研究中心。中国岩石力学与工程学会环境岩土工程分会秘书处挂靠学院。

学院现有教职工100人，其中教授21人，副教授34人；博士生导师20人；加拿大工程院院士1人，双聘院士3人。博士研究生115人，硕士研究生541人，本科生922人。

学院与荷兰代尔夫特研究所、法国里尔科技大学、新加坡南洋理工大学、日本东京工业大学、日本国立土木研究所等国外著名大学和科研院所建立了长期合作关系，成立了中一荷环境岩土工程合作研究中心、中法环境岩土力学研究中心。

二、学科建设

成立学科建设领导小组、“211工程”三期及优势学科创新平台仪器采购领导小组，完成“211工程”三期和优势学科创新平台建设任务，并通过中期检查。

完成学科建设“十二五”规划编制工作。

“岩土力学与堤坝工程教育部重点实验室”通过教育部验收。

启动申报土木工程国家一级重点学科程序，开展了结构工程及相关二级学科国家重点学科的预申报工作，并成立结构工程国家重点学科申报工作小组。

三、人才培养

招收博士生 41 人，硕士生 273 人，工程硕士生 140 人。选拔 14 名本科生出国读研，12 名在读研究生出国留学。毕业博士 24 人，硕士 168 人，工程硕士 26 人，研究生就业率为 98.6%。

获国家优秀博士论文提名 1 篇，江苏省优秀博士论文 1 篇、优秀硕士论文 2 篇，校优秀博士论文 3 篇、优秀硕士论文 3 篇。获研究生创新计划项目 4 项。建立江苏省环境岩土工程研究生创新基地、江苏省地矿局研究生培养基地。

招收本科生 282 人。1 人获詹天佑土木工程高校优秀毕业生奖，1 人入选中国大学生年度人物百名候选人。获全国大学生数学建模竞赛一等奖 1 项，第 5 届全国大学生交通科技大赛一等奖 1 项、三等奖 2 项。获国家授权专利 8 项。本科生学位率 92.34%，深造率 41.44%，就业率 98.2%。

编写教材 8 部，出版国家规划教材 1 部。1 部教材获评中国电力行业精品教材。获中国物流学会和教育部高等学校物流类专业教学指导委员会“物流教改教研一等奖”1 项，学校教学成果奖 3 项。

四、科学研究

主持国家自然科学基金面上项目 7 项，江苏省自然科学基金项目 2 项。新增科研合同经费 3572 万元。

发表 SCI 论文 31 篇，EI 论文 218 篇。获教育部技术发明一等奖、大禹水利科技进步一等奖等省部级科技奖 17 项，发明专利 9 项，实用新型专利 15 项。

举办“中美土木工程鉴定与加固学术研讨会”、“大跨径桥梁维护新技术国际学术研讨会”、“国际岩土数值分析研讨会暨石根华数值流形方法研究中心成立大会”等国际会议 3 次，举办国际学术报告会 22 场，教师参加国内外学术会议 90 余人次。

与南京市市政设计研究院、中铁芜湖建筑设计研究院共建产学研合作基地。

制订《土木与交通学院科技奖励政策》、《土木与交通学院科技经费管理办法》。

五、实验室建设与管理

完成教育部重点实验室建设工作和国家计量认证复检工作。

建立“土木与交通工程实验中心”，并完成年度建设任务。承担了全校土木、水利类本科生、研究生相关课程的实验教学和论文试验以及教师的科研项目。

六、师资队伍建设

新增博士生导师 3 人和硕士生导师 7 人。

引进千人计划特聘教授 1 人、长江学者讲座教授 1 人、青蓝工程优秀骨干教师 1 人。

1 人获徐芝纶教学奖一等奖，1 人获严恺教育奖二等奖。

七、学生工作

新增就业基地 3 个，加强学生就业教育和指导，本科生和研究生就业率分别为 98.2% 和 98.6%。

做好“1442 工程”、“青马工程”学员培养工作和家庭经济困难学生的资助工作。举办大学生爱国爱校、心理健康、文明礼仪、安全教育等主题讲座 9 场。建立院级心理辅导站和朋辈心理互助网络。开展精神文明创建活动，“文明宿舍”、“文明示范宿舍”比例达32%。

八、党建与精神文明建设

认真贯彻党政共同负责制，制订《土木与交通学院党委议事规则》、《土木与交通学院党政联席会议议事规则》。党委进行换届选举，建立健全了26个党支部。

举办3期入党积极分子培训班，培训425人。全年发展党员104人，党员发展材料抽查合格率100%。

开展创先争优活动，编印7期活动简报，组织各支部专题学习40余次，在学生党员中启动了“五星党员”、“学生党员示范寝室”、“学生党员示范岗”等创建活动。

开展师德建设、“校园廉洁文化月”等活动，获学校第4届“校园廉洁文化活动月”最佳组织奖、宣讲活动优秀奖和省教育系统廉洁文化活动创新项目二等奖、三等奖各1项。

召开全体教职工大会，选举产生了首届院工会委员会。召开教职工代表大会，选举产生了二级教代会委员会。在教职工中开展“三育人”活动，组织各类文体活动。获评学校“工会工作先进集体”、“江苏省教科系统模范职工小家”称号。

做好民主党派和离退休老同志工作，成立二级关工委。

环 境 学 院

一、概况

学院二级机构设置分为教学、科研、实验三类平台。教学平台有环境工程系、市政工程系、环境科学系、化学中心，科研平台有水资源保护与生态修复研究所、现代水处理技术研究所、环境与生态水力学研究所、环境规划与评价研究所、固体废弃物处理与资源化循环利用研究所、环境水利科学研究所等机构，实验平台有实验中心。同时负责建设和管理教育部浅水湖泊综合治理与资源开发重点实验室。

学院拥有环境科学与工程一级学科博士学位授予权，环境工程、环境科学、景观生态学、市政工程4个二级学科博士学位授予权，环境工程、环境科学、景观生态学、市政工程4个硕士点，并设有环境科学与工程博士后流动站。有环境工程、给水排水工程、环境科学3个本科专业。环境工程为江苏省重点建设学科。

学院现有教职工76人，其中教授14人，副教授18人；博士生导师13人。有本科生818人，博士、硕士研究生346人。

二、学科建设

根据《“环境工程”国家重点(培育)学科建设与发展规划(2007—2010)》开展相关建设工作。完成“211工程”三期学科建设项目“水环境保护与生态修复理论及技术”中期检查工作，完成“211工程”三期重点学科建设项目“水环境保护与水污染控制”年度建设计划任务，完成优势学科创新平台“水环境综合治理与水质安全”方向年度建设计划任务。根据《“环境工程”“十一五”期间江苏省重点学科建设计划任务书》开展年度学科建设工作，完成省一级重点学科建设情况中期检查工作并获“A”档评价。

三、人才培养

招收硕士研究生111人，博士研究生20人。毕业硕士研究生68人，博士研究生14人，就业率99%。省、校学位论文抽查合格率100%。获江苏省优秀博士论文1篇，校优秀博士学位论文1

篇、优秀硕士学位论文 3 篇。

招收本科生 201 人。本科英语四级考试累计通过率 96.7%，英语六级考试通过率 48.8%。环境工程专业毕业率 100%，学位率 96.7%。给水排水专业毕业率 98.1%，学位率 91.5%。推荐免试研究生 34 人。

获校教学成果二等奖 2 项。

四、科学研究

新增科研合同经费 5424 万元，到账经费 3833 万元。成功申报国家自然科学基金 7 项，其中面上项目 2 项，青年项目 5 项。获江苏省自然科学基金重点项目 1 项。

获国家及省部级科技奖 4 项，发表 SCI 论文 43 篇，EI 论文 56 篇。

组织各类学术活动 20 余次，教师参加国内外学术会议 40 余次。

五、实验室建设

水环境检测中心在水利部组织的计量认证评审中抽检的参数指标全部合格。

建立教育部重点实验室和学院实验室统一管理运行的管理机制，合理整合资源，提高实验室效率。

开展“211 工程”三期和优势学科创新平台建设，购置气质色谱仪、液质色谱仪、场发射扫描电镜等先进仪器和设备，实验能力得到提高。

成立学院实验中心，统一调配教学实验资源，提高本科教学实验开课率。

六、师资队伍建设

1 人获全国优秀科技工作者、江苏省有突出贡献中青年专家称号，1 人入选国家“新世纪百千万人才工程”，1 人入选江苏省“青蓝工程”中青年学术带头人，1 人入选江苏省“青蓝工程”优秀青年骨干教师，1 人获校优秀主讲教师称号。

引进具有博士学位的专任教师 4 人。新增博士生导师 2 人，硕士生导师 4 人，完成遴选 2010 年研究生培养基地指导教师工作。

环境科学与工程博士后流动站通过全国博士后管理委员会评估，被评为良好。招收脱产博士后 3 人，在职博士后 2 人。在站博士后获得各类博士后基金资助 4 项。

七、学生工作

成功申报大学生创新项目 16 项，其中校级项目 8 项、省级项目 4 项、国家级项目 4 项。41 人次在省部级以上各类学科和科技竞赛中获奖。本科生发表学术论文 5 篇，获国家发明专利 4 项。1 人获江苏省优秀本科毕业设计二等奖。

八、党建与精神文明建设

加强基层组织建设，学院党委进行换届，教工党支部进行调整。本科生党员比例为 15.69%，研究生党员比例为 52%，教职工党员比例为 67.95%。党员发展材料抽查合格率 100%。获江苏省委教育工委“最佳党日活动优胜奖”1 项、校“最佳党日活动”二等奖 2 项，第 4 届“校园廉洁文化活动月”奖 3 项。分党校举办第九期培训班，培养入党积极分子 194 人。

1 人获江苏省高校优秀共产党员标兵称号，1 人获省高校优秀党务工作者称号。分工会被评为“省级模范教工小家”。学院被评为校优秀单位。

能源与电气学院

一、概况

能源与电气学院下设电力工程系、自动化工程系、动力系、新能源系、电工电子实验中心、电气自动化实验中心、能源与动力实验中心、电力系统自动化研究所、电力电子与运动控制研究所、水电自动化研究所、能源与动力研究所、河海大学可再生能源研究所(挂靠学院)以及河海大学智能电网研究所(挂靠学院)。拥有电力系统及其自动化博士后流动站、电气工程一级学科博士学位授予权及二级学科博士点 5 个，电气工程、控制科学与工程 2 个一级学科硕士点和测试计量技术及仪器、流体机械工程 2 个二级学科硕士点，电气工程、控制工程、仪器仪表工程硕士授权领域，电力系统及其自动化高校教师硕士专业学位点，电气工程及其自动化、自动化、热能与动力工程、风能与动力工程 4 个本科专业。学院现有教职工 107 人，其中教授 17 人，副教授 28 人；博士生导师 16 人。有国家杰出青年科学基金获得者 1 人，河海大学特聘教授 1 人。学院现有本科生 1400 人，硕士研究生 411 人，专业学位硕士生 161 人，博士研究生 48 人。

二、学科建设

完成电力系统及其自动化、控制理论与控制工程、流体机械及工程 3 个“十一五”校重点学科建设任务并通过学校检查。加强学科平台建设，电气学科和新能源学科完成优势学科创新平台 5 项设备采购工作，自动化学科购置 RTLAB 设备一套。

三、人才培养

实施电气工程及其自动化和热能与动力工程国家特色专业、自动化江苏省特色专业、电力工程和水轮机国家精品课程等“质量工程”建设项目。

成功申报国家级大学生创新项目 1 项、省级大学生创新项目 1 项、校级大学生创新重点项目 2 项。

获校级教学成果特等奖 1 项、一等奖 1 项、二等奖 1 项。

招收博士研究生 13 人、硕士研究生 160 人、工程硕士生 57 人、本科生 385 人。本科生英语四级考试一次通过率 80.2%，累计通过率 86.1%。本科毕业生就业率 98.91%，硕士毕业生就业率 99%。

四、科学研究

新增省部级科研基地 2 个。获省部级科技进步一等奖 1 项，发表 SCI 论文 6 篇、EI 论文 61 篇，出版专著 3 部。新增科研合同经费 1691.98 万元，到账经费 1471.19 万元。获国家自然科学基金面上项目 5 项、青年基金 1 项。教师、研究生参加国际学术年会 20 次、全国学术年会 30 次，举办省级学术年会 2 次。

五、实验室建设与管理

完成电工电子实验中心、电气自动化实验中心、能源与动力实验中心优化组合与建设，完成西门子 PLC 联合实验室建设。健全 12 项规章制度。承担大学生创新训练基金在研项目国家级 4 项、省级 3 项、校级 21 项。

六、师资队伍建设

引进教师 5 人，其中博士后 1 人、博士 4 人。鼓励教师在职攻读博士学位和出国进修，5 人在职获得博士学位，14 人在职攻读博士学位，3 人出国留学 1 年。初聘副教授 2 人，入选“青蓝工程”优秀青年骨干教师培养对象 1 人。新增博士生导师 2 人、硕士生导师 2 人。聘请兼职外教 1 人。

七、学生工作

举办河海大学第 6 届“电气创新杯”设计制作竞赛活动，参赛学生达 400 人。获第 5 届全国大学生“飞思卡尔”杯智能汽车竞赛二等奖 1 项，华东赛区一等奖 1 项、二等奖 5 项。获第 4 届瑞萨超级 MCU 模型车大赛奖二等奖 2 项、三等奖 1 项。获全国电子专业人才设计与技能大赛一等奖 3 项、优秀奖 1 项，江苏赛区一等奖 3 项、二等奖 2 项、三等奖 4 项。获全国大学生电子设计竞赛江苏赛区一等奖 1 项、二等奖 8 项。

八、党建与精神文明建设

获校党建创新优秀奖 1 项，最佳党日活动一等奖 1 项，三等奖 1 项。院内评选育人先锋岗 2 个，成才先锋岗 4 个，育人先锋 10 人，成才先锋 10 人。学院党委进行换届选举。发展党员 158 人，转正 178 人。教工党员比例 64.04%。本科生党员比例 2006 级 46.69%，2007 级 36.57%，2008 级 20.00%，2009 级 7.31%，2010 级 4.10%。硕士研究生党员比例 67.15%，博士研究生党员比例 100%。获校工会健身活动及其他比赛集体和个人奖 10 多项。

计算机与信息学院

一、概况

计算机与信息学院的前身为 1978 年创办的电子计算机专业。学院设有计算机科学与技术系、通信工程系、电子信息工程系、计算机基础教学部、计算机应用技术研究所、智能科学与技术研究所、通信与信息系统研究所、探测与对抗研究所和信息工程实验中心、计算机基础实验中心以及江苏省水灾害监控与决策支持系统工程中心。现有计算机科学与技术博士后流动站，计算机应用技术、水信息学 2 个博士点，计算机科学与技术、信息与通信工程 2 个一级学科硕士点及 6 个硕士点，计算机技术、软件工程、电子与通信工程 3 个工程硕士授权领域以及计算机应用技术高校教师硕士专业学位点，计算机科学与技术、信息与通信工程、电子信息工程 3 个本科专业。计算机科学与技术学科、信息与通信工程是“十一五”校级重点学科，计算机科学与技术专业是国家特色专业，通信工程专业是江苏省精品专业。

学院现有教职工 114 人，其中教授及正高级专业技术职务 17 人，副教授及副高级专业技术职务 26 人；博士生导师 12 人，特聘教授 1 人；具有博士学位 33 人；江苏省“六大人才高峰”培养人 3 人，江苏省高校“青蓝工程”中青年学术带头人 3 人，优秀青年教师 3 人，江苏省“333 工程”培养对象 5 人。现有本科生 1000 人，硕士生 400 人，工程硕士生 200 人。

二、学科建设

完成计算机科学与技术、信息与通信工程 2 个一级学科博士学位授权点申报工作。

完成“211 工程”三期年度建设和优势学科创新平台项目年度建设工作，完成设备采购任务。

三、人才培养

招收本科生 299 人，其中留学生 4 人。本科生毕业率 98%，学位率 95%，继续深造率 26%。英语四级考试一次通过率 86.2%，累计通过率 92.4%。新增实习基地 3 个。主编教材 2 本。教授、副教授给本科生上课率100%。获省级教学成果奖1项；校大学生实践创新项目11项，其中重点5项。

招收博士生19人，硕士生165人，工程硕士生90人。研究生就业率99%。1人公派出国留学。获省级优秀硕士论文1篇，研究生创新工程1项。

四、科学研究

新增科研合同经费790.41万元，到账经费746.04万元。

发表SCI、EI论文30余篇。获省级科技三等奖1项，发明专利授权2项。

举办学术讲座9场，其中国外、境外专家讲座4场。参加国际学术年会4次，全国学术年会6次。成功主办全国水利信息化发展"十二五规划"咨询会。

五、实验室建设与管理

计算机基础实验中心承担了全校本科生的计算机教学和实习任务。实验教学开出率100%，综合性、设计性实验的课程占有实验的课程总数90%，实验项目中综合性、设计性实验占70%。

贵重仪器设备使用与维修记录完整，固定资产财物相符率100%，仪器设备完好率90%以上。设备年利用机时(含为教学服务)超800小时。

六、师资队伍建设

1人入选江苏省高校"青蓝工程"中青年学术带头人培养对象。

引进专任教师7人。师资队伍博士比例为46.34%。

七、学生工作

编制《学生组织工作手册》，开展校园文化活动和课外科技活动。在"英特尔杯"大学生电子设计竞赛嵌入式系统专题邀请赛、全国软件专业人才设计与开发大赛、"江苏软件杯"全国大学生软件设计大赛、全国大学生电子信息实践创新作品评选等竞赛中，获国家级奖7项、省级奖13项。

八、党建与精神文明建设

发展党员127人，其中研究生党员18人，本科生党员109人。教工预备党员转正1人。本科生党员比例为19.37%。

按照党风廉政建设责任制的要求，组织党员和教职工学习上级关于加强党风廉政建设的文件精神，加强思想教育和制度建设。

力学与材料学院

一、概况

力学与材料学院成立于2009年10月10日，由原材料科学与工程学院和土木工程学院工程力学系、环境科学与工程学院水力学与流体力学中心合并组建。

学院现有工程力学国家重点学科，力学一级江苏省重点学科，材料科学与工程校重点学科。工程力学、土木工程材料2个博士学位授权点，力学、材料科学与工程2个一级学科硕士学位授权点，材料工程专业硕士学位授权领域，力学博士后流动站。工程力学、材料科学与工程2个本科专业，其中工程力学专业为国家特色专业和江苏省品牌专业，材料科学与工程专业为校级品牌专业。建有国家工科基础课程(力学)教学基地、力学实验教学示范中心和江苏省工程材料实验教学示范中心。

学院设有工程力学系、材料科学与工程系、力学与材料实验中心、工程力学研究所、结构与材料力学研究所、计算力学研究所、水力学流体力学研究所、工程材料研究所、金属材料与防护研究所等9个教学科研机构。有专职教师84人，其中国家千人计划、长江学者奖励计划特聘教授1人，河海特聘教授1人，全国教学名师2人；教授31人，副教授26人；具有博士学位教师63人。有本科生596人，硕士研究生263人，专业学位研究生4人，博士生79人。

二、学科建设

完成“211工程”三期子项目“工程力学与水利水电工程安全”年度建设任务，购置仪器设备500万元；完成国家优势学科创新平台子项目“重大水利水电工程建设理论与关键技术”年度建设任务，购置仪器设备569万元。通过学校组织的“211工程”三期建设项目中期检查。

完成力学一级和工程力学江苏省重点学科建设情况自检报告，通过省教育厅中期检查。完成校重点学科材料科学与工程建设自查工作。

三、人才培养

招收硕士生102人，博士生24人；毕业研究生87人，就业率95.6%；公派留学研究生4人。招收本科生149人，毕业160人，就业率98.7%，升学率44.8%。

获江苏省优秀研究生课程1门、优秀硕士论文1篇、研究生科技创新计划3项。校第二批“研究生教学用书资助出版”1项。获校优秀博士论文1篇，优秀硕士论文2篇。1名博士生获宝钢优秀学生特等奖。

现有教育部本科教学质量工程建设项目5项，大学生创新训练计划省级项目3项、校级项目9项。获江苏省优秀毕业论文三等奖1篇、校优秀毕业论文8篇。

获首届全国大学生基础力学实验竞赛团体二等奖1项，个人二等奖3人、三等奖17人。全国大学生混凝土材料设计大赛优秀组织奖1项，优秀奖4人。全国大学生数学建模竞赛全国二等奖3人，江苏赛区二等奖1人、三等奖4人。全国第一届非数学专业大学生数学竞赛江苏赛区一等奖1人、三等奖2人。江苏省第三届理工科大学生人文社会科学知识竞赛三等奖3人。

四、科学研究

新增科研项目107项，科研合同经费1543万元，到账经费1388万元。获国家自然科学基金7项，江苏省自然科学基金5项，教育部博士点基金2项。国家科技进步奖二等奖1项，省级科技进步二等奖2项、三等奖1项。发表SCI、EI论文85篇。获授权专利12项，软件著作权4项。

举办大型学术会议5次，邀请国内外学者作学术报告50余场次，教师参加国内外学术会议100余人次，其中出境学术访问交流30余人次。

五、实验室建设与管理

购置XRD衍射仪、非接触激光扫描测振仪、非接触变形测量系统、30吨疲劳试验机等大型实验设备。

为全校15个专业开设力学基础实验和工程材料实验等研究生实验课，实验项目100多项，实验人时数超过3万小时。

研制的“压杆稳定综合实验装置”获第2届全国高等学校自制教学仪器优秀成果奖，开发的“单层框架结构悬吊质量摆的减震试验”获第3届全国高等学校实验室工作论坛优秀论文三等奖，完成的教改项目“力学实验课程体系和教学模式的探索与实践”获校教学成果特等奖。

六、师资队伍建设

引进专任教师7人，均为博士，师资队伍博士比提高至75%。

新增千人计划特聘教授1人，1人获宝钢教育基金优秀教师奖，5人受国家留学基金委资助赴国外高水平大学进修，3人进力学博士后流动站开展博士后研究，2人获国家博士后基金资助。

七、学生工作

制定《力学与材料学院班导师管理办法》，建立辅导员和班导师联动机制，教育部网站刊载《河海大学力学与材料学院扎实推进班导师队伍建设促进全员育人工作开展》文章介绍这一做法。

创新思想政治教育途径，成立学生理论社团——力材学子论坛，通过学生自由论辩的形式开展思想政治教育。

制定《力学与材料学院"小班导师"实施办法》，选拔免试研究生担任新生"小班导师"，开展朋辈辅导。制定《力学与材料学院优良学风宿舍创建办法》，把学生宿舍作为学风建设的主阵地之一。

八、党建与精神文明建设

学院有本科生党员85人，研究生党员199人，教职工党员60人。举办第二期入党积极分子培训班，119人参加学习培训。

选举产生了新的院党委，设立6个教职工党支部。开展"创先争优"活动，建立学习实践科学发展观和学习型党组织建设长效机制。制定《力学与材料学院党风廉政建设责任制实施细则》。建立与民主党派和无党派人士联系制度。

工程力学党支部获评江苏省高等学校先进基层党组织，学院分工会获评校工会工作先进集体。

地球科学与工程学院

一、概况

地球科学与工程学院于2009年10月成立，由原土木工程学院地球科学与工程系、测绘科学与工程系，水文水资源学院地理信息科学系以及科学研究院同位素水文研究所组建而成。下设地质科学与工程、测绘科学与工程、地理信息科学3个系，工程地质与灾害、水文地质与环境、同位素水文、测绘工程、遥感与空间信息、地理信息科学与工程6个研究所和地下水科学与工程1个挂靠研究所，地质工程、测绘工程、地理信息系统与遥感3个实验室，以及江苏省测绘实验教学示范中心、水利建设"3S"技术应用联合实验室(与香港理工大学共建)。现有地质工程1个省级重点学科；测绘科学与技术和地图学、地理信息系统2个校级重点学科；地质资源与地质工程、大地测量学与测量工程、地下水科学与工程3个博士点；地质工程、地球探测与信息技术、矿产普查与勘探、大地测量学与测量工程、摄影测量与遥感、地图制图与地理信息工程、地下水科学与工程、地图学与地理信息系统8个硕士点；地质工程、测绘工程2个工程硕士专业学位领域，地质工程、测绘工程、地理信息系统3个本科专业均为江苏省特色专业。

学院现有教职工109人，其中教授22人，副教授36人；博导21人；国家"百千万工程"第一、二层次培养对象1人，江苏省"333新世纪学术带头人"第一层次培养对象1人，青年科学技术带头人3人，"青蓝工程"中青年学术带头人1人，江苏省"六大人才高峰"1人。有本科生752人，硕士研究生345人，博士研究生45人。

二、学科建设

完成地质工程江苏省重点学科中期检查。

制订地质资源与地质工程、地球化学、测绘科学与技术、地理学4个学科的"十二五"建设规划。

完成优势学科创新平台与“211工程”三期项目建设计划及仪器设备采购。

三、人才培养

招收博士生10人，硕士生131人，本科生236人。

获江苏省优秀硕士论文2篇，校优秀博士论文1篇、优秀硕士论文3篇，研究生精品课程2门。选派5人进入研究生培养基地。

获大学生创新训练计划国家项目5项、省级项目1项、校级项目20项。获省毕业设计优秀团队1个，校优秀毕业设计(论文)4项。

研究生就业率100%。本科生英语四级考试通过率92.40%，毕业率97.02%，学位授予率93.64%，就业率98.98%，继续深造率23.99%。

四、科学研究

新增科研合同经费1860万元，到账经费1911万元。获国家科技进步一等奖1项，教育部科技进步二等奖1项。发表SCI论文7篇，EI论文33篇。出版专著3部。

主办全国性学术会议2次。教师组团32个，100余人次参加国际学术会议和全国性学术会议分别为30个和22次。

组织师生赴广西干旱灾区找水，获当地政府和灾区人民的好评及学校表彰。

五、实验室建设与管理

新学院组建后，完善地质工程实验室、测绘工程实验室，筹建地理信息系统实验室，加强测绘工程省高等学校教学示范中心建设，保持正常教学秩序。

加强实验室日常管理，明确系主任为实验室第一负责人，明确大型设备管理责任人，维护维修记录、资产管理手续完备。

六、师资队伍建设

新增博士生导师7人、教授1人、副教授2人。引进河海学者讲座教授1人和具有博士学位专任教师8人，专任教师博士比为63%。

七、学生工作

开展“学风建设”活动，完成学生思想政治教育调查报告4份，举办学习培训讲座10次，组织新生入学教育活动16场。12人获评校“优秀学生”，4人获评校“优秀学生标兵”，5人获评校“优秀学生干部”。

组建25支团队开展暑期社会实践活动，建立暑期社会实践基地2个。完善学生诚信考核体系，与2010级本科生、研究生签订诚信协议。推行导师延伸制，优秀本科生提前进入课题组。

在国家及省级学科竞赛中，获一等奖3项、二等奖9项、三等奖5项、优胜奖3项及优秀组织奖3项。

八、党建与精神文明建设

学院现有党支部20个，其中教工党支部5个，学生党支部15个。有党员400人，其中教工党员65人，本科生党员130人，研究生党员205人。组织培训入党积极分子255人，发展党员105人。召开第一次党员大会，选举产生学院首届党委会及出席校党代会代表。获校最佳党日活动一等奖1项、党建研究重点课题1项。创立了“教工之家”。组织全院教工向玉树地震灾区捐款1.69万元。

理　学　院

一、概况

理学院下设数学系、大学数学部、物理系、物理实验中心、数学技术实验室、数学研究所、应用物理研究所等机构。现有数学与应用数学、应用物理、信息与计算科学 3 个本科专业；数学一级学科硕士学位授予点；凝聚态物理、水系统科学 2 个二级学科硕士学位授予点；水系统科学博士学位授予点。

学院现有教职工 92 人，其中教授 7 人，副教授 22 人，高级工程师 3 人；33 人具有博士学位。有本科生 549 人，硕士研究生 102 人，博士研究生 4 人。

二、学科建设

完成“应用数学”校级重点学科年度建设工作。

“数学与应用数学”被评为江苏省特色专业。

三、人才培养

招收本科生 148 人，毕业 139 人，就业率 96%；招收硕士研究生 30 人，毕业 29 人，就业率 100%；招收博士研究生 1 人。

获校教学成果特等奖 1 项、一等奖 1 项，7 人获得校大学生创新计划资助，“概论论与数理统计”被评为省优秀研究生课程。

四、科学研究

发表论文 80 篇，其中 SCI 论文 28 篇。新增科研项目 10 项，科研合同经费 93 万元，到账经费 110.5 万元。获专利成果 2 项。

举办学术交流活动 30 余次，教师参加国内外学术活动 20 余次。

五、实验室建设与管理

完成全校 76 个本科班的“大学物理实验”课程和应用物理专业 2 个班的“普通物理实验”课程的实验教学工作，完成开放实验室建设。

六、师资队伍建设

引进具有博士学位教师 4 人。新聘教授 1 人，副教授 2 人。1 人获宝钢教育奖。

七、学生工作

举办“感动理学院十佳学生”评选，“倡导诚信考试，建设和谐校园”主题团日活动，“理学院第二届话剧大赛”。

学院组织辅导的参赛队获全国大学生数模竞赛一等奖 2 项、二等奖 8 项，省级一等奖 6 项。全国研究生数模竞赛二等奖 2 项、三等奖 3 项。江苏省大学生创新大赛特等奖 1 项、一等奖 3 项、二等奖 1 项、优秀奖 1 项。

八、党建及精神文明建设

学院召开党员大会，选举产生了新一届院党委。全院现有 11 个党支部，其中教工党支部 4 个，本科生党支部 4 个，研究生党支部 3 个。有党员 264 人，其中教工党员 43 人，本科生党员 145 人，研究生党员 76 人。举办党校培训 2 期，221 人获结业证书。发展党员 109 人。

获学校党建创新奖 1 项，“最佳党日”活动 1 个，第 4 届“校园廉洁文化活动月”读书思廉活动优秀奖 1 项。

商 学 院

一、概况

商学院的前身是 1983 年成立的管理工程系。现有管理学与人力资源、市场营销、财务金融、会计学、管理科学与信息管理、工程经济与工程管理、经济学与国际贸易 7 个系；水利经济、战略管理、投资、环境会计与资产管理、知识产权、技术创新与经济发展、管理科学、工程管理、规划与决策、人力资源、产业经济、项目管理信息化、国际工程与海外项目管理、日韩企业、工程哲学与管理、基础设施投融资、科技经济、东方管理、游艇管理、水利管理创新 21 个研究所(中心)；MBA、工程硕士、国际教育、高级管理培训与咨询等职业教育与社会服务机构；工商管理、管理科学与工程 2 个博士后流动站，技术经济及管理、管理科学与工程、工商管理 3 个博士学位授予点，管理科学与工程、工商管理、应用经济学、理论经济学 4 个一级学科硕士点，情报学、人口资源与环境经济学 2 个二级学科硕士点，工商管理硕士(MBA)、项目管理、物流工程、工业工程、会计学、资产评估、工程管理、国际商务、金融学 9 个专业学位硕士点，工商管理、管理科学与工程、应用经济学 3 个大类本科专业 16 个专业方向。技术经济及管理是国家重点(培育)学科和江苏省重点学科，工商管理是江苏省重点一级学科，工程管理与项目管理是江苏省重点学科。

学院现有教职工 192 人，其中专任教师 117 人；教授 26 人，副教授 40 人；具有博士学位的教师占 60.7%。学生 4683 人，其中博士研究生 520 人，硕士研究生 549 人，专业学位硕士生 1517 人，本科生 2097 人。

二、学科建设

工程管理专业通过住房和城乡建设部高等教育工程管理专业评估，入选江苏省高等学校特色专业建设点。新增会计学、资产评估、工程管理、国际商务、金融学 5 个专业学位硕士点。

三、人才培养

招收博士研究生 92 人，硕士研究生 761 人，本科生 444 人，留学生 25 人。毕业本科生 592 人，硕士生 379 人，博士生 81 人，留学生 23 人。本科生就业率 93.02%，研究生就业率 96.4%。

推进人才培养国际合作，开展学生互访，实施联合培养。加强创业教育，产生 3 名创业典型：2009 级研究生江鑫鑫创办“鑫鑫相印”打印社，2010 届本科生孙关林创办南京华锐教育咨询公司，2010 届本科生刘慧荣创办苏州薇可尼尔服饰有限公司。

四、科学研究

新增科研合同经费 2009 万元，到账经费 1957 万元。发表论文 466 篇，其中 SCI(扩展版)8 篇，EI8 篇，CSSCI 论文 218 篇。出版专著 16 部。获省部级奖 2 项。

举办 2010 年度统计与管理科学国际会议、中国高等院校市场学研究会 2010 年年会等学术会议 50 多场，300 多名国内外专家学者参会。教师参加国内外学术会议 70 多人次。

与深圳湾游艇会合作建立全国第一家“游艇管理研究中心”，与广东水利厅合作建立“水利管理创新研究中心”。

五、实验室建设与管理

试验管理中心全部搬迁至江宁校区，实行每天 14 小时开放制度。完成省实验示范中心评估验收总结工作。

制订实验室建设与管理改革方案。与 SAP 公司签署 ERP 实验室合作协议，与普华公司签署 P3 软件合作协议。

服务本科生专业教学，开设 24 门实验课程、158 个实验项目，实验机时数 5.1 万小时。

六、师资队伍建设

新进站博士后 3 人，在站博士后 18 人。骨干教师出国研修 20 人。已组建 3 个国际合作学术团队。

七、学生工作

制订《商学院创建优良学风班管理办法(试行)》，全年违纪率 0.43%。2008 级财管 2 班被评为张闻天班。1 人获“感动河海十佳学生”道德风尚奖，1 人获创业实践奖提名。获第 7 届“挑战杯”大学生创业计划大赛全国铜奖和江苏省特等奖、一等奖。获 43 届校运会男子团体、女子团体及总分第一名。

举办 4 场就业指导讲座，组织学生参加学校开设的就业指导讲座 6 场，组织小型招聘会 59 场次。承办学校第一届创业项目大赛，获得一等奖 1 项、二等奖 1 项。

八、党建与精神文明建设

学院现有党支部 50 个，其中教工党支部 10 个，本科生党支部 15 个，硕士生党支部 20 个，MBA 党支部 1 个，博士生党支部 4 个。

组织学院党支部书记培训 60 人次，分党校培训入党积极分子 448 人，发展党员 261 人。本科生党员 455 人，占 23%。

公共管理学院

一、概况

公共管理学院设有政治学、社会保障、新闻传播学、行政管理、社会学、哲学 6 个系和马克思主义理论研究中心、应用心理学研究所、社会保障研究中心、非营利组织研究所、国土资源管理研究所、政府水管理研究所、环境与社会研究中心、人口与发展研究中心等研究机构。河海大学中国移民研究中心、水利部水库移民经济研究中心、河海大学思想政治理论课教育中心、河海大学张闻天研究所、河海大学社区研究中心、河海大学性别与发展研究中心、河海大学社会发展研究所、河海大学普通话测试站挂靠学院。

学院有马克思主义基本原理、思想政治教育、社会学、移民科学与管理 4 个二级学科博士点，政治学、社会学、公共管理学 3 个一级学科硕士点和马克思主义基本原理、思想政治教育、高等教育学、马克思主义哲学、科技哲学、伦理学、文艺学、传播学、应用心理学等 26 个二级学科硕士点，公共管理、社会工作 2 个专业学位硕士点，思想政治教育、劳动与社会保障、广播电视新闻学、播音与主持艺术 4 个本科专业。参与技术经济与管理博士点和工商管理博士后流动站建设。现有专任教师 103 人，其中教授 28 人，副教授 22 人；博士生导师 18 人。学生 1537 人，其中本科生 651 人，硕士研究生 762 人，博士研究生 124 人。

学院与世界银行、亚洲开发银行、欧洲投资银行、英国国际发展部、澳大利亚国际开发署、日本协力开发银行、世界粮食计划署、香港乐施会、福特基金会等国际机构以及美国、德国、英国、荷兰、日本、澳大利亚等10多个国家的高校和科研机构建立了合作关系，开展学术交流与合作。

二、学科建设

完成“211工程”三期技术经济与管理重点学科建设领域移民方向的建设和优势学科创新平台规划建设工作。

完成博士、硕士及专业学位授权点的申报工作，获公共管理(MPA)、社会工作(MSW)专业硕士学位授予权。

完成校级重点学科建设任务，在中期评估中社会学和马克思主义理论获评优秀，高等教育学获评良好。

三、人才培养

招收本科生223人，毕业133人，毕业率99%，学位授予率97.7%。招收硕士研究生169人，工程硕士生30人，博士研究生41人；授予164人硕士学位，研究生就业率88%。

获江苏省普通高等学校本专科毕业设计(论文)一等奖1项，江苏省优秀硕士毕业论文1项，江苏省普通高校研究生科研创新计划3项；学校教学成果特等奖2项、一等奖1项，优秀硕士毕业论文3项。

四、科学研究

新增科研项目98项，合同经费2102万元，到账经费1489万元。

发表学术论文376篇，其中EI论文8篇；出版论著5部。获第2届中国妇女研究优秀成果奖2项，第2届中国老年学学术成果奖3项，第5届中国人口科学科研成果奖2项，江苏高校第7届哲学社会科学研究优秀成果奖二等奖4项、三等奖2项。

主办、承办中德基础设施项目环境评价与社会评价国际研讨会、全国科学技术学暨科学学理论与科技政策2010年联合年会、中国社会学会2010年年会移民与社会发展论坛、人口老龄化的社会经济影响及其对策高层论坛、江苏省社会学学会第六次代表大会暨2010学术年会、宁沪高校思想政治教育学科学术沙龙暨思想政治教育本质研讨会等学术会议。邀请国内外专家学者30多人次举办讲座。

五、实验室建设与管理

开展文科实验中心建设工作，制定《公共管理学院文科实验中心管理规定》。

完成播音与主持专业“实景演播室”和“虚拟演播室”建设工作，设备全部安装到位，功能实现合同要求，通过学校验收。

健全实验室管理组织，加强实验室日常管理，保证实验室一周六天正常开放，提高实验室服务质量。

六、师资队伍建设

引进具有博士学位的专任教师4人，其中博士后出站人员1人。新增博士生导师1人、硕士生导师1人。

1人出国进修，2人在校内挂职锻炼；19人在职攻读博士学位，师资队伍博士比为54%。

组建17支学术创新团队，试行团队考核与个人考核相结合、聘期考核和年度考核相结合的方式，主要考核团队带头人和团队整体所承担的岗位任务完成情况。

1人获评江苏省高校思想政治教育工作先进个人。马克思主义基本原理概论课程组获评江苏省

“巾帼文明岗”。1 人获评学校优秀主讲教师，1 人获青年教师讲课竞赛一等奖。

七、学生工作

学院分团委获评“优秀分团委”，学生会获评“优秀学生会”，2 个班级获评“张闻天班”，9 个班级获评“优良学风班”。1 人获评“感动河海十佳学生”社会工作之星，1 人获评“感动河海十佳学生”文艺体育之星提名。在“河海杯”系列赛事上获篮球赛冠军、足球赛冠军、辩论赛团体冠军、廉政小品赛团体冠军和校运会女子团体第二名。获首届联想青年公益创业大赛江苏省总冠军、江苏省“水杉杯”大学生话剧节团体优胜奖。3 人分别获评中国大学生朗诵艺术优秀奖、中央人民广播电台“夏青杯”百强选手、江宁大学城朗诵艺术节二等奖。

获校第 8 届研究生科技文化艺术节优秀组织奖，7 人获评先进个人，1 人获评优秀指导教师，56 人次获各类竞赛奖。20 人获评学校优秀研究生，14 人获评优秀研究生干部。

八、党建与精神文明建设

学院召开了党员代表大会，选举产生新一届党委。全院现有党支部 32 个，其中学生党支部 23 个，教职工党支部 9 个；党员 887 人，其中学生党员 785 人，教职工党员 102 人。发展新党员 215 人。

制定公开承诺书，落实党风廉政责任制，将“创先争优”活动推向深入。

法　学　院

一、概况

法学院成立于 2007 年，前身是法律系，承担全校法学学科的教学、科研及法律事务工作。设有环境法研究所、公用事业法研究所、民商法研究所、法律援助中心等机构，校法律事务办公室挂靠学院。学院现有教职工 37 人，专职教师 31 人，其中教授 2 人，副教授 11 人，讲师 18 人；博导 1 人。有环境与资源保护法学、行政法学、民商法学 3 个二级学科硕士点、法律硕士专业学位授予权和法学本科专业。学生 475 人，其中硕士研究生 179 人，本科生 296 人。

二、学科建设

以环境与资源保护法校级重点学科为基础，重点开展水利法治研究。

经国务院学位办批准，已获准法律硕士专业学位授予权。

三、人才培养

招收本科生 82 人，毕业 116 人，毕业率 100%，英语四级考试通过率 93.4%，英语六级考试通过率 56%，学位授予率 99%，就业率 89.4%。新增 2 个校外法学实践基地；获校优秀教学成果奖 1 项，大学生创新项目 3 项；与南京天和司法培训学校开展合作，使大学生司法考试通过率达 55.55%。

招收研究生 44 人，毕业 55 人，就业率 67.3% 。“商法专题研究”获江苏省优秀研究生课程；“法理学”、“行政法学”获校研究生精品课程建设项目；《行政法学》获校研究生教学用书资助出版项目。

四、科学研究

新增科研项目 18 项，合同经费 105 万元，到账经费 104.96 万元。发表论文 52 篇，其中

CSSCI论文18篇；出版著作4部。获江苏高校第7届哲学社会科学研究优秀成果奖1项。教师参加国内外高水平国际会议13次。

五、师资队伍建设

引进博士1人，教师博士比为38.7%；建立3个特色创新团队。1人入选“青蓝工程中青年学术带头人”培养对象，1人获校青年教师讲课竞赛二等奖；1人当选江苏省法学会港澳台法研究会副会长，2人任常务理事。

六、学生工作

1个班获“张闻天”班称号，2个班获校优良学风班称号，1人获“感动河海十佳学生”称号，1人获江苏省优秀学生干部称号；1人获第6届“挑战杯”江苏省大学生创业计划竞赛一等奖，1人获全国大中专节水调查专项活动优秀调查报告三等奖，1人获全国第3届法律英语大赛优秀奖，1人获南京高校第4届心理知识竞赛一等奖；1人获黄山国际登山大会冠军，足球队获“河海杯”足球赛冠军。

七、党建及精神文明建设

完成公共管理学院法学院党委换届工作。现有教师党员22人，本科毕业生党员比为54%，研究生党员比为89.9%。党员发展材料抽查合格率为100%。

外国语学院

一、概况

外国语学院下设英语系、大学英语教学一部、大学英语教学二部、研究生英语教学部、俄德法日语教学部、语音实验室、外国语言文化研究所、河海大学外语培训中心等机构。设有英语语言文学硕士点和英语本科专业。

现有教职工90人，其中教授2人，副教授22人；有研究生学历54人；35岁以下青年教师26人。研究生105人，本科生351人。

二、学科建设

完成英语语言文学校级重点学科建设工作；成功申报翻译专业硕士学位授权点，并列入2011年全国研究生统一招生计划。

三、人才培养

招收研究生34人；招收本科生96人，英语专业四级考试一次通过率为80%，毕业生就业率为92%。

教授、副教授承担本科教学任务任课率100%。

大学英语教学改革项目获校优秀教学成果一等奖。获全国大学生英语竞赛优秀奖3项，省级特等奖3项、一等奖7项、二等奖15项、三等奖39项，全国大学生英语竞赛江苏赛区英语专业一等奖1项。

四、科学研究

获教育部人文社会科学研究专项任务1项。

发表论文 28 篇，其中 CSSCI 3 篇；出版论著 6 部。参加各类学术会议 30 人次，邀请国内外专家作学术报告 8 次。

五、实验室建设与管理

实验课开出率 100%，为全校新生提供网教网学的技术支持。新建 90 座数字化语音室 1 间、监控平台 1 套、防火系统 1 套。

六、师资队伍建设

1 人获校优秀主讲教师称号，3 人获本科毕业设计(论文)优秀指导教师称号。1 人获硕士学位，1 人获博士学位，4 人在职攻读博士、硕士学位。10 人晋升高一级专业技术职务。

七、学生工作

举办英语风采大赛、非国语金曲大赛、英语翻译挑战赛、四校英语辩论赛等形式多样的英语活动，邀请上海外国语大学音乐剧社进行专场演出。

获校辩论赛冠、亚军；1 人获江苏省大学生形象设计展示大赛一等奖，2 人获校第 4 届职业生涯规划大赛一、二等奖，1 人获校“新生杯”演讲比赛一等奖。

1 个班获“张闻天班”称号，1 人获“感动河海十佳学生”称号。

1 人代表中国红十字会参加在约旦举行的 2010 年亚太地区红十字会青年峰会。

八、党建及精神文明建设

完成党总支改党委及换届选举工作。现有 9 个党支部，其中教工党支部 5 个，学生党支部 4 个；党员 168 人，其中教工党员 39 人，学生党员 129 人。

发展党员 41 人，获校“最佳党日”活动二等奖 1 项。

体　育　系

一、概况

体育系成立于 1985 年，前身是体育教研室，承担全校公共体育教学、体育科研、校高水平运动队训练、群体竞赛和学生体质健康测评与管理工作。下设系办公室、体育教育第一教研室、体育教育第二教研室、军事理论教研室、大学体育教育科研所，设有体育教育训练学硕士点。有教职工 50 人，其中教授 5 人，副教授 10 人；硕士生导师 4 人；博士学位 1 人，硕士学位 17 人。

河海大学是全国首批创建高水平运动队学校，实施“体教结合”发展战略，足球、健美操、田径、乒乓球为重点项目，运动成绩在全国和江苏省高校名列前茅。学校运动场地总占地面积 192765 平方米，其中校本部 43546 平方米，江宁校区 102140 平方米，常州校区 47079 平方米；体育馆与练习馆 12000 平方米。有标准田径场 4 个，人造草皮足球场 3 个，天然草皮足球场 2 个，游泳池 4 个，篮球、排球、网球、手球、棒球教学场地 89 片，健美操、健身房、乒乓球、羽毛球、武术教学场地 25 片以及体质测试室和多媒体教室。

二、学科建设

完成“体育教育训练学”硕士点年度建设工作。

三、人才培养

开设 10 门人文素质选修课。通过江苏省高校公共体育课程优秀等级评估考核。完成全校本科生军事理论课教学任务，军事理论课获校优秀教学成果一等奖。

大学生体质健康标准测试合格率98%。

招收硕士研究生3人，2007年招收的首届硕士研究生全部毕业。

四、科学研究

获国家社会科学基金课题1项，发表论文30多篇，参加国内外学术交流活动10余次。

五、师资队伍建设

新增教授1人、副教授1人、讲师5人；在职攻读博士学位2人，攻读硕士学位9人，获硕士学位1人。新进教师1人。

1人获校青年教师讲课竞赛二等奖，2人参加青年教师教学质量提高工程培训并结业。

六、党建与精神文明建设

发展教师党员2人、学生党员3人，学生预备党员转正1人。

开展创先争优活动、党风廉政建设，对党员进行革命传统教育。

机电工程学院

一、概况

机电工程学院前身是河海大学机械学院机械工程系，1995年原河海大学机械学院更名为河海大学常州分校，机械工程系改称为机电工程学院。学院设有机械工程、热能与动力工程、材料科学与工程、工业设计4个系，机械设计与制造、机电控制与机器人、焊接技术与金属结构、热能工程、工业设计5个研究所，力学、工程图学2个教研室。教育部工程研究中心、常州市数字化制造技术重点实验室、常州校区工程训练中心挂靠学院。

学院设有机械工程一级学科硕士点和材料加工工程二级学科硕士点，机械工程、材料工程2个专业学位硕士点，机械工程及自动化、热能与动力工程、金属材料工程、工业设计、数字媒体艺术5个本科专业；本科生2067人，研究生276人；教职工108人，专任教师79人，其中教授11人，副教授25人；博士生导师3人，硕士生导师35人；具有博士和硕士学位的教师占专任教师总数的90%以上。

二、学科建设

完成机械工程一级学科博士点和水利机械自设二级学科博士点申报工作。

完成“211工程”三期和“优势学科创新平台”建设项目的设备采购；完成机械设计及理论校级重点学科建设任务。

三、人才培养

机械工程及自动化成功申报江苏省品牌专业，1篇论文获江苏省普通高等学校本专科优秀毕业论文。

招收本科生510人，毕业424人。本科生毕业率97.1%，学位率93.9%，就业率95.7%，升学出国率25.3%。8人获校优秀毕业生称号。学生生产实习100%在校外企业进行，毕业论文选题85%以上来自工程实践和科研项目。

招收硕士研究生61人，工程硕士生31人；毕业研究生42人，就业率100%。获校级优秀硕士学位论文 2 篇、精品课程 1 项。与三晶世界科技产业有限公司联合建立江苏省企业研究生工作站。

四、科学研究

新增科研项目 20 项，其中“973”计划项目课题 1 项、江苏省自然科学基金项目 2 项；新增科研经费 3463.9 万元，到账经费 1277.5 万元。

完成教育部科技成果鉴定 2 项；发表三大检索论文 26 篇，其中 SCI5 篇、EI7 篇、ISTP14 篇。举办各类学术报告会 80 余场，21 人次参加国内外各类学术会议并发表论文。

五、实验室建设与管理

机械基础省级实验教学示范中心、常州市数字化制造技术重点实验室和工业设计实验室建设项目通过验收。

新购置实验设备 280 台件，总价值 275 万元；完善实验室开放管理办法，加强实验室安全管理；实验开出率和实验参与率均为 100%，

六、师资队伍建设

引进教师 5 人，其中博士 3 人、硕士 2 人。

1 人入选江苏省高校“青蓝工程”优秀青年骨干教师；1 人晋升副教授，6 人晋升中级专业技术职务；4 人获聘硕士生导师，3 人在职攻读博士学位；2 人分赴美国和新西兰进行学术访问和攻读博士学位。

七、学生工作

举办模特大赛、主持人大赛、新生篮球赛、宿舍文化大赛等活动。获评校暑期社会实践活动先进单位。

1 个班获江苏省先进班集体称号，4 人获江苏省三好学生称号，1 人获“感动河海十佳学生”称号。

八、党建和精神文明建设

开展创先争优系列活动，组织支部委员培训、教工党员与困难学生一对一帮扶、全体教工党员参观周恩来纪念馆，在学生党员中开展“党旗领航”主题教育等活动。发表党建论文 5 篇。获校最佳党日活动一等奖 1 项、二等奖 2 项，党建工作创新奖 1 项。一教工党支部获评常州市教育系统作出显著成绩基层党组织，1 人获评常州市教育系统作出显著成绩党务工作者。

完成党委换届选举工作。对所属党支部进行调整，现有党支部 15 个，其中教工党支部 4 个，学生党支部 11 个。发展学生党员 227 名，本科生党员比例为 18.7%，研究生党员比例为 66.7%。

计算机与信息学院(常州)

一、概况

计算机与信息学院(常州)现设有通信与电子工程系(研究所)、电气与控制工程系(研究所)、计算机技术系(研究所)、物联网工程系(研究所)、水下信息感知技术研究中心、输配电技术研究中心、电子与信息技术实验中心、计算机基础实验中心等 8 个二级机构。

现有通信工程、电子信息工程、自动化、计算机科学与技术、电子科学与技术、物联网工程 6

个本科专业，通信与信息系统、检测技术与自动化装置2个硕士点，电子与通信工程、计算机技术2个专业学位硕士点。教职工100人，专任教师77人，其中教授、副教授30人，具有博士、硕士研究生学历的教师占95%以上。本科生1809人，硕士研究生163人，工程硕士生122人。

二、学科建设

与计算机与信息学院共同完成信息与通信工程一级学科博士点申报工作。

三、人才培养

招收硕士研究生53人，工程硕士研究生35人。硕士学位论文省抽检合格率100%。获省优秀硕士论文1篇，校优秀硕士论文2篇。硕士毕业生就业率100%。

本科生英语四级考试通过率92.9%，毕业率97.8%，学位授予率93.1%，考研及出国升学率25%，就业率96%。

通信工程、计算机科学与技术被教育部批准为首批“卓越工程师教育培养计划”专业；通信工程入选国家第六批高等学校特色专业建设点，自动化入选省特色专业建设点。新增物联网工程本科专业。高频电子线路获评省精品课程。出版普通高等教育“十一五”国家规划教材《高频电子线路实践教程》。

电气信息类工程型人才立体化培养模式创新实验基地入选江苏省高等教育人才培养模式创新实验基地，获全国高等学校电子技术研究会实验教学成果展示会三等奖2项、优秀奖4项。

获省大学生实践创新训练计划项目3项；“国信蓝点杯”全国软件专业人才设计与开发大赛国家一等奖1项、三等奖1项，省二等奖2项、三等奖4项、优秀奖1项，优秀组织奖1项、优秀指导教师奖2人；“英特尔杯”全国大学生电子设计竞赛嵌入式系统专题邀请赛全国二等奖1项；第5届全国大学生“飞思卡尔杯”智能汽车竞赛全国二等奖3项，省一等奖3项、二等奖3项；“TI杯”全国大学生模拟电子系统设计竞赛省一等奖7项、二等奖8项；“中天科技杯”江苏省高校第7届大学生物理及实验科技作品创新竞赛特等奖1项、一等奖2项、二等奖3项、优秀奖4项，优秀指导教师6人。

四、科学研究

新增国家自然科学基金2项、江苏省自然科学基金1项；科研合同经费727.45万元，到账经费601.01万元。

发表SCI、EI论文43篇；获专利授权12项，软件著作权21项；出版学术专著1部。获中国电子学会电子信息科学技术三等奖1项。

参与主办第2届信息科学与技术国际学术会议。4人出国参加学术交流。

五、实验室建设与管理

召开江苏省输配电装备技术重点实验室首届学术委员会第一次会议。申报成功常州市传感网与环境感知重点实验室。

实验室账、卡、物相符率100%，仪器设备完好率98%以上，仪器设备使用率95%以上。

六、师资队伍建设

新增教授1人、副教授3人、高级实验师1人、讲师6人；新增博士生导师3人、硕士生导师6人。引进人才6人，其中博士后1人、博士4人、硕士1人。专任教师中具有博士学位26人，占33.77%。

1人入选江苏省“双创人才计划”培养对象，1人入选江苏省“青蓝工程”中青年学术带头人；8人入选常州市“831高层次创新创业人才培养工程”，其中第一层次1人，第二层次1人，第三层次 6 人；1 人获宝钢教育奖优秀教师奖，1 人获校优秀主讲教师称号，1 人获常州市第 3 届“十佳师德标兵”称号。

选派 10 人到香港理工大学学习交流。

七、学生工作

1 个班获评“张闻天班”，1 人获评“感动河海十佳学生”。

召开第九次团代会、学代会，第十次科代会。组织 44 支小分队 500 多人参加暑期社会实践活动。

八、党建与精神文明建设

开展创先争优活动，学院党委获“江苏省高校先进基层党组织”称号；1 人获“常州市教育系统优秀共产党员”称号；1 人获评校优秀党务工作者，1 个党支部获评校先进党支部，获校最佳党日活动三等奖 2 项。

完成党委换届选举工作和党支部重新设置工作。现有学生党员 459 人，占学生总数的 23.5％。举办第二十期、第二十一期党校培训班，共有 638 人参加学习，发展党员 205 人。

开展精神文明和平安校园建设，落实党风廉政建设责任制。

商学院(常州)

一、概况

商学院(常州)设有会计学、国际经济与贸易、信息管理与信息系统、工商管理 4 个系；低碳经济与技术、水利信息统计与管理、中小企业管理、企业信息化与工业工程、苏南经济发展 5 个研究所，以及经济与管理实验教学中心、河海大学—金蝶国际软件集团企业信息化研究培训基地；有管理科学与工程、应用经济学、工商管理 3 个硕士点，工业工程、项目管理、物流工程 3 个工程硕士授权领域；与美国休斯敦大学、北依阿华大学和英国班戈尔大学等建立了国际教育交流合作关系。

学院现有教职工 65 人，其中教授、副教授 14 人；博士生导师、硕士生导师 12 人。本科生 1597 人，硕士生 26 人，工程硕士生 77 人。

二、学科建设

与商学院共同完成工商管理一级学科博士点申报工作。

三、人才培养

教授和副教授上课率 100％，本科生毕业率 96.6％，学位授予率 94.9％，英语四级考试通过率 98.2％，计算机等级考试二级通过率 80.4％，就业率 95.63％；41 人升学读研究生。

进行人才培养模式改革，2006 级教改班全班 34 人均通过大学英语六级考试；通过商务英语中级考试 9 人、高级 1 人；通过雅思考试 5 人、托福考试 2 人。

新增省级精品课程 1 门，大学生创业计划国家级项目 3 项、省级 2 项、校级 6 项；发表教改论文 8 篇。获全国大学生英语竞赛特等奖 3 人、一等奖 4 人、二等奖 12 人。

招收硕士研究生 7 人，工程硕士生 7 人。获校级优秀硕士论文奖 1 项。

四、科学研究

新增部省级科研项目 2 项，市级项目 3 项，科研合同经费 310 万元，到账经费 133.94 万元。

发表论文 61 篇，其中 EI30 篇，ISTP4 篇；出版专著 2 部。

获中国产学研合作创新(个人)奖 1 项，省高校哲学与社会科学三等奖 1 项，常州市科技奖 2 项。

举办学术报告会 20 场；承办“江苏省第 4 届哲学社会科学界学术大会——管理学专场《企业信息化与管理创新》特别专题论坛”。

五、实验室建设与管理

加强经济与管理实验教学中心后续建设，完善实验室管理制度，新增电子商务、沙盘模拟实验教学软件。实验课程开出率 100%。

六、师资队伍建设

新增博士生导师 1 人，硕士生导师 2 人；新增教授 1 人，副教授 1 人；引进博士 1 人，14 人在职攻读博士学位，2 人获博士学位。

坚持“一带一”青年教师培养制度，开展青年教师讲课竞赛。9 人次参加国内外学术会议。

七、学生工作

开展“责任——我与河海共成长”、“高举团旗跟党走，青春献礼党代会”主题征文比赛活动，举办职业规划大赛、企业模拟经营对抗赛、创业计划大赛、英语对抗赛、舞蹈大赛等一批品牌特色项目。获全国大学生管理决策模拟大赛一等奖 2 项，二等奖 1 项；“挑战杯”大学生创业计划大赛省级二等奖 1 项、三等奖 1 项；第 6 届全国大学生创业设计暨沙盘模拟经营大赛江苏区决赛一等奖 1 项。

八、党建和精神文明建设

完成党委换届选举工作。成立学生党支部 23 个，形成了大一有年级党支部、大二有专业党支部、大三大四有班级党支部的格局；本科生党员比例为 22%，培养入党积极分子 298 人。

建立党风廉政建设责任制并与学校签订责任状，成立院务公开领导小组，加强教职工职业道德教育，开展“创先争优”系列活动。

大禹学院

一、概况

大禹学院是在举办多年的水利类基地强化班的基础上，为加强拔尖人才培养于 2009 年 7 月成立的。现有教职工 5 人，本科生 306 人。

学院实行前期大类培养与后期个性化专业培养相结合的两段制培养模式，学生在一、二学年按水利土木大类培养，第三学年经过双向选择分别在水文水资源、水利水电工程、港口航道与海岸工程、土木工程、工程力学等 5 个专业进行专业培养。

二、人才培养

招收本科生 167 人。每个班级配备班导师 1 人。

启动基础课程教学改革项目，立项建设思想政治理论课和大学数学课程。2009 级学生英语四级考试累计通过率 99.3%，英语六级考试累计通过率 67.6%；2010 级学生英语四级考试一次通过率 98.2%。制订学生专业分流实施办法，完成 2009 级学生动态调整，6 人淘汰至相关学院普通专业。

获大学生创新训练计划国家级项目2项、校级项目6项；学生获专利授权2项，在正式刊物上发表论文2篇。

4人获江苏省第10届高等数学竞赛一等奖、5人获二等奖、2人获三等奖；1人获潘家铮水电奖学金。

三、学生工作

完成新生入学教育、班干部选举、素质拓展训练、班级讨论会、职业生涯规划等工作，获河海大学第4届职业生涯规划大赛“优秀组织奖”。组织2009级学生12人到香港科技大学和香港理工大学访问交流；与绍兴市水利局合作建立实习基地。举办各类讲座报告8次，各类知识竞赛、设计大赛、主题活动10次；与南京大学、东南大学、江南大学的同类学院开展交流活动。

四、党建与精神文明建设

完成党总支换届选举工作。现有党员32人，其中教工党员3人，学生党员29人。发展学生党员19人。举办第二期学生入党积极分子培训班，培养率100%。

获校最佳党日活动二等奖1项，1个班获“张闻天班”称号，1个团支部获“十佳团支部”称号，1人获“感动河海十佳学生”提名。

落实党风廉政建设责任制，在校园网、校报发表各类文章65篇。

（常州校区党政办、江宁校区党政办、各院系供稿）

独 立 学 院

文 天 学 院

一、概况

河海大学文天学院是经教育部批准设立，由河海大学与江苏大业投资有限公司合作举办的全日制普通本科独立学院。学院位于马鞍山市秀山新区，占地面积657亩，完成投资近3亿元。现有校舍面积18万平方米，购置各类教学仪器设备总值2700多万元，图书40余万册。学院现有在校学生5396人、教职工350名，专职教师中具有教授、副教授专业技术职务的占35.6%，具有硕士、博士学位的占71%。学院设立了水利水电工程、土木工程、计算机科学与技术、国际经济与贸易、人力资源管理等涵盖工、经、管等学科的16个专业。学院综合实力和社会知名度逐年提高，先后荣获马鞍山市重点工程建设“十大功勋工程”和“安徽省先进独立学院”荣誉称号。

二、人才培养

坚持质量立校的发展思路，依据学院实际，科学确立人才培养定位和目标，努力提高人才培养质量。制定完善了16个专业的人才培养方案和教学大纲，大学数学课程教学团队成功申报省级教学团队，建成一批基础实验室和专业实验室，力学实验中心成功申报省级实验实训中心，建成校外实践实习基地26个。学院在中国机器人大赛、世界杯机器人大赛、全国英语竞赛安徽赛区决赛、安徽省数学建模比赛、安徽省挑战杯大赛、“飞思卡尔杯”智能车大赛等各类比赛中获得省级以上奖项 40 项次。

三、开放办学

积极开展国际交流与合作，学院被国家外国专家管理局批准为“外国专家资格单位”。与美国、日本、澳大利亚、韩国、英国等国家的多所高校和科研机构建立了友好关系和长期合作关系，与日本西日本工业大学、澳大利亚查理斯特大学、美国尔班纳大学等国外大学开展了土木工程、国际经济与贸易两个专业的合作办学。积极服务地方经济社会发展，为水利部淮河水利委员会、马鞍山农商行、建设银行、首创水务、马鞍山水利局等多家单位举办了各类培训数千人次。

四、科学研究

科研工作扎实推进，申报各类省级科研项目 20 多项，其中 8 个项目获得省级立项，启动实施了 13 个校级科研项目。加强科技创新平台建设，成立了马鞍山市工程监测与安全监控工程技术研究中心。组建了马鞍山文天工程技术研究有限公司、马鞍山市河海交通科学研究有限公司、马鞍山市河海水利设计有限公司等 3 个产业公司。

五、党建工作

学院设立了 6 个党总支和 1 个直属党支部，健全了党组织。认真开展学习实践科学发展观活动和创先争优活动，党组织的凝聚力、战斗力显著提升。规范并加强党员发展工作，聘请了 4 名组织员，成立了院系两级党校，举办了两期入党积极分子培训班，在教职工和学生中新发展党员 43 名。截至 2010 年底，全院共有党员 143 名(含预备党员)，其中：女党员 76 名，占党员总数的 53.15%；教职工党员 68 名，占党员总数的 47.55%；学生党员 75 名，占党员总数的 52.45%，占学生总数的 1.39%。

六、校园文化建设

学院高度重视校园文化建设，充分引导各级团组织、学生会、学生社团等群团组织围绕优良学风建设开展活动，在组织领导、工作指导和经费支持等方面给予有力保障。组织开展了第 2 届科技文化艺术节、大学生电子作品大赛、世博知识竞赛、“挑战杯”大学生创业计划竞赛等各类文化活动；举办了“江淮普法行”漫画展、“节能攻坚、全民行动”节能宣传周漫画展、“世界无烟日”主题活动、禁毒日宣传等宣传活动，校园文化建设全面推进。

(文天学院供稿)

第五部分 附 录

重要文件

学校工作要点、工作总结

河海大学2010年度工作要点

2010年是《国家中长期教育改革和发展规划纲要》启动实施的第一年，是全面完成“十一五”规划目标任务、为“十二五”发展奠定良好基础的关键一年，做好2010年的工作意义重大、影响深远。

2010年工作的指导思想是：全面贯彻党的十七大和十七届四中全会精神，以邓小平理论和“三个代表”重要思想为指导，深入学习实践科学发展观，积极贯彻《国家中长期教育改革和发展规划纲要》和中央将要召开的教育工作会议精神，围绕建设具有国际一流水利学科的高水平研究型大学的总体目标，坚持内涵发展、提高质量、集聚人才、促进和谐，推动学校在新的历史起点上的科学发展。

2010年工作的总体要求是：以认真筹备和召开学校第十二次党代会为契机，进一步统一思想、凝聚共识，激发全校师生抢抓机遇，共同推进学校发展的干劲；以编制“十二五”发展规划和实施干部任期目标责任制为引领，科学谋划发展战略，改进内部管理，增强责任意识，提高学院、部门工作的积极性和主动性；以积极主动地适应、服务并引领行业发展和地方经济建设为导向，推进部省共建、部部共建取得实质性进展；以进一步深化改革、强化特色、扩大开放、提高质量为着力点，增强办学实力与核心竞争力，推动学校事业又好又快发展。

2010年的主要工作有：

一、深入学习实践科学发展观，持续提升科学发展的能力

深入学习实践科学发展观，切实抓好整改项目的落实和“回头看”工作，进一步完善学习实践活动的长效机制，努力巩固和拓展活动成果。深入学习《国家中长期教育改革和发展规划纲要》和中央教育工作会议精神，根据上级的部署和要求积极组织征求意见和贯彻实施工作。

精心筹备、胜利召开学校第十二次党代会，统一全校党员干部和教职员工的思想认识，鼓舞干劲和增强信心，全面总结办学经验，完善科学发展思路，提出科学发展目标；认真总结学校“十一五”规划实施情况，紧密围绕第十二次党代会提出的奋斗目标，加强分析与研究，高质量编制学校“十二五”发展规划。

实施干部任期目标责任制，建立对学院、部门工作和中层干部的考核、评价、监督、激励机制，凝聚全员力量，激发教职员工的工作积极性、主动性和创造性，争先进位，推动学校事业更好更快地发展。

二、加大创新人才培养力度，持续提高人才培养质量

积极推进教学改革与创新，强化学生创新能力的培养。加大本科人才培养模式、专业建设模式的改革力度，继续加强教学质量工程建设；深入实施“研究生创新工程”，加强研究生教育改革，提高研究生培养质量。

做好大禹学院的规划和方案制订工作，加强国际交流，注重基础培养；启动“卓越工程师培养计划”，加强学生的实践锻炼，加强大学生实践基地建设；推进大学生文化素质教育；做好“质量工程”有关项目的申报、建设和验收准备工作；积极筹备网络学院；推进专业调整工作。加强研究生基础课程的质量管理，调整研究生课程的安排方式，保证课程质量；加强研究生培养质量评估、监控与研究，完善研究生学位论文抽检办法；强化共建研究生培养基地工作；进一步扩大工程硕士、专业硕士的培养规模，努力提高培养质量。创新大学生思想政治教育；完善招生、培养、就业的联动机制，适度扩大本科生招生规模，努力提高生源质量，确保较高的毕业生就业率并努力提高就业质量。加强对少数民族学生成长的关心和管理；切实做好学习困难学生的帮扶工作；进一步做好与国外大学的联合培养工作、海军国防生工作及其他委培生工作。

三、扎实推进学科建设，持续提高科技创新能力和战略研究水平

依托国家“优势学科创新平台”，进一步加强国家级基地建设。加快江宁新征土地建设，全力搭建学科与科研的公共平台。深化科技管理体制改革，加强科研团队建设。加强科技创新的能力建设，进一步提高学校对行业重大技术问题以及国家、地方发展宏观战略研究的贡献度和话语权。

完成国家“优势学科创新平台”2010 年建设任务，加强重点学科建设及学科布局工作；进一步加强文科与理科的建设；落实部省共建、部部共建协议，做好“211 工程”三期建设的组织管理、监督指导和验收准备；完善科研管理办法，采取有力措施，促进高水平科研团队建设，加大国家杰出青年基金、自然科学基金重大与重点项目、“973”、“863”、科技支撑计划等国家重大科技计划项目的组织工作力度，强化国家重点实验室和工程中心工作及实验装备建设与管理，确保科研经费到校财务 3 亿元，专利申请量有较大增加；大力推进科技成果转化，加强校办科技产业的管理与改革，科技产业经费有明显增长；加强军工科研项目的条件建设。

服务于江苏沿海开发战略，构建沿海开发科技支撑与服务体系，推进沿海开发省级平台立项建设，做好沿海开发的产学研对接工作，力争在沿海开发科技专项计划等工作中取得较大突破。

四、深化人事制度改革，坚定不移地推进“人才强校”战略

以培养为重点，全面推进人才队伍建设。加强大师级学者、学科带头人、学术带头人等高层次人才以及高水平学术团队的培养、稳定和引进工作。

继续实施“河海大学优秀创新团队发展计划”、“河海大学优秀创新人才支持计划”，大力加强高层次人才引进工作；创造条件，积极引进国外教师来校授课，来校工作；选派更多的青年教师到政府、企业和重大工程管理单位挂职锻炼；强化青年教师的外语培训，选派更多的骨干教师出国研修，加大教师出国交流及联合举办国际会议的工作力度；切实推进创新团队建设；加强管理干部队伍的建设和培养；加强辅导员队伍建设；加强实验技术人才队伍建设。继续推进岗位设置及人员聘用制改革，完善收入分配制度。

五、切实加强内部管理和对外合作，不断改善办学条件和环境

加强校区之间的统筹管理、沟通协调，进一步提高办学效益；完善学校规章制度的体系建设，梳理管理工作流程；加强民主管理，推进校务公开，以信息化建设提高管理效益；进一步健全信访工作体制；加强机关作风建设，使机关的服务形象明显改善，服务水平明显提高。

做好国有资产管理，实施房产有偿使用制度；加强财务和审计工作；加强档案馆、图书馆、期

刊部、信息中心建设，增强服务效能。加强出版“精品图书”工作。做好各项后勤保障与服务工作，加强节约型校园建设和公共卫生教育；改革后勤集团运行机制，增强服务意识，提高服务水平。改善教职工工作条件和生活待遇，提高幸福指数。

深化与相关行业和地方政府的合作，进一步拓展办学空间。完成江宁校区年度建设任务；组织学校“十二五”基本建设规划的论证、编制、修改及报批工作；面向百年校庆，开展校本部景观规划并统筹考虑常州、江宁校区的建设。

六、全面加强党的建设和精神文明建设，努力创建和谐校园

加强基层党组织的组织建设和思想建设，加强学习型组织建设，完善保持共产党员先进性长效机制，加强党员干部的教育和培训，努力提高广大党员和干部队伍的整体素质。

加强精神文明建设，总结校园文化，凝练河海精神；加强道德规范教育，开展“爱国、爱水、爱校”和“以德荣校”活动；认真组织好纪念张闻天诞辰110周年活动。

加强统战和群团工作，指导和支持各民主党派和群团组织的建设，组织好各级人大代表、政协委员的提案工作，做好校教代会的提案办理工作。切实做好关心离退休老同志和关心下一代的工作。积极推进合作发展委员会、校友会和发展基金会的工作。

学习贯彻《中国共产党党员领导干部廉洁从政若干准则》，进一步加强惩防体系建设，建立健全权力运行监督制约机制。全力做好维护安全稳定的工作，深化校园治安综合治理，开展平安校园创建活动。

2010年的工作十分繁重，学校各级领导班子特别是新上岗的领导干部要时刻牢记“为民、务实、清廉”的要求，倾听广大师生的呼声；要进一步增强忧患意识、机遇意识、责任意识，切实提高管理水平和执行能力。工作中要着眼大局，明确工作职责；要突出重点，抓住关键环节；要科学调研，增强前瞻性、预见性和针对性；要善于引导，进一步促进全校及各单位形成建设发展的合力；要振奋精神，开拓进取，为把学校建成具有国际一流水利学科的高水平研究型大学而努力奋斗。

河海大学2010年度工作总结

2010年是河海大学发展历程中十分重要的一年，既是《国家中长期教育改革和发展规划纲要》启动实施的第一年，也是全面完成“十一五”规划目标任务、为“十二五”发展奠定良好基础的关键一年。在这一年里，学校在教育部的正确领导下，坚持以邓小平理论和“三个代表”重要思想为指导，贯彻落实科学发展观，以特色强校、和谐兴校、质量立校、人才名校、环境美校、道德荣校为发展方略，团结奋斗、开拓创新，教学、科研、管理、服务等各项事业继续保持良好发展势头，在建设高水平特色研究型大学的进程中又取得了新的成绩。

一、胜利召开第十二次党代表大会，进一步统一思想明确发展方向

6月11日至12日，中国共产党河海大学第十二次代表大会圆满地完成了会议的各项议程，胜利闭幕。这次大会是我校在加快建设高水平特色研究型大学关键时期召开的凝心聚力、团结奋进、承前启后、继往开来的重要会议，校党委在中共教育部党组和中共江苏省委教育工委指导下，高度重视党代会的筹备及召开的各项工作，全校近万名党员积极参与。

大会总结了7年来学校各项工作的主要成绩和基本经验，对上届党委和纪委的工作给予了充分肯定，明确了今后一段时期的办学指导思想、奋斗目标和发展思路，提出了今后几年的主要工作任务：高标准开展学科建设、高质量培养创新人才、高水平提升科技创新能力、高强度推进师资队伍建设、高要求深化内部管理改革、高起点加快校园环境建设，以改革创新精神全面加强党的建设。

大会选举产生了中共河海大学第十二届委员会和中共河海大学纪律检查委员会，为今后学校各

项事业再上新台阶提供了坚强的政治保证和组织保证。

二、编制学校“十二五”发展规划，科学谋划“十二五”发展大局

在总结好“十一五”及三年任期目标责任制的基础上，通过广泛调研和深入分析，努力准确把握学校发展的现状及所存在的问题，针对学校实际科学制定学校发展目标及实现目标的各项主要措施，基本完成了学校“十二五”总体发展规划和三个专项规划的制定工作。

在规划制定过程中，采用科学民主的方式，通过专家咨询论证、召开10多个不同层面的座谈会、领导班子集体研究讨论等形式，深入广泛了解情况，认真研究分析重大问题，使得“十二五”发展目标的确立既有指导性，又有可行性，更具有执行力和凝聚力。

三、加强创新人才培养力度，全面持续提高人才培养质量

深入学习贯彻全国教育工作会议精神和教育改革与发展规划纲要，以“强化实践教学，提高培养质量”为主题，召开2010年度教育教学工作会议。加强本科教学过程管理，2010届本科生毕业率为95.0%，学位授予率为91.4%，继续深造率为30.8%；2010年，我校学生获全国大学生数学建模竞赛、电子设计竞赛、基础力学实验竞赛国家级奖共16项；国家级大学生学科竞赛获奖共65项，省级竞赛获奖共334项；学生新申请专利130项，其中发明专利13项，成为省内高校首家“江苏省专利技术创造与应用实践基地”。

“质量工程”项目取得新的进展。学校成功获批成为全国首批“卓越工程师教育培养计划”实施高校；3门课程被评为国家级精品课程；2个专业获批成为国家特色专业建设点；1门课程入选国家级双语教学示范课程；1个团队被评为省级优秀教学团队，6个专业通过验收，正式成为省级品牌、特色专业建设点；4个专业被评为2010年省级品牌、特色专业建设点；8门课程被评为省级精品课程。

从全校专业布局和战略发展的角度，组织学院多轮调研、研讨，形成全校本科专业优化调整方案，要求水文与水资源、水利水电工程等老牌优势专业确保国内领先地位，努力建成世界一流，新增新能源科学与工程、物联网工程两个战略性新兴产业相关专业，同时要求其他专业保持特色，主动适应用人单位和学生发展的需求，学校本科专业保持为50个左右。

推进拔尖人才培养工作，2010年大禹学院学生人数增加一倍，新设“徐芝纶班”；完成大禹学院发展规划，制定了《大禹学院建设实施方案》及相关实施办法，逐步形成有特色的拔尖人才培养管理模式。

进一步加强研究生教育教学管理，全面修订新一轮研究生培养方案，出台了研究生培养基地建设方案，建立了松辽委、淮委、中水东北、江苏省地矿局等研究生培养基地，开展了学校推免研究生改革，进行涉外工程管理全日制专业学位改革试点；研究生培养质量明显提升，获全国优秀博士论文1篇、优秀博士论文提名2篇；国家、省和学校研究生教育改革项目成效显著，获批成为全国专业学位改革试点单位，荣获全国工程硕士培养创新单位。认真总结学校学位与研究生教育发展经验，成功举办国家学位条例实施30周年纪念活动。

进一步推进人才培养工作的国际化进程，积极做好赴国外学习学生的选拔工作，全年共有76名本科学生赴国外著名高校留学，还有部分学生到国外高校短期学习、做毕业设计(论文)；认真组织国家建设高水平大学公派研究生项目实施工作，派出学生45名。

扩大继续教育招生规模，2010年成人招生4022人，比上年增加31.2%，新增自学考试《公共管理》专业。积极参与第一次全国水利普查工作，承担了7门培训教材的编写工作，组织国家级水利普查培训班8期，共1815人，江苏省水利普查培训9期，共2189人。

进一步健全就业工作机制，完善就业工作服务体系，加快就业基地的建设，2010年本科毕业生就业率达95.9%，研究生就业率达96.2%，学校被评为江苏省就业工作先进集体。生源质量进一步得到稳定和提高，2010年文科考生录取分数列全省高校第3位，理科考生录取分数列全省高

校第 5 位、全国高校第 27 位。

成功举办“全国水利工程领域工程硕士教育协作组 2010 年年会”、“第二届全国水利学科青年教师讲课竞赛”、“第二届全国水利优秀毕业生评选”等活动，扩大了学校在水利高等教育领域的影响。

四、扎实推进学科建设，进一步提升学科建设水平

学位授权点建设取得重大突破，13 个省重点学科在中期评估检查中获得 6 个优秀、3 个良好、4 个合格的成绩，在全省高校位居前列；新增 7 个一级博士学科授权点，12 个一级硕士学科授权点；新增法律、会计、公共管理等 9 种专业学位授权点。

积极推进重点学科建设，加快建设国家“优势学科创新平台”和“211”工程三期建设，圆满完成“211 工程”三期中期检查和江苏省重点学科中期检查工作；通过学科重组，组织水利工程学科、环境科学与工程学科、土木工程安全与减灾学科群、海岸带资源开发与安全学科群申报江苏省优势学科建设工程项目。

全力搭建学科与科研公共平台，经过广泛调研和多方论证，完成江宁西区 189 亩公共实验平台中心的功能论证工作及建设前期的设计、审批和临时建筑建设等工作，桩基在 2011 年 2 月前动工。

五、加强科技创新能力建设，持续提高科学研究水平

加强国家层面科技计划重大重点项目申报组织力度，组织策划“973”计划申报项目 1 项、国家自然科学基金重大与重点项目 3 项，积极策划以沿海开发和以澜沧江流域水电开发为主题的国家科技支撑计划项目；加大各类重大科技项目、国家和部省级奖励、重要人才计划的培育力度，出台培养青年教师等一系列政策，增强科研持续发展能力。

进一步加强科研基地内涵建设，修订水文水资源与水利工程科学国家重点实验室建设与运行等相关管理办法，建立了实验室分级聘任、分级考核、动态调整的团队运行管理模式；积极做好水资源高效利用与工程安全国家工程研究中心验收前期准备工作；“岩土力学与堤坝工程教育部重点实验室”高标准通过验收；整合学校科研资源与条件，积极培育新的国家和部省科技平台。

积极推进军工科研质量体系认证内审工作与环境建设，协调制定颁布了一系列军工项目管理和保密规定，加强保密人员培训。

加强与地方产学研合作，共建科技创新平台，已与南通、东台合作共建研究院，构建沿海开发科技支撑与服务体系；基本完成常州基地的产业化合作基地基础条件建设；与连云港市签订共建连云港大学科技园框架协议；根据学校特色和学科优势，筹建河海大学科技产业综合体。全年科技产业及科研成果转化支持经费 2.7 亿元。

进一步加强科研管理工作，修订、制定颁布了 5 个政策性和管理性文件；努力营造浓厚的学术氛围，扩大学校学术影响力，成功举办 2010 流域水安全与重大工程安全高层论坛、首届中国原水论坛等高水平学术活动。全年新增科技经费总量达 6.1 亿元，科研经费到账达 3.4 亿元，学校主持或参与的科研项目获奖 56 项，其中国家科技进步奖 4 项，省部级自然科学、技术发明、科技进步奖 52 项。申报国家发明专利 275 项。

六、深化人事制度改革，扎实推进人才强校战略

召开河海大学人才工作会议，提出了学校今后一段时期人才队伍建设工作的指导思想、总体目标及七大主要建设任务。

加强师资队伍建设，制定并实施《河海大学领军人才培养支持计划》、《河海大学“青年教授”聘用办法》，《河海大学“优秀创新人才支持计划”管理办法》、实行“青年教师导师制”，选派 40 名青年骨干教师出国研修，促进年轻学术骨干和学科带头人成长。高层次人才培养和引进工作取得可喜成果：新增国家“千人计划”特聘教授 1 名、“长江学者”特聘教授和国家杰出青年基金获得

者1名、国家“新世纪百千万人才工程”1名和“新世纪优秀人才支持计划”3名、江苏省“双创人才计划”1名、江苏省高校“青蓝工程”培养对象14名及团队1个；引进教授4名、副教授6名、博士81名。在职专任教师中，具有博士学位666名，具有高级职称771名；水利工程博士后流动站被评为全国优秀博士后流动站。新增博士生导师32名，硕士生导师92名。

严格按照《党政领导干部选拔任用工作条例》和学校有关规定，组织中层干部换届，并积极推行新一届中层领导班子实施三年任期目标责任制，现职干部中三分之二以上进行了岗位交流；加强后备干部队伍建设，建立来自基层一线的党政干部培养选拔链；试行青年教师到党政管理岗位挂职培养，充实管理人员队伍，提高青年教师的管理能力；选派20余名党政管理干部和教师到地方政府、企业和重大工程管理单位锻炼。

重新设置调整后的院系二级机构，按照教学、科研、平台三种类型对院系二级机构进行了分类，全校共设置院系二级机构206个；完成全校党政管理部门、直属业务单位以及院系党政管理岗位新一轮的机构和岗位设置以及人员聘用工作。

进一步完善分配制度改革，加强收入分配政策的导向性和激励性，完善学院(系)和机关直属单位“绩效考核津贴”分配方案，确保教职工收入稳步增长。

七、加强国际合作与交流，积极推进国际化进程

拓展教师出国进修、访问、参加国际学术活动的形式和规模，全年出访团组88批次、190人次，选派学生出国攻读学位及交流190人；注重引进国外智力及先进的教学、科研和管理经验，全年来访专家学者300人次。

继续开拓与境外院校的合作，与境外大学、研究机构新签协议及备忘录15份；举办国际会议5次，与荷兰代尔夫特科技大学在上海世博园共同举办“面向中荷三角洲和沿海开发合作研讨会”；新增教育部和国家外专局“海外名师项目”、“江苏沿海地区开发研究聘请外教特色项目”等，依托水文水资源与水利工程科学国家重点实验室平台，顺利实施教育部和国家外专局“高等学校学科创新引智111计划”。

获准教育部中国政府奖学金自主招生资格，全年来校留学生285人，比去年同期增加12%，培养层次进一步提高，形成了以学历生为主、特别是研究生占学历生比例较高的格局，目前在校学历生占70%。

创新留学生招生和培养模式，与中国港湾工程有限公司、中国水电顾问集团昆明勘测设计研究院等我国有海外工程业务的有关公司和企业进行紧密合作，设立企业奖学金，校企联合招收和培养留学生；在继续开拓非洲和东南亚等我校传统生源地市场的同时，积极通过交换生项目开拓发达国家教育市场。

八、加大服务行业发展和地方经济建设力度，不断提高社会服务影响力

进一步加强与行业重点单位和各级地方政府的交流互访工作，深化与相关行业和地方政府的合作，与全国主要流域机构、水利交通等行业重大工程建设单位、科研院所以及江苏省内外城市签订合作协议共17份，为实现学校发展目标争取了一定的优质资源。

以国家需要为己任，充分发挥学科和科技优势，为战胜2010年上半年我国西南地区特大旱灾做出了积极贡献，受到国家防办、当地政府及各族群众的高度评价；主动服务江苏实施沿海开发国家战略，为省、市制订相关规划，在重点城市设立研究院，成为省政府沿海开发首席咨询单位；积极参与首次全国水利普查工作，在计划制订、教材编写、骨干培训等方面做了大量工作。

成功召开河海大学校友会第二届会员代表大会，选举产生了河海大学校友会第二届理事会理事、常务理事、会长、副会长、秘书长。加强与各地校友分会和校友的交流，在校园网建立了校友名录。

以教育基金会为平台，充分利用学校的人才、技术、设施等资源优势和学校良好的社会影响，

通过社会捐赠、盘活资产、开展合作等途径，2010年度为学校事业发展筹措5700多万元资金，主要用于资助经济困难学生完成学业、奖励学业优秀的学生以及支持学校事业的建设与发展。

九、切实加强内部管理，全面提高管理水平和保障能力

加强校区之间的统筹管理，进一步提高办学效益。常州校区坚持重点突破、特色发展战略，在教学科研工作上取得了新的进展和突破：深入开展“本科创新教育示范点”建设并取得标志性成果，有2个专业被确定为“卓越工程师教育培养计划”试点专业；全年科研合同经费达4560万元，比上年大幅度增长；与企业共建的江苏省输配电装备技术重点实验室，成为常州市唯一的省级重点实验室。江宁校区也保持安全、优质、高效地运行。

进一步完善了学校的规章制度体系，结合学校机构调整和单位职能的调整，全面梳理学校管理工作流程；制定并实施《河海大学信息公开实施办法(试行)》，完善学校信息公开网上栏目，加强民主管理，推进校务公开；进一步健全信访工作体制，保证学校言路畅通；加强依法治校，维护师生和学校利益；进一步加强机关作风建设，在校园网开辟机关作风在线评议窗口，为广大师生评议机关作风提供了即时平台。

完善各校区校园规划，加快基本建设步伐，启动综合体育馆、大型公共实验平台和国际学术交流中心建设；新建成教学、生活用房面积1.5万平方米，完成房屋修缮1万平方米，并开展了学院办公用房调整工作，部分改善了教师办公条件。开展教职工疗、休养，创建江苏省“模范教工之家”并通过检查验收。

开展平安校园建设，深入开展综合治理，组织全校安全大检查，确保学校内部良好的治安秩序。积极应对物价上涨的大环境，采取多项措施，使食堂饭菜价格和质量保持基本稳定。进一步深化节约型校园建设，加大节水节电宣传和节能改造力度，全年供水供电运行安全，校园环境卫生整洁，获南京市“绿化先进单位”、“卫生先进单位”。强化后勤服务意识，着力解决了一批涉及师生民生的问题，如道路积水、道路不平、饮水质量差、屋面漏水、自行车棚损坏等，得到广大师生的好评。

充分利用国家政策积极筹措办学资金，启动了以任务、目标为导向的预算分配制度改革，提高了资金使用效率；严格执行招投标和审计制度，完成1.1亿元“211工程”专项采购任务；加强教育收费管理，获江苏省价格诚信单位称号。加强资金管理、合理调配资金，学校财务运行情况良好。

加强审计、监察工作，注重制度建设和过程审计，强化对各类货币资金的监管和审计意见的落实。全年共完成各类审计、审签项目百余项，涉及资金近5亿元。

继续做好档案、图书、期刊、信息中心和校办产业工作。学校期刊保持较好的发展势头，学报自然版获“第三届中国高校优秀期刊奖”，学报社科版再次被评为“全国高校百强社科期刊”，《Water Science and Engineering》成为美国工程索引(EI)收录的核心源期刊；出版社顺利完成体制改革，努力拓展出版市场空间，出版“精品图书”；档案馆、图书馆、信息中心在加强自身建设的同时，做好为教师和学生服务的工作；按照“积极发展，规范管理，改革创新”的工作方针，积极推进校办产业规范化建设，深化校办产业体制改革。

十、进一步加强党建和思想政治教育工作，全面加强党风廉政建设，推动学校事业又好又快发展

1. 以治校理教能力建设为重点，强化领导班子建设

校党委着重把学习型党组织建设作为一种常态活动，领导班子注重自身建设，2010年度组织了9次中心组学习，常委们向教职工解读《国家中长期教育改革和发展规划纲要》，为中层干部培训《廉政准则》，与辅导员和科级干部们谈立德成才与积极发挥骨干作用，和新教师交流成长成才规律，同党外人士、离退休同志研讨学校“十二五”规划。

切实贯彻执行党委领导下的校长负责制，严格执行并不断完善议事决策规则和决策机制；加强“三重一大”制度建设，坚持党委常委会向全委会报告制度、完善党内情况通报制度、情况反馈制

度、重大决策征求意见制度等，强化了监督机制。

加强学院党政共同负责制，突出抓好校院领导班子思想政治建设和能力建设，教育引导领导干部带头讲党性、重品行、做表率。

2. 以创先争优活动为载体，切实加强基础党组织和党员队伍建设

各二级单位以饱满的政治热情组织召开本单位的换届选举党员大会，有25个单位顺利召开党员大会进行换届选举。

充分发挥校、院(系)两级党校的作用，全年培训近4000名入党积极分子；积极组织开展新生党员培训、拓展预备党员教育，拓宽党员教育培训渠道。实行入党积极分子民主测评制度，推行发展党员推优制、公示制、答辩制度，保证发展党员质量。强化党员教育管理，推进党组织工作信息化；将创先争优与教育改革、教书育人、教师队伍建设等紧密结合，通过公布工作责任和流程、建立党员先锋岗等形式，明确党员职责，树立党员形象。创新活动形式，校院联动，组织开展内容丰富、形式多样、喜闻乐见的专题活动。

积极开展党建理论研究，设立专门的党建研究基金，资助一批课题，组织课题规划、立项评审、结题验收和有关学术交流活动。

全年表彰优秀共产党员39名，优秀党务工作者18名，先进党支部26个；省委教育工委表彰优秀共产党员标兵1名，优秀共产党员1名，优秀党务工作者1名，先进基层党组织2个。

3. 加强精神文明建设，营造良好校园文化氛围

积极推进党的思想阵地建设，召开了加强和改进大学生思想政治教育工作会议，组织开展张闻天诞辰110周年纪念活动、开展纪念刘光文诞辰100周年系列活动以及认真做好95周年校庆氛围营造工作，使广大师生在喜庆庄严的氛围中增强对学校的感情。

以社会主义核心价值体系为指导，大力发扬水利精神和学校优良传统，积极开展以“服务师生、奉献河海、凝聚力量”为主要内容的凝聚力建设工程。通过学习和宣传我校民盟成员朱岳明教授先进事迹，引导广大教师要在传授知识的同时，以自身的道德行为和魅力言传身教，引导学生寻找自己人生的意义，塑造自身完美的人格，营造有利于教师爱岗敬业、学生德智体美全面发展的校园文化环境。

加强学生思想政治教育工作，发挥两课教育的主渠道作用，在学生中积极开展理想信念教育；加强对国防生、“1442工程”等学生骨干的培养；建立了完善的“奖、助、贷、补、免”资助体系，解决经济困难学生后顾之忧，帮助学生自强自立；全面启动朋辈辅导工作，开展丰富多彩的心理健康教育活动；深入开展校园科技文化艺术节、“金水节”、体育文化节以及各类主题教育活动，丰富校园文化内容。

4. 充分发挥党派群团组织的重要作用，切实推进学校民主政治建设

坚持和完善征求党外代表人士意见制度、民主座谈会制度；探索校领导联系民主党派基层组织的工作制度，大力支持和引导民主党派搞好自身建设，积极鼓励党外人士对学校工作民主监督、建言献策；加大党外后备队伍建设，加强跟踪培养；积极做好举荐人才工作，1人担任农工党省委专委会副主任委员，1人当选南京留学人员联谊会第二届理事会常务理事，3人留任理事。

注重发挥关工委及离退休老同志的作用；加强对群团组织的领导，支持团委、学生会和研究生会按各自章程积极开展工作，更好地成为党联系群众的桥梁和纽带。

5. 围绕学校中心工作，全面加强党风廉政建设

落实党风廉政建设责任制，构建上下同心的责任传导机制。根据“一岗双责”和“谁主管，谁负责”的要求，认真执行党风廉政建设责任制；学校与二级单位的主要负责人签订了党风廉政建设责任书，把党风廉政建设目标写入各单位领导班子“任期目标任务书”和“年度工作计划”，校领导班子成员首次听取了分管单位党风廉政建设专题汇报。

加强反腐倡廉教育，努力提高教育的针对性和有效性。对重点部门和关键岗位人员开展预防职务犯罪警示教育，利用新生入学教育、研究生素质教育深入开展廉洁文化教育，组织开展了丰富多

彩的第四届校园廉洁文化月活动，并在中层正职干部中进行《廉政准则》知识闭卷考试。推进反腐倡廉制度建设，根据构建惩防体系的要求，坚持一手抓规范，一手抓执行，通过检查、督促，不断强化制度的执行力。

进一步强化监督制约，发挥监督在惩防体系中的关键作用。通过严格执行党内监督的各项制度，加强对领导干部权力运行的制约监督和对重点岗位与关键环节的监督；与鼓楼区检察院签订了预防职务犯罪“校检共建”协议，构建预防职务犯罪新机制；在基建处开展了廉政风险防范管理试点工作，努力实现反腐倡廉关口前移。全年没有发生腐败案件。

2010 年，学校没有发生大的政治事件，没有发生重特大刑事、治安案件，没有发生重大火灾事故、爆炸事件、没有发生校内交通事故，无民转刑案件。

在取得上述成绩的同时，我们也清醒地认识到在建设高水平特色研究型大学的进程中还有许多方面需要改善和加强，比如解决影响学校发展重大问题的工作力度还需进一步加大，学术领军人才和在国内外有重大影响的杰出人才还严重匮乏，国家层面的研究项目及高水平成果偏少，高层次人才的创新成果需要进一步培育，管理运行机制还不能完全适应未来发展的需要，办学空间还存在较大困难，服务社会的能力和效率需进一步拓展和提高，等等。

2011 年是实施“十二五”规划的第一年，也是学校改革、发展的关键年。我们将进一步增强使命感、责任感和紧迫感，积极主动适应高等教育、水利事业和经济建设发展的新形势，认真落实学校第十二次党代会和“十二五”发展总体规划提出的各项任务，坚定信心，认定目标，团结一心，锐意开拓，在建设高水平特色研究型大学的征程上创造新的辉煌。

教育教学与学生管理

关于印发《河海大学授予博士、硕士学位工作规定》的通知

(河海校政〔2010〕116 号)

各单位：

根据《中华人民共和国学位条例》和《中华人民共和国学位条例暂行实施办法》，结合我校具体情况，特制定《河海大学授予博士、硕士学位工作规定》，经校务工作会议审议通过，现予以印发，请各单位遵照执行。

河海大学授予博士、硕士学位工作规定

第一章 总 则

第一条 根据《中华人民共和国学位条例》、《中华人民共和国学位条例暂行实施办法》，结合我校具体情况，特制定本规定。

第二条 我校博士、硕士学位按照国务院学位委员会批准我校有权授予学位的学科、专业及学位类型授予。

第二章 学位评定委员会

第三条 校学位评定委员会

学校成立校学位评定委员会，由 25 名委员组成，任期 2～3 年。校学位评定委员会设主席 1 名、副主席若干名。委员会成员在指导博士、硕士研究生的教授或相当职称的专家和担任研究生教

学的教授或相当职称的专家中遴选，由研究生院提名，学校审定，报国务院学位委员会备案。

校学位评定委员会审议事项应通过会议进行。校学位评定委员会会议须全体成员的三分之二及以上到会方为有效。校学位评定委员会的决议，以不记名投票方式(不能采用委托投票的方式)，经出席会议的三分之二及以上成员通过，且通过的票数应过全体成员的半数，即为有效。

校学位评定委员会下设学位办公室。学位办公室作为校学位评定委员会的办事机构，挂靠研究生院，负责日常工作。

校学位评定委员会在闭会期间，授权主席会议处理有关紧急事项，并向其后举行的校学位评定委员会会议报告。

校学位评定委员会履行以下职责：

(1) 审议并通过学士学位获得者的名单；

(2) 审议并作出授予硕士学位的决定；

(3) 审议并作出授予博士学位的决定；

(4) 审核我校申报博士、硕士学位授权学科、专业；

(5) 审核博士生导师、硕士生导师资格；

(6) 审核研究生培养方案；

(7) 审核学位论文的抽检工作；

(8) 作出撤销违反规定而授予学位的决定；

(9) 审核推荐全国优秀博士学位论文，审核推荐江苏省优秀博士、硕士学位论文，审核评定河海大学优秀博士、硕士学位论文；

(10) 研究和处理学位授予工作中的争议和其他事项；

(11) 研究和发布有关提高学位授予质量的指导性文件；

(12) 研究和发布与学位相关的其他事项。

第四条 学位评定分委员会

按国务院批准授权的学科(或相近学科)设置学位评定分委员会。学位评定分委员会由5～15人组成(以单数为宜)，任期2～3年。学位评定分委员会设主席一名、副主席若干名。分委员会成员在研究生指导教师、任课教师和管理人员中遴选。分委员会主席、副主席和委员由校学位评定委员会任命。分委员会主席由校学位评定委员会委员担任。

学位评定分委员会审议事项应通过会议进行。学位评定分委员会会议须全体成员的三分之二及以上到会方为有效。学位评定分委员会的决议，以不记名投票方式(不能采用委托投票的方式)，经出席会议的三分之二及以上成员通过，且通过的票数应过全体成员的半数，即为有效。分委员会应认真做好每次会议记录，并形成会议纪要。

学位评定分委员会履行以下职责：

(1) 审核硕士学位申请材料；

(2) 审核博士学位申请材料；

(3) 审核同等学力在职人员申请硕士学位的资格；

(4) 初审所辖学科专业申报博士生导师和硕士生导师资格；

(5) 初审推荐优秀研究生教师；

(6) 审核制定分委员会所辖学科的研究生培养方案；

(7) 初审推荐全国优秀博士学位论文，初审推荐江苏省优秀博士、硕士学位论文，初审推荐河海大学优秀博士、硕士学位论文；

(8) 研究并提出有关提高学位授予质量的具体建议和意见。

第五条 校学位评定委员会对各学位评定分委员会负有指导、监督职责；学位评定分委员会可制订对应于校学位评定委员会学术标准的要求，经研究生院认定，并向其后举行的校学位评定委员会会议报告、备案。

第三章　博士学位

第六条　学位申请人通过博士学位的课程考试和学位论文答辩，成绩合格，达到下述学术水平的，可授予博士学位。

授予博士学位的要求：

(1) 掌握马克思主义的基本理论；

(2) 在本门学科上掌握坚实宽广的基础理论和系统深入的专门知识；

(3) 具有独立从事科学研究工作的能力；

(4) 在科学研究或专门技术上做出创造性的成果；

(5) 能熟练地应用第一外国语阅读本专业的文献资料，并具有在外文期刊发表学术论文的写作能力；第二外国语要求有阅读本专业文献资料的初步能力；

(6) 申请博士学位的博士研究生在学位论文预答辩前，必须公开发表达到培养方案要求的反映学位论文工作的学术论文。

第七条　博士学位论文应达到以下要求：

(1) 博士学位论文应具有系统性、完整性、学术性和创造性。论文的基本论点、结论和建议应有较大的学术价值或对经济、文化、社会发展具有较大的理论或实践意义。

(2) 对学位论文所述及的各个问题，应能反映出作者具有坚实宽广的基础理论和系统深入的专门知识，已经掌握本门学科的研究方法并有较强的解决实际问题的能力。

(3) 论文必须在导师指导下由研究生独立完成，用于论文工作的时间一般不少于两年。

第八条　博士学位论文评阅与答辩

(1) 博士学位论文在答辩前，应聘请校外专家进行评阅。学位申请人的导师不能担任论文评阅人。评阅人应对论文写出详细的学术评语，同时对论文可否提交答辩，该生是否达到所申请学位的学术水平，提出具体意见，供答辩委员会参考。

(2) 博士学位论文答辩，应在校内公开举行。答辩委员会由 5 人或 7 人组成(委员为 5 人时，导师不参加)。委员由本学科和相近学科的博士生导师、教授级技术职称的专家组成。答辩委员会主席应由导师以外的教授或相当职称的专家担任。

(3) 学位论文应提前送达答辩委员审阅。

(4) 论文答辩严格按照学位论文答辩程序执行。答辩委员会主席、委员和秘书应认真履行自己的职责。

(5) 答辩委员会根据答辩情况，就是否通过论文答辩、是否建议授予学位进行表决并形成决议。表决采取不记名投票方式，经全体成员三分之二以上通过，方得通过。

答辩委员会必须坚持学术标准，坚持实事求是的科学态度，评审严格把关，确保学位授予质量。

第九条　博士学位审议与授予

(1) 学位申请人在答辩委员会建议授予学位后，向研究生院提交申请学位的有关材料。

(2) 研究生院审查合格的学位申请材料，提交学位评定分委员会审议。

(3) 学位评定分委员会审议结果报校学位评定委员会审定。

(4) 校学位评定委员会作出授予或者不授予申请人博士学位的决定。

第四章　硕士学位

第十条　学位申请人通过硕士学位的课程考试和学位论文答辩，成绩合格，达到下述学术水平的，可授予硕士学位。

授予硕士学位的要求：

(1) 掌握马克思主义的基本理论；

(2) 在本门学科上掌握坚实的基础理论和系统的专门知识；

(3) 具有从事科学研究工作或独立承担专门技术工作的能力；

(4) 比较熟练地运用一门外国语阅读本专业的文献资料；

(5) 申请硕士学位的硕士研究生在学位论文预答辩前，必须公开发表达到培养方案要求的反映学位论文工作的学术论文。

第十一条 硕士学位论文应达到以下要求：

(1) 学位论文所研究的课题应在学术方面具有一定的理论价值或对国民经济建设有一定的参考价值，所做的结论或建议应有新的见解。

(2) 对学位论文所述及的各个问题能反映出作者具有坚实的基础理论和系统的专门知识，已经掌握本门学科的研究方法并具有解决实际问题的能力。

(3) 论文在指导教师的指导下，由研究生独立完成，用于论文工作的时间一般不少于 1 年。

第十二条 硕士学位论文评阅与答辩

(1) 硕士学位论文在答辩前，应聘请校内外专家进行评阅。学位申请人的导师不能担任论文评阅人。评阅人应对论文写出详细的学术评语，同时对论文可否提交答辩，该生是否达到所申请学位的学术水平，提出具体意见，供答辩委员会参考。

(2) 硕士学位论文答辩，应在校内公开举行。答辩委员会由 3 人或 5 人组成(委员为 3 人时，导师不参加)，委员由本学科或相关学科的硕士生导师、具有高级职称的专家组成，一般应有校外专家。答辩委员会主席应由导师以外的教授或相当职称的专家担任。

(3) 学位论文应提前送达答辩委员审阅。

(4) 论文答辩严格按照学位论文答辩程序执行。答辩委员会主席、委员和秘书应认真履行自己的职责。

(5) 答辩委员会根据答辩情况，就是否通过论文答辩、是否建议授予学位进行表决并形成决议。表决采取不记名投票方式，经全体成员三分之二以上通过，方得通过。

答辩委员会必须坚持学术标准，坚持实事求是的科学态度，评审严格把关，确保学位授予质量。

第十三条 硕士学位审议与授予

(1) 学位申请人在答辩委员会建议授予学位后，向所在院(系)提交申请学位的有关材料。

(2) 院(系)审查合格的学位申请材料，提交所属的学位评定分委员会审议。

(3) 学位评定分委员会审议结果报校学位评定委员会审定。

(4) 研究生院对各学位评定分委员会提交的审议材料予以汇总、审核，并将审核后的相关材料提交校学位评定委员会审定。

(5) 校学位评定委员会作出授予或者不授予申请人硕士学位的决定。

第五章 其 他

第十四条 有下列情况之一者，不授予学位：

(1) 思想政治品德不合格者；

(2) 剽窃、抄袭他人研究成果等违反学术道德规范者；

(3) 未达到培养方案要求者；

(4) 学位论文答辩未通过者；

(5) 学习期间受记过及以上处分未满一年者；

(6) 其他不符合学位授予条件者。

第十五条 在学期间因第十四条一、二之外的其他原因受过行政记过、留校察看处分的研究生，如确有悔改表现，符合下列条件之一，由本人提出申请，所在院(系)出具鉴定和意见，可以申请学位：

（1）在学期间课程加权平均成绩 90 分以上，且学位论文答辩委员会一致推荐为优秀论文的；

（2）博士、硕士研究生发表两倍培养方案规定数量的学术论文（且为第一作者）；

（3）获得国家级奖励排名前五；获得省部级科技成果或哲学社会科学优秀成果一等奖（排名前四位）、二等奖（排名前二位）、三等奖（排名第一）；发明专利授权 2 项（排名第一）；

（4）有突出成绩或重大贡献，经校学位评定委员会认定的。

以上研究生的学位授予由各学位评定分委员会提出审查意见，研究生院对材料进行复核，并提交校学位评定委员会审定。

第十六条　已获学位如有下列情况之一者，撤销学位：

（1）严重违反学术道德规范者；

（2）学位论文被抽检不合格，经认定，确未达到学位论文要求者；

（3）其他经校学位评定委员会决定，需要撤销学位者。

第十七条　对校学位评定委员会作出的不授予或撤销学位的决定有异议者，可以在收到书面决议起 15 天内到研究生院申请复议。

第十八条　特别优秀的博士、硕士研究生提前完成培养计划并符合毕业条件及学位授予要求，须经过规定的审批程序，可提前毕业并获得学位。

第十九条　涉密学位论文必须在学位论文开题前对开题报告进行涉密审批，学位论文完成后对学位论文进行涉密确认审批。学位论文涉密者应当在开题前提出保密申请，经导师认定，由学院报学校保密委员会批准，研究生院备案，方可以在一定范围内评阅、以不公开的方式答辩。

第二十条　各级学位获得者由学校颁发“学位证书”。证书填发时间以校学位评定委员会通过时间为准。

第二十一条　校学位评定委员会批准授予博士、硕士学位的名单应予公布。批准授予博士学位的名单公示 3 个月无异议者，方可颁发博士学位证书。

第二十二条　论文答辩未通过，经校学位评定委员会同意修改论文重新答辩者，应先结业，完成学位论文修改后重新申请答辩。

第六章　附　则

第二十三条　根据《中华人民共和国学位条例》第十五条的规定，在我校学习的留学生达到学校规定的学术水平标准，可参照本规定中的有关规定，申请相应的学位。

第二十四条　具有研究生同等学力的在职人员申请学位依据《河海大学授予具有研究生毕业同等学力人员硕士学位实施细则》办理。

第二十五条　本规定自发文之日起执行，由校学位评定委员会负责解释。

关于印发《河海大学研究生招生管理规定》的通知

（河海校政〔2010〕114 号）

各单位：

为进一步加强研究生招生工作的管理，促进研究生招生工作规范化和制度化，保证研究生的生源质量和招生工作的顺利进行，根据教育部有关研究生招生管理规定，特制定《河海大学研究生招生管理规定》，经校务工作会议审议通过，现予印发，请遵照执行。

河海大学研究生招生管理规定

第一章　总　则

第一条　为加强研究生招生工作的管理，保证研究生的生源质量和招生工作的顺利进行，制定本规定。

第二条　本规定所指研究生为博士研究生、学术型和全日制专业学位硕士研究生、在职人员攻读硕士学位研究生(以下简称博士生、硕士生、在职硕士生)。

第三条　研究生招生工作坚持“按需招生、德智体全面衡量、择优录取、保证质量、宁缺毋滥”的原则。

第二章　招生对象及招生方式

第四条　博士生普通招考招生对象为取得硕士学位的人员、应届硕士毕业生，以及具有与硕士毕业生同等学力的人员等。硕博连读的招生对象为在读的优秀硕士生，直接攻博的招生对象为具有推免资格的优秀本科生。

硕士生招生对象主要为国家承认学历的应届本科毕业生、本科毕业的人员，以及具有与本科毕业生同等学力的人员等。

在职硕士生的招生对象为本科毕业后具有一定工作年限的在职人员。

第五条　招生学科(类别)、专业(领域)必须经教育部批准或备案、由学校审定方可招生。

第六条　博士生招生方式分为普通招考、硕博连读和直接攻博；硕士生招生初试方式分为全国统一考试、联合考试、单独考试以及推荐免试。

第三章　管理机构及其职责

第七条　研究生招生工作由校研究生招生工作领导小组统一领导与协调，研究生院组织管理，学院(系)具体实施。

第八条　校研究生招生工作领导小组根据国家招生文件精神研究、制定政策，并对重要事项作出决定，负责对学校研究生招生工作的领导和统筹。

第九条　研究生院根据上级主管部门的相关文件精神，结合学校实际，制订相应的招生计划、管理办法和实施细则，进行招生工作研究，组织招生宣传、考试、录取工作，负责公布并上报研究生录取名单，指导和监督学院(系)招生工作，受理考生申诉，维护考生的合法权益和学校的声誉。

第十条　学院(系)成立学院(系)招生工作领导小组，负责本学院(系)研究生招生工作的领导、组织、协调和管理，做好本学院(系)各学科的招生方案。开展招生宣传、咨询和研究工作，落实复试、体检、思想政治素质与道德品质考核和录取等工作，并做好自命题、评卷以及相应的安全保密工作。接受考生的申诉，负责作必要的解释，处理招生中的遗留问题。

学院(系)招生工作领导小组对本院(系)研究生招生工作结果负责。

第四章　招生计划及管理

第十一条　研究生招生类别分为国家计划(含非定向和定向)培养、委托培养、自筹经费培养。

第十二条　各学院(系)根据学科专业实际情况提出招生计划，研究生院审核，报校研究生招生工作领导小组确定。

第五章　报　名

第十三条　研究生报考资格及报名时间以当年教育部和学校的招生简章为准。

第十四条　研究生报名分网上报名与现场确认两个阶段。研究生院负责报名工作的组织实施，学院落实相应学科的生源组织和咨询等工作。

第六章　考　试

第十五条　研究生入学考试分为初试和复试两个阶段(硕博连读、直接攻博、推免生只参加复试)。复试目的是考察考生的综合素质和实际能力，选拔具有培养潜力的合格考生。凡复试不合格者，不予录取。

第十六条　博士生、硕士生的初试按照教育部的规定，分单元组织实施，同等学力报考考生须按规定参加加试。在职硕士生考试科目按教育部有关规定执行。

第十七条　研究生招生考试试题(包括副题)按国家规定的密级进行管理。

第十八条　博士生考试科目、硕士生自命题科目和在职硕士生第二阶段考试科目的命题以及评卷工作由研究生院统一组织。

第十九条　学校按照上级主管部门的有关文件，制订复试工作办法，划定复试分数线，确定复试考生名单。复试采取差额形式，差额比例控制在120%之内。生源充足的学科(类别)、专业(领域)，适度扩大差额复试比例。在职硕士生复试办法按教育部有关规定执行。

第二十条　学校招生工作领导小组认为有必要时，可对考生再次进行复试。

第二十一条　博士研究生不予参加校际间调剂复试；硕士研究生调剂工作的具体要求和程序按教育部录取政策执行。

第二十二条　体检工作按照学校指定的二级甲等以上医院进行。学校参照教育部、卫生部、中国残联印发的《普通高等学校招生体检工作指导意见》及补充规定，结合招生专业实际情况，提出具体体检要求。

第七章　录　取

第二十三条　研究生录取工作坚持公平、公正、公开的原则。

第二十四条　学校按照上级主管部门规定，根据研究生招生规模，依据考生考试成绩，并结合其思想政治表现、业务素质以及身体健康状况择优拟定录取名单。学校将考生诚信状况作为思想品德考核的重要内容和录取的重要依据，对于思想品德考核不合格者不予录取。

第二十五条　拟录取研究生须公示，无异议后确定正式录取名单。

第二十六条　应届毕业考生入学报到时未取得报考条件规定的国家承认的证书者，取消入学资格。

第二十七条　研究生院可根据社会需求、办学条件和生源情况，在国家下达的招生规模内对各类别招生人数及各学科(类别)、专业(领域)招生计划作适当调整。

第八章　违规处理

第二十八条　对在报考及考试中有违规行为的考生，学校视不同情况根据国家有关法律、法规和教育部有关规定给予处理。对弄虚作假者，不论何时，一经查实，即按有关规定取消报考、录取资格或学籍。

第二十九条　学校按规定将作弊考生的有关情况通报其所在单位，记入考生的诚信档案和人事档案，作为其今后升学和就业的重要参考依据。

第九章　附　则

第三十条　学校每年根据各学科的研究方向、招生计划、考试科目等制定当年的招生简章(含专业目录)。

第三十一条　现役军人报考我校研究生办法按照解放军总政治部的有关规定执行；招收港澳台

地区人士、外籍人士为研究生的管理办法按照教育部有关规定执行。

第三十二条 本规定有关条款若与国家当年的招生政策规定不相一致，以当年的国家文件和学校的补充规定为准。

关于印发《河海大学全日制研究生学籍管理规定》的通知

(河海校政〔2010〕115 号)

各单位：

为了贯彻国家教育方针，维护正常的教学秩序，依据《普通高等学校学生管理规定》(中华人民共和国教育部令 2005 年第 21 号)、《河海大学学生管理规定》(河海校政〔2005〕180 号)，结合我校研究生教育实际，特制定《河海大学全日制研究生学籍管理规定》，经校务工作会议审议通过，现予印发，请遵照执行。

河海大学全日制研究生学籍管理规定

一、总　则

第一条 为了贯彻国家教育方针，维护正常的教学秩序，结合我校研究生教育实际，制定本规定。

第二条 本规定适用于我校全日制研究生。

二、入学与注册

第三条 研究生新生应按规定时间，凭录取通知书及要求的相关证件，办理入学相关手续。因故不能按期报到者，应当事先凭有关证明(因病请假须附二级甲等以上医院(下同)证明)向所属学院(系)请假，报研究生院备案，假期一般不超过两周；若特殊原因需超过两周者，应当事先经研究生院批准，假期最长不得超过一个月。未请假或者请假逾期者，除因不可抗力外，视为放弃入学资格。

第四条 新生入学后，学校在 3 个月内按照国家招生规定对其进行复查。复查合格者予以注册，取得学籍。复查不合格者，由学校区别情况予以处理，直至取消入学资格。凡属弄虚作假、徇私舞弊取得学籍者，一经查实，取消其学籍。情节恶劣的，送有关部门查究。

第五条 患有疾病的新生，经学校指定医院诊断不宜在校学习，但经短期治疗可达到健康标准者，可保留入学资格 1 年。1 年内经治疗康复，可在次年新生报到前向学校申请入学，经学校复查合格后，重新办理入学手续。复查不合格或者逾期不办理入学手续者，取消入学资格。

保留入学资格者不具有学籍，应离校治疗、休养，期间不享受在校研究生待遇。其户口、档案等各种关系不转入学校，已转入的退回原籍或原单位。

第六条 每学期开学两周内，研究生应当按规定办理注册手续。

不能如期注册者，应当履行暂缓注册手续。未按学校规定缴纳培养费或者其他不符合注册条件的不予注册。家庭经济困难的学生可以申请贷款或者其他形式资助，办理有关手续后注册。

三、学制与学习年限

第七条 攻读博士学位的标准学制为 4 年，实行弹性学制，学习年限最短不低于 3 年，最长不超过 6 年(在职学习的可延长 2 年)。硕博连读和直博生培养年限一般为 5～6 年，最长可延至 7 年。

攻读学术型硕士学位的标准学制为 3 年，实行弹性学制，学习年限最短不低于 2 年，最长不超过 5 年(在职学习的可延长 1 年)。

攻读全日制专业学位的标准学制为 2 年，实行弹性学制，最短不低于 2 年，最长不超过 4 年（在职学习的可延长 1 年）。

四、考勤与请假

第八条　研究生应按时参加教育教学计划规定的活动。因故不能参加者，应当事先请假并获得批准。对未经批准而缺席者，根据学校有关规定给予批评教育，直至给予纪律处分。

在职学习研究生应合理安排学习和工作时间，按时完成学业。

第九条　研究生请假期满，必须按时销假。如需续假者，应办理续假手续。

第十条　研究生短期出国(境)按有关规定到研究生院办理请假手续，并应按期返校。研究生因私出国(境)，应在校历规定的假期期间进行。

五、转专业和转学

第十一条　研究生转导师由学院审批，报研究生院备案。研究生一般不得转专业，如因特殊情况确需转专业者，由本人提出申请，导师和所在学院(系)同意，同时征得拟转入导师和学院(系)同意，并考核合格后，报研究生院审批。研究生原则上不得申请跨学科门类转专业。

第十二条　研究生一般不得转学，如患病或者确有特殊困难无法继续在本校学习的，可申请转学。研究生转学按国家有关规定办理。

第十三条　下列情形之一者不予转学：

(1) 学习未满一学期的研究生；

(2) 招生时确定为定向培养、委托培养和自筹经费的研究生；

(3) 正在休学的研究生；

(4) 已进入毕业年级的研究生；

(5) 应予退学的研究生；

(6) 其他无正当理由者。

六、休学与复学

第十四条　休学指研究生因病、因事短期离校，学籍保留在学校，期满后经申请可返校继续学习者。

研究生因健康原因不宜在校学习，经学校指定医院诊断，证明确需休养并在短期内可以治愈者，或一学期请病假、事假累计超过 1 个月以上者，应申请办理休学手续，由学校批准后休学。

研究生休学由本人提出书面申请并附相关证明(因病休学，需附指定医院诊断书)，经指导教师、学院(系)审查同意，报研究生院批准。

休学一般以学期为单位，期满后仍不能复学的，可继续申请休学，休学时间累计不超过 1 学年。

第十五条　研究生休学期间不享受在校研究生待遇，不得参加课程学习与考核，停发普通奖学金和业务费。研究生休学应回家或回原单位，休学期间的医疗费按学校有关规定处理。

第十六条　研究生休学期满，应在期满前两周内以书面形式提出复学申请，经所在学院(系)审核、研究生院批准后准予复学。因病休学者，复学前须提交县以上医院的诊断证明，经复查合格，方可申请复学。

研究生休学期间，有严重违法、违规、违纪情节者，取消其复学资格，给予退学或其他相应处理。

七、停学与复学

第十七条　停学指研究生因特定的几种原因较长时间离校，学籍同时被取消，但在规定的最长期限内经申请可恢复学籍、返校继续学习者。

研究生应征参加中国人民解放军(含中国人民武装警察部队)、自费留学、公派出国留学攻读学位或在学期间申请以非毕业生身份创业(或到用人单位全职工作),可申请停学。

研究生停学需由本人提出书面申请并附相关证明,经指导教师、学院(系)审查同意,报研究生院批准。

研究生停学最长期限为:参军退伍后1年;申请自费留学后1年;公派出国留学规定的学习年限;申请创业后两年。

第十八条 研究生停学期间不得参加课程学习和考核,不享受在校研究生的待遇,停发普通奖学金和业务费。研究生停学应立即办理离校手续,户口、档案等各种关系应及时转出。

第十九条 研究生停学期满,应在期满前两周内以书面形式提出复学申请,经所在学院(系)审核、研究生院批准后准予复学。

研究生申请自费出国留学或公派出国未成行者,应出具相关证明申请复学。

研究生停学期间,有严重违法、违规、违纪情节者,取消其复学资格,给予退学或其他相应处理。

八、退　学

第二十条 研究生具有下列情况之一,应予退学:

(1) 学业成绩未达到学校要求或者在学校规定年限内(含休学、停学)未完成学业的;

(2) 在一学期内病假、事假累计超过1个月以上而又未办理休学手续的;

(3) 休学或停学期满,逾期不申请复学或者申请复学经复查不合格的;休学或停学后准予复学,逾期两周仍不到校办理复学手续的;

(4) 经学校指定医院诊断,患有疾病或意外伤残难以坚持学习,1年内不能治愈的;

(5) 未请假连续两周擅自离校又无正当事由、或连续两周未参加学校规定的教学活动的;

(6) 超过学校规定期限未注册而又无正当事由的;

(7) 本人申请退学的。

第二十一条 研究生退学由本人申请、或导师建议、或直接由所在学院(系)提出意见,经审核,由校长会议研究决定。

退学的研究生,由研究生院发给退学证明,同时报省级教育行政部门备案。未经批准擅自离校的,作自动退学处理,不发给学习证明。

第二十二条 退学研究生自批准退学之日起,不再享受研究生的一切待遇,应于退学通知送达或校内公告之日起两周内办完离校手续。退学研究生的善后问题按下列办法处理:

(1) 入学前为在职人员的,退回到原单位;

(2) 定向或委托培养研究生,退回定向或委托培养单位;

(3) 其他研究生,退回其生源所在地;

(4) 退学的研究生,不得申请复学。

九、提前毕业和延长学习年限

第二十三条 学业特别优秀的研究生提前完成培养计划,并符合毕业条件及学位授予要求,经过规定的审批程序,可提前毕业并获得学位。

第二十四条 研究生应在规定的学习时间内完成学业,因客观原因未能按期完成学业,经本人申请、导师签署意见、学院审核,报研究生院批准后可适当延长学习年限。

研究生没有按要求办理延长学习年限手续,根据研究生学业的实际完成情况,分别予以结业或肄业处理。在规定的最长学习年限内未能完成学业者,不能再申请延长学习年限。

十、奖励与处分

第二十五条 学校定期对在德、智、体方面表现突出的研究生给予表彰和奖励。表彰和奖励采取发给奖状、授予荣誉称号、颁发奖学金等多种形式。

第二十六条 学生违法、违规、违纪，学校视情节给予批评教育或纪律处分。纪律处分的种类分为下列六种：警告、严重警告、记过、留校察看、勒令退学、开除学籍。

第二十七条 被勒令退学和开除学籍的研究生，应当在1周内办理离校手续，其档案、户口退回到原单位所在地或生源所在地。

第二十八条 研究生的鉴定、奖励、处分等材料，归入本人档案。

十一、毕业、结业和肄业

第二十九条 研究生按培养方案和学习计划的规定，完成课程学习和必修环节且成绩合格，完成毕业(学位)论文并通过答辩，德智体达到毕业要求，准予毕业并发给毕业证书。符合学位授予条件，经学校学位评定委员会评审通过后，颁发学位证书。

第三十条 研究生按培养方案和培养计划的规定，完成课程学习和必修环节，成绩合格，但在学位论文评阅或答辩环节中未获通过者，准予结业，发给结业证书。

第三十一条 未通过学位论文答辩者，经答辩委员会讨论，认为可进一步修改论文后再答辩的，硕士生在1年内，博士生在两年内可申请重新答辩一次。合格者换发毕业证书，并按有关规定申请学位。

第三十二条 硕博连读研究生、直博生若博士论文答辩不通过，但符合申请硕士学位条件的，可授予硕士学位。

第三十三条 学满1学年以上退学，且半数以上课程成绩合格的研究生，学校发给肄业证书。

第三十四条 研究生无法按标准学制完成学业，又未按规定申请延长学习年限者，视为自动放弃学业；研究生在规定的最长学习年限内未能完成学业，不能再申请延期。学校对上述两类研究生按其学业完成情况作出相应的结束学业结论。

第三十五条 毕业、结业、肄业证书和学位证书遗失或者损坏的，不予补发，经本人申请，学校核实后可出具相应的证明。

第三十六条 研究生毕业后，应按就业计划在规定时间内办理离校手续，到工作单位报到。定向或委托培养的毕业研究生，应按规定回定向或委托单位工作。

委托或定向培养的研究生在学习期间调离原委托或定向培养单位者，应妥善处理与原单位的委托培养(定向培养)关系，并向学校出具原单位同意解除合同的相关证明文件。

第三十七条 肄业、结业研究生，应在规定的时间内办理离校手续。在规定时间内有用人单位接收的，可列入推荐就业计划。无用人单位接收的，学校不负责安排就业，并将其户口、档案等关系转回家庭户籍所在地。

十二、附　　则

第三十八条 留学研究生的学籍管理参照本规定执行。

第三十九条 本规定自发文之日起执行，由研究生院负责解释。

关于印发《河海大学全日制普通本科生考试纪律及违纪处分规定(修订)》的通知

(河海校政〔2010〕97 号)

各单位:

为维护学校正常教学秩序，规范考试违纪行为的认定和处理，严肃纪律，促进考风根本好转，树立优良学风，根据教育部《普通高等学校学生管理规定》、《国家教育考试违规处理办法》和《河海大学学生违纪处分条例(修订)》精神，特制定《河海大学全日制普通本科生考试纪律及违纪处分规定(修订)》，现予印发，请遵照执行。

河海大学全日制普通本科生考试纪律及违纪处分规定(修订)

根据教育部《普通高等学校学生管理规定》、《国家教育考试违规处理办法》、《关于严格高等学校考试管理及有关问题的通知》和《河海大学学生违纪处分条例(修订)》精神，为规范考试违纪行为的认定和处理，严肃纪律，促进考风根本好转，树立优良学风，特制定本规定。

一、考试纪律

第一条 学生必须携带学生证(身份证、准考证)按规定时间进入考场，按规定座位就座，并将证件放在桌上备查。

第二条 学生参加考试应自备必需的文具。闭卷考试不准携带任何书籍、笔记、资料等；半开卷考试只能携带由学校统一提供并由本人手写的一张考试专用纸；开卷考试只能携带主考教师规定的书籍、笔记和手册。

第三条 闭卷考试、半开卷考试、开卷考试未经许可，考试不得携带手机等无线通讯工具或手提电脑、具有存储功能的学习用品进入考场，已带入考场通讯设备必须关闭，并主动放到讲台或监考教师指定的地点。

第四条 考试开始前学生应注意检查桌面、抽屉、座位周围及地面等处有无与考试内容有关的文字及物品，发现有上述文字及物品须自行清理或报告监考教师。

第五条 迟到超过 15 分钟者，不准参加本次课程考试，并按缺考处理。开考 30 分钟内及考试结束前 5 分钟，学生不可离开考场。

第六条 考试试卷及答卷纸装订成册发给学生的，未经监考教师同意，学生不得随意拆散。

第七条 考生领到试卷后首先应在指定位置正确填写姓名、学号等信息，然后等待考试开始，方可答题。

第八条 考场内保持肃静，考试过程中未经监考教师允许，不准互借任何文具及其他物品。如对试题有疑问或试卷字迹不清时，学生之间不准互相询问，学生应先举手，等待教师前往处理，但不得要求监考教师对题意作任何解释或提示。

第九条 学生必须自主答卷，严禁交头接耳、互打暗号或手势。

第十条 学生必须在规定的时间内答卷，不得拖延时间，交卷后，学生应立即离开考场，不得在场内交谈或考场附近喧哗。考试结束时间一到，学生应将试题、答卷、草稿纸整理好，正面向下放在原座位，经监考教师收卷，并清点试卷份数正确后宣布离场方可离开。

第十一条 考试结束后，学生不得直接找任课教师查卷、查分，不得要求教师提高得分。学生对考试成绩有疑问，至迟应在下一学期开学后两周内向学生所在院(系)提出查分申请，并经教学主管部门批准后请相关教师核查。核查确认后的成绩即为最终成绩。

第十二条 学生因疾病等特殊原因不能参加考试，必须在考试前申请缓考，否则按旷考处理。

经教学主管部门认定的特殊情况，可在考试后补办缓考手续。

二、考试违纪行为的认定

第十三条 在考场有下列行为之一属违反考场纪律：

(1) 未在指定的座位参加考试，且不听从监考教师调动；

(2) 已带入考场的书包以及其他非考试必需物品未按要求放在指定地点，且不听监考教师劝告；

(3) 监考教师要求出示准考证、学生证、身份证而拒绝出示；

(4) 考试过程中未经监考教师同意而擅自进出考场；

(5) 在考试过程中交头接耳、互打暗号或手势的；

(6) 未经许可已带入考场的手机等无线通讯工具或手提电脑、具有存储功能的学习用品，未关闭并未按要求放到讲台或监考教师指定的位置；

(7) 在试卷规定以外的地方，书写姓名、学号或以其他方式在答卷上标记信息的；

(8) 将考卷携出考场，或参加考试不交卷但谎称已交卷者；

(9) 在规定时间内仍不交卷者；

(10) 其他妨碍考试工作人员履行管理职责，影响正常考试秩序的行为。

第十四条 在考试过程中，有下列行为之一属考试作弊：

(1) 抄袭或偷看邻座答卷、稿纸或故意移动稿纸、答卷让邻座偷看或抄袭；

(2) 传递与考试内容有关的纸条等物品，或进行与考试内容有关的谈话，或相互对答案；

(3) 闭卷考试中翻看书籍、笔记、资料或夹带与考试有关的内容(凡考试开始后桌面、抽屉内存有与考试有关的书籍、纸张，桌面抄有与考试内容有关的文字、公式等一经发现，不论是否窥看均视为作弊)；

(4) 开卷考试中交换书、笔记本或有关考试的资料；半开卷考试中翻看、夹带考试专用纸以外的书籍、笔记、资料或与考试内容有关的东西；

(5) 在考场内使用手机等无线通讯工具或手提电脑、具有存储功能的学习用品；

(6) 在考试进行中，学生被怀疑有作弊行为且经鉴定答卷雷同；或在试卷批改中被认定为雷同卷；

(7) 其他在考试中明显违反考试规则并经教学主管部门审核认定为作弊的行为。

第十五条 有下列行为之一属考试严重作弊：

(1) 由他人代替考试或代替他人参加考试者；

(2) 涂改他人试卷姓名占为已有或交换试卷、相互交换签写答卷人的姓名；

(3) 偷窃试题；

(4) 组织、参与团伙作弊。

三、考试违纪处分

第十六条 凡违反考场纪律、考试作弊或严重作弊者，该门考试课程按零分记载。

第十七条 凡违反考场纪律者，视其情节给予警告或警告以上处分。

第十八条 凡考试作弊者，视其情节给予记过或记过以上处分。

第十九条 凡考试严重作弊者，视其情节给予留校察看或开除学籍处分。

第二十条 在国家、省级考试中由他人代为考试或者代替他人考试者、在校期间第二次作弊者给予开除学籍处分。

第二十一条 销毁作弊证据者，处分级别升一级处理。

第二十二条 非在籍学生回校参加课程考试时，被发现违纪或作弊，取消其本次考试资格，记录备案，同时取消其再次参加所有课程考试资格，并根据情节轻重，通报其所在单位或家庭所在地街道(或乡镇)。

四、考试违纪处理程序

第二十三条 监考教师发现学生考试作弊或违纪，应当场指出，责令其退出考场，并将学生姓名及作弊或违纪情节记录在《考场情况记录表》，有旁证的须附旁证材料。

第二十四条 考试结束后，监考教师应将作弊或违纪材料、试卷和《河海大学考场情况记录表》一并交学生所在院(系)，学院(系)主管教学及学生工作负责人应当及时对学生违纪或作弊的事实和证据进行复核，根据本规定并按照《河海大学学生违纪处分条例(修订)》规定的程序进行处理。

五、附　则

第二十五条 本规定自发布之日起施行。
第二十六条 本规定由教务处负责解释。

关于印发《河海大学全日制普通本科生学籍管理规定(修订)》的通知

(河海校政〔2010〕94 号)

各单位：

为加强我校学生学籍管理，维护学校正常的教育教学秩序，促进学生德、智、体、美全面发展，根据《教育法》、《高等教育法》、《普通高等学校学生管理规定》等有关规定，结合我校实际，对《河海大学全日制普通本科生学籍管理规定》(河海校政〔2005〕183 号)进行修订，经校务工作会审议通过，现予印发，请遵照执行。

河海大学全日制普通本科生学籍管理规定(修订)

为维护学校正常的教育教学秩序，促进学生德、智、体、美全面发展，依据《教育法》、《高等教育法》、《普通高等学校学生管理规定》等法律法规，结合学校实际，特制定本规定。

一、入学与注册

第一条 凡按国家招生规定由本校录取的新生，必须持录取通知书及有关证件，按指定日期来校办理报到手续。如因特殊原因不能按期报到者，应事前书面向院(系)申请延期报到并报教务处核准，时间一般不得超过两周。未请假或者请假逾期者，除因不可抗力等正当事由以外，视为放弃入学资格。

第二条 新生入学后 3 个月内，学校按招生规定进行复查，复查合格者予以注册，取得学籍。经复查不符合招生条件者，学校将根据不同情况，予以处理，直至取消入学资格。凡属弄虚作假、徇私舞弊取得学籍者，查实后一律取消学籍；情节恶劣者，提请有关部门查究。

第三条 新生在健康复查中发现患有疾病(不属于不符合招生条件的疾病)不能坚持学习，但经本校指定的二级甲等以上医院诊断认为经短期治疗可达到健康标准的，由本校医院签署意见，经所属院(系)审核，报教务处批准，可保留入学资格 1 年，离校回家治疗。离校治疗期间的医疗等一切费用自理，不享受在籍学生的待遇。保留入学资格的学生，自通知之日起，须在两周内办理离校手续，否则取消保留的入学资格。

第四条 新生在保留入学资格期间，病情确已好转并已能修读学业者，应于保留入学资格期满前两周内，持二级甲等以上医院诊断证明，向所属院(系)申请入学。经本校医院复查合格，主管院长(系主任)审核，报教务处批准后，随同低年级新生办理报到、交费手续。复查不合格或逾期不申请入学者、或在保留入学资格期间有严重违法或犯罪行为者，取消入学资格。

第五条 每学期开学时，学生必须在两周内持学生证办理交费和注册手续。未按学校规定缴纳学费或者其他不符合注册条件的不予注册。家庭经济困难的学生可以申请贷款或其他形式的资助，办理有关手续后注册。因故不能如期注册者，必须履行请假手续，否则以旷课论处。

二、考勤与纪律

第六条 学生在校期间，应按时参加人才培养方案规定的各类教学活动和学校统一安排的各项活动，自觉遵守校纪校规。

第七条 学生因病或其他原因不能上课时，必须办理请假手续：

(1) 请假在3天以内的，提出书面申请，由辅导员或班导师批准；请假在3天以上一周以内的，提出书面申请并填写请假单，由主管学生工作的书记和主管院长(系主任)批准；请假在一周以上的，提出书面申请并填写请假单，由主管学生工作的书记和主管院长(系主任)签署意见，报学生处和教务处批准，并由学生所在院通知到相关任课教师。

(2) 学生因病请假，须附医院证明；学生请事假，须附相关证明材料。

(3) 学生离校参加学习、军训、实习、社会调查等教育教学活动期间，因故请假，由带队教师批准，准假权限为3天，超过3天时按本条第一款执行，学校另有专门规定的按专门规定执行。

(4) 学生请假期满应向辅导员或班导师销假；如假满不能继续学习，应按照上述规定办理续假手续。

第八条 凡经批准修读的课程必须按时上课。学生不请假或请假未批准以及请假逾期而缺席者，以旷课论处。具体规定见《河海大学学生违纪处分规定》。

第九条 学生参加由学校组队的省级或省级以上行政主管部门举办的重大活动、学科或科技竞赛活动，或参加学校进行的重大活动，与上课时间冲突需请假的，或与考试日期冲突或对考试产生明显影响，由组织者提出书面请假申请和相关证明，经学校教务处同意后，组织者负责通知学生所在院(系)并通知任课教师，学生方可缺席所请假课程或参加缓考。

第十条 学生应自觉遵守和维护考试纪律。凡违反考试纪律或考试作弊者，取消其考试资格，该课程成绩以零分计，给予相应纪律处分。具体规定见《河海大学考试纪律及违纪处分规定》。

三、课程修读与选课

第十一条 课程修读实行选课制。课程分为必修课和选修课二类。

必修课 根据专业人才培养方案，学生必须修读的课程，包括公共基础、专业基础和专业课等。

选修课 每学期全校开设公共选修课以及各专业开设有关选修课，学生根据专业人才培养方案要求和个人志趣、基础进行选修。

第十二条 学生选修课程应参照专业人才培养方案和教务处选课办法按学期进行。院(系)委派班导师予以指导，首先保证必修课，再选选修课；有先修后续关系的课程，须先选先修课，再选后续课。

第十三条 学生应根据自身状况选修课程，每学期选修的学分数一般为22～24学分，原则上不得少于15学分。

第十四条 学生跨院(系)选课，由本人申请，开课院(系)核准。学生跨学校选课，需经学生所在院(系)同意、教务处核准。

第十五条 选课程序

(1) 教务处会同院(系)根据专业人才培养方案安排每学期教学任务，组织学生选课。

(2) 学生在班导师指导下通过网络选课，计算机处理后，学生在网络上查询本人所选课程，并按选定的课程修读。

(3) 一门课程的选修人数少于20人时，原则上该课程应停开，由教务处会同相关院(系)通知学生改选其他课程。

(4) 学生所选各类课程，在规定时间内可进行补退选，补退选结束后不得再有变动，开课院(系)或学生所在院(系)打印最终选课名单，以此为准分送有关教师。

四、课程考核与成绩记载

第十六条 课程考核

(1) 学生必须参加每学期修读的所有课程的考核。考核成绩采用百分制或五级分制记分，取得60分或及格以上成绩即取得该课程学分。成绩记载分校内学习成绩档案和毕业成绩档案两类记载；校内成绩档案反映原始记录，毕业成绩档案以学生取得的最高成绩记载。

(2) 课程考核分为考试和考查两种，任课教师可采用闭卷考试、开卷考试、半开卷考试、面试、综合练习、综合设计或实验操作、论文、报告等多种方式进行考核。评定成绩时应综合平时作业、实验和其他教学环节的情况，并注重学生的能力水平。

(3) 课程成绩由平时成绩和课程结束考试成绩组成，平时成绩应占课程成绩的30%左右，由任课教师在课程开始时向学生宣布。

(4) 必修课(不含实践教学环节课程)、选修课(不含全校性公共选修课)考试不及格而不能取得相应课程学分的学生，参加下学期开学初一次免费补考，实践教学环节课程考试不及格随下一年级一次免费跟班重修。

(5) 学生因特殊情况不能按期参加考核者，必须由本人事先向所在院(系)申请、并附有关证明，经院(系)审核，教务处同意后，方可缓考。缓考可以随下学期初的不及格课程的补考；或随下年级相同课程同堂考试方式进行，成绩不限最高分。课程缓考以一次为限。学生若未经同意擅自缺考，以旷考论，该门课程以零分计算绩点。

(6) 考试违纪、作弊者除给予纪律处分外，该门课程以零分计算绩点。经教育表现较好，经所在院(系)批准，可申请重修。

(7) 缺课累计超过某门课程学时数的三分之一者，或缺交作业达三分之一以上者，不得参加该门课程考试，并以零分计算绩点。

第十七条 学分计算

本校对于教学活动实施学分制管理。学校设置的各类课程、各教学环节和部分课外教育活动均规定一定的学分，其依据是各专业人才培养方案。学生必须修满人才培养方案规定的各类学分和总学分，方可获得毕业资格。

(1) 学分是用于计算学生学习量的一种单位，理论教学为主的课程每16学时为1学分；体育课每32学时为1学分；实验课每16学时或24学时为1学分，视有无理论讲授和课外学习量而定。

(2) 集中进行的实践教学环节，如：生产实习、课程设计、毕业论文、毕业设计等，原则上每周计1学分。

(3) 学生在完成人才培养方案的学分外，在校期间结合专业理论学习、实践技能训练，根据自己的特长和爱好独立或在教师指导下参与科学研究、技术开发、学科竞赛、文艺体育及各类社会实践，取得学术研究成果、具有一定的劳动成果，经学校审定给予一定的素质拓展学分。具体见《河海大学素质拓展学分的实施及认定办法(试行)》。

第十八条 平均学分绩点计算

(1) 平均学分绩点是综合评价学生学习质量的指标，是学生评定奖学金、评优、申请主辅修、学士学位、免试推荐研究生及进行学籍处理的依据之一。

(2) 五级记分制折换为课程绩点时，优秀为5.0、良好为4.5、中等为3.5、及格为2.5、不及格为0。

(3) 百分制成绩与课程绩点的关系：

百分制成绩	课程绩点
90～100	5.0
85～89	4.5
80～84	4.0
75～79	3.5
70～74	3.0
65～69	2.5
60～64	2.0
0～59	0

平均学分绩点＝$\sum$(课程学分×课程绩点)/$\sum$课程学分(四舍五入保留一位小数)

第十九条 重修

(1) 学生必修课程考核不及格，经补考(或实践教学环节课程一次免费跟班重修)仍不及格，必须重修。

(2) 重修分跟班重修、开班重修二种，按学分收费。

跟班重修 考试不及格学生一般应跟班重修，在课程开设学期跟班学习，参加该课程的期末考试。

开班重修 对于重修学生人数较多的课程，学校组织专门重修班，学生随重修班学习、考试。

(3) 重修手续须在规定时间内办理完毕，跟班学习重修课程与其他课程上课时间发生冲突时，经任课教师同意，准予学生以自学为主并参加考试。但作业和实践性环节仍应按规定要求完成。

(4) 学生对某课程成绩不满意也可以申请随下年级重修，各次考试成绩应记载在校内成绩档案。

(5) 学生选修课考核不及格予以记载，补考仍不及格者，可以选择选修模块内的其他课程，也可申请重修。

第二十条 免修和免听

(1) 免修。成绩优秀或学有特长的学生，对专业人才培养方案规定的必修课程通过自学等途径，认为确已掌握者，可以申请免修考试。

申请免修学生可在课程开课的前一学期末，填写“申请免修考试审批表”，交验自学材料(包括作业、笔记)，经任课教师签署意见，学生所在院(系)同意、教务处核准，可参加开学初的免修考试，考核成绩合格取得相应学分。如免修课程有实践性环节，须补做实践性环节及格后方给予学分。

(2) 免听。对自学能力较强的学生，由本人提出申请，经所在院(系)及任课教师同意，准予不随堂听课而参加考试。但作业和实践性环节仍应按规定要求完成。

(3) 思想政治理论课、单独开设的实验课、实习、课程设计、毕业设计(论文)、体育、军训等课程不得申请免修、免听。

五、转专业、转学

第二十一条 学生有下列情况之一者，准许转专业，并应办理有关手续：

(1) 新生进校一年后，根据学校转专业的相关规定，符合条件者可参加学校组织的转专业考核，通过考核者可转入相应专业学习；

(2) 学生在某些方面有特殊才能或兴趣爱好，有相关材料证明已取得一定的学业成果，为更好地扬其所长，经本人申请，所在院(系)推荐，学校和转入院(系)或专业考核，情况属实；

(3) 经本校医院或指定医疗单位检查表明，身体有某种疾病或生理缺陷，不宜在原专业学习(不含隐瞒病史入学者)，尚能在其他专业学习；

(4) 学生存在某种特殊困难，经学校认定不转专业无法继续学习。

第二十二条 学生有下列情况之一者，不予转专业：

(1) 入学未满一学期者；

(2) 按规定应退学者；

(3) 本科三年级(含三年级)以上者；

(4) 定向、委托培养学生；

(5) 在校期间已有一次转专业者；

(6) 在招生时对其专业有明确限制者；

(7) 其他无正当理由者。

第二十三条 学生一般应在本校完成学业，但有下列情况之一，视情节可允许其转学：

(1) 学生确有专长(省级及以上刊物发表的论文或省级及以上竞赛的获奖证书)，转学更能发挥其专长；

(2) 入学后发现某种疾病或生理缺陷，经学校指定的医疗单位检查确认不能在本校学习但尚能在其他高等学校继续学习；

(3) 经学校认定，学生确有某种特殊困难，不转学无法继续学习。

第二十四条 学生有下列情况之一，不予转学：

(1) 入学未满一学期者；

(2) 定向、委托培养学生；

(3) 由招生所在地的下一批次录取学校转入上一批次录取学校、由低学历层次转为高学历层次者；

(4) 按规定应退学者；

(5) 其他无正当理由者。

第二十五条 学生申请转专业、转学的手续，按下列办法办理：

(1) 学生在本校范围内转专业，须由本人提出书面申请，所在院(系)主管院长(系主任)签署意见，拟转入院(系)考核合格签署同意接收意见，报教务处审批后转呈主管校长核准。属于其中第二十一条第4款情况者，在本科一年级结束前，由教务处公布接受专业及拟接受名额和条件，学生自愿报名，学校进行考核，择优审批。

(2) 学生转学，转出学生须由本人提出书面申请，所在院(系)主管院长(系主任)签署意见，经教务处审核，转呈主管校长核准，并经拟转入学校同意，由我校报省级教育行政部门批准，方可按规定办理转学手续；转入学生经我校同意后，由其所在学校报省级教育行政部门批准，方可按规定办理转学手续。跨省转学还须转出地省级教育行政部门和转入地省级教育行政部门，按转学条件确认后，方可办理转学手续。

(3) 学生转专业、转学的手续，应在每学年暑假前办理。

第二十六条 学生转专业、转学后的学业要求如下：

(1) 学生转专业、转学后，须修满转入专业人才培养方案规定的全部学分(含转专业、转学前已取得的有效学分)，方可毕业；

(2) 转专业以前已取得学分的必修课与转入专业人才培养方案规定的同名称课程为同层次或高一层次的，所取得的学分仍然有效；低于转入专业层次要求的，已取得的学分无效，必须重修；

(3) 转专业前已取得的其他课程学分可计为已取得的选修课学分。

第二十七条 学生经批准转学、转专业后，一律按转入专业同年级收费标准缴纳专业学费及学分学费等费用。

六、休学、复学、转下年级、退学

第二十八条 学生有下列情况之一者，应予休学：

(1) 因病经指定医院或本校医院诊断，须停课治疗、休养占一学期总学时三分之一(上课按实际授课学时计，实习、课程设计、毕业设计(论文)按每周16学时计，下同)以上者；

(2) 在一学期内请病假缺课超过该学期总学时三分之一者；

(3) 申请自费出国学习者；

(4) 因某种特殊原因，本人申请或学校认为必须休学者。

第二十九条 学生要求休学，应提出书面申请，并附有关证明，因病须本校医院签署意见。经所属院(系)主管院长(系主任)同意，填表报教务处审批。教务处批准后，学生所在院(系)应及时通知本人(因病本人不能办理时可委托家长或其他近亲属)到教务处办理休学手续。

第三十条 学生休学一般以一学年为限(经教务处批准，可只休学一学期，也可连续休学两学年)，累计不得超过两学年。

第三十一条 休学学生的有关问题，按下列规定办理：

(1) 休学学生必须于批准休学后两周内向学校有关部门办理休学手续，由教务处发给休学证明，按时离校，学校保留其学籍；

(2) 学生休学期间不享受在校学习学生待遇；

(3) 休学期间医疗费用，按学校的相关规定办理；

(4) 学生休学期间不得擅自来校上课，不得参加考试。

第三十二条 休学学生在规定的学习年限内，累计中断学业时间不得超过2年。休学期间，应自觉遵纪守法，所有言行由个人承担法律责任。

第三十三条 学生休学期满，于学期开学前应向所在院(系)申请复学。学生复学按下列规定办理：

(1) 因伤病休学的学生，申请复学时必须由二级甲等以上医院诊断，证明已恢复健康，并经本校医院复查合格，方可复学；

(2) 其他原因休学学生须持街道办事机构、乡镇政府或停学期间的工作单位或相关管理机构出具的表现情况证明来校申请办理复学手续；

(3) 复学的学生视休学年限编入原专业的低年级学习，复学后，原来所获的学分继续有效。如原专业低年级未招生，则转入相近专业的低年级学习；

(4) 要求复学的学生，由学校进行复查。休学期间，如有严重违法或犯罪行为以及严重违反校纪校规者，取消复学资格并相应取消学籍；

(5) 逾期不办理复学手续者，视为自动放弃学籍。

第三十四条 凡因休学、保留入学资格离校期满需复学，均须教务处批准方可复学，否则不得参加学习，考试成绩不予承认。

第三十五条 学生有下列情况之一，给予退学警告：

(1) 一年级结束时，累计取得学分不足本专业人才培养方案总学分的1/6；

(2) 二年级结束时，累计取得学分不足本专业人才培养方案总学分的1/3；

(3) 三年级结束时，累计取得学分不足本专业人才培养方案总学分的1/2。

第三十六条 有下列情况者需转下年级学习：

(1) 需要重修的课程太多，无法跟上同年级其他学生正常学习的学生，可申请转入下年级学习；

(2) 至三年级结束时，凡按人才培养方案应取得的必修课学分累计尚有20～25学分未取得者，学院视其学习能力、学习态度，提出随同年级学习申请，学校审批；25学分以上未取得者，原则上不得随同年级学习，应转入下年级学习。

(3) 受退学警告学生不得随同年级学习，必须转入下年级学习。

第三十七条 转下年级学习的有关问题，按下列规定办理：

(1) 自愿申请转入下年级的学生，应在每学年开学后两周内提出，经学生所在院(系)签署意见，教务处批准后办理手续；

(2) 转入下年级学习的学生(复学除外)按转入年级的标准交纳学费和有关费用后，学习该年级人才培养方案中当年课程时，不需再交纳重修费用。重修其他年级课程时需交纳重修费；

(3) 转入下年级学习的学生，在班导师指导下修读未取得学分的课程和成绩不满意的课程；

(4) 转入下年级学生按转入年级计算应修最低学分，但必须6年内完成学业。每位学生至多两次申请转下年级。

第三十八条 学生有下列情形之一，应予退学：

(1) 不论何种原因在校学习时间超过标准学制两年；

(2) 累计二次受到退学警告；

(3) 休学期满未在规定时间内办理复学手续或申请复学经复查不合格；

(4) 经过指定医院确诊，患有疾病或者意外伤残无法继续在校学习；

(5) 未请假离校，连续两周未参加学校规定的教学活动；

(6) 超过规定期限未办理注册手续而又无正当事由；

(7) 本人申请退学。

第三十九条 学生因上述情况退学应填报退学审批表，由主管院长(系主任)签署意见，送教务处审核，报请校长会议研究决定。对退学的学生，由学校出具退学决定书并送交本人，同时报江苏省教育厅备案。

第四十条 学生退学的善后问题，按下列规定办理：

(1) 经批准退学的学生，应在两周内办清离校手续。自正式通知退学之日起，不再享受学生待遇；

(2) 退学和因各种原因处理离校的学生，回原籍或家长所在地落户；

(3) 经确诊为精神病、癫痫等严重疾病(包括意外致残)影响正常学习者由父母或其他近亲属负责领回；

(4) 退学学生发给退学证明并根据学习年限及成绩(至少学满1学年)发给肄业证书。

第四十一条 学生应征参加中国人民解放军(含武警)可在其退役后1年内申请复学。其他原因退学或取消学籍的学生，均不得申请复学。

七、辅修专业

第四十二条 为鼓励学生进一步拓宽知识面，增强对未来工作的适应性，学校实行主辅修制，开设辅修专业。辅修专业一般从第二学年第二学期开始。

第四十三条 辅修专业培养方案由辅修专业所在院(系)制定，经教务处审核，报学校批准。

第四十四条 凡学有余力，本专业必修课程平均绩点大于等于3.0的学生，如对某一辅修专业有特别兴趣或特长，学生所在院同意，可提出申请修读辅修专业。该辅修专业所在院(系)根据接受能力，择优录取。修读辅修专业课程的学生，免缴专业学费，应缴学分学费。

第四十五条 辅修专业的学生，必须在规定的学习年限内，取得主修专业培养方案所要求的必修课学分，同时取得辅修专业培养方案所规定课程的相应学分。

第四十六条 若主、辅修培养方案中出现有相同课程时，经任课教师和所在院(系)同意，学分多的课程可代替学分少的课程。辅修专业培养方案中被代替学分最多不得超过辅修专业学分的一半。

第四十七条 辅修专业课程一般随有关专业相同课程听课，在难以安排情况下也可单独开班，学生每学期应按计划修读所申请的辅修专业课程，并到辅修专业所在院(系)办理手续。

第四十八条 学生每学期修读辅修专业课程的成绩及学分，应记载在成绩档案，不参加绩点计算。

第四十九条 学生在修读辅修专业期间，若主修专业必修课中重修不及格课程学分大于6学分，学生主修专业所在院(系)立即通知辅修专业所在院(系)中止其辅修专业学习，已修读辅修专业课程成绩作为任选课成绩记载在成绩档案。

第五十条　修满辅修专业学分的学生，承认其辅修专业资格，发给辅修专业证书，并记入学籍档案，供用人部门参考。

八、毕业、结业和肄业

第五十一条　本科标准学制为四年。学校实行弹性修业年限，学生可在标准学制规定的修业年限的基础上作适当缩短或延长。本科学生在校修业年限可最短为三年，最长为六年。最长修业年限含休学或保留入学资格等中断学业的时间。

第五十二条　学生在规定的修业年限内取得人才培养方案规定的总学分和各类学分，德、体合格，准予毕业，发给毕业证书。学生可按《河海大学授予全日制普通本科毕业生学士学位管理办法》规定的条件申请学士学位。

凡具备提前毕业条件的学生，可提前提出申请，院(系)核实，教务处审定，报主管校长批准同意，准予提前毕业。当年 7 月以后毕业的学生，于第二年 6 月办理证书注册手续。

第五十三条　学生在规定的修业年限内修完人才培养方案规定的课程及实践环节，未取得规定的学分，可做结业处理。做结业处理的学生在规定的学习年限内向学校申请重修理论课程或实践教学环节课程，修满所欠学分后，学校批准可换发毕业证书。符合学士学位授予条件者可申请学士学位。

第五十四条　学生在规定的修业年限内未修完人才培养方案规定的课程及实践环节，经本人申请、学校批准，予以退学。学满一年及以上退学学生，作肄业处理，发给肄业证书。

第五十五条　毕业、结业、肄业证书和学位证书遗失或损坏，经本人申请(遗失后须挂失)，学校核实后，可出具相应的证明书。证明书与原证书具有同等效力。

第五十六条　无学籍的学生不得发给任何形式的毕业证书、结业证书、肄业证书等学历证明。

九、附　则

第五十七条　第二学士学位班、修读本科专业的外国留学生参照执行。

第五十八条　本规定经校务会讨论通过，自 2010 年 9 月 2 日起执行。现行其他相关文件与本规定不一致的，按本规定的条文执行。

第五十九条　本规定由教务处负责解释。

关于印发《河海大学本科生奖学金及荣誉称号评选办法》及相关实施细则的通知

(河海校政〔2010〕88 号)

各单位：

为了贯彻党和国家的教育方针，进一步贯彻落实《中共中央国务院关于进一步加强和改进大学生思想政治教育的意见》，培养具有时代精神和创新能力的社会主义事业合格建设者和可靠接班人，促进我校学生综合素质的提高，在《河海大学学生奖励条例(试行)》(河海校政〔2004〕256 号)文件基础上，广泛征求师生意见，制定了《河海大学本科生奖学金及荣誉称号评选办法》及相关实施细则，经校务会讨论通过，现予印发，请遵照执行。

河海大学本科学生奖学金及荣誉称号评选办法

第一章　总　则

第一条　为了贯彻党和国家的教育方针，培养具有时代精神和创新能力的社会主义事业建设者和接班人，促进我校学生综合素质的提高，根据《中华人民共和国教育法》、《中华人民共和国高等教育法》和《高等学校学生管理规定》等有关精神，结合我校的实际情况，制定本办法。

第二条　本办法所称的我校学生是指在本校正式注册的普通全日制本科生，本办法所涉及的奖学金及荣誉称号主要指校级及以上层面的。

第二章　评审机构

第三条　学校成立“河海大学学生奖励评审委员会”。评审委员会由学校主管校领导任主任，学生工作处、教务处等相关部门负责人组成。评审委员会下设办公室。办公室设在学生工作处，学生工作处负责人任办公室主任。

第四条　评审委员会的主要职能是：

(1) 制定和修改学校学生奖励办法；

(2) 讨论和决定奖学金奖项的设立；

(3) 讨论和决定学生荣誉称号奖项的设立；

(4) 讨论和决定学生奖学金和荣誉称号评选工作的重要事项；

(5) 审批学校学生年度奖励名单。

第五条　评审委员会办公室的主要职责是：

(1) 负责学校学生奖励的日常管理工作；

(2) 提请评审委员会讨论修订各类评审办法；

(3) 提请评审委员会讨论决定有关评审的重大事项；

(4) 提请评审委员会审批学校年度学生奖励名单；

(5) 执行评审委员会的有关决定。

第六条　院评审机构及组成：

各院成立“院学生奖励评审工作小组”(以下简称“评审小组”)，负责本单位的学生奖励工作。评审小组由院分管领导任组长，分团委书记、辅导员、教师代表、班导师代表和学生代表为评审小组成员。

第三章　设置及类别

第七条　本科生奖学金主要包括：

(1) 学校设立奖学金：校长奖学金、优秀学生奖学金，其中优秀学生奖学金包括学业优秀奖学金、学业进步奖学金、精神文明奖学金、科技创新奖学金、社会工作优秀奖学金、艺术体育优秀奖学金等；

(2) 政府及社会捐立奖学金：国家奖学金、严恺奖学金、严恺港口航道及海岸工程专项奖学金、徐芝纶力学奖学金、钱家欢岩土工程奖学金、宝钢教育基金优秀学生奖学金、茅以升科技教育基金工程教育奖学金、费孝通奖学金、章梓雄流体力学奖学金、张光斗科技教育基金奖学金、潘家铮水电奖学金等。

第八条　荣誉称号包括：

(1) 河海大学优秀学生；

（2）河海大学优秀学生干部；

（3）河海大学优秀学生标兵；

（4）河海大学优秀毕业生。

第四章　评审条件

第九条　获得以上任何一项奖学金和荣誉称号必须符合以下基本条件：

（1）热爱祖国，遵纪守法，坚持四项基本原则，有正确的政治立场；

（2）自觉遵守《普通高等学校学生管理规定》、《高等学校学生行为准则》和学校管理制度，品行端正，举止文明；

（3）学习勤奋，团结同学，乐于奉献，自觉维护集体利益，积极参加集体活动、具有团结协作精神；

（4）一、二年级体育考试成绩在80分以上，三、四年级要达到《国家体育锻炼标准》良好以上；

（5）积极参加文化艺术与身心健康发展的活动；

（6）积极参加校园公益服务活动，每学年参加活动时间不少于20小时，校园公益服务的主要内容为校园卫生清洁工作、校园爱心服务工作、朋辈辅导工作、校级志愿服务活动等，其组织工作由各学院开展，服务时间认定工作由有关单位负责。

第十条　获得河海大学"优秀毕业生"荣誉称号的学生同时获得"校长奖学金"，必须符合以下条件之一：

（1）在校4年期间，每学年均获得"优秀学生标兵"荣誉称号；

（2）每学年均获得"优秀学生标兵"、"优秀学生"、"优秀学生干部"的荣誉称号之一(其中至少获得"优秀学生标兵"一次)，且获得校级以上(含校级)科技文化竞赛较好名次；

（3）在校4年期间，至少有三个学年均获得"优秀学生标兵"、"优秀学生"、"优秀学生干部"的荣誉称号之一(其中至少获得"优秀学生标兵"一次)，且至少获得一次省级以上(含省级)荣誉称号。

第十一条　获得学业优秀奖学金必须同时符合以下条件：

（1）学习勤奋，成绩优良，学年平均绩点(必修课和限选课)在年级专业排名前30%(以下排名均指必修课和限选课的学年平均绩点排名)；

（2）参加学科竞赛或英语、计算机等级考试，取得较好名次或成绩优良者；

（3）基础理论扎实，专业知识较宽，一门或多门主干课程成绩排名领先，获任课教师推荐者。

第十二条　获得学业进步奖学金必须符合以下条件之一：

（1）本学年的学习绩点比前一学年的学习绩点上升0.5；

（2）本学年的班级排名比前一学年的班级排名上升10个名次。

第十三条　获得精神文明奖学金必须符合以下条件之一：

（1）模范遵守规章制度，诚实守信，乐于奉献，在集体中起到表率作用者；

（2）拾金不昧、见义勇为，扶危济困，勇于同不良行为和坏人坏事作斗争，受到社会或学校表彰，有重大社会影响及贡献者；

（3）积极组织、参加集体活动、公益活动，在完成申请奖学金必须达到的义务工作时间的基础上，表现突出，为学校、院系赢得荣誉者；

（4）积极参加精神文明建设(学风建设、校风建设、班风建设、社区文明建设和朋辈辅导活动)，表现突出，获得校级(含校级)以上党团组织表彰者；

（5）积极组织或参加理论学习小组、形势政策学习活动，并以第一作者身份在国内外公开发行的刊物上发表有关思想政治、形势政策方面论文者。

第十四条　获得科技创新奖学金必须至少符合以下条件之一：

（1）积极参与科学研究，并以第一作者身份在国内外公开发行的刊物上发表学术论文者；

(2) 积极从事发明创造，并取得国家专利者；

(3) 参加校级(含校级)以上科技竞赛，并获得名次者；

(4) 积极参加校内外科技学术活动，教学改革活动，成绩突出并得到相关领域或主办单位认可者。

第十五条 获得社会工作优秀奖学金必须同时符合以下条件：

(1) 评选对象为校院两级学生组织或学生社团(包括各级党团组织、学生会、学生科协、学生社团联合会、学生公寓自管会等学生组织)主要负责人；兼任校外的社会工作；班级、年级干部；

(2) 学习刻苦，成绩良好，学习成绩排名在本专业前50%；

(3) 担任各级学生组织干部一学年及以上；

(4) 有良好的学生干部修养，以身作则，有奉献精神，任劳任怨，不计较个人得失，大胆工作，讲究方法，充分发挥学生干部在广大学生中的先锋模范作用；

(5) 积极参加社会实践，在社会实践方面，实践成果获得国家级、省级或地市级奖励；被国家级、省级或地市级媒体公开发表；被政府部门或企事业单位采用，产生良好社会效益或经济效益者。

第十六条 获得艺术体育优秀奖学金必须至少符合以下条件之一：

(1) 代表学校参加各类比赛、演出，表现优秀，为学校赢得荣誉者；

(2) 参加校级运动会，获个人冠亚军、团体比赛冠亚军者；

(3) 积极参加学校文艺演出，表现优秀，并获主办单位奖励者；

(4) 积极参与院(系)文体活动，为活跃校园文化氛围做出较大贡献者。

第十七条 获得国家奖学金必须符合以下条件：

(1) 参评学年学习成绩平均绩点排名必须在本专业前10%；

(2) 优先考虑在学院或学校组织的社会实践活动中表现优异，获得学校或校级以上奖励的同学；

(3) 优先考虑曾发表过与所学专业相关的科技论文或参与过学院老师科研项目的同学；

(4) 优先考虑曾参与学校创新项目或者各类创新比赛并获校级或校级以上奖励的同学。

第十八条 获得严恺奖学金必须同时符合以下条件：

(1) 具有较强的学习和分析问题的能力，具有较宽的专业技术及相关知识，在科研方面有较高水平或突出成果；

(2) 优先推荐在全国各类竞赛中获奖以及发表高质量学术论文(SCI、EI、22种CSSCI刊源等署名为河海大学)者。

第十九条 获得严恺港口航道及海岸工程专项奖学金必须符合以下条件：

(1) 学习刻苦、成绩优异。本科生在评选学年内，所学课程学分绩点在4.0以上；

(2) 优先推荐在全国各类竞赛中获奖以及发表高质量学术论文(SCI、EI、22种CSSCI刊源及相当于三大检索论文、署名为河海大学)者，并可适当降低成绩要求。

第二十条 获得徐芝纶力学奖学金必须符合以下条件：

(1) 学习刻苦、成绩优异。本科生在评选学年内，所学课程学分绩点在4.0以上，力学类课程单科成绩在90分以上；

(2) 优先推荐在全国各类竞赛中获奖以及发表高质量学术论文(SCI、EI、22种CSSCI刊源及相当于三大检索论文、署名为河海大学)者，并可适当降低成绩要求。

第二十一条 获得钱家欢岩土奖学金必须符合以下条件：

(1) 基础理论扎实，有较强的分析和解决问题的能力，有较宽的专业知识面；

(2) 优先推荐优秀三好学生和优秀学生干部；

(3) 优先推荐家庭生活困难者。

第二十二条 获得宝钢教育基金优秀学生奖学金必须积极参加学术活动和科学研究活动，发表高水平学术论文或科研上有创新、取得显著成果者。

第二十三条　获得茅以升科技教育基金工程教育奖学金必须同时符合以下条件：

（1）参评学年所有成绩平均绩点排名必须在本专业前5%；

（2）获得过校级及以上专项奖学金；

（3）参与过科研方面工作或发表过学术论文。

第二十四条　获得费孝通奖学金必须同时符合以下条件：

（1）刻苦学习，奋发成才，基本理论扎实，学习成绩优异，专业排名前5%；

（2）实践动手能力强，积极参加社会实践活动；关心集体，热心公益事业。

第二十五条　章梓雄流体力学奖学金参评对象必须为水文、环工、给排水、水工、热动、农水、港航、海洋、力学等9个专业的三年级学生。

第二十六条　获得张光斗科技教育基金奖学金必须符合以下条件：

（1）具有较强的学习和分析问题的能力，具有较宽的专业技术及相关知识；

（2）优先推荐在全国各类竞赛中获奖以及发表高质量学术论文（SCI、EI、22种CSSCI刊源及相当于三大检索论文）者。

第二十七条　获得潘家铮水电奖学金必须同时符合以下条件：

（1）热爱水利水电专业、学习成绩优异，上学年成绩平均绩点在专业排名前5%；

（2）具有较强的学习和分析问题的能力，具有较宽的专业技术及相关知识，勇于创新，敢于实践；

（3）优先推荐在全国各类竞赛中获奖以及发表高质量学术论文者。

第二十八条　获得河海大学优秀学生荣誉称号必须符合以下条件：

（1）至少获得学业优秀奖学金和精神文明奖学金或者是至少获得学业优秀奖学金和社会工作优秀奖学金的学生；

（2）按照奖学金赋分体系，获奖总分值名列前茅者。

第二十九条　获得河海大学优秀学生干部荣誉称号必须符合以下条件：

（1）评选年度内获得社会工作优秀奖学金；

（2）至少兼获学业优秀奖学金、精神文明奖学金、科技创新奖学金和艺术体育优秀奖学金中的一项；

（3）获任职部门推荐；

（4）按照奖学金赋分体系，获奖总分值名列前茅者。

第五章　评选与表彰

第三十条　奖学金及荣誉称号评选程序

（1）评选工作应坚持正确的育人导向，使评比工作真正达到鼓励先进、奖优促学、引导学生发掘自身潜力，充分体现学生的自我价值与社会价值的目的；评选工作在学生工作处的组织协调下，由各学院具体实施。

（2）奖学金及荣誉称号由学生本人提出书面申请和个人事迹材料，经学院组织评审，将评选结果公示后，报学校审核批准。

第三十一条　奖学金及荣誉称号评选比例

国家奖学金和国家励志奖学金比例及人数按教育部规定执行，国家奖学金奖励金额为每人8000元，国家励志奖学金为每人5000元；学业优秀奖学金获奖比例不超过当学年该院系本科生人数的20%，奖学金金额为每人1000元；学业进步奖学金获奖比例不超过当学年该院系本科生人数的10%，奖学金金额为每人500元；精神文明奖学金获奖比例不超过当学年该院系本科生人数的10%，奖学金金额为每人500元、科技创新奖学金获奖比例不超过当学年该院系本科生人数的5%，奖学金金额为每人400元、社会工作优秀奖学金获奖比例不超过当学年该院系本科生人数的

5%，奖学金金额为每人400元、艺术体育优秀奖学金获奖比例不超过当学年该院系本科生人数的5%，奖学金金额为每人400元；其他社会捐立奖学金根据奖学金评定办法制定获奖金额及比例。

第三十二条 学校对获得上述奖学金或荣誉称号的学生可以采用以下方式予以表彰：

(1) 颁发表彰文件；

(2) 颁发获奖证书或荣誉证书；

(3) 学校召开表彰大会；

(4) 向其毕业中学寄发喜报。

第六章 申 诉

第三十三条 学生个人或集体对评选结果有异议者，可在公示之日起3个工作日内向学生工作处提起书面申诉。学生工作处应在接受学生书面申诉后3个工作日内征求各方面意见，经过综合审查后做出处理意见，报校主管领导批准后，将处理结果通知申诉方及其所在单位。此处理意见为最终处理意见。

第七章 附 则

第三十四条 其他相关规定与本办法相抵触的，以本办法为准。

第三十五条 本办法由学生工作处负责解释。

第三十六条 本办法自2010年9月1日起实施。

河海大学国家奖学金评选细则

第一章 总 则

第一条 根据财政部、教育部关于印发《普通本科高校、高等职业学校国家奖学金管理暂行办法》(财教〔2007〕90号)的通知要求，结合我校具体情况，特制定本细则。

第二条 遵照中央政府出资设立的国家奖学金指导原则，着重用于奖励我校全日制本科(含第二学士学位)学生(以下简称学生)中特别优秀的学生。

第二章 申请条件

第三条 申请国家奖学金的基本条件：

(1) 热爱社会主义祖国，拥护中国共产党的领导；

(2) 遵守宪法和法律，遵守学校规章制度；

(3) 诚实守信，道德品质优良；

(4) 在校期间学习成绩优异，尤其在创新创业、社会实践等方面表现突出，具体要求如下：

① 获得国家奖学金的学生为我校在校生中二年级以上(含二年级)的本科学生，且上学年学习成绩平均绩点排名必须达到本专业前10% 。

② 参与学校创新项目或者各类创新比赛并获校级或校级以上奖励者优先考虑。

③ 在学院或学校组织的社会实践活动中表现优异，获得学校或校级以上奖励者优先考虑。

第四条 同一学年内，获得国家奖学金的家庭经济困难学生可以同时申请并获得国家助学金，但不能同时获得国家励志奖学金。

第三章 标准和比例

第五条 国家奖学金的奖励标准为每人每年8000元。

第六条 国家奖学金的名额分配根据国家下达给学校的名额数，按照各院学生的比例分配至各学院。名额分配时对水利类、地质类等艰苦专业适当倾斜。

第四章 评选办法

第七条 国家奖学金每学年评审一次，实行等额评审，坚持公开、公平、公正、择优的原则并按以下程序执行：

(1) 由学生本人提出申请并提交《国家奖学金申请表》；

(2) 由学生所在班级或年级进行评议后提交辅导员；

(3) 各学院组织有关人员对申请的学生进行初评，按学校分配名额的1.2倍评出候选人，并将候选人名单及推荐材料在学院内公示3天，广泛征求师生意见；

(4) 将在学院内公示后无异议的候选人名单(含排序)报学生工作处；

(5) 由学校对各学院上报的学生进行审核，按国家下达的实际名额等额评出国家奖学金的最终获奖学生；

(6) 将最终获奖学生名单在全校范围内再次公示，再次征求广大师生意见，确保优秀学生获得国家奖学金；

(7) 由学校按要求将国家奖学金获奖学生名单报教育部备案。

第五章 附 则

第八条 本细则由学生工作处负责解释。

第九条 本细则自公布之日起实施。

河海大学优秀学生奖学金评选细则

第一章 总 则

第一条 为了贯彻党和国家的教育方针，培养具有时代精神和创新能力的社会主义事业合格建设者和可靠接班人，促进我校学生综合素质的提高，根据《河海大学本科学生奖学金及荣誉称号评选办法》制定本细则。

第二条 河海大学优秀学生奖学金(以下简称奖学金)包含如下奖项：学业优秀奖学金、学业进步奖学金、精神文明奖学金、科技创新奖学金、社会工作优秀奖学金、艺术体育优秀奖学金。

以上奖学金可以兼得。

第三条 评审优秀学生奖学金的工作重心在学院(系)，主管部门可直接奖励为学校争得荣誉和做出突出贡献的学生。

第四条 学校核定各院优秀学生奖学金总额并下拨给学院。学院评选奖学金时，应全面核算，不得突破总额。

第五条 学校原则上只规定优秀学生奖学金申报的基本条件。

各学院应根据第二、三章的要求，结合学院的学科特点和实际情况，制定本院奖学金具体评选细则。各院(系)评选细则应经学生工作处审核，方可以文件形式颁布执行。

第六条 学生工作处主要负责：

(1) 审核奖学金评选细则和赋分体系；

(2) 评选程序是否符合规定；

(3) 受理学生关于奖学金评选的申诉。

第二章 申报条件

第七条 在奖项评选学年内有下列情形之一者，不得参加奖学金评选：

(1) 未办理学籍注册手续者;

(2) 受到警告以上(含警告)处分者;

(3) 必修课程(含限选课)有不及格者。

第八条 申请以上奖学金的同学必须具备以下基本条件:

(1) 热爱祖国,遵纪守法,坚持四项基本原则,有正确的政治立场;

(2) 自觉遵守《普通高等学校学生管理规定》、《高等学校学生行为准则》和学校管理制度,品行端正,举止文明;

(3) 学习勤奋,团结同学,乐于奉献,自觉维护集体利益,积极参加集体活动、具有团结协作精神;

(4) 一、二年级体育考试成绩在80分以上,三、四年级要达到《国家体育锻炼标准》良好以上;

(5) 积极参加文化艺术与身心健康发展的活动;

(6) 积极参加校园公益服务活动,每学年参加活动时间不少于20小时,校园公益服务的主要内容为校园卫生清洁工作、校园爱心服务工作、朋辈辅导工作、校级志愿服务活动等,其组织工作由各学院开展,服务时间认定工作由有关单位负责。

第九条 学业优秀奖学金

(1) 学习勤奋,成绩优良,学年平均绩点(必修课和限选课)在年级专业排名前30%(以下排名均指必修课和限选课的学年平均绩点排名);

(2) 参加学科竞赛或英语、计算机等级考试,取得较好名次或成绩优良者;

(3) 基础理论扎实,专业知识较宽,一门或多门主干课程成绩排名领先,获任课教师推荐者。

第十条 学业进步奖学金

(1) 本学年的学习绩点比前一学年的学习绩点上升0.5;

(2) 本学年的班级排名比前一学年的班级排名上升10个名次。

第十一条 精神文明奖学金

(1) 模范遵守规章制度,诚实守信,乐于奉献,在集体中起到表率作用者;

(2) 拾金不昧、见义勇为,扶危济困,勇于同不良行为和坏人坏事作斗争,受到社会或学校表彰,有重大社会影响及贡献者;

(3) 积极组织、参加集体活动、公益活动,在完成申请奖学金必须达到的义务工作时间的基础上,表现突出,为学校、院系赢得荣誉者;

(4) 积极参加精神文明建设(学风建设、校风建设、班风建设、社区文明建设和朋辈辅导活动),表现突出,获得校级(含校级)以上党团组织表彰者;

(5) 积极组织或参加理论学习小组、形势政策学习活动,并以第一作者身份在国内外公开发行的刊物上发表有关思想政治、形势政策方面论文者。

第十二条 科技创新奖学金

(1) 积极参与科学研究,并以第一作者身份在国内外公开发行的刊物上发表学术论文者;

(2) 积极从事发明创造,并取得国家专利者;

(3) 参加校级(含校级)以上科技竞赛,并获得名次者;

(4) 积极参加校内外科技学术活动,教学改革活动,成绩突出并得到相关领域或主办单位认可者。

第十三条 社会工作优秀奖学金

(1) 在社会实践中,调查报告或研究论文获校级(含校级)以上奖励;被国内外公开发表刊物采用;被政府部门或企事业单位采用,产生良好社会效益或经济效益者;

(2) 担任党团组织干部,能较好地发挥党、团员的模范带头作用,成绩显著者;

(3) 担任班级、年级干部,以身作则,工作积极主动,热心为同学服务,在增强班级凝聚力,形成健康向上的班风中发挥了骨干作用者;

(4) 担任校院两级学生组织负责人或学生社团主要负责人，积极组织参与校园科技文化活动，活跃校园文化氛围，成绩显著者；

(5) 担任学生社区干部，模范发挥“三自作用”，成绩显著者。

第十四条 艺术体育优秀奖学金

(1) 代表学校参加各类比赛、演出，表现优秀，为学校赢得荣誉者；

(2) 参加校级运动会，获个人冠亚军、团体比赛冠亚军者；

(3) 积极参加学校文艺演出，表现优秀，并获主办单位奖励者；

(4) 积极参与院(系)文体活动，为活跃校园文化氛围做出较大贡献者。

第三章 评选标准和比例

第十五条 优秀学生奖学金评选标准和比例

(1) 学业优秀奖学金奖励金额为人民币 1000 元。获奖学生人数不超过学生所在专业人数的 20%；

(2) 学业进步奖学金奖励金额为人民币 500 元。获奖学生人数不超过学生所在专业人数的 10%；

(3) 精神文明奖学金奖励金额为人民币 500 元。获奖学生人数不超过学生所在专业人数的 10%；

(4) 科技创新奖学金奖励金额为人民币 400 元。获奖学生人数不超过学生所在专业人数的 5%；

(5) 社会工作优秀奖学金奖励金额为人民币 400 元。获奖学生人数不超过学生所在专业人数的 5%；

(6) 艺术体育优秀奖学金奖励金额为人民币 400 元。获奖学生人数不超过学生所在专业人数的 5%。

各院(系)应按照本院情况，明确评选要求，并赋予获奖学生相应分值。此分值，既是奖学金评选依据，又是“优秀学生标兵”、“优秀学生”和“优秀学生干部”等荣誉称号的评选依据。

第十六条 科技创新奖学金或艺术体育优秀奖学金获奖人数不足额者，学院可在不突破奖学金总额的前提下，适当增加其他奖学金评选人数，但不能降低相应奖学金的评选要求，也不能增减奖励金额。

第四章 评选程序

第十七条 奖学金评选实行公开申报和组织推荐的原则。

第十八条 优秀学生奖学金评选工作在每学年初进行，每学年评选一次。毕业班学生的奖学金按学期评选，第一学期奖学金在第二学期开学后 1 个月内评选，第二学期的奖学金由学校掌握，集中用于表彰优秀毕业生和开展文明离校等活动。

学院(系)奖学金评选小组根据学校统一安排，向全体学生公布奖学金评选细则及程序，并动员、组织学生开展申报工作。

第十九条 评选开始后的 3 周内学院(系)按评选要求完成审核、汇总工作，并将初评结果在院(系)范围内公示 3 天。公示无异议后，将名单和有关材料按要求报送学生工作处备案。

第二十条 学生对奖学金申报资格审核或评选结果有异议者，应在学院和学校公示期间内向本院(系)奖学金评选小组提出书面申诉。院(系)奖学金评审小组应在接到申诉后的 3 个工作日内向学生做出书面答复。

学生如对院(系)奖学金评审小组答复仍有异议，可在收到院(系)奖学金评选小组答复后的 3 天内向“河海大学学生奖励评审委员会”办公室提出书面申诉。办公室应在接到学生书面申诉后的 3 个工作日内征求各方面意见并提出处理建议，经评审委员会批准后，将处理结果由学生所在院(系)通知学生本人。此处理意见为最终处理意见。

学生在上述规定日期后提出的申诉，院(系)奖学金评选小组和“河海大学学生奖励评审委员会”办公室可以不予受理。

第五章 附 则

第二十一条 本细则适用于我校普通全日制本科生。

第二十二条 本细则由学生工作处负责解释。

第二十三条 本细则自颁布之日起实施。

河海大学优秀学生标兵、优秀学生、优秀学生干部评选细则

第一章 总 则

第一条 为了贯彻党和国家的教育方针，培养具有时代精神和创新能力的社会主义事业合格建设者和可靠接班人，根据《河海大学本科学生奖学金及荣誉称号评选办法》特制定本细则。

第二条 为增强个人和集体荣誉感，学校设立优秀学生标兵、优秀学生和优秀学生干部等荣誉称号。荣誉称号可以兼得。

第三条 荣誉称号评审的工作重心在学院(系)，主管部门可直接授予为学校争得荣誉和做出突出贡献的学生荣誉称号。

第四条 学生工作处主要负责：

(1) 制定、完善荣誉称号评选细则；

(2) 审核评选程序是否符合规定；

(3) 受理荣誉称号评选的申诉。

第五条 荣誉称号评选实行公开申报、组织推荐、综合考核、规范管理的原则。

第六条 依据本细则评出的荣誉称号是学生申报省级和全国同类荣誉称号的重要依据之一，也是学校重要专项奖学金评选的重要条件之一。

第二章 优秀学生的申报条件

第七条 优秀学生从评选年度获得优秀学生奖学金的学生中产生，评选比例不超过学生人数的10%(以下学生人数均不含当年新入学的学生)，并须符合以下基本条件：

(1) 至少获得学业优秀奖学金和精神文明奖学金或者是至少获得学业优秀奖学金和社会工作优秀奖学金的学生；

(2) 按照奖学金赋分体系，获奖总分值名列前茅者。

第三章 优秀学生干部的申报条件

第八条 优秀学生干部的评选比例为学生干部人数的10%，评选范围为：

(1) 学生党支部委员(含学生社区党支部)、校团委学生委员、院分团委委员、团总支委员和班团支委；

(2) 学生会、学生科协、社团联合会的部长及以上干部；

(3)“1442工程”班委；

(4) 班委、年级委；

(5) 学生自我管理委员会部长及以上干部；

(6) 学生社区层长及以上干部；

(7) 新疆民族学生“三自”小组成员。

以上学生干部评定年度内任职时间一般不少于1学年。

第九条　优秀学生干部申报条件除须符合第八条的任职要求外，还应符合以下条件：

(1) 评选年度内获得社会工作优秀奖学金；

(2) 至少兼获学业优秀奖学金、精神文明奖学金、科技创新奖学金和艺术体育优秀奖学金中的一项；

(3) 获任职部门推荐；

(4) 按照奖学金赋分体系，获奖总分值名列前茅者。

第四章　优秀学生标兵的评选

第十条　优秀学生标兵从优秀学生中择优产生，各学院根据申报学生在5项奖学金中排名情况分别进行赋分，5项赋分之和为该生申报优秀学生标兵的依据。评选按照从高分到低分的原则，评选比例不超过学生人数的3%。

第五章　评选程序

第十一条　评选工作在优秀学生奖学金评选结束后启动。

第十二条　学生根据自身条件，申报相应荣誉称号，接受班级、院(系)评议。院(系)在全面考核的基础上，提出审核意见，经公示无异议后，报学校备案。

第十三条　对荣誉称号评选结果有异议者，应在学院公示期间内向院(系)提出书面申诉。院(系)应在接到申诉后的3个工作日内做出答复。

个人如对院(系)答复仍有异议，可在收到院(系)答复后的3个工作日内向学生工作处提出书面申诉。学生工作处应在接到书面申诉后的3个工作日内征求各方面意见并提出处理建议，报学生奖励评审委员会批准后，将处理结果通知所在院(系)，并由院(系)通知有关个人。此处理意见为最终处理意见。

第六章　奖　励

第十四条　获得荣誉称号的学生，学校将发文表彰，颁发荣誉证书并记入学生本人档案。

第七章　附　则

第十五条　本细则由学生工作处负责解释。

第十六条　本细则自公布之日起实施。

河海大学西部创业奖学金评选细则

为响应国家西部大开发战略，鼓励、倡导毕业生到国家急需的地区建功立业，为祖国西部水利、水电事业贡献聪明才智，根据教育部要求和《河海大学本科学生奖学金及荣誉称号评选办法》的有关规定，特制定本细则。

一、“河海大学西部创业奖学金”颁发给符合相关条件的普通应届本科毕业生

二、申报条件

凡我校正式注册的应届本科毕业生(定向生除外)，符合以下条件者均可按规定程序申报：

(1) 立志为西部建设贡献才智，并于当年学校举行毕业典礼前一周内已签订到西部艰苦行业就业协议的毕业生；

(2) 家庭经济困难或到水利水电单位就业的优先考虑；

(3) 品行端正，学习成绩优异者优先考虑。

有以下情况者，不参与评选：

(1) 在校期间违反国家法律，受到司法部门处理者；

(2) 第四学年内违反校纪校规，受到警告以上处分者；

(3) 未能取得毕业证书者。

三、奖励等级

根据去西部就业地区、就业单位情况，奖励分以下四个等级：

(1) 特等奖：奖励人民币5000元；

(2) 一等奖：奖励人民币2000元；

(3) 二等奖：奖励人民币1000元；

(4) 三等奖：奖励人民币500元。

四、奖励比例

学校根据年度工作情况，确定奖学金额度。

五、评选程序

(1) 学生填写《河海大学西部创业奖学金申报表》，学院进行资格审核、评议，经全院公示后，报学校审定；

(2) 学校根据生源情况、就业去向及学院意见进行审核，并将审核名单全校公示；

(3) 名单公示无异议后，经河海大学学生奖励评审委员会审批后公布。

六、享受奖学金但因故不能到西部就业的毕业生，应将奖学金退回学校后方能重新派遣

七、表彰办法

学校在每年召开本科生毕业典礼时进行全校表彰。

八、本细则所指“西部”原则上为广西、重庆、四川、贵州、内蒙古、云南、甘肃、青海、宁夏、陕西、新疆和西藏等地区

九、所需经费列入学校年度预算，在学生奖学金中列支

十、本细则自公布之日起实施，由学生工作处负责解释

河海大学优秀毕业生评选细则

为表彰、奖励我校综合素质优秀、各方面表现突出的毕业班学生，激励在校学生刻苦学习，奋发向上，树立正确的成才观和就业观，根据《河海大学本科学生奖学金及荣誉称号评选办法》，特制定本细则。

第一章　总　则

第一条　学校设立“河海大学优秀毕业生”荣誉称号，用于表彰奖励我校应届正式注册的全日制普通本科学生。

第二条　获得“河海大学优秀毕业生”荣誉称号的学生，学校将颁发荣誉证书，记入学生个人档案，并在毕业典礼上进行表彰和颁发“校长奖学金”。“校长奖学金”奖励金额为4000元人民币。

第三条　符合申报条件的学生均可自愿申报参加“河海大学优秀毕业生”的评选。学校可直接提名为学校做出突出贡献、为学校争得殊荣的学生为“河海大学优秀毕业生”候选人。

第四条　“河海大学优秀毕业生”的评选工作由学生工作处负责。

第二章　申报条件

第五条　热爱祖国，遵纪守法，坚持四项基本原则，有正确的政治立场。模范遵守《普通高等学校学生管理规定》、《高等学校学生行为准则》和学校管理制度，品行端正，举止文明。学习勤奋，团结同学，乐于奉献，自觉维护集体利益，积极参加集体活动、公益活动。坚持体育锻炼，身心健康。

第六条　创新能力强，积极参加科学研究和社会实践，能理论联系实际，灵活运用知识解决实际问题，毕业设计成绩优秀。

第七条 鼓励毕业生到水利、水电和交通等国家重点工程单位、大型科研院所和骨干企业工作。同等条件下，可优先推荐、评选。

第八条 除符合以上条件外，还必须满足下列条件之一：

(1) 在校4年期间，每学年均获得"优秀学生标兵"荣誉称号；

(2) 每学年均获得"优秀学生标兵"、"优秀学生"、"优秀学生干部"的荣誉称号之一(其中至少获得"优秀学生标兵"一次)，且获得校级以上(含校级)科技文化竞赛较好名次；

(3) 在校4年期间，至少有3个学年均获得"优秀学生标兵"、"优秀学生"、"优秀学生干部"的荣誉称号之一(其中至少获得"优秀学生标兵"一次)，且至少获得一次省级以上(含省级)荣誉称号。

第三章 获奖比例及评选程序

第九条 "河海大学优秀毕业生"一般不超过应届毕业生总数的2%。

第十条 "河海大学优秀毕业生"的评选工作于学生毕业前的一个月内进行。

第十一条 "河海大学优秀毕业生"的评选程序：

(1) 学生工作处下发评选工作文件；

(2) 学院动员符合申报条件的学生进行申报；

(3) 学生自愿向所在院(系)提出申请，填写《"河海大学优秀毕业生"评选登记表》并提供相关证明材料，经院(系)奖励评审委员会(小组)初选，并在本院(系)范围内公示3天。公示期满后，各院(系)将候选人名单及相关证明材料按规定时间和要求报学生工作处；

(4) 学生工作处将候选人名单及有关材料审核汇总后提交"河海大学学生奖励评审委员会"审定，确定、公布获奖名单，并颁发奖学金。

第十二条 有下列情况之一者，学校依程序撤销"河海大学优秀毕业生"荣誉称号，并收回所发奖学金。

(1) 对待毕业、就业态度不端正者；

(2) 在离校期间不能发挥表率作用，并造成不良影响者。

第四章 附 则

第十三条 本细则由学生工作处负责解释。

第十四条 本细则自颁布之日起实施。

关于印发《河海大学青年教师导师制管理办法(试行)》的通知

(河海校人〔2010〕89号)

各单位：

为进一步加强教师队伍建设，充分发挥中老年优秀教师在青年教师培养工作中的传帮带作用，促进青年教师成长成才，特制定《河海大学青年教师导师制管理办法(试行)》，经校务工作会议审议通过，现予印发，请遵照执行。

河海大学青年教师导师制管理办法(试行)

第一章 总 则

第一条 为进一步加强教师队伍建设，充分发挥中老年优秀教师在青年教师培养工作中的传帮带作用，促进青年教师成长成才，让青年教师尽快地熟悉和把握高校教育教学基本规律，掌握和运用先进的教育教学技能技巧，提升教学科研能力，承担起教书育人的重任，顺利完成教育教学和科研等工作，为推进学校事业又好又快发展贡献聪明才智，特制定本办法。

第二章　青年教师的界定与要求

第二条　凡符合下列条件之一者，属本办法所指的青年教师：

(1) 无高校教学科研经历，且专业技术职务在讲师及以下的新进校教师；

(2) 根据实际情况，认为需要接受导师指导，以快速提高教学科研水平的专业技术人员。

第三条　青年教师应做好以下工作：

(1) 热爱教育事业，有敬业精神，能积极主动争取导师在思想、学术品行及业务上的指导；

(2) 制定个人成长发展计划、科研与学术方向等，报学院及导师批准；

(3) 参与指导教师的教学、科研工作，学习教学科研的基本技能，认真完成指导计划内容；

(4) 定期总结思想、工作和业务发展情况，并及时向导师汇报。

第三章　导师的任用条件与职责

第四条　青年教师导师应具备的条件：

(1) 热爱教育事业，具有奉献精神和优良教风，爱岗敬业，为人师表，治学严谨，对工作认真负责；

(2) 具有丰富的教学、科研和实践经验，有良好的沟通能力，能够对青年教师进行有效的指导；

(3) 在本学科、本专业有造诣，在学术上有较新成果，在教学改革方面有较丰富经验；

(4) 具有副高以上专业技术职务。

第五条　青年教师导师的职责：

(1) 关心青年教师思想修养，通过言传身教，指导青年教师确立正确的人生观、价值观和献身教育事业的理想，帮助青年教师树立崇高的师德，培养青年教师严谨踏实、实事求是的科学态度和爱岗敬业的精神；

(2) 指导青年教师备课、授课、辅导答疑、批改作业、指导实习、实验、考试等各教学环节，使青年教师尽快掌握正确的教学方法，达到良好的教学水平(见河海大学青年教师培养计划表)；

(3) 指导青年教师拟定切实可行的科研计划，通过参与导师科研项目或开展相关科研工作，指导并帮助青年教师确立较稳定的科研与学术方向，辅导青年教师开展教学研究和科学研究。

第四章　管理与考核

第六条　各学院必须建立青年教师培养人制度。学院为新进教师配备培养人，培养人作为青年教师导师，结合青年教师的个人发展情况，指导青年教师填写《河海大学青年教师培养计划表》，提出明确的培养目标和措施。为确保指导质量，原则上每位导师指导 1～2 名青年教师，指导时间为 2 年。

第七条　由所在单位组织青年教师及导师填写培养计划表，报人事处备案。

第八条　培养期内，青年教师导师应严格按照计划书指导、培养青年教师，并做好培养记录。青年教师所在单位要加强业务指导，并对青年教师导师制执行情况进行跟踪检查。学校人事、教务、科技等相关部门组织定期抽查。

第九条　培养期满，青年教师及导师应填写《河海大学青年教师培养工作鉴定表》，提供培养记录，由所在单位组织专家对青年教师及导师进行考核，报人事处备案。如考核不合格，由所在单位和导师共同分析原因，并做出延长指导期限或调整其岗位的处理意见。

第十条　指导青年教师是教授、副教授的应尽职责，也是学院师资队伍建设的重要举措。为了鼓励中老年优秀教师充分发挥传帮带作用，在学院考核的基础上，学校根据引进青年教师人员情况给予经费补贴。

第十一条　指导工作成绩突出的导师，学校将予以表彰奖励，并作为其年终考核、岗位聘用、评优表彰、职务晋升等的参考依据。学校也将青年教师培养情况列入对学院的年度与任期考核内容。

第五章　附　则

第十二条　本办法由人事处负责解释，自颁布之日起执行。

关于印发《河海大学研究生经费管理办法》的通知

（河海校财〔2010〕29 号）

各单位：

为了适应研究生教育发展的新形势，进一步规范我校研究生经费管理，提高研究生培养质量，促进研究生教育的可持续发展，特制定《河海大学研究生经费管理办法》，经校务工作会议审议通过，现予印发，请遵照执行。

河海大学研究生经费管理办法

为了适应研究生教育发展的新形势，进一步规范我校研究生经费管理，提高研究生培养质量，促进研究生教育的可持续发展，特制定本办法。

研究生学费及培养费的收取标准由学校核定，报省有关部门审批，任何部门不得随意调整。全日制研究生学费按标准学制年限收取，延长学制的研究生按实际延长时段收取。

一、全日制学术型研究生

1. 学费的收取对象

录取的委托培养和自筹经费的研究生。博士研究生标准学制为 4 年，硕士研究生标准学制为 3 年。

2. 学费的收取标准

委托培养、自筹经费类博士研究生 1.2 万元/年；委托培养、自筹经费类硕士研究生 1 万元/年。破格录取的研究生按委托培养费标准交纳学费。

3. 学费的收取方式

学校在首次开学时收取学费，学生可按标准一次性缴纳，也可分学年缴纳。延长学习年限的培养费在延长期开始时收取。对申请保留入学资格学生，按实际入学年度的相关办法及标准进行收取。对申请保留学籍或休学的学生，按取得学籍年度的办法及标准收取。

二、全日制专业学位研究生

（一）全日制工程硕士

1. 学费的收取标准

标准学制 2 年，学费 2 万元。

2. 学费的收取方式

学校在首次开学时收取学费，学生可按标准一次性缴纳，也可分学年缴纳。分学年缴纳的首次缴费不得低于学费总额的二分之一，第二次在第二学年开学时缴纳。

（二）全日制 MBA 专业学位研究生

1. 学费的收取标准

标准学制 2 年，学费 7.9 万元。

2. 学费的收取方式

学校在首次开学时收取学费，学生可按标准一次性缴纳，也可分学年缴纳。分学年缴纳的首次缴费不得低于学费总额的二分之一，第二次在第二学年开学时缴纳。

3. 学费的用途

主要用于承办学院、研究生院以及学校在培养 MBA 专业学位研究生方面必要的成本支出、培养条件建设、相关学科发展等。

(1) 学校。

使用额度：学费的 60%；

使用范围：学校教育事业发展。

(2) 承办学院。

使用额度：学费的 38%；

使用范围：用于培养条件建设、课程教学费用、导师酬金、入学考试面试专家费用、课程考试费用、兼职导师费用、学术活动、本单位支出的招生及宣传费用、差旅费、资料费，学生管理以及相关专业学位授权点接受上级主管部门定期、不定期评估等相关费用。

(3) 研究生院。

使用额度：学费的 2%；

使用范围：用于 MBA 专业学位研究生管理经费。

(三) 全日制金融、国际商务、资产评估、会计、工程管理专业学位研究生

1. 学费的收取标准

标准学制 2 年，学费 3 万元。

2. 学费的收取方式

学校在首次开学时收取学费，学生可按标准一次性缴纳，也可分学年缴纳。分学年缴纳的首次缴费不得低于学费总额的二分之一，第二次在第二学年开学时缴纳。

(四) 全日制社会工作、公共管理、法律、翻译专业学位研究生

1. 学费的收取标准

标准学制 2 年，学费 2 万元。

2. 学费的收取方式

学校在首次开学时收取学费，学生可按标准一次性缴纳，也可分学年缴纳。分学年缴纳的首次缴费不得低于学费总额的二分之一，第二次在第二学年开学时缴纳。

三、非全日制专业学位研究生

(一) 非全日制工程硕士

1. 项目管理工程硕士

(1) 培养费的收取标准。

标准学制 3 年，培养费 3.9 万～8 万元。

(2) 培养费的收取方式。

学校在首次开学时收取培养费，学生可按标准一次性缴纳，也可分两次缴纳。分两次缴纳的首次缴费不得低于培养费总额的二分之一，第二次在第二学年开学时缴纳。

2. 其他工程硕士

(1) 培养费的收取标准。

标准学制 3 年，培养费 2.4 万～6 万元。

(2) 培养费的收取方式。

学校在首次开学时收取培养费，学生可按标准一次性缴纳，也可分两次缴纳。分两次缴纳的首次缴费不得低于培养费总额的二分之一，第二次在第二学年开学时缴纳。

（二）非全日制 MBA 专业学位研究生

1. 培养费的收取标准

标准学制 3 年，培养费 7.9 万～10 万元。

2. 培养费的收取方式

学校在首次开学时收取培养费，学生可按标准一次性缴纳，也可分两次缴纳。分两次缴纳的首次缴费不得低于培养费总额的二分之一，第二次在第二学年开学时缴纳。

（三）非全日制金融、国际商务、资产评估、会计专业学位研究生

1. 培养费的收取标准

标准学制 3 年，培养费 6.9 万～10 万元。

2. 培养费的收取方式

学校在首次开学时收取培养费，学生可按标准一次性缴纳，也可分两次缴纳。分两次缴纳的首次缴费不得低于培养费总额的二分之一，第二次在第二学年开学时缴纳。

（四）非全日制工程管理专业学位研究生

1. 培养费的收取标准

标准学制 3 年，培养费 5 万～8 万元。

2. 培养费的收取方式

学校在首次开学时收取培养费，学生可按标准一次性缴纳，也可分两次缴纳。分两次缴纳的首次缴费不得低于培养费总额的二分之一，第二次在第二学年开学时缴纳。

（五）非全日制社会工作、公共管理、法律、翻译专业学位研究生

1. 培养费的收取标准

标准学制 3 年，培养费 3 万～6 万元。

2. 培养费的收取方式

学校在首次开学时收取培养费，学生可按标准一次性缴纳，也可分两次缴纳。分两次缴纳的首次缴费不得低于培养费总额的二分之一，第二次在第二学年开学时缴纳。

（六）培养费的用途

主要用于学校、承办学院以及研究生院在非全日制专业学位教育方面必要的成本支出、培养条件建设、相关学科发展等。

1. 学校

使用额度：培养费的 32％；

使用范围：学校教育事业发展。

2. 承办学院

使用额度：培养费的 65％；

使用范围：课程教学费用、导师酬金、入学考试面试专家费用、课程考试费用、兼职导师费用、案例库建设费用、本单位支出的招生及宣传费用、差旅费、资料费，以及相关专业学位授权点接受上级主管部门定期、不定期评估等相关费用。

3. 研究生院

使用额度：培养费的 3％；

使用范围：非全日制专业学位研究生招生、培养和学位等相关的宣传、管理、工程硕士主要基础课程教学费用（异地班除外），课程建设费用，上交上级主管部门的管理费，专业学位教学指导委员会有关费用，参加国务院学位办、江苏省学位办等组织的相关专业会议的会务费和差旅费等。

四、学费及培养费的管理

研究生学费及培养费的收取和支出必须统一纳入学校财务处进行专项管理。各相关单位应根据

本单位的实际，制定相关管理办法。与合作单位联合办学获得的所有经费以及异地办学的附加费用必须纳入培养费管理。

各承办学院使用额度的节余部分，50%作为发展基金，50%作为奖福基金。

五、其　他

1. 本办法自文件颁布之日起，从2011级研究生开始执行，若上级颁布新的政策，学校则将根据情况作出调整。

2. 本办法由研究生院负责解释。

关于印发《河海大学优秀主讲教师评选办法》的通知

(河海校科教〔2010〕39号)

各单位：

为全面提高本科教学质量，充分调动教师教学的积极性和创造性，学校制定了《河海大学优秀主讲教师评选条例》(河海校科教〔2003〕46号)。经过几年实践，在反复研讨、广泛征求意见的基础上，学校对此条例进行修订，制定《河海大学优秀主讲教师评选办法》，现予印发，请遵照执行。

河海大学优秀主讲教师评选办法

一、参评条件

(1) 具有讲师及以上职称，教学水平和工作能力优良，校教龄5年以上的专任教师。

(2) 参评前5年内在课堂教学质量评估中有3次名列全校前15%内。

(3) 对教学工作一贯认真负责，近5年中无任何教学事故、年终考核为称职及以上者。

(4) 近5年来保质保量完成学校规定的学年教学工作量定额，且年均完成本科课程教学3个学分及以上；本年度实际承担至少1门必修或限选课程三分之二以上内容的主讲任务。

(5) 近5年积极承担主讲课程的教学研究与改革工作，如教学计划的修订、教学内容的优化、教学方法的改革、教学课件的研制以及主讲教材的编写等；积极主持或参加校级以上教学改革项目；参加或协助做好新教师的传、帮、带等培养工作；积极指导学生课外研究项目和实践活动。

(6) 教学规范：① 教风严谨，态度认真，责任心强；② 教学思路清晰，熟悉所授课程知识点，讲授内容概念清楚，讲解准确，重点突出；③ 教师个人仪态端正，精神饱满，为人师表，教书育人；④ 语言规范，使用普通话授课，用语严密、形象、简练、易懂，富有逻辑性，语言感染力强，能吸引同学的注意力。

(7) 教学创新：① 运用启发式、讨论式、研究式等方法进行教学，且成效明显；② 教学内容有创新，并具有前沿性、科学性、思想性、启迪性；③ 教学观念有新突破，有助于学生创新观念和创造性思维能力的培养。

二、评选办法

(1) 评选分院(系)、校两个阶段进行，每年评选1次。

(2) 凡申报优秀主讲教师者，应在每年春季开学后提交申请，并填写“河海大学优秀主讲教师申报表”，经院(系)主管领导审核同意签字，学院盖章后报教务处。

(3) 凡具备参评资格的教师由所在院(系)组织初评，并对申请者进行跟踪听课5次以上；教务处组织2名以上校督导老师再跟踪听课2次以上。以上听课应有书面记载。

(4) 每年12月上旬，各院(系)应将本单位初评名单以及相关佐证材料(含跟踪听课材料、课程总结报告)报教务处。参评教师需提交有关教学文件，如：教学周历、教案、讲稿、教学研究论文、多媒体课件(投影片、幻灯片)、批改过的学生作业、指导过的学生成果等。

(5) 教务处于每年 12 月下旬组织督导组进行评议。

(6) 教务处将督导组评议的结果，上报校本科教学工作委员会审定。

(7) 校本科教学工作委员会将评选结果报校长批准后，正式公布当年度的优秀主讲教师名单。

三、奖励措施

(1) 被评为优秀主讲教师者，颁发“河海大学优秀主讲教师”证书及奖金。

(2) 将评审材料存档，作为今后职称晋升及岗位聘任的重要依据。

(3) 优秀主讲教师在当年年度评优、评选先进个人时予以优先考虑。

(4) 部分(尤其是基础课)优秀主讲教师在其荣誉称号有效期内根据工作需要可申请配备助教，从事批改作业、辅导答疑等教学辅助工作。

(5) 优秀主讲教师荣誉称号有效期为 5 年，5 年后需重新申请；如 5 年内在课程教学质量评估中有一次为后 5%者，将取消其优秀主讲教师称号。

本办法自发布之日起执行。原《河海大学优秀主讲教师评选条例》(河海校科教〔2003〕46 号)同时废止。

本办法由教务处负责解释。

关于印发《河海大学研究生奖学金管理办法》的通知

(河海校科教〔2010〕68 号)

各单位：

为完善研究生培养激励机制，吸引优质生源，激发研究生的创新热情，持续提高研究生培养质量，促进高层次创新人才的培养，特制订《河海大学研究生奖学金管理办法》，经校务工作会审议通过，现予印发，请遵照执行。

河海大学研究生奖学金管理办法

第一章　总　则

第一条　为完善研究生培养的激励机制，吸引优质生源，激发研究生的创新热情，持续提高研究生培养质量，促进高层次创新人才的培养，制定本办法。

第二条　研究生奖学金分为基本奖学金、单项奖学金、专项奖学金和“三助”奖学金。

第三条　学校根据“公平、公正、公开”和“坚持标准、宁缺毋滥”的原则，按照“学生申请、导师评价、学院评审、学校审定”的程序组织奖学金评定工作。

第二章　基本奖学金

第四条　基本奖学金由学校设立，申请对象为档案转入学校的全日制研究生(不含委培、定向和 MBA 研究生)。

第五条　博士研究生的基本奖学金设特等、一等两个等级。博士研究生基本奖学金设置见表 1。

表 1　博士研究生基本奖学金设置一览表

等　级	学年总额度（元）	发放标准（元/月）
特　等	12000	1000
一　等	9600	800

第六条　硕士研究生的基本奖学金设特等、一等和二等共三个等级。硕士研究生基本奖学金设置见表 2。

表 2　硕士研究生基本奖学金设置一览表

等　级	学年总额度(元)		
	第一学年	第二学年	第三学年
特　等	5000	6000	7000
一　等	2000	3000	4000
二　等	1000	2000	3000

第七条　基本奖学金各等级的指标由学校总体控制，学院具体指标由研究生院每学年下达。

第八条　研究生基本奖学金在标准学习年限内按阶段实行动态管理。新生入学复试时确定第一阶段基本奖学金等级。入学以后，硕士研究生基本奖学金在第二、三学年的第一个月各评定 1 次；博士研究生基本奖学金在第二、三、四学年的第一个月评定 1 次。

第九条　评定依据

(1) 第一阶段基本奖学金评定依据是：报考志愿、入学考试方式和成绩；生源学校及学习期间的成绩和综合表现；导师和学科对研究生培养潜力的评价；学校根据发展需要制定的其他原则。

(2) 其他阶段基本奖学金评定依据主要包括研究生的思想品德、学习成绩、开题报告、科研成果、学位论文、导师评价和综合素质等方面。

(3) 学校授权研究生院制订具体评定办法并组织实施。

第三章　单项奖学金

第十条　单项奖学金由学校设立，申请对象为全校在籍研究生，每年在 4 月份评定 1 次。

第十一条　单项奖学金包括：优秀科技成果奖学金、优秀学术论文奖学金、优秀研究生干部奖学金和优秀社会实践奖学金。

第十二条　优秀科技成果奖学金：博士、硕士各 50 名，奖学金额度 1000 元。申请者上年度须在校级及以上科技比赛中获奖；或获得发明专利；或在重大科研项目中取得较突出的成绩。

第十三条　优秀学术论文奖学金：博士、硕士各 50 名，奖学金额度为 1000 元。申请者上年度须在核心刊物及以上级别刊物上发表本学科学术论文。

第十四条　优秀研究生干部奖学金：共 60 名，奖学金额度为 500 元。申请者上年度须获得校级及以上优秀研究生(学生)干部荣誉称号。

第十五条　优秀社会实践奖学金：共 60 名，奖学金额度为 500 元。申请者上年度须参加校级及以上各类社会实践活动，并取得优异成绩。

第四章　专项奖学金

第十六条　专项奖学金由校友及社会各界为我校研究生设立，主要包括严恺奖学金、宝钢优秀学生奖学金等。

第十七条　专项奖学金按照相应评定条例进行评比。

第五章　“三助”奖学金

第十八条　“三助”奖学金由学校设立，研究生通过“三助”工作，获得相应奖学金。研究生“三助”包括：教学助理(简称“助教”)、科研助理(简称“助研”)和管理助理(简称“助管”)。

第十九条　政治思想优良、责任心强、学有余力的研究生，经导师同意，可申请“三助”奖学金。

第二十条　“三助”奖学金的全职岗位津贴指导标准为400～800元/月。根据岗位要求确定具体津贴标准。

第二十一条　岗位设置

(1)“助教”承担本科生或研究生部分课程的辅助教学工作。

(2)“助管”承担本科生辅导员、研究生辅导员、学校管理部门和学院的辅助管理工作。

(3)“助研”承担导师负责的科研项目中的部分工作。

第二十二条　岗位聘任

(1)“助教”岗位设置及聘任工作由研究生院和教务处负责。

(2)“助管”岗位设置及聘任工作由研究生院和人事处负责。

(3)“助研”岗位设置及聘任工作由科技处、研究生院和学院(系)负责。

第二十三条　岗位聘任实行合同管理。设岗单位及导师确认研究生不能胜任工作任务后，可以解聘，但应提前半个月书面通知研究生。研究生因故不再从事“三助”工作，须提前半个月提出书面申请并办理解聘手续。

第六章　奖学金管理及发放

第二十四条　基本奖学金每学年总额控制，硕士研究生按10个月平均发放(2月和8月份不发)，博士研究生按12个月平均发放。自注册入学当月起计发。

第二十五条　基本奖学金在标准学习年限内发放，但如有下列情况之一者，停发基本奖学金：

(1) 受到警告及以上行政处分者，自处分决定公布之日起停发；

(2) 研究生退学，自退学申请批准之日起停发；

(3) 研究生毕业，自办理完毕业离校手续之日起停发；

(4) 研究生人事档案转出学校，自档案转出之日起停发；

(5) 研究生休学，自休学申请批准之日起停发。待办完复学手续之日开始计发。

第二十六条　研究生在出国(境)期间的基本奖学金按国家和学校有关规定执行。

第二十七条　单项奖学金和专项奖学金评定结束后一次性发放。

第二十八条　“三助”奖学金按照岗位津贴标准逐月发放。

第二十九条　研究生有下列情况之一者不能参加奖学金评定：

(1) 受到警告及以上行政处分；

(2) 在学术研究中，有弄虚作假行为；

(3) 参加非法组织及活动；

(4) 无正当理由经常不参加集体活动；

(5) 未完成培养方案规定的相关环节要求。

第七章　附　则

第三十条　获得基本奖学金和单项奖学金的研究生由学校颁发获奖证书。

第三十一条　本办法自2011级研究生起执行。

关于印发《河海大学全日制研究生培养工作规定》的通知

(河海校科教〔2010〕74号)

各单位：

为了贯彻国家教育方针，保证研究生培养质量，依据《中华人民共和国学位条例》以及学校学位评定委员会审议通过的研究生培养方案原则意见，特制定《河海大学全日制研究生培养工作规定》，经校务工作会议审议通过，现予印发，请遵照执行。

河海大学全日制研究生培养工作规定

为了贯彻国家教育方针，加强全日制研究生培养工作的管理，保证全日制研究生培养质量，特制定本规定。

一、学制和学习年限

第一条 攻读博士学位的标准学制为4年，实行弹性学制，学习年限最短不低于3年，最长不超过6年(在职学习的可延长2年)。

第二条 攻读学术型硕士学位的标准学制为3年，实行弹性学制，学习年限最短不低于2年，最长不超过5年(在职学习的可延长1年)。

第三条 硕博连读和直博生培养年限一般为5～6年，最长可延至7年。

第四条 攻读全日制专业学位研究生的标准学制为2年，实行弹性学制，最短不低于2年，最长不超过4年(在职学习的可延长1年)。

二、培养计划

第五条 研究生入学后，应在导师指导下，在规定的时间内按照培养方案和学位论文工作的有关规定，结合研究方向和本人实际情况制定个人培养计划。硕士研究生培养计划报本人所在学院(系)备案，博士研究生培养计划报研究生院备案。

三、课程和学分

第六条 博士研究生课程总学分一般为18学分，其中学位课程一般为12学分，非学位课程一般为6学分；另设教学环节。

第七条 学术型硕士研究生课程总学分一般为30学分，其中学位课程一般为18学分，非学位课程一般为9学分，教学环节3学分。

第八条 各学科可根据自身的特点对学分进行适当调整，上下浮动1～2学分，具体学分数由各学位评定分委员会决定，并列入培养方案。

第九条 全日制专业学位硕士研究生的课程设置由学位课程、非学位课程和实践环节三部分组成。课程总学分不少于25学分，其中学位课和非学位课不少于20学分，实践环节为5学分。可根据各专业领域特点，由各学院确定安排实验类课程、实习、生产实践、工程训练、前沿讲座等内容。

第十条 硕博连读研究生和直博生应分别完成硕士阶段和博士阶段的所有课程。

第十一条 对缺少本学科前期专业基础的研究生，在完成本学科规定学分的同时，导师应根据具体情况指定研究生补修前期的专业课程2～3门，补修课程列入研究生培养计划。

第十二条 硕博连读研究生、直博生、应届优秀硕士报考的博士研究生在导师指导下可申请减免专业基础或专业课程学分，减免学分限3个以内。

第十三条　研究生课程考试成绩按百分制计算，学位课程考试成绩达 70 分或单科达 60 分且加权平均达 75 分为合格，非学位课程考试成绩达 60 分为合格，教学环节通过为合格，合格即可取得相应学分。

四、教学环节

第十四条　博士研究生学术活动包括参加国内外学术会议、专家学术讲座、研究生院组织的博士生导师讲座，以及以学院为单位组织的研究生学术研讨活动等。申请学位论文答辩前必须参加 20 次以上的学术交流活动，至少做两次公开的学术报告(论文开题报告除外，其中一次原则上应为外文)。

学术型硕士研究生学术活动包括参加国内外学术会议、专家学术讲座，以及以学院为单位组织的研究生学术研讨活动等。申请学位论文答辩前必须参加 10 次以上的学术交流活动，至少做一次公开的学术报告(论文开题报告除外)。

第十五条　博士研究生必须参加科学研究课题，应有在导师指导下独立负责某专题或子题的研究工作经历。课题完成后，由导师提出综合评审意见。

第十六条　硕士研究生必须参加实践活动。

学术型硕士研究生实践形式包括助教、助管、助研、生产实践、社会实践等，各项实践活动的累计时间要达 1 周以上。研究生完成实践活动后要进行小结，并请实践活动的所在单位对研究生实践环节的时间和效果进行考核和评价，小结和考核评价结果报所在学院。

全日制工程硕士研究生实践活动采用集中实践与分段实践相结合的方式。在学期间，必须保证不少于半年的实践教学，应届本科毕业生的实践教学时间原则上不少于 1 年。我校全日制工程硕士研究生原则上应进入各类研究生培养基地开展实践教学。研究生以完成的实习总结报告和实践所在单位评语作为考核依据，取得实践环节的学分。

其他全日制专业学位研究生的实践活动按照相应的研究生培养方案有关规定执行。

第十七条　博士研究生开题前应研读不少于 80 篇文献(其中外文文献不少于 50%)，撰写一篇不少于 5000 字的文献综述报告。文献综述报告需在一定的范围内进行研讨或公开发表，由导师审核并评定成绩。

学术型硕士研究生开题前应研读不少于 30 篇文献(其中外文文献不少于 40%)，撰写一篇不少于 3000 字的文献阅读报告。文献阅读报告需在一定的范围内进行研讨，由导师审核并评定成绩。

第十八条　硕博连读研究生和直博生在硕士阶段的教学环节不作要求。

五、开题报告

第十九条　研究生学位论文的开题报告应公开进行。

硕士研究生的开题报告原则上在第三学期内完成，且开题报告审核通过后至少半年方可申请答辩。

博士研究生的开题报告原则上在第四学期内完成，且开题报告审核通过后至少 1 年方可申请答辩。

通过博士生资格认定的硕博连读研究生开题报告原则上在研究生入学后第六学期前完成，且开题报告审核通过后至少 1 年方可申请答辩。

直博生开题报告原则上在第六学期前完成，且开题报告审核通过后至少 1 年方可申请答辩。

六、中期考核

第二十条　学术型硕士研究生在第四学期前期完成中期考核，博士生在第五学期前期完成中期考核。直博生在第六学期前完成博士生中期考核。中期考核需检查其课程学习情况和论文进展情况。

七、学术论文

第二十一条 博士研究生、学术型硕士研究生应按要求公开发表与学位论文内容相关的学术论文。

申请博士学位者应以第一作者(包括导师第一作者，申请者为第二作者)，且第一署名单位为河海大学，公开发表一定数量与学位论文内容相关的学术论文。

(1) 申请理学、工学学科门类博士学位者，发表的学术论文应至少有1篇学术论文在外文学术期刊上发表并被SCI收录；

(2) 申请法学、管理学学科门类博士学位者，应符合以下条件之一：

① 至少有1篇学术论文在外文学术期刊上发表并被SCI或SSCI或AHCI收录；

② 有2篇学术论文被SCI或EI收录(其中至少1篇为外文文章)；

③ 有3篇学术论文发表在CSSCI检索源期刊上。

导师为第一作者、研究生为第二作者发表的学术论文至多认定1篇。

(3) 其他等同条件如下：

① 获得国家级科技成果奖(有个人证书)，可免除论文发表的要求；获得省部级科技成果或哲学社会科学优秀成果一等奖(排名前5位)、二等奖(排名前3位)、三等奖(排名前2位)、或发明专利授权(每项专利仅限1名博士生申请学位使用，由专利排名第一人认定)，等同于发表相同数量的SCI或EI论文。

② 成果均应以“河海大学”为第一署名单位。

申请硕士学位者，应以第一作者(包括导师第一作者，申请者为第二作者)，且第一署名单位为河海大学，在核心期刊(学校指定的期刊目录)上发表1篇与学位论文内容相关的学术论文。获得省部级科技成果或哲学社会科学优秀成果三等奖及以上(有个人证书)或实用新型专利授权，等同于在核心期刊上发表相同数量的论文。

八、学位论文

第二十二条 博士、硕士学位论文研究工作必须经过论文开题报告、中期检查、论文预答辩、学位论文评阅、论文答辩等环节。

第二十三条 博士学位论文的选题和成果应在理论上或实践上对经济建设有较重要意义。论文立论正确、分析严谨，反映作者具有坚实宽广的基础理论和系统深入的专门知识。在科学或专门技术上做出创造性的成果，表明作者具有独立从事科学研究工作的能力。

学术型硕士学位论文必须对所研究的课题在基本理论、计算方法、测试技术、工艺制造等某一方面有新的见解，或用已有理论及最新科技成就解决工程技术的实际问题，在学术上有一定的理论意义或应用价值。必须注重理论分析，论文能体现硕士研究生具有坚实的理论基础，较强的独立工作能力和优良的学术作风。

第二十四条 全日制专业学位硕士研究生学位论文选题应来源于工程实际或具有明确的应用背景。论文应具备一定的难度和工作量，体现作者综合运用科学理论、方法和手段解决实际应用问题的能力，并有一定的理论基础，具有先进性、实用性。

九、附　则

第二十五条 研究生培养工作实行校院二级管理，研究生院代表学校对研究生的培养工作进行指导、管理和监控。

第二十六条 硕士研究生的成绩管理由学院负责，博士研究生的成绩管理由研究生院负责。

第二十七条 硕士研究生的学位论文工作由学生所属学院负责，博士研究生的学位论文工作由研究生院负责。

第二十八条 留学研究生的培养工作参照本规定执行。

第二十九条 本规定由研究生院负责解释。

关于印发《河海大学非全日制研究生培养管理规定》的通知

（河海校科教〔2010〕75 号）

各单位：

为了规范和加强非全日制研究生培养工作的管理，保证和提高非全日制研究生培养质量，根据教育部《普通高等学校学生管理规定》(中华人民共和国教育部令 2005 年第 21 号)，在《河海大学工程硕士培养管理规定》、《河海大学工商管理硕士(MBA)研究生培养管理暂行规定》的基础上，特制定《河海大学非全日制研究生培养管理规定》，经校务工作会议审议通过，现予印发，请遵照执行。

河海大学非全日制研究生培养管理规定

第一章 总 则

第一条 为贯彻国家的教育方针，维护正常的教学秩序，规范和加强非全日制研究生的管理，根据国家有关文件，结合我校具体情况，特制定本规定。

第二条 本规定所指非全日制研究生是指参加在职人员攻读硕士学位全国联考被录取的人员。

第二章 注册管理

第三条 非全日制研究生新生必须持录取通知书和有关证件，在规定时间到指定地点办理报到手续。因故不能按时报到者，必须凭有关证明事先向研究生院请假。请假时间不得超过两周。未请假或请假逾期者，取消入学资格。

第四条 新生入学后，学校在 3 个月内按照国家招生规定对其进行复查。复查合格者予以注册，取得学籍；不合格者，取消入学资格。

第五条 对患有疾病的新生，经学校指定的二级甲等以上医院诊断不宜在学校学习的，可保留入学资格 1 年。保留入学资格者不具有学籍。在保留入学资格期间内经治疗康复，可在次年新生入学前两周向学校申请入学，经学校复查合格后，办理入学手续。复查不合格或者逾期不办理入学手续者，取消入学资格。

第六条 每学期开学时，研究生应当按学校规定的时间办理注册手续。不能如期注册者，应当履行暂缓注册手续。未按学校规定缴纳培养费或者其他不符合注册条件的不予注册。

第七条 学院负责与合作办学单位协调，组织好本学院非全日制研究生报到注册工作。

第三章 学习年限、退学

第八条 各类别非全日制研究生的学习年限按其培养方案执行。非全日制研究生应在规定的学习年限内完成学习任务，若不能在标准学制规定的年限内完成学业者，必须提前提出延长学习年限申请，导师签署意见，学院审核，报研究生院批准。

第九条 非全日制研究生有下列情况之一者，应予退学：

(1) 因身体健康原因不能继续学习的；

(2) 未能在规定的学习期限内完成学业且无正当理由延期的；

(3) 在学期间严重违法违纪的；

(4) 本人申请退学的。

第十条 非全日制研究生退学，由本人提出申请或导师提出建议，经所在单位签署意见后，送学院及研究生院审核，报校长会议研究决定。

第十一条 退学非全日制研究生应在退学批文下发后两周内办完相关离校手续。

第四章 课程教学

第十二条 非全日制研究生课程学习实行学分制。所选课程应符合各类型研究生培养方案中课程设置的要求。

第十三条 非全日制研究生入学后，应按照培养方案制订个人课程学习计划，保证课程学习时间和学习效果。学习计划应在入学后两周内交到相关学院。

第十四条 教师授课可根据非全日制研究生具体情况采取灵活多样的授课方式，保证课程的教学质量和效果。校内班教学可安排在周末或节假日进行，异地班教学可采取分段集中的方式进行。

第十五条 非全日制研究生各门课程都必须进行考试。课程考试分为开卷考试、闭卷考试、课程论文、口试加笔试等不同的形式；任课教师应在课程考试结束后的两周内(如提交课程论文则在课程结束后 3 个月内)完成课程考试评分工作。课程成绩的修改应由任课教师本人持试卷和学院分管领导签字的修改说明到研究生院修改。

第五章 教学管理

第十六条 研究生院负责组织全校非全日制研究生的课程建设、教学评估和检查及部分公共课程教学管理。学院负责本单位非全日制研究生的课程教学与管理工作。

第十七条 非全日制研究生课程教学的日常评估和检查由学院组织实施。学院应定期组织教学检查，开展非全日制研究生课程教学经验交流，掌握本学院非全日制研究生课程教学情况。学院应将本学期的课表及考试安排及时报研究生院，以备检查。

第十八条 研究生院在学院自我检查和评估的基础上，定期或不定期地开展非全日制研究生课程教学的抽查和不同类型的课程评估，同时将抽查和评估的结果反馈给有关学院，改进课程教学工作。

第十九条 非全日制研究生的教学档案由学院统一保存。学院应做好各类别、各年级、各班级非全日制研究生的教学档案管理工作(包括学籍档案、成绩档案、试卷档案等)。非全日制研究生的学籍档案和成绩档案应长期保留，试卷、档案应保留 3 年。

第二十条 非全日制研究生的业务档案由学院指定专人负责管理。管理人员应严格按照国家和学校的有关规定，做好档案的收集和管理工作。

第二十一条 任课教师必须按教学计划、教学大纲的内容和学时完成教学任务。如因特殊情况不能上课，应办好调课手续。

第二十二条 任课教师应配合教学管理部门做好课堂考勤、考试安排、成绩登记、教学评估等管理工作。

第六章 纪律与考勤

第二十三条 非全日制研究生应严格遵守课堂纪律。因故不能上课，必须办理请假手续。请假经批准方有效，否则作旷课处理。书面请假条留存学院。非全日制研究生每门课程的请假时间累计不得超过总学时的 1/5，否则不得参加考试。

第二十四条 参加考试必须携带研究生证和有效身份证件，严格遵守考场纪律。考试作弊者，成绩按零分计，情节严重者按退学处理。

第七章 学位论文

第二十五条 非全日制研究生按所属类型的培养方案完成全部课程学习，达到要求后，可开始学位论文工作。

非全日制研究生文献阅读的内容应与学位论文所研究的内容密切相关，突出国内外的研究现状和水平。

开题报告主要包括文献综述、课题研究的内容、意义、研究方案、预期达到的目标及时间进度计划。

非全日制研究生通过开题后，可进行学位论文研究与撰写工作。学位论文须符合《河海大学非全日制专业硕士学位论文工作管理办法》的有关要求。

学位论文答辩必须在校内进行。

第二十六条　学院应根据各专业学位研究生培养方案的要求，对学位论文的选题、形式以及学位论文答辩的程序、规定等环节作出具体规定。

第八章　学位授予

第二十七条　非全日制研究生在规定学习年限内，修满培养方案规定的学分，通过论文答辩，可以申请专业硕士学位，学院学位评定分委员会、学校学位评定委员会审批通过后授予学位。

第二十八条　非全日制研究生完成规定的学习计划，但未通过学位论文答辩者，可发放学习证明。

第九章　附　则

第二十九条　非全日制研究生培养工作实行校院二级管理。研究生院代表学校对培养工作进行指导、管理和监控，学院负责本单位非全日制研究生培养、学位论文等工作，并与合作办学单位共同做好非全日制研究生在学期间的日常管理工作。

第三十条　非全日制研究生在学期间不转户口、不转工资关系和其他组织人事关系。学习期间凡涉及工作、医疗费和社会保险等问题均由原单位负责。

第三十一条　本规定自发文之日起执行，由研究生院负责解释。

关于印发《河海大学研究生优秀学位论文培育与评选办法》的通知

（河海校科教〔2010〕76 号）

各单位：

根据《全国优秀博士学位论文评选办法》、《江苏省优秀博士学位论文评选实施办法》、《江苏省优秀硕士学位论文评选实施办法》，结合我校具体情况，特制定《河海大学研究生优秀学位论文培育与评选办法》，经校务工作会议审议通过，现予以印发，请遵照执行。

河海大学研究生优秀学位论文培育与评选办法

优秀学位论文是研究生培养质量的重要标志。为促进拔尖创新人才脱颖而出，推动我校研究生培养质量的整体提高，特制订本办法。

一、全国优秀博士学位论文选拔培育

选拔对象为非在职优秀博士研究生，类别分一、二两类。一类主要从二、三年级博士生中选拔，二类从四年级博士生中选拔。已入选一类者还可继续申报二类。

（一）具体选拔条件

（1）优秀博士学位论文培育候选人的指导教师一般是博士生指导教师队伍中学术造诣深、责任心强，在国内外学术、科技界有一定影响，主持并在研国家级或部省级科研项目。

（2）优秀博士学位论文培育申请人在思想品德端正，学风端正基础上还应具备以下条件：

一类：主要从在读的中期考核为优秀的二、三年级博士生中选拔；如果新入学的博士生科研能力特别突出并已取得一定的科研成果(在国内外高水平学术刊物上发表过论文)，亦可申请。

二类：从在读的已通过学位论文预答辩的四年级博士生中选拔，所取得的与学位论文研究有关的创新性研究成果在同学科内名列前茅(达到申请博士学位所需成果的3倍及以上)且正在从事的博士论文研究有望再经过半年到1年(或更长的时间)的深入研究，取得重大的突破，达到国家优秀博士学位论文水平。

(二) 选拔程序

申请者填写《河海大学优秀博士学位论文培育资助申请书》，经指导教师推荐，所在学院初审，报研究生院。研究生院组织专家评审，并对名单进行公示。

(三) 培育政策与措施

1. 学校及学院提供的支持

(1) 配备导师组。建立以博士生导师为主，其他具有高级职称或博士学位的优秀教师参与的导师组，人数一般为3～5人，负责对入选者科研以及学位论文的指导。

(2) 提供经费支持。学校设立优秀博士学位论文培育基金，对每位入选者提供一定的经费支持。一类人员提供1万元的专项经费资助，每月增发优秀奖学金1000元，资助期限一般为12～24个月。二类人员提供2万元的专项经费资助。每月增发优秀奖学金1500元，资助期限一般为6～12个月。获得一类资助的博士生论文预答辩后，符合条件的可申请二类资助。经费按年度拨付给入选者的导师，用于有关的科研和学术活动，包括购买文献资料、必要的实验费用、参加学术会议等。

(3) 履行协议好、成果突出者可优先申请留校工作。

(4) 学校优先支持入选者申请国家公派留学研究生项目及参加国际会议、国外访学的资助。在同等条件下优先支持申请各类奖学金。

(5) 学院对入选者在工作场所、实验条件等方面应优先保证。

2. 对培育对象的考核与管理

(1) 优秀博士学位论文培育入选者及其导师均须与学校签订协议。其学位论文必须参加校级优秀学位论文评选。获一类资助的博士生取得学校要求的申请博士学位所需学术成果数量的2倍及以上，方可申请答辩。获得资助的博士生学位论文答辩由研究生院统一组织。

(2) 入选河海大学优秀博士学位论文培育者必须定期(每学期1次)向学院和研究生院报告科研进展情况，接受学院和研究生院组织的考核。如果在入选1年后科研上没有新的成果，或新入学的博士生后期所做开题报告未能得到导师组通过，将取消此项培养资格。

(3) 获资助的博士生若有以下任一情况发生，资助终止：

违反校纪校规，受到校纪处分；

署名(不论署名次序)公开发表的论文有剽窃、伪造试验数据等学术不端现象并被认定；

因事、因病休学的研究生休学期间。

(4) 因博士生本人主观原因而终止研究工作的，原则上须由本人自筹补上已支出的资助经费并退还学校。

二、省级优秀硕士学位论文选拔培育

学院在硕士生中选取少数优秀生作为省级优秀硕士学位论文培育的候选人，从第二学年开始对其论文研究工作进行跟踪和指导。

具体选拔条件与程序：

(1) 优秀硕士学位论文培育对象候选人的指导教师，一般是硕士生指导教师队伍中学术造诣深、责任心强、学术水平高，在国内外学术、科技界有一定影响的教师。

(2) 优秀硕士学位论文培育对象候选人应具有较强的独立从事科学研究工作的能力，并在本学科高水平学术期刊上发表论文。论文选题来源应主要为国家级或部省级重点科研项目，紧密结合本学科国内外研究热点和前沿问题。

(3) 申请者填写《河海大学优秀硕士学位论文培育资助申请书》，经指导教师推荐，所在学院审核批准，报研究生院备案。

学院对入选者在工作场所、实验条件等方面应优先保证。

优秀硕士学位论文培育入选者的学位论文必须参加校级优秀学位论文评选。

三、校级优秀学位论文的评选

学校原则上在评定的校优秀博士、硕士学位论文中择优推荐参评江苏省优秀博士、硕士学位论文和全国优秀博士学位论文。

1. 参评对象

参加评选的学位论文，应为在规定时间内被河海大学授予学位的学位论文(含专业学位)。参加评选的学位论文应以中文撰写。

2. 参评条件

(1) 选题为本学科前沿，有重要的理论意义或现实意义，尤其鼓励与国家经济建设、科技进步和社会发展紧密相关的应用性、技术性选题。

(2) 论文体现出参评研究生具备本学科及相关领域坚实(宽广)的理论基础与系统(深入)的专门知识，在科学理论、专门技术或研究方法上有创新，材料翔实，推理严密，数据可靠，文笔流畅，表达准确，层次分明，图表规范。

(3) 博、硕士学位获得者在攻读学位期间应发表一定数量的与学位论文工作有关的高水平学术论文(具体要求在部署评选工作时制定)；或者获得省部级以上奖项或取得发明专利(正式授权)。

3. 评选程序

(1) 由研究生个人和导师提出申请，并附上获奖、发表论文、专利等成果的证明材料报学院。

(2) 学院根据评选条件进行评选。推荐博士学位论文数量一般不超过当年度学位论文总数的8%。推荐硕士学位论文数量一般不超过当年度学位论文总数的6%。

(3) 研究生院组织专家对推荐材料进行评审。被评为校优秀博士和硕士学位论文的名额分别控制在当年度学位论文总数的5%和4%左右。

(4) 校优秀博士、硕士学位论文名单向全校公示。任何单位或个人如发现入选论文存在剽窃、作假或论文的主要研究结论不能成立等严重问题，可在入选名单公布之日起5个工作日内，以书面方式向研究生院提出异议。提出异议的书面材料应包括异议论文的题目、作者姓名、异议内容、支持异议的具体证据或科学依据以及提出异议者的真实姓名、工作单位、联系地址、联系电话等。不符合上述规定的异议不予受理。研究生院负责处理异议，并对提出异议的单位或个人予以保密。

(5) 公示期结束后，由研究生院公布评选结果。在公示期限结束之日起15日内异议事项仍未处理完毕的论文不再列入优秀论文名单。

四、优秀学位论文的奖励

(1) 对获得校优秀博士、硕士学位论文的作者和导师，分别给予表彰。

(2) 对获得省优秀博士学位论文的作者和导师，学校分别奖励5000元；对获得省优秀硕士学位论文的作者和导师学校分别奖励2000元。

(3) 对获得全国优秀博士学位论文的作者和导师，学校分别奖励30000元。对未列入校优博培育计划而最终获得全国优秀博士学位论文的作者和导师分别奖励50000元。

(4) 对获得全国优秀博士学位论文提名奖的作者和导师，分别奖励10000元。对未列入校优博培育计划而最终获得全国优秀博士学位论文提名奖的作者和导师分别奖励20000元。

五、其他

(1) 已获奖的论文，如发现有剽窃、作假、失实、主要研究成果不能成立等问题，一经认定，取消“河海大学优秀博士学位论文”、“河海大学优秀硕士学位论文”称号并予以公布，对已授予的博士学位或硕士学位将按有关规定进行处理。

(2) 本办法自发文之日起执行。由研究生院负责解释。

关于印发《河海大学班导师工作管理办法(修订)》的通知

(河海校科教〔2010〕94 号)

各单位：

为了加强班导师工作管理的科学化、规范化和制度化，经学校研究，特制定《河海大学班导师工作管理办法(修订)》。现将《河海大学班导师工作管理办法(修订)》予以颁布，希望各单位对班导师工作加强管理和考核。

河海大学班导师工作管理办法(修订)

第一条 班导师是班集体的教育者和管理者，是学生学习过程的主要指导者，对班集体的建设和学生的全面发展具有特别重要的作用。为了加强班导师工作管理的科学化、规范化和制度化，结合我校实际情况，特制定《河海大学班导师工作管理办法》(修订)。

第二条 班导师由院(系)行政委派，每个本科班级设置一名班导师，每位班导师管理一个班级的学生，在分管教学工作的院长领导下，对责任班级的学生进行学习指导和管理。

第三条 任职条件

(1) 具有良好的思想政治素质，热爱教育工作，热爱学生，工作责任心强，具有奉献精神，品行端正，为人师表。

(2) 专业知识丰富，教学效果好，工作能力强，熟悉学生成长成才规律，具备良好的文化素养，具有较强的科研能力和学习指导能力。

(3) 硕士学位或中级职称以上，身体健康，能胜任日常工作。

第四条 班导师的主要职责

班导师要认真做好学生的日常教育与管理工作，引导学生遵纪守法、加强道德修养，注重学生的个性健康发展；要针对学生的个体差异，因材施教，为学生提供学习与就业方面的个别指导，帮助学生顺利完成学业，提高学生培养质量。具体职责如下：

(1) 做好新生入学教育工作。重点要做好专业认知教育工作，包括向新生介绍专业培养方案、专业特色、专业发展前景等，让新生全面了解所学专业，明确学习目标。

(2) 负责对责任班级学生进行学习指导。定期召开班会，掌握学生的学习情况，介绍专业发展动态，开阔学生视野；定期听课并及时与任课老师沟通，了解学生学习中存在的问题和困难，督促学生全面完成学习任务。

(3) 协助辅导员做好责任班级学生干部的培养工作。要深入学生班级，定期走访学生宿舍，积极参与学生组织的活动，熟悉每一个学生，加强对班委会的指导，帮助班级形成团结进步、刻苦钻研、积极向上的优良学风。

(4) 与辅导员一起开展丰富多彩的“第二课堂”，培养学生的创新精神和创新能力。鼓励学生积极参加创新训练项目、科研课题和各种社会实践活动，提高学生的综合素质和专业素质。

(5) 对学生的学籍管理问题提出建议。负责对责任班级学生的课程选修、辅修、转专业、提前毕业、推荐免试研究生、留级、延长学习年限、休学、复学、退学等学籍管理问题提出建议或处理意见。

(6) 协助指导学生做好职业生涯规划。与辅导员一起教育学生树立正确的价值观和择业观，指导学生合理地设计自己的职业生涯，做好学生的就业指导工作。

第五条 班导师的考核和奖惩

(1) 班导师的考核每年进行1次。班导师按照《河海大学班导师工作评估考核表》(见附件)的内容和标准进行工作自评，各院(系)根据平时掌握的情况，同时征求责任班级学生和有关方面的意见确定考核等级。

(2) 班导师工作的考核结果作为教师年度工作考核、专业技术职务晋升和岗位聘任的条件，考核为优秀的班导师在年度工作考核、专业技术职务晋升和岗位聘任时予以优先考虑。

(3) 考核为优秀的班导师，减免20%的工作量；考核为称职的班导师，减免15%的工作量；考核为基本称职的班导师，减免10%的工作量；考核为不称职的班导师，不减免工作量，当年度不能晋升职称，并予以撤换。

(4) 在考核的基础上，各院(系)提出河海大学优秀班导师人选(比例在班导师人数的10%左右)，报教务处审核，经学校批准后发给荣誉证书。

第六条 班导师工作由教务处归口管理，各学院直接管理。本办法由教务处负责解释，自公布之日起试行。原《河海大学班导师工作条例(修订)》(河海校科教〔2000〕47号)同时废止。

河海大学班导师工作评估考核表

		不称职	基本称职	称职	优秀
工作态度40分	U1－1 20分	不熟悉学分制管理办法，不能给学生的学习过程给予指导	基本熟悉学分制管理办法，能给学生的学习过程给予指导	熟悉学分制管理办法，能给学生的学习过程提出建议并给予正确的指导	熟悉学分制管理办法，能对学生的学习过程提出有益的建议和正确的指导
	U1－2 5分	不能深入学生班级，任职1年后只熟知50%的学生	能去学生班级，任职1年熟知50%～70%的学生	能经常深入学生班级，任职1年熟知70%～90%的学生	能经常深入学生班级，任职1年熟知90%以上的学生
	U1－3 7分	经常不参加班导师工作例会，很少与任课教师联系，平均每门课程每学期联系不到1次	班导师例会无故缺勤1次，能与任课教师联系，每门课程每学期至少联系1次	班导师例会无故迟到或早退两次(含两次)以下，经常与任课教师联系，每门课程每学期联系不少于两次	能按时参加班导师例会，经常与任课教师联系，每门课程每学期联系3次以上(含3次)
	U1－4 8分	每学期召开班级大会和学生骨干会议不到1次	每学期至少召开1次班级大会和两次学生骨干会议	每学期至少召开两次班级大会和数次学生骨干会议	每月至少召开1次班级大会和学生骨干会议
工作实绩40分	U2－1 10分	统考课程都很差	1/2统考课程成绩名次为全校中等水平	统考课程成绩名次为全校中等水平	统考课程成绩名次在全校名列前茅
	U2－2 10分	学生主干课程到课率低于90%，无考勤制度，课堂纪律较差	学生主干课程到课率90%以上，考勤率达90%，课堂纪律一般	学生主干课程到课率90%以上，考勤率达90%以上，课堂纪律较好	学生主干课程到课率90%以上，考勤率达100%，课堂纪律好
	U2－3 10分	每学期本班学生作弊超过两人次，考场秩序差	每学期本班学生偶有作弊现象或考场秩序一般	每学期本班学生无作弊现象，考场秩序较好	每学期本班学生无作弊现象，考场秩序好
	U2－4 10分	班风差、正气得不到抬头，本班学生违纪受处分现象严重	班风一般，本班偶有学生违纪受处分	班风较好，大部分学生积极要求上进，自觉遵守学校各项规章制度	班风优良，本班学生积极要求上进，自觉遵守学校各项规章制度

续表

		不称职	基本称职	称职	优秀
自身素质20分	U3－1 10分	不能坚持四项基本原则，不能为人师表	坚持四项基本原则，为人师表	坚持四项基本原则，为人师表，每学期有班导师工作小结	坚持四项基本原则，为人师表，每学期有班导师工作计划和总结
	U3－2 10分	对班导师工作不能客观自评	对班导师工作有自评，但不很客观	对班导师工作有自评且比较客观，能肯定成绩，认识不足	对班导师工作自评客观，能肯定成绩，认识不足，并提出改进措施

学科建设与科技管理

关于印发《河海大学学术委员会章程》的通知

(河海校政〔2010〕120号)

各单位：

根据《中华人民共和国高等教育法》的有关规定，结合学校实际，对《河海大学学术委员会章程(试行)》(河海校政〔2004〕79号)进行了修订，经校党委常委会审议通过，现予印发，请遵照执行。

河海大学学术委员会章程

第一章　总　则

第一条　根据《中华人民共和国高等教育法》的有关规定，为进一步提高我校教学、科研以及社会服务的能力，特制定本章程。

第二条　河海大学学术委员会是由河海大学专家学者代表组成的学术评议、审议和学术决策与咨询的最高学术权威机构。

第三条　河海大学学术委员会致力于发挥教师在学科建设、科学研究工作及教育教学改革中的重要作用，倡导学术自由，开展学术交流，提高学校科学技术水平。

第二章　组织机构

第四条　校学术委员会委员主要由校内专家、教授及相关学术行政负责人等组成。校学术委员会委员推荐名单经校党委常委会通过后，由校长聘任。

校学术委员会设委员35至45人，校学术委员会设主任委员1人，副主任委员3～5人，设秘书处作为日常办事机构，秘书处挂靠科技处，并设秘书长1人，副秘书长3～5人。

第五条　学校根据科学研究、学科发展的需要，设人文社科学术分委员会、学术道德分委员会、常州校区学术分委员会等。学术分委员会对校学术委员会负责。

学术分委会委员由7～11人组成，设主任1名，副主任1～2名，秘书1名。

第六条　学术委员会委员应具有较高的学术造诣，学风端正、治学严谨、坚持原则、不徇私情，严格遵守学校学术委员会章程以及国家教育与科技工作的方针、政策和学校有关规定。校学术委员会委员应具有正高职称。

第七条　学术委员会每届任期 3 年，委员可连任，连任人数不得超过上届总人数的三分之二。学术委员会委员组成要充分体现专家学者的广泛参与性和年龄结构、学科结构的合理性。

第三章　工作职责

第八条　校学术委员会的工作职责是：

(1) 审议学校事业发展规划；

(2) 审议学校专业设置、学科建设方案；

(3) 审议学校重大教学改革、科学研究规划；

(4) 评定学校重大教学研究、科学研究成果；

(5) 加强学术道德建设，受理学术争议；

(6) 学校委托的其他学术工作。

第九条　人文社科学术分委员会的工作职责是：

审议、评定与咨询校学术委员会委托的人文社科领域有关学术事项。

第十条　学术道德分委员会的工作职责是：

维护学术风气，规范学术行为；调查与认定学术不端行为，提出处理意见。

第十一条　常州校区学术分委员会的工作职责是：

审议、评定与咨询校学术委员会委托的常州校区有关学术事项。

第四章　工作制度

第十二条　校学术委员会实行例会制，全体会议每学期举行 1 次，由主任或主任委托的副主任负责召集主持。

根据工作需要，主任或主任委托的副主任也可临时召开校学术委员会全体会议。

第十三条　校学术委员会委员在全委会休会期间提出的提案，主任或主任委托的副主任可根据需要召开临时全体会议，对提案进行讨论，并给出答复。

校学术委员会全体会议必须有三分之二以上委员出席方可举行。

校学术委员会或分委员会根据会议内容，可邀请学校有关部门负责人列席会议。

第十四条　校学术委员会决议事项采取民主集中制的原则，需以投票方式做出决定时，应事先制定投票规则。

第十五条　对校学术委员会作出的决定有异议的，可在接到书面答复的 1 个月内申请复议。复议会议必须经过全体委员会半数以上同意方可召开，复议结果为最终决定。

第十六条　校学术委员会在讨论、审议、评定与本人或其亲属有关的事项时，该委员应回避。

第十七条　校学术委员会委员必须对学术委员会会议上讨论的事项严格保密。

第十八条　校学术委员会委员因故不能出席学术委员会会议时，应书面请假。

第五章　基层学术委员会

第十九条　校学术委员会在各学院设院(系)学术委员会，负责校学术委员会授权的学术评议、审议工作。

第二十条　院(系)学术委员会委员由学院推荐，经校学术委员会审议通过后，由校长聘任。院(系)学术委员会接受校学术委员会的指导。

院(系)学术委员会委员由 9～15 人组成，设主任 1 名，副主任 1～3 名，秘书 1 名。

第二十一条　院(系)学术委员会委员应具有副高以上职称，校学术委员会委员是所在院(系)学术委员会当然委员。

第二十二条　院(系)学术委员会委员任期 3 年，可以连任，但连任人数不得超过上届总人数的四分之三。

第二十三条 院(系)学术委员会的职责权限是:

(1) 审议院(系)事业发展规划;

(2) 审议院(系)机构的设置;

(3) 评审院(系)申报的各类教学、科学研究成果和奖励;

(4) 维护学术风气,规范学术行为;

(5) 校学术委员会委托的其他学术工作。

第二十四条 院(系)学术委员会全体会议必须有三分之二以上委员出席方可举行。需以投票方式作出决定时,须经与会委员三分之二以上同意方可通过。

第六章 附 则

第二十五条 本章程自发布之日起施行。

第二十六条 本章程如有未尽事宜,由校学术委员会另行议定。

关于印发《河海大学科研准备金管理办法(试行)》的通知

(河海校科教〔2010〕53 号)

各单位:

为充分发挥学校的综合科技优势,争取国家重大科技项目,产出高水平、有影响的标志性科技成果和申报国家、省部级科研基地,在反复研讨、广泛征求意见的基础上,学校制订了《河海大学科研准备金管理办法(试行)》,经校务工作会审议通过,现予以印发,请遵照执行。

河海大学科研准备金管理办法(试行)

一、总 则

第一条 河海大学科研准备金是为支持发展学校科技事业,开展重大科技项目立项前期工作,产出高水平、有影响的科技成果和申报国家、省部级科研基地设立的专门经费。

第二条 为规范科研准备金的筹措、申请、审批、使用和管理等工作,特制定本办法。

二、经费筹措

第三条 科研准备金来源为从学校组织获得的重大科技项目中另收取 5%的公共资源占有费,经费实行专项管理。

三、申请与审批

第四条 科研准备金设立专门账户,申请使用单位为学院(系)、国家和省部级科研基地、科技处,申请单位指定责任人,负责科研准备金申请、使用、返还等事宜。

第五条 申请单位需提交申请报告,说明申请理由、经费用途、偿还方式、风险预期等。

第六条 学院、科研基地申请科研准备金,由科技处负责初审,并组织专家进行技术审查、论证和风险评估,科技处、财务处等部门对专家审查通过的申请报告进行会签,提交分管科技校领导批准。

第七条 科技处申请科研准备金,学校组织专家进行可行性论证,经专家论证通过的申请报告提交分管科技校领导审核,校长批准。

四、使用与管理

第八条 科研准备金用于与申请内容相关的业务活动，不得挪用，不得超越规定的使用范围。

第九条 批准使用的科研准备金，以项目形式立项，设专门经费本，按照财务规定支出。

第十条 科研准备金开支范围为与申请内容相关的差旅费、会务费、评审鉴定费、专家咨询费、薪金、科研津贴、劳务费、招待费等。

第十一条 申请科研准备金的学院、科研基地，在科研准备金项目实施完成后，无论取得收益与否，均需向学校返还有关经费。

第十二条 学校组织专家对科研准备金使用单位进行绩效考评。对使用科研准备金获得收益的，考评优良的，在以后的科研准备金申请中给予优先支持；对使用科研准备金未有收益的，且考评不合格的，3 年内不得再申请。

第十三条 科研准备金使用和管理，接受财务、审计等有关部门的监督、检查。

五、附 则

本办法自公布之日起施行。

关于印发《河海大学科技奖励办法(修订)》的通知

（河海校科教〔2010〕54 号）

各单位：

为激励全体教师和科技人员科技创新的积极性和主动性，促进学校科技工作的持续快速发展，加快实现高水平特色研究型大学的发展目标，在反复研讨、广泛征求意见的基础上，学校对《河海大学科技奖励办法》(河海校科教〔2007〕34 号)进行了修订，经校务工作会审议通过，现予以印发，请遵照执行。

河海大学科技奖励办法(修订)

第一章 总 则

第一条 为进一步完善科研工作激励机制，充分调动全校教师和科技人员进行科技创新的积极性和主动性，促进学校科技工作的持续快速发展，加快实现高水平特色研究型大学的发展目标，结合学校实际情况，特制订本办法。

国防科技奖励办法另文颁布。

第二条 科技奖励项目范围包括科技项目奖、科技成果奖、学术论文发表与学术著作出版奖、发明专利奖、重点基地立项奖、杰出人才与优秀科研团队项目立项奖。

第三条 本办法的适用范围(受奖者)为我校教工(含博士后)。

第二章 科技项目奖

第四条 科技项目奖奖励标准。

(1) 主持国家“973 计划”项目、国家“863 计划”重大项目、国家科技重大专项、国家科技支撑计划重大项目、国家自然科学基金重大项目、国家社会科学基金重大项目，奖励项目申报团队 6 万元/项、奖励科技管理部门及相关人员 4 万元/项。

(2) 主持国家“863 计划”重点项目、国家科技支撑计划重点项目、国家自然科学基金重点项目、国家社会科学基金重点项目、国家自然科学基金重大国际(地区)合作研究项目，奖励项目申报团队3万元/项、奖励科技管理部门及相关人员2万元/项。

第三章　科技成果奖

第五条　科技成果奖奖励标准。

(1) 我校为第一完成单位的获奖成果(以单位获得证书为准)，奖励标准如下：

国家级一等奖	10万元/项
国家级二等奖	6万元/项
省部级/社会力量设奖 一等奖	1万元/项
省部级/社会力量设奖 二等奖	0.7万元/项
省部级/社会力量设奖 三等奖	0.5万元/项

(2) 我校为第二完成单位者，按上述相应标准的50%奖励；我校为第三完成单位或以后者，按上述相应标准的25%给予奖励。

第四章　学术论文发表与学术著作出版奖

第六条　发表学术论文奖励标准。

(1) 被科学引文索引(SCI)、工程索引(Ei)检索的学术论文奖励标准如下：

《Nature》、《Science》、SCI论文(IF≥10.0)	10万元/篇
SCI检索论文(核心版)	0.2万元/篇
SCI检索论文(扩展版)、Ei收录的学术期刊论文	0.1万元/篇

(2) 人文及社会科学学术论文奖励标准如下：

SSCI(社会科学引文索引)检索论文、中国社会科学	1.0万元/篇
A&HCI(艺术和人文学科引文索引)检索论文	0.5万元/篇
南京大学中国社科研究评价中心CSSCI(中文社会科学引文索引)一流期刊、《新华文摘》全文转载论文、《人民日报》理论版、《光明日报》理论周刊、ISSHP(社会科学及人文科学会议录索引)检索论文、中国人大书报资料中心《复印报刊资料》全文转载论文	0.1万元/篇

注：论文第一作者必须为河海大学教工(含博士后)或学生(论文第二作者必须为该学生的导师)；论文署名必须符合《河海大学科技成果署名规范》要求，且论文第一署名机构必须为《河海大学科技成果署名规范》规定的我校或我校下属科研机构或学院的中英文标准名称。

第七条　我校教工(含博士后)为第一著作人出版的学术专著，奖励标准为：国家一级出版社0.5万元/部，其他出版社0.3万元/部。

第五章　发明专利奖

第八条　我校为第一专利权人获得国家知识产权局授权的职务发明专利奖励0.5万元/件。

第六章　重点基地立项奖

第九条　重点基地立项奖奖励标准。

(1) 新批准立项建设的国家工程实验室、国家工程研究中心、国家重点实验室、国家工程技术研究中心、国家野外科学观测研究站、教育部人文社科重点研究基地，奖励项目建设单位6万元，奖励科技管理部门及相关人员4万元。

(2) 新批准立项建设的省部级重点实验室、省部级工程研究中心、省部级工程技术研究中心、江苏省人文社科重点研究基地，奖励项目建设单位2万元，奖励科技管理部门及相关人员1万元。

第七章　杰出人才与优秀科研团队项目立项奖

第十条　杰出人才与优秀科研团队项目立项奖奖励标准。

(1) 新增国家基金委创新群体立项，奖励项目申报团队 7 万元，奖励科技管理部门及相关人员 3 万元。

(2) 新增教育部创新研究团队立项，奖励项目申报团队 5 万元，奖励科技管理部门及相关人员 2 万元。

(3) 新增国家杰出青年基金立项，奖励项目申报团队 2 万元，奖励科技管理部门及相关人员 1 万元。

第八章　附　则

第十一条　所有奖励项目均应不存在学术不端问题和法律纠纷问题。对事后被认定存在学术不端或法律纠纷问题或验收不合格的奖励项目，将追回已发奖金。

第十二条　本办法自公布之日起施行，原《河海大学科技奖励办法(修订)》(河海校科教〔2007〕34 号)同时废止。

关于印发《河海大学科技项目经费管理办法(修订)》的通知

(河海校科教〔2010〕55 号)

各单位：

为进一步完善我校科技项目经费管理，在反复研讨、广泛征求意见的基础上，学校对《河海大学科技项目经费管理办法》(河海校科教〔2007〕35 号)进行了修订，经校务工作会审议通过，现予以印发，请遵照执行。

河海大学科技项目经费管理办法

第一章　总　则

第一条　为加强科技项目经费管理，保证科技项目经费的有效使用和合理分配，根据国家有关法规和财务制度规定，特制定本管理办法。

第二条　科技项目经费主要用于科学研究，促进科技发展，增强学校科技发展综合实力。

第三条　本管理办法适用于没有专门经费管理办法的科技项目，对有专门经费管理办法的科技项目(如国家自然科学基金、“863 计划”、“973 计划”、国家科技重大专项、国家科技支撑计划等)，经费开支使用按相关的经费管理办法执行。

国防科技项目经费管理办法另文颁布。

第四条　学校科技处、财务处、审计处、人事处和项目负责人及其所属单位应各负其责，密切配合，做好科技项目经费管理工作。科技处负责科技项目管理和合同管理，并配合财务处做好经费管理的有关工作；财务处负责科技项目经费财务管理和会计核算，指导项目负责人编制项目经费预算，审查项目决算，监督、指导项目负责人按照项目立项书和合同约定，以及有关财经法规在其权限范围内使用科技项目经费；审计处按国家和学校有关规定，对项目经费使用情况进行审计；人事处负责科技项目临时用工审批、用工酬金发放审核以及教职工科研津贴总量备案工作；项目负责人应自觉接受有关单位的监督检查，按有关规定及时办理科技项目结题及结账手续，并对经费使用的真实性、有效性承担责任；项目负责人所属单位负责组织、协调、保障项目执行过程中所需条件，监督项目负责人认真履行合同和合理使用经费。

第二章　科技项目经费管理

第五条　各类科技项目经费由学校财务处统一管理。项目负责人携已认定类别的项目合同书和第一笔到款通知单到科技处办理项目立项登记手续后，到财务处办理科技项目使用经费本，经费本由项目负责人保管使用。

第六条　科技项目经费实行分类管理、预算包干、超支不补、自求平衡的原则。

第七条　项目负责人应严格按照国家、学校有关科技政策和科技项目经费管理规定，结合科技项目研究的实际情况，编制科学、合理、内容全面的科技项目经费预算。

第八条　科技项目经费使用比例如下表：

项　目 类　别	经费分配比例	
	学　校	项目组
一　类	5	95
二　类	8	92
三　类	16	84

(1) 单项经费(不含委外及设备费)超过1000万元的三类项目，学校给予项目组到账经费2%的奖励。

(2) 物理模型试验研究的三类项目，学校给予项目组到账经费2%的劳务补贴。

(3) 对学校组织获得的重大科技项目，学校另收取5%的公共资源占有费，拨入学校科研准备金。

第九条　项目合同中明确注明需购置专项设备，相应的购置经费学校提取3%管理费(购置照相和摄像器材、家具，不享受此项减免优惠)。项目合同中未注明，但确因研究需要使用项目经费购置专项设备(单台价格大于等于3000元)，凭学校资产管理部门出具的资产登记证明，由科技处办理经费正常退还手续。凡符合减免优惠购置专项设备的管理费均实行先提后退。

第十条　对于需要委托校外单位协助研究的科技项目，应在项目合同中明确，同时提供委外单位相关资质或完成项目的能力证明，并需经专项审批。委外经费原则上不得超过项目总经费的30%，对委外经费，学校提取3%的管理费。

由我校与校外单位共同申报或以招投标等方式获得的项目，若在我校立项，按协议(合同)委托给合作单位的研究经费可不受30%比例的限制，学校免提委外经费的管理费，项目的责任风险由项目负责人承担。

在合同中未明确且需委托校外单位协助研究的科技项目，项目负责人应先提出申请，并提供相关的辅证材料，经项目所属单位和科技处审核后，报分管科技校长审批。同意委外的一、二类委外项目经费，学校管理费不减免；三类委外项目经费，学校提取10%的管理费。该类委外项目的责任风险由项目负责人承担。

所有委托校外单位协助研究的科技项目，在项目结束后，须按学校有关规定组织项目验收或鉴定。

第十一条　由离退休人员承担的三类科技项目经费，学校提取5%的管理费。

第三章　科技项目经费的使用

第十二条　按照国家有关规定经学校统一提取管理费后，科技项目经费的使用应严格按有关财务制度执行。

第十三条　经费开支范围如下：

(1) 科技业务费。包括设备费、材料费、测试化验加工费、会议费、评审费、鉴定费、出版/

文献/信息传播知识产权事务费、差旅费、住宿费、租赁费、资料费、测试费、水电费、邮寄费、通讯费、税费等，凭有效凭据报销。

(2) 科研津贴、咨询费、研究生助研费、用工费。该类支出不超过总经费(不含委外经费及专项设备购置经费)的38%。以实际到款为基数，课题组人员可提取10%的科研津贴；咨询费控制在8%以内；研究生助研费、用工费等控制在20%以内。

研究生助研费，应签订研究生助研协议，报研究生院审核、财务处和科技处备案。研究生助研费，在其参加的科技项目中据实列支，并由财务处直接发放到学生本人银行卡。科技项目临时用工3个月以内的，项目负责人对其用工行为负全部责任；科技项目临时用工超过3个月的，项目负责人需事先提出用工计划报告，并与受聘者签订用工合同，由项目所属单位审核后，报人事处审批，财务处、科技处备案。项目负责人及所属单位负责确认研究生助研和其他用工活动的真实性。

(3) 设备购置费。因研究需要购置用于与项目研究内容相关的专项设备，单台价格1万元以下，由项目负责人提出申请，学院审核，科技处批准即可购置；单台价格1万元以上，还须经资产管理部门审核同意后方可购置。专控商品需办理专控商品审批手续。

大型贵重仪器设备(大于10万元)采购，须按国家和学校有关规定进行。学校对使用科技项目经费购置大型贵重仪器设备，并形成固定资产的，给予项目组仪器设备经费2%的奖励。

(4) 按有关规定以合同方式聘用的科研人员(含优秀毕业生)的薪金。

(5) 项目招待费。以实际到款为基数，控制在项目经费(不含委外经费与专项设备经费)的10%以内，凭有效票据到财务处报销。

第十四条 科技项目若出现风险，其赔偿金由校、项目所属单位和项目负责人共同分担，项目负责人须自筹资金冲抵。

第十五条 科技项目需交纳的相关税费和其他有关费用在项目中列支。

第四章 科技项目经费结算

第十六条 按本办法执行的科技项目，应在合同规定期限内完成项目结题(验收或鉴定)。项目结题后，应在1年内办理项目经费结算手续。结余经费按以下比例分配：结余奖金50%，后续再研基金45%，学校5%。项目经费结算手续完成后，经费本予以核销，再研经费划入项目负责人再研基金经费本。

对于未能在结题后1年内办理结算手续的，由项目所属单位负责在半年内完成结题工作并办理结算手续，科技处通知财务处将项目剩余经费的20%划入学校发展基金，80%划入项目所属单位发展基金。如有特殊情况，项目负责人应在结题后半年内提出结算延期申请，由项目所属单位审核、科技处审批，报分管科技校领导批准，但最多不能延期1年。

第五章 附 则

第十七条 项目经费不得挪作商业投资、买卖股票、经商等非科研支出。

第十八条 本办法自发布之日起执行，原河海校科教〔2007〕35号文《河海大学科技项目经费管理办法》同时废止。

科技项目分类认定说明

1. 科技项目立项会签，严格按照立项程序执行。

2. 一类项目：国家、部省设立的基础研究、人文社科类项目。

(1) 认定依据：河海大学为项目申报单位之一(申请书、协议书或合同中出现河海大学单位名称、公章和教师姓名)，并以有效发文或有效的合同文件为准。

(2) 一类项目清单：国家自然科学基金、江苏省自然科学基金、“973计划”项目、“863计划”

项目；国家社会科学基金、江苏省社会科学基金、教育部人文社会科学研究项目、国家哲学社会科学研究规划项目、江苏省哲学社会科学研究规划项目；教育部博士学科点专项科研基金、霍英东教育基金。

3. 二类项目：国家、部省政府部门(不含其直属事业单位)、流域机构(不含其直属事业单位)设立的科技计划项目以及与境外机构的合作项目。

(1) 认定依据：① 河海大学为项目申报单位之一(申请书、协议书或合同中出现河海大学单位名称、公章和教师姓名)；② 以部委、省(直辖市、自治区)政府部门(不含其直属事业单位)有效发文或合同文件中出现河海大学单位名称为准。

(2) 鉴于与境外机构的合作项目的特殊性，如果项目委托方提供两份证明材料：① 证明项目委托方是境外单位(发文或合同)；② 证明该项目是与境外机构的合作项目组成项目或子项目，则可认定为二类项目。

(3) 二类项目清单：国家科技重大专项、国家科技支撑计划、公益性行业科研专项、国家星火计划项目；部委、省(直辖市、自治区)政府部门(不含其直属单位)、流域机构(不含其直属单位)的科技计划项目；与境外机构的合作项目、国家和省部级重点实验室开放基金。

4. 三类项目：除一、二类项目外的科技项目。

队 伍 建 设

关于印发《河海大学博士后工作管理办法》的通知

(河海校政〔2010〕78 号)

各单位：

为进一步做好我校博士后管理工作，根据《博士后工作“十一五”规划》(国人部发〔2006〕114 号)、《博士后管理工作规定》(国人部发〔2006〕149 号)、《关于博士后研究人员工资待遇问题的通知》(国人部发〔2006〕89 号)文件精神，结合我校实际，对原《博士后工作管理办法(修订)》(河海校人〔2005〕31 号)进行修改，特制定本办法，请遵照执行。

河海大学博士后工作管理办法

为吸引更多国内外优秀博士来我校从事高水平的科研工作，加速培养和造就高水平高层次的年轻科技人才和新的学术带头人，促进我校学科发展及加强学术交流，根据国家人力资源和社会保障部、全国博士后管理委员会、江苏省人力资源和社会保障厅有关博士后工作的文件和规定精神，结合我校具体情况，特制定本办法。

一、博士后工作管理机构

(1) 学校成立博士后工作委员会，负责我校博士后工作重大问题的规划和决策。博士后工作委员会下设博士后管理工作办公室(简称“博管办”)负责全校的博士后日常管理和服务工作，该办公室行政上隶属校人事处管理。各博士后科研流动站成立博士后工作领导小组，下设一名联系人，负责博士后科研流动站的日常事务。

(2) 学校有关职能部门根据具体分工参与博士后管理工作(见附件 1)。

二、博士后科研流动站

(1) 博士后科研流动站(以下简称“流动站”)按一级学科设站。申请流动站应具备的基本条件是：具有授予博士学位的学科、专业和一定数量的博士生指导教师，并已培养出取得博士学位的人员；具有较强的科研实力和较高的学术水平，承担着高水平的科研项目，科研工作处于国内前列；具有必需的科研条件和科研经费，并能为博士后研究人员(以下简称“博士后”)提供必要的科研条件。

(2) 博士后科研流动站所涵盖的具有博士学位授予权的二级学科，有重点科研任务、具备科研条件，均可招收博士后。

(3) 具有博士生指导教师资格的科研课题负责人均可作为进站博士后的合作博士生导师(简称“合作导师”)，负责对博士后的科研工作进行指导和考核。

(4) 博士后名额优先向基础研究领域、急需扶持发展的学科倾斜，并重点支持承担重大科研任务且科研经费充足的课题组。凡不具备科研条件或无科研经费的单位均不得招收博士后。

三、博士后研究人员的申请资格及身份

(1) 凡新近获得博士学位，品学兼优，身体健康，年龄在 40 岁以下者，均可以申请到我校相应的博士后流动站从事博士后研究工作。

(2) 为鼓励人才交流，避免学术上的“近亲繁殖”，我校培养的博士生，毕业后一般不得申请进本校同学科的博士后流动站(跨学科的除外)，但可以进入企业博士后工作站从事企业联合培养博士后研究工作。

(3) 博士后研究人员是指获得博士学位，进入博士后科研流动站(或工作站)从事研究工作的人员。

(4) 博士后研究人员系国家正式职工，为我校不入编的定期聘任的正式人员，享受在职教师的同等待遇，其行政、工资、组织等关系均按规定接受我校的统一管理。

四、博士后人员招收类型

河海大学博士后招收分为四类：

(1) 经学校考核通过同意拟作为师资培养，本人申请，拟接收学院同意，从事博士后研究工作；

(2) 经学校人事工作领导小组审核，认定暂时不具备引进条件，但具备培养潜力的，本人申请，学院推荐，所在流动站同意，从事博士后研究工作；

(3) 具有博士学位且年龄在 40 岁以下，与原单位解除关系的全脱产人员，申请从事博士后研究工作；

(4) 原所在单位人事部门同意，本人申请，所在流动站同意，从事博士后研究工作。

五、申请程序及审批

1. 国内获得博士学位人员申请在我校从事博士后研究工作，按以下程序进行审批：

(1) 提前 3 个月向我校博管办提出书面申请。申请时须提交以下书面材料：① 本人简历；② 博士学位证书(复印件)或博士论文答辩证明；③ 攻读博士学位期间论文发表情况、主要研究成果；④ 原单位同意从事博士后研究工作的有关证明等；⑤ 填写《河海大学博士后研究人员申请表》。

(2) 委托、定向培养和在职工作以及现役军人必须提供所在单位人事部门出具的同意从事博士后研究工作的证明，并须注明对其出站后工作去向的意见。

(3) 根据申请材料，我校对符合招录条件的博士后申请人员组织面试考核，根据学科发展需

要，择优录取。面试考核工作由流动站所在的博士后管理工作领导小组组织安排，由3～5位本学科相关专业的教授参加，面试考核小组在《河海大学博士后进站面试考核表》上做出书面考核意见并将结果报博管办初步审核。

(4) 初步审核通过后，申请者登陆中国博士后网填写并提交相关信息，下载打印相关表格上报博管办。经博管办审批通过后报江苏省人力资源和社会保障厅博士后管理办公室审批。

(5) 批准后，博管办向本人发出录用通知书。

(6) 同意接收进站从事博士后研究的人员，应与流动站及合作导师签订《河海大学博士后岗位目标责任书》，制定博士后期间的具体工作计划，明确博士后期间的主要研究课题和工作任务，规定双方的责任、权利和义务以及其他应遵守的事项及学校各项管理规定。与河海大学博管办签订《河海大学博士后进站协议书》。

2. 国外获得博士学位的留学人员或外籍人员申请在我校从事博士后研究工作，按以下程序进行审批：

(1) 申请人可向我国驻外使领馆教育处(组)、河海大学博管办、或省人力资源和社会保障厅博士后管理办公室索取《博士后申请表》等有关申请资料。

(2) 申请人应递交《博士后申请表》1份，由两位专家(其中一位最好是申请人的博士生指导教师)填写《专家推荐信》各1份，博士学位证书复印件1份，并请我国使领馆教育处(组)在《中华人民共和国驻外使领馆教育处(组)推荐意见表》上签署意见。上述申请材料，可以由我驻外使领馆教育处(组)或申请人本人直接寄河海大学博管办审查。

(3) 经博管办审查后报省博后处审批。

(4) 批准后，博管办向本人发出录用通知书。

(5) 留学博士已经回国，申请程序则按国内获得博士学位人员类型办理。

六、进站报到

(1) 已被批准进站的博士后申请者必须按期进站。无正当理由，逾期超过半月者，博管办有权取消其进站资格。如有特殊情况应在拟定进站日期前向博管办请假。

(2) 被录用的博士后凭录用通知书和身份证到人事处博管办报到办理有关进站手续，博士后原所在单位必须在其报到前将其个人档案寄我校人事处，档案未到者，暂不办理正式报到手续。

七、工作期限

(1) 博士后在站工作期限一般为2年，期满后按时出站。

(2) 在站期间获得中国博士后科学基金特别资助项目或其他重大项目可提出延期申请，在同意延期的基础上最长在站时间不得超过3年。

(3) 一般不受理提前出站申请。

八、中途退站、离站

(1) 博士后在站期间，一般不承担教学工作，各流动站要关心和督促他们专心致志地进行研究工作，不可从事与研究工作无关的商务、工程工作。若其表现不宜继续从事博士后研究工作(如考核不合格、受警告以上处分等)，流动站可向博管办提出终止其博士后研究工作的要求，由博管办向上级部门提出退站报告。

(2) 博士后在站期间，若因病连续请假3个月以上，则须终止博士后研究工作，并办理离站手续。若因工作需要短期出国，须经所在流动站同意并报博管办批准，如逾期不归，(超过1个月)则作自动退站处理。

(3) 未完成博士后研究项目而离、退站的博士后，自上级批准的下一个月起停发一切经费，不再享受国家和学校为博士后提供的各种优惠政策和待遇，不颁发博士后证书，户口、住房按有关规定退出。

(4) 对无故退站的博士后，应退还下达的所有经费，逾期(超过半年)不出站的博士后，取消博士后资格，退回原单位。

九、出站

(1) 博士后期满出站后的工作可由本人联系、流动站推荐或全国博管会和江苏省人力资源和社会保障厅博士后工作办公室协助联系，实行双向选择、自主择业。博士后如系现役军人，其工作安排需通过解放军总政治部。

(2) 博士后期满离站或要求流动到下一站的博士后，需在期满前两个月到校博管办办理相关手续。

(3) 博士后进站前已与用人单位签订协议的，出站时应按协议办理出站分配。

(4) 博士后工作单位确定后，须取得接收单位人事部门同意录用的函件，随同博士后研究报告及相关材料报送江苏省人力资源和社会保障厅博士后工作办公室办理有关出站手续。

(5) 博士后凭已办完出站手续的离校清单，到校博管办领取报到证后，到录用单位报到。

(6) 博士后离站前应将博士后期间的《研究工作报告》、科研成果、发表论文等交人事处，作为博士后科研档案存档。

(7) 对考核合格的博士后研究人员，颁发由人力资源和社会保障部、全国博士后管理委员会监制的《博士后证书》。

十、经费

(1) 博士后经费由国家计划内指标拨款、江苏省资助、学校自筹等组成。为有效合理地使用好博士后经费，将不同渠道来源的经费合并为河海大学博士后总经费，由学校统一掌握，用于支付博士后的日常经费、科研经费、岗位津贴等。

(2) 博士后招收类型中前三类博士后研究人员，在站两年期间其工资、各项补贴、福利待遇(医疗费用)按国家规定的标准在博士后总经费中支付。若博士后配偶为非南京户口且不随流，可以每月发放 400 元分居补贴。博士后进站 3 个月内一次性划拨博士后科研经费 5 万元，根据中期、出站考核结果发放奖励津贴。学校提供博士后廉租公寓。第四类博士后研究人员进站 1 个月内一次性划拨科研经费 5000 元，工资、福利、医疗等待遇在原单位领取。

(3) 在站博士后应积极申报“中国博士后科学基金”等，争取更多的经费支持。博士后科研经费及科研成果按《河海大学博士后科研经费及科研成果管理规定》(见附件 2)管理。

(4) 博士后的校内岗位津贴和中期、出站考核奖励津贴由学校划拨。

十一、工作考核与奖励

(1) 博士后的研究课题应是学科领域的前沿问题，且具有重要的理论意义和应用前景。博士后研究课题应由本人提出，但力求结合其所在流动站的科研条件和学科发展需要，参考合作导师的意见，共同商定。博士后进站后两个月内应做开题报告，制订在站研究计划，由所在流动站博士后工作领导小组组织包括合作导师在内的专家组(5 名以上专家)评议，经流动站负责人批准后执行，并报校博管办备案。

(2) 博士后进站满 1 年时，由所在流动站博士后工作领导小组组织专家组(5 名以上专家)对博士后进行中期考核，填写《河海大学博士后科研工作中期考核表》，报人事处博管办备案。

(3) 博士后工作期满前 3 个月就应着手总结研究工作，准备出站。博士后本人应提交按全国博士后管委会办公室统一规定撰写的《博士后研究工作报告》，以及在站期间所发表的与研究报告有关的论文。由所在流动站及博士后研究合作导师组织专家组(5 名以上专家，其中应有 1 名校外专家)对博士后研究工作报告进行审核并给出评价意见。博管办根据博士后在站研究成果参照《河海大学博士后研究人员考核积分表》(见附件 3)完成博士后出站考核评定工作。博士后出站申请留校或晋升专业技术职务，需经相关考核委员会审定后确定。

第一类博士后人员考核与奖励标准：

(1) 根据出站考核积分发放奖励津贴；(2) 出站考核达到“良”及以上可申请留校；(3) 出站考核达到“优”，且至少发表 1 篇 SCI(光盘版)或 1 篇 SSCI 文章或 2 篇 CSSCI 一流期刊，可以不受资历、学院指标限制参加“副研究员”特评(如在站期间通过岗前培训并取得教师资格证可申请特评“副教授”)。

第二类博士后人员考核与奖励标准：

(1) 根据出站考核积分发放奖励津贴；(2) 出站具备以下条件可以申请留校：① 出站考核达到“良”及以上；② 获得国家博士后科学基金或省部级以上基金资助；③ 理工学科至少 1 篇学术论文在期刊上发表并被 SCI 收录，管理学科至少 1 篇学术论文在期刊上发表并被 SCI 或 SSCI 收录；(3) 出站考核达到“特优”可以不受资历、学院指标限制参加“副研究员”特评(如在站期间通过岗前培训并取得教师资格证可申请特评“副教授”)。

第三类博士后人员考核与奖励标准：

(1) 根据出站考核积分发放奖励津贴；(2) 申请留校或参加特评参照第二类博士后人员标准，出站时年龄原则上不超过 35 岁，并且需通过学院和学校新教师考核，学校人事领导小组审定。

第四类博士后人员考核与奖励标准：

在按时出站的前提下，出站考核为“优”奖励经费 5000 元，“特优”奖励经费 1 万元；出站考核达到“特优”可以不受资历、学院指标限制参加“副研究员”特评(如在站期间通过岗前培训并取得教师资格证可申请特评“副教授”)。

说明：

(1) 申请留校的出站人员，成果凭有效证明为准，其中文章以录用为准；拟申报晋级特聘出站人员，所有成果必须以出版或公布获得相关证书为准。

(2) 成果计算年限原则上按 2 年计，最长不超过 3 年。

(3) 出站申请留校人员，原则上不超过当年度出站总数的三分之二，申请晋升人员原则上不超过当年度出站总数的三分之一。如申报留校人员超过以上指标限制的，按考核积分由高到低排序，达指标数为止，以指标数为基准，上下分值相差 5 分内的人员，须经人事领导小组审定。

(4) 在站期间，具有下列情况之一者，作退站处理：① 违反学术纪律；② 伪造出具假证明或受记过及以上行政处分；③ 因病连续请假 3 个月或无故旷工 15 天以上；④ 出国参加会议等逾期不归；⑤ 不能履行协议所规定的各项任务，以及出站科研工作评审不合格；⑥ 在站工作期满，未经同意仍滞留不办手续；⑦ 其他。

十二、博士后住房

(1) 人事、工资关系均已迁入我校的博士后可申请入住博士后廉租公寓，入住前须与资产处签订有关住房租住协议。博士后公寓的房间适度装修，统一配置家具。

(2) 博士后出站时，必须按时交还住房。对逾期不交还者，将严格按照住房租住协议的有关条款承担违约责任。

(3) 博士后应爱护住房内的一切设施。进出站均应查验所有设施，离站时应主动通知资产处检查住房家具及一切设施，如有损坏按租住协议赔偿。

(4) 博士后公寓房租标准按有关规定从工资中扣除，水、电、网络等费用由博士后自行支付。

(5) 在学校博士后公寓紧张的情况下，允许博士后在外租房，学校将给予一定的租房补贴。

十三、博士后户口、配偶及子女

(1) 博士后(统招)本人可以按规定把户口迁入学校。博士后进站时，可凭江苏省人力资源和社会保障厅介绍信在南京市公安局办理南京市户口准迁证。配偶及其未成年子女如随博士后本人流动，可办理暂住户口。

(2) 博士后在站期间，其子女入托由后勤管理处安排在我校幼儿园，收费标准与本校职工相同。博士后子女入学，凭省厅介绍信由博士后本人与南京市教育局联系安排，工会协助办理，所需费用由博士后本人承担。

(3) 博士后配偶如以借调或停薪留职方式随博士后流动，在此期间的专业技术职务、调资、医疗等由原工作单位按国家和当地有关规定负责办理。若人事档案关系转至当地人才交流中心，在此期间的专业技术职务、调资等，由人才交流中心按国家和当地有关规定办理。

十四、附则

(1) 本规定由博管办负责解释。若本办法与国家有关规定有冲突，以国家有关规定为准。

(2) 本管理办法自公布之日起实施。2005 年 3 月 15 日颁布的《河海大学博士后管理工作办法(修订)》(河海校人〔2005〕31 号)与 2007 年 9 月 18 日颁布的《河海大学博士后管理工作办法补充规定》(河海人〔2007〕41 号)同时废止。

关于印发《河海大学“领军人才培养支持计划”实施意见》的通知

(河海校人〔2010〕85 号)

各单位：

为进一步加强我校师资队伍建设，努力造就在国内外学术界有重大影响的两院院士、长江学者、国家杰出青年科学基金获得者等学科领军人才，促进优秀人才不断涌现，持续提升学校核心竞争力，特制定《河海大学“领军人才培养支持计划”实施意见》，经校务工作会议审议通过，现予印发，请遵照执行。

河海大学“领军人才培养支持计划”实施意见

为贯彻学校第十二次党代会提出的人才队伍建设目标，紧紧围绕我校建设发展要求，进一步加强我校师资队伍建设，努力造就在国内外学术界有重大影响的两院院士、长江学者、国家杰出青年科学基金获得者等学科领军人才，促进优秀人才不断涌现，持续提升学校核心竞争力，特制定河海大学“领军人才培养支持计划”实施意见。

一、指导思想和工作目标

坚持人才资源是第一资源，坚持人才队伍建设突出重点，整体推进。力争到“十二五”末，培养和造就一批具有国际先进水平的高层次领军人才和创新团队，形成结构合理、与学校地位相称的领军人才群体，为实施“人才强校”战略提供高层次人才保障和智力支持。

二、计划内容

“领军人才培养支持计划”是学校人才队伍建设的重要组成部分，包括院士后备人选培养项目、长江学者特聘教授后备人选培养项目、国家杰出青年基金获得者后备人选培养项目。

1. 院士后备人选培养项目

遴选在科学技术领域研究造诣深厚，学风端正，已经取得创新性成果，带领创新团队领导本学科梯队建设，有望出现重大突破并取得创造性成就和做出重大贡献的高级专家，作为院士后备人选进行重点培养支持，力争在两院院士成功申报上有所突破。

2. 长江学者特聘教授后备人选培养项目

遴选在国内外学术界有影响，学风端正，具有创新性构想和战略性思维，能带领本学科跟踪国际科学前沿并赶超国际先进水平，开展原创性、重大理论与实践问题研究和关键领域攻关，能带领创新团队进行教学科学研究的学科带头人，年龄原则上在42周岁以下，力争入选教育部长江学者特聘教授。

3. 国家杰出青年基金获得者后备人选培养项目

遴选在国内外学术界有影响，学风端正，在自然科学基础研究、应用基础研究方面取得同行承认的创新性成绩，对本学科领域或相关学科领域的发展有推动、促进国民经济与社会发展，能带领创新团队进行科学基础研究和应用基础研究的学科带头人，年龄原则上在42周岁以下，力争获得国家杰出青年基金资助。

三、人员遴选

项目培养人选每两年遴选1次，具体程序分为：

1. 初选

院士后备人选培养项目培养人选由学校负责提名，长江学者特聘教授后备人选培养项目和国家杰出青年基金资助获得者后备人选培养项目的培养人选由学院负责提名。凡被提名的教师填写《河海大学领军人才发展支持计划书》报人事处。

2. 评审

学校组织国内外专家评审，遴选出我校领军人才项目候选人。

3. 审定

由校人事工作领导小组审定领军人才项目培养人选(以下简称“培养人选”)。

四、支持措施

1. 项目带动

学校支持培养人选及其所在单位按有关程序积极争取承担国家、省部级科技计划重大专项、重点项目或重大工程建设项目，并予以优先推荐和支持。

2. 团队建设

学校及所在单位支持培养人选建设好创新团队，在团队人员配备、设备配置、经费使用等方面尊重培养人选的自主选择权。

3. 研修考察

学校积极支持培养人选参加重要的国内外学术交流活动及综合性考察工作。鼓励并支持培养人选到国内外一流大学、研究机构等单位进行培训研修，帮助培养人选搭建与国内外高级专家相互交流、相互学习、相互促进的平台，不断拓宽培养人选的国际视野，培养战略思维，全面提高其参与国际科技竞争的能力。

4. 经费支持

对培养人选及所在团队，学校将根据学科发展和工作实际情况给予50万～100万元经费支持条件建设。

5. 奖励方式

对成功获得两院院士、长江学者特聘教授、国家杰出青年基金资助获得者，学校按相关规定办法奖励单位及团队。

五、管理考核

1. 目标管理

培养人选按照《河海大学领军人才发展支持计划书》实行目标管理。目标责任须明确学校、学院、个人的责、权、利关系。

2. 培养考核

对培养人选实行定期考核、滚动培养。培养人选应在每年 12 月 31 日前，向学校提交年度培养情况报告，培养期届满，由学校组织届满考核，并根据考核结果，确定进入下一期滚动培养的人选。

3. 信息跟踪

学校建立和完善培养人选及其创新团队数据库和信息管理系统，加强跟踪培养服务，实现科学化、规范化管理。

六、实施保障

(1) 加强组织领导。学校人事工作领导小组统一领导、统一规划、统一协调各领军人才培养支持计划项目。培养支持计划项目的日常管理工作由高层次人才建设办公室负责。

(2) 加强项目的资金管理。学校有关部门应严格按照有关支持项目的规定，做好经费管理工作，切实保证经费的落实与合理使用。

(3) 培养人选所在单位要充分发挥人才培养的主体作用，高度重视培养工作，切实落实培养方案，尽量减少培养人选不必要的行政事务和社会活动，为他们提供良好的工作和生活环境。

七、附则

本实施意见由人事处负责解释，自颁布之日起执行。

关于印发《河海大学“优秀创新人才支持计划”管理办法》的通知

(河海校人〔2010〕86 号)

各单位：

为进一步加强青年学术带头人队伍建设，加速培养和造就一批拔尖创新人才，增强学校自主创新能力，持续提升学校的学术水平和人才培养质量，特制定《河海大学“优秀创新人才支持计划”管理办法》，经校务工作会议审议通过，现予印发，请遵照执行。

河海大学“优秀创新人才支持计划”管理办法

第一章　总　则

第一条　为进一步加强青年学术带头人队伍建设，加速培养和造就一批拔尖创新人才，增强学校自主创新能力，持续提升学校的学术水平和人才培养质量，特制定本办法。

第二条　在学校重点建设的学科中遴选 40 岁以下优秀创新人才进行重点培养，支持他们围绕国家重大科学技术和工程技术、社会科学和国际前沿科学与技术进行创新研究；争取入选省部级、国家级人才计划。

第三条　优秀创新人才计划评审工作贯彻尊重知识、尊重人才的方针，按照公开、公平、公正的原则，引入竞争机制，实行专家评审，择优支持。

第二章　申报条件

第四条　优秀创新人才计划每两年受理 1 次，受理时限以当年度正式通知为准。

第五条　优秀创新人才计划申报条件：

(1) 具有博士学位的教学科研一线教师，受聘于副教授及以上专业技术职务，申请人年龄一般不超过 40 周岁。

(2) 有良好的学术道德，学风严谨，有强烈的事业心和求实、创新、协作、奉献精神。

(3) 在教学改革、科学研究和高新技术工程化、产业化方面取得同行公认的创新性成果。

(4) 具有较大的发展潜力，拟开展的研究工作有创新性构想，并有充分的时间和精力从事本计划支持的研究工作。

(5) 具有成为本学科骨干的潜质，对本学科领域的发展和学术研究工作有创新性构想。

第六条 优秀创新人才计划申请人拟开展的研究项目应具备以下条件：

(1) 选题符合经济、社会发展战略和科技发展中长期规划，属于基础研究与前沿技术研究，以及针对经济和社会发展中急需解决的重大关键、共性技术和制约发展的瓶颈问题所进行的创新性研究。

(2) 在优秀创新人才计划支持年限内完成的阶段目标应达到创新性突出、带动作用强、市场前景好、有明确的自主知识产权目标。

第七条 优秀创新人才计划实行限额申报，以学院为单位，统一申报，不受理个人申报。

(1) 个人根据申报名额、规定的申报条件和本单位实际情况向学院提出申请并提交《河海大学优秀创新人才支持计划申请书》。

(2) 在《河海大学优秀创新人才支持计划申请书》中必须明确在资助期内取得的标志性成果，须符合条件①并满足②、③、④、⑤中的一项：

① 在资助期内必须赴国外高水平大学进行半年以上的合作研究，或至少应参加 3 次在国外举行的高水平国际学术研讨会；

② 以河海大学为第一主持单位，成功申报 1 项国家级项目；

③ 以河海大学为第一排名单位，获得省级二等以上科技奖励 1 项；

④ 入选省部级及以上人才支持计划；

⑤ 以本项目资助名义发表 SCI、SSCI、CSSCI 一流(不含扩展)论文 3 篇以上。

第三章 评审程序

第八条 优秀创新人才计划的评审程序为学院审查推荐、学校评审委员会审定、批准。

(1) 申请人所在学院(单位)应对申报材料进行严格审核，并就内容的真实性、工作设想的可行性和经费预算的合理性等签署审核及推荐意见，按申报限额报学校人事处。

(2) 经学院评审，有以下情况之一者，不提交评审委员会评审：

① 不符合申请条件；

② 不按规定要求填写申请书；

③ 提供的材料不齐全、不真实；

④ 经费预算不符合规定。

(3) 由人事处组织评审委员会专家对申请人材料进行同行评议、提出支持方案。评审委员会专家应不少于 5 人，获专家三分之二及以上赞同票者为同行评议通过。评审结果汇总后，由主审人填写评审意见并签名。

(4) 学校组织对同行专家评议通过的申请人进行答辩评审，在申报限额内获三分之二及以上赞同票者为评审通过。

(5) 学校审批并公示，如无异议，正式公布获资助的优秀创新人才名单。

第九条 优秀创新人才评审委员会由学术道德威望高、专业造诣深的校内外有关专家组成。评审委员会的职责是：

(1) 评审优秀创新人才计划资助的建议人选。

(2) 参与对获资助者研究工作进展情况的检查和所取得的研究成绩的评议。

(3) 对获资助者所取得的学术成绩和科研成果进行评议。

第四章　资助与管理

第十条　优秀创新人才计划申请人在接到批准资助通知后，需签订《河海大学优秀创新人才计划培养目标责任书》一式三份并按照规定办理有关手续。

第十一条　河海大学优秀创新人才入选者需将半年以上的出国研修计划列入培养目标责任书，学校将对出国研修计划的实施给予优先资助。

第十二条　“河海大学优秀创新人才支持计划”资助期限为3年。资助额为10万～12万元。资助经费主要用于资助期内围绕国家重大科学技术和工程技术、社会科学和国际前沿科学与技术进行创新研究和国际学术交流工作。在资助期内，根据学校岗位津贴分配方案享受每年5000元的专项津贴。

第十三条　获资助者所在学院应支持并督促获资助者认真进行研究工作，按规定报送有关材料。

第十四条　河海大学优秀创新人才入选者在资助期间每年须填写《河海大学优秀创新人才支持计划年度进展报告》，并附相关材料，于12月31日前向人事处报送当年计划的执行情况。

第十五条　在“河海大学优秀创新人才支持计划”资助期结束的下一年度3月31日前，入选者要填写《河海大学优秀创新人才支持计划总结报告》并附论文、专著、研究成果以及获奖(以上成果均须以河海大学为第一完成单位)等有关材料一式两份，经所在单位审核后报送人事处。

第十六条　人事处负责“河海大学优秀创新人才支持计划”实施的日常工作并在培养期结束后对资助对象组织考核。考核内容主要为《河海大学优秀创新人才支持计划培养目标责任书》中所约定的工作职责及培养期目标任务。考核结果将在全校范围内进行公布，对在资助期内研究成绩突出，具有良好发展前景的创新人才，学校将优先推荐其申报高一级的人才计划。

第十七条　对未能正常履行工作职责或调离学校教学、科研岗位的获资助者，或对违反职业道德、弄虚作假或触犯法律的获资助者，学校将及时决定中止或撤销资助。

第十八条　因故中止、撤销资助的，获资助者必须及时撰写阶段工作总结，经所在学院审核签署意见后，一式两份报送人事处。

第十九条　学校财务处应严格执行有关财务管理规定，对资助经费单独建账，由获资助者支配，专款专用，根据考核结果核发。优秀创新人才计划项目经费预算及使用、管理，按有关经费管理办法执行。

第五章　附　则

第二十条　本办法由人事处负责解释，自颁布之日起施行。原有关规定与本办法内容不一致的，以本办法为准。

关于印发《河海大学人才引进实施办法》的通知

(河海校人〔2010〕87号)

各单位：

为进一步加强师资队伍建设，促进学校事业发展，结合学校发展规划以及校内外实际情况，现对学校引进人才的各项政策进行调整，特制定《河海大学人才引进实施办法》，经校务工作会议审议通过，现予印发，请遵照执行。

河海大学人才引进实施办法

第一章 总 则

第一条 为了进一步加强师资队伍建设，促进学校事业发展，结合学校发展规划以及校内外实际情况，对学校引进人才的各项政策进行调整，特制定本办法。

第二条 引进人才的原则。按需引进，坚持科学发展观与人才观，遴选学科发展所需要的人才；坚持标准，遴选品德好、学术水平高的人才；重视团队，遴选协作精神好、领导能力强的领军人才和拔尖人才；明晰职责，校院分工协作，全心全力引进高质量人才。

第二章 引进人才的类别及待遇

第三条 引进人才是指原非我校事业编制、经学校人事工作领导小组确定聘用为我校全职教师、人事关系转入学校或由学校委托人才流动服务机构代理的人员。

第四条 引进人才类别包括两院院士、国家“千人计划”入选者、教育部“长江学者奖励计划”特聘教授、国家杰出青年基金获得者、符合我校聘用条件的教授、副教授、博士后出站人员以及博士毕业生。优先聘用国内外知名高校和重点学科的、具有海外留学经历的教师和优秀博士毕业生。教授年龄一般不超过45周岁，副教授、博士后出站人员、博士学历学位获得者的年龄一般不超过35周岁。

第五条 对引进的两院院士，学校提供包括科研启动、学科建设、平台建设等在内的配套经费不少于500万元(含工作经费50万元)；配备工作助手1～2人；提供200万元住房补贴、20万元安家费；学校配备专门的办公用房；如需要可安排配偶在校内工作，并协助做好其子女入学等事宜。

第六条 对引进的国家“千人计划”入选者，学校提供包括科研启动、学科建设、平台建设等在内的配套经费不少于200万元(含工作经费15万元)；提供100万元住房补贴、15万元安家费(非全职人员，提供公寓房)；学院根据需要配备工作助手及办公用房；如需要可安排配偶在校内工作，并协助做好子女入学等事宜。

第七条 对引进的教育部“长江学者奖励计划”特聘教授、国家杰出青年基金获得者，学校提供包括科研启动、学科建设、平台建设等在内的配套经费不少于180万元(含工作经费10万元)；提供80万元住房补贴、10万元安家费(非全职人员，提供公寓房)；根据需要配备工作助手及办公用房。

第八条 对引进的学科带头人、“百千万人才工程”国家级人选、国家有突出贡献的中青年专家，学校提供科研及学科建设、实验室建设经费理工科150万元、经管文科80万元(含工作经费8万元)；提供60万元住房补贴、8万元安家费；学院根据工作需要提供办公用房。

第九条 对引进的教授，符合我校教授(研究员)聘用条件并受聘到相应岗位的，学校提供科研启动、学科建设、实验室建设经费理工科50万元、经管文科30万元(含工作经费5万元)；提供40万元住房补贴、5万元安家费；学院根据工作需要提供办公用房。

第十条 对引进的副教授，符合我校副教授(副研究员)聘用条件并受聘到相应岗位的，学校提供科研启动、学科建设、实验室建设经费理工科30万元、经管文科20万元(含工作经费3万元)；提供15万元住房补贴、2万元安家费；学院根据工作需要提供办公用房。

第十一条 对引进的博士学历学位获得者，学校提供科研启动经费理工科1万～5万元、经管文科1万～3万元，其中工作启动经费1万元，主笔起草国家基金申请书被学校审查推荐为申报者的，给予理工科2万元资助、经管文科1万元资助，获得国家基金立项资助的，再给予理工科2万元资助、经管文科1万元资助；提供10万元住房补贴、1万元安家费。

第三章 引进人才的组织与程序

第十二条 各院(系)成立人才工作组，由各院(系)党政负责人和部分教授组成。人才工作组负责本单位人才需求计划的制订、落实及人才筛选、考核组织等工作。

第十三条 学校人事工作领导小组讨论审定引进人才的具体人选及相关待遇，人事处为人才引进的日常工作部门。

第十四条 引进人才的程序。

(1) 计划制定。各学院(系)根据学科建设、教学科研工作需要，在师资队伍规划的基础上，编制人才需求计划，于每年 9 月份将下一年度人才需求计划报人事处汇总，由人事处提交校人事工作领导小组讨论确定招聘计划。

(2) 公开招聘。人事处统一面向国内外发布年度人才招聘信息，学校、学院积极组织参加各类招聘活动。

(3) 个人应聘。应聘者根据要求提供个人真实资料等。

(4) 考核审批。各院(系)人才工作组根据学校有关规定对拟引进人才的学术水平、业务能力进行考核，形成考核意见报人事处，其中博士后、博士毕业生须有拟加入团队负责人意见；人事处根据学科建设规划和学院(系)考核意见，报校人事工作领导小组审定。

(5) 人选公示。校人事工作领导小组审定后，人事处将拟接收人员在全校范围内进行公示。

(6) 健康测试。公示无异议者由人事处安排进行体检，并进行心理测试。体检标准参照《公务员录用体检通用标准(试行)》修订版。

(7) 人员接收。通过体检及心理测试人员，学校为其办理人才引进接收录用手续，引进人才积极配合。

第四章 附 则

第十五条 科研及学科建设、平台建设经费，以项目的形式进行管理，由引进人才申请、科技处受理。

第十六条 住房补贴不含国家规定的住房货币化补贴，自引进人才到校工作后分 12 年逐年发放。每年年度考核合格后，由学校统一打入工资卡。如遇考核基本称职及其以下，住房补贴相应缓发 1 年。连续两年考核不称职，人事关系按学校有关规定执行，并按照协议返还已提供的补贴。夫妻双方均为引进人才的，住房补贴按层次较高一方享受。

第十七条 对于在原单位已有相关专业技术资格需在我校进行专业技术职务认定的，由学院协助拟引进人才提供相应论文论著及材料，人事处对照学校相应岗位基本任职条件向校人事工作领导小组报告通过，并在学校聘用委员会上通报。

第十八条 学校对引进人才实行合约管理，引进人才需与学校签订协议书，明确双方的权利义务。引进人才的服务期一般为 6 年。在服务期内，若引进人才有不可克服的原因，必须调离学校，按学校规定和有关协议办理。服务未满 3 年的，需全额退还已提供的补贴、冻结未使用的科研费，服务满 3 年但未满服务年限的按未满服务的年限折算后退还学校提供的相关待遇。

第十九条 学校提供的有关款项若涉及税款等由受聘人自行承担。

第二十条 本办法由人事处负责解释，自颁布之日起执行。公布之日前引进的教师仍按《河海大学引进高层次人才暂行办法》(河海校人〔2000〕90 号文)以及《河海大学引进高层次人才住房补贴办法》(河海校人〔2003〕36 号文)执行。

关于印发《河海大学“青年教授”聘用办法(试行)》的通知

(河海校人〔2010〕88 号)

各单位:

为进一步加强我校师资队伍建设，加快培养优秀青年教师，促进年轻的学术骨干和学科带头人成长，特制定《河海大学“青年教授”聘用办法(试行)》，经校务工作会议审议通过，现予印发，请遵照执行。

河海大学“青年教授”聘用办法(试行)

第一章　总　则

第一条　根据学校中长期发展规划及建设高水平人才队伍的目标要求，为加快培养优秀青年教师，促进年轻的学术骨干和学科带头人成长，学校决定实施河海大学“青年教授”岗位聘用制试点工作。

第二条　河海大学“青年教授”坚持总量控制、公开招聘、择优聘用、合同管理的原则，实行岗位聘用制。

第三条　学校严格按照相关条件评聘河海大学“青年教授”，所在单位负责管理和考核工作。

第二章　岗位设置

第四条　学校将根据人才建设规划和学科发展规划，在不同的学科设立一定比例的“青年教授”岗位，优先考虑学校重点发展学科。

第五条　在校内外公开招聘河海大学“青年教授”，为受聘的河海大学“青年教授”提供较高标准的岗位津贴。

第三章　岗位职责

第六条　讲授本学科核心课程，指导研究生。

第七条　正确把握本学科的发展方向，提出具有战略性、前瞻性、创造性的研究构想，在本学科领域中能够保持国内领先水平或国际先进水平。

第八条　主持国家重要的科研项目和教学研究项目，包括国家自然科学基金项目、国家社会科学基金项目、国家支撑计划、“863”和“973”等重大研究项目以及对国民经济发展有重大影响的前沿课题。

第九条　以河海大学教授的身份获得具有标志性的创新成果(国家和省部级奖励、发明专利等)，并以河海大学教授的名义在国际重要的学术刊物上发表高水平的科研论文。

第四章　申报条件

第十条　在教学和科研领域取得同行公认的显著成绩，有较大发展潜力和培养前途，从事的研究领域符合河海大学重点发展的学科方向。

第十一条　河海大学“青年教授”申报的基本条件:

(1) 具有博士学位;

(2) 申请人年龄一般不超过 35 周岁，社会科学领域及学校认定的特殊人才，可适当放宽至 38 周岁;

(3) 从事一线教学科研工作;

(4) 热爱河海大学，模范遵守职业道德规范，具有强烈的事业心和协作精神；

(5) 学术研究比较深入、在科学研究、教育教学、技术推广等领域取得突出成绩的青年学者，满足以下条件一条以上的申请人将予以优先考虑：

① 省部级人才计划入选者；

② 全国优秀博士论文获得者和提名奖获得者；

③ 影响因子或他引率高的 SCI、SSCI 论文的第一作者或通讯作者；

④ 理工科省部级科技成果二等奖及以上主要获奖者、文科省部级奖项主要获得者；

⑤ 省级以上教学成果一等奖及以上主要获奖者；

⑥ 在发明专利方面取得突出成绩者。

第五章　聘用程序

第十二条　岗位设置。各单位根据学校工作安排，填写《河海大学“青年教授”岗位设置申请表》，报人事处。

第十三条　公开招聘。学校根据各单位上报情况以及学校学科建设等发展规划确定招聘岗位，面向校内外公开招聘。

第十四条　个人申请。根据岗位职责和招聘条件，由申请人填写《河海大学“青年教授”岗位申请书》，并提供相关材料。申请书附件材料要求：

(1) 三位同行专家推荐函(单独附件)；

(2) 附件材料目录(须标注页码)；

(3) 申请表中列举的所有科研项目、获奖及专利情况的证明复印件；

(4) 5 篇代表性论文的全文及其刊载杂志封面、目录的复印件，以及推荐表中列举的其他代表性著作封面、目录和论文首页复印件；

(5) 推荐表中列举的 SCI、EI、SSCI、CSSCI 收录以及论文他引情况的证明(原件，须经有关检索机构盖章)；

(6) 在国外任职或在国内担任重要职务的任职证明；

(7) 在国际学术会议上担任职务以及作大会报告、特邀报告的证明。

第十五条　单位推荐。设岗单位的岗位聘用委员会对申请人员的学术水平等方面进行评审，确定推荐人选，拟定岗位工作目标及任务。

第十六条　同行专家评议。由不少于 5 人的国内外专家进行网评，在网评的基础上，组织由校内外知名同行专家 9～15 人组成的评审委员会进行会评，申请人答辩。

第十七条　学校评聘。校聘用委员会授权特聘委员会按照规定条件对申请人员进行评审，确定“青年教授”推荐人选。对评审通过的“青年教授”推荐人选进行公示，公示无异议，报告校聘用委员会，签订“青年教授”聘任协议。

第六章　考核和聘期

第十八条　学校、设岗单位与“青年教授”通过签订聘用合同和岗位任务书的方式明确责、权、利关系。

第十九条　聘期为 3 年或 5 年，聘用前为副教授的聘期为 3 年，聘用前为讲师的聘期为 5 年，聘期考核在聘期结束时进行，由人事处和所在单位共同组织。

第二十条　聘期考核程序

(1) 个人填写总结报告，报告内容公示 1 周；

(2) 同行专家评审；

(3) 所在单位岗位聘用委员会评议，确定考核等次；

(4) 学校聘用委员会评议审核。

第二十一条 在聘期内或聘期考核合格，聘用前为副教授达到学校当年教授初聘条件的，聘用前为讲师达到学校当年破格晋升教授初聘条件的，可不受资历和岗位数限制，受聘为河海大学教授。

第二十二条 聘期考核为不合格的，不再受聘为河海大学“青年教授”。

第七章 待 遇

第二十三条 在聘期内，“青年教授”享受教授四级岗位津贴。引进人员当年受聘为“青年教授”的，办理进校手续时，其他待遇按照“河海大学人才引进实施办法”中的有关规定执行。

第八章 附 则

第二十四条 本办法由人事处解释，自颁布之日起执行。

精神文明建设、党建与思想政治工作

关于推进学习型党组织建设的实施意见

(河海委发〔2010〕26 号)

建设马克思主义学习型政党，是党的十七届四中全会从全面建设中国特色社会主义伟大事业和党的建设新的伟大工程的全局出发，提出的一项重大战略任务。为认真贯彻落实党的十七届四中全会精神，大力推进学习型党组织建设，根据中共中央办公厅《关于推进学习型党组织建设的意见》(中办发〔2009〕44 号)的通知精神，结合学校实际，现就推进我校学习型党组织建设提出如下实施意见。

一、建设学习型党组织的重要意义

1. 建设学习型党组织是实现学校发展目标的需要

当今世界正处在大发展大变革大调整时期，知识创造、知识更新速度大大加快，高等教育快速发展，新情况、新问题、新矛盾不断涌现。建设学习型党组织，积极引导广大党员干部在实践中不断学习新知识，研究新情况，解决新问题，切实掌握和用好党的理论创新成果，对于培养社会主义合格建设者和可靠接班人，推动“特色强校、和谐兴校、质量立校、人才名校、环境美校、道德荣校”，建设高水平特色研究型大学具有重要意义。

2. 建设学习型党组织是加强学校党组织建设的需要

随着高等教育体制机制改革的深入，我校党组织的建设面临着一些亟待解决的新问题。如有的党员干部忽视理论学习，存在不勤学、不深学、不善学等状况；有的基层组织贯彻执行民主集中制不力，战斗堡垒作用不强；有些党员的党员意识淡化，先锋模范作用不明显等等。这些问题不及时解决，将削弱党组织的创造力、凝聚力、战斗力，影响学校事业发展。建设学习型党组织，是解决这些问题，提高基层党组织战斗堡垒作用的重要途径。

3. 建设学习型党组织是提高学校党员素养的需要

实现人的全面发展是马克思主义理论的一项重要内容。建设学习型党组织是提高学校党员素养、实现党员全面发展的重要手段。我校正处在发展的新起点上，肩负着“培养什么样的河海人”、“怎样培养河海人”；“建设什么样的河海大学”、“怎样建设河海大学”的崇高历史使命。建设学习型党组织，可以促使党员干部在新的实践中树立重新学习、继续学习、终身学习的观念，自觉做到在学习中研究，在研究中工作，不断提高自身素养，全面促进党员全面发展，充分发挥党员的先锋模范作用。

二、建设学习型党组织的总体要求

高举中国特色社会主义伟大旗帜，坚持以邓小平理论和“三个代表”重要思想为指导，深入贯彻落实科学发展观，全面贯彻党的十七大和十七届四中全会精神，紧紧围绕学校改革发展稳定的工作全局，按照科学理论武装、具有世界眼光、善于把握规律、富有创新精神的要求，深入学习中国特色社会主义理论，学习党的路线方针政策和国家法律法规，学习党的历史，学习推动学校各项事业健康发展所需要的各方面的知识，不断在武装头脑、指导实践、推动工作上取得新的成效。大力营造和形成重视学习、崇尚学习、坚持学习的浓厚氛围，牢固确立党组织全员学习、党员终身学习的理念，建立健全管用有效的学习制度，使党员的学习能力不断提升、思想政治和业务素养不断提高、先锋模范作用充分发挥，使党组织的创造力、凝聚力、战斗力不断增强。

三、学习的主要内容

1. 用中国特色社会主义理论体系武装头脑

深入学习马列主义、毛泽东思想、邓小平理论、“三个代表”重要思想以及科学发展观，全面准确地掌握中国特色社会主义理论体系。要把学习中国特色社会主义理论体系同研读马列著作、毛泽东著作结合起来，同认真总结党的历史经验特别是改革开放的经验结合起来，不断增强学习贯彻中国特色社会主义理论体系的自觉性和坚定性。大力加强思想政治理论课建设，切实推进党的创新理论成果进教材、进课堂、进头脑。

2. 深入学习实践科学发展观

认真总结深入学习实践科学发展观活动的成功经验，准确掌握科学发展观的科学内涵和精神实质，深刻理解科学发展观对统领全局工作提出的新要求，不断推动学习实践向深度和广度发展，更自觉地用科学发展观统领工作全局。着力转变不适应、不符合科学发展要求的思想观念，在建设特色研究型大学的办学目标等重大问题上达成共识。着力解决影响和制约科学发展的突出问题，解决党员领导干部党性党风党纪方面群众反映强烈的突出问题，创新发展理念、理清发展思路、加快学校发展。

3. 学习践行社会主义核心价值体系

广泛开展社会主义核心价值体系学习教育，努力把社会主义核心价值体系融入到党员干部日常工作学习生活中。党员干部要进一步增强贯彻党的基本理论、基本路线的自觉性和坚定性，加强党性修养，坚定理想信念；进一步增强政治敏锐性和政治鉴别力，筑牢思想防线，抵制各种错误思想影响，始终保持政治上坚定，理论上清醒；进一步带头弘扬民族精神和时代精神，自觉践行社会主义荣辱观，建设良好师德师风，树立优良校风学风。

4. 学习掌握高等教育发展所必需的各方面知识以及各种成功经验

积极推动党员干部学习人类社会创造的一切文明成果，学习发展高等教育所需要的经济、政治、文化、管理、科技、社会和国际等各方面知识。加强国家法律法规教育，加强国情和形势政策教育，加强以群众路线为重点的工作方法教育，切实提高党员干部的学习实践能力。要深入群众、深入实践，加强调查研究，不断总结实践中的新做法新经验。要善于学习借鉴国内外名校的办学经验，开阔视野，掌握规律，丰富、拓展办学理念和改革发展的思路。要围绕推进本部门本单位的工作，研究新情况、解决新问题，不断提高分析问题、解决问题的能力。

四、建设学习型党组织的基本要求

1. 创新学习方法

（1）进一步加强和改进党委中心组学习，严格按照《关于进一步加强和改进党委中心组学习的实施意见》(河海委发〔2009〕42 号)的要求，不断丰富学习内容、创新学习方式、严格规范管理、增强学习效果。根据重大学习专题，结合职责分工，深入基层、深入群众、深入联系点，开展调查研究，总结实践经验，形成改进工作的思路和举措。

(2) 加强和改进党员、干部培训教育工作。做好干部培训的统筹安排和分类指导，按照干什么学什么、缺什么补什么的原则，把学习培训与工作研究相结合，集中授课和自主学习相结合，校内培训与校外培训相结合，采取日常学习、集中培训和在线学习的形式，切实增强培训的针对性和实效性，实施全覆盖、多手段、高质量的培训。

(3) 加强和改进专题讲座、报告会、主题教育等学习教育方式，加强和改进形势政策教育，不断增强建设学习型党组织活动的吸引力、凝聚力。

2. 完善学习途径

(1) 组织各种形式的主题学习教育活动，运用知识竞赛、技能比赛、参观考察等广大党员喜闻乐见的手段，结合党和国家重大政策出台、重大活动开展和重大节庆日纪念日等契机，不断丰富完善工作抓手。

(2) 开展学习品牌创建活动。把创建学习品牌纳入到精神文明创建考核、年底综合考评中，制定出台相关评价指标和考核办法。总结推广在学习过程中涌现出的先进典型，充分发挥先进典型引导人、教育人、鼓舞人、激励人的作用。

3. 拓展学习阵地

(1) 充分发挥党校在教育引导党员领导干部中的主渠道、主阵地作用，举办党务管理干部、新上岗中层干部等各类培训班，改进培训方法，提高培训质量。每年选送 15 名中层干部参加国家教育行政学院、江苏省委党校以及有关部门举办的专题培训。加强党员干部党性修养和理想信念教育。

(2) 充分运用好校报、广播等校内媒体以及互联网、手机等新兴媒体，拓宽学习渠道，丰富学习载体，营造良好舆论氛围。积极运用信息网络技术手段，大力加强数字图书馆、校内专题网站等网络学习教育平台建设，不断提高党员干部学习教育的信息化水平。

4. 健全学习制度

(1) 建立健全党组织集体学习制度。要采取上党课、举行专题报告会等形式，有计划地组织好党员的集体学习，切实把开展好党员学习作为完善党的组织生活的有机组成部分。校院两级党委中心组集体学习每学期不少于 4 次，党支部集体学习每月不少于 1 次。

(2) 建立健全党员个人自学制度。要根据自身实际和工作需要，制订学习计划和目标，强化党员干部的日常学习，激发个人自学的内在动力。处级以上党员领导干部每学期网上在线学习时间不少于 10 小时，每年撰写 1 篇调研报告或学习心得。

(3) 建立健全主题教育制度，形成运用重大节庆日纪念日等组织党员干部学习的工作机制。

(4) 建立健全培训制度。以改革创新的精神开展好各类培训，各职能部门要结合实际工作需要，科学安排岗前培训、业务培训、晋职培训、理论培训等，提升理论水平和工作能力，提高履行岗位职责的本领。

(5) 建立健全调查研究制度。领导干部要在建设学习型党组织中以务实的作风，带头学习、带头研究，促进学习教育成果及时用于党委的决策中。

(6) 建立健全学习考核制度。把学习情况作为民主评议党员、综合考核评价领导班子和领导干部的重要内容；把理论素养、学习态度和学习能力作为选拔任用干部的重要依据，形成注重学习的用人导向。

五、建设学习型党组织的保障措施

1. 加强组织领导

党委组织部、宣传部和其他有关部门，要在党委统一领导下，密切配合，抓好学习型党组织建设工作。各党委、总支、直属支部要紧密结合学校实际，充分认识建设学习型党组织的重要性和紧迫性，把建设学习型党组织作为学校党建工作的战略任务，抓紧抓好。要结合本单位实际制定本单位具体实施意见，明确学习教育的时间、内容、目标、责任以及相关的考勤、交流、通报等要求，推进学习教育的科学化、制度化、规范化，确保各项措施落到实处。

2. 坚持领导带头

建设学习型党组织，首先要建设学习型领导班子，党员领导干部要率先垂范，带头学习。党员领导干部要把坚持学习作为提高素质、增长本领、做好领导工作的根本途径，自觉带头学习，努力成为建设学习型党组织和学习型领导班子的精心组织者、积极促进者、自觉实践者，带动本单位、本部门形成良好的学习风气。

3. 坚持学以致用

建设学习型党组织，要坚持和发扬理论联系实际的马克思主义学风，坚持走群众路线，坚持在工作中学习、在学习中研究、在研究中工作的原则，把学习型党组织建设与促进学校的改革发展稳定紧密结合起来，与推动本单位的各项工作紧密结合起来，把党建工作与教学科研、管理服务等结合起来，切实通过加强和改进党的建设引领和推动学校各项事业的科学发展。

4. 加强督促检查

党委组织部、宣传部要定期对各基层党组织学习情况进行督促检查，针对存在的问题和不足，提出加强和改进的具体要求。各党委、总支、直属支部要在每年度末向学校党委宣传部报送本年度学习情况总结和下年度学习计划。

河海大学 2010 年精神文明建设工作意见

（河海委发〔2010〕27 号）

各党委、总支、直属支部：

根据全国、全省精神文明建设工作会议以及上级部门有关文件精神，按照学校年度工作要求，对 2010 年精神文明建设工作提出如下意见：

指导思想：全面贯彻党的十七大和十七届三中、四中全会精神，以邓小平理论和“三个代表”重要思想为指导，深入贯彻落实科学发展观，按照高举旗帜、围绕大局、服务师生、改革创新的总要求，以建设社会主义核心价值体系为根本，扎实开展精神文明创建活动，着力在巩固成果、提高水平、拓展深化、增强实效上下工夫，为学校第十二次党代会的胜利召开，为实现建设具有国际一流水利学科的高水平研究型大学的总体目标，推进学校各项工作又好又快发展营造良好的校园环境。

（1）深入开展社会主义核心价值体系的学习教育活动。认真贯彻落实党的十七大、十七届四中全会以及全国“两会”精神，紧密联系广大师生的思想实际，利用有利时机、通过中心组学习、党团组织活动、教职工集体学习活动、课堂教学、形势报告会等丰富形式，深入开展社会主义核心价值体系学习教育，深刻领会社会主义核心价值体系的精神实质和根本要求。

（2）继续抓好形势政策教育。2010 年是实施“十一五”规划的最后一年，也是为“十二五”发展奠定良好基础的关键一年。“形势与政策”教育要深入学习贯彻党的十七大、十七届四中全会、全国“两会”以及《国家中长期教育改革和发展规划纲要》和中央教育工作会议精神，有针对性地深入开展形势与政策教育，引导广大师生员工了解形势、认清形势、紧跟形势，增强贯彻执行党中央的各项路线、方针、政策的自觉性。

（3）积极做好召开学校第十二次党代会的相关工作。召开学校第十二次党代会，是我校广大师生员工政治生活中的一件大事，对于学校的科学发展、和谐发展具有重大意义。要认真贯彻落实学校的相关文件精神，精心组织、周密安排，积极做好氛围营造、大会各个阶段的宣传发动及会后的贯彻落实等工作，以高度的政治责任感和严谨细致的工作作风做好相关工作。

（4）加强道德规范教育，开展“爱国、爱水、爱校”和“道德荣校”活动。深入开展以“八荣八耻”为主要内容的社会主义思想道德建设；全面贯彻落实中共中央印发的《公民道德建设实施纲要》，积极践行“爱国守法、明礼诚信、团结友善、勤俭自强、敬业奉献”的基本道德规范；以“爱国、爱水、爱校”为主题，积极开展形式多样的校园文化活动；开展“道德荣校”活动，评选河海大学道德模范，运用多种形式大力宣传学校的典型人物和先进事迹，大力营造学习道德模范、崇尚道德模范、争当道德模范的浓厚氛围。

(5) 开展讲文明、树新风、迎世博、迎亚运活动，不断提高师生文明素养。围绕办好上海世博会和广州亚运会总要求，在全校大力倡导文明礼仪之风，提升人们的思想道德素质，展示师生员工的良好形象；开展践行礼仪活动，利用报刊、电视、校园网等多种媒体，运用宣传漫画、知识竞赛等多种形式，深入宣传普及礼仪知识，引导人们践行文明礼仪，改变不文明行为，形成重礼仪、讲文明的浓厚氛围。

(6) 进一步加强校园文化建设。立足日常校园文化活动的同时，加大校园文化建设力度，进一步开展校园文化建设研究，修订完善校园文化建设项目，启动校园文化建设工程；总结校园文化，凝练河海精神，进一步挖掘宣传河海校训内涵；启动河海大学视觉识别系统设计工作，进一步打造文化理念先进、文化特色鲜明、文化导向明确的河海校园文化。

(7) 继续开展“五五”普法教育，进一步增强广大师生的法制观念。要按照《河海大学法制宣传教育第五个五年规划》的要求和部署，深入开展普法宣传教育活动；要不断丰富全国法制宣传日的活动内容和形式，积极开展范围广、形式多样、内容新颖的法制宣传系列活动，进一步提高广大师生员工的法律素质，增强依法办事、依法维护自身合法权益的民主法制观念。

(8) 开展抵制互联网、手机低俗之风宣传教育活动。网络、手机低俗之风，污染文化环境，毒化校园风气，严重侵蚀人们的心灵。作为培养教育学生的场所，学校在抵制网络、手机低俗之风行动中，肩负更大的责任和使命。通过开展丰富多彩的网络、手机文明主题教育活动，加强对网络行为、手机行为的道德规范。

(9) 加强精神文明阵地建设。做好校内广播站、电视台、校报、网络、橱窗、显示屏、报栏等阵地的管理和维护。按照景观校园建设的各项要求，规划、建设校园文化景点。

(10) 加强学校思想政治教育网站的建设和管理。加强校园思想政治教育网站及其相关网站的建设和管理，进一步做好“思源网”、“水上明珠”、“水文化”等网站的建设和管理。整合思想教育、学生管理、校园文化等资源，构建传播先进思想文化、加强和改进思想政治工作的大平台。规范网络文化传播秩序。加大网情监测和有害信息处置力度，完善突发事件网上舆论引导机制。

(11) 实施大学生素质拓展计划。继续组织大学生开展多种形式的社会实践活动、青年志愿活动、社会公益活动、勤工助学活动，进一步提高大学生思想道德素质，增强大学生的社会责任感和劳动观念，增强大学生进入社会的适应能力和在社会中的综合竞争力，促进大学生全面发展。

(12) 进一步加强身心健康教育。运用多种形式学习健康知识，引导师生树立科学的生活观，积极开展健康咨询和宣传活动。有针对性地开展心理健康教育、辅导或咨询活动，增强学生的心理调适能力和社会适应能力，预防和缓解心理问题。加强校园公共卫生，预防疾病，提高师生员工的健康水平。

(13) 切实加大水文化教育力度，深入开展水文化研究。我校是以水利为特色的高校，开展水文化教育、培育师生的爱水情怀是学校的一贯要求，要通过举办报告会、讲座、主题实践等形式，引导广大师生参与水文化教育。积极建设水文化网站，大力传承、弘扬和发展水文化，深入开展水文化研究。

(14) 认真组织好纪念张闻天诞辰110周年活动，认真谋划好纪念严恺、徐芝纶诞辰100周年系列活动的筹备工作。通过研讨会、座谈会、事迹展等多种形式开展纪念活动，让广大师生重温他们的光辉业绩、优秀品质和高风亮节，学习他们不断追求真理的伟大精神，增强师生员工努力工作、刻苦钻研、为学校发展做出新贡献的精神动力。

(15) 做好2009—2010年度精神文明建设先进单位、先进窗口和先进个人的评选工作。通过表彰先进、树立榜样，激励广大师生员工更深入持久地开展群众性精神文明创建活动，努力把我校精神文明建设推上一个新的台阶。

（16）做好经费的预算、使用和管理。各单位每年要从事业发展经费中拨出15%用于精神文明建设，要本着保障重点、勤俭节约、专款专用的原则，管好、用好经费，提高经费的使用效益。

关于在全校开展向朱岳明同志学习的决定

（河海委发〔2010〕31号）

各党委、总支、直属支部，各单位：

朱岳明同志是我校水利水电学院教授、博士生导师，1958年3月出生于浙江长兴，1982年毕业于我校水工专业，1985年获奥地利Graz技术大学工学博士学位，先后担任水工结构学科副主任、国际大坝委员会委员、中国民主同盟河海大学委员会副主委，主持科研项目60余项，发表论文80余篇，获部省级科技奖14项和江苏省留学回国优秀个人称号。2010年3月21日因病逝世。

朱岳明同志是学校涌现出的新的模范典型，是教师队伍的优秀代表。从教以来，他以对教育事业的深厚感情和执著追求，几十年如一日，扎根河海，甘于清贫，淡泊名利，用满腔热情践行了奉献教育事业的铮铮誓言，书写了壮丽年华和精彩人生。他的感人事迹，生动诠释了爱岗敬业、执著进取、忠诚于教育事业的崇高精神；彰显了牢记使命、服务社会、甘于奉献的高贵品质；体现了勇于挑战、敢于创新、不懈追求的职业操守；展示了踏踏实实、不畏艰难、执著顽强的河海人形象。学习朱岳明同志的先进事迹，对于学校"道德荣校"理念的宣传落实，对于在全校形成学先进、比先进、赶先进的良好风尚，对于全校教师的职业道德建设，对于学校的精神文明建设与和谐校园建设，对于谱写我校发展的新篇章具有十分重要的意义。为此，校党委决定在全校开展向朱岳明同志学习的活动。

（1）学习他爱岗敬业，恪尽职守、献身教育的高尚师德。朱岳明同志从教20多年来，勤勤恳恳，任劳任怨，满腔热情，把全部智慧和精力投入到工作中。即使是患病晚期，他都放不下自己的工作，坚持在自己的工作岗位。2009年12月，就在去世前3个月，他还去四川的水利建设工地现场指导如何解决大坝裂缝问题，继续从事自己所热爱的事业。

（2）学习他以生为本、淡泊名利、甘为人梯的奉献精神。朱岳明同志一直秉持这样的理念：学生才是学校办学之本。他深爱着菁菁校园和风华正茂的莘莘学子，他教学生要刻苦学习，独立思考；他教学生要脚踏实地，学无止境；他教学生要艰苦朴素，敦厚朴实。20多年来他主讲研究生和本科生课程7门，指导培养博士生30名、硕士生70名。

（3）学习他潜心研究、锲而不舍、开拓创新的拼搏精神。朱岳明同志主要从事混凝土裂缝成因和防裂方法等领域的研究，并取得了具有重大应用价值的突破，为此他付出了一生的精力。2007年，南水北调中线漕河渡槽工程发现裂缝，潘家铮院士点名要他去现场解决问题，而此时癌细胞已经扩散到全身，正在医院化疗，他不顾医生和家人的劝阻立即赶赴现场，并圆满完成了任务。

（4）学习他乐观豁达、舍身忘我、顽强拼搏的坚韧意志。朱岳明同志于2006年3月被查出患有鼻咽癌时，已经是晚期。在得知自己的病情后，他以坦然、平静的心态面对，比过去更加紧张地工作：申请项目、下工地、上课、指导研究生……从2006年3月癌症确诊到2010年3月21日去世的4年，是他与病魔斗争的4年，也是他成果最多的4年。

各级党组织和各单位要充分认识开展向朱岳明同志学习活动的重要意义，加强领导，合理安排，认真组织实施，运用多种形式在全校形成学习朱岳明同志的热潮，形成推动科学发展、促进学校和谐的强大力量和实际行动。全校广大党员、干部和教师要以朱岳明同志为榜样，寻找差距，立足本职，比学赶超，积极进取，开拓创新，争创一流，在自身岗位上建功立业，以优异的成绩迎接学校第十二次党代会的召开，为实现学校的新发展做出更大贡献。

关于组织开展我校第四届“校园廉洁文化活动月”的通知

（河海委发〔2010〕60 号）

各党委、总支、直属支部：

为进一步加强校园廉洁文化建设，推进学校反腐倡廉工作，按照省教育厅办公室《关于组织开展全省第四届“校园廉洁文化活动周”的通知》(苏教办监〔2010〕5 号)要求，决定在全校开展第四届“校园廉洁文化活动月”活动。现将活动有关事项通知如下：

一、指导思想

坚持以邓小平理论和“三个代表”重要思想为指导，全面落实科学发展观，深入贯彻中共中央《建立健全惩治和预防腐败体系 2008—2012 年工作规划》(以下简称《工作规划》)和江苏省委《关于贯彻落实中共中央〈工作规划〉的实施办法》，以学习贯彻《中国共产党党员领导干部廉洁从政若干准则》(以下简称《廉政准则》)为主题，促进领导干部廉洁从政、教师廉洁从教、青年学生健康成长。

二、活动内容

(1) 开展宣讲《廉政准则》活动。校党委书记、各二级党委(总支、直属支部)书记在活动月中给党员干部亲自宣讲《廉政准则》主要精神，通过宣讲，使广大党员干部熟悉《廉政准则》规定，进一步增强党员干部党性党风党纪观念，提高廉洁治校的自觉性，同时报送《廉政准则》宣讲稿一篇。

(2) 开展《廉政准则》知识竞赛活动。认真组织处级领导干部开展《廉政准则》知识竞赛活动，加深对《廉政准则》精神的理解。

(3) 开展读书思廉活动。全体处级领导干部每人读 1～2 本廉政书籍(推荐书目为《〈廉政准则〉学习读本》和《后知后觉》(任彦申著))，形成以学养德、以学促廉的风尚，营造学廉、思廉的氛围，同时撰写读书思廉的体会文章 1 篇。机关党委、直属单位党委、常州校区党委报送 3～5 篇，其他党委报送 1～2 篇。

(4) 开展创作廉政动漫作品活动。努力创作并展播以反腐倡廉为内容的动漫。

(5) 开展廉洁文化活动创新项目评选活动。各单位结合自身特点，开展富有特色的廉洁文化进校园活动，每单位报送 1 项。

三、活动时间

9 月 20 日—10 月 20 日。

四、活动要求

(1) 请各单位于 10 月 25 日前将作品报送至宣传部(联系人：吴富伟，电话：83786257，电子邮箱：361223571@qq. com)，作品包括纸质版和电子版(动漫作品报送电子版)。

(2) 报送作品应是本单位师生员工自创，如有抄袭，取消参评资格。

(3) 廉洁文化进校园创新项目申报材料要体现特色、富有新意。

五、组织评奖

活动月结束后，学校将及时组织有关专家对报送的作品进行评选，各奖项分别评出一等奖 1 名、二等奖 2 名、三等奖 3 名、鼓励奖若干，并予以表彰和奖励，对活动开展好的单位颁发优秀组织奖。同时推荐优秀作品参加全省的评选活动。

各单位要高度重视，切实加强对该项活动的组织领导，紧密联系本单位的工作实际，根据通知要求，明确责任，精心组织，充分调动广大教职员工和学生的积极性和创造性，推进廉洁文化入脑、入耳、入心，确保校园廉洁文化活动月活动取得实效。

内 部 管 理

关于印发《河海大学信息公开实施办法(试行)》的通知

(河海校政〔2010〕168 号)

各单位：

为了保障全校师生员工和其他组织、个人依法获取学校信息，提高学校工作的透明度，促进依法治校，强化民主管理和民主监督，规范学校信息公开工作，根据《中华人民共和国政府信息公开条例》、《高等学校信息公开办法》，结合我校实际，特制定《河海大学信息公开实施办法(试行)》。该办法经校务工作会议审定通过，现予印发，请遵照执行。

河海大学信息公开实施办法(试行)

第一章　总　则

第一条　为了保障全校师生员工和其他组织、个人依法获取学校信息，提高学校工作的透明度，促进依法治校，强化民主管理和民主监督，规范学校信息公开工作，根据《中华人民共和国政府信息公开条例》、《高等学校信息公开办法》，结合我校实际，特制定本办法。

第二条　本办法所称学校信息，是指河海大学在开展办学活动和提供社会公共服务过程中产生、制作、获取的，以一定形式记录、保存的信息。

第三条　本办法适用于学校各部门、各学院等二级单位。

第四条　学校实行校长直接领导、校长办公室牵头负责协调、各单位具体实施、监察部门和群团组织监督检查、师生员工积极参与的信息公开工作机制。

学校设立信息公开领导小组(以下简称领导小组)全面负责学校信息公开工作。领导小组下设办公室，办公室日常工作机构设在校长办公室。信息公开领导小组办公室的主要职责是：

(1) 具体承办学校信息公开事宜；

(2) 管理、协调、维护和更新学校公开的信息；

(3) 统一受理、协调处理、统一答复向学校提出的信息公开申请；

(4) 组织编制学校信息公开指南、信息公开目录和信息公开工作年度报告；

(5) 协调对拟公开的学校信息进行保密审查；

(6) 协调、推进、监督学校各二级单位信息公开工作；

(7) 组织学校信息公开工作的内部评议；

(8) 承担与学校信息公开工作有关的其他职责。

各二级单位主要负责人是本单位信息公开工作的第一责任人，对与本单位相关信息的真实性、时效性等要素负责，办公室主任、综合科科长(或指定专人)为信息公开工作联络员，负责本单位信息公开工作的组织实施。

第五条　各单位应当自觉履行信息公开的义务，根据《河海大学信息公开目录(试行)》和本办法的要求，主动采取适当程序，组织实施本单位所主管范围内的信息公开工作。对需公开的信息，应在 5 个工作日内报告学校信息公开办公室，以便及时更新公开目录。

第六条　信息公开应当遵循公正、公平、便民的原则，不得危及国家安全、公共安全、经济安全、社会稳定和学校安全稳定。

第七条 学校各二级单位应建立健全信息发布协调机制。发布的信息涉及其他部门的，应当与有关部门进行沟通、确认，保证发布的信息准确一致。

第八条 各二级单位应当建立健全信息发布保密审查机制，按照“谁发布、谁负责”的原则承担保密责任。在公开相关信息前，应当依照《中华人民共和国保守国家秘密法》以及其他法律、法规和国家有关规定对拟公开的信息进行审查。信息拥有单位不能确定是否可以公开时，应当报学校信息公开办公室确定；学校对信息不能确定是否可以公开的，应该依照法律、法规和国家有关规定报有关部门确定。

第九条 学校公开信息依照国家有关规定需要审批的，应按照规定程序履行审批手续，未经批准不得公开。

第十条 学校各单位发现影响或者可能影响学校稳定、社会稳定、扰乱社会秩序的虚假信息或者不完整信息，应当在职责范围内发布准确信息予以澄清并报领导小组备案。

第二章 公开的内容

第十一条 河海大学对符合下列基本要求之一的信息予以主动公开：

(1) 涉及本校师生员工或者其他组织、个人切身利益的；

(2) 需要本校师生员工或社会公众广泛知晓或者参与的；

(3) 反映学校历史沿革，学科和专业设置，管理机构设置、职能及办事程序，招生、收费等情况的；

(4) 其他依照法律、法规和国家有关规定应当主动公开的。

信息公开的具体内容详见《河海大学信息公开目录(试行)》。

第十二条 本校师生员工和社会公众(以下简称申请人)可以根据自身学习、科研、工作等特殊需要，以书面形式(包括数据电文形式)向学校申请获取相关信息。

第十三条 河海大学对下列信息不予公开：

(1) 涉及国家秘密的；

(2) 涉及商业秘密的；

(3) 涉及个人隐私的；

(4) 法律、法规和规章以及学校规定的不予公开的信息；

(5) 领导小组认定不予公开的信息。

其中第(2)项、第(3)项所列的信息，经权利人同意公开或者高校认为不公开可能对公共利益造成重大影响的，可以予以公开。

第三章 公开的途径

第十四条 学校主动公开的信息，采取符合其特点的以下一种或几种方式进行公开：

(1) 河海大学网站、河海大学信息公开网页及各二级单位网站；

(2) 全校普发性文件、简报等；

(3) 广播、电视、报刊、杂志等新闻媒体；

(4) 公开栏、电子显示屏、触摸屏等；

(5) 定期召开教代会、学代会及其他相关会议；

(6) 便于公众及时准确获得信息的其他形式。

学校在公共图书馆、档案馆设置学校信息查阅场所，并配备相应的设施、设备，为学校师生和其他主体获取学校信息提供便利。根据需要，在学校固定场所设置信息公告栏、资料索取点、公共查阅点等场所、设施，公开学校信息。

学校将全校基本的规章制度汇编成册，置于学校有关内部组织机构的办公地点、档案馆、图书馆等场所，提供免费查阅；将学生管理制度、教师管理制度分别汇编成册，在新生和新聘教师报到时发放。

第十五条 学校在校园主页开设信息公开意见箱，设置信息公开专栏、建立有效链接，及时更新信息，并通过信息公开意见箱听取对学校信息公开工作的意见和建议。

第十六条 学校编制、公布学校信息公开指南和信息公开目录，并及时更新。

学校信息公开指南，包括学校信息的分类、编排体系、获取方式，依申请公开的处理和答复流程等。学校信息公开目录，包括学校信息的索引、名称、内容概述、生成日期等内容。

第十七条 依据本办法需要主动公开的信息，由承担相关工作职责的业务部门负责公开。信息拥有单位应参照《河海大学信息公开目录(试行)》，在信息形成后应在第一时间予以公开，最迟一般应在信息产生后的20个工作日内予以公开。因特殊原因不能及时公开的，应当报信息公开工作办公室备案。

公开内容发生变更的，信息拥有单位应自变更之日起20个工作日内更新相关信息并向信息公开工作办公室作出说明。

学校决策事项需要征求教师、学生和学校其他工作人员意见的，公开征求意见的期限不得少于10个工作日。

法律、法规对信息公开的期限另有规定的，从其规定。

第十八条 依照本办法第十二条规定申请获取学校信息的，应当采用书面形式(包括数据电文形式)；采用书面形式确有困难的，可以当面口头提出，由学校信息公开工作办公室代为填写公开申请，但须申请人签名确认。

学校信息公开申请应当包括下列内容：

(1) 申请人的姓名或者名称、联系方式；

(2) 申请公开的信息内容描述；

(3) 申请公开的信息形式要求；

(4) 申请公开的目的和用途。

第十九条 校长办公室负责受理河海大学师生员工和社会公众向学校提出的信息公开申请，各二级单位办公室负责受理本单位师生员工和社会公众向本单位提出的信息公开申请，按下列情况予以答复：

(1) 属于公开范围的，应当告知申请人获取该信息的方式和途径；

(2) 属于不予公开范围的，应当告知申请人并说明理由；

(3) 不属于河海大学职责范围的或者该信息不存在的，应当告知申请人；对能够确定该信息的职责单位的，应告知申请人该单位的名称、联系方式；

(4) 申请公开的信息含有不应当公开的内容但能够区分处理的，应当告知申请人并提供可以公开的信息内容，对不予公开的部分，应当说明理由；

(5) 申请内容不明确的，应当告知申请人在5个工作日内补正申请，逾期未补正的，视为放弃申请；

(6) 同一申请人无正当理由重复申请公开同一信息，已经作出答复的，不再重复处理。

第二十条 对于信息公开申请，能够当场答复的，应当场予以答复。不能当场答复的，自收到申请之日起15个工作日内给予答复。

对于学校信息公开工作办公室转来的信息公开申请，信息拥有单位应在10个工作日内反馈意见。如需延长答复期限的，信息拥有单位应作出说明并经信息公开工作办公室同意，由受理机构告知申请人，延长答复的期限最长不超过15个工作日。对二级单位层面的依申请公开工作有异议的，可提交学校信息公开领导小组裁定。

第二十一条 学校师生员工、社会公众向学校申请公开信息的，应当出示有效身份证件、学校证件或者其他证明文件，学校有权将相关证件复印留存。

申请人有证据证明学校提供的与自身相关的信息记录不准确的，有权要求学校予以更正；本校无权更正的，将转送有权更正的单位处理，并告知申请人。

第二十二条 学校处理信息公开申请发生的检索、复印、邮寄等成本费，由申请人承担。收费标准按照本校所在地省级价格部门和财政部门规定执行。收取的费用纳入学校财务管理。

第二十三条 学校已明确答复不予公开或不予提供的信息，各单位不得再以任何形式公开或提供。

第四章 监督和保障

第二十四条 信息公开工作所需经费纳入各单位年度预算。

第二十五条 河海大学信息公开工作实行考核制度。信息公开考核纳入各单位年度考核工作，并将信息公开工作实施情况作为评价各单位及其领导干部年度工作业绩的一项指标。

第二十六条 学校每年 3 月 31 日前公布信息公开工作年度报告。

信息公开工作年度报告包括下列内容：

(1) 学校主动公开信息情况；

(2) 学校依申请公开信息和不予公开信息情况；

(3) 因信息公开申请提起诉讼的情况；

(4) 学校信息公开工作中存在的主要问题和改进情况；

(5) 其他需要报告的事项。

各单位应在每年 1 月底前将本单位上年度信息公开的有关情况和本年度信息公开工作计划按要求报学校信息公开工作办公室。

第二十七条 各单位在信息公开工作中应自觉接受师生员工及社会各界的监督，了解服务对象对信息公开工作的反映，对发现和存在的问题应当认真研究，积极整改。

第二十八条 违反本办法规定，有下列情形之一的，由学校办公室、监察处等有关部门责令改正；情节严重的，对单位负责人和直接责任人员依纪给予处分；触犯法律法规的，提交司法机关，依法追究其法律责任。

(1) 不依法履行信息公开义务的；

(2) 不及时更新信息公开内容、信息公开指南和信息公开目录的；

(3) 公开不应当公开的信息的；

(4) 在信息公开工作中隐瞒或者捏造事实的；

(5) 违反规定收取费用的；

(6) 通过其他组织、个人以有偿服务方式提供信息的；

(7) 违反有关法律法规和本办法规定的其他行为的。

第五章 附 则

第二十九条 已经移交档案工作机构的河海大学信息的公开，依照有关档案管理的法律、法规和规章执行。

第三十条 本办法自公布之日起施行，由校长办公室负责解释。

关于印发《河海大学预算经费使用管理暂行办法》的通知

(河海校财〔2010〕21 号)

各单位：

为明确各类预算经费使用与管理的职责、权限，规范各类经费的使用，发挥资金使用效益，根据国家有关财经法规，依据校、院两级管理原则，结合学校实际，特制定《河海大学预算经费使用管理暂行办法》，经学校校务工作会议审定通过，现予印发，请遵照执行。

河海大学预算经费使用管理暂行办法

第一章 总 则

第一条 为明确各类预算经费使用与管理的职责、权限，规范各类经费的使用，发挥资金使用效益，根据国家有关财经法规，依据校、院两级管理原则，结合学校实际制定本办法。

第二条 本办法所称预算经费，是指通过校内预算下达给各单位的各项经费，包括日常运行经费、教育教学经费、科学研究经费、学科建设经费、学生事务经费等。通过社会竞争获取的科研经费和办班经费以及其他财政专项经费，适用国家和学校其他相关管理办法。

第三条 各单位要对下达的各项经费制定具体的使用计划，学院经费使用计划需经院务会议讨论通过。

第四条 预算经费使用实行“一支笔”审批制度，各单位主要负责人为单位经费使用审批的第一责任人，经主要负责人授权，各单位其他领导可对分管工作经费进行审批，相应的授权及签字式样需以部门公函形式并经主要负责人签字后提交财务处。

第五条 各类经费的使用范围和开支标准必须符合国家及学校相关规定。

第二章 日常运行经费

第六条 学校预算中核定的各部门的行政办公经费以及电话通讯费，用于办公费、印刷费、邮寄费、差旅费、网页维护费、零修费及电话通讯费等，不得用于单位集体福利等支出，实行“超支不补、结余留用”原则。

第七条 学校预算中核实的其他各项运行经费按照申报的内容专款专用，年终结余核销，涉及跨年度支付的费用纳入下一年度预算申报。

第三章 教育教学经费

第八条 学校预算中核定的本科生和研究生的教学经费以及研究生教育管理经费，由学院在预算额度内制定具体的使用计划，用于教育教学相关支出，不得用于集体福利等支出，实行“超支不补，结余留用”原则。

第九条 学校预算中核定的教学专项发展经费，需由相关职能部门提出具体实施方案经分管校领导同意后组织实施，实行项目管理和绩效考评。

第四章 科学研究经费

第十条 学校预算中核定的科技绩效拨款按照相关标准及学院目标任务数先行下达部分经费，经年度考核后下达全部经费，学院对下达的经费自主使用。

第十一条 学校在预算中核定的基地组织建设、重大项目预研等专项经费，需由相关职能部门提出具体实施方案经分管校领导同意后组织实施，实行项目管理和绩效考评。

第五章 学科建设经费

第十二条 学校在预算中核定的优势学科创新平台、“211 工程”建设配套经费及校级重点建设经费，要严格按照项目建设内容、经费使用计划使用经费，项目完成后，项目单位要向学校报送预算执行情况及项目实施效益。

第六章 学生事务经费

第十三条 学生事务经费包括奖学金经费、勤工助学经费、学生困难补助和学生活动经费。

第十四条 学生事务经费必须全部用于学生事务支出，实行“超支不补、结余留用”原则。

第七章 人员经费

第十五条 年终学校对各单位进行工资总额结算，各单位在结算额度内进行二次分配，分配方案需对教职工公示。

第八章 附 则

第十六条 本办法由财务处负责解释。自2010年6月起执行。

（党委办公室、校长办公室供稿）

校领导重要讲话

团结一心 共创辉煌

——在2010年工作务虚会上的讲话

校党委书记 朱 拓

（2010年1月25日）

2009年过去了，回顾一年的工作，虽然忙碌，但心情很愉快，在同志们的支持、配合和共同努力下，学校的工作总体上在朝前推进。上半年，学校党委认真组织全校党员干部深入开展了学习实践科学发展观活动，并在此基础上，花大力气进行了学科、学院的调整，部分落实了教职员工期盼的实事。下半年，通过努力，促成了教育部和江苏省签订共建我校的协议，教育部又任命了4位副校级领导，产生了新的学校领导集体，学校中层干部换届到目前也基本完成。通过一年的学习、工作，特别是大家的团结协作，大家统一了思想，提高了认识，增强了信心，同时我们相互之间也增进了了解。在过去的一年中，大家给予我很多的支持和帮助，在此，我谨向各位同仁致以衷心的感谢。

在新年伊始之际，我们班子开这样一个务虚会，大家在一起好好回顾一年的工作，好好谈一谈新年的打算，彼此交流思想，交换看法，统一思想，也彼此之间提个醒，为来年的工作打个好的思想基础，有个好的开始。我总是认为，作为学校事业发展的领导核心，我们班子的任务很重，担子不轻，责任也很大。所以我们班子成员之间，必须开诚布公，必须精诚团结，必须深刻领会“发展是硬道理和团结就是力量”的重要意义，在全校上下营造一种团结的氛围、干事的氛围，营造一种蓬勃向上的环境、和谐奋进的环境，坚持做到团结一心谋发展，和谐兴校促发展，调动全校师生员工的热情，凝聚全校师生员工的心智，共同推进学校事业的科学发展，共同建设河海的美好未来。

下面我就先说说我的一些想法，供大家交流和讨论，讲得不对的地方，请大家批评指正。

一、要切实加强班子的自身建设

学校要完成其所肩负的历史使命，关键在于领导班子，在于领导班子的智慧、能力和团结。我们必须站在历史的高度，体现时代的要求，从实施人才强国战略，为中国特色社会主义事业培养建设者和接班人的光荣职责出发，切实加强班子自身的能力建设。学校领导班子的能力建设，概括起来，就是要按照中央的要求，要把领导班子及其成员培养成为政治家和教育家。我和王校长也有责任按照中央的要求，认真地去贯彻和落实。

我们首先要努力成为政治家，这是我国高校的社会主义性质所决定的。社会主义大学必须以马克思列宁主义、毛泽东思想、邓小平理论和“三个代表”重要思想为指导，必须坚持社会主义办学方向，必须全面地贯彻党的教育方针，必须把德育放在首位。只有这样，才能保证把大学生培养成为社会主义事业的建设者和接班人。因此，我们要学会用政治的眼光观察、分析、处理学校事务。要将中央的精神和党的路线、方针、政策，贯彻落实到学校各项工作之中，在国家和社会重大事务上，同中央始终保持政治上的一致；要善于组织好学校的教育、学术资源为国家现代化建设主战场服务，善于解决学校内部关系与外部环境的协调，推进学校改革、建设与发展。

我们还应努力成为教育家。高校是一个传播知识、培养人才，进行科学研究、服务社会的地方，其专业性、业务性很强。高校需要教育家来领导和管理。只有如此，才能保证高校遵循教育规律，发挥专家教授的作用，有利于广泛地调动师生员工的积极性，推动学校的改革和发展。

1. 思想建设

建设国际一流水利学科的高水平研究型大学对我们班子的能力提出了新的挑战，也赋予了新的责任和使命。加强领导班子能力建设，提高领导水平，首要的是加强思想建设，这是班子建设的灵魂，是促进学校发展的关键，是实现新的任务和目标的政治优势。

加强班子的思想建设，我们必须长期做到两个坚持，即坚持强化理论武装，坚定共产主义和中国特色社会主义信念，坚持解放思想、开拓创新，提高领导科学发展、促进校园和谐的能力。

坚持把理论武装放在领导班子思想建设的首位，深入学习中国特色社会主义理论体系，增强贯彻落实科学发展观的自觉性和坚定性，准确把握科学发展观的科学内涵、精神实质和根本要求，着力转变不适应、不符合科学发展观的思想观念，不断提高领导科学发展的素质能力，努力把科学发展观的要求转化为领导班子谋划科学发展的共识、领导科学发展的思路、促进科学发展的政策。坚持不懈地开展理想信念教育，坚定正确的政治立场和政治方向。牢固树立马克思主义的世界观、人生观、价值观和正确的权力观、地位观、利益观；不断强化政治意识、大局意识、责任意识，在事关方向、事关原则的问题上立场坚定，在大是大非面前和关键时刻旗帜鲜明，自觉同党中央在思想上、政治上、行动上保持高度一致；把理想信念教育贯穿在领导班子思想建设的始终。

坚持解放思想、开拓创新，提高领导科学发展、促进校园和谐的能力，是领导班子建设的核心内容。我们要适应新形势，立足新起点，围绕新任务，坚持解放思想、实事求是、与时俱进，把思想认识从不合时宜的观念、做法和体制的束缚中解放出来，从不适应、不符合科学发展观的思维定势中解放出来，敢于直面矛盾，敢于破解难题。要强化忧患意识、机遇意识、创新意识，开阔眼界、开阔思路、开阔胸襟，正确认识和把握高等教育发展的新变化新特点。坚持从学校的实际出发，创造性地贯彻落实上级精神，审时度势，抢抓机遇，奋发有为。建立务虚研究制度，分析研究高等教育发展形势和规律，对学校发展中的重大问题进行战略性、前瞻性研讨。

当前及今后一个时期，学校领导班子思想建设总的要求是：以邓小平理论、“三个代表”重要思想为指导，深入贯彻落实科学发展观，以高举旗帜、坚定信念、践行宗旨为根本，以提高领导水平和能力为核心内容，以贯彻执行民主集中制、树立正确用人导向、改进领导作风为重点，努力把领导班子建设成为坚定贯彻党的理论和路线方针政策、善于领导科学发展的坚强领导集体，加快推进学校各项事业又好又快发展，更好地服务于国家及地方发展。

2. 作风建设

加强作风建设，领导班子是关键。作风好的班子，就能带出一支作风好的队伍。只有加强领导班子的作风建设，才能增强党群干群关系的融洽和谐，激发教师、干部、职工的工作积极性、主动性和创业干事的热情，保证学校事业的成功。加强领导班子作风建设，必须要以增强凝聚力、向心力为目标，切实做到以下四点：

一要讲民主。民主不仅是一种制度，更是一种理念、一种模式、一种境界。讲民主，就是要认真贯彻执行民主集中制。凡重大事项，都要坚持集体领导，民主集中，个别酝酿，会议决定。领导干部要善于听取不同的意见，广纳群言，从善如流，从大家的意见建议中汲取营养，提高决策能力和执政水平，努力建设一个民主的班子。

二要讲公平。公平是和谐的基础。领导干部要牢固树立公平的理念，对待同志一视同仁，不厚此薄彼，不搞远近亲疏，使每一位干部都感到心情舒畅，身心愉悦，迸发出积极向上的朝气与活力，始终保持饱满的工作热情。

三要讲宽容。宽容是一种人生的智慧和美德，更是维系人与人之间亲密联系的桥梁和纽带。我们每个人的性格、风格都各不相同，对事情的想法和处理问题的方法也不一定一样。能够很好地与有不同意见的人一道合作共事，需要宽容和大度。领导干部应当学会换位思考，尊重人、理解人、包容人，容纳和尊重不同的意见、不同的个性、不同的习惯和不同的文化，有容人之短的胸怀、容人之长的美德、容人之异的肚量，努力建设一个团结的班子。

四要讲理解。理解是一种文化，是一种集忍让、沟通为一体的良好品格。它不是没有立场、没有原则的让步，不是和稀泥抹光墙。讲理解，就是要心胸开阔、襟怀坦荡，学会让步，让一步海阔天空；讲理解，就是要大事讲原则，小事讲风格，不斤斤计较，不耿耿于怀；讲理解，就是要坦诚对待分歧，加强联系沟通，发现问题相互提醒，发现不足相互补台，在合作中加强理解，在共事中相互磨合，在理解中求得和谐，努力建设一个和谐的班子。

3. 廉政建设

学校领导班子既是学校反腐倡廉建设的领导核心，也是学校反腐倡廉建设的责任主体，担负着全面领导学校反腐倡廉建设的重大责任。武汉大学两位校级领导的腐败案件，给我们进一步敲响了警钟，袁部长到学校视察工作时提出的廉政要求，我们必须清醒认识，严肃对待，认真落实。

我们要坚持把反腐倡廉建设纳入学校改革发展的总体规划，同教学、科研、管理等工作一起部署、一起落实、一起检查、一起考核，坚持每年要专题研究反腐倡廉工作，召开全校反腐倡廉工作会议，定期安排反腐倡廉理论学习，组织召开廉洁自律专题民主生活会。

我们要进一步健全科学民主决策制度。校领导班子要认真贯彻执行民主集中制，不断健全情况通报、情况反映、重大决策征求意见等制度。按照党委领导下的校长负责制的要求，完善并严格执行党委全委会、常委会、校长办公会议的议事规则和决策程序，规范决策过程记录；制定并严格执行违反议事规则和决策程序的责任追究办法。严格执行重大事项集体决定制度。对于重大事项决策、重要干部任免、重要项目安排、大额资金使用，要建立明确细化的决策程序，坚持由领导班子集体讨论研究、集体作出决定。学术性较强的重要事项，必须经过专家咨询论证，并及时在一定范围公示论证结果。涉及师生切身利益和事关高校改革发展的重要事项，必须在全校范围内进行公示，广泛听取意见，并提交教代会审议通过。重大事项决策、重大投资(融资)及大额资金使用，必须组织相关专家进行科学论证，再提交班子集体讨论决定。对于招生、基建、物资采购、科研经费管理、人才引进、职称评审等重点领域，要加强监督，做到防患于未然。

领导班子成员应自觉接受党委、纪检监察等监督部门、党外人士和广大干部群众的监督，严格执行收入申报、个人重大事项报告等制度。对组织和群众提出的正确意见，要虚心接受，认真整改，自觉服从组织的决定。我们领导班子成员要用廉洁自律要求自己，从自己做起，从小事做起，从现在做起，学校一定能保持反腐倡廉的春天，保持培育时代英才的“一方净土”。

二、要努力提高个人的自我修养

“修养”一词原意包括修身养性、反省自新、陶冶品行和涵养道德。马克思主义赋予“修养”新的含义，就是要进行自我教育、自我改造。个人的修养离不开工作和社会实践，更离不开个人的主观努力。实现自我修养的方法和途径很多，结合个人的学习体会，浅谈以下几点。

1. 多读一些东西

读书太重要了。读书是一种积极的人生态度。作为高校的领导干部，读书还应当是一项基本功，是一种充实更新知识的重要方式，是一种要多多倡导的风气。多读一些好书，能增添我们身上的书香味。所谓书香味，即认认真真学习的风气和氛围。“是非明于学习，名节源于党性，腐败止于正气。”胡锦涛同志倡导的“八个方面的良好风气”的第一种风气就是“勤奋好学、学以致用”。一个干部不爱学习，思想就缺少灵气，讲话就缺少底气，行动就缺少朝气，工作就缺乏锐气。多读一点书，能使我们的理论基础更加厚实，创新更富有源泉和动力，政治眼光更加敏锐，立场更加坚定，视野更为开阔，使人的胸怀更为宽广，更为博爱。所以，多读一些书是实现自我修养的首要途径。

书籍浩如烟海。我们应当选择那些可以提高思想水平、增强工作能力、完善知识结构、提升精神境界的书。比如，哲学，可以锻炼我们心志，拓宽我们视野；史书、传记，可以帮助我们知古而鉴今，知人而励己；心理学，可以帮助与人沟通，知人善任；高等教育管理，可以帮助我们熟悉高等学校办学的规律，有利于改善和加强学校的管理，等等。所以，我们要读经典、读精品，同时也要读点平时没读过的其他类的好书，李政道就提倡“越界读书”。

现在，大家工作繁忙是事实，如何处理好工作与读书这对矛盾，确实是要花点心思的。曾有人说，做个好领导，白天要走干讲，晚上要读写想。读书要做到三点：静、挤、用。静是读书的前提，忙中求静，只有静得下来，才能读得进书，才能好好思考，才能有所收益。同时还要学会挤，鲁迅说他是把别人喝咖啡的时间都用来读书的。作为学校领导也要学会忙里偷闲，挤点时间用于读书充电。无论静还是挤，读书的落脚点都是为了用，只有把学到的知识与实践紧密结合起来，学以致用，指导工作，才能更加持之以恒地读书学习。

2. 多写一些文章

大家都知道，毛泽东同志曾多次提倡领导干部要自己动手写文章，把领导自己动手写文章提高到学风、党风的高度来认识。在这方面，毛泽东同志为全党中高级领导干部树立了光辉的楷模。邓小平说过：“拿笔杆是实行领导的主要方法。领导同志要学会拿笔杆。”“经过写，思想就提炼了，比较周密。所以用笔杆领导是领导的主要方法，这是毛泽东同志告诉我们的。凡不会写的要学会写，能写而不精的要慢慢地精。”“不懂得用笔杆子，这个领导本身就是很有缺陷的。”重视动笔，勤于动笔，掌握好领导干部写文章的基本功，是提高领导干部能力的一个起码要求。

思索、言语表达、写文章，是一个学习、思考、消化、吸收和升华的辩证联系的有机过程。领导干部自己动手写文章，是加强学习，努力提高自身能力和水平的重要方式，也是一种领导方式和工作方式。领导干部自己动手写文章，有利于深入思考问题、改进领导作风，有利于锻炼提高理论水平、增强综合素质。对纷繁复杂的社会现象和事物矛盾，能高屋建瓴地揭示其本质；对众人茫然不解或不甚关注的时势变化，能见微知著，处置有度；对胸有成竹的决策意图和工作部署，能用明白晓畅、富有感召力的文字表达出来，是一个成功、成熟领导者的重要标志。

3. 多一些自我约束

自我约束是一种难得的美德。只有学会自我约束的人，才能约束别人。我们应当清醒地认识到：高校不是“清水衙门”，不是“世外桃源”，也不是一块“净土”，随着我国的全面改革开放，随着我国社会主义市场经济的形成和发展，难免有些错误的享乐主义人生观、实用主义的人生观、利己主义的人生观、存在主义的人生观、悲观主义的人生观乘机而入，如果不能经常反省自己的言行，严于解剖自己，给自己多一些自我约束，天长日久，我们就会自觉不自觉地发生思想畸变和心灵扭曲。所以我们在任何时候都要保持清醒头脑，讲修养、严治家、慎交友，管好自己的配偶子女，在工作圈、生活圈、社交圈都要廉洁自律，有约束，有节制，过得硬。

4. 多想一些大事

古人讲“不谋全局者，不足谋一域；不谋万世者，不足谋一时”。发展的关键在于善谋大势，在于对发展大势的分析把握，对宏观政策的深刻领会，对当前态势的科学判断，对发展方向的准确定位。对于高等学校来说，谋大势既要着眼“抢占先机”，又要立足“高点起步”，在纵横交织的坐标上找准定位。领导干部要善于着眼长远，审时度势，谋划全局。不抓大事，就是失职。

对于学校的领导班子成员，要认真分析学校面临的机遇与挑战，展望未来高等教育的发展趋势，了解国家对人才与科技的需求，思考学校发展中的重点、难点、热点问题以及解决的对策与办法。

要深入思考学校的发展中的大问题，要把主要时间和精力放在提炼学校发展的理念，思考学校发展的定位，寻找学校发展的突破点，确立学校发展的优势上。思考如何坚持以人为本的理念，全面深化人才培养模式改革；如何建立科学的教育发展观、事业政绩观和人才质量观，建立科学的管理运行机制，合理设置学科专业；如何积极对外争取更多的办学资源，保障学校的建设与发展。

我们每个校领导都分管一些具体的部门，因此还要多想一想自己分管部门的大事，加强对自己分管工作的研究。不能事无巨细，要把握好方向，投入精力和时间思考分管部门的主要问题。

5. 多做一些实事

责任意识最终是要体现在干事创业上。正如邓小平同志所说的，不干，半点马克思主义也没有。真抓实干，既要坚持一切从实际出发，尊重客观规律，切实提高决策的科学化民主化水平，又要狠抓各项决策的落实，使各项决策部署付诸行动、见到实效。我们要多做教职员工急需的事，多做让教职员工受益的事，多做能解决问题的事，多做科学发展的事，多做打基础的事，多做管长远的事，努力创造经得起实践、时间、历史检验的实绩。

做实事就要实实在在地做事情，做实实在在的事情，绝不能搞形式主义，更不能高高在上。要走下去，深入到学院、部门和教职员工中去。对于学校定下来的事情，要一鼓作气，有始有终，保质保量，不能虎头蛇尾，更不能有头无尾。

三、结语

上级是下级的榜样，我们的一言一行对于全校的学风、作风都会产生潜移默化的影响，因此，作为学校的领导，我们每一个人都应保持振奋的精神和良好的作风，意气风发地团结带领广大师生员工去实现学校的发展目标。我们每一位班子成员要树正气、干实事、做真人，以此来树榜样、做表率，在党委的统一领导下，分工负责，加强管理，积极拓展外部联系，为学校的改革、发展做出应有的、更大的贡献。这里我再强调几点。

1. 正确处理好集体决策与个人分工负责的关系

建立和健全校领导集体重大问题议事和决策制度，从领导制度、工作机制和制度体系上进一步落实民主集中制，增强领导集体决策的民主性和科学性，提高决策水平，增强领导班子凝聚力和战斗力。

领导班子的每个成员，要对学校的工作共同负责，参与集体决策。在讨论问题时，要站在全局的高度，根据所了解的实际情况，充分发表个人意见。对于领导班子集体做出的决定，任何人包括我，都要坚决执行。

领导班子的每个成员要按照集体决定和分工，切实履行自己的职责。在各自的职权范围内，大胆地、负责地、创新性地工作，主动克服困难，完成自己分担的任务。在执行集体决定、履行各自职责的过程中，要及时沟通情况，互相配合，互相支持，自觉地、协调一致地工作。

2. 正确处理好管理工作与学术事务的关系

高校不同于其他机关、事业单位，科研是其一个主要的办学功能，我们校领导都是在某个专业领域取得过成就的专家，因此，除了日常的管理工作外，承担一定的教学科研任务也是非常正常的。但另一方面，作为学校领导，就要求我们花费更多的时间与精力投入到管理工作中去，不断提高管理能力和水平，努力成为高等教育管理专家。管理是科学，也是艺术。高校是一个非常复杂的系统，对管理者要求很高。作为学校的领导者与管理者，要保证一定的时间在校内从事管理工作，保证一定的出勤率。我看是不是可以对校级领导承担科研项目和教学任务，有一个量的限制，以保证更多的精力投入到学校的管理工作中去；同时校领导到外地出差，也要有一个正常的报告制度。对各个学院院长们的离校外出，也要有一个报告、请假制度，要经过联系的校领导来批准。

3. 加强对外联系，积极拓展学校发展的外部空间主动加强与上级主管部门、相关行业部门的联系，加强与地方政府、兄弟院校、科研单位的联系，拓展服务合作领域，为学校争取更多的发展空间。近年来，学校通过加强自身建设和对外宣传，主动与外界沟通联系，取得了一定的效果，但今后这项工作要进一步加强，校领导要对口负责一些联系单位，建立起对外联系的长效机制。

当前，学校事业的发展已经进入关键时期。面对新形势、新要求、新机遇、新挑战，我们必须以邓小平理论和“三个代表”重要思想为指导，深入贯彻落实科学发展观，解放思想，实事求是，精诚团结，开拓创新，锐意进取，始终瞄准发展目标，牢牢把握发展主题，带领全体师生员工以百倍的信心和勇气，为促进学校科学发展上水平努力奋斗！

最后，诚祝大家在新的一年里身体健康，工作顺利，家庭幸福！谢谢。

适应新形势 把握新机遇 实现新发展

——在2010年度工作大会上的讲话

校党委书记 朱 拓

（2010年2月27日）

老师们，同志们：

首先给大家拜个晚年，祝大家虎年吉祥！

刚才，王校长代表学校对学校未来3年的发展目标和工作思路作了深入阐述，对今年的工作做了系统而全面的部署，任务明确，重点突出，我完全赞同。下面，我讲三点意见。

一、认清形势，树立信心，坚定建设具有国际一流水利学科的高水平研究型大学的目标不动摇

当前我国高等教育正处在发展机遇期。随着我国经济实力不断增强，人们的物质文化生活质量显著提高，教育领域也发生了翻天覆地的变化。面对新的国际国内形势，党中央和国务院对高等教育提出了更高要求，也为高等教育带来了前所未有的挑战和千载难逢的发展机遇。

在学校第十一次党代会上，学校明确提出了“建设具有国际一流水利学科的高水平研究型大学”的发展目标。这是学校当前发展的总纲，是学校针对发展形势与任务，凝聚全校师生员工的共同意志、情感和智慧所作出的战略选择。不管情况发生什么变化，不管遇到多大的困难，我们都必须脚踏实地、坚定不移地沿着这条道路走下去。只有这样，河海大学才有美好的未来。

要建设特色明显的高水平研究型大学，按照学校目前的基础、条件、水平，借鉴同类型兄弟高校的发展经验，我们必须坚持内涵发展，坚持突出重点和特色，坚持质量意识，坚持改革创新，坚持为国家和地方服务，坚持抓队伍建设。

在队伍建设中，学校党委将更加重视各级领导班子建设，充分加强干部队伍的思想建设和能力建设。

1月25日、26日，学校召开了校领导班子务虚会，就进一步加强校领导班子思想建设、学习型组织建设、科学谋划学校发展和2010年学校工作要点等四个方面展开讨论和研究。会议讨论热烈，集思广益，既是认清形势、交流思想的务虚会，又是研讨工作、明确任务和目标的务实会。

在务虚会上，每位校领导结合分管工作，认真思考，精心准备，分别作了专题发言。我就校级领导班子建设问题作了发言。在发言中，我强调，学校要完成其所肩负的历史使命，关键在于领导班子，在于领导班子的智慧、能力和团结。学校领导班子是学校改革发展的决策者与领导者，必须站在历史的高度，体现时代的要求，进一步增强全局意识、政治意识和责任意识，加强思想建设、作风建设和廉政建设，切实提高校领导班子的科学发展能力。

学校中层领导班子，是学校改革发展的推动者和实践者。建设国际一流水利学科的高水平研究

型大学，对我们中层领导班子的能力提出了新的挑战，也赋予了新的责任和使命，我们必须坚持解放思想、开拓创新，把切实提高中层领导班子促进科学发展、促进校园和谐的能力，作为班子建设的核心内容。

希望我们各级领导班子适应新形势，立足新起点，围绕新任务，坚持解放思想、实事求是、与时俱进，把思想认识从不合时宜的观念、做法和体制的束缚中解放出来，从不适应、不符合科学发展观的思维定式中解放出来，敢于直面矛盾，敢于破解难题。要强化忧患意识、机遇意识、创新意识，开阔眼界、开阔思路、开阔胸襟，正确认识和把握高等教育发展的新变化、新特点。坚持从学校的实际出发，创造性地贯彻落实上级精神，审时度势，抢抓机遇，奋发有为。

二、以实施处级领导班子任期目标责任制为契机，切实提高学校的管理水平、改革意识和发展能力

为进一步深化学校内部管理体制改革，强化目标管理与责任意识，加强学校中层干部考核与管理，经学校党委研究决定，对全校处级领导班子实施任期目标责任制。近期，学校将出台目标任务分解、目标任务书制订、组织实施和责任考核等方面的具体实施意见。

希望各单位、各部门领导班子要认真研究，结合学校发展目标和本单位实际，分析形势与任务，制订既可实现、又有一定压力的、科学合理的任期目标任务，通过目标的制定体现出斗志，体现出豪气；通过实施目标任务和强化责任，凝聚人心、集聚人气、传递压力；通过目标管理，加强部门作风、能力与制度建设，提高学校的管理水平、服务水平和发展能力；通过目标考核，加强学校中层干部队伍建设，使干部真正将精力用在谋学校事业、谋学校发展上。

在组织与实施任期目标责任制的过程中，我们要特别关注以下几个方面。

1. 要努力提升工作标准

在新的任期开始的时候，无论是老岗位、新任期，还是新同志、新岗位，摆在我们面前的工作头绪很多，工作任务十分繁重。怎样迅速有效地开展工作，打开工作局面，一个十分重要和有效的办法，就是从研究和提升我们的工作标准入手，只要我们每一个人、每个部门都把自己的工作标准提升一点，那么，我们学校的整体办学质量和管理水平就会提高一大步。

标准是具体的，工作标准就是工作目标的一系列定性与定量的描述。标准也是变化的，随着学校事业的发展和形势的变化，衡量我们各项工作的标准也要做出相应的调整。提升工作标准，要求我们坚持“解放思想、实事求是”，既不能得过且过、无所追求，又不能脱离实际。提升工作标准，既要与我们的奋斗目标进行纵向的比较分析，又要与兄弟高校进行横向的比较分析，使我们确定的工作目标能够适应竞争格局和发展趋势，能够激发和凝聚力量，在师生中形成广泛的共识。

2. 要切实解决突出问题

有没有问题意识，能不能主动地发现问题，辩证地分析问题，认真地解决好问题，归根到底是干部的能力与责任心的问题。

解决问题，是一种具有创造性、操作性的思维方式和智力活动，反映着我们的智慧、能力和水平。解决问题，必然会触及一些矛盾，承担一些压力，这就需要我们要有解决问题的勇气，始终保持奋发有为的精神状态，直面问题，迎难而上。解决问题，既要突出重点，又要统筹协调，什么问题突出，就重点解决什么问题，什么问题具备解决条件，就及早解决什么问题。

我们一定要通过实施任期目标责任制，不断增强用科学发展观武装思想、指导实践，推动工作的自觉性和坚定性，坚持用发展的办法解决前进中的问题，切实为师生员工的成长发展解决实际问题，创造良好环境，重点解决那些牵动全局、事关长远的重要问题，努力提高学校的工作水平和发展能力。

3. 努力完善管理制度

制度管根本，制度管长远。完善制度是从严治校和加强管理的着力点。我们要充分认识加强制度建设的重要性，在实施任期目标责任制的过程中，自觉地在完善制度上下工夫。

完善制度，要坚持把解决问题与创新机制结合起来，把解决问题形成的好办法、好经验用制度的形式固定下来，形成推动工作的长效机制。完善制度，要选准突破口，抓住关节点，对已有的规章制度，要进行认真梳理，该废止的废止，该修订的修订，根据工作需要，抓紧制定工作中迫切需要的有关制度和规定。完善制度，要广泛征求各方面意见，着眼于形成共识，着眼于制度的落实，再好的制度，不下工夫去执行，不能落实也是没有用的。

在大学校园里，师生员工的群体价值观和规章制度都是校园文化的组成部分。制度和纪律是强制性的、硬的，但它们要靠大学精神，靠师生员工的共同价值观得到执行和遵守；大学精神、校园风气是非强制性的、软的，这就要求我们要把握好校园文化的“柔”和制度管理的“刚”，切实做到理念倡导和制度约束两手抓、两手都要硬。

4. 要不断加强学习

学习是进步的前提，是创新的动力。学校的各级领导班子要努力建设成为学习型组织，使学习成为一种制度，成为大家的一种好习惯。通过不断地学习，不断提高自身的理论修养，只有理论素养提高了，看问题才能站得高一点，看得远一些，遇到事情才能够头脑清醒，抓工作才能够思路清晰。

各级班子成员要带领本部门、本单位师生加强学习，紧密结合学校发展的实际，坚持用理论武装大家的头脑，并指导实践、推动工作。在学习过程中，大家要多读一些有益的书，多做一些深入思考，多写一些文章，进一步开阔眼界、开阔思路、开阔胸襟，不断丰富完善自己。只有这样，才能适应学校改革建设发展的新要求、新任务和新挑战。

三、要深入贯彻落实教育部2010年工作要点精神，认真做好今年的几项重要工作

在1月14日全国教育工作会议上，袁部长把2010年确定为教育改革年。今年教育部的工作重点，就是围绕提高质量，促进公平，进一步地加大改革、加大创新。着力点有十六个字，即夯实基础、调整结构、优化布局、提升内涵。

关于高等教育，教育部进一步强调，高校要强化人才培养、科学研究、社会服务三大功能，走有特色、高水平发展路子，科学合理定位，克服同质化倾向，在不同层次、不同领域办出特色、争创一流。要进一步确立人才培养在高校工作中的中心地位，促进科学研究和社会服务水平整体提升。要以中青年教师和创新团队为重点，加强高校教师队伍建设，完善以质量和贡献为导向的学术评价机制。推动高校面向社会需要办学。深入实施“高等学校本科教学质量与教学改革工程”，深入实施研究生教育创新计划，实施基础学科拔尖人才培养计划。继续实施“985工程”、“211工程”和“优势学科创新平台计划”，启动特色重点学科建设项目，加强高水平、有特色大学建设。启动实施高校自主创新工程，加强基础研究和应用研究，推进产学研用结合。深化高校人事制度改革。加快推进高校制定章程、依法治校。探索教授治学、民主管理的有效途径。探索建立高校理事会或董事会，扩大社会参与学校管理。

教育部2010年总体工作要求和具体工作要点，为我们安排好今年的工作提出了要求、指明了方向、明确了重点，我们在部署、落实学校的具体工作中，要结合学校的发展实际，力求领会教育部工作要点的精神，力求落实、执行教育部的要求和部署，力求利用好教育部的政策支持，高质量地完成学校的重点工作。

1. 精心筹备、胜利召开学校第十二次党代会

学校党委常委会近期专题研究了召开学校第十二次党代会的筹备工作，初步形成了筹备工作方案，并酝酿成立会议筹备工作领导小组和具体工作小组。有关工作事项经校党委全委会讨论决定后将全面展开。

胜利召开学校第十二次党代会，是全校党员干部、师生员工政治生活中的一件大事，我们一定要精心筹备好，精心组织好。通过筹备和召开学校第十二次党代会，动员全校党员干部和全体师生员工，坚持以邓小平理论和“三个代表”重要思想为指导，全面贯彻落实党的十七大精神，以科学

发展观统领全局，以“谋划发展、提高质量、集聚人才、和谐兴校”为主线，以改革创新为动力，进一步解放思想，深化改革，加强管理，努力在增强队伍素质、提高教学质量、提升学科水平、推动科技创新、加强党的建设等方面探索新路子、实施新举措、增创新优势、谋求新飞跃，推动学校各项事业又好又快发展，为把我校建设成为具有国际一流水利学科的高水平研究型大学而团结奋斗。

2. 凝聚智慧，高质量编制学校“十二五”发展规划

“十二五”发展规划的编制，是关系到学校长远发展，具有战略意义的系统工程，我们要遵循高等教育发展规律，强化重点，彰显特色，统筹兼顾，协调发展，在调查、分析和研究的基础上，对学校“十二五”事业发展进行顶层设计和系统规划，全面推进学校各项事业再上新台阶。

为加强规划编制的组织和领导，学校将尽快成立专门的领导小组和工作组，尽快开展编制工作。希望相关职能部门深入调研，扎实工作，全面总结和分析学校“十一五”规划执行情况和发展现状，提高“十二五”规划的针对性、可操作性和可检查性。由于“十二五”事业发展规划制定工作时间紧，任务重，要求高，各单位、各部门一定要加强协作，相互支持，做到资源共享，通力合作，凝聚大家的智慧，高质量、按进度完成“十二五”规划的编制工作。

3. 落实好部部共建、部省共建协议

2005 年 10 月，教育部、水利部签订共建河海大学协议，2009 年 11 月，教育部、江苏省人民政府签订共建河海大学协议。两个协议的签署，为我校搭建了一个支撑发展、多做贡献的平台，提供了一个扩大影响、提升内涵的契机，打下了一个彰显特色、赢得支持的基础，在学校发展史上具有重要的意义。

我们一定要有强烈的机遇意识，充分认识到共建不是一时的改革举措，不是一时的风光仪式，而是一个长期的、持续性的发展过程和工作过程，需要继续抢抓机遇，转变思路，转变作风，主动出击，开门办学，以共赢求合作、以服务求支持、以贡献求发展的思想和实际行动，把两个共建协议精神和支持政策落到实处。有关职能部门和学院，要结合本部门工作职责，研究如何贯彻落实好共建协议，制定好的方案和措施，加强与省部有关厅局的沟通、联系，切实让共建发挥最大的效益，取得最好的效果，促进学校更好更快的发展。

4. 切实加强拔尖人才的培养与引进

拔尖人才是学校建设和发展的关键，是立校之本、兴校之源和强校之基。

目前，我校在拔尖人才建设方面存在的突出问题是：中青年学科带头人缺乏，高水平的学科带头人缺乏，准院士人选缺乏。这种状况已严重影响学校的科学发展、和谐发展和跨越发展。因此，我们必须以高度的政治责任感和历史使命感，深刻认识加强拔尖人才建设的极端重要性和紧迫性，把拔尖人才建设工作放到学校改革、发展与规划的首位，真正实施好人才强校战略。

校、院、系要上下一心，狠下决心，采取灵活有效的、超常规的措施，培养和吸引拔尖人才，激励和促进优秀创新团队脱颖而出。把拔尖人才和创新团队建设作为头等大事来抓。学校在政策和服务方面支持学院的引进和培养，学院、系则要在发现人才、引进人才、培养人才、使用人才方面发挥主要作用。

党管人才，主要是管宏观、管政策、管协调、管服务。要发挥党委总揽全局、协调各方的职能和作用，努力形成学校党委统一领导、组织人事部门牵头抓总，有关部门、院、系各司其职，密切配合的拔尖人才建设工作的新局面。

5. 切实重视校园的安全与稳定

建设和谐校园，不仅仅要注重人际关系的和谐、学术氛围的和谐、人与自然的和谐等方面，更应确保校园的安全与稳定。

安全与稳定压倒一切。越是任务繁重的时候，越是要重视学校的安全与稳定工作。各单位、各部门的负责同志要更加自觉、更加主动地落实安全与稳定也是硬任务、是第一责任的要求，加强对影响学校安全与稳定因素的分析和把握，及时排查存在的安全隐患，及时化解矛盾和纠纷，完善维

护学校安全与稳定的体制机制，确保学校的安全与稳定，为学校的改革与发展创造良好环境。

老师们，同志们，虎步奔腾开胜景，春风浩荡展宏图。光荣的使命、艰巨的任务和厚重的责任，充分考验着我们各级领导班子和每位领导干部的能力、水平，充分考验着我们全体干部和教职员工的凝聚力、创造力和战斗力。我们一定要发扬虎的精神，虎有生气，虎有勇气，虎有锐气，虎有朝气，以改革创新的思路和坚强的意志，不断解决发展中的问题，克服前进中的困难，适应新形势，把握新机遇，实现新发展，创造出新的辉煌业绩。

最后，衷心祝愿大家在新的一年里工作顺利、身体健康、家庭幸福。谢谢大家。

在河海大学大学生思想政治教育工作会议上的讲话

校党委书记　朱　拓

（2010年7月7日）

同志们：

今天召开的大学生思想政治教育工作会议，是我校在第十二次党代会闭幕后召开的一次非常重要的会议。刚才，王书记作了工作报告，王校长作了重要讲话，讲话很好，我完全赞同，我们要很好地领会和贯彻。三个单位的交流发言是在专题交流会基础上精选出来的，具有典型性和示范性。

下面，我讲三个方面的问题：第一，进一步传达全国加强和改进大学生思想政治教育工作座谈会精神；第二，进一步分析当前我校大学生思想政治教育工作面临的形势；第三，进一步就我校全面贯彻中央座谈会精神讲几点意见。

一、进一步传达全国加强和改进大学生思想政治教育工作座谈会精神

全国加强和改进大学生思想政治教育工作座谈会，是党中央批准召开的一次重要会议。会议由中共中央政治局委员、中央书记处书记、中宣部部长刘云山主持，中共中央政治局常委李长春全程参加了会议并发表重要讲话，中共中央政治局委员、国务委员刘延东作会议总结。

李长春同志在会议上发表的重要讲话，从战略和全局的高度，充分肯定了中央16号文件发布5年多来大学生思想政治教育工作取得的成绩，系统总结了经验，科学分析了面临的形势和任务，就当前和今后一个时期的工作作出了全面部署。讲话高屋建瓴、统揽全局、思想深刻、要求明确，对于我们当前和今后加强和改进大学生思想政治教育工作具有十分重要的指导意义。

1. 全面回顾和总结了中央16号文件颁布5年来全国大学生思想政治教育工作取得的显著成效与积累的宝贵经验

李长春同志强调，全面提高大学生的思想道德素质和科学文化素质，是实现科教兴国和人才强国战略的重要保证。以胡锦涛同志为总书记的党中央高度重视大学生思想政治教育，作出了一系列重大决策部署。中央16号文件下发以来，各地各部门各高校认真贯彻落实中央决策部署，紧紧围绕立德树人这一根本任务，抓住关键环节，采取有效措施，创新途径方法，完善体制机制，扎实推进各项工作。

5年多来，领导体制和工作机制不断健全，全社会共同关心支持大学生思想政治教育的格局初步形成；大力加强和改进思想政治理论课，教材建设取得新进展，教学质量明显提高，基本实现思想政治理论课教学状况明显改善的目标；大力加强高校哲学社会科学学科体系和教材体系建设，马克思主义在哲学社会科学教学中的指导地位进一步巩固；大力推进改革创新，积极探索新途径新方法，大学生思想政治教育工作的时代感和实效性明显增强；坚持为大学生办实事解难事，大学生思想政治教育工作的亲和力和感召力进一步增强；切实加强队伍建设，大学生思想政治教育工作队伍规模不断壮大，素质明显提高。

5年多来，大学生群体理想信念更加坚定；爱国热情持续高涨；社会责任感显著增强；道德素质和现代文明素质明显提升。大学生思想政治教育工作呈现良好发展态势，大学生思想政治面貌发生可喜变化，主流积极健康向上。

李长春同志强调指出，几年来，在加强和改进大学生思想政治教育工作的实践中，积累了许多宝贵经验。一是必须坚持育人为本、德育为先，把社会主义核心价值体系贯穿于教育教学的全过程，努力培养中国特色社会主义事业合格建设者和可靠接班人，这是大学生思想政治教育工作的根本任务。二是必须坚持以马克思主义为指导，着力推动党的理论创新成果进教材、进课堂、进头脑，这是确保大学生思想政治教育工作始终沿着正确方向前进的根本保证。三是必须坚持从当代大学生的思想特点和实际需求出发，不断创新方式方法和手段途径，这是大学生思想政治教育工作不断开创新局面的根本动力。四是必须坚持以人为本，把教育管理与关心爱护结合起来，把解决思想认识问题同解决实际问题结合起来，把思想政治教育寓于深入细致的服务之中，这是大学生思想政治教育工作不断增强亲和力感染力的重要突破口。五是必须把加强和改进大学生思想政治教育作为高校党的建设工作的重要内容，充分发挥高校党委的领导核心作用、基层党组织的战斗堡垒作用和广大党员的先锋模范作用，这是大学生思想政治教育工作实现可持续发展的重要保证。六是必须坚持完善领导体制和工作机制，着力构建各方面共同参与支持大学生思想政治教育的工作格局，这是大学生思想政治教育工作取得实效的重要支撑。对于这些经验，要倍加珍惜、始终坚持，并在实践中不断丰富发展。

2. 全面分析了当前大学生思想政治教育工作面临的新形势新挑战

李长春同志指出，在充分肯定成绩的同时，必须清醒地看到，与党和国家事业发展要求相比，与实施科教兴国战略、人才强国战略和建设创新型国家的要求相比，与大学生健康成长的需要相比，与广大人民群众的期望相比，大学生思想政治教育工作还存在较大差距，取得的成果还只是阶段性的成果。

李长春同志要求，要充分认识大学生思想政治教育面临的新形势新挑战，进一步增强工作的责任感、紧迫感和使命感。

李长春同志指出，在新的历史起点上全面推进改革开放和现代化建设，开创中国特色社会主义事业新局面，对提高当代大学生的综合素质提出了新的更高要求；世界多极化、经济全球化深入发展，世界范围内思想文化交流交融交锋日益频繁，对增强当代大学生政治敏锐性和政治鉴别力提出了新的更高要求；我国经济社会发生深刻变革，社会思想价值观念越来越多元多样多变，对引导当代大学生树立正确的世界观、人生观、价值观提出了新的更高要求；互联网等新兴媒体迅猛发展，在大学生学习、生活和思想观念的形成过程中的影响越来越广泛，对更加有效地开展大学生思想政治教育提出了新的更高要求；当代大学生群体特点和个性需求更加鲜明，思想活动的独立性、选择性、多变性、差异性日趋明显，对创新大学生思想政治教育的方式方法提出了新的更高要求。我们必须清醒认识形势发展对加强和改进大学生思想政治教育工作提出的新任务新要求，切实增强工作的预见性、针对性和创造性，牢牢掌握工作主动权。

3. 明确提出了进一步加强和改进大学生思想政治教育工作的总体要求及工作重点

李长春同志强调，根据党中央、国务院部署，当前和今后一段时期，加强和改进大学生思想政治教育工作的总体要求是：高举中国特色社会主义伟大旗帜，以邓小平理论和“三个代表”重要思想为指导，深入贯彻落实科学发展观，全面贯彻党的教育方针，按照中央16号文件和《国家中长期教育改革和发展规划纲要(2010－2020)》的要求，牢固树立育人为本、德育为先的理念，解放思想、实事求是、与时俱进，贴近实际、贴近生活、贴近大学生，以理想信念教育为核心，以爱国主义教育为重点，以思想道德建设为基础，以大学生全面发展为目标，着力创新方式方法，着力提高队伍素质，着力健全长效机制，着力优化育人环境，不断提高大学生思想政治教育工作的科学化水平，培养德智体美全面发展的中国特色社会主义事业合格建设者和可靠接班人，为夺取全面建设小康社会新胜利、实现中华民族伟大复兴作出更大贡献。

李长春同志提出了当前和今后一个时期要重点抓好的七项工作：一是要深入推进社会主义核心价值体系学习教育，有效引导大学生树立正确的理想信念；二是要不断改进思想政治理论课教育教学，更好发挥大学生思想政治教育的主渠道作用；三是要进一步创新方式方法和途径，不断增强大学生思想政治教育的针对性、实效性、亲和力、感染力；四是要强化环境育人功能，进一步营造有利于大学生健康成长的良好氛围；五是要加强和改善大学生管理、服务工作，努力在解决实际问题过程中提高思想政治教育效果；六是要大力加强队伍建设，切实提高大学生思想政治教育工作者的育人能力；七是要进一步完善长效机制，不断提高大学生思想政治教育工作的科学化水平。

4. 对不断开创大学生思想政治教育工作新局面提出了具体要求

李长春在讲话中强调，进一步加强和改进大学生思想政治教育工作，是全党全社会的共同责任，必须加强领导，充分调动各方面的积极性，形成强大合力，确保各项任务落到实处，各项工作不断取得新的进展。一是要提高思想认识，切实负起领导责任；二是要加强高校领导班子建设，提供坚实的组织保障；三是要加强统筹协调，实现整体推进；四是要加强督促检查，确保工作落实。

李长春同志最后指出，加强和改进大学生思想政治教育工作，功在当代、利在千秋。我们一定要与时俱进、开拓创新，不断开创大学生思想政治教育工作新局面，为推动建设人才强国，培养和造就中国特色社会主义事业合格建设者和可靠接班人做出新的更大贡献！

中共中央政治局委员、国务委员刘延东同志作了总结讲话。刘延东同志强调，要加强领导，统筹协调，切实落实会议精神，把思想和行动统一到中央的要求和部署上来。进一步增强责任感和自觉性，创新理念，科学谋划，找准工作定位和方向，把握工作重点和着力点，开创大学生思想政治教育工作新局面。要紧紧围绕培养什么人、怎么培养人这一战略主题，切实掌握大学生成长规律和思想政治教育规律，坚持知识、能力培育和价值观培育相结合，课内教育与课外教育相结合，解决思想问题与解决实际问题相结合，专职教师队伍与兼职教师队伍相结合，主动服务学生与学生自我服务相结合，学校教育与家庭教育相结合，传统方法与现代手段相结合，即时应对与建立长效机制相结合，努力提高大学生思想政治教育工作科学化水平，确保思想政治教育卓有成效。要加强领导、明确责任，把中央对大学生思想政治教育工作的政策措施和要求落到实处。

二、进一步分析当前我校大学生思想政治教育工作面临的形势

当前国际国内形势正在发生深刻而复杂的变化，经济全球化、社会信息化、文化多元化、价值取向多样化的新形势，带来了大学生群体日益突出的独立性、选择性、多变性、差异性的明显增强。能否正确地分析判断形势和问题，直接关系到大学生思想政治教育工作成功与否。

1. 新形势新情况给我校大学生思想政治教育工作提出了新任务新要求

我国正处于进一步发展的重要战略机遇期，高等教育也已经步入一个全新的发展阶段，大学生思想政治教育面临素质教育要求不断提高、意识形态领域斗争日趋激烈、社会思想观念多元多样多变、信息技术发展迅猛、高等教育改革深化、学生差异日趋明显等新情况、新问题、新挑战。高等教育改革也不断深化，学生规模日益扩大、多校区管理、国际合作办学等对传统的大学生思想政治教育工作模式提出了改革创新的任务。“90后”学生逐渐成为大学生主体，他们思想和行为的独立性、选择性、多变性、差异性明显增强，但也产生了对基本理论认识不够深刻、缺乏艰苦奋斗精神、心理素质脆弱等新问题，大学生的认知方式、价值观念和道德观念发生了很大的变化。这些新情况新挑战也不可避免地影响到我们学校，大学生思想政治教育工作的难度和要求在不断提高。

2. 薄弱环节制约了我校大学生思想政治教育工作科学化水平的提高

刚才，王书记对近年来的我校大学生思想政治教育工作进行了全面总结，应当说，这几年来我校在大学生思想政治教育工作方面做了大量工作，成效显著。同时，我们也要看到，我们在工作中还存在一些不足，仍有许多亟待加强的薄弱环节。比如，对于中央的決策、部署和要求还需进一步落实、贯彻；思想政治教育工作的方式、方法和载体、途径还不能完全适应形势发展和满足大学生的需要，工作的针对性、实效性还需进一步提高；思想政治教育工作的预见性和主动性还有进一步

提高的空间，对于如何发现问题、及时解决在萌芽状态的问题还要加大研究与实践力度。越来越多的新情况、新问题，要求我们要将思想政治教育工作作为一门博大精深的科学不断探索，把握规律，与时俱进，积极创新。

3. 我校全员育人的思想政治教育工作格局还需进一步加强

目前，我校全员育人意识还需进一步加强，一些部门和个人对大学生思想政治教育工作的重要性与必要性认识还不够到位，以人为本、关爱学生的理念还不够深入；全方位育人网络不够完善，校园文化、社会实践的育人功效还可进一步发挥，网络媒体上消极的思想观点也对大学生造成了一定的负面影响；全过程育人的机制有待进一步完善，思想政治教育工作与学校教学、科研、社会服务等工作的结合度还可进一步提高，要继续坚持教育引导的整体性和一贯性原则。

面对这些新形势新挑战，我们必须适应变化，认真思考，努力探索新方法、新途径，为学生的成长成才创造良好环境、营造浓厚氛围，努力开创我校大学生思想政治教育工作的崭新局面。

三、全面贯彻中央座谈会精神，扎实做好我校大学生思想政治教育工作

近几年来，我校坚持以科学发展观为指导，认真贯彻落实中央16号文件精神，在加强和改进大学生思想政治教育工作方面，开展了扎实工作，取得了显著成绩，奠定了良好基础。下面，结合我校第十二次党代会提出的“高质量培养创新人才”的任务和“进一步加强思想政治工作和精神文明建设”的要求，就贯彻落实中央座谈会精神，讲几点意见。

1. 必须把思想行动统一到中央要求和部署上来

李长春同志的重要讲话，体现了胡锦涛总书记在中央政治局常委会上的重要指示精神，是中央关于加强和改进大学生思想政治教育工作的最新要求，我们要充分认识李长春同志对加强和改进大学生思想政治教育工作提出的“四以四着力”的要求，即：要坚持以理想信念教育为核心，以爱国主义教育为重点，以思想道德建设为基础，以大学生全面发展为目标，着力创新方式方法，着力提高队伍素质，着力健全长效机制，着力优化育人环境。要深刻领会刘延东同志在全国加强和改进大学生思想政治教育工作座谈会上总结讲话中强调的“八个结合”，领会、吃透讲话精神，结合学校的实际查找问题，思考对策，不折不扣地学习好、宣传好、执行好、落实好。

2. 必须把大学生思想政治教育工作作为系统工程来做

加强和改进大学生思想政治教育工作是一项系统工程，党委要统揽全局，高起点地构建全方位、全过程、全员育人的格局，组织制定总体规划和实施计划，明确职责，齐抓共管。要做到“五个统筹”，即统筹发挥好党政组织、共青团组织、思想政治理论课教师、辅导员和班主任等专兼职队伍的作用，统筹好德育、智育、体育、美育、心理健康教育，统筹好课堂教学和实践育人，统筹好本科学生和研究生思想政治教育，统筹发挥好学校党委和二级单位党委、基层党组织、教学科研部门、共青团和研究生会、学生会组织以及行政后勤部门的作用。要树立“五个意识”，即教书育人、管理育人、服务育人、实践育人、党建育人意识。只有整合各种资源，利用一切有益力量，把握一切有利条件，才能使我们的大学生思想政治教育工作更扎实、成效更显著。

3. 必须进一步为大学生思想政治教育工作的加强和改进提供条件保障

条件保障是大学生思想政治教育工作开展得好的一个重要前提，只有有了好的保障，计划才能落实，人员才能到位，措施才能执行。条件保障主要有以下五个到位，一是认识到位；二是经费到位；三是组织到位；四是辐射到位；五是人员到位。认识到位，就是要充分认识新形势下开展思想政治教育的重要性和紧迫性，要在广大教职员工的思想上达成一致。经费到位，就是要根据实际需要，保证经费投入，不断改善条件，优化手段。组织到位，就是要建立协调配套的思想政治教育机制，制定出相应的规章制度和措施办法，保证思想政治教育持续、有效、规范化地运作。辐射到位，就是思想政治教育面要更宽，渠道要更多，手段要更先进，教育要实现网络化，工作中不留空白点和盲点。人员到位，就是要建设一支政治强、业务精、纪律严、作风正的思想政治教育工作队伍，成为大学生健康成长的指导者和引路人。

思想政治理论课教师是大学生思想政治教育工作队伍中的一支重要力量。近年来，我校思想政治理论课教师努力推进思想政治理论课教学改革，创新思想政治理论课实践教学形式，形成了令人倍受鼓舞的“河海现象”；积极开展科研活动，实现了学科国家社科基金项目零的突破。面对新形势新任务，广大思想政治理论课教师要进一步提高自身素质，进一步提升教学和科研水平，进一步推进教学改革，进一步推进马克思主义中国化最新成果进教材、进课堂、进大学生头脑，努力把思想政治理论课打造成大学生真心喜爱、终身受益的优秀课程。

建设一支高水平的学工队伍是做好大学生思想政治教育工作的有力保障。近年来，我校广大学工条线人员继承“艰苦朴素、实事求是、严格要求、勇于探索”的优良传统，弘扬“献身、求实、负责”的水利精神，奋发有为，扎实工作，为学校大学生思想政治教育工作做出了巨大贡献。今后我们要按照学校第十二次党代会提出的“提高学生工作队伍的专业化水平”的要求，继续加大学工队伍建设力度，努力建设一支热爱学生工作、具有强烈事业心和奉献精神、具备较高专业水平的高素质学工队伍。广大学工人员要继续发扬特别能吃苦、特别能战斗、特别能奉献、特别能忍耐的优良作风，勇挑重担，甘于奉献，为我校大学生思想政治教育工作实现新跨越再立新功。

4. 必须进一步确立以人为本关爱学生的育人理念

以人为本，关爱学生，是科学发展观在高等教育领域的根本体现，是人才培养的根本出发点和落脚点。我们必须确立以人为本、关爱学生的理念，把引导学生与管理学生、服务学生结合起来，贴近学生、贴近实际、贴近生活，做到想学生之所想，急学生之所急，办学生之所盼。要切实加强师德建设，把教师的教书育人表现作为晋级晋职的重要条件，真正把育人工作落实到教学工作中去；要加强对文体活动中心、图书馆等场所的管理，提高服务水平，创新管理方式；要认真做好食堂、宿舍等后勤服务工作，关心学生的衣食住行；要做实做细助学贷款、奖助学金、勤工助学等资助性工作，帮助学生减轻物质上、精神上的负担；要吸收学生代表参与民主管理，把主动服务学生和学生自我服务紧密结合，调动学生自我教育、自我管理、自我服务的积极性；要关注学生的身心健康，构建大学生心理健康预警机制。

5. 必须创造性地开展大学生思想政治教育工作

大学生思想政治教育工作的创新是推动大学生思想政治教育工作迈上新台阶、构建社会主义和谐校园的必然要求。在这方面，我们探索了许多行之有效的方式方法，多次获得中宣部、教育部和江苏省的表彰，产生了一定的影响。在新的形势下，我们要积极探索大学生思想政治教育工作的新途径和新方法，不断增强大学生思想政治教育的时代感和实效性。刚才，王书记代表校党委提出了河海大学大学生思想政治教育工作“五大体系”的构想，这不仅仅是对过去工作的继承和发扬，同时又是一个具有创新的思路，要很好地实施，并在实践中不断总结。我们要紧密联系时代要求和大学生思想实际，改进方法，丰富载体，拓展途径，将思想政治工作融入网络，加强思想政治教育网站、辅导员博客、BBS的建设，以学生喜闻乐见的形式吸引学生，切实增强思想政治教育的针对性和实效性。要举办各种形式的论坛、讲座和报告，开拓网络课堂等新的载体，拓宽学生知识面，开阔学生视野。

6. 必须大力加强校园文化建设的力度

校园文化建设在大学生思想政治教育工作中起着非常重要的作用。我们要牢牢把握校园文化的教育性原则和科学原则，始终突出育人的特点，要紧密围绕学校“十二五”规划的编制，对校园文化建设各项工作进行科学规划、合理安排和统筹协调。要完善河海大学形象识别系统，加大校园文化景观建设力度，建设富有深厚文化内涵的校园环境，迎接百年校庆。要继续开展水文化研究工作，建设高品位的特色校园文化。要举办高质量的文化艺术活动，增加校园文化的艺术性和高雅性。要做好创先争优工作，做好道德模范、精神文明先进个人评比工作，学习先进，赶超先进，培养优秀河海人。

同志们，进一步做好大学生思想政治教育工作，关系到中华民族的伟大复兴，关系到党和国家的前途命运，关系到社会主义现代化建设的进程。我们一定要认真贯彻落实中央座谈会精神，按照我校第十二次党代会确立的目标，以高度的责任感和使命感，全面做好我校大学生思想政治教育工作，努力培养中国特色社会主义事业的合格建设者和可靠接班人！

突出重点　整体推进　加快人才队伍建设步伐

——在2010年全校人才工作会议上的讲话

校党委书记　朱　拓

（2010年9月29日）

这次人才工作会议，是我校高水平特色研究型大学在新的历史起点上向前迈进、人才工作面临新形势新任务的大背景下召开的一次重要会议。

人才是第一资源。在学校建设高水平特色研究型大学的历史进程中，惟有人力资源是永不枯竭的资源，惟有人才优势是最可依靠的优势。校党委、校行政高度重视人才工作，坚定不移地把人才强校作为学校事业发展的主战略。校党委会议专题研究人才工作的思路和设想，召开相关人员的座谈会，对我校人才队伍状况进行了分析研究，形成了有关领军人才、优秀创新人才、青年教师导师等5个文件的征求意见稿。刚才王乘校长代表学校所作的重要讲话，明确了人才工作的总体要求、基本思路和重大政策措施，是我校“十二五”乃至更长时期人才工作的纲领性文件。7个单位结合工作实际，从不同的角度、不同的侧面介绍了经验和做法，起到了很好的启发、引领和示范的作用。做好人才工作需要调动各方面的积极性，各学院、各职能部门要围绕做好人才工作这篇大文章，发挥各自应有的作用，使全校上下切实形成一个尊重劳动、尊重知识、尊重人才、尊重创造的良好氛围。

下面，我围绕会议精神的贯彻落实讲几点意见：

一、坚持从学校事业全局出发，确立人才优先发展的战略布局

1. 兴校强校，人才是关键

新中国成立后毛泽东提出：世间一切事物中，人是第一宝贵的。人才问题关系党和国家事业发展全局，也是学校发展的核心问题。在风雨砥砺的“老河海”时期，张謇先生创办河海工程专门学校为积弱的旧中国培养了大批人才，其中有张闻天、沈泽民等无产阶级革命家，汪胡桢、须恺等水利专家和学术权威；在含英咀华之“华水”时期，钱正英院长，严恺、徐芝纶、刘光文、钱家欢等著名水利界专家教授齐聚“华水”；蓬勃兴盛的“新河海”时期，培养和成长了众多的政界高层、商业精英、学术泰斗和部队将军，有中国长江三峡开发总公司原总经理陆佑楣院士、国务院南水北调办公室原主任张基尧、中国科学院院士沈珠江、海军后勤部副部长朱熹能少将、中国长江三峡开发总公司总经理曹广晶、江苏新华海集团总裁段红飚等等，群星璀璨，熠熠生辉。

近年来学校事业蓬勃发展，圆满完成第十一次党代会确定的4项重大任务，获准建设“国家优势学科创新平台”，推动部部共建、部省共建学校协议签订，主持国家“973”、“863”计划项目，新征办学用地563亩，走过了不平凡的发展道路。这些成绩的背后，是为学校的建设和发展付出无数辛苦和努力的河海人。这些成绩的取得，也是我校办学水平不断提高、办学条件逐步改善、吸引人才能力进一步增强的结果。

学校的发展，离不开人才强有力的支撑，这是不争的事实：以吴中如院士、顾冲时教授为学术带头人的水利工程健康诊断与综合整治团队，长期从事重大水利水电工程的安全分析和评价、检测和监控以及灾变机理和健康诊断等研究，其研究处于国内领先地位和国际先进水平；我们还有以多项国家科技奖获得者王超教授、“863”项目首席专家朱伟教授为学术带头人的水环境保护与生态修复方面研究团队等等。正是因为拥有一批具有活力和创造力的高水平创新团队，学校才能在科学发

展的道路上不断铸造新的辉煌。

2. 跨越发展，人才优先是关键

增强硬实力、软实力，归根到底要靠增强人才的综合实力；构筑发展优势、竞争优势，从根本上取决于人才的战略优势。近年来，在全体师生员工的共同努力下，学校精心打基础，不断提水平，步入厚积薄发、跨越发展的快车道，开始进入上台阶、迈大步的新阶段。建设高水平特色研究型大学是一项艰巨而复杂的系统工程，坚持 特色强校、和谐兴校、质量立校、人才名校、环境美校、道德荣校的发展方略，我们要充分认识加强人才工作的重要性、紧迫性，进一步增强责任感、使命感，更加重视发挥人才的基础性、战略性、全局性的作用。加快构建人才优先发展的战略布局，做到四个优先：

一是优先增加人才投入。人才工作是战略性工作，必须超前谋划。要把人才发展主要指标纳入发展规划，更加重视人才队伍建设、更加重视人力资本投资、更加重视招才引智，设立人才培养、引进和奖励的专项资金，大幅度增加人才投入。二是优先统筹人才队伍。我校既要着力解决高层次拔尖人才短缺问题，也要脚踏实地，立足长远，积极推进人才队伍整体水平提高。要下大气力培养和引进相关领域的领军人物和拔尖人才，并将此作为学校人才工作的头等大事。要在各个岗位培养和造就一大批高素质人才，共同承担起科学研究、人才培养、党政管理、后勤保障等工作，努力营造每个岗位都需要人才，每个人都可以成才的大人才工作格局。三是优先开发人才资源。科学发展以人为本，人才发展以用为本。要把以人为本的观念贯穿于人才工作始终，形成注重品行、科学发展、崇尚实干、重视基层、鼓励创新、群众公认的正确导向，给德才兼备的人压担子，给实绩突出的人搭台子，给群众公认的人铺路子，使优秀人才脱颖而出、不断涌现，使创新智慧如清泉出涧、奔流不息。四是优先完善人才环境。培养吸引高层次人才并发挥作用，必须全面强化各二级单位和职能部门的服务意识和服务措施，做到专职负责、专项跟进、专人落实，切实做好一条龙服务，以实际行动体现关爱人才、珍惜人才、理解人才、善待人才的价值理念。要在校内营造一个宽松、和谐的工作氛围，充分发挥各类人才的积极性和创造性，形成一个人人想干事，人人想出成绩，适合于各类人才成长的良好环境。

二、坚持科学的人才观，激发各类人才的创造活力

人才强校是一项系统工程，人才的培养、开发和使用是一门科学。科学的人才观，就是要为所有人的全面发展创造条件，让每个人的心智健康成长，让每个人的潜质和创造力得到充分发挥。我们对人才要看得更深、更远、更宽广一些，要尊重人才成长的规律，使不同专业特长、不同职业岗位、不同成长经历、不同能力水平的人才都能各得其所、建功立业。

“为什么我们总是培养不出杰出人才?”钱学森之问是全国教育、科技、人才发展面临的重大课题，也是学校在人才工作中必须深入思考、认真解决的现实问题。创新是这个时代最需要的一种精神，是优秀人才能够脱颖而出的最宝贵特质。科学培养人才，广泛集聚人才，用好用活人才，需要创新人才工作理念和工作机制，需要我们真正做到解放思想、实事求是、与时俱进，根据学校事业发展的新形势新任务，着力解决制约人才工作发展、制约人才发挥作用的矛盾和问题，为人才发展增添蓬勃活力和强大动力。

要用宽广的胸襟选拔和使用人才。清代龚自珍有这样的诗句，“我劝天公重抖擞，不拘一格降人才”。说的是要打破条条框框，把真正的人才选出来，使用好。一是坚持公正平等、竞争选优的选人用人原则。任人惟贤、惟才是举，用公平公正的竞争规则，科学公开的选拔程序，激励人才在竞争中增强动力、开发潜能、脱颖而出。二是要坚持人尽其才、才尽其用的工作思路。要善于发现人才、识别人才，优化配置人才资源，做到量才使用。要把人才的素质能力与岗位需求结合起来，选合适的人，干合适的事，做到人岗相适。三是要坚持不拘一格，选人用人。发现人才，要看到他的长处；使用人才，不能求全责备。在选人用人时要有海纳百川、有容乃大的胸怀；要看主流、看大节，不能以偏概全、求全责备，要扬其所长，避其所短，充分尊重人才的个性。

要用创新的机制锻炼和成就人才。实践长才干，时势造英雄。一是为各类人才提供锻炼成才的机会。要重视发现和放手使用各领域领军人才，为他们提供干事创业的平台；要给青年人才压任务，加担子，鼓励他们献身教育，勇于创新，使他们有充分施展才华和大展宏图的机会。二是建立科学有效的评价激励机制。要建立在综合考虑品德、知识和能力基础上更加注重实绩的人才评价机制，形成正确的人才评价标准和选人用人导向；要建立科学有效的激励机制，充分向特殊岗位、关键岗位、关键人才倾斜，切实体现高层次人才的价值，鼓励干实事、创实绩。三是有计划地培养人才。要厚德育才，不养德修身，难以成为有用人才，更难成为大家、大师。要把厚德作为培养人才的首要任务，造就品学兼优、德才兼备的优秀人才。要关注人才的最佳成长期，及时发现、大胆起用优秀人才，做到用当其时；要在人才创新思维最活跃、精力最旺盛的时期，在人才成长的黄金期，搭建平台，助推助跑，为他们提供成长成才的机会。

三、坚持党管人才原则，营造人才发展的良好环境

在高水平人才队伍建设过程中，学校各级党组织肩负着重大责任。党管人才，是管宏观、管政策、管协调、管服务，重点是要做好制定政策、整合力量和营造环境的工作，支持和保证行政部门顺利完成学校人才事业各项工作任务。贯彻党管人才的原则，各级党组织要做到党爱人才，党兴人才，党聚人才。爱人才做到政治上爱护，生活上关心，事业上帮助；兴人才做到发掘人才，依靠人才，培养人才，使用人才；聚人才做到营造环境，创造条件，积聚力量，形成核心。

贯彻党管人才的原则，要增强服务人才成长四种能力。早在20世纪80年代，邓小平同志就指出，各级党委和政府要当好科技工作的后勤部长。各级党组织也应该当好各类人才的后勤部长，把人才工作的重点由管人转到做好服务上来，增强宏观调控人才工作的能力、制定实施人才工作重大政策的能力、协调管理人才工作的能力和服务集聚人才的能力，与行政职能部门密切配合，通力合作，共同推进人才工作。一是管定向、管定位。各级党组织是实施党管人才的第一责任人，要立足于加强党的执政能力建设，充分发挥领导核心作用，将人才工作放在事关发展全局的战略位置，统筹好人才这个“第一资源”，建立健全党委统一领导、统分结合、协调高效的工作机制，形成人才工作的强大合力。二是管识才、管选才。要做好规划，明确重点。高层次拔尖人才是世界性的稀有资源，看准的人才，只要需求就要敢于投入，要有诚意和方法，畅通人才培养引进的绿色通道，积极主动去寻找、去努力，用三顾茅庐的诚心打动他们。同时也要充分发挥校内培养人才的作用，调动他们的积极性，使近者悦，远者来。三是管大事、管谋事。把学校的科学发展和人的全面发展作为人才战略的重要内容，以人为本，明确目标，落实责任，努力做到用事业造就人才，用环境凝聚人才，用机制激励人才，用法制保障人才，科学地开发和利用人力资源，促进人的全面发展。

贯彻党管人才原则，要营造人才发展良好环境。人往高处走，高处就是能够干事创业的良好环境，创业创新的好平台。体制活，环境优，才能集聚人才，多出人才。一要千方百计保持学校快速发展的好势头，针对各类人才成长特点，提供干事创业、发挥作用的平台。感情是吸引人才的纽带，待遇是吸引人才的必要条件，事业则是吸引人才的根本和核心，也是吸引人才的关键所在。二要鼓励创新、爱护创新，使创新想法得到尊重、创新举措得到支持、创新才能得到发挥、创新成果得到肯定。要鼓励探索、宽容失败，使各类人才在没有压抑的氛围中尽情发挥聪明才智。三要关心人才的学习和生活，想得周到些，做得细致些，诚心诚意办实事，尽心尽力解难事，千方百计为他们解决后顾之忧。四要通过大力表彰和广泛宣传优秀人才的先进事迹，营造团结奋进、甘于奉献的校园氛围，创造尊重宽容、相互信任的人际环境，让人才感到有苦练内功的动力，而无应付内耗的压力；有专心谋事的成就感，而无分心谋人的疲惫感，为干事创业者提供一个宽松的环境。

百舸争流千帆竞，河海事业的发展需要各类人才为之奋斗，也为各类人才发挥聪明才智提供了广阔的舞台。希望大家按照这次会议的部署，贯彻落实全国人才工作会议和《国家中长期人才发展规划纲要》精神，紧紧围绕学校第十二次党代会提出的建设目标，进一步解放思想，开拓创新，扎实工作，加快推进学校人才事业发展，努力开创人才辈出、人尽其才的新局面，谱写高水平特色研究型大学建设新篇章!

认真学习贯彻全国教育工作会议精神和中长期教育发展规划纲要 努力创造具有河海特色的教育教学新模式

——在河海大学2010年度教育教学工作会议上的讲话

校党委书记 朱 拓

（2010年10月20日）

同志们：

2010年度教育教学工作会议自10月12日召开以来，经历了大会及分组研讨会等几个阶段，今天就要结束了。会议期间，王校长作了题为《强化实践教学，提高培养质量》的主报告，总结了2009年度教育教学工作会议以来取得的成绩，回顾了“十一五”期间学校的实践教学工作，阐述了强化实践教学对于提高人才培养质量的意义，根据全国教育工作会议精神和中长期教育发展规划纲要的要求，部署了下一阶段做好实践教学的重点工作；教务处、研究生院、团委、继续教育学院围绕会议主题作了专题发言；表彰了2009—2010学年获得省部级以上教学成果奖的教师、江苏省优秀博硕士学位论文获得者与指导教师、河海大学优秀主讲教师、青年教师讲课竞赛获奖教师及省部级以上学科竞赛获奖指导教师；分别组织了专题研讨会和院、系研讨会，并讨论了学校实践教学工作“十二五”规划及实施方案等。会议内容丰富，安排紧凑，我和很多同志都有同样的感觉，就是收获很大。我想借这个机会，结合全国教育工作会议精神和中长期教育发展规划纲要的学习贯彻讲三点意见，既是对会议作个小结，也谈谈我个人的感受和想法，与同志们作个交流。

一、通过这次教育教学工作会议，进一步提高了对实践教学在高层次人才培养工作中重要性的认识

王校长在《强化实践教学，提高培养质量》的主报告中，开宗明义地指出，2010年度教育教学工作会议，以“强化实践教学、提高培养质量”为主题，目的是深入学习贯彻全国教育工作会议精神和中长期教育发展规划纲要，积极主动适应高等教育的发展形势，认真落实学校第十二次党代会提出的重点工作，紧紧抓住实践教学这一环节，通过构建河海大学本科、硕士、博士一体化的实践教学体系和教育与教学相融合的创新实践培养机制，促进实践教学改革和人才培养质量的持续提高，推动学校的科学发展。王校长在报告中对认真学习落实全国教育工作会议精神和教育发展规划纲要、强化实践教学工作提出了三点要求和五项重点工作。三点要求是：第一，坚持顶层设计，推动学校教育教学工作科学发展；第二，紧扣高等教育改革发展重点，努力解决深层次问题；第三，围绕创新人才培养，深化培养模式改革。五项重点工作是：一是加强实践教学队伍建设，鼓励教师从事实践教学；二是推进科学研究与实践教学有效结合，提高实践教学水平；三是加大经费投入，整合优化实践教学平台；四是推进产学研合作，建设好学生实习基地；五是实施好卓越工程师计划，培养造就工程型拔尖人才。王校长强调指出，实践教学是学校进行人才培养的重要组成部分，是提高人才培养质量的重要抓手，是与课堂教学相辅相成和互相促进的。去年的教育教学工作会议以“强化课堂教学，提高培养质量”为主题，一年来学校采取了多种措施强化课堂教学工作，使课堂教学质量得到明显提高。因此，下一步还要紧紧抓住实践教学这一环节，通过大力强化实践教学来促进人才培养质量的持续提高，以更好地适应国家发展对高层次人才的需求，为实现学校第十二次党代会提出的奋斗目标做出新的更大的贡献。

学校安排，在12日大会和今天的大会之间，有关职能部门和各院、系要召开专题研讨会和院、系研讨会进行学习研讨。据了解，本科教学、研究生教学、大学生教育和继续教育专题研讨会已先

后召开，鞠平副校长在本科教学专题会上作了题为《以实践教学为重点，以提高质量为宗旨，做好本科教学工作》的报告，朱跃龙副校长、王济干副书记也分别在各个口子的专题会上就强化实践教学、创新人才培养模式提出了具体要求。因为时间关系，院、系研讨会已召开了一部分，没有召开的部分院、系也已作了安排。在已召开的专题研讨会和院、系研讨会上，各单位对实践教学工作进行了总结、交流和研讨，刚才发言的6个单位就是其中的佼佼者。研讨会上，各单位普遍认为，通过这次教育教学工作会议，进一步提高了对实践教学在高层次人才培养工作中重要性的认识，认识到实践教学是高等教育人才培养的关键环节，在促进学生理论联系实际、认知客观世界、提炼客观规律、培养学生探索精神和创新意识、增强学生专业技能、提高综合素质中具有不可替代的作用；当前经济社会发展对学生创新意识、实践能力要求不断提高，在高等教育大众化、国际化、现代化不断发展的新形势下，实践教学面临着诸多严峻的挑战；我们要正确应对这些挑战，要进一步巩固实践教学工作已取得的成绩，找出还存在的薄弱环节，按照“缺什么，补什么”的原则予以改进和加强。

在今天大会上作交流发言的6个单位在实践教学工作中的做法各有侧重和特色，但有一个共同点，就是高度重视实践教学工作，认真制订和落实加强实践教学工作的措施，这是最可贵的。全校各单位要学习他们这种可贵的工作精神、认真的工作态度、踏实的工作作风，为从根本上促进实践教学效果和人才培养质量的提高而共同努力。

二、认真学习、切实贯彻全国教育工作会议精神和中长期教育发展规划纲要，把思想和行动统一到党中央的要求和部署上来

今年7月，国家先后召开了全国教育工作会议和正式颁布了中长期教育发展规划纲要，这是推动教育事业科学发展的迫切需要，集中体现了党中央对教育发展在国家未来发展战略布局以及经济社会发展中战略地位的深刻认识和基本要求。

教育事业的战略主题是：坚持以人为本、全面实施素质教育。其核心是解决好培养什么人、怎样培养人的重大问题。

教育事业的战略目标是：基本实现教育现代化，基本形成学习型社会，进入人力资源强国行列。“两个基本”是前提，“一个进入”是整个目标体系的核心和落脚点。

1. 全国教育工作会议精神和教育规划纲要的核心内涵、精神实质和历史贡献

第一，把教育的战略地位提升到历史新高度。胡锦涛总书记强调，教育是国计也是民生，对实现全面建设小康社会奋斗目标、建设现代化国家具有决定性意义。温家宝总理指出，强国必强教，强国先强教。总书记和总理的讲话，既强调了教育在支撑现代化强国中的重要作用，又强调了在改善民生和促进人的全面发展方面的独特功能，对教育地位的认识达到了前所未有的高度。

第二，深化了对教育改革发展的规律性认识。胡锦涛总书记对60年教育发展实践进行了系统总结，得出了“五点结论”：(1) 教育是国家和民族发展最根本的事业；(2) 教育的根本目的是培养德智体美全面发展的社会主义事业建设者和接班人；(3) 教育事业发展的生机活力在改革开放；(4) 教育是改善民生、促进社会和谐的重要途径；(5) 教育事业发展的关键在教师。“五点结论”科学精辟、实事求是，凝聚着广泛共识，体现了中央对社会主义初级阶段教育发展规律的深刻把握，对未来10年教育改革发展具有重要指导意义。

第三，鲜明提出了教育事业科学发展的努力方向。胡锦涛总书记系统阐述了“五个必须”的要求。一是必须优先发展教育。这是党和国家提出并长期坚持的一项重大方针。二是必须坚持育人为本。这是推动教育事业科学发展的核心内容和根本要求。三是必须坚持改革创新。这是教育事业科学发展的强大动力。四是必须促进教育公平。这是社会公平的重要基础，是人生公平的起点。五是必须提高教育质量。这是教育改革和发展的核心任务。

第四，确定了教育改革发展的重点任务和关键环节。一是以终身学习理念为引领，确定了教育事业发展的重点任务。从完善中国特色社会主义现代教育体系出发，提出了8项任务。二是以人才培养体制改革为核心，提出了教育体制改革的宏观方向。其亮点是：首次对人才培养体制改革作出

专门部署，并摆在改革的首位；注重整体性，系统设计了6项改革；努力解决深层次问题；强调顶层设计、试点先行、有序推进。三是以提高保障水平为目标，制定了教育改革发展的保障措施。以重大项目和改革试点为抓手，设计了6个方面的保障措施。特别是要求2012年实现国家财政性教育经费支出占国内生产总值的4%，体现了党中央优先发展教育的坚定决心。第五，发出了振兴教育全民有责的号召，动员全党全社会共同支持教育改革发展。

2. 全面部署、突出重点、抓住关键，加快建设中国特色现代高等教育

这次教育规划纲要和全国教育工作会议站在新的起点上，对未来10年高等教育改革发展作出了全面部署。

高等教育的战略目标是：到2020年，高等教育结构更加合理，特色更加鲜明，人才培养、科学研究和社会服务整体水平全面提升，建成一批国际知名、有特色、高水平的高等学校，若干所大学达到或接近世界一流大学水平，高等教育国际竞争力显著增强。

高等教育事业发展主要目标是：

指　标	2009年	2015年	2020年
在学总规模(万人)	2979	3350	3550
在校生(万人)	2826	3080	3300
其中：研究生(万人)	140	170	200
毛入学率(%)	24.2	36.0	40.0

教育规划纲要对大学的功能进行了充分和清晰的阐释。其主要精神可以概括为：一个核心，即把提高质量作为高等教育发展的核心任务和建设高等教育强国的基本要求；三大功能，即显著提高人才培养、科学研究和社会服务水平；五项改革，即加快人才培养体制、考试招生制度、办学体制、管理体制改革和完善中国特色现代大学制度；对外开放，即加强高等教育国际交流与合作，引进优质教育资源和教育"走出去"。教育规划纲要还专门部署了加快创建世界一流大学和高水平大学步伐，要求继续实施"985工程"和优势学科创新平台建设，继续实施"211工程"和启动特色重点学科项目。这些都体现了中央对高等教育的最新要求，将为高等教育发展注入新动力、增添新活力。高等教育战线要认真学习贯彻大会和纲要精神，推动中国特色社会主义高等教育事业开创新局面，创造新辉煌，实现历史性跨越。

对高等学校提出了具体的要求，可概括为"三个三"。

(1) 三大功能。从大学发展历史看，人才培养是大学的立身之本，科学研究和社会服务是逐步衍生和发展起来的，三大功能相互支撑、相互渗透。要正确处理三者的关系，坚持人才培养为中心，衡量高校发展水平的首要指标就是看人才培养水平，科学研究和社会服务都应服从、服务于人才培养，有利于支撑人才培养。

第一，始终把人才培养作为根本使命。一要确保教学的中心地位。学校领导的精力、师资力量、资源配置、经费安排和院系、部门的工作评价都要体现以教学为中心的方针。书记、校长要亲自抓教学工作，经常深入教学一线，定期研究教学状况和改进措施，帮助解决教学实际困难。要正视招生规模扩大以后教学资源不足问题，进一步加大教学投入，更多向教学一线倾斜，特别是要提高本科教学经费比例，重点加强实践教学等薄弱环节。每一所高校都要努力形成领导重视教学、教师热爱教学、科研促进教学、经费确保教学、管理服务教学的有效机制和良好氛围。

二要转变教育观念。要更加注重创新性，增强学生的创新精神和创新能力，培养跨学科思维和批判性思维；注重综合性，改变单一知识教学，既注重专业的深度，又拓展知识的广度；注重实践性，改变动手能力不强的现状，增强学生解决实际问题的能力；注重开放性，改变比较封闭的培养方式，培育学生的国际视野和尊重多元文化的博大胸怀；注重选择性，改变学习渠道过窄、教学管理过于僵化的问题，为学生创造更加灵活多样的学习机会。

三要深化教育教学改革。必须对人才培养模式进行改革，对教学内容和教学方法进行创新。教学要从以教师为中心向以学生为中心转变，树立学生的主体地位，使学生从被动学习者变为主动学

习者；评价要从以知识考核为主的单一模式向以能力考核为主的多元模式转变。

第二，始终把科技创新作为重要任务。科研水平的高低是高校综合实力的重要标志，也关系到人才培养的质量。以高水平的科学研究支撑高质量的高等教育，在建设创新型国家中承担更大责任。一要服务国家战略需求。提升承担国家重大任务的能力。紧密围绕转方式、调结构、上水平的重大问题和瓶颈制约，推动知识创新、技术创新、国防科技创新和区域创新。要大力繁荣哲学社会科学，发挥传承文明、关注现实、前瞻未来的作用。二要加强基础研究。必须稳定一支高水平研究队伍，给予持续有力的支持，鼓励自由探索，注重长期积累，推动基础研究向世界水平迈进。三要重视培育创新能力。要在国家实验室等创新平台建设方面取得新突破。要创新科研组织模式。要培育跨学科、跨领域的团队，促进科研与教学互动。四要完善科研评价机制。要以创新和质量为导向，下决心改革评价机制。对不同的研究领域采取不同的评价标准，基础研究鼓励原始创新，应用研究注重对经济社会发展的贡献。

第三，始终把服务社会作为重要职责。一要成为新兴产业的促进者；二要成为区域发展的助推器；三要成为学习型社会的建设者；四要成为国家和区域高水平的智囊团和思想库。

(2) 三大重点。

第一，始终把提高质量作为核心任务。质量是高等教育的生命线，今后 10 年高等教育的改革发展最核心的任务、最鲜明的特征就是提高质量。

从宏观层面讲，提高质量要加强宏观调控，紧密围绕教育纲要、人才纲要、科技纲要和国家“十二五”规划的要求，科学规划，顶层设计，优化结构，合理布局；从微观层面讲，一要健全教育质量标准体系。二要健全教育质量保障体系。三要健全教育质量监测体系。

第二，始终把学科建设作为战略举措。建设结构合理、富有特色、高水平的学科体系是提升高校办学水平的战略重点。一要完善富有特色的学科体系。要着眼世界科技革命和国际学科发展前沿的新趋势，适应发展方式转变和经济结构调整的新要求，建立动态调整机制，形成特色鲜明的学科体系。要支持重点学科做强做精，打造一流的学科群体。二要构建合理的层次结构。三要促进学科交叉融合。

第三，始终把师资队伍作为基本依托。高水平师资是学校的核心要素，必须把加强教师队伍建设放在高校工作的重中之重。

教师要以教书育人为本。要把教学作为教师考核的首要内容，纳入教师职务评聘办法。教授必须给本科生教学，这要成为高校的一项基本制度。通过教师分类管理和分类评价，制定合理的薪酬制度，使学校的津贴和奖励向教学一线的教师倾斜。教师要正确处理科研与教学的关系，要把科研优势和最新成果转化为优质教学资源，以科研促进教学。

教师队伍建设要以中青年和创新团队为重点。要创造更多的机会，营造学术平等的环境，让他们在教学科研实践中挑大梁，为他们解除后顾之忧。领军人物是团队的核心，要坚持培养和引进相结合，以重大科研项目、重点学科、科研基地和国际学术交流合作项目为依托，培养造就学科带头人和战略科学家，发挥团队集聚效应。

(3) 三大途径。

第一，始终把改革创新作为发展动力。当前，破解高等教育发展深层次矛盾，促进质量提升，关键在于深化体制机制改革。高校改革涉及办学理念和培养模式改革、政府宏观管理和学校微观管理体制改革以及落实“六个自主”等诸多方面。

一要创新管理体制，形成新型的政府与高校关系；二要深化办学体制改革，形成新型的高校与社会的关系；三要建设中国特色现代大学制度，形成新型的高校内部治理关系。要在坚持和完善党委领导下的校长负责制的基础上，探索高校理事会制度和内部治理结构改革，依法按照章程管理学校，建立高校自我发展、自我管理、自我激励、自我约束相结合的管理和运行机制。要探索教授治学的有效途径，发挥好学术委员会的作用，推进高校科学民主决策。要加快高校人事管理制度改革，解决大学教师与职员能进不能出的问题，实行真正的聘任制和淘汰制。

第二，始终把对外开放作为有效途径。对外开放是世界高等教育发展的一个大趋势，也是优化我国教育资源、培养国际化人才的有效途径。一要借鉴先进教育理念、引进优质教育资源。二要鼓励教师互派、学生互换、学分互认和学位互授联授。三要创新合作办学的形式。四要加强以学生为重点的人文交流。五要加强对国际问题的研究。

第三，始终把大学文化作为深厚土壤。大学文化是高水平大学内在的精神品格，其核心内容体现在精神、价值、作风和理想追求上。大学之大，首先在于精神之伟大。培育境界高尚、底蕴深厚的大学文化刻不容缓。一要以社会主义核心价值体系为指导。二要以校园文化建设为载体。三要以校风学风建设为抓手。

三、在深化教育教学改革、提高人才培养质量过程中，既要注重学习借鉴国外高水平大学的先进理念，也要注重对自身优良传统的发掘与发扬

20 世纪 90 年代，中国高等教育事业紧紧围绕“科教兴国”和“人才强国”的战略目标，在规模上实现了跨越式发展，充满生机与活力的高等教育体系逐渐形成。但是，进入 21 世纪后，中国的高校又面临着前所未有的挑战：如何在扩大和稳定规模的同时不断提高学术水平和办学质量？如何更好地适应和服务经济社会发展的需求？如何在全球化的时代进一步加快国际合作的进程？如何使大学生在学习阶段全面提高素质在就业后得到全面发展？等等。于是，国家以及各高校都推出了一系列深化教育教学改革的举措。我想，在这一过程中，特别要注重这样三个方面：

1. 要注重学习借鉴国外高水平大学的先进理念

对于研究型大学或以建设研究型大学为目标的高校来说，学习和借鉴国外高水平大学教育教学工作的先进理念，是改进和提高人才培养质量的必然选择。

今年 5 月 2 日，耶鲁大学校长理查德 · 莱文在中国第四届中外大学校长论坛上作了关于“通识教育”的演讲。他在演讲中介绍了美国大学通识教育的模式，即本科生在前两年会先选择各种各样的学科学习，然后再选择一个主要学科进行学习。这样做的好处是，由于多个学科的接触，能使学生有能力去应付新的、从来没有碰到过的问题，能使毕业生有能力以创造性的方式来解决工作中遇到的需要多学科知识才能解决的复杂问题。他进一步介绍了美国通识教育模式下的教学方法，即小班化的授课、互动式的讨论、学生与学生和学生与教授的辩论等，鼓励学生与学生、学生与教授之间的彼此挑战而不是要求学生死记硬背，鼓励学生去分析一个观点的正反两个方面并表达自己的观点。他还以近半个世纪以来日本经济的兴衰来说明通识教育对于创新能力培养的重要性。二战后的 40 年间，日本的生产率和 GDP 增速远高于美国，但在 1990 年后，日本的经济却有 15 年停滞不前，直到 2008 年后才恢复到正常水平，为什么会这样？人们较普遍地认为是日本过分发行债券、实行不明智的货币紧缩政策等造成的，而莱文校长则认为日本的创新与创造能力低下才是主要原因，而创新与创造能力不足则与日本的教育模式和教学方法密切相关。教育模式上，日本的本科教育是一个专业教育，18 岁进入大学就选择了自己的终身职业，一般就不再学习别的东西；教学方法上，学生是被动的倾听者、接受者，一般不会去挑战教授的观点，所以在学习的过程中是把注意力放在对知识要点的掌握上，而不是去开发独立的、批判性思维的能力。1990 年前，日本的领先靠的是在工业特别是制造业上的竞争优势，而 20 世纪 90 年代的信息技术革命使日本的这种优势不复存在，美国却凭借着在软件和通信技术领域上的创新获得了决定性的生产力优势，如果像微软、谷歌这样的公司的拥有者是日本而不是美国，那么两国的经济发展情况就会完全相反。

实际上，莱文校长所说的日本模式，也是包括中国在内的传统的亚洲模式。莱文校长在演讲中，在讲到不好的方面多以日本为例的同时，还讲了中国在深化教育教学改革中取得的很多进步与成绩，恐怕也是照顾东道主的面子。

2. 在学习借鉴中要注重结合我们的国情、校情消化吸收

学习和借鉴国外高水平大学教育教学工作的先进理念固然十分重要，但是，学习和借鉴不是全盘照搬，必须注重结合我们的国情、校情进行消化和吸收，使之有个渐进的过程；必须进行因地制

宜、扬长避短的改革，使之具有中国特色。全盘照搬人家的做法是行不通的，这一点连国外大学校长都有清醒的认识。

例如，牛津大学最独特的学术条件是传统的导师制。年轻的教师和学生进入牛津大学，都可以在一个导师的严格训练和指导下成长，直到他能够挑战导师。牛津大学校长安德鲁·汉密尔顿认为，实行一对一或一对二的导师制是牛津大学成功吸引和培养大量优秀人才的重要因素之一，并将此作为办学原则。当然，实行这样的导师制的成本异常高昂，但汉密尔顿坚定地表示："即使面临财务压力，我们可以停止投资楼盘，停止投资设备，但是我们永远不会放弃导师制。"但是，当有人问汉密尔顿："您在世界上很多著名大学担任过校长或教务长，您在耶鲁大学任职时是否将导师制引入耶鲁呢?"他的回答是："没有，耶鲁、哈佛都没有实行导师制。每个国家有自己的国情和特点，每所大学有自己的长期积累的传统和优势，没有一个放之四海而皆准的标准方案。"莱文校长也说："学习借鉴其他国家的经验，总要进行调整，因为人的价值观和文化传统不一样。比如中国儒家文化就是教育小孩尊重大人，有'尊老'的传统，所以学生不大敢去挑战教授。而美国文化中，小孩从小就跟大人顶嘴，跟大人平起平坐，就不存在'不敢'的问题。"

在"借鉴"与"结合"的问题上，南京大学、北京航空航天大学等高校进行了富有成效的探索。南大在深化教育教学改革中，融入国外先进的办学理念，结合国情和校情，逐步建立起通识教育与个性化培养相结合的本科教学模式，他们简称为"三三制"模式。简单地说，第一个"三"，就是把本科四年分为三个培养阶段，第一阶段是大类培养阶段，主要由新生研讨课程和通识教育课程两部分组成；第二阶段是专业教育阶段，主要由学科大类课程和专业课程两部分组成；第三阶段是多元化培养阶段，也就是第二个"三"，学生可以在本专业学术类、跨专业学术类、就业创业类这三个层面上进行选择，并实行个性化的培养课程计划。陈骏校长总结说："'三三制'模式是南京大学的传统与世界一流大学的经验有机融合的结果。"北航大则于2005年与法国中央理工大学合作，成立了北航大中法工程师学院。学院采用法国工程师教育模式，实行预科教育(3年)和工程强化教育(3年)相结合，同时遵循中国高等教育体制，在第四学年结束时，颁发北航大学士学位和大学本科毕业证书；第六年结束时，颁发法国工程师学位和北航大硕士学位及硕士毕业证书。学院突出校企之间的紧密联系，与12家中外企业签署了合作协议，企业参与学院的教学与实践环节，提供资金和实习机会，为学生创造了零距离接触企业、了解社会的有利条件；学院由中法双方教授及企业专业人士授课和指导实习，在国外优质教育资源本土化方面实现了创新和突破。

3. 要注重对自身优良传统的发掘与发扬

加强与中外高水平大学的合作与交流，加快办学国际化的进程，是提高人才培养质量、建设研究型大学的必由之路。但是，另一方面，我们也要注重对自身优良传统的发掘与发扬。正如汉密尔顿校长所说："每所大学有自己的长期积累的传统和优势。"河海大学已有近百年的办学历史，那么我们的优良传统是什么呢? 这次教育教学工作会议的主题是"强化实践教学、提高培养质量"，我认为，"实践教学"就是我们十分重要的优良传统之一。

1915年，河海工程专门学校创建伊始制订的教育方针就特别强调了"实践教学"。这个教育方针有三条，第一条是思想道德，第二条是身体健康，第三条的内容是：教授河海工程必需之学理技术，注重自学辅导、实地练习，以养成切实应用之知识。

新中国成立后的华东水利学院时期，老校长严恺院士亲自题写的校训"艰苦朴素，实事求是，严格要求，勇于探索"，每一句话都与"实践"密切相关。

新世纪初，全国政协副主席、老院长钱正英院士视察学校时，认为河海毕业生"基础宽，重实践，学风好，品德优"，这不仅是对毕业生实践精神的高度评价，也是对学校实践教育的充分肯定。

长期以来，学校十分重视人才培养中的实践教学工作。在我们现行的本科生培养方案中，理工类专业共170学分，其中实践教学43学分，占25.3%，超过了四分之一；经管类专业共165学分，其中实践教学25学分，也占到15.2%；就是文科类专业也安排了一定的实践教学环节。我们不仅在思想上和培养方案中重视实践教学工作，而且在教学的实际过程中对实践教学这一块抓得紧、做得实，不仅向大学生开放校内实验室，组织开展各类课内外的科技实践活动，充分保证实践教学经费的落实，还在全国各地建立了数百个大学生实践、实习基地，与长江水利委员会、黄河水利委员会等数10个单位共建了多个研究生培养基地。学校的实践教学工作多次受到教育部及兄弟高校的好评，大学生社会实践活动也15次获得全国先进集体的称号。

另外，我们在加强国际合作、联合培养人才方面也取得了较好的成效，我校与法国里尔科技大学合作的工程师培养项目比北航大还早开展3年，但在规模、方式及成效上均落后于北航大。所以，我们的实践教学工作还远不是十全十美，还有很多方面亟待改进与加强。但我相信，只要我们认真贯彻落实全国教育工作会议精神和中长期教育发展规划纲要，认真贯彻落实本次教育教学工作会议提出的各项措施，我们的实践教学乃至整个教育教学工作的水平就会跨上一个新的台阶。

通过对教育教学工作借鉴、结合和发扬这样三个方面的思考，我有以下几点启示或者说认识：

第一点启示，我们要加强对大学生能力和综合素质的培养。一个人的能力体现在多方面，但作为大学生，最根本的是加强自主学习的意识、提高自主学习的能力；作为学校及教育工作者，最根本的是培养大学生的学习兴趣。我们要进一步总结推广“1442工程”和大禹学院在提高大学生能力和综合素质上的成功做法。

第二点启示，我们要学习国外的先进理念而不是追求形式。英国大学一对一或一对二的导师制在中国这样的人口大国、教育大国，不仅现在，将来也不可行。但我们有班导师制和辅导员制，如何进一步提高班导师、辅导员的责任心和自身素质，充分发挥他们“导”的作用，应成为我们的重要课题。

第三点启示，我们要大力发扬重视实践教学的优良传统。人们认识世界的过程，就是“实践——认识——再实践——再认识”的过程。科学离不开实践，水利科学更是一门实践性非常强的科学。因此，我们要不断改进和完善实践教学，为国家水利事业和经济建设培养更多懂理论、能动手的高层次人才。

第四点启示，我们要创造属于自己的教育教学模式。中国的高等教育及高校要创造属于自己的教育教学模式，自立于世界民族之林。这就需要大学的管理者和教师在学习借鉴国际经验的同时，积极进行探索，产生既融合当代先进理念又传承历史与传统的新模式、新经验，以更适应本土的文化与环境。

以上是我个人的收获和体会，不对之处请大家批评指正。2010年度教育教学工作会议即将结束，希望同志们对我们的教育教学工作继续进行深入的思考和交流，继续开展积极的实践与探索，为创造具有中国特色、河海特色的教育教学新模式、新经验而共同努力。

谢谢大家！

科学发展提升水平　凝聚智慧实现跨越

——在第五届教职工代表大会第五次会议上的工作报告

校长　王　乘

（2010年4月23日）

各位代表：

今天，我们在这里隆重召开学校第五届教职工代表大会第五次会议，全面回顾和总结过去一年的工作，明确新一年的工作目标和主要任务，这对于高质量完成学校2010年工作任务和实现今后一段时期的科学发展具有十分重要的意义。下面，我代表学校做工作报告，请各位代表审议。

第一部分　2009年学校工作的回顾

2009年是学校全面落实“十一五”规划和加快推进特色研究型大学建设的关键之年。这一年，我校深入学习贯彻党的十七大、十七届三中、四中全会精神，认真开展深入学习实践科学发展观活动，以建设国际一流水利学科的高水平研究型大学为目标，以“促进质量、聚集人才、构筑环境”为方针，团结奋斗，开拓创新，学校的教学、科研、管理、服务等各项事业继续保持良好的发展势头，向建设高水平特色研究型大学的目标迈出了新的步伐。

一、圆满完成三项重点工作

一是以开展学习实践科学发展观活动为契机，促进学校的科学发展。2009年3月至8月底，我校认真贯彻中央精神，按照部属高校学习实践活动领导小组的部署和要求，精心组织实施了深入学习实践科学发展观活动。整个学习实践活动紧紧围绕“凝心聚力抓机遇，科学发展上水平，特色强校创一流”的总目标，按照“党员干部受教育、科学发展上水平、人民群众得实惠”的总要求，全面开展了三个阶段和六个环节的各项工作。通过学习实践活动，梳理了制约学校科学发展的突出问题，提出了具体的整改措施，完成了多项整改项目，进一步深化和提高了全校党员特别是党员领导干部对科学发展观的理解和认识，增强和坚定了全体师生员工推进学校科学发展的责任感和信心，有力地推进了学校的各项工作。

二是优化学科布局，完成学院实体的重组。为加快特色研究型大学建设的进程，通过在学习实践科学发展观活动中取得的共识，学校根据国家需求和学科自身发展规律，在深入调研、广泛征求意见、战略研讨的基础上，制定并实施了学科布局调整方案，完成了学院实体的重组。同时根据学校学科建设与发展的新形势，以及教学、科研和社会服务活动的新要求，调整了学校的部分管理机构。

三是以治校治教能力建设为重点，加强各级领导班子建设。2009年，教育部党组和江苏省委对学校领导班子进行了调整和增补。学校新的领导班子重视思想政治建设，认真贯彻民主集中制，努力提高治校治教能力，坚持以身作则，调动全校师生员工的热情，凝聚全校师生员工的心智，做到团结一心谋发展，和谐兴校促发展。

在2009年年底，学校用两个多月的时间，进行了新一轮处级干部选用工作。校党委研究制定了具体的选拔任用办法，建立了干部选拔任用提名制度，健全了干部考察制度，完善了差额选拔干部办法，扩大了干部工作的信息公开，强化了干部选拔任用监督机制。这些有效措施，保证了本轮处级干部选用工作的顺利进行和完成。

二、办学水平进一步提升

1. 人才培养取得新成绩

我校成立了大禹学院，进行创新型拔尖人才培养模式的探索与实践，组织开展优秀博士学位论文的培育工作，加强研究生教学质量监督，努力提高研究生培养质量。

以“强化课堂教学、提高培养质量”为主题，召开了河海大学2009年度教育教学工作会议。扎实开展“本科教学质量工程”，有两项教学成果获第六届高等教育国家级教学成果二等奖，两门课程被评为国家精品课程，一门课程被评为国家双语教学示范课程；搭建“实验教学——创新训练——创新竞赛”创新教育平台，水利工程实验中心成功申报国家实验教学示范中心，举办“首届全国大学生水利创新设计大赛”；加强大学生素质教育，国家大学生文化素质教育基地建设取得新进展。2009年，我校教师获国家级教学成果奖2项，省级教学成果奖6项。我校学生获国家级大学生学科竞赛奖238项，获省级竞赛奖196项，申请专利150余项。加强生源基地建设，生源质量在稳定中有了新的提高；重视毕业生就业工作，就业率稳定在93%以上。

持续推进人才培养工作的国际化进程。引进社会办学力量开展雅思、托福考试培训，积极推动本科学生参与国家“三个一流”国际交流项目；正式成为全国60所“国家建设高水平大学公派研究生项目”签约实施高校之一，选派计划数位列江苏第三。43名学生获得国家留学基金委资助到国外高水平大学攻读博士学位。

2. 学科建设取得新成效

以增强内涵和提升水平为重点，加大三级重点学科的建设力度，取得明显成效。在2009年教育部学位与研究生教育发展中心组织的全国学科专业排名中，我校水利工程一级学科位列第一，“土木工程”和“环境科学与工程”两个一级学科入选江苏省一级学科国家重点学科培育建设点名单。新增电气工程、计算机科学与技术两个博士后科研流动站。

3. 科技创新取得新突破

获得“973”计划项目3项，其中一项获得首席科学家主持单位，1人任“973”首席科学家。以国家自然基金、国家社科基金和教育部人文社科项目为代表的基础研究基金项目申报350项、获资助52项，再创历史新高。全年共获得科研项目964项，共新增科技经费达4.18亿元；在2009年度国家科学技术奖评选中，共有3项科技成果获奖，其中主持1项获国家科技进步二等奖；2项作为主要完成人参加的分获国家科技进步一等奖和二等奖，另外获部、省级科技进步奖35项，发表论文被检索1000篇；获国家专利104件。

紧抓江苏沿海开发上升为国家战略的重大机遇，整合相关力量，积极介入沿海开发的科研工作；完成了水文水资源与水利工程科学国家重点实验室新一轮人员聘任和结构调整；成立了国家工程研究中心建设管理委员会，有序进行中心的验收准备工作；浅水湖泊综合治理与资源教育部重点实验室顺利通过评估；新增4个省部级科研基地；通过保密资质认证，为从事军工项目研究打下了坚实的基础。

4. 师资队伍建设取得新成果

以培养拔尖人才和加强团队建设为目标，设立了“河海大学优秀创新人才支持计划”、“优秀创新团队发展计划”和“拔尖人才引进专项资金”。新增8人列入国家及省部级拔尖人才培养计划，特别是新设立的国家特聘教授即“千人计划”，我校有2人列入，其中1人已到校工作；新增博士生导师29名，硕士生导师123名。

加大青年骨干教师出国研修力度，12人获国家公派全额资助出国留学，11人获合作派遣出国研修。

5. 国内与国际合作取得新进展

2009年，教育部与江苏省人民政府签订了共建河海大学协议，为实现学校战略发展目标创建了新的平台。与中国长江三峡工程开发总公司、中国水利水电科学研究院、连云港市人民政府等8个单位或地方政府签订了全面合作框架协议。以教育基金会为平台，进一步加强办学资金筹措，全年筹措资金3000多万元，有力支持了学校事业的发展。

多渠道、多形式地扩大教师出国留学、进修和访问，引进国外智力及先进的教学、科研和管理经验，全年共邀请境外知名专家、校长来访、讲学180人次。与美国阿拉巴马大学等9个国际知名大学签署了校际合作协议；成功举办可持续发电和供电等重大国际学术会议。

6. 学校综合管理取得新进步

坚持依法治校，通过规范工作流程、强化督办机制和加强作风建设，大力推进校务公开和信息公开；加大校园基本建设力度，江宁校区文体馆、常州校区科研实验综合楼相继开工建设；大力推进节约型校园建设，优化水电计量、资产有偿使用改革方案，获南京市节水型单位和江苏省“节水型高校”示范点荣誉称号；加强财务管理和审计，积极争取更多的财力支持，努力提高资金使用效益，2009年获得各类专项经费近5800万元，财务运行情况良好；学校在图书档案服务、学术期刊建设、产业转制、创建平安校园、后勤保障、公共卫生等方面均取得显著成绩。

一年来，学校充分发挥教代会在民主管理、民主治校方面的作用，坚持重大事项向双代会征求意见，并认真落实教代会提案，切实为师生员工做好事、办实事。比如新增2700余万元，实行绩效工资改革，提高同城待遇、岗位津贴、年终考核津贴等，使教职工收入有了较大幅度的提高；实施水利馆维修改造工程；克服大面积公房维修的困难，加大调配力度，尽量满足正常的教学、科研与办公用房需求；积极推进仙霞公寓产权办理工作；对学生食堂维修、改造，购置空调，改善学生用餐环境；教职工免费体检由两年1次改为每年1次，并增加了检测项目。

三、党建和思想政治工作进一步加强，保证学校的科学发展

2009年，校党委坚持“围绕中心抓党建，抓好党建促发展”的方针，实施“先锋工程”，进一步发挥校党委的领导核心作用、基层党组织的战斗堡垒作用和党员的先锋模范作用，促进和保证了年度工作目标的完成与学校的科学发展。

一年来，校党委以思想政治建设和能力建设为核心，进一步规范决策程序，完善执行与监督机制，提高各级领导班子的决策力和执行力，引领学校又好又快地发展；以推进校园文化建设为重点，加强思想政治工作，积极开展主题教育和宣传活动，引导树立共同的理想信念和核心价值，增强师生员工对学校发展的信心，激发活力，极大促进了学校的各项工作；以强化制度的建立、执行和检查为抓手，切实推进惩治和预防腐败体系建设，取得明显效果，保证了学校事业的健康发展。

各位代表，2009年学校在改革、建设与发展方面取得了一系列令人振奋的成绩，学校在建设高水平特色研究型大学的道路上取得了新的进展。这是全校教职工团结奋斗、无私奉献的结果，在此，我谨代表学校，向长期以来为学校发展付出辛勤汗水与智慧的广大教职工表示衷心的感谢和崇高的敬意！

第二部分　高质量完成2010年的工作与任务

一、今年的形势与任务

当前学校的发展形势是机遇与挑战并存，挑战大于机遇。我们清醒地看到学校发展所面临的困难，特别是与“985工程”高校及其他一些优势明显的高校相比，我们在争取生源、学科建设、平台建设、科学研究、人才队伍等方面仍有较大差距。今年是“十一五”的收官之年，也是谋划“十二五”发展的开局之年，6月份又将召开学校第十二次党代会。全校师生员工要进一步统一思想、凝聚共识，抢抓机遇，奋勇争先，高起点、高质量、高要求完成今年各项工作任务。

今年工作的指导思想是，全面贯彻党的十七大和十七届四中全会精神，以邓小平理论和“三个代表”重要思想为指导，深入学习实践科学发展观，积极贯彻《国家中长期教育改革和发展规划纲要》和中央将要召开的教育工作会议精神，围绕建设具有国际一流水利学科的高水平研究型大学的总体目标，坚持内涵发展、提高质量、集聚人才、促进和谐，推动学校在新的历史起点上的科学发展。

3月初，学校发文公布了《河海大学2010年工作要点》，对今年各项工作作出了部署，提出了要求。这里，我就谈几点工作思路。

二、今年工作的主要思路与措施

1. 以召开第十二次党代会和制定“十二五”规划为契机，进一步统一思想，明确目标，增强信心

经中共江苏省委教育工作委员会同意，定于2010年6月召开中国共产党河海大学第十二次代表大会。这次党代会，将认真总结我校第十一次党代会以来的工作，并依据国家中长期教育改革和发展规划纲要，研究确定今后一段时期学校建设发展的战略和任务，研究确定进一步深化改革和加强党的建设的任务及其主要措施，为学校“十二五”的发展提出基本目标和指导思想，动员全校党组织和广大党员认清自己所肩负的历史责任，全面推进学校各项事业发展，为建设高水平特色研究型大学而努力奋斗。会议的筹备和召开过程，是统一全校思想、提高认识的过程，是鼓舞干劲、增

强信心的过程，更是团结一致、谋划发展的过程；会议将明确的发展战略和任务，是学校今后较长时期发展的纲领，我们一定要认真贯彻落实，作为做好今年工作的重要指导。

今年是“十二五”规划编制之年。“十二五”是学校努力解决科学发展深层次矛盾，提升整体发展水平，实现高水平特色研究型大学战略目标的关键时期。科学编制“十二五”学校发展规划，对于学校更好地抓住机遇、迎接挑战、跨越发展，具有重要意义。学校已经发文启动了这项重要工作。学校“十二五”规划内容包括总体规划和3个专项规划：学科与队伍建设、校园与基础能力建设、党建和精神文明建设。认真总结学校“十一五”规划实施情况，然后在调查、分析和研究的基础上，紧密围绕第十二次党代会提出的发展目标和发展战略，进一步彰显特色、突出重点、改革创新，对学校“十二五”发展进行顶层设计和系统规划。

在今后的工作中，我们要充分发挥规划的导向功能，特别是规划对学校发展的引导和激励作用；充分发挥规划的控制功能，规划一旦确定，它在学校的实际运作中起着规范、约束的作用。学校将按照规划的目标和路径，结合处级领导班子任期的目标与任务，统一调配各种资源，合理安排各项建设和改革，使学校的发展每一步都朝着目标前进。

2. 牢固树立和实践特色强校战略，提高特色学科的水平、优势和影响力

特色是高水平大学建设的灵魂，有特色才有活力，有活力才能在竞争中求得生存和发展。确立和实践特色发展战略，是我校建设高水平大学的必然选择。

学科建设是高水平大学建设的龙头，因此，高水平大学必须具有若干一流的特色学科。面对我国现代水利发展需要，要抓住建设“优势学科创新平台”和部部共建、省部共建的契机，通过优化学科资源配置的改革，积极构建以优势学科为基础、新兴学科为重点、文理学科为支撑的“大水利”学科体系，并以此来提升学校服务于我国水利发展的能力和水平。学校的“大水利”学科体系特色，能够积极抢占学科建设的制高点，为建设高水平大学提供新动力。

我们要积极依托学科特色和人才优势，主动走出去，为国家的建设和发展“分忧解难”，彰显我们的作用与地位，为学校的发展争取更高、更大的空间，这应该成为我们必须坚守的办学基本思维。今年以来，学校主动、及时地参与西南旱灾防治工作，积极与各大流域机构加强交流与合作，均取得了良好效果。

我们还要在国际视野下强化特色学科建设，通过加强与国外高水平大学的战略合作，建设高水平国际科研合作平台和人才培养基地，积极引进国外一流大学的人才资源，推动学科建设的国际化进程。

3. 科技管理要以深化体制机制改革为重点，大力促进高水平科研团队的建设，加大产学研工作力度

紧紧抓住建设创新型国家的战略机遇，加快科技管理体制改革步伐，以面向国家重大需求、瞄准国际前沿、突出自主创新、加快成果转化为战略，加大国家重大科技计划项目和沿海开发科技专项的组织工作力度，努力为国家和地方经济社会建设做出更大的贡献。

要高度重视科研团队的建设，把人事制度改革与科研管理体制及运行机制改革结合起来，逐步改变现行评价制度中追求短期效益和“一刀切”的弊端，根据不同学科类型及基础研究、科技攻关、技术开发等不同的科研类型和不同性质的工作任务，采用不同的评价激励机制和政策指标，促进团队的形成与发展；充分利用我校多学科优势，进行组织创新和管理创新，通过建设高水平的、开放的科技创新平台，为形成高水平的科技创新团队创造条件。

要加大产学研结合的工作力度，把提升科技产业水平摆在更加突出的位置来抓。当前要紧密结合学校特色和学科优势，系统制定科技产业的发展规划、工作机制和目标任务，提出新思路、拿出新举措，推动科技成果的产业化，力争建设一两个层次高、影响大、效益明显的高水平产学研平台和基地。

4. 人才培养要创新培养模式，强化实践教学，开拓国际视野，提升培养质量

牢固确立人才培养在高校工作中的中心地位，重视提升人才培养的质量，努力形成人才培养的

"河海品牌"。

以办好大禹学院和启动"卓越工程师培养计划"为切入点，强化实践教学环节，增强学生解决实际问题的能力，提高学生就业和发展的竞争力；深入实施"研究生创新工程"，加强研究生教育改革，提高研究生培养质量；重视国际化办学，充分借鉴世界一流大学的教育理念、教学内容和教学方法，培养学生的国际眼光。继续实施好"国家建设高水平大学公派研究生项目"，积极扩大国际交流生的人数，加大国际交流的力度。

进一步提高人才的培养规模与层次，注重人才培养的质量与内涵。抓紧时间扩大培养规模，迅速挤进规模3万～5万学校的行列，今年学校本科生招生增加300人。同时，研究生招生规模也需要加大，大力发展专业硕士。在本科生生源方面，要在确保生源质量排名江苏省第5位的基础上，力争再进一步。研究生招生，同样需要扩大来自"985"高校的生源，进一步规范和加强面试环节，招收更多综合素质好、全面发展的学生。

5. 国内合作要以建设合作基地为重点，国际合作要突出请进来和送出去

以建立稳定持久的合作基地为重点，深化与行业和地方政府的合作，进一步拓展办学空间。高度重视科技创新、成果转化的合作平台建设；加大研究生联合培养基地建设力度，让更多的优秀学生进入基地开展学习和研究，为社会培养更多的紧缺实用人才；派出更多年轻教师到基层实践锻炼，以增长才干，加快成长步伐，力争使更多的年轻同志成长为学校拔尖人才的后备军。

加快实施教育国际化工程，探索多种方式和途径，充分利用国外优质教育资源。创造条件，积极引进国外高水平的教师来校授课，来学校工作，开展与国外知名教授共建课程，促进教师与国外高水平学者的合作，提高教师的国际交往能力；派出更多教师和学生到国外合作科研、学习深造，努力培养年轻人的国际视野。

6. 认真实施几项管理改革项目，着力提高管理效益

管理是建设高水平大学的保障。高等学校要办出特色、办出水平，必须高度重视管理工作，把管理摆到突出位置。

一是要认真实施处级领导班子的任期目标责任制。实行目标管理是现代大学管理体系中一种重要的管理机制。通过数字量化任期目标，既是落实干部任期责任的要求，也是学校发展目标在实际工作中的具体体现。有同志反映这次定的指标太高了，不切实际。的确，学校讨论确定的有些指标是比较高的，比如在研究生规模、高水平学术论文、科研经费、资金筹措等方面，与学校发展的纵向比是往上跳了一下，但拿出来与兄弟高校进行横向比、与高水平特色研究型大学的特征指标比，这就不算高了。河海大学要发展，要从江苏第九、第十的位置回升到第四、第五的位置，不自加压力，不抓住机遇实现跨越发展是不行的。再不加速快跑，目前的地位也是岌岌可危。另外，从我们的实际情况看，学校的办学基础是好的，学科特色和优势是明显的，师资整体水平也是不错的，只要在管理体制机制上进一步完善，充分挖掘发展潜力和激发活力，这些目标和任务是可以实现的。目标任务书的签字仪式将在这次会议后举行，各单位的主要负责人将代表领导班子和本单位全体教职工在任期目标任务书上签下一份庄严的承诺、一份厚重的责任和一份光荣的使命，签下克服困难、完成任务的决心、信心和勇气。

二是要进行财务预算和分配改革。改革的目标是建立一个公正合理、激励先进、以目标任务为核算基础的财务预算和分配制度。通过这一制度的建立和完善，在全校树立并强化成本约束意识和效益激励要求；将财力和事权合理匹配，将管理重心下移，激发学院的办学活力，增强干部与教师的工作积极性和主动性，增强干部与教师的责任心和使命感，使校院两级管理真正落到实处，把学校的发展与学院的发展有效结合起来，推动学校机关职能部门转变传统的思维定式和工作模式。

三是要进一步明晰部门权责，规范工作程序。要细化各职能部门工作职责，明确分工，明确责任，做到部门之间既分工负责，又通力协作，努力提高执行力；建立工作问责制，加大对部门工作的督促、检查力度；认真梳理工作流程，规范工作程序，特别是要加强对学校重大采购项目和基建工程的全过程控制和管理，规范合同制订，严格合同执行，严控合同变更，以减少损失，提高项目

和工程的效益。

四是要重视校友和社会资源的开发、利用和管理。广泛开发和利用校友资源，是学校可持续发展的重要支撑，也是国内外高水平大学办学的成功经验和共同趋势。河海大学作为一所近百年的、有行业特色的高校，可以开发和利用的校友资源相当丰富。但是，我们目前的开发与利用工作仅处于起步阶段，还没有形成完善的工作体系和激励机制，我们可以开发和利用的社会资源还非常丰富，有很大的空间。因此，今年的一项重点工作，要从学校战略发展的高度，充分认识这项工作的重要性、紧迫性，要创新工作思路和工作方式，构建能充分发挥学校、校友、社会等各方积极性，合作发展、互赢互利的体制和机制；通过有效的沟通与宣传，赢得校友和社会资源的认可和理解，通过优质的服务，赢得他们对学校更好更大的支持。

7. 党的建设和思想政治工作要以学习型组织建设为抓手，着力于提高能力和水平

大力推进学习型组织建设。进一步加强和改进党委中心组学习，加强和改进党员、干部培训教育工作。不断丰富学习内容、创新学习方式、增强学习效果，努力在以科学理论指导党的建设、以科学制度保障党的建设、以科学方法推进党的建设上起到实效。进一步巩固和加强党的基层组织，着力扩大覆盖面、增强生机活力，使党的基层组织充分发挥推动发展、服务群众、凝聚人心、促进和谐的作用，使广大党员牢记宗旨、心系群众。

思想政治教育要坚持主题教育与自我教育相结合，坚持政治理论教育与社会实践相结合，坚持解决思想问题与解决实际问题相结合，努力提高思想政治工作的效果和作用。

认真学习贯彻《中国共产党党员领导干部廉洁从政若干准则》，进一步加强惩防体系建设，建立健全权力运行监督制约机制。

8. 加强民主管理，充分发挥教代会的作用

教职工代表大会是教职工行使民主权利、参与学校民主管理和监督的基本组织形式，是学校管理体制的重要组成部分。充分发挥教代会的作用，鼓励教职工参与学校的民主决策、民主管理和民主监督，是教职工主人翁地位和民主权利的重要实现形式，也是广开言路，广纳民智，构建学校和谐发展格局的重要保障。做好教代会工作，必须切实保证教职工对学校工作的知情权和对学校工作的监督权。只有这样，才能最大限度地调动广大教职工的积极性、主动性和创造性。在今后的工作中，凡涉及学校的重大的决策，改革发展的重大举措，学校的办学定位和发展目标，学校中长期发展规划等重大问题，在形成方案的过程中和最终决策时都要通过教代会广泛征求教职工的意见和建议，使学校的重大决策更容易得到教职工的理解、认同和支持，增强教职工对学校发展目标的认同感，增强学校的凝聚力和向心力。

我们要认真落实好教代会提案，建立解决提案问题的会商制度、公开制度、反馈制度和督促制度；要切实加强学院二级教代会的建设，充分发挥教师在参与学院民主管理中的作用。

9. 关注民生，积极为教职员工办实事

以提高教职员工幸福指数为目标，大力实施教职员工最关心、最直接、最现实利益问题的民生工程。学校计划在今年做好以下几件实事：

（1）关心青年教师的成才成长。通过加大资助出国进修、外语培训和挂职锻炼的工作力度，促进青年教师更快更好地成长。

（2）进一步提高教职工的收入水平。增加人员经费预算，确保教职工收入水平有一定幅度的提高；积极筹措资金，调整教职工住房公积金与住房补贴，建立教职工待遇持续稳步提高的长效机制。

（3）进一步改善学生的生活设施。加快学校基本建设进度，在9月1日前完成4期学生公寓工程，在11月1日前完成江宁校区四食堂工程。

（4）进一步改善教师的办公用房条件。在5月15日前完成水利馆维修工程，在6月1日前完成商学楼工程；完成学校公用房的清查、调整，努力使学院基本达到规定的办公科研用房配置标准。

(5) 提高为教职工服务的水平与满意度。

实施办公场所直供饮用水改造工程，保证教职工饮用水的卫生和安全；做好校园道路、地下水网管网的整修工作，确保校园路面平整、减少路面积水，方便教职员工出行；加大学校支持力度，采取切实措施，提高教职员工对伙食工作的满意度。

(6) 实施景观校园建设工程。为迎接百年校庆，制订校园建设规划，进行景观校园建设；启动学校形象识别系统的建设，更新、美化校园内各类铭牌、标识，凸显河海特色和文化。

三、要求和希望

同志们，今年的工作任务十分艰巨，也十分光荣，我们既要全面完成“十一五”规划目标任务，又要贯彻落实《国家中长期教育改革和发展规划纲要》，认真谋划好学校“十二五”发展规划，胜利召开学校第十二次党代会，我衷心希望广大党员干部和全体教职员工在校党委的统一领导下，坚持“特色强校、和谐兴校、质量立校、人才名校、环境美校、道德荣校”的发展方略，牢固树立责任、超越、和谐与文化意识，凝聚智慧，团结奋斗，高起点、高要求、高质量地全面完成学校今年的发展目标和任务。

我们要增强主人翁的责任意识。希望校院各级领导干部本着对学校和师生员工高度负责的态度，带头强化责任意识，把该担的担子担起来，把该负的责任负好，认真履行职责，敢于承担责任，改变有些同志对学校发展漠不关心，对学校不合理的现象和制度视而不见，对学校工作只空发牢骚抱怨而不去提有效建议并力行改变的不良风气。每一位教职员工都要充分发挥主人翁意识，以兴校为职，以荣校为责，勤奋工作，服务师生，服务学校发展大局。

我们要增强争赶先进的超越意识。各级领导班子要认真贯彻落实好任期目标责任制，围绕本部门本单位的目标任务，有计划、有步骤、有效率地开展工作，在追寻目标中体味快乐，在实现目标中享受成就感，在超越目标中获得荣誉，而不能心安理得地甘居中游、安于现状、小进则满；要争赶先进，勇立潮头，敢想、敢试、敢为，敢于超越，不怕挫折，不惧一切困难和矛盾。

我们要增强关注民生的和谐意识。学校和各级单位、部门要有尊重民心、吸纳民意的勇气和作为，坚持科学民主的决策方式，确保学校的各项政策经得起师生的考问，经得起实践和历史的检验。结合学校工作实际，要立足着力办好改善民生、凝聚民心的实事好事，加快解决那些影响和制约学校科学发展、群众反映强烈、当前具备条件的突出问题。深入开展平安校园、文明校园、和谐校园的创建活动，为师生创造安定有序、和谐融洽、充满活力的工作、学习、生活环境。

我们要增强崇尚道德、追求先进的文化意识。大力弘扬河海的优良传统，发掘先进事迹，树立、宣传典型人物，倡导优良的学风、教风，关爱学生，淡泊名利，坚守学术道德，规范学术行为，杜绝学术不端，做学生健康成长的指导者和引路人，充分展示河海教师的学识魅力和人格魅力。

各位代表，同志们！建设具有国际一流水利学科的高水平研究型大学是时代赋予我们的光荣使命，是我们必须承担的历史责任。光阴似箭，时光流逝，95 年来，通过一代又一代河海人的艰苦奋斗、励精图治，创造了一个又一个辉煌的业绩。回顾历史，展望未来，我们完全有信心、有能力为学校的发展作出新的更大的贡献。希望全校教职员工统一思想、坚定信心、奋发努力、扎实苦干，坚持走特色发展、开放发展、和谐发展的道路，以只争朝夕的精神为把学校建成具有国际一流水利学科的高水平研究型大学而努力奋斗！

最后，预祝本次大会取得圆满成功！谢谢！

在河海大学2010级博士生开学典礼上的讲话

校长、研究生院院长　王　乘

（2010年3月5日）

尊敬的江苏省水利厅陆桂华副厅长，

尊敬的老师们，亲爱的博士生新同学：

大家好！

今天，我们在这里隆重举行河海大学2010级博士生开学典礼。首先，请允许我代表学校，对专程前来出席典礼的嘉宾陆桂华教授表示热烈的欢迎！对即将攻读博士学位、努力实现人生新跨越的296位博士生新同学，表示衷心的祝贺和热烈的欢迎！

这么多优秀的新生力量加入到河海人的队伍，对于学校的建设和发展将起到重要的推动作用。河海是一个汇集优秀人才的地方，在近百年的光辉历史上，我们有张闻天、沈泽民等老一辈革命家，有钱正英院士、严恺院士、徐芝纶院士、吴中如院士等学术大师，最让我们感到自豪的是，学校为国家培养和输送了一大批优秀人才，为国家的现代化建设做出了重要贡献。温家宝总理在学校90周年校庆前夕视察学校时，就充分肯定了河海大学为国家经济建设和高等教育发展做出的重要贡献。

河海大学光辉的历程凝聚了崇高的精神，那就是“献身，求实，负责”。这是对我们所有河海人的要求和希望，这意味着过去、现在和将来所有在河海工作、学习的人，要甘于奉献、顽强拼搏、追求卓越，意味着辛劳、汗水、梦想与光荣！我们常说，哪里有水，哪里就有河海人奋斗的身影；哪里有水，哪里就有河海大学做出的贡献！这是河海精神的生动写照。河海的传统、精神是河海人热情和智慧的结晶，她将随着时代的步伐不断丰富与发展，也是一代又一代河海人追求真理、报效祖国的不竭动力源泉。

同学们，老一代河海人已经用他们的辛勤劳动和光辉业绩证明，河海人能够担当中华民族赋予的历史重任。作为新一代河海人，必将用自己的实际行动继续做出有效证明。在新学期开始之际，作为河海人，作为你们的老师，对大家提三点希望：

首先，希望大家了解河海，融入河海，与河海共同成长。建议大家有时间去去校史馆，读读河海史。在那里，你会为河海“河润万物、海纳百川”的胸怀所震撼。希望大家不要在丰富多彩的生活中迷失自己，要能够在河海的昨天、今天和明天中找到自己的轨迹和坐标。既然身为河海人，就要学会适应河海的环境，利用河海的条件，和河海一起茁壮成长。

其次，希望大家珍惜时间，珍爱生命，在河海实现自己的价值。学生的首要任务是学习。学校将为大家配备一流的师资，提供一流的设备，建设一流的环境，尽可能创造有利条件，帮助大家学好知识，提高能力，发展人格，成长为一个全面发展的人。希望大家明白这一点，河海就是我们实现理想和抱负的平台。母校真心盼望她的学生健康顺利地成长。学校希望你们胸怀宽广，谦虚谨慎，脚踏实地，勤恳诚实，努力做学问，出成果。

第三，希望大家胸怀祖国，志存高远，做优秀的河海人。胡锦涛总书记致信中国青年群英会，对青年提出了“努力成为理想远大、信念坚定的新一代，品德高尚、意志顽强的新一代，视野开阔、知识丰富的新一代，开拓进取、艰苦创业的新一代，让青春在建设中国特色社会主义的伟大事业中焕发出更加绚丽的光彩”的希望。这就是要求我们把自己的生活与事业，和祖国的前途人类的命运紧紧联系在一起，艰苦奋斗，奋发图强，为中华民族的伟大复兴做出自己应有的贡献。

作为校长，接下来的日子我将和你们共同学习和生活。我随时准备为大家服务，倾听大家的声音，解决大家遇到的问题和困难，见证大家的成长和进步。让我们共同努力，把河海建设成所有人可以信赖的精神家园！

潮起海天阔，扬帆正当时。希望各位博士新同学坚持远大理想，努力践行河海精神，不断追求卓越，努力成长为国家和人民需要的高层次、高素质拔尖创新人才，为学校的建设发展和创新型国家建设做出积极的贡献！

谢谢大家！

在河海大学2010年研究生毕业典礼暨学位授予仪式上的讲话

校长、研究生院院长　王　乘

（2010年4月9日）

尊敬的水利部黄河水利委员会苏茂林副主任，

尊敬的茅以升科技教育基金会茅玉麟秘书长，

老师们、同学们：

今天，我们在这里隆重举行河海大学2010年研究生毕业典礼暨学位授予仪式。首先，我代表学校向专程前来出席典礼的嘉宾苏茂林副主任、茅玉麟秘书长表示热烈的欢迎！向毕业并获得学位的273位博士、2126位硕士表示热烈的祝贺！向悉心培养你们的各位研究生导师，向关心学校建设与发展、全力支持你们圆满完成学业的各位家长和亲友们，表示诚挚的感谢和崇高的敬意！

大家攻读学位这几年，全国人民万众一心抗击汶川特大地震取得胜利，我国成功举办北京奥运会并以“高水平、有特色”获得全世界的广泛赞誉，这些难忘的记忆将不断激励大家努力拼搏，以取得优异的成绩报效祖国和人民。近年来，随着创新型国家的建设和科教兴国战略的深入实施，河海大学在建设高水平研究型大学的道路上不断取得新成绩，同学们既是见证者，更是参与者，你们不仅在攀登科学技术高峰的道路上创造了佳绩，而且作为生力军为学校各方面的建设和发展做出了重要贡献，学校前进的每一个足迹，都留下了你们拼搏进取的印记。作为校长，作为你们的老师和朋友，我由衷地为你们感到自豪和骄傲！

同学们，明天你们就要告别母校，开始走向新的生活。一部分硕士毕业的同学将继续深造，攻读博士学位，而大部分同学将要走上工作岗位，用自己的学识和才智回报社会。作为国家精心培养的高层次人才，大家如何使今后的人生更有价值，不辜负国家和人民的重托、母校和家人的期盼，在此惜别之际，作为你们的师长，我想提几点希望：

第一，始终保持高远的志向。温家宝总理在与青年学生座谈时说：“青年人要把自己的命运和国家的命运连在一起”，“什么能够使你们的心灵永远明亮，而不至于后悔？那就是你们的理想、信念，把自己一生献给人民。”一个人的事业，只有顺应时代发展的方向，顺应国家和人民的需要，才能融入社会主流，在造福社会的同时，实现个人最大的价值。作为河海的毕业生，大家要继承我校的光荣传统，向革命先贤学习，以广阔的国际视野和强烈的社会责任感，将个人的发展与国家的前途紧密联系在一起，自觉地承担起自己的历史使命与社会责任，在奉献国家和民族的过程中实现自身的价值。在这里我特别强调一下理想信念的坚定性。在实现理想抱负的过程中，我们必然会遇到各种各样的困难，也会感到迷茫困惑，甚至会遇到激流险滩，希望大家能坚守报效国家、献身人民的理想信念，凡是认准的事情绝不轻言放弃，真正做到矢志不渝，勇于战胜自我，攻坚克难，走好自己无悔人生的坚实步伐。

第二，始终发扬勇于创新的精神。只有勇于创新，才能使我们自己永葆青春活力，将我们的事业不断推向前进。同学们在学习和研究中培养的创新精神、创新意识和创新能力，是大家在研究生阶段收获的宝贵财富。同学们在今后的科研或其他工作中，很可能会面对许多从未遇到过的挑战和问题，这就需要我们保持和发扬勇于创新的精神，创造性地解决问题和开展工作。大家要把在研究生阶段培养的批判精神和创造性思维应用到今后的工作和学习中，不仅用于科学、技术的研究，也要用于工作思路和方法的改进，用于体制机制的创新，以创新的精神做出一流的业绩，在事业发展的同时使得我们自身不断成长进步。创新还要敢于坚持、执著追求，因为创新有时不会被接受和理解，也常常具有不确定性、偶然性和一定的风险。要有百折不挠的坚强意志和锲而不舍的执著追求，才能支撑大家经受住考验和磨炼，做出开创性的成果。

第三，始终坚持脚踏实地的态度。要把远大的理想抱负、创新的思想和事业变为现实，需要付出脚踏实地的努力。我们做人、做事、做学问都应坚持脚踏实地。脚踏实地，从根本上来说是一种人生态度和作风，意味着保持严谨的作风，不浮躁、不急功近利，尊重科学、求真务实，一生做到“严谨为学、诚信为人”。脚踏实地，还意味着肯从基层做起，从具体工作做起。具体工作往往是不起眼的，甚至是琐碎的，而且即使最基础的工作也可能碰到预想之外的情况和困难，对此必须要有思想准备，保持良好的心态，善于从小事做起，不断学习和实践，持续积累和提高，只有把小事做好，才有可能成就大事。

亲爱的同学们，成绩仅仅意味着过去，未来的道路还很漫长。“路漫漫其修远兮，吾将上下而求索”。希望同学们始终保持远大的志向，保持和发扬勇于创新的精神，坚持脚踏实地的人生态度，拼搏奉献，开拓进取，在今后的道路上不断取得新的成绩，创造河海人新的辉煌，为国家和社会做出更大的贡献！

同时也请大家牢记，在你们奋斗的道路上，河海会永远像母亲一样关心你们，支持你们，帮助你们，并期待着你们的好消息。河海永远是同学们的家，希望大家常回家看看！谢谢！

在河海大学2010届本科生毕业典礼上的讲话

校长　王　乘

（2010年6月22日）

尊敬的吉林省水利厅车黎明副厅长，
各位老师、各位同学：

大家早上好！

今天，我们欢聚在这里共同庆贺2010届毕业生顺利完成学业。光阴似箭，岁月如梭。4年寒暑，同学们曾在这里翻开新的生活篇章，在这所具有深厚文化底蕴、鲜明办学特色、优秀历史传统的百年老校度过了你们青春岁月里最值得怀念的日子。在此，请允许我代表学校向圆满完成学业的各位同学，表示热烈的祝贺！向辛勤培养你们的老师们、同志们表示诚挚的感谢！

在场的许多同学一定还清楚地记得当初满怀自信和新奇之心来到这所被誉为我国水利高等学府的情景。今天，你们依然是那样的青春阳光，朝气蓬勃，而不同的是你们掌握了求职立业的专业知识，学会了如何学习、如何做人，具备了独立思考的能力，思想上多了几份成熟，对社会有了更多的了解。这几天，同学们纷纷整理行装，踌躇满志，即将离开母校。人生要经历许多离别，但大学毕业的离别却有一番不同感受，它能给我们的人生带来新的启迪和感悟。我想同学们都会怀着复杂的情感回顾大学生活中的往事，这里有成功的高兴和自豪，有失败的遗憾和感悟，也有对结交知心朋友的喜悦和离别的忧伤，更有对美丽校园和师生情义的眷恋。这一切都将成为同学们心中永远美好的记忆！

河润万物是一种使命，海纳百川是一种胸怀。母校以“河海”命名，承载着泽被万民的奉献精神，赋予了包容百家的博大胸怀。近年来，学校以教育部与江苏省人民政府共建河海大学为契机，向建设高水平特色研究型大学的目标迈出了新的步伐，在人才培养、科技创新、社会服务等方面，都取得了一系列令人振奋的成绩；同时也为社会培养了一大批优秀人才，为我国水利事业和经济社会发展做出了积极的贡献。“哪里有水，哪里就有河海人；哪里有水，哪里就有河海人的贡献”，这句话不仅是对河海人的肯定，更是对河海人的期盼，希望同学们继续践行河海精神，努力学习，积极工作，母校将一直关注你们，并期待你们从四面八方传来好消息。

在你们离开母校之际，我代表学校，并作为师长在此送你们几句话，作为临别赠言，予以共勉!

首先，希望同学们志存高远，从小事做起。“计利当计天下利，求名应求万世名”，不要计较一时的利害得失。现在最忌讳的是浮躁，是坐不下来、沉不下去；最可贵的是执著的追求，要经得起各种物欲的诱惑。泰山不让土壤，故能成其大；河海不择细流，故能就其深。

其次，要树立终身学习的思想。大学的学习只是为你们打下未来发展的知识基础，你们还需要不断学习去适应社会变化和科学技术的发展，始终保持对自然和社会的浓厚兴趣，不断学习新知识，掌握新技能，开拓新领域，促进事业持续发展。

最后，希望大家学会宽容。18世纪的德国哲学家康德说过：“生气，是拿别人的错误惩罚自己。”在以后的工作与学习过程中，同学们将面临更多的人际关系处理，希望大家学会宽容与包容别人，并且敢于正视自己的错误，这样会使你们步入一个更高的境界。

同学们，在新颁布的《国家中长期人才发展规划纲要》中，“青年”二字频频出现在人才队伍建设主要任务、重大政策、重大人才工程等各个部分，从现在到2020年左右是未来中国发展的重要时期。在这个充满机遇与挑战的时代，各位同学一定会成为国家栋梁之材。希望同学们担负起历史的重担，积极面对各种挑战与竞争，努力成为这一代人的精英，为国家、为社会、为民族尽自己最大的力量。

同学们，母校期盼你们，经风雨，挑重担，成大器。不论在何时、何地，河海永远是大家精神的港湾，母校永远牵挂着你们！希望大家无论多忙，都能时刻关注母校，经常回来看看，为学校的发展献计献策，母校永远是你们的家。

谢谢大家!

在河海大学大学生思想政治教育工作会议上的讲话

校长　王　乘

（2010年7月7日）

同志们：

今天我们召开大学生思想政治教育工作会议，主要任务就是进一步学习贯彻落实全国加强和改进大学生思想政治教育工作座谈会精神，刚才王书记就我校思想政治教育工作情况作了全面回顾和总结，三个单位也交流了经验，一会儿朱书记还将专门传达全国加强和改进大学生思想政治教育工作座谈会有关精神，对下一步工作提出总体要求。借此机会，我讲四点意见。

一、努力形成全员育人的良好格局

大学生思想政治教育工作的开展需要广大教职员工的积极参与，可以说大学校园“处处皆教育之地，人人皆教育之人”。每一位教育工作者，不管你是教师，还是党政管理人员，或是后勤服务人员，都可以成为思想政治教育的模范，因此，我们要下大力气倡导“人人都是德育工作者”的观念。

教书育人是学校育人的主渠道，教师应把德育贯穿和渗透教育教学的全过程，并以自己的楷模作用促进学生成长，要用科学的理论武装学生，用渊博的知识和高质量的教学内容赢得学生，用模范的行为影响学生，用严明的纪律规范学生，比如，本科生教师不仅要指导学生的专业学习，在思想和生活等方面也负有引导的职责。研究生导师是研究生思想政治教育的主要参与者，思想道德教育的方式和形式可以不拘一格：在论文指导中，可以培养学生严谨治学、追求卓越的精神，在实验中，可以培养学生相互协作的团队精神和大局意识。

管理育人是学校育人工作的重要组成部分，党政干部和各类专业技术人员要通过教学管理、党政管理履行育人职责，要牢固树立教书育人的意识，改进作风，做好本职工作，不断提升管理水平，使学生在接受知识的过程中不断接受良好形象和高尚精神的熏陶和感染。比如，作为管理育人的主要力量——辅导员队伍，我们要进一步加强培养力度，通过参加国内外培训、攻读研究生、兄弟高校交流以及举办集中培训、辅导员论坛和工作研讨会等形式，对辅导员队伍进行思想政治教育专业知识和业务能力的培训，提高队伍的理论素养和职业能力。

服务育人是学校育人工作不可缺少的部分，后勤工作的根本宗旨是为教学科研员工生活服务，要坚持在实现服务职能中充分发挥服务育人的功能。我认为，在当前，一要强化树立以“学生为本，服务至上”的观念，增强服务意识，提高工作效率，坚持以学生为本，进一步改善后勤服务，为大学生办实事办好事，努力解决学生学习生活上的实际问题，共同营造和谐校园和服务育人的良好氛围。二要提升后勤职工的服务技能，加强专业知识建设。后勤服务工作，我们要通过各种形式，努力培养和造就一支具备服务技能和专业知识，有较高素质的后勤职工队伍。三要把全面做好服务工作视为积极参与大学生思想教育实践的主要内容。要让每一个职工充分认识到，我们每一项微小的服务，都在践行着“服务育人”的宗旨。

总之，我们每一位教育工作者，都有育人的义务和责任，都应自觉参与育人工作，都要做出育人成绩来，真正形成全员育人的良好格局。

二、不断完善全过程育人的工作机制

做好大学生思想政治教育工作必须有科学的工作机制，有了科学的工作机制，我们的工作才能有声有色地开展，我们的工作才能取得良好的效果。建立全过程育人的新机制，就要坚持教育引导的整体性和一贯性原则，针对学生成长的不同时期，从学习、工作和生活等各个方面入手，采取有针对性的导航服务，努力实践全过程育人。

第一，做好学生成长、成才、成功三方面教育工作。新生入学伊始，我们就要积极引导新生确立新的奋斗目标，并从人生哲理、学习计划、奋斗目标、行为规范、意志品质等方面加强教育和指导，让学生感受到学校优良的文化传统与丰富的学习生活，帮助他们尽快适应并顺利实现人生发展阶段和学习方式方法的关键性转换，为今后几年的学习生活打下坚实的基础。

第二，强化学业过程管理。引导和指导大学生在成长的各个阶段制定出切合实际的发展目标。我们要把思想政治理论课作为系统工程建设，努力建设一个名家课程专题讲授系列、建设一个高质量的思政教学网站、建设一支高素质的教师队伍和名师群体、建设一批具有特色的课外教学实践基地、建设一组在全国有影响的精品课程。我们要建立困难学生预警与援助机制，建立学生学习困难预警与援助体系，针对造成学生学习困难的不同原因，实施个性化的学习援助计划。建立心理危机预防与干预制度，构建心理健康教育“三个一盘棋”工作机制。实施经济困难学生教育实践计划，使“资助”和“育人”紧密结合，在校园内形成勤奋好学、团结互助、自强自立、艰苦奋斗的良好精神风貌。

第三，做好大学生就业指导与服务工作。拓宽就业渠道，加大就业市场建设力度，提高就业率和就业质量。加强学生的职业生涯规划和创业意识教育，引导学生到基层、到祖国最需要的地方去建功立业。继续开展“我饮河海一滴水，我献祖国一生情”、“今日我以河海为荣，明日河海以我为荣”主题教育活动，升华毕业生爱国、爱水、爱校情怀。

三、积极营造全方位育人的良好环境

全方位育人是要求教育教学中的各个方面相互补充、相互促进，形成合力状态。

第一，实施全方位育人，必须充分发挥课堂教学的主导作用，在传授专业知识过程中加强思想政治教育引导，使大学生树立正确的世界观、人生观和价值观。要充分发挥思想政治理论课的主渠道作用，思想政治理论课教师要在思想教育、道德认知、心理健康等方面存在的突出问题做深入细致的研究和分析，使得思想政治教育内容针对性和实效性更强，做到有的放矢，能够较好地解决学生中存在的突出思想问题。同时要更新教学方法，积极发挥学生在教学中的主体作用，不断激发学生参与教学过程中的积极性和主动性。

第二，实施全方位育人，必须发挥校园文化建设的育人功能。校园文化作为人文环境的重要组成部分，对学生的教育起着一种“润物细无声”的潜移默化的作用。通过校园文化建设，可以带动大学生开展各种活动，从而提高大学生的文化素质和整体能力。要大力建设体现社会主义特点、时代特征和学校特色的校园文化，广泛开展丰富多彩、积极向上的学术、科技、体育、艺术和娱乐活动，把德育与智育、体育、美育有机结合起来，寓教育于文化活动之中，宣传科学理论，传播先进文化，塑造美好心灵，激励青年学生积极向上。

第三，实施全方位育人，必须引导学生开展各种社会实践活动。要切实把“教育必须为社会主义现代化建设服务，必须与生产劳动相结合”落实到学生思想政治教育工作中，探索和建立与专业学习相结合，与服务社会相结合的社会实践机制，建立社会实践基地，让更多学生有机会参加社会实践，深化理论学习效果，强化自我教育功能，使广大同学在社会实践中受教育、长才干、作贡献。

第四，实施全方位育人，必须建设好宣传舆论阵地。建设好以校报、校广播站、思想政治工作网站、宣传橱窗、校园网等宣传舆论阵地，形成正确的、鲜明的舆论导向。要抓好“网络信息”这一思想政治教育阵地建设，努力建设一批融思想性、知识性、趣味性、服务性于一体的校园网站，大力开展生动活泼的网络思想政治教育活动，形成网络思想政治教育工作体系，牢牢把握网络思想政治教育的主动权。

第五，实施全方位育人，必须进一步发挥学校、家庭、社会的教育功能。学校与家庭要双管齐下。学校尤其是辅导员要及时与家庭加强联系和沟通，互相配合，提高思想政治教育的实效。同时，学校要建立包括党团组织、德育教育基地、社区组织、关心下一代工作委员会等在内的一个教育大网络，形成教育合力，共同完成思想政治教育任务。

四、全力做好人财物的保障工作

人员、资金、物质条件是做好思想政治教育工作的前提和保障。我们要按照《中共中央国务院关于进一步加强和改进大学生思想政治教育的意见》和相关文件的规定，配齐配强思想政治教育工作队伍，完善思想政治教育工作队伍的专业职务系列，解决好教师职务的聘任问题，鼓励支持他们安心工作，使他们成为思想政治教育方面的专家。要保证必要经费的投入，改善大学生思想政治教育工作的物质条件。思想政治教育工作和其他工作一样，需要一定的经费和物质的支持保障，尤其是在新的形势下，没有经费保障，思想政治教育工作也很难落到实处。我认为，尽管学校经费不是很宽裕，但是，再缺也不能缺大学生思想政治教育工作的经费，我们的学生活动、辅导员队伍建设，校园文化建设、精神文明建设等方面的费用，学校基本做到了较好的保证，今后，只要是涉及到思想政治教育工作的资金、物质条件需求，作为行政都要大力支持、都要优先投入、都要优先办理，切切实实地为加强和改进大学生思想政治教育工作提供有力保障。

同志们，进一步学习贯彻落实全国加强和改进大学生思想政治教育工作座谈会精神，完成好大学生思想政治教育的各项任务，归根到底要靠队伍要靠人。我们每一位教职员工都有责任和义务担负起学生思想政治教育工作，我们要紧紧围绕人才培养这一根本任务，党政群团齐抓共管，各司其职，广大教职员工要广泛参与，努力形成全员育人、全过程育人、全方位育人的良好局面，为开创我校大学生思想政治教育工作新局面，为实现我校第十二次党代会提出的奋斗目标而努力奋斗！

谢谢大家！

在河海大学2010级本科新生开学典礼上的讲话

校长 王 乘

（2010年9月5日）

尊敬的刘院长、尊敬的周中校，

亲爱的新同学们、尊敬的老师们：

大家上午好！

金色的九月，收获的季节，美丽的河海校园又迎来了一批新主人，新一批年轻学子成为河海人，加入到河海这个光荣的大家庭中。今天，我们在这里欢聚一堂，隆重举行2010级本科新生开学典礼，首先，我代表学校全体师生，对同学们成功步入河海大学表示衷心的祝贺和热烈的欢迎！

同学们，十多年的寒窗苦读，你们通过自己的努力，成功跨进了大学校门，又开始了人生一个新的征程。我想，在你们收到河海大学录取通知书的欣喜之余，一定开始了对大学，对河海，对神秘象牙塔的向往，你们一定在思考，什么是大学，河海究竟是一所什么样的大学，未来4年的大学生活会是什么样。

什么是大学？蔡元培先生曾对此有过精辟论述，他说："大学者，研究高深学问者也"，"大学者，'囊括大典，网罗众家'之学府也。"到了今日之大学，大学不仅要培养人才，而且要创新知识、服务社会，同时还要引领先进文化。当然，大学最重要、最根本的还是培养人，培养出来的大学生应该知礼、诚信、勤奋、阳光、敢于超越、勇于担当、具有职业准备，要做一个文明的现代人。

河海是一所什么样的大学呢？河海是一所办学历史悠久的大学。她的前身可以追溯到1915年，近现代教育家、实业家张謇在南京创建的"河海工程专门学校"，是我国历史上第一所专门培养水利科技人才的高等学府；1952年，根据我国水利事业发展的需要，由南京大学、交通大学、同济大学、浙江大学及华东水利专科学校的水利专业共同合并组建华东水利学院，是新中国成立后第一所独立的、规模最大的高等水利院校。历经了近百年的建设与发展，目前已形成以水利为特色，工科为主，理工结合，多学科协调发展的办学格局，成为当今世界水资源开发、利用、治理方面专业设置齐全、师资力量雄厚、设备条件完善的研究型大学之一，是国家"211工程"重点学科建设和国家重点支持开展"国家级优势学科创新平台"建设，以及设有研究生院的学校之一，并逐步发展成为具有广泛国际影响的高水平特色研究型大学。

河海是一所有着优良传统的大学。在近百年的发展历程中，保持着鲜明的水利特色，积淀了深厚的文化底蕴。河孕育文明，海凝聚智慧。学校的"河海"二字就承载着惠泽万民、福荫中华的奉献精神，赋予了兼容并蓄、包容百家的博大胸怀。

河海是一所正在蓬勃发展的大学。以水利学科被评为国家重点一级学科、岩土工程和工程力学被评为国家重点二级学科以及成功争取到"国家优势学科创新平台"建设项目为标志，河海已经站在一个新的更高的起点上，朝着学校第十二次党代会确定的建设高水平特色研究型大学的宏伟目标而奋力迈进。

同学们，从今天起，你们就是河海大学的一员，作为河海人，你们有充分的理由为此骄傲与自豪。同时，我们也将共同承担新的使命，迎接新的挑战，谱写新的篇章，推动河海大学更好更快地发展。

2005年，在学校90周年校庆之际，温家宝总理亲临视察我校，并发表了重要讲话，以"献身、求实、负责"的水利精神对学校、对所有河海人寄予了殷切希望。多年来，河海大学培养的毕业生有科技战线的骨干，有党政岗位的领导，有功勋卓著的共和国将军，有取得成就的企业家，更有一大批默默奉献的普通劳动者，他们都以在平凡的岗位上取得不平凡的业绩，弘扬了河海优良的校风，为母校增添了光彩。他们是河海的骄傲，也是你们学习的榜样。

在大家即将开始大学生活之际，我就用三句话来表达对你们的希望：

第一，人生之乐，在于担当责任。河海的学生不但要有过硬的专业知识，而且要有远大的理想和抱负，同时勇于担当责任。尤其是现在我国灾难频发，旱灾、洪水、泥石流、气候变化异常等，这些问题与在座许多同学的专业密切相关。你们是当代青年的精英，是国家的未来，只有你们承当起责任，我们的国家和民族才有希望。同学们，你们任重而道远！

第二，成才之路，在于勤奋好学。大家要明白，进入大学不是刻苦学习的结束，而是一个新的起点。只有不断地学习，更新自己的知识与技能，才能不断地成长发展。在河海，有许多优秀的教师，有完善的课程体系，有丰富的教学资源。希望你们在河海的知识殿堂中，勤于学习，更要善于学习，为日后走向社会、融入社会、服务社会，打下坚实的基础。

第三，处世之道，在于敞开胸怀。大学 4 年，学习知识固然重要，但学会做人更应放在首位。大学 4 年是你们的人生观、价值观逐渐成熟的时期，是培养健全人格的重要时期。希望你们遵循河海“艰苦朴素、实事求是、严格要求、勇于探索”的十六字校训，继续践行“上善若水、笃学敦行”的校园精神，以诚待人、以信交人、以宽容人、以仁惠人，共建河海和谐校园。

开学典礼之后，同学们将进入一个特殊的课堂——军训。在此，我代表学校向承担军训任务的所有官兵表示热烈的欢迎和衷心的感谢！同时也希望同学们能够严格要求自己，听从指挥、遵守纪律、刻苦训练，通过军训，增强国防意识，锻炼意志品质，养成良好的行为规范和生活习惯，为即将开始的大学生活翻开崭新的一页，在人生路上留下一份美好的记忆！

最后，祝愿全体新同学：生活愉快，学业有成！

谢谢大家！

在河海大学 2010 级研究生开学典礼上的讲话

校长、研究生院院长　王　乘

（2010 年 9 月 10 日）

尊敬的淮河水利委员会钱敏主任，

亲爱的研究生新同学们，尊敬的老师们：

大家上午好！

今天，我们在这里隆重举行河海大学 2010 级研究生开学典礼。首先，请允许我代表学校，对专程前来出席典礼的嘉宾钱敏主任表示热烈的欢迎！对即将攻读研究生学位、努力实现人生新跨越的全体研究生新同学，表示衷心的祝贺和热烈的欢迎！

得天下英才而育之，是最值得高兴的事情。在场的新同学中，有一部分曾经在河海大学这个校园里学习过，大多数还是第一次迈入这个美丽的校园。不论是否曾经在河海大学学习过，今天，优秀的你们加入到了河海人的队伍，你们将朝着自己的人生目标发起新的冲击，希望你们会将自身价值的实现与母校的发展紧密联系，以扎实的学习、优异的成绩和突出的贡献，证明自己，回报学校。河海期待你们！

河海是一个汇集优秀人才的地方，在近百年的光辉历史上，我们有张闻天、沈泽民等老一辈革命家，有郑肇经教授、刘光文教授、赵人俊教授、钱家欢教授等一批知名教授，有钱正英院士、严恺院士、徐芝纶院士、吴中如院士等学术大师，最让我们感到自豪的是，近百年的发展历程中，学校为国家培养和输送了一大批优秀人才，为国家的现代化建设和水利水电事业做出了积极贡献。如三峡大坝工程总指挥陆佑楣、总设计师郑守仁，黄河小浪底工程、南水北调工程总负责人张基尧，都是我校的杰出校友！

河海大学光辉的历程凝聚了崇高的精神，那就是“献身、求实、负责”。这是对我们所有河海人的要求和希望，这意味着过去、现在和将来所有在河海工作、学习的人，要甘于奉献、顽强拼搏、追求卓越，意味着辛劳、汗水、梦想与光荣！我们常说，哪里有水，哪里就有河海人奋斗的身影；哪里有水，哪里就有河海大学做出的贡献！这是河海精神的写照。河润万物、海纳百川，河海的传统、精神是河海人奋斗和智慧的结晶，她将随着时代的步伐不断丰富与发展，也是一代又一代河海人追求真理、报效祖国的不竭动力源泉。

同学们，作为同龄人中知识层次最高、思想最活跃、最具发展潜力的一个群体，我相信在座各位对自己的生活和未来都有美好的理想和规划。我由衷地期望在座各位的美好理想和规划都能圆满地实现，作为新一代河海人，必将用自己的实际行动继续做出有效证明。在新学期开始之际，作为校长，作为你们的朋友，对大家提三点希望：

首先，希望大家胸怀祖国，志存高远，努力做一个优秀的河海人。胡锦涛总书记对青年人提出了“努力成为理想远大、信念坚定的新一代，品德高尚、意志顽强的新一代，视野开阔、知识丰富的新一代，开拓进取、艰苦创业的新一代，让青春在建设中国特色社会主义的伟大事业中焕发出更加绚丽的光彩”的希望。这就要求我们自觉担负起时代赋予的光荣使命，以坚定远大的理想励志前行，以孜孜不倦的精神探求新知，以高尚美好的情操培育品德，以锐意创新的激情投身实践，以艰苦扎实的奋斗成就人生，不断创造自己青春的业绩，成就自己的精彩人生。

其次，希望大家珍惜时间，潜心研究，在河海实现自己的价值。学生的首要任务是学习，研究生，更重要的任务是以研究为己任。这就需要同学们珍惜每一天的时间。“学问是做出来的”，治学需要有一个艰苦的积累过程，治学的根本点是勤奋。做学问是件苦差事，要耐得住寂寞，坐得住冷板凳，静心于求知、专心于学术，免受或少受世俗的纷扰。我校培养的曹茂森博士就是一个典型的例子，他在攻博期间，以超出常人想象的勤奋和刻苦，三年如一日，潜心钻研、静心求道，他没有手机，也很少娱乐。“宝剑锋从磨砺出，梅花香自苦寒来”，他在学术研究上取得了丰硕的成果，博士学位论文获得了全国优秀博士学位论文。希望大家向曹茂森博士学习，视时间如生命，脚踏实地，刻苦钻研，努力做学问，出成果。

第三，希望大家加强锻炼，强健体魄。俗话说得好：“身体是革命的本钱。”一个青年人通常在20多岁，体能处于巅峰状态。我知道同学们到了研究生阶段，考虑问题多了，烦恼也多了，任务也重了，坐在办公室电脑前的时间比活动时间多多了。但是，越是任务重，越要抽点时间锻炼，没有一个好的身体，你们就不可能去实现自己的远大理想和人生目标。河海校园环境优美，学校的运动场地与设施也很齐全，在这样的环境中，如果不锻炼身体，以后终生都要后悔。正所谓：每天锻炼一小时，健康工作50年，幸福生活一辈子。

同学们，老师们，今天也是个喜庆的日子，是我国第26个教师节，值此，请允许我代表学校对辛勤耕耘、无私奉献在教学、管理、服务一线的教职工表示节日的祝贺！同学们，让我们一起以热烈的掌声，向辛勤哺育我们的全体教师致以最崇高的敬意！

潮起海天阔，扬帆正当时。希望各位新同学坚持远大理想，努力践行河海精神，勇担重任，严谨治学，厚积薄发，开拓创新，为实现自己的人生价值，为学校的建设发展和创新型国家建设而努力拼搏！

谢谢大家！

深入实施人才强校战略　加快高水平特色研究型大学建设进程

——在2010年全校人才工作会议上的讲话

校长　王　乘

（2010年9月29日）

各位老师、同志们：

大家好！

今天，我们在这里召开学校人才工作会议。这次会议是在我校贯彻落实全国、全省人才工作会议、教育工作会议精神和学校第十二次党代会精神，加快建设高水平特色研究型大学的新形势下召开的一次的重要大会。会议的主要任务是：以邓小平理论、“三个代表”重要思想为指导，贯彻落实科学发展观，在总结分析我校近年来人才工作的基础上，适应人才工作的新形势、新要求，认真研讨今后一段时期人才工作新思路，提出人才工作新政策，全面部署深入推进人才强校战略的各项任务，全力铸造各类高层次人才，努力形成人才辈出、人尽其才的人才发展环境，开创学校人才工作新局面。

下面，根据会议安排，由我作一个发言，主要讲三点意见。

一、更加突出人才队伍建设在学校发展全局中的战略位置

胡锦涛总书记在今年全国人才工作会议上的讲话中指出，人才资源是第一资源，人才问题是关系党和国家事业发展的关键问题，人才工作在党和国家工作全局中具有十分重要的地位。高校是人才培养和知识创新、科技创新的重要基地，人才问题始终是高校改革与发展的核心问题与头等大事。世界一流大学发展的成功经验和近年来我国高等教育事业跨越发展的历史性成就证明，高校之间的竞争，归根结底是人才的竞争，高校发展最根本、最有效的途径就是加强高层次人才队伍建设，着力造就一支德才兼备的高素质人才队伍。今年上半年召开的学校第十二次党代会进一步明确了我校建设高水平特色研究型大学的宏伟目标，要实现这一目标，关键要靠人才的优先发展。造就一支高层次的教师队伍、一支高水平的管理干部队伍和一支高素质的技术支撑和后勤服务人员队伍，既是建设高水平特色研究型大学的根本手段，也是其关键内容。

学校党委、行政十分重视人才在学校事业发展中的重要地位与作用，始终坚持并切实贯彻人才强校战略，着力加强人才培养、引进和使用，积极创造有利于人才发展的体制机制与环境，人才队伍建设取得了重要进展。一是师资队伍总量明显增加。“十一五”以来共补充博士、副教授教师304名，专任教师数量达到1738名。二是师资队伍结构不断改善。在专任教师中，具有博士学位的教师比例由“十一五”初期的24％提高到42％，其中重点学科博士学位教师比例已超过70％；外校毕业的教师比例达65％；教授、副教授所占比例分别由15％、25％提高到21％、29％。三是高层次人才和中青年骨干人才培养力度持续加大。学校认真制定、实施高层次人才引进工作办法及相关配套政策，紧密跟进国家、省部人才建设工程，推动实施“河海优秀创新团队发展计划”、“河海优秀创新人才支持计划”、“拔尖人才引进专项资金”等校内人才队伍建设重点项目，汇聚和培养了一批具有较大发展潜力的优秀人才。“十一五”以来，共新增“973”项目首席科学家1人，“863”计划首席科学家1人，“千人计划”特聘教授2人，“长江学者”特聘教授和讲座教授3人，教育部创新团队项目负责人1人，国家杰出青年基金获得者3人，国家教学名师2人，何梁何利奖获得者1人，中国青年科技奖获得者1人。此外还有近60位教师相继成为“新世纪百千万人才工程”国家级人选、教育部“新世纪优秀人才支持计划”人选、江苏省“六大人才高峰”和“333工

程”等人才计划人选。四是师德建设和教风学风建设扎实推进。制定了《关于进一步加强和改进师德建设的实施意见》，出台了《河海大学教师学术道德规范（试行）》，明确了对教师教风、学风要求，为教学科研工作的顺利开展提供了保障。五是管理干部队伍、技术支撑和后勤服务人员队伍建设得到加强。改进了处级干部和科级干部的选聘方式，加大了岗位交流力度，实施了管理干部海外培训工程，启动了公共实验平台构建和相应的人员配备工作。六是人才管理与服务水平进一步提高。针对不同类型的人才，采取多样化的用人方式和选聘渠道，强化了人才工作适应性；实施岗位设置聘用与收入分配制度改革，改进了人才激励保障机制；关注各类人才需求，加大投入力度，进一步改善了人才工作和生活的条件。

在肯定成绩的同时，我们必须清醒地看到，学校的人才发展与建设高水平特色研究型大学的需要相比，还有许多不适应的地方：人才总量，特别是师资数量不足的压力依然较大，部分重点学科人才补充的步伐亟需加快；人才结构性矛盾较为突出，不仅博士比等需要大幅提高，而且学科领军人才、高水平学科带头人和创新团队极其缺乏，即使是优势学科领域，我们在国内、国际上具有相当话语权的人偏少；人才发展体制机制还不够完善，鼓励、支持高水平创新团队培育发展和中青年人才成长成功的良好环境还没有完全形成；各学科人才发展不平衡，人才国际化步伐需要进一步加快等。

我校正处于建设高水平特色研究型大学的十分重要十分关键的时期。对比学校发展目标要求与发展现状，分析我校发展与国内先进高校之间的差距，我们强烈地感受到，人才问题，特别学科领军人才、高水平学科带头人和创新团队紧缺的问题，不仅是目前面临的发展困境，而且是今后制约学校发展的瓶颈。学校第十二次党代会明确指出，在今后 5 年内，要全力推动办学能力和水平的跨越，要努力实现学科能力、教师规模、层次与能力、条件支撑能力和人才培养、科学研究与社会服务水平等六个方面的大幅提升。能否实现这些跨越式发展目标，关键取决于我们人才队伍建设的水平，取决于我们人才工作的质量。各学院、各部门、各位老师和同志们要充分认识加强人才工作的重要性和紧迫性，进一步增强责任感、使命感，进一步深入实施人才强校战略，把加强人才队伍建设摆在学校发展全局中更加突出的位置，使其真正成为发展之要、强校之基、竞争之本，加快形成河海人才品牌和优势，早日进入人才名校行列，从而为高水平特色研究型大学建设提供强大支撑。发展之要，就是坚持“办学以人才为本，以教师为主体”的方针，大力开发各类人才资源，充分发挥人才资源在学校发展中的基础性、战略性、决定性作用，以高素质人才引领高水平发展。强校之基，就是坚持人才队伍建设与学科建设、教育教学工作、科研和社会服务工作、管理能力建设紧密结合，“五位一体”统筹推进，以强有力的人才队伍推动学校各项事业的跨越发展。竞争之本，就是要坚持以人才高地、高峰建设带动优势学科建设和学校整体建设，以人才优势构筑竞争优势和发展优势。

二、进一步加快学校人才队伍建设步伐

今年召开的全国人才工作会议、全国教育工作会议和党中央、国务院颁布的《国家中长期人才发展规划纲要》、《国家中长期教育改革和发展规划纲要》，标志着我国人才工作和教育发展进入了新的阶段，同时也为我们做好新形势下高校人才工作指明了方向。学校第十二次党代会对学校发展和队伍建设提出了明确要求。在人才队伍建设上，我们既面临着难得的发展机遇，也肩负着重大的历史责任。要自觉遵循高等教育发展规律和人才成长规律，解放思想、大胆创新，抓住机遇、超前工作，以新理念新思路新举措，科学培养人才，广泛集聚人才，用好用活人才，努力开创学校人才工作新局面。

今后几年内，学校人才队伍建设的指导思想是：以邓小平理论和“三个代表”为指导，深入贯彻落实科学发展观，以《国家中长期教育改革和发展规划纲要》、《国家中长期人才发展规划纲要》为指引，紧密围绕学校建设特色研究型大学的发展目标，以师资队伍建设为核心，以高层次人才队伍建设和创新团队建设为战略重点，以重点学科、新兴交叉学科等为优先领域，以构筑优势学科领域人才高原、人才高峰为主要任务，统筹推进并全面加强学校各类人才队伍建设。

今后几年内，学校人才队伍建设的总体目标是：通过进一步深入实施人才强校战略，加快形成一支师德高尚、规模适当、结构优化、优势突出的教师队伍，形成一支清正廉洁、作风严谨、善于合作、素质优良的管理干部队伍，形成一支数量适当、业务精良、责任心强、服务意识好的技术支撑和后勤服务人员队伍，尤其是要加快形成优势学科领域的人才高峰，加快形成人才辈出、人尽其才的人才成长环境，为学校建设高水平特色研究型大学提供强有力的人才支撑与保障。

为此，今后几年，在人才队伍建设上，我们必须坚持领军人才铸造与青年教师培养并重，坚持引进与培养并重，坚持硬件建设与人才软环境建设并重，坚持教师队伍建设与其他队伍建设统筹推进的原则，全力完成以下几方面的建设任务：

1. 加快铸造优势学科领军人才

建设高水平特色研究大学，必须在特色领域拥有若干优势学科，优不优，关键看人才，特别是学科领军人才。目前学校水利等传统特色优势领域，包括“985”高校在内的众多高校及科研机构加大投入，加快发展，对学校相关学科发展形成巨大挑战，这其中最大的挑战就是学科领军人才方面的挑战。大家普遍感到，学校水利学科对于国家层面的重大问题参与还不够，在国家科技创新体系中还缺乏一定的话语权和影响力，这其中关键就是我们还缺少服务国家重大需求、引领水利学科发展前沿的学科领军人才。

要坚持重点支持、重点培养的思路，启动实施“领军人才培养支持计划”，在优势学科领域有计划地选拔和培养一批学术造诣深厚、创新意识强、领导才能卓越、道德品行高尚的学科带头人，全力加强两院院士后备人才、“杰青”、“长江学者”等领军人才的培育和铸造工作。要依托优势学科创新平台、国家科研基地等，积极探索和实践“人才特区”建设模式，为领军人才发展营造良好的工作环境。要从思想上高度重视、感情上真诚贴近、行动上细心服务这些人才，真正让他们工作安心、学习静心、生活顺心、发展放心。对在专业上有独到见解，学术上有突出成就，但个性较强的学科带头人和拔尖人才，特别要有尊重差异、兼容并包的精神，给他们足够的理解和宽容，在差异中求和谐，在多样中求统一。到“十二五”末，力争新增1～2名院士，3名“千人计划”入选者，5名“长江学者”，4名“杰青”等带动优势学科快速发展的领军人才，努力形成优势学科领域的人才高峰。

2. 加快集聚高水平创新团队

高水平创新团队缺乏一直是制约我校学科向更高水平发展的重要因素。长期以来，我校科研活动分散，集聚度不高，组织性不强，影响了创新团队的形成和发展。不组成创新团队，就不能很好地适应现代学科、科技发展需要，不能有效地承接重大科研项目，不利于产生重大成果，不利于学科领军人才的铸造和中青年教师的成长。必须从战略和全局的高度重视并且加快创新团队的培育和建设工作。

要坚持培养和引进相结合，以创新平台、重点学科、科研基地、重大科研项目和国际学术交流合作项目等为依托，集聚学科带头人和战略科学家，打造一流的科研教学团队。在制定学科与队伍建设规划和明确重点学科发展方向的基础上，结合年底新一轮聘用，全面开展创新团队的培育与构建工作，并适时出台《河海大学创新团队建设与管理办法》，积极探索有利于创新团队发展的管理体制、运行机制和分配制度。在明确权利、责任和义务的基础上，保证团队负责人享有充分的人事权和分配权，优先支持创新团队引进高水平人才。要进一步优化资源配置，加强团队考核，注重建设实效，重点推进优势学科、新兴学科、交叉学科优秀团队和国家级教学团队的建设，力争到“十二五”末，新增国家和省部级创新团队7支以上。

3. 加快引进高层次教学科研人才

教师数量不足，生师比偏高是影响学校事业发展和人才成长的重要因素，优化学校师资队伍结构，如提高专任教师博士学位比，增强师资队伍的活力和竞争力，很大程度上要靠补充新生力量。各学科，特别是重点建设学科必须加快引进高层次教学科研人才。最近，学校要求4个学院成立以书记牵头的人才工作小组，配备相应工作经费，就是希望这些学院加大人才引进的力度，加快解决相关学科人才紧缺的问题。

要充分利用国家高等学校创新引智计划、"千人计划"等政府项目的扶持政策，结合我校特色优势学科的发展需求，积极创造条件，引进在海内外有重要影响的学者来校工作。充分发挥学校博士后流动站在汇聚人才、培养师资方面的重要作用，积极吸引优秀博士后研究人员出站后应聘到学校教师岗位工作。推进和完善教师专业技术职务高级岗位的国内外公开招聘，引进在本学科具有相当影响力的中青年学术骨干。积极引进国外高水平教师和国内工程一线专家来校授课和共建课程。修订完善学校人才引进办法，加快补充具有较大教学科研发展潜力的青年教师及各类优秀创新人才。力争到"十二五"末，引进补充具有博士学位教师、副教授及以上教师500人左右，有效缓解教师总量不足制约发展的问题。

4. 加快促进青年教师成长发展

目前学校40岁以下青年教师占专任教师比例约56%，有些学院、学科这一比例更高。青年教师是教师中最富有创新活力的群体，青年教师成长发展的情况如何，不仅关系学校未来的发展，而且对学校目前教学科研水平和人才队伍建设水平有重大影响。近些年来，虽然采取了许多措施加大青年教师培养力度，但效果还不容乐观，一些博士教师进校工作后，发展并不顺利，年轻教师中目前被公认为学术表现优异，有很大发展潜力，未来可能成为有影响的学科带头人的人并不多。必须把加快青年教师成长发展作为人才队伍建设的一项重要战略任务，加大工作力度，完善工作制度，使大批优秀青年教师人才持续不断涌现出来。

要加大"河海优秀创新人才支持计划"实施力度，采取及早选苗、重点扶持、跟踪培养等特殊措施，努力造就青年俊才。充分发挥领军人才和学术带头人的引领作用和老教师的传帮带作用，建立健全青年教师导师制度、博士后培养制度等，努力缩短青年教师适应期，通过学科团队的力量尽快提高其教学科研水平。大力加强青年教师培养工作，利用各级政府提供和学校创造的各种机会，鼓励和支持青年教师在实践一线挂职锻炼和在国内外学习进修，尤其是要进一步加大出国培养进修力度。启动实施"青年教授"制度，促进35岁以下优秀青年教师在3～5年培养期内在新平台上开展教学科研工作，培养期间或期满后若达到学校教授聘用条件，不受资历与岗位数的限制正式受聘为教授，努力做到"以用为本"，为青年教师多创机会，多搭梯子，多压担子，做到在教学科研实践中发现人才、培育人才、锻炼人才、使用人才、成就人才。加强人文关怀，着力解决青年教师在工作和生活上面临的实际困难，努力提高青年教师的收入水平，尽量为青年教师成长发展创造良好环境。学校力争年底在江宁新校区启动青年教师公寓建设，努力为减轻青年教师住房压力创造条件。

5. 加快建设高素质职业化的管理干部队伍

管理是科学，也是生产力。一流的高校必须要有一流的管理水平做基础。我校与先进高校的差距，除了在学术领域外，管理能力和水平上的差距也是重要方面。向管理要质量、要效益，建设一支高素质职业化的管理干部队伍，是学校改革发展的迫切需要。

要坚持职业化发展方向，健全管理人员职员制，完善管理人员职业发展通道，鼓励和支持优秀人才长期、全身心地投入管理工作。建立健全干部任期管理、监督、考核、激励办法，积极引入竞争机制，形成能上能下、能进能出、富有生机与活力、有利于优秀管理人才脱颖而出的干部选拔和培养机制。建立学习型人才管理队伍，加大管理人员理论培训和校内外轮岗交流、挂职锻炼的力度，有计划选拔优秀管理干部到国内外高校学习先进管理理论与经验，持续提高管理人员的专业水平和综合素质。重视和加强校院领导班子和管理团队建设，围绕学校的科学发展，着力提高战略谋划、改革创新、决策执行和应变复杂局面的能力。重视和加强辅导员队伍建设，不断提高学生思想政治工作和学生事务管理工作的水平。创新管理人员和辅导员选拔方式，积极从优秀本科生、研究生中选拔人才。强化管理人员服务意识，坚持围绕教学科研中心做好管理工作，坚持求真务实，全心全意为广大师生服务，做到尊重师生、理解师生、关心师生，真诚倾听师生员工的呼声，切实解决师生员工关心的热点、难点问题，多为师生员工办实事、办好事，使学校管理真正让教师满意、让学生满意。

6. 加快构筑技术支撑和后勤服务人员发展平台

技术支撑人员，包括实验技术、图书出版等方面的人员，是学校建设和发展的一支重要力量。这类人员过去被称为教学科研辅助人员，但显而易见的是，教学科研事业越发展，对这类人员的需求就越迫切，要求也越高。当前我校原创性成果偏少，一个重要的原因是物模实验开展的不多，缺乏专业的高水平的实验技术人员作支撑。对于学校后勤，我们这几年充分地感受到，服务教学科研需要和师生员工需求，保障学校各项工作正常开展，必须建设一支基本的后勤服务人员队伍，不断提高其服务意识和素质水平，以确保后勤工作高效、有力。因此，必须重视并加强技术支撑和后勤服务人员队伍建设。

首先要加快构筑技术支撑和后勤服务人员发展平台。具体说就是要加快建设校院两级公共实验、公共服务平台，理顺各类技术支撑平台、后勤集团的管理体制与运行机制，为技术支撑和后勤服务人员发展提供更大空间和良好环境。目前江宁189亩大型实验基地建设已经全面启动，现有实验室的整合及管理体制机制的改革工作也要紧紧跟上。学校要进一步加强和改进对后勤集团的管理，集团自身更要做好内部管理的改进和优化工作。其次，要建立健全技术支撑和后勤服务人员管理办法，重点是完善其岗位设置与聘用办法，健全其考核评价和激励制度，充分调动他们的积极性、主动性与创造性。第三，要完善对技术支撑和后勤服务人员的培训制度，大力开展有针对性的培训工作，不断提高其业务水平和综合素质，以适应学校对技术支撑和后勤服务工作新的更高要求，提高师生员工的满意度。

7. 加快优化人才发展环境

人才竞争，实质上也是人才环境的竞争。引进人才需要环境，人才成长需要环境，人才作用的发挥更有赖于良好的环境。这里的环境，包括学校文化氛围、制度环境、工作条件和生活待遇等各个方面。必须把人才环境建设作为学校人才队伍建设的重要方面抓紧抓好。

加大人才资金投入力度，通过制度保障和政策支持，不断改善工作与生活条件，提高对人才的吸引力和感召力。通过双聘高级专家、聘请校外兼职教师、招聘外籍专家、聘用在校研究生参与助研、助管等方式，构建灵活多样的弹性用人机制。从调动人才的积极性着手，资源朝着干得出事业、出得了成果的人才倾斜，政策向着有利于激励人才的积极性、创造性调整，让人才创新有机会，干事有舞台，发展有空间。建立科学、客观、全面的人才评价标准，对管理人才应注重师生公认和德能勤绩廉的考核，对专业技术人才应注重国内外同行公认及其学术成就的影响，对保障、服务人才要注重市场评价和经济社会效益的创造。要推进收入分配制度改革，进一步完善绩效工资分配办法，坚持效率优先、维护公平，向关键岗位和优秀人才倾斜，合理地拉开分配差距。评价内容和收入分配要注重质量和实际贡献、作用，重视发展潜力，真正促进各类人才的潜能和活力竞相迸发，一切创新的源泉充分涌流。加强学术道德建设，抵制学术腐败，净化学术风气；加强校园文化建设，加强校风教风学风工作作风建设，积极营造鼓励人才干事业、支持人才干成事业、帮助人才干好事业的良好环境，促使各种人才充分施展才能，最大限度地发挥作用。

三、切实加强和改进学校人才工作

实施人才强校战略，推进上述七大人才建设项目，完成相应的人才建设任务，必须切实加强和改进学校人才工作。要坚持把是否有利于促进人才的成长、促进人才的创新活动、促进人才工作与学校发展相协调，作为加强和改进学校人才工作的出发点和落脚点，破除那些不合时宜、束缚人才成长和作用发挥的观念、政策、制度，加快建立健全灵活、开放、有序、长效的人才工作体制机制，努力提高学校人才工作科学化水平。

1. 加强研究，做好规划

要系统学习并掌握高等教育发展规律、人才成长规律，深入分析人才工作新特点新趋势，认真研究学校人才队伍建设的新情况、新问题，自觉用科学理论指导人才工作，用科学制度保障人才工作，用科学方法推进人才工作，切实提高识才、爱才、揽才、育才、用才、护才水平，不断创新人才工作方式方法，使学校人才工作始终体现时代性、把握规律性、富于创造性。

目前，学校已全面启动“十二五”规划的编制工作，要在加强研究的基础上认真做好学校各类人才队伍建设规划，为今后一段时期人才工作提供系统性、前瞻性和科学性的指导。学校总体规划中要充分体现各类人才队伍建设内容；学科与队伍建设规划中重点做好教师队伍规划，并注意学科建设需求与教师队伍规划的无缝对接；校园与基础能力建设规划中要包括技术支撑和后勤服务人员队伍规划内容。要对各类人才队伍建设规划内容、人才队伍建设与学校事业发展协调程度进行充分论证。各项规划正式颁布后，要全面、认真地执行，切实提高规划实施的效果，努力将学校人才队伍建设和人才工作推向新的高度、新的水平。

2. 加强协调，统筹推进

学校人才队伍建设任务重，涉及面广，必须突出重点、统筹协调，从整体上提升学校人才队伍建设水平。一是统筹做好人才培养、引进、使用工作。坚持以用为本，围绕用好用活人才来培养人才、引进人才，既要大力引进人才、培养人才，又要充分发挥现有人才的作用，使“近者悦、远者来”，让河海成为人才施展才华和实现价值的热土。二是统筹推进教师队伍、管理队伍、技术支撑与后勤服务人员队伍建设。坚持以教师为主体，围绕学校中心工作的开展和核心竞争力的提升来推进各类人才队伍建设，在以教师队伍建设为重点的同时必须加强其他人才队伍建设。三是统筹推进特色优势学科、支撑相关学科、基础学科的人才队伍建设。坚持以学科为龙头，围绕不同类型学科建设和发展的需要来做好相应的学科队伍建设工作，既要注重特色优势学科领军人才铸造和创新团队建设，又要抓好其他学科学科带头人培养和学科梯队建设。四是统筹推进高层次人才队伍建设与各类人才队伍建设。既要突出抓好高层次人才队伍建设这个重点，又要为各类人才的成长发展创造良好条件，要努力营造人人都要成才、人人都能成才的良好环境。五是统筹推进校本部与常州校区人才队伍建设。坚持人才工作一体化管理的思路，学校对两校区的人才工作既统一规划、统一要求、统一部署，又注意两校区在地域、发展水平上存在的客观差异，在人才工作上采取更加有针对性的策略和措施。

3. 加强领导，形成合力

要坚持党管人才原则，牢牢把握人才工作大局，有效整合人才工作资源，进一步形成党委统一领导，组织人事部门牵头总抓，有关部门和学院各司其职、密切配合，各种力量广泛参与的人才工作新格局。建立健全学校人才工作的目标管理与责任追究制度，将人才工作纳入学校和学院整体发展规划和领导班子任期目标责任制，定期进行考核，切实抓紧抓好。各级党政干部要牢固树立人才资源是第一资源、人才竞争力是核心竞争力的理念，破除各种束缚人才成长和发挥作用的陈旧观念，用战略思维、开放视野、发展观念谋划人才工作，用创新的思路、创新的举措推动人才工作，充分发挥各方面的优势，形成促进人才发展的整体合力。要加强对人才工作的宣传，形成关心人才工作、支持人才发展的良好氛围。

同志们，人才工作是一项系统工程，也是一项战略工程。当前，我校的人才队伍建设任务艰巨而紧迫，需要我们真抓实干、大胆改革、攻坚克难、常抓不懈。希望以这次人才工作会议为新的起点，全校上下统一思想，凝心聚力，紧紧围绕学校第十二次党代会提出的学校建设目标，开拓创新、扎实工作，努力开创我校人才工作的新局面，为建设高水平特色研究型大学提供强大的人才支持和不竭的发展动力！

谢谢大家！

强化实践教学　提高培养质量

——在河海大学2010年度教育教学工作会议上的讲话

校长　王　乘

（2010年10月12日）

各位老师、同志们：

大家好！

今年7月，党中央、国务院召开了新世纪第一次全国教育工作会议，胡锦涛总书记、温家宝总理在全国教育工作会议上发表了重要讲话，会后正式颁布了《国家中长期教育改革和发展规划纲要》。会议的召开与《教育规划纲要》的颁布是我国教育改革发展史上一个新的里程碑，对推动教育事业的科学发展具有重要意义，对全面建设小康社会、加快推进社会主义现代化、实现中华民族伟大复兴将产生重大而深远的影响。

今天，学校召开2010年度教育教学工作会议，并以“强化实践教学、提高培养质量”为主题，目的是深入学习贯彻《教育规划纲要》，积极主动适应高等教育的发展形势，认真落实学校第十二次党代会提出的重点工作和奋斗目标，紧紧抓住实践教学这一环节，通过构建河海大学本科、硕士、博士一体化的实践教学体系和教育与教学相融合的创新实践培养机制，促进实践教学改革和人才培养质量的持续提高，推动学校的科学发展。

去年，学校以“强化课堂教学、提高培养质量”为主题召开了教育教学工作会议，正是为了积极适应高等教育的发展形势，紧紧抓住课堂教学这一环节，分析问题，提出对策，促进课堂教学效果和人才培养质量的持续提高，推动学校的科学发展。

一年来，学校采取了多种措施强化学生课堂教学工作，持续提高课堂教学质量。一是，制定出台了《河海大学全校性公共选修课教学与管理工作暂行规定》、《关于进一步做好研究生课程教学工作的若干意见》、《河海大学优秀研究生任课教师评选办法》、《河海大学研究生课程教学质量评估办法》和《河海大学研究生课程教学事故认定及处理办法》等多项有关课堂教学的管理办法与规定，从制度上保障了课堂教学的有效开展。

二是，以“质量工程”为抓手，以精品课程、双语教学示范课程、研究性教学示范课程为龙头，着力强化课堂教学改革，开展了“研究性教学示范课程”建设工作，目前共立项建设23门研究性教学示范课程，要求运用先进教学理念和教学方法，整合优秀教学资源，激发学生的问题意识和探究意识，培养学生的研究能力和创新能力。

三是，组建了新一届教学督导专家组，进一步加强了教学督导与教学管理，做好课堂教学质量的监管工作，督导组认真检查任课教师到课、上课等情况，与学生进行约谈，听取学生对课堂教学的整体评价，并及时与任课教师进行交流，充分发挥教学中的“传帮带”作用。

四是，加强青年教师教学能力培养，开展组织“青年教师课堂教学质量再提高工程”和“教学方法与教学能力”岗前培训等活动，聘请知名教育教学专家进行教育理念、教学设计和课堂教学艺术的讲座与指导。同时，开展青年教师进行讲课竞赛、优秀主讲教师评选等与课堂教学密切相关的竞赛与评比，系统提高青年教学的教学水平。

通过上述措施，任课教师对课堂教学的重视程度明显提高，授课纪律得到有效改善，进而使课堂教学质量得到显著提高。但从总体来看，任课教师的调停课依然不少；研究生课程的随意现象依然存在；另外，督导专家随机听课检查覆盖面也较小，有些问题不能及时发现。为此，课堂教学工作还要下工夫，有关部门与学院需要进一步提高认识，充分调动和发挥各院(系)的主动性，在取消清考的情况下，采取有力措施，进一步加强对学生课堂教学质量的检查和监控，力争使课堂教学质量有一个新的飞跃，进一步提升人才培养的质量。

同志们，实践教学是人才培养的重要组成部分，是提高人才培养质量的重要抓手，是与课堂教学相辅相成、互相促进的。下面，我结合今年学校教育教学工作会议的主题“强化实践教学、提高培养质量”做一个发言。

一、学校“十一五”期间实践教学工作回顾

“十一五”期间，学校以培养学生实践创新能力为目标，高度重视实践教学，推进实验室、实习基地的建设和发展，按照“优化体系与内容，强化基础与开放”的建设原则，以更新教育教学观念为先导，树立现代实践教学理念；以实验教学示范中心建设为抓手，进一步深化实验教学改革；以优化实验教学体系为重点，更新实验内容、创新教学模式；以实验教学队伍建设为保障，促进实验教学与理论教学的融会贯通。在学生实践创新能力培养上，学校高度重视创新人才的培养规律，正确处理创新、素质、全面发展的关系；围绕创新意识、创新思维、创新能力做工作，已初步构建起系统的创新实践教育体系。

1. 以实验教学示范中心建设为抓手，进一步深化实验教学改革

开展实验教学示范中心建设，促进优质实验教学资源的整合与共享，促进教学实验室管理机制和教学模式的创新，全面提高面广量大的基础课实验教学质量。2006 年以来，先后建设、申报成功力学、水利工程 2 个国家级实验教学示范中心，8 个省级实验教学示范中心。示范中心建设以学生创新为抓手，搭建“实验教学—创新训练—创新竞赛”创新教育平台，组织师生自主研制开发了多种实验教学仪器，完成了 200 多项学生创新实践项目，并且建立了中心网站，初步实现了实验室优质资源共享。

2. 以优化实验教学体系为重点，更新实验内容，创新教学模式

注重构建结构优化、符合学科特点并具有自身系统性和科学性的实验教学体系，着力进行实验教学内容的更新与提高。结合实验教学示范中心建设，各实验中心加强实验教学内容和体系建设与改革，教学内容既包括了基本实验、提高型实验，又强化了研究型实验的设置。近年来，力学实验示范中心打破了原有框架，按照“重组基础、反映现代、融入前沿、综合交叉”的原则，在整体上进行优化组合，构建了一体化力学实验课程新体系；水利工程实验示范中心按照重基础、强实践、多层次、求创新的原则，构建了水利工程概念训练、专业基础实验、创新实验和工程实践四个层次的实验教学体系，并对相关的教学实验室进行了整合。

3. 积极探索“理论训练＋创新实践”的人才培养模式，使研究生培养更加紧密结合国家战略需求

学校与水利部各大流域机构、重点工程建设单位合作建立研究生培养基地，先后建设了国家研究生创新中心长江研究生培养基地、黄河研究生培养基地、西部水电开发研究生培养基地，还与南京水利科学研究院、南京水文自动化研究所、水利部太湖流域管理局等单位联合建立了研究生培养基地。基地研究生实行“学校导师＋基地导师”的双导师制，在学校完成课程学习后，进入基地紧密结合重大科学问题和关键技术问题开展研究工作并形成学位论文。

从中国长江三峡总公司、中国水电顾问集团等国家重点工程建设单位聘请了包括院士在内的 170 位研究生导师，他们高水平的研究成果和丰富的实践经验成为研究生培养的重要资源。

4. 实施大学生创新训练计划，构建系统的创新实践体系

“十一五”期间，学校全面启动了大学生创新训练计划项目，并成功申报为首批国家大学生创新性实验计划立项学校。

近几年创新训练项目数逐年提高，每年校级创新训练项目达到 130 余项，省级项目 20 余项，国家级项目 40 项，每年有 1000 余名学生参与到各类创新项目。近 3 年学生申请国家专利数达到 250 余项，已获得授权的专利数近 110 项；5 年来，先后有 186 件作品，651 人次参加了全国“挑战杯”比赛，获得了“挑战杯”全国大学生科技作品竞赛 1 等奖 1 项，二等奖 2 项，三等奖 6 项，实现了我校在挑战杯大赛上一等奖零的突破。

5. 建立产学研联盟，高效整合研究生培养优质资源，研究生创新中心应用效益显著

学校与水利水电行业骨干单位建立了牢固互利可持续发展的产学研联盟。在研究生培养、科学研究、重大工程应用等方面开展合作，使得我国水利水电行业的丰富优质资源服务于研究生培养，推动了研究生教育的改革与发展。

产学研联盟提高了学校和共建单位的自主创新能力，既拓展了高校培养能力和资源，又培养了高层次创新人才，真正实现了学校、合作单位、研究生的“三赢”。目前，共有 5 批 224 名博、硕士研究生进入基地培养，已有 4 届研究生完成学业，学位论文质量高，培养效果好，受到社会的好评。

6. 开展丰富多彩的社会实践活动，进一步拓展人才培养模式

社会实践能够促进学生自我认知、创新精神和实践能力的建构，促进其健康心理和自我价值的建构，有助于增强学生社会责任感。学校构建了“三年三类三重点递进式系统化”的育人模式，全校研究生也结合学习和科研计划，参加科技服务和社会考察等社会实践活动。

学校每年组织 80 支校级重点团队、160 支院级团队分赴祖国各地开展实践活动，广大学生在实践中增加了见识，增长了才干，增强了使命，有力地推动了专业学习，提高了专业能力。我校的大学生暑期社会实践工作也多次受到中宣部、教育部、团中央的表彰，被评为全国先进单位。

但是，我们必须清醒地认识到，学校当前的实践教学相比理论教学还比较薄弱，还存在一些问题。一是在工作中还存在着重理论、轻实践倾向，实践教学队伍建设有待进一步加强；二是实践教学还缺乏系统性、完整性，尚未形成教育教学相融合的大实践教育体系；三是实践基地建设与实习效果有待提高。另外，学校的实验用房缺口较大，实验设备经费投入仍然不足，这些问题都严重制约了实践教学质量的进一步提高。因此，实践教学是我校进一步提高人才培养质量的突破口，可以说，实践教学上去了，我校的教育教学工作就会上一个新台阶。

二、认真学习《教育规划纲要》，落实全国教育工作会议的任务要求

胡锦涛总书记在全国教育工作会议上的讲话中指出：“坚持以人为本、全面实施素质教育是教育改革和发展的战略主题，重点是面向全体学生、促进学生全面发展，着力提高学生服务国家服务人民的社会责任感、勇于探索的创新精神、善于解决问题的实践能力。”温家宝总理强调，推进教育事业改革和发展是一项长期而艰巨的任务。实现教育科学发展，根本出路在改革创新。要解放思想，实事求是，敢于冲破传统观念和体制机制的束缚，允许和鼓励各地进行探索和实验，通过改革创新使教育发展更加符合时代发展的潮流，更加符合建设中国特色社会主义对人才的需求，更加符合广大人民群众对教育的殷切期望。实践教学是高等教育人才培养的关键环节，在促进学生理论联系实际、认知客观世界、提炼客观规律、培养学生探索精神和创新意识、增强学生专业技能、提高综合素质中具有不可替代的作用。

1. 坚持顶层设计，推动学校教育教学工作科学发展

人才培养是大学的立身之本，科学研究和社会服务都应服从于人才培养，有利于支撑人才培养。我校以特色研究型大学作为发展定位，不断提高学生的创新意识、实践能力，培养和造就水利及其相关行业拔尖创新人才，是学校最重要的发展目标之一。学校必须坚持育人为本，把人才培养作为首要任务，牢固树立人才培养在教育工作中的中心地位，结合学校实际，坚持以改革推动发展，以改革提高质量，以改革增强活力，通过改革创新，创新人才培养模式，不断提高人才培养质量，推动学校的科学发展、跨越发展。

特别是在培养方案和教学计划中要明确实践教育主线，确保实践教育在人才培养的整个过程中不断线。增加综合性、设计性和研究性实验的比例，注重培养学生创新能力。以学生为本，融素质教育、知识传授、能力培养于一体，强化实践育人意识，掌握不同学科中实践教学特点，合理制订实践教学方案，完善实践教学体系，注重学生科学思维能力、实践探索能力、创新能力的培养。

2. 紧扣高等教育改革发展重点，努力解决深层次问题

教育质量是教育工作的生命线，是我国教育由大变强的关键。《教育规划纲要》坚持把促进公平和提高质量作为推动教育事业科学发展的两大重点。提高教育质量是教育事业的永恒主题，更是今天建设人力资源强国的紧迫要求。我们要牢固树立以提高质量为核心的教育发展观和以全面发展为核心的教育质量观，促进学校教育内涵发展与特色发展，不断提高拔尖创新人才培养水平。

学校第十二次党代会在重点工作中提出继续办优本科教育，大力提高研究生培养质量。因此，我们必须紧紧抓住教育教学工作中的关键点，顺应社会发展的新趋势，适应学科建设的新需求，回应人才培养的新诉求，解决人才培养中的新问题。

3. 围绕创新人才培养，深化培养模式改革

借全国教育工作会议的东风，我们必须以改革创新为动力，乘势而上，深化学校教育教学改革，加快创新人才培养步伐。要以更新创新人才培养理念为引领，深化人才培养模式改革，着力提高教育教学质量。坚持育人为本、德育为先，按照人才成长的规律，改革教学模式和评价方法，深化课程体系和培养机制改革，着重培养学生的创新精神和创新能力。

目前，学校已成为“卓越工程师教育培训计划”首批改革试点学校，实施的层次包括工科专业的本科生、硕士研究生和博士研究生，以培养造就一大批创新能力强、适应经济社会发展需要的高质量工程技术人才。这是学校深入贯彻落实《教育规划纲要》的重大改革项目，旨在创立高校与行业企业联合培养人才的新机制，着力提升学生的工程素养和工程实践能力、工程设计能力、工程创新能力，为国家走新型工业化发展道路、建设创新型国家和人才强国战略服务。我校积极推进卓越水利人才培养工作，这些都要求学校积极促进创新教育与创新实践的紧密结合，搭建创新教育与实践教育双向交流的有效平台，形成产学研联合培养创新人才的多种新模式。让学生尽早面向生产第一线，在实践中学习，通过实践掌握创新知识，培养创新能力。

三、全面做好强化实践教学的各项重点工作

《国家中长期教育改革和发展规划纲要》指出，高等教育要提高人才培养质量，牢固确立人才培养在高校工作中的中心地位，着力培养信念执著、品德优良、知识丰富、本领过硬的高素质专门人才和拔尖创新人才。当前经济社会发展对学生创新意识、实践能力要求不断提高，在高等教育大众化、国际化、现代化不断发展的新形势下，实践教学面临着诸多严峻的挑战。我们要正确应对这些挑战，从根本上促进实践教学效果和人才培养质量的提高。下面我结合本次教育教学工作会议的主题，谈一下学校需要努力的几项重点工作：

1. 加强实践教学队伍建设，鼓励教师从事实践教学

实践教学队伍是实践教学工作的核心竞争力。我们必须着力加强实践教学队伍建设，充分发挥传统优势，进行组织创新和管理创新，通过科研基地和实验设施的有效整合与发展，搭建高水平、开放型的实践教学创新平台。本着“稳定队伍、吸引人才、培养后备”原则，做出有利于实践教学队伍建设和发展的制度安排，实现“实践教学与理论教学、实践教师与理论教师”两个同等对待。对实践教学人员要试行多种用人管理模式，鼓励高层次人才和青年教师进入实践教学与技术队伍，努力为他们创造业务发展的环境与条件，并提供各种机会参加培训；大力推进硕士生、博士生担任实践教学工作的助教、助管。

2. 推进科学研究与实践教学有效结合，提高实践教学水平

学校应坚持走教学、科研相互促进、良性循环的道路，依托学科、科研的优势，强化教学与科研的相互渗透，不断提高实践教学水平。一是要将先进的科研设备与技术融入实践教学，实现资源的开放、共享；二是用科学研究的方法与思路指导实践教学，保持实践教学方法与内容的新颖性、探索性；三是鼓励教师将科研成果运用到实验教学中，提高实验教学水平和效果。

3. 加大经费投入，整合优化实践教学平台

按照整合和优化实验室资源配置、加强资源共享的总体思路，在充分利用和发挥学校现有的实验设备和人才优势的前提下，以培养具有创新精神、实践能力的高级专门人才为目标，以“211 工

程”、“优势学科创新平台”建设为契机，以实验教学示范中心建设为抓手，加大实验条件建设投入，不断优化实验室建设布局，规范和加强实验室的管理，力争把实验室建设成为学校人才培养和科技创新的重要基地。“十二五”期间，拟通过学校事业经费和教育部修购专项经费每年投入1500万元以上，用于购置教学仪器设备，使教学仪器设备的总投入不低于8000万元，重点加强量大面广的基础、技术基础课实验室，保证实验课的开出率达100%，开出一批新的综合性、设计性实验。重点建设几个特色专业实验室，使其在较短时间内，从硬件条件上在与国内高校同类专业的竞争中处于优势地位，提高这些专业在全国的影响和地位。

进一步深化实验教学改革，坚持实验教学与理论教学相结合，坚持实验教学与行业特色有机结合，坚持实验教学与科学研究紧密结合，坚持校内实验与校外实践有效结合，把实验教学改革纳入高等教育人才培养模式、教学内容、课程体系、教学方法这些综合改革研究与实践的体系之中，推动实验教学改革向纵深发展。结合学校学科特点，创建若干个各具特色的创新或科技活动基地，以提高学生的动手能力、实践能力、创新意识，以满足经济社会发展对人才的要求，培养具有全面素质的高级专门人才。

4. 推进产学研合作，建设好学生实习基地

实习基地建设对提高学生的实践能力、创新能力和创业能力具有重要作用，是进行实践教学的根本保障，是学校实现人才培养目标的重要条件。学校必须立足水利行业和“长三角”地区经济和社会发展，面向现代化，面向未来，在实习教学基地建设中，根据培养目标的要求，以创新和提高实践应用能力为主线，着力培养学生的基本技能、工程实践能力和创新能力，使学生在较强的工程氛围和实践环境中受到锻炼。

按照“全面规划、分步实施、逐步完善”的思路，争取用3～5年的时间，建成功能齐全、设施完备、运行灵活、资源共享，且相对稳定的能满足相关专业实践教学需要的实习基地，使稳定的教学实践基地总数达到200个，重点建设好其中30个校外实习教学基地。要充分利用学校现有各级实验教学示范中心及重点实验室等条件，积极争取每年投入500万～600万元，探索校内实习基地建设的校企联合新模式，逐步加大校内实习比例，到“十二五”末建设成5～8个可供相关专业实习教学的校内实习基地。同时，进一步加强实习教学的规范化管理，提高实习基地的管理水平，加强实习环节的师资力量，形成一支结构合理、素质较高的实践教学队伍。

争取经过3年左右时间的建设，在水利、交通、电力等相关行业具有较强科研实力及创新能力的大型企事业单位或科研院所、水利部下属各大流域机构建设一批研究生联合培养基地，充分利用包括高水平的导师队伍、前沿性的课题、丰富的科研基础资料、充足的研发经费等重要优势资源，以满足我校应用型研究生培养的需要。

5. 实施好卓越工程师计划，培养造就工程型拔尖人才

深入贯彻落实科学发展观，借鉴世界先进国家高等工程教育的成功经验，立足学校水利优势与特色，面向长三角地区的经济优势与发展战略，在参与国家卓越工程师教育培养计划基础上，设计、实施好校级卓越工程师教育培养计划。以培养具有较强创新意识和工程实践能力以及管理发展潜质的复合型工程拔尖人才为目标，探索、创立卓越工程师培养模式，制定一套卓越工程师专业培养方案，建立起适应卓越工程师培养的综合性工程课程体系，形成一套卓越工程师人才培养管理运行机制，在课程体系、教学内容、实践环节、教学运行和管理机制、教学组织形式等方面取得标志性建设成果，在人才培养模式改革方面取得突破性进展。与此同时，我校还将面向水利土木类、机械动力类、电气信息类等专业启动校内“卓越工程师教育培养计划”，通过自主申报和选拔相结合的方式，组织部分学生实施“卓越工程师教育培养计划”，努力培养出一批未来的工程精英。

随着经济社会发展变化，特别是从传统“工程”水利向“人文＋工程＋环境＋管理”一体化的现代水利事业的需求变化，未来的水利事业将缺少跨学科专业、满足“大工程”与“大系统”水利工程建设的、全过程的管理人才。为此，学校提出了本科－工程硕士一体化的“321”人才培养模式，加快培养一批懂技术、会管理、重实践、勤思考的水利工程建设管理方面的应用创新型人才，

加快建设成为一个符合现代水利发展趋势的水利工程管理人才培养高地，在此基础上，部分学生通过自身努力，逐步成长为我国水利行业的领军人物。

同志们，老师们，作为教育部直属全国重点大学，我们已有95年的办学历史，肩负着培养水利行业及其相关领域拔尖创新人才的重大历史责任。让我们大家齐心协力，大力强化实践教学，为促进人才培养质量的持续提高，为更好地适应国家发展对高层次人才的需求，为实现学校第十二次党代会提出的奋斗目标做出新的更大贡献！

谢谢大家！

弘扬办学传统　彰显办学特色

——在95周年校庆大会上的讲话

校长　王　乘

（2010年10月27日）

尊敬的各位来宾、亲爱的各位校友、老师们、同学们：

金秋十月，我们迎来了95周年校庆。喜事临门，宾朋来会，校友重逢，欢声笑语，温情融融。今天，我们在这里举行俭朴的聚会，庆祝河海大学建校95周年暨2009年度“严恺教育科技基金”、“徐芝纶教育基金”颁奖典礼。在此，我谨代表学校，向各位领导、各位来宾表示衷心感谢，向广大师生和校友表示热烈祝贺！向关心支持母校发展，并为母校赢得声誉的广大海内外校友致以诚挚的问候！同时也向各位获奖的老师和同学们表示热烈的祝贺，希望你们继续努力，争取更大的进步。

回顾和总结我校95年的办学历史，我们清楚地看到河海大学的传统与成就：积淀了我国历史上最早的水利系科；汇集过一大批水利学科的大师；一直是我国水利学科设置最齐全的高等学府；是中国水利建设人才培养最重要的摇篮；是水利科技创新与发展的重要基地之一。

在回顾历史和总结成绩时，我们由衷崇敬河海事业的奠基者。虽然他们中的多数人已经故去了，但他们留下的办学传统和精神仍在延续，他们点燃的学术薪火愈燃愈旺，我们永远缅怀他们；我们由衷感谢无数的建设者，这其中有历任在曲折与艰苦条件下办学的老领导，有潜心教学与科研的教师，也有坚守岗位的管理人员和后勤职工，他们续写了河海的辉煌，也为学校今后的快速发展奠定了基础，我们永远敬重他们！

历史，始终是发展的起点。回顾历史，不是留恋过去，而是要创造新的历史。“十二五”时期是全面提高学校办学水平的关键时期，是深化各项改革、实现跨越发展的攻坚时期。深刻认识并准确把握学校的办学传统，根据形势的新变化、新特点，科学制定“十二五”规划，对于继续抓住和用好学校发展的重要战略机遇期、实现第十二次党代会确定的“两步走”发展战略目标的第一步，具有十分重要的意义。2015年，学校将迎来百年华诞，我们一定要抓住机遇，勇于挑战，在继承与发扬传统的基础上，坚持办学特色不动摇，励精图治，进一步提高办学质量，强化办学优势，实现学校发展新的跨越，形成高水平特色研究型大学格局，用优异的成绩向百年校庆献礼，向全校师生员工和广大校友交出一份满意的发展答卷。

根据学校第十二次党代会确定的发展指导思想和奋斗目标，今后5年，我们要紧紧抓住以下三个方面不动摇：一是一心一意坚持办学特色；二是聚精会神提高办学质量；三是千方百计扩大办学资源。

一、一心一意地坚持办学特色

这里所说的办学特色，既是指学校的学科分布特点，又是指学校的服务面向。国家中长期教育改革与发展规划纲要提出，到2020年，我国要建成一批国际知名、有特色高水平高等学校，若干所大学达到或接近世界一流大学水平，高等教育国际竞争力显著增强。国家战略为学校下一步发展指明了方向，创造了条件。

1. 进一步强化和提高水利学科的优势

学科建设的关键是从本校实际出发，找到自己的比较优势，确定学科发展重点，凸显学校的服务面向，办出特色和水平。一流大学不是所有的学科都是一流的，但一流大学必须要有一流的学科。

水利事业发展是我校发展的源泉，水利学科是我校学科发展的根。只有根壮，才能枝繁叶茂，才有蓬勃发展之势。“十二五”期间，推进民生水利新发展、实现水利发展新跨越的水利战略转变，为学校更好地强化水利学科特色和发展优势提供了机遇。我们一定要以水利事业为引领，以优势学科创新平台建设和“211工程”三期建设为契机，切实贯彻“大平台、大队伍、大项目、大成果、大贡献”的建设思路，创新体制机制，加大投入，加快提高水利学科服务国家需求、发展学科前沿的能力，全力建设国际一流的水利学科。同时，充分发挥水利学科的带动作用，开展学科集群建设，形成特色鲜明的学科群体，保持水利学科全国第一，提升土木工程、力学、环境科学与工程等学科的水平，努力使国家重点一级学科达到3个以上，国家重点二级学科达到15个以上。

在“十二五”期间，我们要在江宁校区西片建设大型综合性的实验室，提高水利科技原创力；我们要特别重视培养和引进水利学科的拔尖人才，培育高水平创新团队，提高在水利学科领域的话语权；我们要大力改革科研管理体制，鼓励承接国家层面的大项目，努力出大成果，提高在水利科学领域的影响力。

2. 为水利行业培养更多更好的高素质人才

过去的发展经验和今后的发展趋势都告诉我们，要保持对一个行业较高的贡献度，和获得一个行业永久的支持力，为这个行业源源不断地输送人才是最为关键和有效的。高质量的毕业生和成功的校友，是学校的特色名片，更是学校发展的长期资源。

在今后5年，学校不仅要保证水利专业的招生规模，而且要采取有效措施，保证毕业生在水利行业的较高的就业比例。学校将以水利建设管理人才培养为突破口，探索新的教育教学模式。要通过优化设计，用几年时间培养出专业基础扎实、具备水利工程建设管理能力的工程硕士，使他们成为懂技术、会管理、重实践、勤思考的应用创新性人才，成为符合现代水利发展趋势的水利工程高级管理人才。他们也许不是某方面的专家学者，但是他们可能是参与某工程项目的规划者、设计者、施工者、监督者与管理者。在此基础上，部分学生通过自身努力，逐步成长为我国水利建设行业的领军人物。同时，学校要深度参与国家“质量工程”的建设，紧紧抓住国家实施“卓越工程师教育培养计划”的机遇，依托国家重点学科办好大禹学院，继续建设好“青马工程”、“1442工程”，持续推进研究生培养机制改革，加强研究生联合培养基地和创新中心的建设，深化培养机制和教学模式改革，培养出一批能够适应和支撑水利发展、具有国际竞争力的创新型人才。

3. 建设国家大学水利科技园区，打造“世界水谷”

学校要体现特色，就必须紧紧围绕国家和地方发展需要，提前布局，主动融入经济社会发展战略，以服务和贡献开辟新的发展空间，彰显办学特色和优势。

在今后5年，我们要紧紧抓住南京市模范马路国家大学科技园建设规划的机会，发挥办学的综合优势，力争在清凉山校区建设国家大学水利科技园。水利科技园将充分利用我校西康路与虎踞路沿街土地，规划建筑面积约85万平方米，按照“一园两区”的布局规划，建设成为具有丰富水文化内涵、学术氛围浓厚、科技产业集聚的产学研街区，成为环境优美、技术先进、配套设施完善的高科技园区，成为具有国际竞争力、国内水利领域科技成果孵化和科技产业集聚最高水平的科技成果转化基地。按照规划，国家大学水科技园区将集聚高层次创新研发人才队伍5000余人，入驻水行业国际著名高新技术企业60余家，孵化重大科技产业成果300余项，在重点优势技术领域培育出20家以上具有我国自主创新知识产权的高新技术企业，科技成果研发经费年均40亿元以上，形成相关产业规模经费600亿元。

建设国家大学水利科技园，是我校在新的发展阶段，实现新的跨越的重要机遇，是凸显办学特色、提升办学优势、丰富办学内涵的重大举措，我们一定要解放思想，统一认识，全校上下共同努力，克服一切困难，努力将规划蓝图变为美好的现实。

二、聚精会神地提高办学质量

我们要深刻认识到，提高办学质量是适应高等教育新形势的需要，是遵循高等教育规律，实现科学发展的需要，是实现学校奋斗目标的需要。学校的科学发展体现在内涵发展和特色发展上，而提高质量是内涵发展和特色发展的本质要求。

在今后5年，我们要下大力气转变发展方式，构建特色研究型大学的发展框架，对影响学校办学质量的关键指标采取有力的针对措施，把工作的着力点放在影响学校核心竞争能力的突出问题上，集中精力，重点突破，解决好拔尖人才偏少、特色学科优势不明显、国家重点学科点少、基础学科薄弱、基础研究相对不强等主要问题。

1. 首当其冲的是提高师资队伍建设质量

当今世界，人才竞争日趋激烈，无论是世界各国之间综合国力的竞争还是国内外大学之间的竞相发展，都把汇聚人才资源优势、构建人才高地作为重要战略。人才问题始终是学校改革发展的头等大事。提高学校的办学质量，师资队伍建设是关键。从现实情况看，学校的师资队伍水平与高水平特色研究型大学的要求还有较大差距。具体表现为：第一，专任教师规模与学校教学科研任务不匹配。第二，优秀拔尖人才数量偏少，成为制约学校继续发展的瓶颈。第三，整体学历结构偏低，师资队伍博士比例只有41%。

我们一定要有做好师资队伍工作的责任感和紧迫感，要绞尽脑汁培育人才，千方百计引进人才，想方设法留住人才，用创新性的思维和超常规的方法营造人尽其才、人才辈出的良好环境，使学校的师资队伍数量足、结构好、能力强、素质高。“十二五”期间，学校的专任教师要达到2200人以上，博士比例达到65%以上。力争拥有院士2～3名；千人计划5名；上岗长江学者奖励计划特聘教授10名，国家杰出青年基金获得者8名；百千万工程国家级培养人才15～20名。培养和汇聚50名以上具有一定国际影响的学科带头人，培养和汇聚100名以上45岁以下、学术基础扎实、创新能力突出和发展潜力较大的中青年优秀学术带头人和学术骨干，培养和汇聚10支省部级以上优秀创新团队。

2. 努力提高和改进管理质量

提高办学质量是一个系统工程，我们要牢固树立质量意识，把提高质量落实到各方面工作中去，以严谨的作风和细致的工作，去努力提高教学质量、学科建设质量、科研工作质量、国际合作质量、管理工作质量和后勤服务质量。

我们要特别加强和改进管理，进一步强化战略管理意识，善于从战略高度和全局高度，进行前瞻性研究，积极谋划，统筹考虑，系统安排；从重视量的管理向重视质的管理转变，注重质量的提升；从经验式管理向科学管理转变，进一步规范管理制度，优化管理流程，加强过程管理与控制；进一步改革预算和资源配置方式，合理配置资源，规范使用资源，有效争取资源，努力提高办学资源的使用效益；加强对提高办学质量的组织领导，完善工作机制，特别是重点工作的专项推动机制、提高合力的上下联动机制、促进科学发展的调控机制和以问责制为核心的执行保障机制，确保学校的各项决策落到实处。

3. 切实改善科学实验条件

没有强大的较为完备的实验设施设备支撑体系，就不能为高水平的科学研究提供必要的支持，就更谈不上建设高水平的研究型大学了。

目前，我校的科技平台基本上是在单一学科基础上建设的，学科覆盖面窄，大都归属院系管理，场地、设备等重复建设现象严重，资源利用率相当低；对科研基地的管理，从学校层面上缺乏统一长期规划指导，重复建设、资源闲置、互相封闭现象严重，管理机构职责不清晰。现阶段，学校面临着大型科学设施设备总量不足和提高大型设施平台及相关设备开放运行效率的双重任务。“十二五”期间，学校要根据“整合、共享、完善、提高”的原则，整合现有科研基地和实验设施设备，建立和完善大型科学仪器平台的共享机制，建立信息管理系统和服务系统，扩大大型仪器的开放面，提高大型科学仪器的使用效益；建设公共实验平台中心，建立统一的公共实验业务管理和技术保障体系；建立大型仪器平台运行、开放基金，提高科研资金的利用效率。

4. 进一步提高校园基本建设质量

在“十二五”期间，学校要逐步完善3个校区的办学功能，努力提高多校区模式下办学效益。江宁校区要逐步成为主要的人才培养基地、特色领域的研究基地和学校的党政管理中心；清凉山校区主要是国际合作与交流和科学研究与成果转化的基地；常州校区以学校整体优势为依托，拓展办学功能，立足苏南，服务长三角。

根据这样的规划，学校在“十二五”期间，必须完成30多万平方米以上的建设任务。江宁校区要加快基本建设进程，促进主校区尽快向江宁校区转移，加紧做好西区新征地的规划与建设，尽快将西区南片189亩地建成具有国际影响的高水平公共实验研究平台；清凉山校区要抓紧改造，以百年校庆为契机，努力建设一个历史文化厚重和现代文明互补、水科学与水文化交融的绿色、景观校园；常州校区要进一步完善办学基础设施。

要完成如此繁重的建设任务，我们必须进一步规范基建工作程序，特别是要加强对学校重大采购项目和基建工程的全过程控制和管理，规范采购与建设合同制订，严格合同执行，严控合同变更，明确责任，以减少损失，提高基建项目和工程的效益，确保学校基本建设的进度与质量。

三、千方百计地扩大办学资源

办学资源的多寡，决定了一个大学发展的速度与持久程度。河海大学作为一所有近百年办学历史的行业特色高校，有积淀深厚的优势，也有现实办学资源相对不足的困境。在“十二五”期间，我们必须千方百计扩大办学资源，为今后的发展提供充足的资源保障和资源积累。

1. 提升学校的办学地位，努力提高在国家资源分配中的份额

随着国家建设高等教育强国和人力资源强国的需要，特别是国家中长期教育改革和发展规划纲要的颁布和实施，国家必然要进一步调整高等教育的发展格局，在加大政策支持力度的同时，更多地实行以贡献分配资源的方式。要适应这种转变，我们就必须以国家需求为导向，在人才培养、科学研究等方面，想国家之所想，急国家之所急，集合全校的力量，集合全体河海人的力量，为国家培养更多更优秀的创新型人才，为国家的科技创新承担更大的使命，做出更有分量的贡献，以得到国家的认可和社会的赞誉，获得国家更多的支持。

2. 坚守传统，扩大行业和地方的资源支持

要坚持服务面向，主动出击，开门办学。深度推动部部共建、部省共建工作，为水利行业和地方的发展提供人才支撑和智力贡献，承担起促进行业和区域协调发展的责任，自觉、主动地为行业和地方经济社会发展服务，通过服务获取资源、寻求支持。

着力推进产学研结合，建设科技产业综合体。建设科技产业综合体，是建立以企业为主体、市场为导向、产学研结合的技术创新体系，促进创新成果产业化，切实提升产业核心竞争力的重要途径，也是推动中国经济和社会发展走上创新驱动、内生增长轨道的重要形式。在“十二五”期间，学校要紧密结合学校特色和已有的优势，下大决心，采取重大举措，要建设2～3个大型现代化科技产业综合体，目前正以设计院和出版社为突破口，进行有益的探索。

3. 重视校友资源的开发

广泛开发和利用校友资源，是学校可持续发展的重要支撑，也是国内外高水平大学办学的成功经验和共同趋势。我们学校可以开发和利用的校友资源相当丰富，但是目前工作仅仅只是起步阶段，还没有形成完善的工作体系和激励机制，还有很大的空间。因此，今后的一项重点工作，就是

要做好校友、校友会、合作发展委员会等校友资源的开发工作，构建学校与校友、校友会和合作发展成员单位的密切联系、加强沟通的工作机制，使学校的发展得到广大校友更多的关心和更大支持。

4. 加强国际合作，提高国际高等教育的资源共享程度

在“十二五”期间，学校将努力提升国际交往与合作水平。积极支持高层次人才参加国际重大科学研究计划和国际学术交流活动，不断提高学校优秀人才在国际学术界的影响力；通过加强与国外一流大学的校际合作，构建师生国际交流与合作平台，培养一批具有国际视野、通晓国际规则、能够参与国际事务与国际竞争的国际化人才；加快发展留学生教育，扩大国际交流学生的规模，提高学校的国际知名度和影响力，实现国际高等教育的资源共享。

5. 积极推动学校战略征地工作

从战略的高度审视学校未来发展的愿景，以更加积极的态度为学校的未来事业寻求发展空间。

各位领导、各位校友、老师们、同学们，今天是明天的昨天。今天，我们共庆河海 95 岁生日，5 年后的今天，我们将共迎河海的百年华诞。时光流转，一去不返，我衷心地希望全体河海人，以“时不我待”的精神，牢记“校兴我荣，校衰我耻”的责任，把发展学校、振兴河海，作为我们义不容辞的使命，作为我们工作的第一守则，一起努力，共同奋斗。我相信只要能继续得到教育部、水利部和江苏省以及社会其他部门的领导、帮助和支持，只要能得到广大校友的鼓励和关心，我们在校的全体河海人就一定能谱写河海发展的新篇章，河海大学就一定能为国家和社会做出更大的、独特的贡献。

做河海能做、做河海应做而其他大学不能做的事情，这就是我们的传统与特色，这就是百年河海的永恒与伟大所在。

谢谢大家！

在河海大学 2010 年党风廉政建设工作会议上的讲话

校党委副书记兼纪委书记 陈德奎

（2010 年 4 月 14 日）

各位领导、各位老师、同志们：

为了认真贯彻落实十七届中纪委五次全会和全国、全省教育系统党风廉政建设工作会议精神，回顾总结 2009 年我校党风廉政建设工作，交流工作经验，促进 2010 年我校党风廉政建设各项工作任务的落实，党委决定召开 2010 年我校党风廉政建设工作会议。朱书记对开好这次会议非常重视，多次提出明确要求，等一会儿朱书记还要作重要讲话，王校长要对我校反腐倡廉建设工作作重要指示，我们要认真学习，抓好落实。现在，我就 2009 年学校反腐倡廉建设工作情况和今年反腐倡廉建设工作安排作一个汇报。

一、2009 年反腐倡廉工作情况

1. 开展形式多样的反腐倡廉宣传教育

一是深入开展学习实践科学发展观主题教育活动。在深入学习实践科学发展观的活动中，在全校党员干部中开展了“加强党性修养，坚持廉洁从政”党性党风党纪主题教育活动，通过学习强化责任意识，增强纪律观念。

二是开展针对性强的集中警示教育活动。在 2009 年校党风廉政建设工作会议上，我们通过深入剖析常州校区原资产管理部部长兼后勤管理部部长秦雪峰受贿案，对全校党员干部进行了警示教育。此外，还组织了全校中层以上干部和重点部门、重点岗位的同志 160 多人到南京监狱参观江苏

省反腐倡廉教育基地，令人震撼的各类案例，使大家深受教育。

三是结合形势要求开展反腐倡廉专题教育。邀请法律专家在校领导和重要部门、重点岗位全体人员的专题学习会上，对“两高”《关于办理商业贿赂刑事案件适用法律若干问题的意见》进行了逐条解读，帮助大家从法律的高度重新认识商业贿赂的危害性。下半年开展了“党风廉政建设党课”系列活动，校党委书记朱拓同志以“通向善政之路”为题给校院两级领导班子、全体中层干部和部分党支部书记上党课，常州校区、各二级学院党委书记也给各院师生员工上党课，在校内掀起了党风廉政教育的热潮。10月份，学校成立了“反腐倡廉宣讲团”，以“积极预防职务犯罪，努力构建我校惩治和预防腐败体系”为主题进行举办了“反腐倡廉宣讲会”，全校重点岗位上的全体人员参加了会议，丰富的内容和宣讲员们声情并茂的宣讲，取得了良好效果。

四是积极开展日常教育活动。进一步加强“河海大学纪检监察网站”建设，该网站在2009年被评为全国“十佳校园廉洁教育主题网站”，同时还获得“人气50强网站”称号。坚持给中层以上领导干部发送“廉政邮件”。学校引进“中国教育干部培训网”建立的“河海大学干部在线学习中心”，注重推荐反腐倡廉方面的内容，以此推动了干部自我学习、自我教育。2009年底，对新提拔的处级干部进行了集体廉政谈话。在新年来临之际，纪委下发了《关于加强2009年元旦春节期间党风廉政建设工作的通知》，重申了八个“严禁”，促进干部在两节期间廉洁自律。

2. 贯彻落实中央《建立健全惩治和预防腐败体系2008—2012年工作规划》和中央纪委、教育部、监察部三委部《关于加强高等学校反腐倡廉建设的意见》，推进制度建设，着力构建惩治和预防腐败体系

在校党委的领导下，纪委监察处组织协调各部门、各单位全面开展制度建设，着力构建惩防体系，制定了《河海大学贯彻落实中央〈建立健全惩治和预防腐败体系2008－2012年工作规划〉实施办法》及任务分工。

8月底，为迎接教育部对《关于加强高等学校反腐倡廉建设的意见》的检查，纪委根据党委要求，组织进行总结、自查，对《关于加强高等学校反腐倡廉建设的意见》落实情况逐项自评，学校党委对自评情况进行了专题研究，提出明确要求。在中纪委驻教育部纪检组组织的互评检查后，认真落实检查组提出的整改意见。年底，中纪委和驻教育部纪检组对我校落实三委部《关于加强高等学校反腐倡廉建设的意见》又进行考核抽查。考核抽查组对我校贯彻落实三委部《关于加强高等学校反腐倡廉建设的意见》扎实的工作和取得的成绩给予了充分肯定。

一年来，通过贯彻落实三委部《关于加强高等学校反腐倡廉建设的意见》，进一步完善了校级党政领导会议制度、讨论任用干部前书面征求纪委意见制度、干部监督联席会议制度、监察处长列席校务工作会议制度、资产管理公司内部财务管理制度和基建(修缮)项目全过程跟踪审计等制度；严格执行《河海大学专业技术岗位评聘工作纪律》等，惩治和预防腐败体系制度建设进展顺利。

3. 深入开展“校园廉洁文化活动月”活动，努力营造良好的校园廉洁文化氛围，扎实推进校园廉洁文化建设

为进一步推动廉洁文化进校园，充分发挥廉洁文化的教育、示范、熏陶和导向作用，10月份学校党委印发了《关于组织开展我校第三届“校园廉洁文化活动月”的通知》(河海委发〔2009〕46号)，拉开了新一届“校园廉洁文化活动月”的序幕。全校干部和广大师生踊跃参加，廉洁文化各项活动都取得了圆满成功，共选出9项优秀作品上报到省里参赛，朱书记所做的党风廉政建设党课获一等奖，还有6项作品分获二、三等奖。

4. 以党风廉政建设考评为抓手，强化落实党风廉政建设责任制

2009年年初，学校就将党风廉政建设任务列入了党政管理职能部门及直属业务单位的“工作目标任务书”，并将“党风廉政建设”与其他6项工作一起作为一级指标下达给各院(系)，其中“党风廉政建设”有26个二级指标，由10个职能部门对各院(系)进行日常考核。“年初下达任务，年中日常考核，年终考核考评”是我校强化落实党风廉政建设责任制的主要形式，经过多年的实践和不断改进，已形成特色，得到教育部互查考核组和考核抽查专家组的好评。

5. 成立专门机构，集中开展专项治理工作

根据中央和教育部文件精神，结合我校工程建设实际，学校制定了《河海大学开展工程建设领域突出问题专项治理工作方案》，成立了“河海大学工程建设领域突出问题专项治理工作领导小组”，设立了专项治理工作领导小组办公室。治理工作从 2009 年 9 月至 2011 年 5 月，分为三个阶段，按照工作的进度要求，第一阶段(动员部署阶段)工作已于 10 月份完成，第二阶段(查找问题与制订整改方案)工作于 11 月初启动，目前已完成 2007 年 1 月 1 日以来竣工和在建项目台账的建立工作，各相关单位的逐项自查工作正在进行。

此外，上半年学校还颁布了《河海大学开展“小金库”专项治理工作的实施办法》，纪委办与财务处在组织校内各单位进行自查自纠的基础上，开展了专项检查和治理整顿，严禁设立“小金库”。

6. 加强对权力行使过程的监督，规范行政

纪委办、监察处与学校权力运行重点部门建立了联席会议制度，加强与干部、人事、基建、采购、招生、财务、资源管理等重点部门的交流和沟通，将监督工作融入管理工作之中，加强对行使权力的事前、事中监督。

学校成立了“采购工作领导小组”和“采购工作监督小组”，制定了《河海大学采购管理暂行办法》，监察处和常州校区纪监审办公室坚持“重要环节、重点参与”的原则，在“参与中监督，监督中服务”，全年共参与监督招标、考察、验收等活动 370 多次，保障了各类采购活动的规范开展。

学校成立了招生工作领导小组，对各种特殊类型招生进行规范化管理。在招生录取期间，成立了录取现场招生监察工作小组，对各类录取名单进行复核、确认，确保录取过程的公平公正，维护和保障考生利益。

7. 重视群众来信来访，坚决查处违纪违法案件

拓宽和畅通举报渠道，形成了校园举报信箱、网络、电话、传真和热情接待来人来访的全方位信访工作格局。信访数量继续下降，2009 年共收到信访件 17 件，已处理 13 件，正在处理的有 4 件，目前尚未发现违纪违法案件线索。

回顾 2009 我校党风廉政建设工作，在党委正确领导下，党政齐抓共管，部门各负其责，全面推进惩治和预防腐败体系各项工作，教育、制度、监督等工作取得了明显成效。在取得成绩的同时，我们还要看到尚有许多工作距离上级和校党委的要求、教职员工的期望还有差距。我们要增强责任感和使命感，在工作中切实加以改进。

二、2010 年反腐倡廉工作的主要任务

在今年年初，教育部党组、省教育厅党委专门召开党风廉政建设工作会议，全面回顾总结 2009 年全国以及全省教育系统党风廉政建设和反腐败工作，并对 2010 年教育系统反腐倡廉工作进行部署。教育部党组要求今年全国教育系统要重点抓好以下六项工作：一是进一步加大监督检查力度，推动中央重大决策部署的贯彻落实；二是进一步加强干部作风建设，以干部作风的改进促进校风学风的不断好转；三是进一步强化对重要部位和关键环节的制约监督，推动高校反腐倡廉建设不断取得新成效；四是进一步深化纠风工作，坚决治理教育乱收费，为教育改革发展营造良好的社会氛围；五是进一步加大查办违纪违法案件工作力度，坚决遏制腐败现象易发多发势头；六是进一步推进制度创新，强化对权力运行的监控。我们一定要认真学习贯彻上级的文件精神，研究新情况、分析新问题、落实新要求，把河海大学党风廉政建设和反腐败工作推上一个新台阶。

2010 年我校纪检监察工作的总体要求是：以邓小平理论和“三个代表”重要思想为指导，贯彻落实科学发展观，认真贯彻落实中纪委五次全会和全国、全省教育系统党风廉政建设工作会议精神，在上级纪委和学校党委的领导下，紧紧围绕学校中心工作，全面落实中央纪委、教育部、监察部三委部《关于加强高等学校反腐倡廉建设的意见》，今年要初步建成惩治和预防腐败体系基本框架，抓住教育、制度、监督三个关键环节，全面落实反腐倡廉建设各项工作任务，为我校各项事业的健康发展提供坚强的保证。

我们也要清醒地看到，反腐倡廉形势依然严峻，任务依然繁重。2009 年，全国教育纪检监察部门共立案 3597 件，涉案人员 4338 人，给予党纪政纪处分 3424 人，移送司法机关处理 169 人，挽回经济损失 6380 万元，维护了党纪国法的严肃性。其中尤以百年学府武汉大学发生的因该校常务副校长陈昭方、党委常务副书记龙小乐，涉嫌在基建工程中巨额受贿被捕，震惊全国教育界而影响最大。从全省来看，我省教育系统共立案 199 件，比上年同期下降 42%，高校立案 11 件，下降了 31%。虽然立案有所下降，但发生在我们身边一些高校的案件，仍然应该引起我们的警惕和思考。

我校 2010 年反腐倡廉工作要重点抓好以下六项工作：

1. 加强反腐倡廉教育，提高有效性和针对性

以党性党风党纪教育为重点，加强对领导干部的理想信念教育和廉洁从政教育，引导全校党员干部增强纪律意识、责任意识。集中开展宣传、学习、贯彻《中国共产党党员领导干部廉洁从政若干准则》教育活动。各党委、总支要将《廉政准则》列入中心组政治学习的主要内容，在党员干部中进行一次宣讲，使党员干部全面掌握主要内容和基本要求，增强贯彻落实的自觉性。深入开展廉洁教育，举办一场党风廉政建设报告会，邀请校外专家做专题报告。把反腐倡廉教育列入新上岗中层干部教育培训内容。继续开展好“校园廉洁文化活动周”系列教育活动。

2. 扎实推进惩治和预防腐败体系建设，促进我校反腐倡廉工作取得新成效

要按照《建立健全惩治和预防腐败体系 2008—2012 年工作规划》以及教育部党组《〈建立健全惩治和预防腐败体系 2008—2012 年工作规划〉实施办法》要求，加快落实《河海大学贯彻落实〈建立健全惩治和预防腐败体系 2008—2012 年工作规划〉实施办法》的年度工作任务，构建符合我校工作特点和规律的惩治和预防体系基本框架。协助党委把贯彻落实《〈建立健全惩治和预防腐败体系 2008—2012 年工作规划〉实施办法》作为年度党风廉政建设责任制检查考核的重要内容，列入院系、部门领导班子和领导干部的考核评价范围，将分工任务完成情况纳入各部门、各单位 2010 年党风廉政建设全年目标考核体系中。并组织开展推进惩治和预防腐败体系建设的监督检查工作。

落实中央纪委、教育部、监察部三委部要求，学校党政领导班子要根据工作分工，全面履行分管范围内的反腐倡廉建设职责，每年至少一次听取分管部门和单位党风廉政建设情况汇报。

3. 发挥制度建设在惩防体系中的作用，提高制度执行力

反腐倡廉制度建设是惩防体系建设的核心内容。根据教育部即将研究制定的规范高校基建工程管理和物资设备采购招投标的宏观指导意见，结合我校实际，建立和完善相关监督办法，规范学校货物、工程和服务采购监督，力争使我校基建工作更加高效、安全、廉洁。

修改《河海大学招生监察工作实施细则》，深入推进招生“阳光工程”，强化对特殊类型招生行为关键环节的监督检查，不断提高各类招生考试过程中的科学化、规范化管理水平。协助宣传部门制订《河海大学廉政文化建设实施意见》，修订完善《河海大学党风廉政建设责任制考核办法》。

制度的生命力在执行落实，制度不执行，执行不到位，制度就如同虚设。我们要加强对制度执行情况的监督检查，严肃处理违反制度的行为，维护制度的权威性。

4. 进一步强化监督制约，发挥监督在惩防体系中的关键作用

严格执行党风廉政建设责任制。纪检监察部门要协助党委深入落实《党内监督条例》，认真落实《关于实行党政领导干部问责的暂行规定》，提高监督的有效性。严格执行“三重一大”制度，并使之向院系延伸。深入推进党务公开、政务公开和校务公开，围绕学校改革发展和教职工关心的热点、难点、权力运行等问题进行公开，创造条件让教职员工更有效地参与和监督。

今年将开展廉政风险点分析研究工作，建立廉政风险防范预警机制，根据重点部门的风险级别提出相应的防范措施和监督检查考核办法，形成“内控防范有制度、岗位操作有标准、事后考核有依据”的风险防控管理体系。根据实际工作要求，调整、充实招生、招标、采购等工作的专家人员库。

开展好专项治理工作。进一步巩固“小金库”专项治理成果，强化源头治理，健全长效机制。

今年是我校基本建设规模较大的一年，要进一步认真贯彻落实教育部关于开展工程建设领域突出问题专项治理的实施意见，全面排查工程建设项目决策立项、规划、招标投标、建设实施、质量和安全生产等环节存在的突出问题，完善制度，加强管理，及时上报相关统计信息。

5. 畅通纪检监察信访渠道，完善案件的沟通协调机制

胡锦涛总书记在中央纪委五次全会上指出："反腐倡廉，预防是治本之策。"注重预防是本职，忽视预防是失职。要形成查办案件是成绩，有效预防不发生案件更是成绩的共识。做到既要坚决查处违纪违法案件，维护党纪政纪的严肃性，又要立足于超前防范，切实增强党员领导干部拒腐防变的能力。

积极整合信访资源，畅通信访渠道，做好来电、来访、来信、电子邮件、传真、举报信箱等多渠道、多形式的信访举报接待、接受工作。认真对待群众的检举、控告、申诉及批评、建议，按照件件有落实的工作要求处理好每一件信访件。建立案件查处协调会议制度，加强纪检监察、审计、财务、组织、人事等部门的协调配合。

6. 加强纪检监察队伍自身建设，不断提高工作水平

面对新形势、新任务，纪检监察部门要主动向党委汇报反腐倡廉工作，主动征求意见和建议，积极争取党委的支持；善于组织协调，充分调动和发挥职能部门积极性，努力形成齐抓共管的工作局面。

要着力提高纪检监察干部的工作能力，加强教育培训和实践锻炼，努力提高纪检监察业务水平，促进学习型机关建设；进一步发挥纪委委员的作用，加强对各学院(总支)兼职纪检员和全校党风廉政监督员的培养，在实践中发挥他们的作用；明晰纪检监察人员各自职责，规范办事程序，提高工作的预判性、主动性。

同志们，反腐倡廉任重道远。做好反腐倡廉工作，直接关系到我校发展大局。我们要认真贯彻落实好中央纪委、教育部、监察部三部委《关于加强高等学校反腐倡廉建设的意见》，齐心协力，共同构建我校惩治和预防腐败体系，为学校事业的科学发展、和谐发展保驾护航，为促进我校又好又快发展做出新的更大的贡献！

（党委办公室、校长办公室供稿）

机构设置

2010年党群系统机构图

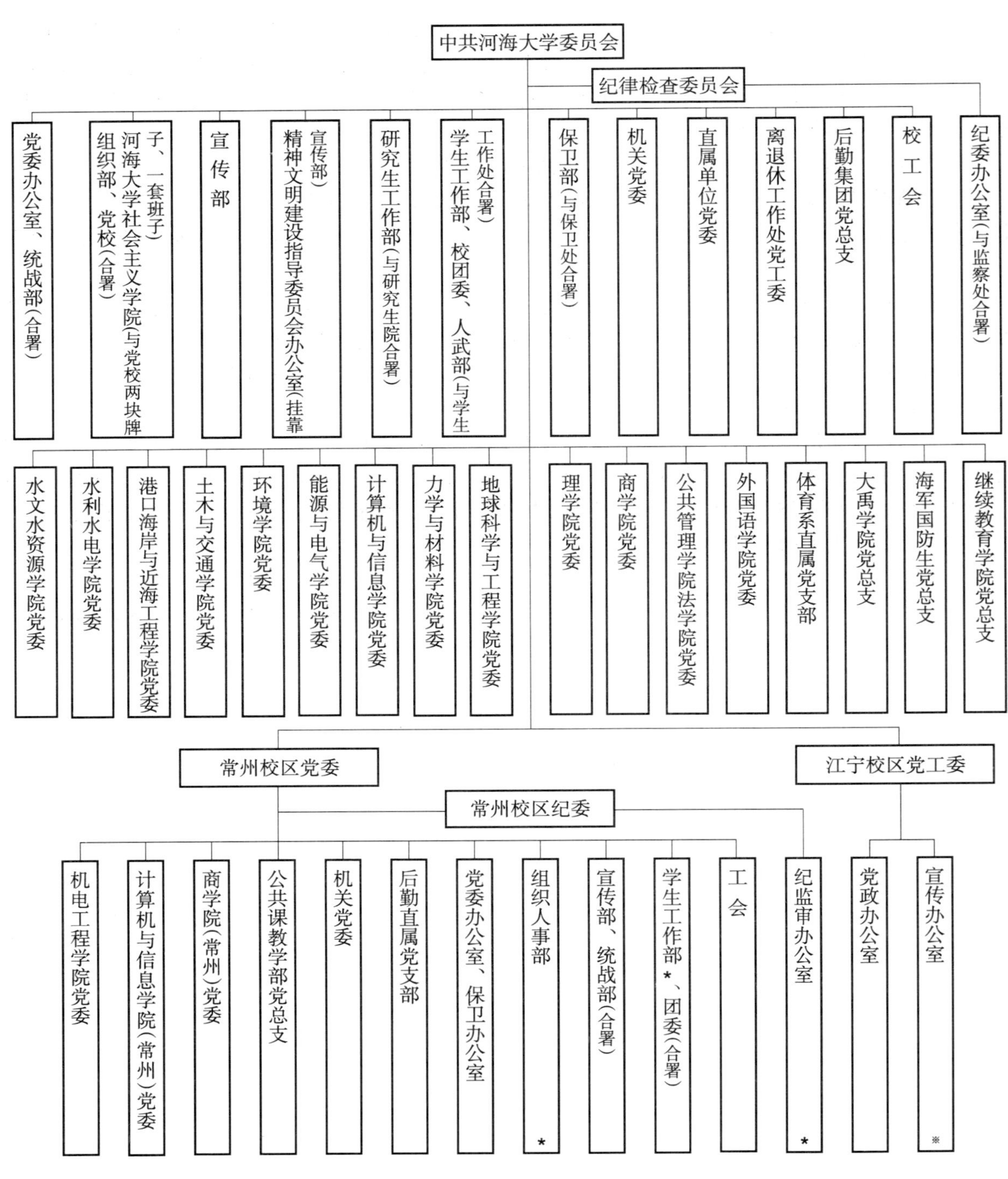

注:★为职能延伸部门;※为派出机构。

2010 年行政系统机构图

河海大学

- 校长办公室 合作发展委员会办公室、校友会办公室 教育发展基金会办公室 信访办公室
- 发展规划处
- 高等教育研究所（挂靠发展规划处）
- 教务处
- 工程训练中心（筹）（挂靠教务处）
- 国家大学生文化素质教育基地建设办公室、大学生文化素质教育工作办公室（挂靠教务处）
- 科技处
- 计量认证办公室（挂靠科技处）
- 校科协（办公室设在科技处）
- 河海大学南通海洋与近海工程研究院（挂靠科技处）
- 河海大学东台海岸带资源与利用研究所（挂靠科技处）
- 人事处 高层次人才建设办公室
- 监察处（与纪委办公室合署）
- 财务处
- 审计处
- 学生工作处（与学生工作部、校团委、人武部合署）
- 学生就业指导中心（挂靠学生工作处）
- 保卫处（与保卫部合署）
- 国际合作处 港澳台事务办公室 国际教育学院（三块牌子一套班子）（合署）
- 基建处
- 后勤管理处
- 资产管理处
- 信息中心（挂靠资产管理处）
- 河海大学公共实验平台中心（挂靠资产管理处）
- 研究生院
  - 招生办公室
  - 学科建设办公室 重点工程建设办公室（合署）
  - 综合办公室
- 江宁校区西区建设指挥部

- 离退休工作处
- 设计院
- 出版社
- 档案馆
- 继续教育学院
- 河海大学信息研究所 图书馆（两块牌子一套班子）
- 期刊部
- 校办产业管理办公室
- 水文水资源与水利工程科学国家重点实验室
- 水资源高效利用与工程安全国家工程研究中心
- 乌鲁木齐教学培训中心
- 国际水利高级人才培训中心
- 国际水文水资源及环境研究中心
- 水利部水库移民经济研究中心
- 水利部水利经济研究所
- 水利部水工金属结构安全检测中心
- 水电工程安全教育部工程研究中心
- 疏浚技术教育部工程研究中心
- 浅水湖泊综合治理与资源开发教育部重点实验室
- 海岸灾害及防护教育部重点实验室
- 岩土力学与堤坝工程教育部重点实验室
- 南方地区高效灌排与农业水土环境教育部重点实验室
- 后勤集团

常州校区管委会

- 后勤集团
- 管委会办公室、保卫办公室
- 组织人事部 *
- 纪监审办公室 *
- 学生工作部 *
- 教务部 *
- 科技与国际合作部 *
- 资产管理部 *
- 后勤管理部
- 财务部 *
- 图书馆、信息中心 *
- 成人教育部 自学考试办公室（合署） *

江宁校区管委会

- 党政办公室
- 保卫办公室 *
- 后勤办公室 *
- 信息办公室 *
- 财务办公室 ※

注：* 为职能延伸部门；※ 为派出机构。

2010年院(系)机构图

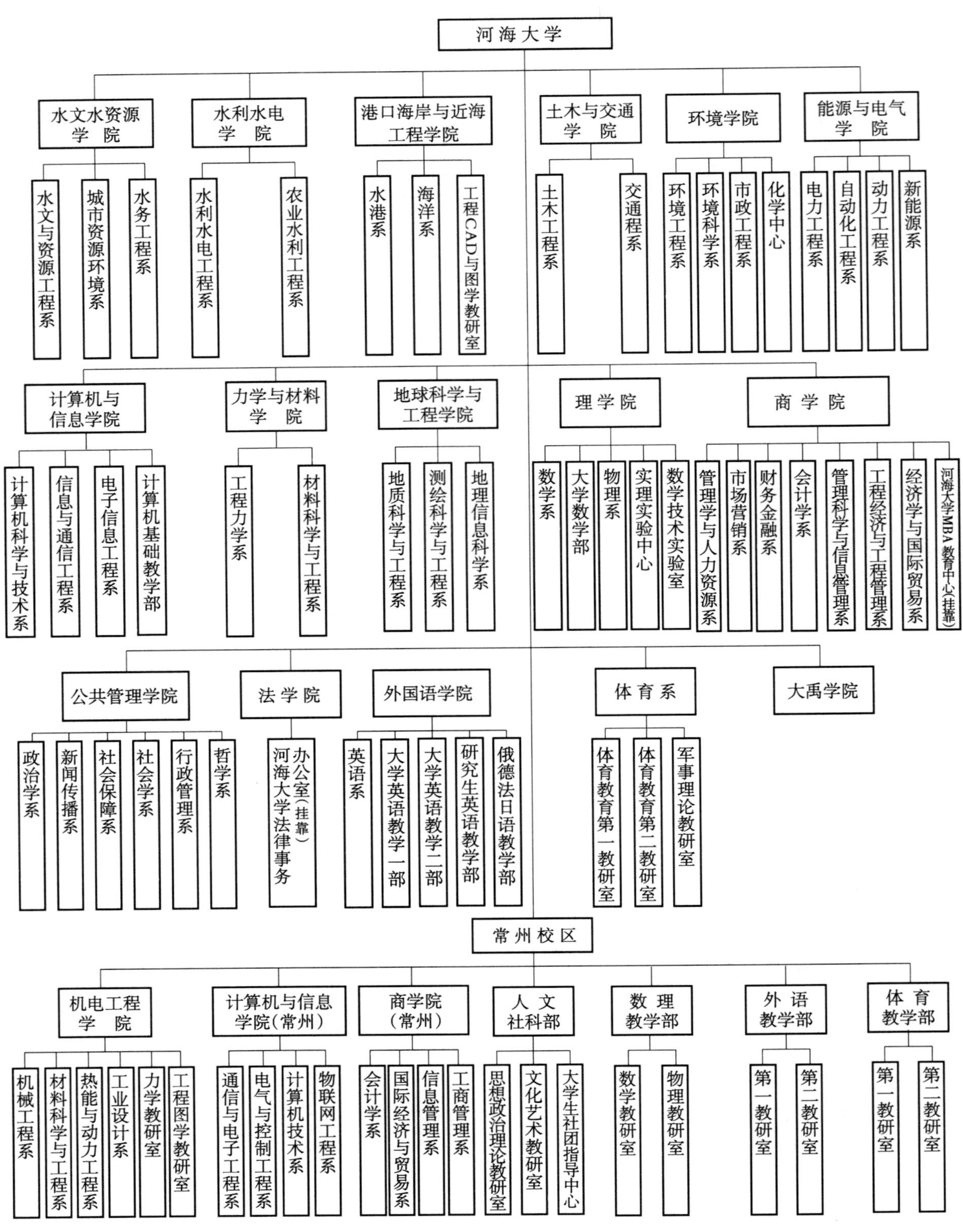

河海大学
水文水资源学院
水文与资源工程系
城市资源环境系
水务工程系
水利水电学院
水利水电工程系
农业水利工程系
港口海岸与近海工程学院
水港系
海洋系
工程CAD与图学教研室
土木与交通学院
土木工程系
交通工程系
环境学院
环境工程系
环境科学系
市政工程系
化学中心
能源与电气学院
电力工程系
自动化工程系
动力工程系
新能源系
计算机与信息学院
计算机科学与技术系
信息与通信工程系
电子信息工程系
计算机基础教学部
力学与材料学院
工程力学系
材料科学与工程系
地球科学与工程学院
地质科学与工程系
测绘科学与工程系
地理信息科学系
理学院
数学系
大学数学部
物理系
实理实验中心
数学技术实验室
商学院
管理学与人力资源系
市场营销系
财务金融系
会计学系
管理科学与信息管理系
工程经济与工程管理系
经济学与国际贸易系
河海大学MBA教育中心(挂靠)
公共管理学院
政治学系
新闻传播系
社会保障系
社会学系
行政管理系
哲学系
法学院
办公室(挂靠)
河海大学法律事务
外国语学院
英语系
大学英语教学一部
大学英语教学二部
研究生英语教学部
俄德法日语教学部
体育系
体育教育第一教研室
体育教育第二教研室
军事理论教研室
大禹学院
常州校区
机电工程学院
机械工程系
材料科学与工程系
热能与动力工程系
工业设计系
力学教研室
工程图学教研室
计算机与信息学院(常州)
通信与电子工程系
电气与控制工程系
计算机技术系
物联网工程系
商学院(常州)
会计学系
国际经济与贸易系
信息管理系
工商管理系
人文社科部
思想政治理论教研室
文化艺术教研室
大学生社团指导中心
数理教学部
数学教研室
物理教研室
外语教学部
第一教研室
第二教研室
体育教学部
第一教研室
第二教研室

校党政领导名单

校党委常委名单

党委书记： 朱 拓

党委副书记： 郑大俊（ —2010.6） 陈德奎 王济干

委 员： 朱 拓 王 乘 郑大俊（ —2010.6） 鞠 平 陈德奎 吴 远（ —2010.6） 朱跃龙 王济干 唐洪武 李乃富 徐卫亚

校行政领导名单

校 长： 王 乘

副 校 长： 鞠 平 吴 远 朱跃龙 唐洪武 李乃富 徐卫亚

中共河海大学委员会委员名单

（以姓氏笔画为序，至2010年6月止）

王 乘 王济干 任立良 刘汉龙 朱 拓 朱炳如 朱跃龙 汤瑞凉
许圣斌 吴 远 吴世友 吴继敏 张长宽 李乃富 杨士魁 陈德奎
郑大俊 唐洪武 徐卫亚 钱自立 董增川 蒋来娣 潘洪山 鞠 平

（以姓氏笔画为序，自2010年6月起）

万国彤 王 乘 王 超 王济干 任立良 任旭华 刘汉龙 朱 拓
朱跃龙 阮怀宁 吴继敏 张 阳 张 勤 张海军 李乃富 陈德奎
周志芳 周建方 唐洪武 徐卫亚 郭继超 顾冲时 董增川 缪子梅
鞠 平

中共河海大学纪律检查委员会书记、副书记名单

书 记： 陈德奎（兼）

副 书 记： 高德华

中共河海大学纪律检查委员会委员名单

（以姓氏笔画为序，至2010年6月止）

王建青 刘树人 孙其昂 李训铭 陈德奎 陈 杰 黄莉妙 蔡丽萍
戴玉良

(以姓氏笔画为序，自 2010 年 6 月起)

王建青　孙其昂　邢鸿飞　陈德奎　袁　越　高德华　蒋来娣　韩绪军
潘洪林

校长助理名单

吴胜兴　郑垂勇　戴会超

党群机构领导名单

党委办公室

主　任　郭继超
副主任　王建青(兼)　钱恂熊(兼党委常委会秘书)

统战部

部　长　王建青

保密委员会办公室

主　任　钱恂熊(兼)

组织部

部　长　张　勤
副部长　钱朝阳(兼)　浦　玲

党校、社会主义学院

常务副校长、常务副院长　钱朝阳

纪委办公室

主　任　高德华(兼)
副主任　王志峰
纪检监察员　张　烨

宣传部

部　长　万国彤
副部长　康宏强(兼)　王如高　潘　静

精神文明建设指导委员会办公室

主　任　万国彤(兼)
副主任　王如高(兼)

新闻中心

主　任　万国彤(兼)
副主任　潘　静(兼)

研究生工作部

部　长　　张海军
副部长　　渠燕军(兼)

学生工作部

部　长　　缪子梅
副部长　　黄林楠(兼)　　蒲晓东　　封学军(兼)　　渠燕军

人武部

部　长　　缪子梅(兼)
副部长　　蒲晓东(兼)

校团委

书　记　　封学军
副书记　　刘兴平

保卫部

部　长　　胡忠华
副部长　　彭　隆　　曹松祥

校工会

主　席　　金　华
副主席　　舒红缨　　刘爱莲(兼职)

党委、总支、直属支部领导名单

水文水资源学院党委

书　记　　陈元芳
副书记　　孔祥冬

水利水电学院党委

书　记　　张展羽
副书记　　魏有兴

港口海岸与近海工程学院党委

书　记　　朱宏亮
副书记　　王永芝

土木与交通学院党委

书　记　　颜素珍
副书记　　蒋　菊

环境学院党委

书　记　　陈　杰
副书记　　笪学军

能源与电气学院党委

书　记　　魏　萍
副书记　　刘成钢

计算机与信息学院党委

书　记　　吴宝海
副书记　　戴玉珍

力学与材料学院党委

书　记　　王泽华
副书记　　李　英

地球科学与工程学院党委

书　记　　冯广将
副书记　　张秋野

理学院党委

书　记　　张俊基
副书记　　鲁　扬

商学院党委

书　记　　何有山
副书记　　吴洪彪

公共管理学院法学院党委

书　记　　余达淮
副书记　　张建民

外国语学院党委

书　记　　钱　微
副书记　　朱志梅

体育系直属党支部

书　记　　王建民

大禹学院党总支

书　记　　鞠　平(兼)
副书记　　宋瑞平

海军国防生党总支

书　记　　蒲晓东(兼)

机关党委

书　记　　蔡丽萍

直属单位党委

书　记　　刘晓云

继续教育学院党总支

书　记　　许圣斌

副书记　　余 敏

离退休工作处党工委

书 记　　郭祥林(兼)
副书记　　李 可(兼)

后勤集团党总支

书 记　　汪北华

行政机构领导名单

校长办公室

主 任　　赵 坚
副主任　　马成志(兼)　　李 枫　　吴 红

合作发展委员会办公室、校友会办公室、教育发展基金会办公室

主 任　　马成志

信访办公室

主 任　　李 枫(兼)

发展规划处

处 长　　董增川
副处长　　汪建新

高等教育研究所

所 长　　董增川
副所长　　汪建新

教务处

处 长　　阮怀宁
副处长　　江 冰(兼)　　周立新　　于 伟　　叶鸿蔚　　杨 晨(兼职)　　邵国建(兼职)

国家大学生文化素质教育基地

建设办公室主任　　阮怀宁(兼)

大学生文化素质教育工作办公室

主 任　　阮怀宁(兼)

科技处

处 长　　郑金海(—2010.5)　　任旭华(2010.5—)
副处长　　蔡 新(兼)　　史安娜　　陈毓陵　　谈小龙　　陈建生(兼职)　　许卓明(兼职)
　　章 青(兼职)
沿海办公室主任　　陈军冰

河海大学南通海洋与近海工程研究院

院 长　　任旭华(兼)(2010.9—)

河海大学东台海岸带资源与利用研究院

院　长　　任旭华(2010.9—　)

研究生院

院　长　　王　乘(兼)
常务副院长　　姚纬明
副院长　　张海军(兼)　　施建勇　　束龙仓　　何秀凤(兼职)　　王慧敏(兼职)

学科建设办公室、重点工程建设办公室

主　任　　姚纬明(兼)

综合办公室

主　任　　任海莹

招生办公室

主　任　　张雪刚

人事处

处　长　　蒋来娣
副处长　　王炎灿(兼)　　曹继平　　丰土根

人才交流培训中心

处　长　　蒋来娣(兼)

监察处

处　长　　高德华(兼)

财务处

处　长　　周语明
副处长　　李德生(兼)　　倪晓红

审计处

处　长　　韩绪军

国际合作处

处　长　　任立良
副处长　　管仪庆　　陈红胜

国际教育学院

院　长　　任立良
副院长　　陈红胜

港澳台事务办公室

主　任　　任立良

学生工作处

处　长　　缪子梅
副处长　　宋利民(兼)　　黄林楠(兼)　　蒲晓东　　封学军(兼)　　渠燕军

招生办公室

主　任　　缪子梅(兼)

学生就业指导中心

主　任　　黄林楠

保卫处

处　长　　胡忠华
副处长　　彭　隆　　曹松祥

基建处

处　长　　娄　健
副处长　　陈　刚　　张　军

后勤管理处

处　长　　雷贵荣
副处长　　吴青山　　孙　谦

资产管理处

处　长　　陆国宾
副处长　　秦进东(兼)　　吴宁萍　　胡　明　　王寿辉　　朱　亚(兼)

信息中心

主　任　　朱　亚
副主任　　梁正和

江宁校区西区建设指挥部

指 挥 长　　吴胜兴(2010.7—　)
副指挥长　　王　捷(2010.7—　)　　娄　健(2010.7—　)
总工程师　　胡　明(2010.7—　)

直属单位、后勤集团领导名单

离退休人员工作处

处　长　　郭祥林
副处长　　李　可

设计院

副院长　　黄　波

出版社

社　长　　王　平
副社长　　施　萍　　吴劭文

档案馆

馆　长　　张鸿业

继续教育学院

院　长　　陈青生
副院长　　王瑞庆　　张伟建

图书馆

馆　长　　高新陵
副馆长　　胡　钢(兼)　　符晓陵　　卞艺杰

期刊部

主　任　　马　民
副主任　　马敏峰

资产经营有限公司、校办产业管理办公室

总经理、主任　　李冠华
副总经理、副主任　刘福东

水文水资源与水利工程科学国家重点实验室

主　任　　彭世彰
副主任　　王　超(兼)(2010.12—)　　余钟波(兼)　　刘　凌(兼职)　　王　文(兼职)

水资源高效利用与工程安全国家工程研究中心

常务副主任　　陈星莺
副　主　任　　朱　伟　　张行南(兼职)　　万定生(兼职)

后勤集团

总 经 理　　曲永岗
副总经理　　汪北华(兼)　　吴永强(2010.12—)　　徐　军

院、系领导名单

水文水资源学院

院　长　　余钟波
副院长　　王建群　　李琼芳

水利水电学院

院　长　　顾冲时
副院长　　李同春　　陈　菁　　方国华　　俞双恩(兼职)(2010.7—)

节水园区办公室

主　任　　俞双恩

港口海岸与近海工程学院

院　长　　郑金海(2010.5—)
副院长　　冯卫兵　　陈国平

土木与交通学院

院　长　　刘汉龙
副院长　　吴　中　　曹平周　　吉伯海

环境学院

院　长　　王　超
副院长　　华祖林　　陆光华(2010.11—　)

浅水湖泊综合治理与资源开发教育部重点实验室

主　任　　王　超(兼)
副主任　　季　莉

能源与电气学院

院　长　　袁　越
副院长　　卫志农　　郑　源　　李志华　　徐　群(兼职)

计算机与信息学院

副院长　　许　峰　　徐立中　　曹　宁

力学与材料学院

院　长　　钱向东
副院长　　陈　文　　王　泽

地球科学与工程学院

院　长　　周志芳
副院长　　岳建平　　安　如

理学院

院　长　　安天庆
副院长　　朱卫华　　朱永忠

商学院

院　长　　张　阳
副院长　　许长新　　周海炜　　汪　群

公共管理学院

院　长　　施国庆
副院长　　刘爱莲　　余文学　　黄涛珍

外国语学院

副院长　　朱正东　　蔡　斌

法学院

院　长　　邢鸿飞
副院长　　王建文　　陈广华

河海大学法律事务办公室

主　任　　邢鸿飞(兼)

体育系

主　任　　王建民
副主任　　郭　平

大禹学院

院　长　　鞠　平(兼)
副院长　　阮怀宁(兼)

常州校区党政领导名单

党 委 书 记: 吴继敏　　**管 委 会 主 任:** 周建方
党委副书记: 潘洪林　　**管委会副主任:** 彭　雷　　刘丹平

常州校区党政机构领导名单

党委办公室、管委会办公室、保卫办公室

主　任　　彭　雷(兼)
副主任　　吴　凯　　曹　翀

组织人事部

部　长　　王炎灿
副部长　　吕红征

宣传部、统战部

部　长　　康宏强

纪　委

书　记　　潘洪林(兼)
副书记　　蒋建宏

纪委、监察、审计联合办公室

主　任　　蒋建宏(兼)
纪检监察员　梁缙英

学生工作部

部　长　　宋利民
副部长　　高洪娟(兼)　　朱倬然

团　委

书　记　　高洪娟

教务部

部　长　　江　冰

副部长　　王　萍

科技与国际合作部

部　长　　蔡　新
副部长　　沈金荣

资产管理部

部　长　　秦进东
副部长　　孟　颂

后勤管理部

部　长　　陆劲松

财务部

部　长　　李德生

工　会

主　席　　吴震岱

机关党委

书　记　　吴震岱(兼)
副书记　　梁缙英

图书馆

馆　长　　胡　钢
副馆长　　汤黎光

信息中心

主　任　　胡　钢
副主任　　汤黎光

成人教育部(自学考试办公室)

主　任　　李德明

机电工程学院党委

书　记　　杨春伟
副书记　　乔　熙

机电工程学院

院　长　　朱天宇
副院长　　赵占西　　卞新高　　包晔峰(2010.3—　)　　倪福生(兼职)

疏浚技术教育部工程研究中心

主　任　　倪福生

计算机与信息学院(常州)党委

书　记　　陈学忠
副书记　　董涌波

计算机与信息学院(常州)

院　长　　范新南

副院长　朱昌平　李庆武

商学院(常州)党委

书　记　田晶华
副书记　胡井军

商学院(常州)

院　长　吴凤平
副院长　梁　伟　王普查

公共课教学部党总支

书　记　蒋建平

数理教学部

主　任　何春元

人文社科部

主　任　纪玲妹

外语教学部

主　任　周自强

体育教学部

主　任　沈丽英

后勤实体直属党支部

书　记　李　云

后勤集团

总经理　孙彦歆

江宁校区党政领导名单

党工委书记：任旭华(兼)(　—2010.5)　王　捷(2010.5—　)
管委会主任：任旭华(　—2010.5)　王　捷(2010.5—　)
党工委副书记：丁寿祥(兼)
管委会副主任：隋寿义　丁寿祥

江宁校区党政机构领导名单

党工委办公室、管委会办公室

主　任　丁寿祥(兼)

信息办公室

主　任　　梁正和(兼)

宣传办公室

主　任　　王如高(兼)

财务办公室

主　任　　周语明(兼)

保卫办公室

主　任　　彭　隆(兼)

后勤办公室

主　任　　吴青山(兼)

组织员、调研员名单

校工会

调研员　　王玉霞　　戴玉良(　—2010.9)

校长办公室

调研员　　方　坚(　—2010.1)

教务处

调研员　　蔡正林

科技处

调研员　　赵启芳

学生处

组织员　　张济韬
调研员　　张静芬

保卫处

调研员　　金家驹

资产管理处

调研员　　贺朝敖(　—2010.3)

离退休人员工作处

调研员　　周志权(　—2010.2)　　黄和平

期刊部

调研员　　张荣安

水文水资源与水利工程科学国家重点实验室

调研员　　谭恩龙

水资源高效利用与工程安全国家工程研究中心

调研员　祁本华

后勤集团

调研员　何文科

水文水资源学院

调研员　刘德友

水利水电学院

调研员　缪名芬

港口海岸与近海工程学院

调研员　邹明德

土木与交通学院

组织员　楼林义

环境学院

调研员　吴世友(　—2010.9)

计算机与信息学院

调研员　陆晓平(　—2010.10)

力学与材料学院

调研员　黄莉妙

地球科学与工程学院

调研员　潘洪山

商学院

调研员　石柏林

公共管理学院

组织员　胡　靖

法学院

组织员　许智猛

常州校区党委办公室、管委会办公室、保卫办公室

调研员　陈圣奇

常州校区图书馆

调研员　葛海蓉

学术机构

第七届学术委员会

名誉主任： 吴中如
主　　任： 王　乘
副 主 任： 鞠　平　朱跃龙　唐洪武　徐卫亚
委　　员：（按姓氏笔画为序）

王　超　王志坚　王建民　王慧敏　任立良　任旭华　刘汉龙　孙其昂
安天庆　朱　伟　朱　拓　朱天宇　邢鸿飞　阮怀宁　余钟波　吴胜兴
吴继敏　张　阳　张　玮　陈建生　陈星莺　周志芳　周建方　武清玺
郑垂勇　郑金海　姚纬明　施国庆　钟平安　倪福生　袁　越　钱向东
顾冲时　章　青　彭世彰　董增川　蒋德富　戴会超

秘 书 长： 任旭华(兼)
副秘书长： 史安娜　蔡　新　施建勇

第十届学位评定委员会

主　　席： 王　乘
副 主 席： 朱　拓　吴中如　鞠　平　朱跃龙
委　　员：（以姓氏笔画为序）

王　超　王济干　刘汉龙　安天庆　朱天宇　许　峰　阮怀宁
余钟波　张　阳　束龙仓　周志芳　周建方　郑金海　姚纬明
施国庆　唐洪武　徐卫亚　袁　越　钱向东　顾冲时

学位评定委员会办公室设在研究生院，负责日常工作。
办公室主任： 束龙仓
秘　　书： 黄　峥　王　平

科学技术协会

顾　　问： 左东启
主　　席： 姜弘道
副 主 席： 郑大俊　鞠　平　严以新
常　　委：（以姓氏笔画为序）

马　民　王义刚　任旭华　刘德有　严以新　吴中如　吴宝海　吴朝国
张　阳　张静芳　陈才生　陈星莺　宗　平　郑大俊　姚纬明　姜弘道
施国庆　施建勇　施泽华　赵　坚　唐洪武　徐卫亚　尉天骄　曹　敬
谢悦波　鞠　平

委　　员： 马　民　马红兵　王　捷　王义刚　王如高　任旭华　任青文　刘爱莲
刘德友　刘德有　毕源峰　邬　萱　严以新　吴中如　吴宝海　吴朝国
张　阳　张静芬　陈桂华　陈才生　陈建余　陈星莺　周志权　宗　平

郑大俊　郑金海　姚纬明　姜弘道　施国庆　施建勇　施泽华　胡　钢
赵　坚　唐洪武　徐卫亚　顾圣平　尉天骄　曹　敬　彭世彰　蒋志清
谢悦波　虞希光　鞠　平

秘书长：赵　坚(兼)

副秘书长：蒋志清　邬　萱

2010年调整专项工作领导小组、委员会

河海大学公房清查领导小组

组　长：李乃富

副组长：陆国宾

成　员：(按姓氏笔画排序)

任旭华　曲永刚　吴　红　胡忠华　高德华　雷贵荣

秘　书：瞿　婧

河海大学医疗经费管理工作领导小组

组　长：李乃富

副组长：金　华　雷贵荣

成　员：(按姓氏笔画排序)

华明亚　张海军　周语明　郭祥林　高德华　蒋来娣　缪子梅

秘　书：马红兵

河海大学教职工大病医疗互助会管理小组

组　长：舒红缨

副组长：马红兵　郭祥林

成　员：(按姓氏笔画为序)

刘宇琳　孙其昂　沈长松　陈智红　高德华

秘　书：解慧玲

校本部校园改造及景观建设工作组

组　长：王　乘

副组长：李乃富　吴胜兴

成　员：(按姓氏笔画排序)

万国彤　邢鸿飞　陆国宾　周语明　金　华　娄　健　赵　坚　高德华
董增川　雷贵荣

秘　书：陈　刚　吴　红

河海大学工程建设领域突出问题专项治理工作领导小组

组　长： 王　乘
副组长： 陈德奎　　李乃富
成　员：（按姓氏笔画排序）
周语明　　娄　健　　高德华　　董增川　　韩绪军
领导小组下设办公室
主　任： 高德华
成　员：（按姓氏笔画排序）
王志峰　　孙万新　　毕永竹　　张超豪　　陈　刚

河海大学国防生工作领导小组

组　长： 王　乘
副组长： 王济干　　鞠　平
成　员：（以姓氏笔画为序）
万国彤　　王建民　　乔光玉　　江　冰　　阮怀宁　　宋利民　　张　勤　　陆国宾
周语明　　封学军　　赵　坚　　郭继超　　蒲晓东　　缪子梅　　潘洪林
有关学院分管学生工作副书记和分管教学工作副院长
领导小组办公室设在学生工作处
主　任： 蒲晓东(兼)

河海大学教材图书采购工作领导小组

组　长： 吴　远　　陈德奎
成　员：（按姓氏笔画排序）
王志峰　　王瑞庆　　叶鸿蔚　　束龙仓　　陈广华　　倪晓红　　高新陵　　韩绪军
秘　书： 武　荣

河海大学产业规范化建设领导小组

组　长： 王　乘
副组长： 徐卫亚　　吴　远
成　员： 陈德奎　　朱跃龙　　唐洪武
秘　书： 李冠华

河海大学经营性资产管理委员会

主　任： 王　乘
副主任： 徐卫亚　　吴　远
委　员： 陈德奎　　朱跃龙　　唐洪武　　李乃富　　郑垂勇
秘　书： 李冠华

河海大学采购工作监督小组

组　长：陈德奎

成　员：高德华　周语明　韩绪军　金　华　邢鸿飞　吉伯海　王志峰

秘　书：王志峰

河海大学等四校国家大学生素质教育基地建设工作领导小组

成　员：朱　拓　崔锐捷　文晓明　陈　琪　王济干　鞠　平　陈夏初　吴庆宪　吴志斌　夏锦文　周亚夫　王心如

领导小组下设秘书处、办公室(挂靠河海大学)

成　员：阮怀宁　周建江　张连红　季晓辉　叶鸿蔚　蒲晓东　刘兴平　赵　宇　王　晖　李和新　边　霞　熊鸿生　朱冬梅　刘晓静　张鸿来　王晓丽

河海大学设计院和江苏河海工程技术总公司改制工作领导小组和工作组

组　长：王　乘

副组长：吴　远　徐卫亚

成　员：陈德奎　唐洪武　韩绪军　周语明　蒋来娣　李冠华

领导小组下设工作组

组　长：徐卫亚

副组长：李冠华　蔡　新

成　员：韩绪军　倪晓红　曹继平　刘福东　马晓辉　黄　波

秘　书：蔡　莹

河海大学第六次全国人口普查工作领导小组

组　长：王　乘

副组长：吴　远　王济干

成　员：(按姓氏笔画排序)

万国彤　王　捷　曲永岗　阮怀宁　张海军　陆国宾　周语明　金　华　胡忠华　赵　坚　郭祥林　郭继超　蒋来娣　雷贵荣　缪子梅

领导小组下设人口普查办公室

主　任：赵　坚

副主任：胡忠华　吴　红

成　员：(按姓氏笔画排序)

马德祥　方玉霞　王　平　任　庆　华明亚　汤茂买　何春林　吴　桦　吴有珍　宋　强　张李杰　张玲彬　张秋玲　沈国军　苏正楠　林苍桑　金　萍　宣庆荣　胡旭宇　唐　宏　徐　爽　高　强　黄铁基　解慧玲　潘云涛　薛　峰　霍晓军

秘　书：金家驹　彭　隆

河海大学信息化工作领导小组

组　长：王　乘

副组长：朱跃龙　　李乃富

成　员：鞠　平　　王济干　　唐洪武　　徐卫亚　　赵　坚

秘　书：朱　亚

领导小组下设信息化办公室，办公室设在信息中心

主　任：朱跃龙

副主任：赵　坚　　朱　亚

成　员：（以下按姓氏笔画为序）

万国彤　　王　捷　　任旭华　　阮怀宁　　张　勤　　张鸿业　　陆国宾　　周建方

周语明　　姚纬明　　娄　健　　郭继超　　高新陵　　梁正和　　董增川　　蒋来娣

韩绪军　　雷贵荣　　缪子梅

秘　书：张新华

河海大学学生身心健康教育工作领导小组

组　长：王济干

副组长：鞠　平　　李乃富

成　员：（按姓氏笔画为序）

丁寿祥　　万国彤　　王寿辉　　王建民　　华明亚　　阮怀宁　　余达淮　　宋利民

张海军　　封学军　　胡忠华　　倪晓红　　曹继平　　蒲晓东　　雷贵荣　　缪子梅

潘洪林

秘　书：刘取芝　　王达军

河海大学水科技园领导小组

组　长：王　乘

副组长：李乃富　　徐卫亚

成　员：（按姓氏笔画排序）

任旭华　　李冠华　　陆国宾　　周语明　　赵　坚　　高德华　　章恒全

秘　书：陆国宾（兼）

领导小组下设工作组

组　长：陆国宾

副组长：章恒全　　李冠华

成　员：刘福东　　陈　刚

秘　书：沈益朋

河海大学办公用房调配领导小组

组　长：李乃富

副组长：陆国宾　　董增川

成　员：（按姓氏笔画排序）

万国彤　王　捷　任旭华　阮怀宁　张　勤　束龙仓　周语明　金　华
赵　坚　郭继超　高德华　蒋来娣　雷贵荣
秘　书: 瞿　婧

河海大学任期目标责任制工作领导小组

组　长: 王　乘
成　员: 鞠　平　吴　远　朱跃龙　王济干　唐洪武　徐卫亚
秘　书: 董增川
领导小组下设办公室
主　任: 吴　远
副主任: 唐洪武　董增川
成　员: (按姓氏笔画排序)
任旭华　阮怀宁　吴继敏　张　勤　陆国宾　周建方　周语明　郑金海
姚纬明　赵　坚　郭继超　高德华　蒋来娣　缪子梅
秘　书: 汪建新　王炎灿　浦　玲　曹继平

河海大学规范劳动用工工作领导小组

组　长: 唐洪武
副组长: 李乃富　蒋来娣
成　员: (按姓氏笔画排序)
王炎灿　曲永岗　邢鸿飞　汪北华　周语明　金　华　赵　坚　曹继平
雷贵荣
秘　书: 王　健

河海大学国有及国有控股企业“小金库”专项治理工作领导小组

组　长: 吴　远　陈德奎　徐卫亚
成　员: (按姓氏笔画排序)
曲永岗　李冠华　周建方　周语明　高德华　韩绪军　潘洪林
领导小组办公室设在财务处
主　任: 周语明
成　员: 倪晓红　王志峰　张超豪

河海大学江宁校区西区建设领导小组

组　长: 王　乘
副组长: 朱跃龙　李乃富　吴胜兴
成　员: (以姓氏笔画为序)
王　捷　陆国宾　周语明　姚纬明　娄　健　胡　明　赵　坚　高德华
韩绪军
秘　书: 李　晖

河海大学国际学术交流中心建设领导小组

组　长： 王　乘
副组长： 李乃富　郑垂勇
成　员：（按姓氏笔画排列）
曲永岗　陆国宾　周语明　娄　健　胡忠华　赵　坚　高德华　雷贵荣
秘　书： 陆国宾（兼）

领导小组下设建设工作组
组　长： 陆国宾
成　员：（按姓氏笔画排列）
刘福东　孙　谦　吴　红　陈　刚　黄　波　龚鹏程
秘　书： 李志强　沈益朋

河海大学“卓越工程师培养计划”工作领导小组

组　长： 王　乘
副组长： 鞠　平　朱跃龙　王济干
成　员：（按姓氏笔画排序）
刘汉龙　朱宏亮　阮怀宁　余钟波　姚纬明　封学军　顾冲时　缪子梅
秘　书： 周立新

领导小组下设工作组
组　长： 鞠　平
副组长： 阮怀宁　束龙仓
成　员：（按姓氏笔画排序）
王建群　冯卫兵　叶鸿蔚　宋瑞平　沈长松　陈　菁　周立新　顾圣平
曹平周
秘　书： 武　荣　李　晖

河海大学本科教学工作委员会

主　任： 鞠　平
副主任： 阮怀宁　刘丹平
委　员： 于　伟　王　泽　王　萍　王建群　王普查　冯卫兵　叶鸿蔚　刘爱莲
华祖林　吉伯海　安　如　朱卫华　朱正东　朱永忠　朱昌平　江　冰
许　峰　李同春　李志华　汪　群　陈　菁　陈广华　周立新　郑　源
赵占西　郭　平　曹平周　蔡正林
秘　书： 武　荣　管林楠

水文水资源与水利工程科学国家重点实验室管理委员会

主　任： 王　乘　张建云
副主任： 徐卫亚　李　云
委　员：（按姓氏笔画排序）

任立良　刘兆衡　余钟波　杨东利　陆国宾　周语明　郑金海　姚纬明
赵　坚　彭世彰　董凤林　董增川　蒋来娣　雷贵荣　薛亚云　戴济群
秘　书：谈小龙　毛凤莲

河海大学沿海开发领导小组

组　长：朱　拓
副组长：王　乘　朱跃龙
成　员：唐洪武　徐卫亚　张长宽　郑垂勇　郭继超　赵　坚　郑金海
领导小组下设办公室
主　任：赵　坚(兼)
秘　书：陈军冰

水资源高效利用与工程安全国家工程研究中心建设管理委员会

主　任：王　乘
副主任：徐卫亚
委　员：(按姓氏笔画排序)
李冠华　陆国宾　陈星莺　周语明　郑金海　董增川　蒋来娣　戴会超
秘　书：朱　伟

河海大学工程管理专业教育评估领导小组和工作组

评估领导小组
组　长：鞠　平
副组长：张　阳　阮怀宁　何有山
成　员：(按姓氏笔画为序)
叶鸿蔚　吴洪彪　杨高升　汪　群　周语明　蒋来娣　雷贵荣　缪子梅
评估工作小组
组　长：张　阳
副组长：汪　群　叶鸿蔚　吴洪彪　杨高升
成　员：(按姓氏笔画排序)
任　庆　吕苏榆　张云宁　李　锋　杜晓荣　沈菊琴　沙　静　陈军飞
周　林　姚昌炯　赵　冰　唐　震　袁汝华　谈　飞　章恒全　简迎辉
秘　书：舒　欢

河海大学中央高校基本科研业务费管理领导小组

组　长：王　乘
副组长：徐卫亚
成　员：(按姓氏笔画排序)
周语明　郑金海　姚纬明　蒋来娣　韩绪军
领导小组下设项目管理办公室
主　任：陈毓陵

秘　书： 张毅华

西部水电开发研究生培养基地(昆明)管理委员会

名誉主任： 秦光荣
主　任： 米东生　王　乘　蔡绍宽
副主任： 马晓佳　朱跃龙　何　伟　王永祥　高盈孟
委　员： (排名不分先后)
姚纬明　余钟波　顾冲时　刘汉龙　王　超　袁　越　钱向东　周志芳
张　阳　张宗亮　陈继林　洪　河　张　波

河海大学水利普查工作领导小组

组　长： 鞠　平
副组长： 朱跃龙　王济干
成　员： (按姓氏笔画排序)
王　超　任旭华　刘丹平　许　峰　阮怀宁　张　阳　张海军　李　枫
陈元芳　陈青生　周志芳　施国庆　赵　坚　顾冲时　缪子梅
秘　书： 李　枫(兼)
领导小组下设办公室
主　任： 陈青生
副主任： 李　枫　刘兴平
成　员： (按姓氏笔画排序)
王世军　沈国军　陆宏生　管林楠　潘云涛
秘　书： 王世军(兼)

河海大学军事课课程建设领导小组

组　长： 王济干
副组长： 缪子梅　阮怀宁
成　员： 蒋来娣　周语明　蒲晓东　王建民
秘　书： 蒲晓东

河海大学军事课课程建设迎评工作小组

组　长： 王济干
副组长： 缪子梅
成　员： (按姓氏笔画排序)
于　伟　王建中　叶　欣　吴　红　张彦德　张越峰　陈建军　倪晓红
郭　平　曹继平　蒲晓东

河海大学推荐免试研究生工作领导小组

组　长： 王　乘

副组长: 鞠　平　　朱跃龙　　王济干

成　员: (按姓氏笔画为序)

于　伟　　马成志　　阮怀宁　　张海军　　张雪刚　　武清玺　　姚纬明　　高德华

缪子梅

秘　书: 王　平　　徐军海

河海大学继续教育教学指导委员会

名誉主任: 王　乘　　周保志

主　任: 鞠　平　　陈　楚　　彭建明

副主任: 陈青生　　许圣斌　　刘丹平　　孙晶辉　　韩全林

委　员: (按姓氏笔画排名)

王建群　　王金平　　王瑞庆　　刘爱莲　　朱正东　　朱永忠　　阮怀宁　　余　敏

张伟建　　李　明　　李江鹰　　李亮新　　李冠华　　李德明　　汪　群　　苏艳林

陈　菁　　赵国训　　钟卫领　　曹平周　　蔡正林

秘　书: 王瑞庆(兼)

指导委员会下设教学工作组和督导、评估工作组

教学工作组

组　长: 王瑞庆

副组长: 李德明　　于　伟

成　员: (按姓氏笔画排名)

马宏忠　　王建群　　汪　群　　余　敏　　沈长松　　陈礼和

秘　书: 陈新耕

督导、评估工作组

组　长: 许圣斌

副组长: 张伟建

成　员: (按姓氏笔画排名)

张云宁　　钱自立　　黄振平　　蔡正林

秘　书: 卢　静

河海大学研究生招生考试自命题工作领导小组

组　长: 王　乘

副组长: 朱跃龙　　陈德奎

成　员: 姚纬明　　张海军　　高德华　　张雪刚

秘　书: 徐军海

河海大学教师岗位评聘工作委员会

主　任: 王　乘

副主任: 朱　拓　　吴中如　　唐洪武

委　员: (按姓氏笔画排序)

王济干　　朱跃龙　　阮怀宁　　吴　远　　吴胜兴　　吴继敏　　周建方　　郑金海

姚纬明　　徐卫亚　　董增川　　蒋来娣　　鞠　平

秘 书： 丰土根 曹继平

河海大学其他专业技术岗位评聘工作委员会

主 任： 唐洪武
副主任： 吴 远 李乃富
委 员：（按姓氏笔画排序）
马 民 王 平 王济干 阮怀宁 吴胜兴 吴继敏 张鸿业 陆国宾
陈星莺 周建方 周语明 郑金海 高新陵 黄 波 蒋来娣 缪子梅
蔡 新
秘 书： 曹继平 丰土根

河海大学岗位聘用申诉受理工作组

组 长： 任青文
副组长： 金 华 高德华
组 员：（按姓氏笔画为序）
丰土根 史安娜 刘爱莲 邢鸿飞 蔡正林 潘洪林
秘 书： 张 烨

河海大学教师岗位特别评聘工作委员会

主 任： 王 乘
副主任： 朱 拓 唐洪武
委 员：（按姓氏笔画排序）
朱跃龙 吴中如 陈德奎 徐卫亚 蒋来娣 鞠 平
秘 书： 蒋来娣(兼)

河海大学聘用委员会

主 任： 王 乘
副主任： 朱 拓 唐洪武
委 员：（按姓氏笔画排序）
王炎灿 王济干 朱跃龙 阮怀宁 吴 远 吴中如 吴胜兴 吴继敏
张 勤 李乃富 陈德奎 周建方 郑大俊 郑垂勇 郑金海 金 华
姚纬明 徐卫亚 高德华 董增川 蒋来娣 戴会超 鞠 平
秘 书： 曹继平 丰土根

“1442工程”领导小组、培养办公室

领导小组
组 长： 王济干
副组长： 缪子梅 阮怀宁 潘洪林
成 员：（以姓氏笔画排序）

万国彤　宋利民　张　勤　周语明　封学军　任旭华　胡忠华　渠燕军
蒲晓东

培养办公室

主　任： 缪子梅

副主任： 蒲晓东

成　员： 于　伟　刘兴平　朱倬然

秘　书： 潘云涛　陈　龙

河海大学大学生社会实践活动领导小组

组　长： 王济干

副组长：（以姓氏笔画为序）

万国彤　阮怀宁　张海军　封学军　郭继超　缪子梅　潘洪林

成　员：（以姓氏笔画为序）

王永芝　王如高　孔祥冬　乔　熙　朱志梅　刘成钢　刘兴平　江　冰
李　英　吴洪彪　宋利民　宋瑞平　张建民　张秋野　周立新　胡井军
高洪娟　笪学军　康宏强　董涌波　蒋　菊　鲁　扬　蒲晓东　潘　静
戴玉珍　魏有兴

领导小组下设秘书处

秘书长： 刘兴平(兼)

成　员：（以姓氏笔画为序）

方　静　王　璐　卞风燕　卢晶晶　郑茜丹　陈　佳　汪文娟　陈伟刚
李伟玲　吴君明　吴国振　张春丽　张玲彬　张彦德　周　林　赵光好
祝　婕　徐海晨　崔锦铭　潘云涛　潘云峰

中共河海大学委员会保密委员会

主　任： 王济干

常务副主任： 徐卫亚

副主任： 郭继超　任旭华

成　员：（以姓氏笔画为序）

万国彤　马　民　任立良　朱　亚　吴继敏　张　勤　张鸿业　陈毓陵
姚纬明　胡忠华　赵　坚　钱恂熊　高新陵　高德华

保密委员会下设办公室

主　任： 钱恂熊(兼)　陈毓陵(兼)

秘　书： 顾　雷　杨　锐　杨　天

中共河海大学委员会党校校务委员会

主　任： 陈德奎

委　员：（按姓氏笔画为序）

万国彤　王建青　王炎灿　孙其昂　张　勤　张海军　封学军　郭继超
钱朝阳　高德华　康宏强　缪子梅

秘　书： 蔡新宇

河海大学关心下一代工作委员会

主　任：陈德奎
副主任：王济干　钱自立
委　员：（以姓氏笔画为序）
丁莲珍　万国彤　朱炳如　严中枢　张海军　封学军　赵　坚　郭继超
缪子梅　潘洪林
秘书长：郭祥林
副秘书长：李　可　吴震岱
秘　书：黄　炜　盛超琼

河海大学反腐倡廉建设工作领导小组

组　长：朱　拓
副组长：王　乘　陈德奎
成　员：（按姓氏笔画排序）
王济干　朱跃龙　吴　远　李乃富　鞠　平
秘　书：高德华
领导小组下设河海大学预防职务犯罪工作组
组　长：陈德奎
副组长：高德华
成　员：（按姓氏笔画排序）
万国彤　邢鸿飞　张　勤　金　华　陆国宾　周语玥　娄　健　雷贵荣
郭继超　蒋来娣　韩绪军　潘洪林
秘　书：王志峰

各级人大代表、政协委员、政府参事

人大代表

一、全国

第十一届人大代表：章　青

二、江苏省

第十一届人大代表：张长宽　朱　伟

三、南京市

第十四届人大代表：李致家

四、常州市

第十四届人大代表：江　冰

五、南京市鼓楼区

第十六届人大代表：孙其昂

六、常州市新北区

第二届人大代表：黄　皎　　何春元　　陈慧萍

政 协 委 员

一、全国

第十一届政协委员：陈星莺

二、江苏省

第十届政协常委：吴胜兴　　许长新
第十届政协委员：朱　拓　　李梦侠　　陈建生　　赵　坚　　王志坚　　王　媛

三、南京市

第十二届政协委员：史安娜

四、常州市

第十二届政协委员：梅志千　　安　文　　郝雁南

五、南京市鼓楼区

第十届政协委员：孙树林　　刘　凌　　张　玮

六、南京市江宁区

第十届政协副主席：吴凤平

七、常州市新北区

第二届政协委员：潘江波

政 府 参 事

江苏省人民政府

陈守伦

各民主党派和无党派人士、侨、台联负责人名单

一、中国民主同盟河海大学委员会

主 任 委 员：吴胜兴

副主任委员：李梦侠　　李致家　　侯战生

二、中国民主同盟河海大学常州校区支部

主 任 委 员：郝雁南
副主任委员：潘江波　　梅志千

三、九三学社河海大学委员会

主 任 委 员：陈建生
副主任委员：朱　伟　　孙树林　　沈菊琴　　陈宁珍

四、九三学社河海大学常州校区支社

主 任 委 员：黄　皎
副主任委员：苏　洲

五、中国民主促进会河海大学支部

主 任 委 员：章　青
副主任委员：梁忠民

六、中国致公党河海大学支部

主 任 委 员：刘　凌
副主任委员：吉伯海

七、中国民主建国会河海大学支部

主 任 委 员：许加军
副主任委员：史安娜

八、中国农工民主党河海大学支部

主 任 委 员：赵　坚
副主任委员：陈广华

九、中国国民党革命委员会河海大学支部

主 任 委 员：陈星莺

十、河海大学无党派人士联谊会

会　长：王志坚
副会长：高新陵　　王船海

十一、河海大学侨联

主　席：张　玮
副主席：刘树人　　许良乾

十二、河海大学台谊会

会　长：曹挺杰
副会长：尉天骄　　李庆和

担任民主党派各级组织负责人名单

一、中央级

吴胜兴　民盟中央委员

二、省级

许长新　民建江苏省第七届委员会副主任委员
陈星莺　民革江苏省第九届委员会副主任委员
李梦侠　民盟江苏省第十届委员会常委
李致家　民盟江苏省第十届委员会委员
赵　坚　农工党江苏省第十届委员会委员
陈建生　九三学社江苏省第六届委员会常委
郭英华　九三学社江苏省第六届委员会委员
安　文　九三学社江苏省第六届委员会委员

三、市级

江　冰　九三学社常州市第五届委员会副主任委员
郝雁南　民盟常州市第十二届委员会委员

在省、市统一战线团体任职人员名单

王志坚　江苏省党外知识分子联谊会常务理事
陈星莺　江苏省黄埔亲属联谊会副会长
刘树人　江苏省侨联第五届委员会委员
刘汉龙　江苏省侨界专业人士联合会副会长
马爱斌　江苏省侨界专业人士联合会理事
王　媛　江苏省侨界专业人士联合会理事
吉伯海　江苏省侨界专业人士联合会理事
陈　达　江苏省侨界专业人士联合会理事
严　勤　江苏省侨界专业人士联合会理事
徐立中　南京市党外知识分子联谊会常务理事
郁大刚　南京市党外知识分子联谊会理事
汪基伟　南京市党外知识分子联谊会理事
蔡丽萍　南京市统一战线理论研究会特邀理事
许加军　南京市统一战线理论研究会常务理事

（人事处、组织部、统战部、常州校区供稿）

部分上级来文索引

2010年部分上级来文索引

发文单位	文件编号	文件名称
中共中央	中发〔2010〕3号	关于印发《中国共产党党员领导干部廉洁从政若干准则》的通知
中共中央	中发〔2010〕15号	关于印发《中国共产党普通高等学校基层组织工作条例》的通知
中央办公厅	中办发〔2010〕9号	关于印发《党政领导干部选拔任用工作责任追究办法（试行）》的通知
中央办公厅	中办发〔2010〕12号	转发《中组部中宣部关于在党的基层组织和党员中深入开展创先争优活动的意见》的通知
中央办公厅	中办发〔2010〕15号	印发《关于对配偶子女均已移居国（境）外的国家工作人员加强管理的暂行规定》的通知
中央办公厅	中办发〔2010〕16号	印发《关于领导干部报告个人有关事项的规定》的通知
中央办公厅	中办发〔2010〕26号	印发《关于建立党委新闻发言人制度的意见》的通知
中央办公厅	中办发〔2010〕29号	印发《关于党的基层组织实行党务公开的意见》的通知
中央办公厅	中办发〔2010〕32号	关于印发《党政主要领导干部和国有企业领导人员经济责任审计规定》的通知
中央办公厅	中办发〔2010〕37号	转发中纪委等部门《关于加强惩治和预防渎职侵权违法犯罪工作力度的若干意见》的通知
国务院	国发〔2010〕9号	国务院关于进一步做好利月外资工作的若干意见
国务院办公厅	国办发〔2010〕8号	国务院办公厅关于加强和规范各地政府驻北京办事机构管理的意见
国务院学位办	学位办〔2010〕14号	关于印发《关于授予境外人士名誉博士学位暂行规定》的通知
教育部	教育部令第29号	《高等学校信息公开办法》
教育部	教直〔2010〕1号	教育部关于进一步发挥教育部直属高校两院院士在教书育人、树立优良学风、弘扬科学精神等方面作风的意见
教育部	教监厅函〔2010〕3号	教育部办公厅关于转发监察部等四部门《设立“小金库”和使用“小金库”款项违法违纪行为政纪处分暂行规定》的通知

续表

发文单位	文件编号	文件名称
教育部	教技厅函〔2010〕15号	教育部办公厅关于转发《关于印发〈军品配整科研项目管理实施细则〉的通知》的通知
教育部	教语用厅函〔2010〕2号	教育部办公厅关于转发国务院办公厅秘书局《关于加强对行政机关公文中涉及字母词审核把关的通知》的通知
教育部	教民〔2010〕11号	教育部关于印发《普通高等学校少数民族预科班高层次骨干人才硕士研究生基础强化班管理办法》的通知
教育部 科学技术委员会	教技委〔2010〕14号	关于《高等学校科学技术学术规范指南》发布的函
教育部	教监厅函〔2010〕13号	教育部关于转发监察部人力资源社会保障部《用公款出国(境)旅游及相关违纪行为处分规定》的通知
教育部	教高〔2010〕9号	教育部关于进一步加强和改进对口支援新疆地区高等学校工作的若干意见
教育部	教技〔2010〕4号	教育部关于印发《高等学校科研助理管理办法(暂行)》的通知
教育部	教研厅〔2010〕1号	教育部办公厅关于印发《授予博士、硕士学位和培养研究生的二级学科自主设置实施细则》的通知
环境保护部	环办函〔2010〕1042号	关于转发《关于印发〈国家科技重大专项知识产权管理暂行规定〉的通知》的通知
教育部办公厅	教人厅函〔2010〕15号	关于转发中组部《关于印发〈干部人事档案材料收集归档规定〉的通知》的通知
教育部办公厅	教发〔2010〕2号	关于印发《严禁教育系统领导干部违反规定插手干预基本建设工程项目管理的若干规定》的通知
教育部办公厅	教思政〔2010〕11号	关于进一步加强和改进研究生思想政治教育的若干意见
水利部国科司	国科科函〔2010〕9号	关于印发《水利科技计划实施中失信行为处理办法(试行)》的函
江苏省委	苏发〔2010〕19号	印发《关于构建反腐倡廉教育机制的意见》的通知
江苏省委	苏发〔2010〕20号	印发《关于构建权力运行监控机制的意见》的通知
江苏省委	苏发〔2010〕21号	印发《关于构建预防腐败工作机制的意见》的通知
江苏省委	苏发〔2010〕22号	印发《关于构建纠风工作长效机制的意见》的通知
江苏省委	苏发〔2010〕23号	印发《关于构建惩治腐败工作机制的意见》的通知
省政府	政府令第61号	发布《江苏省科学技术奖励办法》

续表

发文单位	文件编号	文件名称
省政府	省政府令第 63 号	江苏省省级财政专项资金管理办法
省政府	苏政办发〔2010〕4 号	省政府办公厅关于转发省教育厅、省人力资源和社会保障厅、省财政厅江苏省特聘教授选聘办法(试行)的通知
省政府	苏政发〔2010〕55 号	省政府关于进一步加强防震减灾工作的意见
江苏省委办公厅	苏发〔2010〕3 号	印发《关于党内情况反映制度实施办法(试行)》的通知
江苏省委办公厅	苏发〔2010〕5 号	关于贯彻落实《中国共产党党员领导干部廉洁从政若干准则》的实施意见
江苏省委办公厅	苏办发〔2010〕22 号	印发《关于推进学习型党组织，学习型领导班子建设的实施意见》的通知
江苏省委办公厅	苏办〔2010〕58 号	关于印发《电子文件管理细则(试行)》的通知
省政府办公厅	苏政办发〔2010〕53 号	省政府办公厅关于印发江苏省网络与信息安全事件应急预案的通知
省政府办公厅	苏政办发〔2010〕83 号	省政府办公厅转发省人力资源社会保障厅等部门关于大力开展高校毕业生就业推进行动促进高校毕业生就业实施意见的通知
省政府办公厅	苏政办发〔2010〕137 号	省政府办公厅关于印发江苏省打击侵犯知识产权和制售假冒伪劣商品专项行动实施方案的通知
西藏自治区人力资源和社会保障厅	藏人社厅发〔2010〕35 号	关于印发《西藏少数民族专业技术人才特殊培养管理暂行办法》的通知
江苏省委组织部	苏科协发〔2010〕161 号	关于印发《江苏省青年科技奖评选表彰办法》的通知
江苏省委教育工委	苏委教组〔2010〕18 号	关于印发《江苏省学校先进基层党组织优秀共产党员优秀党务工作者及标兵评选表彰办法》的通知
江苏省委教育工委	苏委教组〔2010〕24 号	关于印发《江苏高校党建工作创新评选办法(试行)》的通知
江苏省委教育工委	苏委教组〔2010〕30 号	关于印发《关于在全省教育系统基层党组织和党员中深入开展创先争优活动的实施意见》的通知
江苏省委教育工委	苏委教组〔2010〕38 号	关于印发《中共江苏省教工委关于建立大学生党员质量保障体系的实施意见》以及《江苏高校发展党员工作实施细则》的通知
江苏省委教育工委	苏委教组〔2010〕39 号	关于转发《教育部办公厅关于在高校聘请离退休老同志担任特邀党建组织员的意见》的通知
江苏省委教育工委	苏委教组〔2010〕48 号	关于印发《在全省教育系统深入开展党建带群建创先争优活动的意见》的通知

续表

发文单位	文件编号	文件名称
省教育厅	苏教安〔2010〕1号	省教育厅关于转发《高等学校消防安全管理规定》的通知
省教育厅	苏教体艺〔2010〕8号	省教育厅关于转发《江苏省大学生艺术团管理办法》的通知
省教育厅	苏教办〔2010〕6号	省教育厅关于印发《江苏省教育网络视频会议系统管理暂行办法》的通知
省教育厅	苏教高〔2010〕9号	省教育厅关于加强独立学院教学工作提高教学质量的若干意见
省教育厅 省军区	苏教体艺〔2010〕15号	省教育厅省军区司令部关于印发《江苏省普通高等学校学生军事技能训练工作规范(试行)》的通知
省教育厅	苏教学〔2010〕20号	省教育厅关于加强普通高等学校学生转专业工作管理的指导意见
省财政厅 省教育厅	苏财规〔2010〕37号	江苏省财政厅、江苏省教育厅关于印发《江苏高校优势学科建设工程专项资金管理暂行办法》的通知
江苏省教育厅	苏教社政〔2010〕10号	关于印发《江苏省本科院校思想政治理论课建设标准(试行)》《江苏省高职院校思想政治理论课程建设标准(试行)》的通知
省语言文字工作委员会	苏语办〔2010〕11号	省语委办公室关于转发《国家普通话水平测试等级证书管理办法(试行)》的通知
南京市委办公厅	宁委办发〔2010〕21号	转发《关于加强我市学校幼儿园安全防范工作的意见》的通知

(档案馆供稿)

部分学校规章制度索引

2010年部分学校规章制度索引

发文编号	规章制度名称
校政〔2010〕79号	关于印发《河海大学规范校办企业冠用校名行为的暂行管理办法》的通知
校政〔2010〕88号	关于印发《河海大学本科生奖学金及荣誉称号评选办法》及相关实施细则的通知
校政〔2010〕94号	关于印发《河海大学全日制普通本科生学籍管理规定(修订)》的通知
校政〔2010〕97号	关于印发《河海大学全日制普通本科生考试纪律及违纪处分规定(修订)》的通知
校政〔2010〕114号	关于印发《河海大学研究生招生管理规定》的通知
校政〔2010〕115号	关于印发《河海大学全日制研究学籍管理规定》的通知

续表

发文编号	规章制度名称
校政〔2010〕116 号	关于印发《河海大学授予博士、硕士学位工作规定》的通知
校政〔2010〕120 号	关于印发《河海大学学术委员会章程》的通知
校政〔2010〕138 号	关于印发《河海大学校标应用规范》的通知
校政〔2010〕168 号	关于印发《河海大学信息公开实施办法(试行)》的通知
校人〔2010〕40 号	关于印发《河海大学青年教师校内挂职培养暂行管理办法》的通知
校人〔2010〕67 号	关于对部分岗位实行人才派遣用人方式的补充规定的通知
校人〔2010〕78 号	关于印发《河海大学博士后工作管理办法》的通知
校人〔2010〕85 号	关于印发《河海大学“领军人才培养支持计划”实施意见》的通知
校人〔2010〕86 号	关于印发《河海大学“优秀创新人才支持计划”管理办法》的通知
校人〔2010〕87 号	关于印发《河海大学人才引进实施办法》的通知
校人〔2010〕88 号	关于印发《河海大学“青年教授”聘用办法(试行)》的通知
校人〔2010〕89 号	关于印发《河海大学青年教师导师制管理办法(试行)》的通知
校财〔2010〕21 号	关于印发《河海大学预算经费使用管理暂行办法》的通知
校财〔2010〕24 号	关于印发《河海大学在国有及国有控股企业开展“小金库”专项治理的实施办法》的通知
校财〔2010〕29 号	关于印发《河海大学研究生经费管理办法》的通知
校科教〔2010〕39 号	关于印发《河海大学优秀主讲教师评选办法》的通知
校科教〔2010〕52 号	关于印发《河海大学关于加强科研质量管理的若干意见》的通知
校科教〔2010〕53 号	关于印发《河海大学科研准备金管理办法(试行)》的通知
校科教〔2010〕54 号	关于印发《河海大学科技奖励办法(修订)》的通知
校科教〔2010〕55 号	关于印发《河海大学科技项目经费管理办法(修订)》的通知
校科教〔2010〕68 号	关于印发《河海大学研究生奖学金管理办法》的通知
校科教〔2010〕74 号	关于印发《河海大学全日制研究生培养工作规定》的通知
校科教〔2010〕75 号	关于印发《河海大学非全日制研究生培养管理规定》的通知
校科教〔2010〕76 号	关于印发《河海大学研究生优秀学位论文培育与评选办法》的通知
校科教〔2010〕94 号	关于颁布《河海大学班导师工作管理办法(修订)》的通知
校科教〔2010〕104 号	关于印发《河海大学研究生联合培养基地建设方案(试行)》的通知
校科教〔2010〕105 号	关于印发《水文水资源与水利工程科学国家重点实验室建设与运行管理办法》的通知
校科教〔2010〕107 号	关于印发《河海大学驻外研究院管理办法(试行)》的通知
河海委发〔2010〕11 号	中层干部离任与接任交接工作暂行规定
河海委发〔2010〕52 号	关于印发《河海大学普通本科学生专职辅导员考核办法》的通知
河海委发〔2010〕57 号	关于“双肩挑”岗位及干部管理的若干意见(试行)

(档案馆供稿)

奖励与表彰

2010 年度获校外表彰的先进集体和先进个人

一、科技类

1. 岳东杰[16]，千米级斜拉桥结构体系、设计及施工控制关键技术，国家科技进步一等奖，中华人民共和国国务院。

2. 邵国建[6]、任青文[8]，高混凝土坝整体稳定安全控制新理论及工程应用，国家科技进步二等奖，中华人民共和国国务院。

3. 唐洪武[2]，复杂环境下水力射流新理论、关键技术及应用，国家科技进步二等奖，中华人民共和国国务院。

4. 朱岳明[6]，200m 级高碾压混凝土重力坝关键技术，国家科技进步二等奖，中华人民共和国国务院。

5. 张长宽[1]、龚政[3]、谭亚[4]、郜佳爱[6]、陈永平[8]、陶建峰[9]、夏达忠[10]、周晶晶[11]、王震[12]、姚静[13]，河口海岸水动力物质输运及灾害预警研究与应用，教育部科技进步一等奖，中华人民共和国教育部。

6. 刘汉龙[1]、高玉峰[2]、陈育民[3]、马晓辉[4]、丁选明[5]、储海岩[6]，现浇混凝土大直径管桩及复合地基技术与应用，教育部科技发明一等奖，中华人民共和国教育部。

7. 余钟波[1]、陈喜[2]、郝振纯[3]、吕海深[4]、杨涛[5]、杨传国[6]、李丽[7]、鞠琴[8]、张志才[9]、向龙[10]，陆面水文过程耦合机理与模拟研究，教育部自然科学二等奖，中华人民共和国教育部。

8. 周志芳[1]、王锦国[2]、黄勇[4]、赵燕容[5]，裂隙介质水流理论及其应用，教育部科技进步二等奖，中华人民共和国教育部。

9. 徐卫亚[1]、何秀凤[4]、谈小龙[8]、梁桂兰[11]，重大水电工程岩石高边坡安全监控分析理论及其应用，教育部科技进步二等奖，中华人民共和国教育部。

10. 朱成立[2]、张展羽[10]，江苏省土地开发整理项目预算定额标准研究，国土资源部科学技术二等奖，中华人民共和国国土资源部。

11. 顾冲时[1]、苏怀智[2]、包腾飞[3]、郑东健[4]，重大水工程运行风险分析和调控的成套理论及其应用，江苏省科技进步一等奖，江苏省人民政府。

12. 张行南[1]、钟平安[3]，淮河流域水资源配置关键技术及应用，安徽省科技进步一等奖，安徽省人民政府。

13. 鞠平[2]、杨文宇[3]、陈谦[6]、汤涌[8]，负荷模型深化研究及适应性分析，陕西省科学技术一等奖，陕西省人民政府。

14. 陈界仁[3]、杨涛[5]，黄河多沙粗沙区分布式土壤流失模型及工程应用研究，河南省科学技术一等奖，河南省人民政府。

15. 李同春[10]，300m 级高混凝土拱坝合理建基面研究与应用，四川省科学技术一等奖，四川省人民政府。

16. 徐卫亚[11]，糯扎渡水电站导截流工程关键技术研究及应用，云南省科学技术一等奖，云南省人民政府。

17. 徐卫亚[1]、石崇[2]、谈小龙[4]，大型水电工程岩石高边坡工程安全理论研究与工程应用，大禹水利科学技术一等奖，大禹水利科学技术奖奖励委员会。

18. 陈卫[1]、林涛[2]、陆光华[3]、孙敏[6]、刘成[7]、陶辉[9]、郑晓英[11]、许航[12]，饮用水突发水污染应急水处理技术与保障体系，江苏省科技进步二等奖，江苏省人民政府。

19. 崔广柏[1]、逄勇[2]、刘凌[4]、余钟波[5]、姚琪[6]、姜翠玲[8]、李一平[11]、王卫平[12]、陈星[13]，太湖富营养化控制机理研究，江苏省科技进步二等奖，江苏省人民政府。

20. 高玉峰[1]、刘汉龙[5]，重大工程场地地震危险性分析理论与应用，安徽省科技进步二等奖，安徽省人民政府。

21. 高玉峰[1]、黄腾[7]、顾长存[9]，高速公路深厚软土地基处理新技术开发与应用，广东省科技进步二等奖，广东省人民政府。

22. 蒋亚清[4]，中低强度现代混凝土体积稳定性研究与应用，江苏省科技进步二等奖，江苏省人民政府。

23. 张展羽[2]，灌区水资源供需系统干旱风险研究与应用，山东省科学技术二等奖，山东省人民政府。

24. 于永海[2]，南水北调工程低扬程水泵选型关键技术与应用研究，天津市科学技术进步二等奖，天津市人民政府。

25. 黄淑萍[8]，光照 200m 级高碾压混凝土重力坝筑坝技术研究，贵州省科技进步二等奖，贵州省人民政府。

26. 吕生玺[2]，狭窄河谷深覆盖层上建设面板堆石坝的关键技术研究，大禹水利科学技术二等奖，大禹水利科学技术奖奖励委员会。

27. 刘斯宏[11]，宜兴抽水蓄能电站上水库关键技术研究，大禹水利科学技术二等奖，大禹水利科学技术奖奖励委员会。

28. 刘德有[11]，南京三汊河口护境门水闸工程关键技术研究，大禹水利科学技术二等奖，大禹水利科学技术奖奖励委员会。

29. 郝振纯[2]、王加虎[5]，淮北平原变化环境下水文循环实验研究与应用，大禹水利科学技术二等奖，大禹水利科学技术奖奖励委员会。

30. 吴玉萍[1]、谢国治[2]、王泽华[3]、林萍华[4]、李改叶[5]、周泽华[6]、江少群[7]、洪晟[8]，抗汽蚀涂层的制备、结构与性能研究，江苏省科技进步三等奖，江苏省人民政府。

31. 董增川[1]、李大勇[6]，滦河流域水资源承载能力研究，河北省科技进步三等奖，河北省人民政府。

32. 李臣明[2]、徐立中[3]、樊棠怀[5]，信息网络资源与系统集成理论技术研究生及行业应用，江西省科技进步三等奖，江西省人民政府。

33. 殷宗泽[3]、徐卫亚[4]，渠道边坡优化技术，山东省科学技术三等奖，山东省人民政府。

34. 李致家[4]、姚成[5]，山洪灾害易发区水文预报模型研究与应用，安徽省科技进步三等奖，安徽省人民政府。

35. 施建勇[5]，深厚软工地基处理成套技术研究，大禹水利科学技术二等奖，大禹水利科学技术奖奖励委员会。

36. 彭世彰[1]、缴锡云[2]、徐俊增[3]、罗玉峰[4]、王卫光[5]、俞双恩[6]，水稻节水灌溉理论及调控模式创新与应用，农业节水科学技术一等奖，中国农业节水和农村供水技术协会。

37. 吴胜兴[2]、周继凯[5]、沈德建[8]、李同春[10]、张燎军[12]、章青[15]、王岩[17]，西部高拱坝抗震安全前沿性基础科学研究及其工程应用，水力发电科学技术特等奖，中国水力发电工程学会。

38. 董增川[3]，不同来水风险条件下新富梯级水库调度策略研究，水力发电科学技术三等奖，中国水力发电工程学会。

39. 徐卫亚[8]，谈小龙[19]，西南地区水电工程复杂高陡边坡稳定控制技术，岩石力学与工程学会奖科技进步特等奖，中国岩石力学与工程学会。

40. 丰土根[1]、陈育民[2]、周云东[3]，地基地震液化大变形分析理论及工程应用，岩石力学与工程学会奖科技进步二等奖，中国岩石力学与工程学会。

41. 刘军[7]、朱珍德[8]，岩土动力学基础理论研究及工程应用，岩石力学与工程学会自然科学二等奖，中国岩石力学与工程学会。

42. 刘汉龙[1]，现浇混凝土大直径管桩技术，中国产学研合作创新与促进奖，中国产学研合作促进会。

43. 沈振中[2]、徐力群[11]，大坝安全实时监测和预警系统，中国电力科学技术三等奖，中国电机工程学会。

44. 朱昌平[1]，三种节能环保电力电子技术的推广和应用，中国电子学会电子信息科学技术三等奖，中国电子学会。

45. 王超[1]，中国发明创业奖，中国发明创业特等奖，中国发明协会。

46. 封学军[1]、王伟[2]，基于CAS的港口群仿真优化平台软件V1.0，中国港口科技进步奖，中国港口协会。

47. 陈永辉[1]、刘汉龙[6]，塑料套管混凝土桩(TC桩)加固软土地基试验研究，中国公路学会科学技术二等奖，中国公路学会。

48. 李国维[2]、马晓辉[10]，GFRP筋在公路边坡锚固中的应用研究，中国公路学会科学技术二等奖，中国公路学会。

49. 洪宝宁[11]，广东省高速公路环境友好型建设技术研究，中国公路学会科学技术二等奖，中国公路学会。

50. 吉伯海[1]、傅中秋[3](研究生)、袁黎[5]，混凝土桥梁耐久性损伤预防与修复技术研究，中国公路学会科学技术三等奖，中国公路学会。

51. 封学军[2]，海峡西岸经济区港口群核心竞争力体系构建，中国航海学会科技三等奖，中国航海学会。

52. 蔡南树[3]，吹填造陆超软土地基加固成套技术研究及应用，中国航海学会科技一等奖，中国航海学会。

53. 郑金海[1]、严以新[2]、冯卫兵[3]、洪广文[4]、徐福敏[5]、张弛[6]、赵红军[7]、沙正荣[8]、陶爱峰[9]、严士常[10]、冯向波[11]，复杂水文和地形条件下港口航道工程随机波浪数学模型的研发与应用，中国水运建设科学技术一等奖，中国水运建设行业协会。

54. 郑金海[2]、张蔚[3]，珠江三角洲航道网水动力要素长期演变趋势研究，中国水运建设科学技术三等奖，中国水运建设行业协会。

55. 邵孝侯[4]，烤烟优化灌溉理论和技术的研究与应用，中国烟草科技进步二等奖，中国烟草总公司。

56. 王超[1]、王沛芳[2]、侯俊[3]，景观型多级阶梯式人工湿地护坡成型方法，中国专利优秀奖，中华人民共和国国家知识产权局。

二、教学类

1.《土力学》，卢廷浩(负责人)，2009年国家精品课程，中华人民共和国教育部。

2.《结构力学》，杨海霞(负责人)，2009年国家精品课程，中华人民共和国教育部。

3. 水利工程实验教学示范中心，陈元芳(负责人)，2009年国家级实验教学示范中心建设点，中华人民共和国教育部。

4.《结构力学》，乔丕忠(负责人)，2009年国家双语教学示范课程，中华人民共和国教育部。

5.《水信息采集与处理(水文测验学)》，谢悦波(负责人)，2009年国家双语教学示范课程，中华人民共和国教育部。

6.《电力工程》，鞠平(负责人)，2010年国家精品课程，中华人民共和国教育部。

7.《水轮机》，郑源(负责人)，2010 年国家精品课程，中华人民共和国教育部。

8.《水电站》，胡明(负责人)，2010 年国家精品课程，中华人民共和国教育部。

9.《地下水水文学》，束龙仓(负责人)，2010 年国家双语教学示范课程，中华人民共和国教育部。

10.《商法专题研究》，王建文(负责人)，2010 年江苏省优秀研究生课程，江苏省教育厅。

11.《社会研究方法》，陈阿江(负责人)，2010 年江苏省优秀研究生课程，江苏省教育厅。

12.《数理统计》，夏乐天(负责人)，2010 年江苏省优秀研究生课程，江苏省教育厅。

13.《高等计算力学(英文)》，陈文(负责人)，2010 年江苏省优秀研究生课程，江苏省教育厅。

14.《自然地理学》，丁贤荣(负责人)，2010 年江苏省高等学校精品课程，江苏省教育厅。

15.《地理信息系统原理》，张友静(负责人)，2010 年江苏省高等学校精品课程，江苏省教育厅。

16.《测量学》，岳建平(负责人)，2010 年江苏省高等学校精品课程，江苏省教育厅。

17.《信息管理学》，杜栋(负责人)，2010 年江苏省高等学校精品课程，江苏省教育厅。

18.《高频电子电路》，朱昌平(负责人)，2010 年江苏省高等学校精品课程，江苏省教育厅。

19. 水利水电工程国家特色专业主干专业课程群教学团队，唐洪武(带头人)，2010 年省级优秀教学团队，江苏省教育厅。

20. 环境工程产学研基地，操家顺(负责人)，2010 年江苏省产学研联合培养研究生优秀基地，江苏省教育厅。

21. 环境岩土工程研究生培养基地，刘汉龙(负责人)，2010 年江苏省产学研联合培养研究生优秀基地，江苏省教育厅。

22. 工程材料实验教学中心，王泽华(负责人)，2009 年江苏省高等学校实验教学示范中心建设点，江苏省教育厅。

23. 测绘工程实验教学中心，何秀凤(负责人)，2009 年江苏省高等学校实验教学示范中心建设点，江苏省教育厅。

24. 水文及水资源工程，陈元芳(负责人)，2009 年江苏省成人教育特色专业，江苏省教育厅。

25. 王加虎，2010 年第二届全国水利学科青年教师讲课竞赛二等奖，中国水利教育协会、教育部高等学校水利学科教学指导委员会。

26. 冯宝平，2010 年第二届全国水利学科青年教师讲课竞赛二等奖，中国水利教育协会、教育部高等学校水利学科教学指导委员会。

27. 雷冬，2010 年全国第四届基础力学青年教师讲课竞赛二等奖，教育部高等学校力学基础课程教学指导分委员会。

28. 王浩、黄晶，2010 年江苏省普通高等学校本专科优秀毕业设计(论文)一等奖，指导教师：唐洪武、施国庆，江苏省普通高等学校本专科优秀毕业设计(论文)评选组织工作委员会。

29. 杨春霞、陈彬、胡婕、包洪洁，2010 年江苏省普通高等学校本专科优秀毕业设计(论文)二等奖，指导教师：郑源、陈卫、杜晓荣、刘晓农，江苏省普通高等学校本专科优秀毕业设计(论文)评选组织工作委员会。

30. 张竞秋、魏代伟、姚燚红、陈楚楚、李响，2010 年江苏省普通高等学校本专科优秀毕业设计(论文)三等奖，指导教师：陈喜、朱伟、马爱斌、江静华、朱卫华、朱昌平，江苏省普通高等学校本专科优秀毕业设计(论文)评选组织工作委员会。

31. 付婷、管桂玲、卢启豪、马旭莹、郃肇悦、闻阳、徐凯、叶常桃、曹宝金、陈铁钢、范震宇、顾键、居飞、李进、梁欣、刘丹青、宋洋、张鹏、陈伟、刘霞、肖志光、谢永召、闫雪、张迪、张石根、赵瑞鑫，2010 年江苏省普通高等学校本专科优秀毕业设计(论文)优秀团队，指导教师：徐向阳、刘俊、暴瑞玲、严晓菊、丁贤荣、葛小平、程立刚、廖华丽、刘波、李奎、周军，江苏省普通高等学校本专科优秀毕业设计(论文)评选组织工作委员会。

三、竞赛类

1. 唐少将、狄克、罗斌、徐晓军、金罗斌、朱鹏，全国大学生数学建模竞赛一等奖，指导教师：丁根宏、张学莹，教育部高等教育司、中国工业与应用数学学会。

2. 黄鑫、陈碧威、陈飞飞、朱珂、耿颖、程思钦、秦玉娇、章旭、徐鹏、聂柏松、孙继斌、张丽、高臣、邓贤扬、陈洋、张城、钱振兴、朱华庆、单彬彬、谢海静、金新、曹奇、樊宇、王俊杰、杨郭、卞昊穹、张晨语，全国大学生数学建模竞赛二等奖，指导教师：柳庆新、何朝葵、丁根宏、王建锋、陆志军、孙中喜、陆志军、张建勇、何春元、张斌武、李朝晖、黄金城、马会礼，教育部高等教育司、中国工业与应用数学学会。

3. 刘成、韩娜、王敏、杨虞琨、宋锦焘、张骥、梁英杰、褚泽帆、朱异、刘星星、胡腾飞、李海林、张吉、张丽、王涛、陈雅莉、蒋泽、李丹、钱莉、高勇、吴婷、陈晓旦、吴在强、韩星星、陆杨、李玉婷、孟利丹、林俊、杨振杰、郑南，全国大学生数学建模竞赛江苏赛区一等奖，指导教师：朱永忠、丁根宏、刘中意、李晓军、王建锋、孙合明、周忠国，江苏省教育厅、中国工业与应用数学学会。

4. 钱萍萍、田瑞、李泽宁、夏强、丁伟伟、郭俊、王亚普、张波、周发超、郑强、顾闻阳、魏定畅、刘春高、李艺、罗志华、张昊、郑浩、陈焕霖、陈静、颜智翔、杜志强，全国大学生数学建模竞赛江苏赛区二等奖，指导教师：孙合明、柳庆新、陆志军、朱永忠、周忠国、何朝葵、张建勇、何春元、张斌武、李朝晖、黄金城、马会礼，江苏省教育厅、中国工业与应用数学学会。

5. 刘永康、白鸳鸳、王玲玲、圣兆兴、罗学浩、康小立，全国大学生数学建模竞赛江苏赛区三等奖，指导教师：朱永忠、时正华，江苏省教育厅、中国工业与应用数学学会。

6. 罗正亮，第三届全国大学生节能减排社会实践与科技竞赛全国二等奖，指导教师：陈秉岩，教育部高等教育司。

7. 付永华，第三届全国大学生节能减排社会实践与科技竞赛全国三等奖，指导教师：李轶，教育部高等教育司。

8. 范凯、施云皓、靡万元、肖敏艳、燕陈飞、蔡玉霜、宋文波、潘邦澜峰、马青云，第七届挑战杯全国大学生创业计划大赛全国三等奖，指导教师：汪群，中华全国学生联合会、中国科学技术协会、共青团中央、教育部。

9. 卢静羽、魏振南、莫卫奕、周梁、黄朕晨、王宇光、裴慧敏、代继龙、陈晓霞，第六届挑战杯全国大学生创业计划大赛江苏赛区二等奖，指导教师：丁云伟、张金波、崔锦铭，共青团江苏省委、江苏省科学技术协会、江苏省教育厅、江苏省学生联合会。

10. 成中林、马聪、周航、张洁、赵伟伟、李俊贤、施昱、王璇，第七届挑战杯全国大学生创业计划大赛江苏赛区三等奖，指导教师：王普查，共青团江苏省委、江苏省科学技术协会、江苏省教育厅、江苏省学生联合会。

11. 宫建峰、钱程晨，2009 年“天华杯”全国电子专业人才设计与技能大赛江苏赛区二等奖，指导教师：王惠庆，工业和信息化部人才交流中心。

12. 何茂慧，2010 年全国第一届大学数学竞赛全国一等奖，指导教师：朱永忠、郑苏娟、钮群、胡庆云，中国数学会。

13. 朱跃光、姜凯，2010 年全国第一届大学数学竞赛全国二等奖，指导教师：朱永忠、郑苏娟、钮群、胡庆云，中国数学会。

14. 何茂慧、朱跃光、姜凯、项茜茜、刘磊、丁伟伟，2010 年全国第一届大学数学竞赛江苏赛区一等奖，指导教师：朱永忠、郑苏娟、钮群、胡庆云，中国数学会。

15. 李媛、单恒年、钱萍萍、刘振财、孟祥薇、罗斌、管星、张林海、黄鑫、周巧林，2010 年全国第一届大学数学竞赛江苏赛区二等奖，指导教师：朱永忠、郑苏娟、钮群、胡庆云，中国数学会。

16. 钱浩、陆杨、张波、朱方方、耿颖、潘磊、樊翔、吴在强、罗学浩、徐鹏、余文瑞、罗智、陆游、谭晶、唐少将、魏海涛、李园园，2010 年全国第一届大学数学竞赛江苏赛区三等奖，指导教师：朱永忠、郑苏娟、钮群、胡庆云，中国数学会。

17. 史团委、徐新坤、姚岚、孙浩、顾丽萍、顾灏，2010 年“英特尔杯”大学生电子设计竞赛嵌入式系统专题邀请赛全国二等奖，指导老师：许峰、张学武，教育部高等教育司。

18. 姜鹏、宫建峰、李伊、查文琦、刘飞、黄静、张正文、张浩、费雯靖、孟东阳、宋加才、崔积峰，第五届全国大学生“飞思卡尔”杯智能汽车竞赛全国二等奖，指导教师：褚福涛、刘久付、黄国铭、黄皎、金纪东、范新南、张金波、戴卫力，教育部高等学校自动化专业教学指导分委员会。

19. 姜鹏、宫建峰、万雅文、查文琦、刘飞、黄静、顾天龙、潘惠惠、巢佳、孟东阳、冯鹏、崔积峰，第五届全国大学生“飞思卡尔”杯智能汽车竞赛华东赛区一等奖，指导教师：刘久付、袁晓玲、黄国铭、陆晓春、黄皎、张金波、戴卫力，教育部高等学校自动化专业教学指导分委员会。

20. 叶云峰、奚露露、李伊、钱程晨、钱春宇、董江、郭腾飞、张扬、吴旭、刘景卓、卢恒、宋瑞瑞、丁瑾庆、胡龙龙、苑伟丰、张正文、张浩、费雯靖、李永强、徐文文、张凯、尹海峰、宋加才、肖磊，第五届全国大学生“飞思卡尔”杯智能汽车竞赛华东赛区二等奖，指导教师：刘久付、袁晓玲、褚福涛、李东新、金纪东、范新南、冯锋、沈金荣、李书旗，教育部高等学校自动化专业教学指导分委员会。

21. 史团委、任顺利，2010 年全国软件专业人才设计与开发大赛全国一等奖，指导教师：许峰、朱川、陈慧萍，工业和信息化部人才交流中心。

22. 范辰，2010 年全国软件专业人才设计与开发大赛全国三等奖，指导教师：朱川、陈慧萍，工业和信息化部人才交流中心。

23. 史团委、张晓雪、范辰、任顺利，2010 年全国软件专业人才设计与开发大赛江苏赛区二等奖，指导教师：许峰、郭学俊、陈慧萍、朱川、丁海军，工业和信息化部人才交流中心。

24. 杨丰、解聪、周文欢、叶云峰、汪晓猛、吴江林、盛震宇、刘良良、聂凤鸣、倪立显，2010 年全国软件专业人才设计与开发大赛江苏赛区三等奖，指导教师：许峰，郭学俊、戚荣志、陈慧萍、朱川、丁海军，工业和信息化部人才交流中心。

25. 谢乾、武倩楠、汪海、刁红国、何赏璐，第五届全国大学生交通科技大赛全国一等奖，指导教师：郑长江，高等学校交通运输学科教学指导委员会交通工程分委员会、全国大学生交通科技大赛组委会。

26. 周志将、谢军、王天俐、黄炳营、徐文轩、张雪松、郝迪、李康、薛道骏，第五届全国大学生交通科技大赛全国三等奖，指导教师：袁黎、沈才华、吴中、雷智鹢，高等学校交通运输学科教学指导委员会交通工程分委员会、全国大学生交通科技大赛组委会。

27. 吉骁、孟彤、胡晓玮、王思卉、俞静、李明帆，全国大学生英语竞赛特等奖，指导教师：朱英、朱正东、王茜、周自强、陈春、张聪，全国大学生英语竞赛组织委员会。

28. 欧阳星辰、陈思超、徐红梅、孟彤、莫菲、胡晓玮、瞿永钢、吉骁、唐俏俏、邵迪维、钱靖、陆大地、邹小强、王雅 、沈亚 、何宜珊、郑亚伟 、邱睿佳 、韩虸，全国大学生英语竞赛一等奖，指导教师：朱英、朱正东、王茜、葛海涛、杨丽、张兰、张朝、刑亮、王蓓、陈梦华、赵婵、恽如强，全国大学生英语竞赛组织委员会。

29. 王洵、章梅丽、韩迅、任栋莹、漆江、徐逸飞、严志田、武文璐、季秋谣、李文婧、王卓亚、徐于楠、李觅、张明月、王翘楚、李孟霞、曹茜茜、张霞、朱岚、张丽、孔剑、鲁海蓉、王瑾琛、李晴初、朱骏飞、郑巧君、高露昊、郝建元、张悦琦、方锡河、杨青蓝、张明明 、唐晨景、陈贤艳、姚丽菊、张牧雯、李珅、齐亚会、熊玲娟、王迪、李静瑶、陈晓聪、管徐祎、华晨琳、黄秋恬，全国大学生英语竞赛二等奖，指导教师：朱英、朱正东、王茜、葛海涛、杨丽、张兰、张朝、刑亮、王蓓、陈梦华、赵婵、恽如强，全国大学生英语竞赛组织委员会。

30. 吴丹文、李佳、朱敏喆、邱亚兵、禹露、陈红燕、何璐、蔡骥磊、刘露沁、吴在强、王升星、陈曦、魏爽、周瑜婷、周逸波、郑晓津、刘迪晨、金梦婷、张丽、汪方圆、王怡舒、熊小舟、杨第昌、王若君、张露璐、马小威、侯静文、宾艳、俞馀、苗雅婷、李京蔚、李华曦、邵东、龚婷婷、陈学明、龚李莉、张明、胡涛、李淑星、付琴、郑言抒、张心瑜、孙晓燕、赵元轩、熊睿、朱万、李悦含、吕婷、周德昌、陈圣鹏、安雪、殷翠梅、申雨婷、王婧雯、沈梦莲、李越千、张怡航、高翔、沈函廷、张保丰、陈路路、丁棠丽、陶秋雨、魏芳、毛冬辉、陈良蕾、龙月明、周博伟、马诗洁、金安静、张骥、孙夏、李海敏、方凯、谢娟、刘萌、贾靖仪、陈茜吟、戴智晴、徐菲、王安琪、杨文睿、程鑫、程啸骏、王义鹏、张婷娇、徐静、陈旭、王佐、查显月、王锴亮、赵海、方凯、王乐，全国大学生英语竞赛三等奖，指导教师：朱英、朱正东、王茜、周自强、陈春、张聪、葛海涛、杨丽、张兰、张朝、刑亮、王蓓、陈梦华、赵婵、恽如强，全国大学生英语竞赛组织委员会。

31. 李敏、张沈习、王雅芳、刘永石、顾铖、王欣、孙浩、顾丽萍、杨溢、汪久涵、吴昊、李枭雄、熊建凌、吴莉、张胜、尹海峰、肖磊、侯雷、李永强、徐文文、张凯、巢佳、马聪、潘惠惠，全国大学生电子设计竞赛2010年“TI杯”模拟电子系统专题邀请赛江苏赛区一等奖，指导教师：吕国芳、袁晓玲，张学武、朱昌平、梁瑞宇、高远、沈金荣、黄国铭，全国大学生电子设计竞赛江苏赛区组委会。

32. 柳鑫、蔡晓权、屈红玲、季庚午、栾忠飞、王春晨、刘云久、曹静、李小弟、李强、曹春建、陈大宣、孟祥薇、许波建、常佳俊、周芸、张杰、徐广建、朱成、夏坤、万雅文、李正波、嵇威华、汪海洋、邱春毓、庄宏海、于军、徐佳峰、倪舟、马晓颉、郭发勇、周亚彬、荆珊珊、石潇锋、刘崇铭、李波、张程伟、鞠政、陈鹏、陈燚、陈澄、蒋碧颖、顾天龙、查文琦、吴恒、朱文武、周美茹、颜盛银，全国大学生电子设计竞赛2010年“TI杯”模拟电子系统专题邀请赛江苏赛区二等奖，指导教师：吕国芳、李志华、李东新、李琦、陈谦、褚福涛、刘久付、袁晓玲、陈秉岩、张金波、黄国铭、张秀平、张卓、金纪东、戴卫力，全国大学生电子设计竞赛江苏赛区组委会。

33. 宫建峰、姜鹏、叶云峰，2010年全国电子专业人才设计与技能大赛全国一等奖，指导教师：刘久付，工业和信息化部人才交流中心。

34. 宫建峰、钱程晨、姜鹏，2010年全国电子专业人才设计与技能大赛江苏赛区一等奖，指导教师：刘久付，工业和信息化部人才交流中心。

35. 叶云峰、奚露露，2010年全国电子专业人才设计与技能大赛江苏赛区二等奖，指导教师：刘久付，工业和信息化部人才交流中心。

36. 钱春宇、苑伟丰、王俊峰、刘景卓，2010年全国电子专业人才设计与技能大赛江苏赛区三等奖，指导教师：刘久付，工业和信息化部人才交流中心。

37. 龚森，第三届“高教杯”全国大学生先进成图技术及产品信息建模创新大赛全国一等奖，指导教师：苏静波、王环玲，教育部高等学校工程图学教学指导委员会、中国工程图学学会制图技术专业委员会。

38. 龚森、陈文、颜芬芬、王成、黄汗标、章梅丽、虞晓峰、尹文辰、王继月、刘晨东，第三届“高教杯”全国大学生先进成图技术及产品信息建模创新大赛全国二等奖，指导教师：王环玲、苏静波、钟春欣、殷佩生、徐立群、刘姣、李凌、奚文娜，教育部高等学校工程图学教学指导委员会、中国工程图学学会制图技术专业委员会。

39. 殷佩生、王环玲、苏静波、钟春欣，第三届“高教杯”全国大学生先进成图技术及产品信息建模创新大赛优秀指导教师二等奖，教育部高等学校工程图学教学指导委员会、中国工程图学学会制图技术专业委员会。

40. 荀志国、武立军、张志浩，第一届全国大学生地质技能竞赛全国二等奖，指导教师：罗增益，全国大学生地质技能竞赛组织委员会。

41. 史团委、徐新坤、姚岚，2010年全国大学生电子信息实践创新作品评选全国二等奖，指导教师：许峰，中国电子学会。

42. 李淑星、张培敬、刘翠英，首届全国大学生基础力学实验竞赛全国一等奖，指导教师：张迅炜、朱炳麒，中国力学学会教育工作委员会。

43. 陈光远、吴乔、唐站站，首届全国大学生基础力学实验竞赛全国二等奖，指导教师：陈玉泉、雷冬，中国力学学会教育工作委员会。

44. 朱晓琳、樊翔、孙继彭、樊晓波、崔江浩、周文斌、丁玉堂、汤晓波、姚国友、郭涛、陈家悦、吴江泠、傅芪鸣、岳春伟、张凌云、任方方、薛荣军、马佰庆、岳进、李帮建、彭晨、薛飞、张传亚、卜春轶、李志刚、彭远志、赵阿立、陈永记、刘晨东、尹硕辉、赵冠兴、梁国涛，首届全国大学生基础力学实验竞赛全国三等奖，指导教师：陈玉泉、雷冬、张迅炜、朱炳麒、周美英，中国力学学会教育工作委员会。

45. 李淑星、张培敬、刘翠英，第三届江苏省大学生基础力学实验竞赛二等奖，指导教师：张迅炜、朱炳麒、周美英，江苏省大学生基础力学实验竞赛组委会。

46. 陈光远、吴乔、唐站站、朱晓琳、樊翔、孙继彭、樊晓波、崔江浩、周文斌、丁玉堂、汤晓波、姚国友、郭涛、陈家悦、吴江泠、傅芪鸣、岳春伟、张凌云、任方方、薛荣军、马佰庆、岳进、李帮建、彭晨、薛飞、张传亚、卜春轶、李志刚、彭远志、赵阿立、陈永记、刘晨东、尹硕辉、赵冠兴、梁国涛，第三届江苏省大学生基础力学实验竞赛三等奖，指导教师：陈玉泉、雷冬、张迅炜、朱炳麒、周美英，江苏省大学生基础力学实验竞赛组委会。

47. 宫建峰、姜鹏、李伊、卢恒、钱春宇、林泽炜、钱程晨、刘景卓、叶云峰，2010年“瑞萨杯”智能车竞赛全国二等奖，指导教师：褚福涛、刘久付、李东新，教育部教育管理信息中心。

48. 彭维雄，第三届江苏省理工科大学生人文社科知识竞赛一等奖，江苏省高等教育学会。

49. 杨木松、魏小旺、周亚子、于智锋、李颖超、周文俊、宣雍祺、王强、张海通，第三届江苏省理工科大学生人文社科知识竞赛二等奖，江苏省高等教育学会。

50. 张梦泽、王孝楠、万思成、安雪、马添、杜一衡、诸葛瑞苇、刘海涛、王佐、苏瑞、周立婷、许伟、刘敬全、郝磊、袁鹰、何功庆、孙振江、姜利清、吴泽杨、李润天、黄庭金、段士可、王德康、罗昊、郑建毅、聂剑楠、胡驰、李海林、顾鑫、白一帆、周颖、陆杨、任意、董雪峰、赵王槟、田万青、赵猛、毛志、孙卫卫、王鑫、王欣、陈楚倩、宋大伟、马越、李坤坤、韩迅、娄迪、季秋谣，第三届江苏省理工科大学生人文社科知识竞赛三等奖，江苏省高等教育学会。

51. 刘何稚、高力、买买提江、赵燕、陶宇、王靖坤、李天昊、宋秋平、肖志光，第三届江苏省大学生机械创新设计大赛一等奖，指导教师：赵海涛、周澄、王义斌、方韵梅，江苏省大学生机械创新设计大赛组织委员会。

52. 包沐曦、张在为、季辰、顾露香、杨志勇、周澎、朱成、郭继秋、王富平、乔松玲、李金金、梁国涛、江忠靖、李帮建、覃丹佩、操津津、陈思洁、谢卫佳、方启晨、杜芳园、彭晨、闫俊驰、刘志宏、施乃军、邹金鑫，第三届江苏省大学生机械创新设计大赛二等奖，指导教师：娄保东、周澄、刘姣、辛绍权、张迅炜、周美英、苑明海、辛绍权，江苏省大学生机械创新设计大赛组织委员会。

53. 王吉东、陈雅莉、田瑞、刘馨、周友进、杨林燕、伏潜、宋锦泰、袁广弛、卫大鹏、刘鹏鹏、林晨、蒋淳、安晓盼，第三届江苏省大学生机械创新设计大赛三等奖，指导教师：娄保东、周澄、张敏、胡友安，江苏省大学生机械创新设计大赛组织委员会。

54. 李媛、何茂慧、张伟、吴在强、张林海、王成、严克非、高元、杨雯、耿颖、谢青青、樊翔、江汇、杨凯文、徐祥、项茜茜、余豪丰、朱晓凯、李逸驰、沈雨生、圣兆兴、张凯、林先炜、黄灵通、许海勇、陈佳袁、周文俊、余文瑞、刘鑫、罗斌、许伟、闻旭，第十届江苏省高等学校非理科专业高等数学竞赛一等奖，指导教师：钮群、朱永忠、胡庆云、钱江、郁大刚、郑苏娟、王树国，江苏省高等学校非理科专业高等数学竞赛委员会。

55. 夏强、程林、徐利川、张悦、邹华安、彭俊华、韩通、周旭东、沈杰、严天豪、杨一琛、徐鹏、胡玉植、刘浩、张冬阳、刘晓波、孔卫亚、付玉信、林璧辉、董伟良、马敬畏、高争、孙朴、范江平、宗琪、徐珂珂，第十届江苏省高等学校非理科专业高等数学竞赛二等奖，指导教师：钮群、朱永忠、胡庆云、钱江、郁大刚、郑苏娟、王树国，江苏省高等学校非理科专业高等数学竞赛委员会。

56. 李文闻、陈姣姣、周晶晶、陆游、朱从飞、李佳、高加政、徐建伟、周橹君、程引、金凤来、罗智、钱德周、黄鑫、王振、肖艳、顾鑫、鲁洋、李园园、刘惠文、张鹏、黄子江、封士飞、薛荣军、王晓莉、丁伟伟、陈伟、窦玉、胡进军、陈莉云、魏芳、吕栋、钱仁桂、潘科、郭以军、黄昊宇，第十届江苏省高等学校非理科专业高等数学竞赛三等奖，指导教师：钮群、朱永忠、胡庆云、钱江、郁大刚、郑苏娟、王树国，江苏省高等学校非理科专业高等数学竞赛委员会。

57. 周文欢、石英杰、彭美欣、伍秋榕、徐洁玉、张媛，江苏省高校学生多媒体作品竞赛三等奖，指导教师：许峰、张雪洁、王楠、全鹰、钱丽娜，江苏省教育管理信息中心、江苏省高等学校教育技术研究会。

58. 孙英明、包沐曦、季辰、杨志勇、伏潜、王珊、周亚彬、陈娇、谢友鹏、谢亚男，江苏省高校第七届大学生物理及实验科技作品创新竞赛特等奖，指导教师：朱卫华、娄保东、陈秉岩、朱昌平、文文，江苏省物理学会。

59. 朱峰、王怡舒、陈霖、颜君来、吴旭、刘安邦、徐宗瑜、李玲玉、钱莉、顾晨曦、康小立、刘一辰、陈文仙、赵恺、周元伟、邵晴怡、曹勤洋、李枭雄、孙亮、吴昊、周曦、刘建松，江苏省高校第七届大学生物理及实验科技作品创新竞赛一等奖，指导教师：朱卫华、张开骁、陈秉岩、黄波、王飞武、韩庆邦、路正莲、谢迎娟，江苏省物理学会。

60. 余敏、甘昀、荆珊珊、卜春轶、陈玲、刘权、荀倩、汪久涵、吴莉、杜有森、李军、刘海波、孙晓宇、朱骏飞、王珊、田凯、邱世鑫，江苏省高校第七届大学生物理及实验科技作品创新竞赛二等奖，指导教师：朱卫华、陈秉岩、熊传华、朱昌平、单鸣雷、张秀平、韩庆邦、王建永，江苏省物理学会。

61. 刘鹏、张玉全、魏巍，2010 中国机器人大赛 3vs3 项目冠军，指导教师：周军、刘波、李奎，科技部高技术研究发展中心。

62. 刘鹏、张玉全、魏巍、蔡毅、邵晓峰、侯捷、曹玉杰，2010 中国机器人大赛 5vs5 项目、标准动作项目冠军，指导教师：周军、刘波、李奎，科技部高技术研究发展中心。

63. 刘鹏、张玉全、魏巍、蔡毅、邵晓峰、侯捷、曹玉杰，第十届全国机器人大赛 5vs5 项目、11vs11 项目冠军，三人组队形项目、4vs1 追捕目标项目二等奖，指导教师：周军、廖华丽、刘波、李奎，中国人工智能学会。

64. 郑亚伟，中央电视台“希望之星”英语风采大赛江苏赛区特等奖，指导教师：周自强、张聪，中央电视台“希望之星”英语风采大赛江苏赛区组委会。

65. 黄秋恬，中央电视台“希望之星”英语风采大赛江苏赛区一等奖，指导教师：周自强、张聪，中央电视台“希望之星”英语风采大赛江苏赛区组委会。

66. 李天昊、宋秋平、陶宇、王靖坤、肖志光，第四届全国大学生机械创新设计大赛二等奖，指导教师：王义斌、方韵梅，教育部高等学校机械学科教学指导委员会。

67. 景洪海、尹文辰、刘祖菁，第四届全国大学生机械创新设计大赛(慧鱼组)一等奖，指导教师：王义斌、安翠翠，教育部高等学校机械学科教学指导委员会。

68. 王晓龙、马晓迪、郝运涛、栗金文，第四届全国大学生机械创新设计大赛(慧鱼组)二等奖，指导教师：王义斌、安翠翠，教育部高等学校机械学科教学指导委员会。

69. 李斌、李天昊、宋秋平、陈龙、朱明清、陈浩、尹穆楠、孙龙娟，第四届全国大学生机械创新设计大赛(慧鱼组)三等奖，指导教师：王义斌、安翠翠，教育部高等学校机械学科教学指导委员会。

70. 毕经兰、夏正海、周航、沈磊，全国大学生管理决策模拟大赛一等奖，指导教师：徐绪堪、蒋亚东，中国管理现代化研究会决策模拟专业委员会。

71. 阳文龙，全国大学生管理决策模拟大赛二等奖，指导教师：徐绪堪、蒋亚东，中国管理现代化研究会决策模拟专业委员会。

72. 高轲栋、张欣、王宇光、张博、赵廷飞、尤嘉宁，全国大学生管理决策模拟大赛华东赛区一等奖，指导教师：徐绪堪、蒋亚东，中国管理现代化研究会决策模拟专业委员会。

73. 黄植、张燕、倪慧婷、薛胜尧、户徐飞、徐海忠、朱晓冉、李卓、姜晟，全国大学生管理决策模拟大赛华东赛区二等奖，指导教师：徐绪堪、蒋亚东，中国管理现代化研究会决策模拟专业委员会。

74. 李曦、丁鑫宇、夏正海、周刻勤、陈光，第六届“用友杯”全国大学生创业暨沙盘模拟经营大赛江苏赛区一等奖，指导教师：胡锦涛，中国高等教育学会。

75. 丁玲、李近、张建可，全国三维数字化创新设计大赛全国一等奖、省特等奖，指导教师：王小妍，全国三维数字化创新设计大赛组委会。

76. 石英杰、许笑天、李俊贤、徐洁玉、施玉超、张涛，全国三维数字化创新设计大赛省一等奖，指导教师：钱丽娜、严波，全国三维数字化创新设计大赛组委会。

77. 施玉超、张涛、施玉超、张涛，全国三维数字化创新设计大赛省二等奖，指导教师：严波，全国三维数字化创新设计大赛组委会。

78. 施玉超、张涛，全国三维数字化创新设计大赛省三等奖，指导教师：严波，全国三维数字化创新设计大赛组委会。

79. 刘磊、卢军、李奇，第三届“Science Word”杯数学中国数学建模网络挑战赛省一等奖，指导教师：张建勇、何春元、张斌武、李朝晖、黄金城，内蒙古自治区数学学会。

80. 路源、杨郭、卞昊穹，第三届“Science Word”杯数学中国数学建模网络挑战赛省二等奖，指导教师：张建勇、何春元、张斌武、李朝晖、黄金城，内蒙古自治区数学学会。

四、其他荣誉类

（一）集体奖

1. 河海大学，2010年度报送信息先进单位，教育部。

2. 河海大学，江苏省节水型单位，江苏省住房城乡建设委员会。

3. 河海大学，南京市绿化先进单位，南京市绿化委员会。

4. 河海大学，南京市爱国卫生先进单位，南京市爱国卫生运动委员会。

5. 河海大学，2008—2009江苏省体育工作先进单位，江苏省教育厅。

6. 河海大学，第四届全国体育大会健美操比赛普及组集体轻器械、集体徒手、组合风采一等奖，竞技三人操三等奖。集体徒手操获大会“最佳表演奖”。健美操队获大会“最佳体育道德风尚奖代表队”称号。竞技组混合双人操一等奖，普及组女子风采一等奖，国家体育总局体操管理中心。

7. 河海大学，2009—2010李宁中国大学生足球联赛总决赛(沈阳)第五名，中国大学生体育协会。

8. 河海大学，2010—2011李宁中国大学生足球联赛江苏赛区预赛暨江苏省大学生足球联赛(高水平组)第一名，江苏省学生体育协会高校工作委员会。

9. 河海大学，“合力杯”第六届中国黄山国际登山大会高校部团体第二名、男子青年组第一名，中国黄山国际登山大会组委会。

10. 河海大学，第六届江苏省大学生创业计划大赛优秀组织奖，共青团江苏省委、江苏省教育厅、江苏省科学技术协会、江苏省学生联合会。

11. 河海大学，第二届“江苏戏剧奖、校园戏剧奖”演出奖，中共江苏省委宣传部、江苏省文化厅、江苏省教育厅、江苏省文学艺术界联合会。

12. 河海大学，2010“中山杯”全国大学生演讲大赛团体优胜奖，2010“中山杯”全国大学生演讲大赛组委会。

13. 河海大学，江苏省就业工作先进集体，江苏省教育厅。

14. 河海大学，江苏省学生军事训练工作先进单位，江苏省教育厅、江苏省军区司令部。

15. 河海大学，江苏高校思想政治教育工作先进集体，江苏省教育厅。

16. 河海大学，江苏省全民国防教育先进单位，江苏省全民国防教育委员会。

17. 河海大学，江苏省研究生招生报考点考务管理工作优秀单位，江苏省教育考试院。

18. 河海大学，江苏省研究生招生管理工作优秀招生单位，江苏省教育考试院。

19. 河海大学公共管理学院“马克思主义基本原理概论课程组”，江苏省“巾帼示范岗”，江苏省妇女联合会、江苏省城镇妇女“巾帼建功”活动领导小组。

20. 河海大学环境学院“水资源保护与生态修复团队”，江苏省“工人先锋号”，江苏省总工会。

21. 河海大学水利水电学院“河流水动力理论及防洪安全技术研究团队”，江苏省教科系统“工人先锋号”，江苏省教育科技工会。

22. 河海大学财务处，2009—2010年度江苏省价格诚信单位，江苏省物价局。

23. 河海大学财务处，第二次全国经济普查鼓楼区先进集体，南京市鼓楼区统计局。

24. 河海大学工会，江苏省“模范教工之家”，江苏省总工会。

25. 河海大学幼儿园，科技特色园，江苏省科学技术协会。

26. 河海大学幼儿园，南京市节水型幼儿园，南京市水利局。

27. 河海大学基建处，江苏省教育基建学会2007—2010年度学会工作先进单位，江苏省教育基本建设学会。

28. 河海大学离退休工作处，空巢离退休人员家庭情况调查，2010年度全省老干部工作优秀调研成果，中共江苏省委老干部局。

29. 河海大学离退休工作处，2010年度全省老干部工作部门信息工作先进集体，中共江苏省委老干部局。

30. 河海大学离退休工作处，2010年度全省老干部工作部门网站建设先进单位，中共江苏省委老干部局。

31. 河海大学学报(自然科学版)，第三届中国高校优秀科技期刊奖，教育部科学技术司。

32. 河海大学学报(哲学社会科学版)，全国百强社科学报，中国人文社会科学学报学会。

33. 河海大学学报(哲学社会科学版)编辑部，全国理工农医院校社科学报优秀编辑团队，全国理工农医院校社科学报学会联络中心。

34. 河海大学审计处，全省教育系统审计工作先进集体，江苏省教育厅。

35. 河海大学辩论队，第七届江苏省大学生文化艺术节之大学生辩论赛亚军，第七届江苏省大学生文化艺术节组委会。

36. 河海大学图书馆，江苏省高校图书馆首届羽毛球比赛第五名和道德风尚奖，江苏省高校图工委队伍建设与职业素养委员会。

37. 民盟河海大学委员会，全国盟务工作先进集体，民盟中央。

38. 九三学社河海大学委员会，全国“优秀基层组织”，九三学社中央。

39. 九三学社河海大学委员会，2010年度省直先进集体，九三学社江苏省直工委。

40. 农工党河海大学支部，先进基层组织，农工党江苏省委。

41. 农工党河海大学支部，2010年五星支部，农工党江苏省直工委。

42. 民进河海大学支部，2010年度省直属先进基层组织，民进江苏省直工委。

43. 致公党河海大学支部，基层组织建设年活动“星级支部”，致公党江苏省委。

44. 河海大学侨联，2010 年度文化宣传工作先进单位，江苏省侨联。

45. 河海大学博士后流动站，全国优秀博士后科研流动站，人力资源社会保障部、全国博士后管理委员会。

46. 河海大学水文水资源学院党委，省廉洁文化宣传月创新项目，中共江苏省委组织部。

47. 水文水资源学院资源环境与城乡规划管理专业 2007 级 1 班、水利水电学院 2008 级基地 3 班、港口航道与近海工程学院港口航道与海岸工程专业 2007 级 3 班、土木与交通学院土木工程专业 2008 级 1 班、环境学院环境科学类专业 2008 级 2 班、能源与电气学院电气工程及其自动化专业 2008 级 3 班、力学与材料学院材料科学与工程专业 2008 级 3 班、地球科学与工程学院测绘工程专业 2007 级 2 班、理学院应用物理专业 2007 级 2 班、商学院管理科学与工程系工程管理类 2007 级 2 班、机电工程学院工业设计系数字媒体艺术专业 2007 级 1 班、计算机与信息学院（常州）通信专业 2007 级 3 班、商学院（常州）会计系 2007 级 1 班，江苏省普通高校省级先进班集体，江苏省教育厅、团省委。

（二）个人奖

1. 戴会超，第八届光华工程科技奖青年奖，中国工程院。

2. 苏怀智，第十二届高等院校青年教师奖三等奖，霍英东教育基金会。

3. 王超，江苏省有突出贡献中青年专家，江苏省人民政府。

4. 王超，全国优秀科技工作者，中国科学技术协会。

5. 王超，江苏省高等学校优秀共产党员标兵，中共江苏省委教育工委。

6. 陈杰，江苏省高等学校优秀党务工作者，中共江苏省委教育工委。

7. 范仓海，江苏省高校思想政治教育工作先进个人，江苏省教育厅。

8. 黄宁，优秀社员，九三学社中央委员会。

9. 黄宁，2010 年度参政议政工作先进个人，九三学社江苏省委员会。

10. 黄宁，妇女工作先进个人，九三学社江苏省委员会。

11. 周俐丽，鼓楼区第五届“希望杯”青年教师技能大赛二等奖，鼓楼区教育局。

12. 季培培，鼓楼区第五届“希望杯”青年教师技能大赛三等奖，鼓楼区教育局。

13. 王晓青，鼓楼区第五届“希望杯”青年教师技能大赛三等奖，鼓楼区教育局。

14. 梅迎春，活动设计《纸巾大比拼》，江苏省中小学“师陶杯”教育科研论文评比二等奖，江苏教育科学研究院。

15. 刘海燕，论文《以鹤琴“活教育”思想引领幼儿园的持续发展》，江苏省中小学“师陶杯”教育科研论文评比二等奖，江苏教育科学研究院。

16. 陈洁，首创音乐剧《拔萝卜》，江苏省中小学“师陶杯”教育科研论文评比二等奖，江苏教育科学研究院。

17. 季培培，论文《浅析托班宝宝的攻击性行为及有效抑制方法》，江苏省中小学“师陶杯”教育科研论文评比三等奖，江苏教育科学研究院。

18. 桂静，论文《幼儿园特殊行为儿童个案纠正》，江苏省中小学“师陶杯”教育科研论文评比三等奖，江苏教育科学研究院。

19. 万宗珺，论文《浅谈如何培养幼儿的动手操作兴趣》，江苏省中小学“师陶杯”教育科研论文评比三等奖，江苏教育科学研究院。

20. 尹娟，论文《我最爱玩“娃娃家”》，江苏省中小学“师陶杯”教育科研论文评比三等奖，江苏教育科学研究院。

21. 陈海燕，论文《拥抱——刚入园孩子的心灵鸡汤》，江苏省中小学“师陶杯”教育科研论文评比三等奖，江苏教育科学研究院。

22. 王晓青，歌曲创作《心中的那首歌》，“颂今爷爷杯”2010 年全国少儿歌曲创造大赛一等奖，中国儿童音乐学会。

23. 王亦萍，2010年度鼓楼区统计工作先进个人，南京市鼓楼区统计局。

24. 何维珏，全省老干部工作政策业务知识学习竞赛活动个人三等奖，中共江苏省委老干部局。

25. 黄炜，2010年度全省老干部工作部门信息工作先进个人，中共江苏省委老干部局。

26. 骆超，江苏省第二届编辑技能大赛金奖，江苏省期刊协会。

27. 吴玲，江苏省高校学报“优秀编辑”，江苏省高校学报研究会。

28. 胡新宇，江苏省高校学报“优秀编辑”，江苏省高校学报研究会。

29. 陈吉平，江苏期刊“明珠奖”优秀个人，江苏省期刊协会。

30. 陈吉平，中国原水论坛组织工作先进个人，中国水利学会。

31. 陈吉平，首届华东地区优秀期刊工作者，华东地区优秀期刊评审委员会、江苏省新闻出版局。

32. 何有山，全国水利技术监督工作先进个人，水利部。

33. 张超豪、王玉霞，论文《平衡计分卡在教育系统绩效审计评价中的应用》，优秀科研二等奖，中国教育审计学会。

34. 缪子梅，江苏省高校思想政治教育工作先进个人，江苏省教育厅。

35. 蒲晓东，海军十佳国防教员，中国人民解放军海军。

36. 杨勇，2010年度非全日制攻读硕士学位全国考试考务工作先进个人，教育部学位与研究生教育发展中心。

37. 陆国宾，江苏省高等学校优秀共产党员，中共江苏省委教育工作委员会。

38. 王平，2010年度江苏省文化科技卫生“三下乡”先进个人，江苏省委宣传部、江苏省文明办、江苏省教育厅、江苏省科技厅、江苏省文化厅、江苏省卫生厅、江苏省广电局、江苏省新闻出版局等15个部门。

39. 李晓东，全国优秀博士后管理工作者，人力资源和社会保障部。

40. 吴东敏，江苏省优秀科技工作者，江苏省科学技术情报学会。

41. 高依旻，第五届科技信息资源共享促进国际会议“最佳论文奖”，中国科学技术信息研究所、北京理工大学、澳大利亚南昆士兰大学。

42. 钱恂熊，2010年度报送信息先进个人，教育部。

43. 钱恂熊，中国水利网站2010年度优秀作者，中国水利报社。

44. 钱恂熊，江苏省报纸优秀作品三等奖，江苏省新闻工作者协会。

45. 赵敏，2010年度优秀党员，农工党江苏省直工委。

46. 杨方，2010年度优秀基层干部，农工党江苏省直工委。

47. 梁忠民，2010年度优秀会员，民进江苏省委。

48. 李同春，江苏侨界贡献奖(创新人才)，江苏省侨联、江苏省科技厅。

49. 丁旭、万琳琳、冯克林、石英杰、刘娜、刘何稚、刘海涛、孙英明、杨洋、沈晶晶、邹飞、陈宏伟、南文光、徐于楠、高云、曹玉杰、石英杰、董立兴、蔡毅，江苏省普通高校省级三好学生，江苏省教育厅、共青团江苏省委。

50. 乔元、张馨竹、杨正、汪洋、陆杰、金珂、洪丹、赵枢楠、傅思伟、樊舒婕、潘磊，江苏省普通高校省级优秀学生干部，江苏省教育厅、共青团江苏省委。

2010年度各类基金、奖学金获奖情况

一、严恺教育科技基金(45名)

1. 严恺奖学金(33名)

一等奖:

研究生:虞　鸿　吴　昊

本科生:丁　旭　姚国友　陈光远

二等奖:

研究生:林　继　华国芬　张　砾　殷　丹　江守燕　侯　勇　潘宏亮　黄英豪

本科生:徐于楠　朱敏喆　张　丽　孔维耀　龚婷婷　李　妲　郁金珠　汤萌萌　武胜萍　陈　亿　何茂慧　孙英明　于晶晶　邹　飞　杨程程　梁英杰　任凌霄　王　欣　彭　晨　南文光

2. 严恺港口、航道及海岸、海洋工程专项奖学金(6名)

一等奖:

本科生:包沐曦

二等奖:

研究生:唐　磊

本科生:张馨竹　王笛清　李　翔　耿　颖

3. 严恺教育奖(3名)

一等奖:

黄振平

二等奖:

朱召泉　周建方

4. 严恺科技奖(3名)

一等奖:

郝振纯

二等奖:

王　媛　何秀凤

二、徐芝纶教育基金(18名)

1. 徐芝纶力学奖学金(10名)

一等奖:

研究生:肖　杨

本科生:薛荣军

二等奖:

研究生:杨　琼　俞晓东　许后磊

本科生:樊　翔　韩梦洁　季海萍　许焱鑫　张　茜

2. 徐芝纶力学专业优秀学生奖学金(5名)

一等奖:

研究生:王福章

二等奖：

研究生：孙凌寒

本科生：蔡　伟　　丁玉堂　　李　俊　　邓贤扬

3. 徐芝纶教学奖(3名)

一等奖：

曹平周

二等奖：

冯卫兵　　杜　栋

三、宝钢教育奖(12名)

1. 宝钢教育优秀教师奖(3名)

杨海霞　　朱卫华　　范新南

2. 宝钢教育奖优秀学生特等奖(1名)

研究生：傅卓佳

3. 宝钢教育优秀学生奖(8名)

研究生：肖　杨　　高立伟　　郑付刚

本科生：刘何稚　　丁　旭　　蔡　毅　　卫晓露　　董立兴

四、钱家欢岩土工程奖学金(16名)

博士生：梁　越　　刘造保

硕士生：闫　俊　　左　佳　　何忠意

本科生：武倩楠　　赵枢南　　周有进　　姚国友　　郭　杰　　李勇涛　　冯　闪

钱　浩　　姜　洲　　蒋新新　　朱　令　　李　翔　　熊小舟　　闫晓璐

李志利　　季顺新

五、张光斗科技教育基金奖优秀学生奖(6名)

博士生：鲁程鹏　　鲁　俊

硕士生：徐　波

本科生：卫晓露　　孟庆祥　　樊　翔

六、费孝通奖学金(本科)(7名)

向　涛　　陆　杰　　杨　洋　　莫　静　　顾闻阳　　李帮建　　曹茜茜

七、中国银行优秀研究生奖学金(43名)

张发鸿　　季叶飞　　郭利丹　　刘　娣　　赵丽莉　　苗沐露　　邱海娟　　刘玉玲

郑付刚　　叶凤娇　　姚　鹏　　杨　琼　　蒋　斌　　刘　阳　　王统伟　　李硕娇

范珊珊　　郝少盼　　张文燕　　张林英　　曹相芹　　包妮娜　　杨　玲　　许文强

韦　慧　　李　啸　　余知义　　勾启泰　　高晓兵　　何　欢　　张富洁　　赵太银

陆文倩　　曲泽静　　段　涛　　高立伟　　董玉萍　　付景素　　陈　琛　　谈　磊

丁　丽　　丁燕琼　　谢　翔

八、2010年度河海大学西部创业奖学金(42名)

一等奖(2名)：

本科生：唐富裕　　陈　伟

二等奖(6名)：

本科生：徐　鑫　晋良辅　醋院科　刘香建　蔡　瑜　罗　鑫

三等奖(34名)：

本科生：唐传勋　龙　舟　许　异　肖　坤　沙丹丹　涂　希　李金辉
高　山　韩　勇　吴　珊　李多龙　范玲波　江海龙　张桃娜
刘晓松　肖　亮　刘　颖　欧钰瞧　邱　朗　刘　锋　朱敏灵
荣喜聪　黄芝军　周明志　段青林　丁俊峰　李亚鹏　郭碧波
刘德超　袁　宵　顾亚鹏　阳爱文　李　伟　祁文彦

九、潘家铮水电奖学金(7名)

研究生：　江善虎　王永明

本科生：　冯兴亚　王　瑞　张培培　江　汇　张馨竹

十、2009—2010学年国家奖学金(190名)

杨姗姗　韩　迅　钱萍萍　陈　亿　徐宗瑜　张　敏　陈学明　李帮建
王珮斐　张国玉　刘臻晨　司　源　詹　阳　朱　戒　季秋谣　陆　婧
韦雨婷　毛海东　卢静羽　谢亚男　周旭东　胡立群　韩依颖　嵇威华
郭艳婷　张莉婷　章梅丽　储佳伟　张　玮　李枭雄　陈　娟　耿　颖
杨凯文　夏晨宇　杨　涛　徐晓萍　周彬宇　赵阿立　樊小敏　肖正陶
李亚函　陈家悦　顾书嘉　王春晨　刘琰婷　常宴会　赵苇航　李　雯
章嘉俊　王玉华　朱　靖　陈雅莉　向　涛　陈楚倩　刘笑悦　邹笑吟
汤　瑶　赵冠兴　洪　骁　朱　万　崔冬梅　单恒年　陈　阳　吴舒鋆
陆晓敏　张馨月　康赏赐　冯骝骅　鲁海蓉　吴　丹　王雪梅　沈雨生
高　双　沈后威　胡一君　赵青青　樊　悦　熊　杰　董云杰　王　乐
刘　烨　陈欣迪　赵杏杏　刘志森　王　娟　张红娇　刘梦迪　何小攀
赵兴超　刘宏洋　薛　苑　孙昊元　陈光远　邢　锋　蔡　强　袁　珩
江　汇　毛冬辉　赵九茹　刘　俊　季　昀　李　翔　赵玉萍　杨　莉
张　坤　孙清白　余豪丰　朱明娟　杜阿敏　卢晓妹　陶敏之　张　茜
张　勉　徐华珺　王宇宾　梁英杰　鲁　洋　徐点点　潘惠惠　戴　燚
张海通　李　妲　圣兆兴　李正波　王怡然　詹泸成　毛　佳　彭兴文
杨玉正　潘天娇　于丹丹　潘晶晶　马敬畏　王亚普　卜　珂　韦　韡
王建军　薛　廷　吴　孟　林少飞　谢幼琼　王　强　朱　祥　张　城
孙　野　葛朝永　侯　捷　张　骥　范　辰　刘　吉　王　杰　王　鑫
曹　阳　周远超　马　丽　马　乐　孔　剑　申雨婷　石永超　郁金珠
徐红梅　董明敏　梅宇立　栗金文　徐　佳　高焕玲　郁宏杰　张海燕
黄　鑫　付　饶　南文光　崔梦婕　邓　茜　武倩楠　顾金希　韩　娜
付宏艳　任凌霄　杨东青　齐亚会　曹　昕　唐少将　李玲玉　何　菁
郑胜强　徐　婷　李凯英　陈华燕　危　伟　龚　淼

十一、2010年度校长奖学金(83名)

陈　诚　邢　博　管桂玲　杨　曦　张九鼎　许　帅　赵　丽　王美新
刘　震　白　玉　俞　茜　管大为　冯　曦　张曼婷　刘　扬　孙　浩
隋倜倜　周　超　魏代伟　徐声亮　侯婉宁　胡芬娟　何玉洁　单　淇
闻丹银　王继奎　汪选胜　查国强　翟黎明　杜佳伟　陆　菁　仇建斌

顾　健　徐田田　万　琪　马龙祥　刘立群　羡成星　刘　岭　张芳钎
田汶灵　王玉梅　任　里　徐　阳　李洪旭　左　蕾　金辰昊　林剑乔
朱梦云　吴思媛　黄　晶　石浛弟　陈　然　孔祥臻　赵　盼　梁钰翎
陈楚楚　钟响洲　李　钊　谢永召　万志敏　蔡金杰　张　迪　宋亓宁
居　玲　姚　铮　江金芳　程梦莉　刘伟航　季明红　辛明缘　金　湘
沈晶晶　谢润昊　谭宪军　董晓清　杜　旦　王衷梅　亓文娟　林晓静
高　娟　陈玉曦　唐聪聪

十二、阿特拉斯·科普柯奖学金(8名)

研究生：孙洪广　虞美秀　赵太银
本科生：李青霞　李　翔　田曼丽　樊　悦　董立兴

十三、和汇奖学金(20名)

本科生：唐巧玲　王　超　徐兴亚　张馨竹　陈宏伟　向　涛　陈　怡
周晶晶　吴艳华　朱　虹　柴志尚　马　乐　周文俊　康赏赐
刘梦迪　赵英华　段　坤　宗鹏安　肖正陶　姚　倩

2010年度获校内表彰及奖励的先进集体和个人

一、教职工类

1. 2010年度优秀主讲教师(10名)
钟平安　水文水资源学院
冯建刚　水利水电学院
张福海　土木与交通学院
薛朝霞　环境学院
李东新　计算机与信息学院
张旭明　力学与材料学院
孙少锐　地球科学与工程学院
毕　霞　公共管理学院
楼力律　机电工程学院
沈蓓绯　常州校区人文社科部

2. 2009—2010学年青年教师讲课竞赛获奖名单(17名)
一等奖(4名)：
王　幸　钟春欣　胡兴波　李上荣
二等奖(13名)：
袁　飞　周兰庭　郑晓英　叶　枫　赵燕容　邹　华　杨　敏
陆庆春　黄雅屏　陈　露　奚文娜　周小芹　董大志

3. 2009年河海大学科学技术奖
一等奖(3项)：
徐卫亚、石崇、刘兴宁、谈小龙、张宗亮、冯树荣、王环玲、刘志明、蒋中明、石安池、傅胜、汪华斌、喻和平、巫德斌、高德军、周家文、张贵科、洪海春、宗全兵，《大型水电工程岩石高边坡工程安全理论研究与工程应用》。

张阳、周海炜、汪群、唐震、胡兴球、丁源、周申蓓、史虹、刘戎、黄德春、施国良、杜晓荣、张龙、周彧，《我国水利管理的战略与治理理论》。

施国庆、陈阿江、高燕、贾仲益、洪名勇、王毅杰，《长江/珠江上游水土保持项目社会评价及少数民族发展计划》。

4. 2010年河海大学教学成果奖

特等奖(10项)：

沈长松、岑威钧、顾淦臣、孙学智、王润英，《强基础改革课堂教学 重实践培养抗震人才——〈土石坝地震工程〉课程改革》。

郑金海、严以新、陈伟、陶爱峰、杨越，《创新实践环节，拓展国际视野，深化〈海岸动力学〉课程教学改革与实践》。

郑源、李龙、张德虎、许昌、赵恒文，《面向国家低碳能源发展战略，构建多元化可再生能源专业群体系》。

杜成斌、赵振兴、雷冬、陈玉泉、尚作萍，《力学实验课程体系和教学模式的探索与实践》。

朱永忠、郑苏娟、丁根宏、钮群、郁大刚，《夯实基础、注重实践、勇于创新，综合提高大学生数学素质的探索与实践》。

刘爱莲、叶鸿蔚、雒新艳、黄晓晔、李宁，《思想政治理论课实践教学模式创新》。

陈阿江、施国庆、王毅杰、高燕，《田野与书斋并重互动——社会学硕士培养创新模式》。

姚纬明、黄峥、曲永岗、李枫、高雪梅，《产学研联合培养研究生模式与机制研究》。

周建方、赵占西、王萍、朱金秀、吴洁，《优秀工程技术人才培养十二年探索与实践》。

廖华丽、林岗、李奎、刘波、安翠翠，《依托机械基础实验中心建设 培养机械类拔尖创新人才》。

一等奖(15项)：

谢悦波、张静怡、舒大兴、周密、赵燕，《改革水文测验教学方法，提高学生实践和创新能力》。

张展羽、陈菁、陈毓陵、朱成立、郭相平，《基于复合型创新人才培养理念的农业水利工程特色专业建设研究与实践》。

陶桂兰、徐金环、王瑞彩、严士常、朱瑞虎，《港航专业综合实验课程建设与实践》。

刘汉龙、卢廷浩、朱俊高、陈亮、邓安，《本硕博一贯制创新人才培养模式与实践》。

李志华、王惠庆、刘久付、袁晓玲、褚福涛，《基于“321”模式下的开放实验平台》。

许捍卫、佘远见、丁贤荣、张友静、安如，《地理信息系统专业创新能力培养模式》。

朱卫华、林建伟、丁万平、刘明熠、张开骁，《物理研究性学习和创新能力培养实践与探索》。

钱旭潮、王龙、肖煜、赵冰、袁猛，《〈市场营销管理〉教材》。

张晓晨，《以创新精神推进劳动与社会保障专业教学》。

朱正东、滕卫东、陈素兰、朱英，《深化大学英语教学改革，提高学生英语实际应用能力》。

王建中、王建民、郭平、叶欣、陈进军，《创新军事理论课程教育，开创河海大学军事理论教育新局面》。

郑大俊、蒲晓东、吴胜兴、蔡正林、关蕾，《多校共建国家大学生文化素质教育基地理论与实践研究》。

范新南、陈慧萍、丁海军、牟艳、朱昌平，《优化计算机专业人才培养体系，加强学生软件创新能力培养》。

杨志明、陈其勇、田泽、丁云伟、施春枫,《“IB&E”特色人才培养模式的改革与创新实践》。

纪玲妹、潘洪林、沈蓓绯、张金城、潘晓东,《基于“人文河海”平台的全景式人文素质教育体系建构》。

二等奖(26 项):

李琼芳、李国芳、孔祥冬、华熙、荆艳东,《研究生创新人才培养的实践体系探索》。

姜翠玲、夏自强、张其成、张丹蓉,《生态水利创新型专业人才的培养》。

薛联青、徐慧、张其成、暴瑞玲,《研究生教学、实践、科研创新能力培养的研究与实践》。

孔祥冬、王建群、李伟玲、张勇,《依托行业优势　打造多元实践平台(大学生创新素质及实践能力培养模式研究)》。

蔡付林、刘晓青、王玲玲、胡明、沈振中,《规范实践性教学促进优秀水工人才培养的探索与实践》。

殷佩生、王环玲、钟春欣、苏静波,《抓住竞赛契机,全面提高工程图学创新与实践教学水平》。

马成志、冯卫兵,《“同舟课堂”大型互动重修课程》。

左军成、王义刚、徐青、陈美香,《海洋科学专业培养方案改革的创新性思考》。

沈德建、吉伯海、曹平周、朱召泉、陈建宁,《土建类大学生创新能力培养基地建设》。

曹平周、吴二军、朱召泉、陈礼和,《实践环节研究性教学研究与实践》。

郑晓英、陈卫、操家顺,《〈工业废水处理〉课程双语教学探索实践研究》。

冯骞、郑晓英、操家顺、薛朝霞,《利用给水排水工程专业网站改革水处理工程教学模式的实践研究》。

马宏忠、吴峰、王惠庆,《〈电机学〉难教难学的原因与对策——〈电机学〉课程教学改革与课程建设》。

许峰、郑金陵、孙艳红、朱卫、张雪洁,《以省级实验教学示范中心建设促教学深化改革》。

孙少锐、吴继敏、魏继红、祈长青,《〈岩体力学〉优秀课件》。

朱永忠,《成人高等教育特色专业教材〈线性代数〉的建设与实践》。

朱智洺,《〈国际贸易学〉教材及课件》。

杨晨、黄永春、袁猛,《〈品牌管理理论与实务〉教材》。

杜晓荣、陆庆春、张颖,《〈成本控制与管理〉教材》。

陈广华、王丽娜,《法学实践教学模式创新——高校法律援助机构服务社会研究》。

缪子梅、蒲晓东、刘取芝、闫明,《创新教育管理途径　优化人才培养模式——河海大学大学生平辈辅导工作的实践与探索》。

蒲晓东、乔光玉、朱华东、张彦德,《共享互融　强基重炼　着力培养国防建设需要的高素质人才》。

高远、朱金秀、朱昌平、殷明、姚澄,《加强课程实践教学内涵建设　提升学生工程实践能力》。

杜栋、蒋亚东、徐绪堪、庞庆华、房道伟,《企业信息化人才集成创新培养模式研究与实践》。

周自强、任锡平、董桂君、杨永东、杨丽,《大学英语课程改革及学生语言能力培养与实践》。

沈丽英、孔令峰、王爱清、徐玉娟、彭三鹰,《模块化体育教学课程体系构建与实践》。

5. 2010 年度考评优秀单位(11 个)

(1) 院系考评优秀单位(4个):

水文水资源学院

水利水电学院

环境学院

计算机与信息学院(常州)

(2) 党政管理部门考评优秀单位(5个):

党委办公室

科技处

学生工作处

常州校区组织人事部

常州校区教务部

(3) 直属单位考评优秀单位(2个):

继续教育学院

水文水资源与水利工程科学国家重点实验室

6. 2010年度考核为优秀的处级干部人员名单(66名)

万国彤 孔祥冬 王 平 王 超 王建民 王炎灿 史安娜
乔 熙 任旭华 刘汉龙 安天庆 朱正东 朱永忠 江 冰
纪玲妹 许 峰 许圣斌 邢鸿飞 阮怀宁 余达淮 吴 红
吴凤平 吴继敏 宋瑞平 张 阳 张 勤 张雪刚 李 英
李琼芳 李德生 汪北华 陆国宾 陈元芳 陈学忠 陈青生
陈星莺 周自强 周志芳 周建方 周语明 范新南 郑金海
金 华 姚纬明 娄 健 施国庆 胡忠华 赵 坚 浦 玲
袁 越 郭祥林 郭继超 顾冲时 高洪娟 高新陵 高德华
康宏强 黄林楠 彭 雷 彭世彰 董增川 蒋来娣 蒋建宏
缪子梅 魏 萍 魏有兴

7. 2010年度考核为优秀的人员名单(367名)

(1) 水文水资源学院(14名):

任 黎 华 熙 刘 庆 李国芳 吴志勇 吴晓玲 杨肖丽
张 勇 张秋玲 郝振纯 钟平安 赵大勇 梁忠民 瞿思敏

(2) 水利水电学院(21名):

于智恒 王得祥 王 建 王钢钢 叶 翔 包腾飞 冯建刚
朱成立 朱 磊 李晓英 岑威钧 陈 珺 罗玉龙 周 昶
赵志涵 徐 磊 高玉琴 郭龙珠 程 井 廖林仙 戴文鸿

(3) 港口海岸与近海工程学院(12名):

孙典红 吴德安 宋 玲 宋荔钦 张 蔚 陈 达 陈美香
钟春欣 陶建峰 陶爱峰 梁桂兰 蔡 辉

(4) 土木与交通学院(12名):

王 伟 刘 军 冷 飞 沈 扬 沈德建 陈 亮 郑长江
洪宝宁 袁爱民 曹菱红 蒋永建 雷智鹢

(5) 环境学院(11名):

王沛芳 冯 骞 刘 成 刘 峰 李 颖 吴俊明 杨汉培
赵联芳 顾 莉 韩龙喜 樊 漪

(6) 能源与电气学院(12名):

马宏忠 王万成 方 静 左 潞 孙国强 李 琦 吴 峰

张丽钦　张德虎　赵振宙　袁晓玲　曹林宁

(7) 计算机与信息学院(13 名):

王志坚　王慧斌　尹燕敏　邓劲柏　石爱业　杜　娜　李士进
张丽丽　陆　阳　陈方维　陈　静　高　强　曾晓勤

(8) 力学与材料学院(13 名):

丁全林　方永浩　邓爱民　刘大智　江少群　江静华　张旭明
张　慧　邵　勇　范志林　茅晓晨　蒋林华　雷　冬

(9) 地球科学与工程学院(13 名):

丁贤荣　王　红　王锦国　李　艳　李　萍　李　磊　陈　松
郑　芸　黄张裕　黄　勇　黄晓时　葛　莹　魏　峰

(10) 理学院(11 名):

丁根宏　刘向阳　刘明熠　孙光洪　张开骁　张爱梅　陈才生
胡庆云　钮　群　夏乐天　曹红芳

(11) 商学院(15 名):

马　骏　王保乾　尹庆民　厉　伟　卢小广　刘开兵　刘炳胜
李　明　杨志勇　张　颖　陆汉文　胡兴球　袁　猛　陶飞飞
黄永春

(12) 公共管理学院(13 名):

王　洁　王毅杰　朱秀杰　李　宁　张虎彪　张　雁　张　鑫
陈家洋　郑黎明　钱心彤　黄世虎　曹海林　韩振燕

(13) 法学院(4 名):

吴志红　郑玮炜　陶　蕾　龚鹏程

(14) 外国语学院(11 名):

王淑芳　孙宁宁　李艳玲　李鲜红　吴登华　周家宸　祝吉芳
徐荟华　崔　霞　韩卫红　滕卫东

(15) 体育系(6 名):

叶　欣　李　华　汪华祥　沈　宁　唐　鹏　冀　文

(16) 机关党委(50 名):

于　娜　于洪军　马孟珂　王　雄　王　鹏　王达军　王同宁
尹　娟　刘平雷　刘春田　刘晓岚　闫　明　江　艳　祁　林
祁世峰　孙　鸿　孙万新　陆宏生　李　燕　李志强　杨　天
时康情　邱　妍　谷香兰　邹振红　沈志猛　沈国军　宋　云
张李杰　张学强　张春龙　张艳丽　陆海清　陈建华　郑　润
林海云　赵海伟　郝建霞　胡连森　祝　婕　秦光宇　钱　婧
钱毓梅　徐小冬　徐军海　郭　枫　陶静茹　黄　键　韩　熠
程晓芳

(17) 直属单位党委(28 名):

丁明磊　马晓晖　王世军　田剑君　冯　翎　朱敬伟　朱　辉
孙清玉　李　萍　邵国平　吴立志　吴　玲　吴蕴惠　张乃国
张　军　陈吉平　武　明　周　冰　周　勤　施　业　姜　爽
顾　建　顾朝建　郭志慧　倪　军　常　华　眭　菁　谢永玉

(18) 后勤集团(19 名):

王守华　王　英　邓仁卫　邢光辉　刘立明　孙实琴　李　明
时　萍　张　莹　张　峰　张海涛　苗金华　周海林　周　瑛

胡子英　宣庆荣　钱国卫　徐美华　黎　欣

(19) 江宁校区(2名)：

王晓燕　吴　娟

(20) 常州校区(74名)：

丁本洲　丁治中　丁显有　马海良　王　怡　王　静　方韵梅
孔令峰　田　泽　冯　锋　过新亭　朱义令　朱末霞　全　鹰
朱金秀　刘　淳　刘翠红　齐本胜　许　涛　孙金红　孙洪文
牟　艳　纪秀林　纪爱敏　杜世舰　李上荣　李向国　李志艳
李丽萍　杨　丽　肖建康　吴云彪　吴学科　何　钢　辛绍权
张友琴　张学武　张金波　张振宇　陈　婕　陈梦华　单鸣雷
周小芹　周美英　庞庆华　郑　慧　郎　丽　房道伟　赵长青
姜建荣　费峻涛　袁　芳　顾凯峰　倪福生　徐忠敏　徐绪堪
奚　吉　奚文娜　高　远　唐亚鸣　黄　震　龚艳冰　盛留清
常雪琴　宿　晓　彭国平　蒋　爽　蒋　峰　蒋霞东　傅　强
谭德维　谭春凤　戴卫力　魏仕庆

(21) 挂职人员(13名)：

王　勋　李臣明　诸裕良　张　健　王　华　万亦农　张毅华
王　伟　胡忠平　尹虔颀　张春雷　汤鸣鸿　王　方

8. 2010届本科毕业设计(论文)优秀指导教师(144名)

(1) 水文水资源学院(7名)：

陈　喜　傅志敏　李国芳　荣艳淑　严晓菊　杨　侃　叶亚平

(2) 水利水电学院(11名)：

包腾飞　包　耘　戴妙林　冯宝平　顾圣平　黄细彬　邵光成
束一鸣　王润英　王为木　周红梅

(3) 港口海岸与近海工程学院(7名)：

陈　达　黄　蕙　郝嘉凌　李　熙　廖迎娣　欧阳锋　严士常

(4) 土木与交通学院(8名)：

郑长江　蒋　勇　沈才华　刘　军　盛　飞　王　伟　韦芳芳
周　坚

(5) 环境学院(6名)：

方　芳　刘　成　陶　辉　王　鹏　张春雷　郑晓英

(6) 能源与电气学院(8名)：

郭建斌　刘皓明　钱艳平　卫志农　吴　峰　叶彦斐　袁　越
张德虎

(7) 计算机与信息学院(8名)：

郭学俊　邹　阳　毛莺池　冯　钧　居美艳　汪　飞　王娴珏
石爱业

(8) 力学与材料学院(6名)：

杜成斌　黄　丹　江少群　马爱斌　王山山　王泽华

(9) 地球科学与工程学院(7名)：

葛小平　徐　健　梅　红　徐　佳　高正夏　袁宝远　张发明

(10) 理学院(4名)：

丁根宏　蒋永新　宋建平　朱卫华

(11) 商学院(19名)：

杨志勇　鹿　翠　章恒全　崇曦农　王　龙　岳金桂　丁　黎
杨恺均　马　骏　施国良　刘　戎　陶飞飞　陈军飞　吕周洋
李　明　臧德霞　唐勇军　陆庆春　司马雪放

(12) 公共管理学院(5名):
高　燕　黄涛珍　黄健元　尉天骄　易前良

(13) 法学院(4名):
成　红　晋　海　吴志红　徐　军

(14) 外国语学院(3名):
王淑芳　祝吉芳　朱正东

(15) 机电工程学院(14名):
许焕敏　何　刚　朱灯林　刘　波　苑明海　张　敏　史中权
林　岗　白建波　倪福生　杨　可　张根元　丁治中　谢　玓

(16) 计算机与信息学院(常州)(14名):
金纪东　江　琴　沈金荣　谢迎娟　黄国铭　戴卫力　周小芹
景雪琴　韩光洁　肖建康　康桂华　张学武　张秀平　高　远

(17) 商学院(常州)(13名):
王普查　于　楚　朱义令　刘晓农　吴庆平　程淑芳　丁云伟
杨志明　陈其勇　潘江波　房道伟　邓建高　訾永成

9. 河海大学2010年暑期社会实践活动先进单位、优秀指导教师、校级基地

(1) 先进单位(7个):
水文水资源学院
水利水电学院
港航海岸与近海工程学院
环境学院
商学院
外国语学院
机电工程学院

(2) 优秀指导教师(49名):

① 水文水资源学院(2名):
向小华　戴媛媛

② 水利水电学院(3名):
顾建国　房　阔　薛　璟

③ 港口海岸与近海工程学院(3名):
王永芝　陈　佳　林　凡

④ 土木与交通学院(3名):
蒋　菊　张剑宇　徐海晨

⑤ 环境学院(2名):
尉天骄　李　轶

⑥ 能源与电气学院(2名):
姜　爽　方　静

⑦ 计算机与信息学院(3名):
张雪洁　谢海峰　卞风燕

⑧ 力学与材料学院(3名):
毕　娟　潘云峰　赵振华

⑨ 地球科学与工程学院(2 名)：
李均熙 张友静
⑩ 理学院(2 名)：
卢晶晶 韦伟然
⑪ 商学院 (2 名)：
王 颖 孙韦霞
⑫ 公共管理学院、法学院(4 名)：
孙正华 吴君明 张虎彪 李 智
⑬ 外国语学院(2 名)：
郝晓美 王 璐
⑭ 大禹学院(1 名)：
张玲彬
⑮ 青马工程(1 名)：
顾金土
⑯ 学生处(3 名)：
韩 熠 黄 穗 张 晴
⑰ 研究生院(1 名)：
陈毓陵
⑱ 常州校区(10 名)：
郎 丽 周仲海 王晶晶 左 丽 安 文 戴 叶 胡锦涛
白云利 崔炳利 王永珍

(3) 优秀校外指导教师(20 名)：
① 水文水资源学院(1 名)：
吕耀光
② 水利水电学院(2 名)：
郑军田 陈利强
③ 港口海岸与近海工程学院(2 名)：
庄 建 王惠民
④ 土木与交通学院 (1 名)：
付兴安
⑤ 环境学院(1 名)：
王怀福
⑥ 能源与电气学院(2 名)：
包振琪 莫建益
⑦ 计算机与信息学院(2 名)：
周旭才 彭瑞平
⑧ 力学与材料学院 (1 名)：
严中奇
⑨ 地球科学与工程学院 (1 名)：
文日方
⑩ 理学院(1 名)：
龚 源
⑪ 商学院(2 名)：
李中友 袁卫江

⑫ 公共管理学院、法学院(1 名):
余　徽
⑬ 外国语学院(1 名):
郭友顺
⑭ 大禹学院(1 名):
任　杰
⑮ 学生处(1 名):
李国军

(4) 校级实践基地(34 个):

① 水文水资源学院(1 个):
浙江水文局之江水文站

② 水利水电学院(3 个):
盐城市水利局
慈溪市围垦工程陆中湾两侧围涂工程指挥部
山东省水利厅南水北调局

③ 港口海岸与近海工程学院(1 个):
江苏省盐城市阜宁县港口管理局

④ 土木与交通学院 (1 个):
河海大学兴隆水利枢纽实践基地

⑤ 环境学院(1 个):
山东省德州市水文水资源勘测局

⑥ 能源与电气学院(3 个):
河海大学兴化市水务局大学生社会实践基地
南京市秦淮区特殊教育学校
中国国电集团谏壁发电厂

⑦ 计算机与信息学院(5 个):
河海大学江苏金港国贸中心实践基地
河海大学暑期大学生社会实践皇明太阳能集团基地
河海大学江苏省盐城市滨海县界牌初级中学实践基地
河海大学太仓金仓湖旅游生态公园实践基地
河海大学与太和县经济开发区新农村建设实践基地

⑧ 力学与材料学院(1 个):
乌镇农业经济服务中心

⑨ 地球科学与工程学院(2 个):
河海大学株洲市网岭罗家坪学生社会实践活动基地
河海大学安吉县水利局暑期社会实践基地

⑩ 理学院(4 个):
江苏省淮安市盱眙县黄花塘中心小学社会实践基地
105 公交总站社会实践基地
福建省宁德市野生动植物与湿地保护管理站社会实践基地
徐州市牡丹花纸业有限公司社会实践基地

⑪ 商学院(2 个):
河海大学常庄水库大学生暑期实践基地
河海大学港华投资集团苏州清源华衍水务公司实践基地

⑫ 公共管理学院、法学院(5 个):

如东县人力资源与社会保障局河海大学实践基地

北川羌族自治县青少年服务中心建立大学生社会实践基地

山西长治经济和信息化局大学生社会实践基地

江苏省南通市如东县水务局大学生实践基地

江苏省南通市中小学生实践基地

⑬ 大禹学院(1 个):

江苏省盐城国家级珍禽自然保护区管理处

⑭ 学生处(1 个):

河海大学大学生暑期社会实践基地

⑮ 常州校区(3 个):

中交三航局江苏分公司

上海制皂厂(如皋)

苏州华能热电厂

10. 2010 年度“最佳党日活动”(16 个)

(1) 一等奖(4 个):

机关党委后勤管理处党支部、水电供应中心党支部:师生共建节约型绿色校园

能源与电气学院党委:传承红船经典,扬帆“能电”航程

力学与材料学院党委力学系第一党支部、第二党支部:创先进、亮先进,促进共同提高

土木与交通学院党委教工第二党支部:从“一大”到“十七”大,回顾党的历程,增强党性修养

(2) 二等奖(9 个):

机关党委学生处党支部:瞻仰伟人光辉业绩,落实行动创先争优

机关党委校长办公室党支部:倾心帮扶,重温两个务必;研读纲要,建设学习型党支部

商学院党委机关第三党支部:学习“沈浩精神”,做新时期优秀共产党员

离退休工作处党工委:一个支部一主题,个个党员都参与

后勤集团党总支综合、劳服党支部:教育超市“义卖、捐赠、助贫”

直属单位党委离退休处办公室党支部:学习创优,服务争先

常州校区公共课教学部党总支人文社科部党支部:若水情怀暖学子,人文关爱显师恩

江宁校区党工委:稳定食堂物价,建设和谐校园

常州校区机关党委组织人事、纪委办党支部:爱在我们心中

(3) 三等奖(3 个):

常州校区机关党委教务部、科技部、成教部党支部、计算机与信息学院(常州)党委、通信工程本科生第一党支部:创先争优,携手共进

机关党委幼儿园党支部:“体验、感受、研究、实践”之旅

直属单位党委档案馆、直属党委办党支部:参观、瞻仰无锡“张闻天故居”纪念馆

11. 2010 年度党建工作创新奖(19 项)

(1) 优秀创新奖(9 项):

海军国防生党总支:国防生党员四级考评办法

机关党委:创先争优创新路,作风建设推新策

港口海岸与近海工程学院党委：健全机制，量化标准——大学生入党积极分子培养考核机制创新
水利水电学院党委：以优带新，争创优秀党支部；以老促新，争当优秀共产党员
土木与交通学院党委：入党积极分子培训形式和途径的探索与创新
商学院(常州)党委：构建“1234”体系，探索学生党建新模式
环境学院党委：强基拓能，夯实创先争优基础
能源与电气学院党委：以三大工程为龙头，构建“创先争优”长效机制
力学与材料学院党委：建立健全基层党建工作责任制网络

(2) 创新奖(10项)：

常州校区机关党委学工部、宣传部、团委党支部：“先锋同行”主题活动
水文水资源学院党委：高校学生党员实践教育创新研究
离退休工作处党工委：在新形势下创新创优党支部建设
地球科学与工程学院党委：仰望星空，脚踏实地
机电工程学院党委：以“五进促五员”活动的开展为“创先争优”活动搭建平台
理学院党委：学生党建“三位一体”教育管理模式
外国语学院党委：锐意进取，开拓科研工作新局面
商学院(常州)党委：创先争优，实施学生党员责任区
江宁校区党工委：提高党员意识，加强党建工作
计算机与信息学院(常州)党委：扎实推进学习型党支部建设

12. 2010年度优秀本科生辅导员(7名)

(1) 水文水资源学院(1名)：
许　睢
(2) 计算机与信息学院(1名)：
卞风燕
(3) 地球科学与工程学院(1名)：
郑茜丹
(4) 公共管理学院、法学院(1名)：
吴君明
(5) 大禹学院(1名)：
张玲彬
(6) 机电工程学院(1名)：
周仲海
(7) 商学院(常州)(1名)：
胡锦涛

二、学生类

1. 2010届优秀毕业研究生(86名)

程勤波	王占海	赵　勇	吴　春	贺颖庆	李　达	蒋枝伶	赵　军
辛小康	解鸣晓	汤　宇	邱裕华	张晓楠	庄　怡	王　雷	华明杰
赵文涛	武沂泉	徐　飞	韩志刚	沈伟伟	袁虎玲	王舒琴	赵　泽
李周雨	郑伏广	陆春艳	崔寅鑫	龚明子	秦　武	吴　晶	周晓明
孔令燕	黄　莉	陈君君	李碧琛	孔德才	张　瑞	刘海健	周现富
宋良光	许　燕	吴国振	史如森	李　显	石　丹	朱成健	丁　婷
薛显武	李　波	耿建强	李洪煊	王　会	王　晓	姚德生	陈允平

翁月娇　冯向波　张　俞　张　弛　薛晓晓　陶　辉　何洪涛　陈晶晶
杨海飞　叶宏萌　宋桂云　冯仕训　陈　琳　刘利国　史兆培　林莉莉
宋士明　高　杰　卢文欢　冯海昱　谢文轩　戈和静　孙文霞　石晓岩
毕　娟　姜海波　杨炬峰　王　瑶　王小金　贾　军

2. 2010 届毕业班“优秀学生标兵”(143 名)

(1) 水文水资源学院(7 名)：
陈　诚　李春烨　张卫国　邢　博　管桂玲　郝　健　徐　凯

(2) 水利水电学院(13 名)：
杨　曦　白　玉　黄　浩　张九鼎　闫　滨　王少伟　刘　震
冯　硕　季益柱　宋雅静　赵　丽　纪　媛　许　帅

(3) 港口海岸与近海工程学院(11 名)：
徐　玫　俞　茜　张　云　庞　婧　管大为　张曼婷　袁庆晴
李亮亮　谢冬梅　冯　曦　杨　婷

(4) 土木与交通学院(8 名)：
孙　浩　隋倜倜　王永发　刘　琳　陈敏慧　徐声亮　魏代伟
刘　杨

(5) 环境学院(6 名)：
何玉洁　唐春燕　单　淇　胡芬娟　肖敏艳　侯婉宁

(6) 能源与电气学院(7 名)：
查国强　汪选胜　王继奎　陈　莉　闻丹银　杜佳玮　孙　亮

(7) 计算机与信息学院(7 名)：
赵成慧　仇建斌　朱　晖　曹若文　顾　健　王　贺　万　琪

(8) 力学与材料学院(5 名)：
刘立群　叶　茂　刘　阳　徐国建　马龙祥

(9) 地球科学与工程学院(4 名)：
黄浩然　徐娟花　张芳钎　田汶灵

(10) 理学院(1 名)：
陈楚楚

(11) 商学院(14 名)：
任　俊　安　岩　王　淼　杨柔柔　岳　瑶　刘　佳　李倩倩
徐　静　王玉梅　油翠英　陈　朵　金辰昊　徐　阳　王源辰

(12) 公共管理学院(4 名)：
吴思媛　邓缤鹏　彭　飞　朱梦云

(13) 法学院(3 名)：
方　赞　郑　瑶　林二爽

(14) 外国语学院(2 名)：
陆　跃　钟响洲

(15) 机电工程学院(13 名)：
李　钊　庄　勋　居　玲　吕丹夏　王　鹏　嵇冬青　孙爱洲
张炎璐　吴小鹏　王　婷　宋亓宁　韩　笑　王世明

(16) 计算机与信息学院(常州)(15 名)：
谢润昊　沈晶晶　杨夏芳　姚丁勤　张晓霞　季明红　金岩岩
王姣娇　辛明缘　朱　英　姜　漫　金　湘　姜悦悦　李　莉
董晓清

(17) 商学院(常州)(13 名):

亓文娟　王华琴　王银群　杜　旦　王衷梅　曹先哲　包洪洁
蒋　虹　高　娟　倪中阳　刘奕兵　郭翠梅　江　洋

3. 2010 届毕业班“优秀学生”(285 名)

(1) 水文水资源学院(8 名):

瞿亚坤　王巍竹　何　萍　陈明敏　吴江国　陈立尧　周晓东
曹　翔

(2) 水利水电学院(24 名):

卜楠楠　邹仕鑫　刘　维　成鹏飞　徐　成　顾浩钦　倪钧钧
仲云飞　西仁古丽　陆健健　汪旭鹏　丁　琳　盛芳芳　孙　丹
强　巴　白　鑫　何　喻　徐　磊　荆玉翔　郭丽仙　侯丽娜
陈　婕　张　曼　王美新

(3) 港口海岸与近海工程学院(25 名):

徐龑文　倪　玮　蒋　颖　杨　萍　危小艳　项　雯　周婷婷
吕文婷　张　龙　陈　祥　居　尧　张　程　刘华如　窦润青

(4) 土木与交通学院(16 名):

陈　竹　吴威皋　顾锦健　孙超君　邱雪莲　沈丹雯　曹秋荣
赵辰洋　周　超　朱德胜　潘　杨　何赏璐　周宣照　潘雨辰
邓　甲　李小倩

(5) 环境学院(12 名):

谢凤英　刘　香　陈　彬　邱　斌　赵军伟　王建华　陈　焕
张　舒　郑彩虹　张兵兵　陈玉花　唐瑜谦

(6) 能源与电气学院(18 名):

袁文琪　王盛楠　钟　珊　张佳伟　范一文　孙晓荣　吴　霜
蒋　頔　王　琼　吴　波　赵　简　黄春燕　李　艳　祝　万
黄富佳　杨春霞　翟黎明　张　林

(7) 计算机与信息学院(17 名):

陆　菁　王艳辉　黄　滟　陈启亮　王　姜　谢年群　郭　钰
占　军　徐田田　曹　鑫　肖天宇　余　红　高玉芳　陆小凯
潘　超　沈祥华　李成功

(8) 力学与材料学院(15 名):

曾佳佳　张　旋　陈　龙　张静磊　陈　雷　吕正龙　王　伟
熊传胜　徐　尧　刘军峰　宋　健　陈力恺　沈晓斌　范　颖
朱晓珏

(9) 地球科学与工程学院(12 名):

侯宇迪　曾云路　王　霄　陈　晶　黄清保　王　钧　刘　岭
杨　勇　郑淑倩　黄晖霞　周洪奎　白　明

(10) 理学院(9 名):

赵　盼　李春会　范迎军　王　蒙　丁锦红　葛开鹏　李宏宇
叶君健　周巧林

(11) 商学院(46 名):

吴祠金　王晓漪　郭　丽　赵倩倩　左　蕾　姚　瑶　周曦霞
陈鸿飞　焦陈伟　宋小雪　胡　婕　段青林　陈素玉　裔玲玉
邹　俊　刘仕杰　陈　琛　张海峰　周　彬　王文伟　开　喆

姚振华 赵高燕 庄晓蕾 杨博文 张 璐 李瑞玲 郑婷玉
庞清尹 张 鑫 刘梦琳 陈兴超 权美香 夏 钰 吴婉芳
雷 明 张 彤 李 刚 庄 园 丁琳娅 师 蕾 黄子洋
夷宏华 喻 会 陆赛花 陈子风

(12) 公共管理学院(8 名):

夏文燕 周 敬 陈 聪 师快灵 谭珊珊 杨雪欣 李鹏辉
朱梦云

(13) 法学院(8 名):

魏玉凤 董 微 曹缪辉 符 敏 石浛弟 傅丽芳 陈宗振
周 慧

(14) 机电工程学院(23 名):

王 鹏 吴瑞祥 邓 旺 闫 雪 谢永召 杨 刚 郝旭东
张 迪 嵇仁荣 蔡金杰 万志敏 高 建 张志刚 宋正祥
刘 娜 黎 丽 周江坤 王成龙 耿 亭 刘 艳 李振宇
姚 铮 杨利君

(15) 计算机与信息学院(常州)(25 名):

江金芳 胡佳祺 朱玉峰 芮旭初 王培培 王 泽 潘云蛟
陈 泰 顾春雨 谭宪军 刘志军 何慧娟 杨雅君 杨 洋
倪 瑶 严萍萍 周娇娇 聂凤鸣 徐成龙 陈源源 李涵佼
沈晓萍 李 杰 朱宗霞 程梦莉

(16) 商学院(常州)(19 名):

刘丹霞 邵培珺 张丽英 王 菲 王丹静 严 媛 解晓峰
徐珊珊 林 婕 朱 林 李郁芬 徐 璇 陈玉曦 陈 松
唐聪聪 林晓静 林 玉 孙利娜 张 飞

4. 2010 届毕业班“优秀学生干部”(220 名)

(1) 水文水资源学院(19 名):

徐兆静 刁贵芳 刘佑琳 李 庆 沈少锋 王森林 李春烨
杨 海 杨怡青 姚雨龙 张卫国 王 振 陈明敏 邢 博
吴江国 陈立尧 管桂玲 郝 健 徐 凯

(2) 水利水电学院(10 名):

范玲玲 黄 浩 张九鼎 闫 滨 王少伟 刘 震 冯 硕
季益柱 宋雅静 纪 媛

(3) 港口海岸与近海工程学院(12 名):

俞 茜 张 云 管大为 张曼婷 史 卿 杨佳岩 陈 智
高羽末 宋宏磊 谢冬梅 王 涛 杨同军

(4) 土木与交通学院(19 名):

陈 竹 邵继平 曹秋荣 邱雪莲 沈丹雯 顾锦健 赵辰洋
周 超 朱德胜 魏代伟 周宜照 潘雨辰 徐声亮 于 仲
邓 甲 荀 绚 张 鑫 隋倜倜 王永发

(5) 环境学院(10 名):

肖敏艳 陈 彬 彭 萍 苏 银 秦 涛 陈夏彬 谈为凯
张兵兵 黄昭毅 陈玉花

(6) 能源与电气学院(17 名):

刘 锋 柯 星 黄 攀 徐 军 缪永端 范一文 李 丹

樊稳稳　陈　莉　闻丹银　朱逸轩　赵　简　黄春燕　李　艳
张　楠　王　杰　翟黎明

(7) 计算机与信息学院(18 名)：
仇建斌　陈启亮　占　军　陈　明　赵瀚雄　李　宇　徐田田
曹　鑫　肖天宇　顾　健　徐鹏飞　贾琳琳　王　贺　余　红
万　琪　陆小凯　沈祥华　王　健

(8) 力学与材料学院(8 名)：
刘立群　张静磊　徐　尧　刘军峰　叶　茂　刘　阳　马龙祥
徐国建

(9) 地球科学与工程学院(5 名)：
周宏博　羡成星　林柄来　吴小东　陈跃红

(10) 理学院(3 名)：
陈　伟　梁钰翎　陈楚楚

(11) 商学院(32 名)：
陈学超　任蛟赟　陈冬冬　姚　瑶　周　峰　汪珊珊　岳　瑶
刘　佳　王玉梅　尹　佩　滕　腾　黄山斌　油翠英　陈　朵
金辰昊　李洪旭　朱　锋　于　芳　时　杰　肖　佳　王学江
徐鹏飞　陈兴超　权美香　张　砜　曾宪睿　张　强　郭文斌
黄健全　夷宏华　李倩倩　潘　浩

(12) 公共管理学院(7 名)：
邓缤鹏　彭　飞　朱梦云　林淑琳　李黄娟　杨新元　黄　晶

(13) 法学院(6 名)：
顾慧媛　傅丽芳　陈现安　付　强　李　晶　周　煌

(14) 外国语学院(3 名)：
张　峰　陆　跃　钟响洲

(15) 机电工程学院(13 名)：
李　钊　宋正祥　陈媛媛　张炎璐　庄　勋　王成龙　宋亓宁
韩　笑　王　婷　张　迪　姚　铮　王世明　万志敏

(16) 计算机与信息学院(常州)(20 名)：
胡佳祺　谢润昊　周　浩　朱玉峰　李　莉　芮旭初　潘云蛟
陈　泰　谭宪军　王姣娇　辛明缘　朱　英　姜　漫　倪　瑶
严萍萍　聂凤鸣　徐成龙　项　歙　姜悦悦　欧　敏

(17) 商学院(常州)(18 名)：
林晓静　郭翠梅　过敏娜　刘奕兵　亓文娟　姜京津　王银群
王　菲　陈玉曦　曹先哲　包洪洁　徐珊珊　邵培珺　解晓峰
张　飞　徐　璇　高　娟　倪中阳

5. 2010 届优秀本科毕业生(82 名)

(1) 水文水资源学院(3 名)：
陈　诚　邢　博　管桂玲

(2) 水利水电学院(6 名)：
杨　曦　张九鼎　许　帅　赵　丽　王美新　刘　震　白　玉

(3) 港口航道及近海工程学院(4 名)：
俞　茜　管大为　冯　曦　张曼婷

(4) 土木与交通学院(6 名)：

刘 扬　孙 浩　隋倜倜　周 超　魏代伟　徐声亮

(5) 环境学院(4 名)：

侯婉宁　胡芬娟　何玉洁　单 淇

(6) 能源与电气学院(6 名)：

闻丹银　王继奎　汪选胜　查国强　翟黎明　杜佳伟

(7) 计算机与信息学院(5 名)：

陆 菁　仇建斌　顾 健　徐田田　万 琪

(8) 力学与材料学院(2 名)：

马龙祥　刘立群

(9) 地球科学与工程学院(4 名)：

羡成星　刘 岭　张芳钎　田汶灵

(10) 商学院(7 名)：

王玉梅　任 里　徐 阳　李洪旭　左 蕾　金辰昊　林剑乔

(11) 公共管理学院、法学院(4 名)：

朱梦云　吴思媛　黄 晶　石浛弟

(12) 理学院(5 名)：

陈 然　孔祥臻　赵 盼　梁钰翎　陈楚楚

(13) 外国语学院(1 名)：

钟响洲

(14) 机电工程学院(8 名)：

李 钊　谢永召　万志敏　蔡金杰　张 迪　宋亓宁　居 玲
姚 铮

(15) 计算机与信息学院(常州)(10 名)：

江金芳　程梦莉　刘伟航　季明红　辛明缘　金 湘　沈晶晶
谢润昊　谭宪军　董晓清

(16) 商学院(常州)(7 名)：

杜 旦　王衷梅　亓文娟　林晓静　高 娟　陈玉曦　唐聪聪

6. 河海大学 2009—2010 年度“优秀学生标兵”(439 名)

(1) 水文水资源学院(21 名)：

苏明珍　徐于楠　郑 雪　卫晓露　徐微薇　唐巧玲　刘 宇
程嫣嫣　张海秋　董 亮　山红翠　张梦泽　崔冬梅　朱敏喆
马 彪　刘臻晨　蔡思宇　陈志伟　谈娟娟　周旭东　邓圆谧

(2) 水利水电学院(32 名)：

冯兴亚　刘笑吟　朱 峰　刘何稚　李青霞　李玉婷　徐兴亚
张诗悦　张 丽　孔维耀　陶俊佳　聂柏松　姜 洲　曹 昕
单 浩　朱 令　王 杰　韩 迅　刘亚琴　杨 磊　宗 原
王文杰　石永超　陈 于　熊文进　林 慧　胡立群　孔 凡
殷瑞雪　陶晓慧　薛 苑　高焕玲

(3) 港口海岸与近海工程学院(33 名)：

张馨竹　李 妲　蔡雅慧　张 茜　闫晓璐　李卫文　雷 蕾
安杰晶　王 娜　厉佳卉　赵 倩　王 捷　龚婷婷　郭巨海
包沐曦　范 骏　陈永刚　谢丹丹　王博文　李鑫丹　虞丹君
董 航　宋丽佳　宋 凡　李振强　陈欣迪　张鹏程　张乃予
朱友峰　孙昊元　吕亭豫　纪润东　沈雨生

(4) 土木与交通学院(21名):

田圆　师晋红　周友进　姚国友　陈宏伟　韩梦洁　金健
刘璐　马腾远　薛荣军　樊宇　范惜辉　陈刚　唐少将
徐苗苗　韩涛　祁盛　邵燕华　郭锐　冯敏　付世荣

(5) 地球科学与工程学院(16名):

廖翔　向涛　杨凯文　史国强　吴洁璇　武立军　戚劲杉
陈阳　韩新捷　丁旭　袁豹　高鹏　张静　陈喜凤
王俊杰　李佳

(6) 力学与材料学院(13名):

马敬畏　李志民　缪新河　周童　顾鑫　许悦　田曼丽
张勉　栾金龙　陈怡　武胜萍　郝雅珍　陈光远

(7) 能源与电气学院(28名):

李玲玉　韩杏宁　刘海涛　张蓝国　陆杰　陈大宣　孙影影
李青　陈亿　朱成　杨原力　王春晨　嵇威华　陈巧燕
夏晨宇　李艺　于安　王欣　陈楚倩　李涛　吴舒鋆
罗宇超　蒲楠楠　徐艺绯　沈后威　程引　沙宇晨　刘惠文

(8) 计算机与信息学院(30名):

欧阳星辰　何菁　徐宗瑜　黄仁芳　胡经纬　聂妮　肖艳
余霖　韩亚红　杨芸　周燕　刘子源　吴婷　谢宏伟
周发超　苑伟丰　王雅芳　黄鑫　孙桐　李正波　赵先浩
解聪　潘磊　王雪婷　周帆　陶媛媛　倪丹　周文欢
徐华珺　叶云峰

(9) 商学院(51名):

吴方圆　支建东　崔祥　杨涛　傅宇瑾　刘琰婷　刘笑悦
黄一萌　邓梁　林剑婷　牟毅　匡艳红　杨帆　陆晓敏
杨佳伟　张坤　巴尔娜古丽·哈力木拉提　蔡强　孙建明
卜珂　詹唯　乐怡倩　夏妮妮　朱虹　孙野　赵晨
李贺　王怡然　任栋莹　倪殷建　席怡然　宾艳　董明敏
陈名　郑胜强　徐劭萌　封翼　高媛　刘羽倩　张玲霞
乔洁琼　付宏艳　付饶　艾孜麦提·艾合麦提　王洁　邹飞
刘亚峰　王丝白　赵璐　沈丹　焦娇

(10) 公共管理学院、法学院(25名):

张莉婷　秦群　杨洋　魏银　孙红　孙璐　常宴会
诸晓玲　孙彪　郭梦琪　黄金兰　张天娇　王亚静　张馨月
赵青青　周启红　曾宇阳　章凌翌　郭红霞　孙沐芸　穆琳
傅思伟　陈明　袁珩　丁扬霈

(11) 理学院(12名):

蔡旺　高鹏　郑强　薛婧　陈焕霖　邱宇鸥　毛俊诚
朱异　钱莉　应翔　马乐　霍文驹

(12) 环境学院(20名):

朱骁晓　包子云　陈学明　史佳媛　夏新　蒋泽　葛华飞
金梦婷　赵苇航　章梅丽　赵薇　卞德晨　姜圣涛　任凌霄
江慧　雷镕甄　王文杰　陈怀民　龚绮　王贝贝

(13) 外国语学院(7名):

李小艳　李　艳　李　莹　康赏赐　张倩怡　顾晓彤　刘梦迪

(14) 大禹学院(5 名)：

段　坤　江　汇　赵英华　刘博雅　鲁　洋

(15) 机电工程学院(50 名)：

韩佳慧　陈　伟　任菲菲　沈　亚　张　驰　陈莉云　何小攀
李　洋　张　丽　朱明娟　王继月　吕明星　王慧霞　时洋洋
彭　晨　李强强　陈慧娟　梁　国　王雷顶　朱　岚　张　瞿
赵阿立　何月雯　倪　扬　曾鹏飞　张　哲　蔡　毅　陈永记
薛　飞　熊飞飞　付建英　朱玉婷　陈　圣　李淑星　邹婷婷
赵　冠　刘　鹏　邵晓峰　郑永鹏　尹穆楠　刘　立　彭美欣
栗金文　崔　立　张　媛　张晟恺　邹志辉　魏　巍　郝珊珊
南文光

(16) 计算机与信息学院(常州)(38 名)：

张　雪　戴　燚　郭　惠　孙　浩　巢　佳　沈　洁　薛慧霞
孙晓燕　刘良良　杨玉正　冯克林　倪立显　顾丽萍　潘天娇
王　珊　殷雯雯　王　欣　王玉华　邵晴怡　徐鸣兰　郝建元
王　玥　路　源　王　宁　代佳佳　倪　舟　高文亚　郝　琳
张　瑶　庞　微　陈　鑫　夏　俊　丁桂红　李兴兵　钱　靖
刘宏洋　杨文睿　王瑾琛

(17) 商学院(常州)(37 名)：

常　娜　王何维　孙星园　董慧梅　董立兴　高　云　赵可人
刘彩云　刘　昱　樊小敏　周　梁　王珮斐　王思卉　刘　萌
姚　倩　李卉一　郭　瑞　刘翘楚　殷翠梅　赵九茹　潘　洁
于　晶　董云杰　曹茜茜　申雨婷　张维浚　芮　逗　张　骥
杨梦梦　陈雅琴　丁棠丽　茅旦青　杨文亮　张玉洁　张宝丰
徐亚萍　齐亚会

7. 河海大学 2009—2010 年度“优秀学生”(968 名)

(1) 水文水资源学院(51 名)：

张琼楠　王银丽　苏明珍　张　潇　覃春乔　卫晓露　李　迷
马亚男　刘　宇　石　军　郭明宇　郑　雪　王超兴　何　爽
徐于楠　徐微薇　唐巧玲　程嫣嫣　张　阳　王琳瑛　董　亮
程　群　王雪梅　朱敏喆　丁文浩　黄　威　张海秋　刘宇翔
卢石桓　张梦泽　崔冬梅　徐　杨　山红翠　陈　静　马　彪
曾　明　杨姗姗　王　洁　徐　伟　刘臻晨　李　浩　蔡思宇
陈志伟　顾玮琪　谈娟娟　梁慧迪　吕馨怡　陈　鹏　周旭东
邓圆谧　万文华

(2) 水利水电学院(85 名)：

时　蕊　丁贯西　刘　晨　谢幼琼　殷瑞雪　仲　良　张　龙
高焕玲　龚轶青　冯兴亚　邓伯均　刘笑吟　邵潮鑫　阿义加尼
魏丹娜　官云飞　段誉祥　邢　栋　齐慧君　杨　才　朱太宜
薛向华　刘亚琴　姬　先　刘何稚　王文杰　李青霞　马舒文
熊文进　张诗悦　徐兴亚　侯冰铃　赵　磊　魏　祥　孔　凡
吴东伟　金　晶　潘莹莹　林　正　瞿莉君　薛　苑　陶俊佳
许焱鑫　金罗斌　曹　昕　孔维耀　陆　杨　夏中榜　姜　洲

张海通　　徐 祥　　王 瑞　　张 石　　韩 迅　　彭 迪　　周 元
宗 原　　朱 令　　李旭航　　阿孜古丽·图尔逊　　王 杰　　张 冬
李奥典　　梁丽妮　　朱 峰　　陈 于　　宋荣华　　孙继斌　　慕子煜
周珺华　　李玉婷　　杨慧颖　　杨 磊　　张 丽　　范 文　　石永超
赵 馨　　吴 双　　林 慧　　聂柏松　　胡立群　　黄万勇　　单 浩
陶晓慧　　赵 蕾

(3) 港口海岸与近海工程学院(59 名):

许 荔　　王笛清　　石麒琳　　黄 炬　　张雯燕　　张馨竹　　王 杨
夏 静　　王 娜　　杨第昌　　袁春光　　厉佳卉　　熊小舟　　张 丽
张 茜　　顾 茜　　张 璐　　闫晓璐　　雷 蕾　　李 妲　　李卫文
安杰晶　　蔡雅慧　　高 航　　杨湑淮　　陆 倩　　赵树林　　赵 倩
熊梦婕　　虞丹君　　樊 翔　　陈永刚　　林 龙　　龚婷婷　　谢丹丹
范 骏　　郭巨海　　王博文　　吕淑杰　　张勇坤　　孙继彭　　苏艺桐
吕亭豫　　朱友峰　　刘春阳　　张乃予　　陈欣迪　　周凌愉　　宋丽佳
郑 义　　纪润东　　宋 凡　　张 炫　　沈雨生　　李振强　　陈 羽
孙昊元　　张鹏程　　董 航

(4) 土木与交通学院(46 名):

郁金珠　　王露健　　邵寿磊　　薛珊珊　　高晓月　　苏海峰　　汤晓波
田 瑞　　魏宝龙　　李华曦　　朱晓琳　　王亦伊　　曾垂昌　　蔡大伟
林潇弘　　陈 祥　　糜径超　　袁周致远　　王 鑫　　郁典范　　王俊杰
周 斌　　李 响　　陈喜坤　　杨 婧　　冯 敏　　付世荣　　田 圆
师晋红　　周友进　　姚国友　　陈宏伟　　韩梦洁　　金 健　　刘 璐
马腾远　　薛荣军　　樊 宇　　范惜辉　　陈 刚　　唐少将　　徐苗苗
韩 涛　　祁 盛　　邵燕华　　郭 锐

(5) 地球科学与工程学院(41 名):

乐慧琳　　卢为伟　　何 珏　　柯元英　　韩其婷　　李忠美　　徐媛媛
喻露露　　沈月千　　吴金凡　　刘 浩　　王金媛　　李志利　　荀志国
宋晓含　　姜婷婷　　张志浩　　赵杏杏　　高 双　　汤萌萌　　顾书嘉
庄 超　　杨 畅　　朱 雷　　俞俊平　　李 佳　　王俊杰　　廖 翔
向 涛　　杨凯文　　史国强　　吴洁璇　　武立军　　戚劲杉　　陈 阳
韩新捷　　丁 旭　　袁 豹　　高 鹏　　张 静　　陈喜凤

(6) 力学与材料学院(33 名):

马敬畏　　李志民　　缪新河　　周 童　　顾 鑫　　王 勃　　刘婷婷
徐 晨　　朱 祥　　王荣华　　马 飞　　严中奇　　许 悦　　田曼丽
薛晓峰　　浦 侠　　夏 强　　刘雨薇　　周 文　　杨虞琨　　秦玉娇
张 勉　　栾金龙　　马 骥　　吴有奇　　杨 蓓　　陈 怡　　武胜萍
郝雅珍　　杨晓君　　梁伟灿　　陈光远　　郭 涛

(7) 能源与电气学院(69 名):

张沈习　　殷 珺　　夏林生　　陈大宣　　曹 阳　　陆 杰　　荆 淼
屠雯凤　　李 青　　李玲玉　　危 伟　　郭思琪　　钱 瑭　　孙影影
周 燕　　熊 照　　韩杏宁　　张蓝国　　刘海涛　　项茜茜　　张新春
刘桂乾　　高 勇　　张栋梁　　余文博　　王春晨　　董小雨　　贾 柳
汪海洋　　李 艺　　徐 丹　　宋 彬　　陈会向　　宋瑞瑞　　王 浩
严天豪　　何茂慧　　吴在强　　李东东　　张 浩　　向育鹏　　林 方

高 远 顾露香 沈后威 徐艺绯 杨 田 陈 倩 左 帆
万晶宇 蒲楠楠 赖文发 罗宇超 刘志淼 陈楚倩 程 引
刘惠文 王成庆 陈 誉 王丽颖 吴舒鋆 魏宇坤 陆 晶
曹 瑛 魏 媛 周 军 沙宇晨 李 涛 刘汇川

(8) 计算机与信息学院(54 名):

杨志闻 马林冲 周 晶 邵 健 宋建辉 郭 俊 常佳俊
凌兵勇 谭业成 孙小艺 滕美林 万冲凯 章亚星 吴 艳
张芳玲 王 伟 邵玉清 刘 甜 张晓雪 李 璞 陈碧威
朱路月 潘学威 周林燕 欧阳星辰 何 菁 徐宗瑜 黄仁芳
胡经纬 聂 妮 肖 艳 余 霖 韩亚红 杨 芸 周 燕
刘子源 吴 婷 谢宏伟 周发超 苑伟丰 王雅芳 黄 鑫
孙 桐 李正波 赵先浩 解 聪 潘 磊 王雪婷 周 帆
陶媛媛 倪 丹 周文欢 徐华珺 叶云峰

(9) 商学院(100 名):

吴方圆 支建东 崔 祥 杨 涛 傅宇瑾 刘琰婷 刘笑悦
黄一萌 邓 梁 林剑婷 牟 毅 匡艳红 杨 帆 陆晓敏
杨佳伟 张 坤 巴尔娜古丽·哈力木拉提 蔡 强 乐怡倩
夏妮妮 朱 虹 孙建明 卜 珂 詹 唯 孙 野 赵 晨
李 贺 王怡然 任栋莹 倪殷建 席怡然 宾 艳 董明敏
陈 名 郑胜强 徐劭萌 封 翼 高 媛 刘羽倩 张玲霞
乔洁琼 付宏艳 付 饶 艾孜麦提·艾合麦提 王 洁 邹 飞
刘亚峰 王丝白 赵 璐 沈 丹 焦 娇 张绍飞 马天宇
魏积意 朱 军 李 纯 李 珍 谌 斌 邵雅恒 林梦丹
贾源淇 范思琦 李忆朋 周光峰 马瑞敏 周 伟 葛秀秀
叶淑燕 赵小章 郑 竞 查晓婷 张菲菲 江彩芳 徐永仙
黄甜甜 庄小燕 热依汉古丽·太力艾提 马 丽 黄慧娟
杨晓萌 王芬芬 刘 娟 张掌江 于晶晶 李 芳 陈伟伟
严秋雯 丁红军 傅咏雪 杨 林 徐赛华 古国琴 陈 艳
李 佳 曲文凤 沈金平 王吉翔 张 歌 王钰云 孙 雯

(10) 公共管理学院、法学院(55 名):

崔 巍 陈张维 季 霞 罗胜帅 唐婷婷 耿 茜 张莉婷
秦 群 杨 洋 孙 红 魏 银 孙 璐 常宴会 诸晓玲
孙 彪 黄宇丹 高 臣 黄金兰 杨海雯 董 聪 郎晓苏
何湘君 邹笑吟 张 洁 郭梦琪 张天娇 张馨月 王亚静
周启红 赵青青 章凌翌 曾宇阳 郭红霞 孙沐芸 杨志博
薛梦莹 王 霞 柏 杨 朱莹堃 魏思敏 刘惠燕 唐卓欣
殷 乐 尹文君 陈 明 卢婷婷 莫 静 张得姗 傅思伟
穆 琳 袁 珩 杨程程 邹爱文 李嘉颖 丁扬霈

(11) 理学院(33 名):

潘 非 牛 岩 高 鹏 孙 玲 梁旭燕 黄德文 杨 正
王建霞 赵跃龙 顾倚婧 蔡 旺 郑 强 薛 婧 马 旭
邱宇鸥 朱 异 陈焕霖 季庚午 钱 莉 汪正流 朱 珂
袁 阳 王 娟 赵狄青 陈 威 王文武 李海玲 章 剑
李小恬 周建文 来志强 杨 彬 梅宇立

(12) 环境学院(43 名):

朱骁晓　赵　薇　陈　文　包子云　卞德晨　项　亮　陈学明
姜圣涛　禹　露　史佳媛　任凌霄　王　莹　夏　新　江　慧
程康睿　蒋　泽　雷镕甄　冒文娟　葛华飞　王文杰　唐丽娟
金梦婷　陈怀民　赵　熠　赵苇航　龚　绮　罗慧萍　章梅丽
王贝贝　王　丹　肖　曼　谢倩雯　张　静　陆婷婷　丁　珏
陶　美　黄　晶　成晓奕　王　赛　严权权　周文俊　张树磊
展　丹

(13) 外国语学院(4 名):

刘佳贺　翁丽娜　康雨昕　李孟霞

(14) 大禹学院(14 名):

段　坤　翟　法　孙　可　彭俊华　江　汇　鲁　洋　于立婷
储锡君　陈姣姣　林璧辉　赵英华　刘博雅　蒋　明　田万青

(15) 机电工程学院(117 名):

凌加健　马晓迪　蒋开涛　王建军　殷　旭　张　磊　张宗辉
黄　涛　张雪晴　彭　鹏　时蕾蕾　李俊贤　彭远志　卢　建
陶　宇　高士龙　樊文露　孙秋红　吉华剑　毛海东　刘晨东
吴小晨　仇　成　徐　乐　程　鑫　虎小雅　冯骝骅　张　霞
景洪海　赵文虎　黄　菲　屠　越　蒋　淳　田宏吉　储佳伟
付　琴　刘翠英　蔡正新　宋海东　唐建永　姜　晟　司志辰
李　鹏　赵　明　王永强　王文超　谢兰军　李佳鹏　陈楠楠
刘　凯　邱麟翔　秦新峰　武传皓　张　弘　付修威　代　新
边鸿儒　韩佳慧　陈　伟　任菲菲　沈　亚　张　驰　陈莉云
何小攀　李　洋　张　丽　朱明娟　王继月　吕明星　王慧霞
时洋洋　彭　晨　李强强　陈慧娟　梁　国　王雷顶　朱　岚
张　瞿　赵阿立　何月雯　倪　扬　曾鹏飞　张　哲　蔡　毅
陈永记　薛　飞　熊飞飞　付建英　朱玉婷　陈　圣　李淑星
邹婷婷　赵　冠　刘　鹏　邵晓峰　郑永鹏　尹穆楠　刘　立
彭美欣　栗金文　崔　立　张　媛　张晟恺　邹志辉　魏　巍
郝珊珊　南文光

(16) 计算机与信息学院(常州)(94 名):

张中鹏　毛辉杰　李光云　刘付占　张　伟　徐敏杰　马　倩
蔡袁静　马国玉　杨嘉骏　客东方　樊　杰　张平平　庄岩浩
束代群　伍银丽　桂　源　吴亚东　刘　娜　吴　孟　黄　静
张　敏　顾　慧　丁振文　张道凤　郭发勇　马　聪　刘　茜
任　伟　朱国庆　曹翰林　彭丝璐涯　荀　倩　顾　欣　庄宏海
黎乐儿　钱钟汉　何振宇　茅晚晚　杨园园　陆　琴　陈　晨
梁云泽　宿　城　李海珍　胡重威　王　宇　刘　俊　钱爱华
王婷婷　刘　浩　张明艳　李兆惠　戴　月　庞　荣　屠东浪
王瑾琛　张　雪　戴　燚　郭　惠　孙　浩　巢　佳　沈　洁
薛慧霞　孙晓燕　刘良良　杨玉正　冯克林　倪立显　顾丽萍
潘天娇　王　珊　殷雯雯　王　欣　王玉华　邵晴怡　徐鸣兰
郝建元　王　玥　路　源　王　宁　代佳佳　倪　舟　高文亚
郝　琳　张　瑶　庞　微　陈　鑫　夏　俊　丁桂红　李兴兵

钱 靖　刘宏洋　杨文睿

(17) 商学院(常州)(70名):

黄志光　汤亚玲　杨 婧　莫 卫　黄会敏　章嘉俊　苏晓鹭
王雪萍　李 楠　赵 宁　赵伟伟　刘琳琳　刘桂云　陈晓霞
范仁刚　吴冬云　俞晨越　吴 茜　王海宏　陆妍霖　马 锋
李艳霞　张 燕　杨 枝　张 邺　杜阿敏　顾忆之　陈 静
崔梦婕　陈 力　孙苏贵　申 帅　张 雪　常 娜　王何维
孙星园　董慧梅　董立兴　高 云　赵可人　刘彩云　刘 昱
樊小敏　周 梁　王珮斐　王思卉　刘 萌　姚 倩　李卉一
郭 瑞　刘翘楚　殷翠梅　赵九茹　潘 洁　于 晶　董云杰
曹茜茜　申雨婷　张维浚　芮 逗　张 骥　杨梦梦　陈雅琴
丁棠丽　茅旦青　杨文亮　张玉洁　张宝丰　徐亚萍　齐亚会

8. 河海大学2009—2010年度“优秀学生干部”(730名)

(1) 水文水资源学院(46名):

苏明珍　王银丽　毛 慧　卫晓露　覃春乔　张 侨　张琼楠
王友恒　唐巧玲　张 潇　徐浩伦　何 爽　刘 宇　徐微薇
胡昕晔　陆 斌　刘默尧　丁吾鹏　郑 雪　徐 杨　山红翠
颜 衍　程嫣嫣　关蕴杰　龚晓璐　张海秋　崔冬梅　董 亮
王 振　陈 静　马 彪　植嘉茜　李 栋　徐 伟　徐云飞
张树磊　李 浩　蔡思宇　杨益青　吴世文　谈娟娟　杨浩铭
邓圆谧　周旭东　张 晨　李宝军

(2) 水利水电学院(64名):

冯兴亚　杨 扬　赵 磊　魏 祥　段誉祥　吴东伟　张 弛
刘亚琴　包崇超　王 众　艾思米都　刘卿娴　周 杰　章 昕
牟 敏　祝燕玲　熊文进　陶俊佳　吴靖宇　孔 凡　张 松
瞿莉君　薛 苑　曹 昕　孔维耀　金罗斌　铁力克·公什拜
姜 洲　范小晶　徐 祥　朱 令　李旭航　宗 原　王 杰
李玉婷　阿孜古丽·图尔逊　路佳欣　王海华　戴 娟　石永超
张 丽　沈光泽　刘 天　龚铁青　徐沛力　黄万勇　刘笑吟
陈 于　丁贯西　魏丹娜　綦子煜　王艳庆　杨静晗　吴 双
景文洲　李青霞　王 倩　兰 斐　司 源　刘 敏　缴 健
王 雷　李剑超　严中奇

(3) 港口海岸与近海工程学院(47名):

张馨竹　赵政弘　娄 旻　李 妲　虞 奎　安 冬　王 鑫
傅茛鸣　李 皓　闫晓璐　安杰晶　陈韬霄　蔡雅慧　董晓伟
陈蒙龙　范 骏　王博文　秦艳彬　陈永刚　虞丹君　范 可
谢丹丹　张 鑫　田秋蔚　倪 岚　陈明明　庄雨农　张乃予
张伟伟　吴善翔　朱友峰　张又壬　董 航　孙昊元　吕亭豫
宋 凡　纪润东　陈欣迪　张鹏程　李振强　陈 羽　赵 倩
陈 婷　龚婷婷　陆 倩　陈 昊　郭巨海

(4) 土木与交通学院(40名):

刘 璐　余 潇　金玮奇　马腾远　汪亦清　吴泽众　樊 宇
祁 盛　邵燕华　范惜辉　邓 鑫　李方渊　张可心　冯 鑫
李 响　邓 捷　陈 晨　张意江　张 昕　唐彩红　康 静

姜　腾　　吴东鹏　　邓杨杨　　余　佳　　任健飞　　王亦伊　　付世荣
韩　涛　　张　超　　尉霄腾　　王建民　　黄尘超　　刘津铭　　陈宏伟
高晓月　　张晓君　　徐文轩　　邵寿磊　　李　佳

(5) 地球科学与工程学院(37名):

乐慧琳　　张志浩　　梁纯皓　　戚劲杉　　周世玲　　吴亚伟　　秦　伟
邱　伟　　黄　佳　　王　华　　高　双　　李鑫龙　　丁　旭　　汤萌萌
袁　豹　　徐媛媛　　喻露露　　王金媛　　张虎雄　　顾书嘉　　高　鹏
陈　阳　　朱　雷　　王俊杰　　向　涛　　卢为伟　　徐　超　　韩银龙
施炳甫　　马洪羽　　张晓平　　徐　菲　　吴洁璇　　赵杏杏　　杨凯文
那地曼·艾尼瓦尔　　刘小斌

(6) 力学与材料学院(31名):

马敬艮　　刘婷婷　　周　杰　　黄　雷　　李志民　　姜贝贝　　胡　驰
缪新河　　孙　帝　　牛　蒙　　周　童　　吕　涛　　王怀鑫　　顾　鑫
严中奇　　许　悦　　胡铭煜　　田曼丽　　马　骥　　薛晓峰　　吴有奇
浦　侠　　夏　强　　陈　怡　　楼益龙　　武胜萍　　王　越　　纪学雷
李　涛　　叶婷婷　　张衡志

(7) 能源与电气学院(63名):

王　玮　　田尚亮　　庄乾彪　　关朝杰　　李　强　　许进波　　李文娟
周保宗　　陆　杰　　史　炜　　韩杏宁　　李　青　　毛慧娟　　孙影影
夏林生　　王　浩　　吕　程　　张志友　　韩保雷　　葛华辉　　戢志仁
张新春　　李尚超　　申　鹏　　李栅栅　　莫　菲　　卢　恒　　林　方
管维亚　　王安其　　吕　杰　　徐　璐　　尹吉磊　　史豪杰　　王　丽
管晓伟　　朱玉嘉　　王淑杰　　陆晓恺　　徐大亮　　刘桂乾　　顾天凌
于世金　　王碧涛　　黄雨翔　　徐艺绯　　王丽颖　　曹　瑛　　陈楚倩
鲁泽仁　　沈后威　　罗宇超　　吴舒鋆　　任　飞　　田雪龙　　魏宇坤
蒲楠楠　　李　涛　　武龙斌　　田雪龙　　宿晓牌　　张　杨　　李东东

(8) 计算机与信息学院(39名):

何　菁　　李耀星　　宋建辉　　蔡青玉　　金叶清　　潘　磊　　聂　妮
解　聪　　黄仁芳　　吴艳华　　林一泽　　周林燕　　何志聪　　马　斌
余　霖　　卢克静　　欧阳星辰　　周　帆　　王　媛　　苑伟丰　　朱华庆
丁　沿　　徐宗瑜　　吴　静　　张翼翔　　王雅芳　　郭　俊　　彭燕凤
胡经纬　　李　鹏　　肖　艳　　李正波　　胡素奎　　周文欢　　杨志闻
倪　丹　　董建政　　史殿森　　陈淡泊

(9) 商学院(72名):

吴方圆　　支建东　　崔　祥　　马天宇　　李　欣　　魏积意　　周　游
刘琰婷　　刘笑悦　　谌　斌　　邵雅恒　　沈　阳　　范思琦　　戴　拓
王姗冉　　段　迪　　赵梅西　　朱梦梦　　方　洁　　邓　梁　　江玲玉
吐玛尔·叶尔肯　　花　润　　杨　帆　　彭子乔　　黄兆鹏　　葛剑鸣
杨佳伟　　陈　名　　沈　默　　巴尔娜古丽·哈力木拉提　　刘　韬
乐怡倩　　霍　立　　潘梦芩　　朱　虹　　陈彦竹　　孙建明　　葛秀秀
詹　唯　　孙　野　　郑　竞　　李　贺　　王秋霞　　万佳琪　　倪殷建
席怡然　　张玢岩　　马　燕　　热依汉古丽·太力艾提　　马　丽
王鹏宇　　王晓峰　　刘羽倩　　付　饶　　朱　虹　　徐劭萌　　丁红军
郭雨岚　　封　翼　　高　媛　　乔洁琼　　杨晓萌　　王丝白　　付宏艳

雷　雨　王吉翔　赵天雪　樊　琦　孙　雯　王　洁　沈　丹

(10) 公共管理学院、法学院(43名)：

陈天源　张莉婷　左文英　魏　银　罗胜帅　洪　丹　杨海雯
常宴会　郭英琦　孙　彪　高　臣　黄宇丹　林　衍　马晓瑾
虞剑萍　刘　斌　李逊唯　赵青青　肖伟华　王亚静　张馨月
时晓彤　孙沐芸　陈紫威　邹子楠　黄　杨　梁雨桐　徐　喆
靳开涛　周佳仪　常　虹　穆　琳　李　杨　宋文波　傅思伟
徐　涛　郑扬升　安　珏　袁　珩　邹爱文　宗俊宇　丁扬霈
陈　明

(11) 理学院(26名)：

石　玲　高　鹏　袁伶华　蔡　旺　付志攀　张　飞　朱　异
张　鹏　辛　亮　钱　莉　彭其丽　丛小飞　陈焕霖　杜宇隆
张　壮　张　涛　毛俊诚　杨婧悦　褚天威　来志强　郭玲丽
应　翔　汤　翔　马　乐　苏新连　娄德福

(12) 环境学院(34名)：

蒋　泽　马孜亚　靳斌斌　惠玉鑫　张敬群　肖　蕓　范秀磊
姜圣涛　王文杰　朱骁晓　戴星星　葛华飞　江　慧　姜彬彬
乔　元　杨倩倩　任凌霄　林　榕　雷镕甄　张　驰　孙泽雷
唐栖桐　王贝贝　龚　绮　章梅丽　卞方杰　周　青　苏伟杰
赵　熠　陈怀民　赵苇航

(13) 外国语学院(12名)：

黄蓝紫　黄宇菁　刘　娇　王雅坤　黄　菲　陈望舒　李　莹
康赏赐　华晨晨　张倩怡　邱　畅　刘梦迪

(14) 大禹学院(11名)：

段　坤　罗溢恒　柏　宁　王安东　李凯英　吉　康　储锡君
陈姣姣　林璧辉　李　源　刘博雅

(15) 机电工程学院(63名)：

邵晓峰　黄　涛　刘　立　张晟恺　时蕾蕾　崔　立　郝珊珊
南文光　郑永鹏　邹志辉　倪　扬　张　媛　魏　巍　贺顺明
陶　宇　高士龙　刘慧健　马晓迪　吉华剑　樊文露　殷　旭
张　丽　傅云昊　付　琴　彭　晨　田宏吉　宋海东　张瞿楠
屠　越　刘晨东　薛　飞　乔　梁　弓佳臣　景洪海　王丽雯
张建可　程　鑫　杜芳园　冯骝骅　凌　平　施乃军　李大卫
韩佳慧　崔晓峰　朱　岚　陈楠楠　王永强　邱麟翔　杨　正
李佳鹏　何月雯　沈　亚　李玉凤　赵若楠　秦新峰　陈慧娟
李　洋　朱裕菁　孙红英　赵　明　郝　磊　张　驰　熊康琪

(16) 计算机与信息学院(常州)(63名)：

孙　浩　郭发勇　樊　杰　顾丽萍　毛辉杰　刘焕凤　张中鹏
倪立显　马　聪　刘付占　崔积峰　魏振南　梁奇伟　马国玉
张平平　杜　源　徐佳峰　尹海峰　沈　洁　黄　静　潘天骄
汪　珩　巢　佳　庄宏海　徐　焘　邵晴怡　赵　玉　王　玥
高凌飞　曾鹏飞　陈小凤　王玉华　顾　铖　代佳佳　钱钟汉
王　珊　高文亚　路　源　孙继强　董迎亚　闫　晗　严维锋
郑焯文　庞　微　胡重威　郭　珉　丁桂红　夏　俊　宋佳佳

李兆惠	杨文睿	蒋 笑	刘宏洋	郝建元	沈 赋	刘 浩
李坤恒	陈海艳	孟 德	罗永亮	马济通	陈 旻	王瑾琛

(17) 商学院(常州)(39名)：

郝 壮	黄会敏	张 洁	赵 宁	王雪萍	莫 卫	李 娟
刘 昱	赵可人	常 娜	郑 悦	樊小敏	孙星园	顾忆之
谷 晨	俞晨越	周晓航	刘 萌	殷翠梅	王洪亮	郭 瑞
陆妍霖	姚 倩	马 锋	陈 光	包 君	叶子欣	齐亚会
张 雪	张 骥	徐亚萍	陈雅琴	丁棠丽	杨梦梦	杨 枝
张玉洁	易新阳	崔梦婕	孙苏贵			

9. 2010年度获“张闻天班”班级名单(18个)

水文水资源学院水务工程2009级1班
水利水电学院水利水电工程2008级基地强化班
港口航道与近海工程学院港口航道与海岸工程2008级6班
土木与交通学院土木工程2008级1班
环境学院环境科学2009级3班
能源与电气学院电气工程及其自动化2008级1班
计算机与信息学院通信工程2008级4班
力学与材料学院工程力学2009级2班
地球科学与工程学院测绘工程2009级1班
理学院信息与计算科学2008级1班
商学院财务管理2008级2班
公共管理学院思想政治教育2008级1班
法学院法学2008级1班
外国语学院英语2008级1班
大禹学院大禹2009级3班
机电工程学院机械工程及自动化2008级4班
计算机与信息学院(常州)自动化2008级1班
商学院(常州)会计学2008级3班

10. 2010年度“最佳党日活动”(31个)

一等奖(6个)：

海军国防生党总支：感知航海历史足迹，树立强国海洋意识
水利水电学院党委研究生党支部：迎青奥盛会，拓综合素质
地球科学与工程学院党委2007级本科生测绘党支部：无偿献血，用爱心为生命加油
水文水资源学院党委2009级本科生党支部：倡廉弘正气，故事叙清风
公共管理学院法学院党委2010级研究生政治、哲学党支部：缅怀伟人风范，弘扬崇高精神，党员学习承诺
机电工程学院党委数字媒体艺术学生党支部：依托专业特色，弘扬党员精神

二等奖(13个)：

计算机与信息学院党委2009级本科生党支部：走进被遗忘的天使，关注留守儿童阳光行动
港口海岸与近海工程学院党委2007级本科生党支部：同舟课堂(第三期)
大禹学院党总支学生党支部：用爱撑起广阔的天空，用心表达纯真的关怀
港口海岸与近海工程学院党委2007级、2008级本科生党支部：走进高墙，传递温情
环境学院党委2008级本科生党支部：努力提升自我，党员树立先锋，争创先进集体

计算机与信息学院党委 2010 级本科生党支部：你我携手同心，拒绝课桌文化

机电工程学院党委机械工程及自动化专业三、四班党支部："河海发展我成长"主题教育系列活动

水利水电学院党委 2006 级本科生党支部：做有益母校事，做有益水利人

机电工程学院党委机械工程及自动化专业七、八班党支部："两前两后四服务"党徽照亮大学生活四部曲

环境学院党委研究生党支部：倡导低碳环保，携笔共舞河海

理学院党委 2009 级、2010 级硕士研究生党支部：发扬奉献精神，服务全校学生

力学与材料学院党委本科生材料党支部：凝才聚智表我心，党员标示显责任，互帮互助促团结

外国语学院党委 2008 级、2009 级研究生党支部：倡导低碳生活，创建和谐河海

三等奖(12 个)：

水文水资源学院党委 2008 级本科生党支部：轻轻画笔，河风海韵，菁菁校园

商学院(常州)党委 2008 级国贸专业本科生党支部：创先争优，让党徽在学生中闪闪发光

水利水电学院党委 2010 级硕士生 1 班党支部：冬日里的阳光，戴家巷爱心托老所之行

港口海岸与近海工程学院党委 2007 级本科生党支部：探寻党章发展历程，树立学生党员旗帜

公共管理学院法学院党委 2010 级研究生传播文艺学党支部："创先争优"主题党支部活动

计算机与信息学院(常州)党委电子信息工程本科生第三党支部：创先争优，播撒文明

商学院(常州)党委 2007 级会计一班本科生党支部：感恩河海，携手未来

土木与交通学院党委本科生低年级党支部：廉洁修身，从我做起

商学院党委 2008 级本科生管科与经济党支部、工商管理党支部：保护生态环境，构建人文南京

能源与电气学院党委院办党支部、2009 级本科生党支部、2010 级本科生党支部：师生牵手创先争优，育人成才

商学院党委 2009 级硕士生第四党支部、第八党支部、2010 级本科生党支部："喜迎建党 90 周年"党史知识竞赛

水文水资源学院党委 2008 级本科生党支部：温暖亲如一家，和谐共建宿舍

11. 河海大学 2010 届本科优秀毕业设计(论文)(共 217 篇)(排名不分先后)

(1) 水文与水资源工程：

基于水文实验的土壤水动态分析(张竞秋，指导教师：陈喜)

闽江流域七里街站洪水预报系统开发(周瑜佳，指导教师：包为民)

分布式新安江模型在淮河流域的应用(宋韡，指导教师：任立良)

水文集合预报实验研究(吴娟，指导教师：陆桂华，吴志勇)

大气环流对长江和黄河源区极端气候事件影响的分析(白路遥，指导教师：荣艳淑)

三峡葛洲坝梯级水电站发电潜力分析(张卫国，指导教师：钟平安)

新安江水库坝下水温沿程分布规律研究(张玉兰，指导教师：陆宝宏)

(2) 资源环境与城乡规划管理：

土壤毛细水上升高度与蒸发关系实验研究(何萍，指导教师：束龙仓)

盐城沿海滩涂围垦土地开发利用方向研究(熊帼，指导教师：杨肖丽)

(3) 水务工程：

南京市主城区需水预测研究(管桂玲，指导教师：刘俊)

黄浦江河网潮水运动模型(钱真，指导教师：李光炽)

山东省东部地区青岛市排水工程设计(叶常桃，指导教师：暴瑞玲)

(4) 环境科学与工程：

细颗粒底泥的絮凝沉降过程数值模拟(吴伟贞，指导教师：张春雷)

城市污水处理厂磷形状变化及铝生物抑制性规律研究(侯婉宁，指导教师：李轶)

滁河流域节水减污及生态河道建设规划(胡芬娟，指导教师：逄勇)

环太湖主要河流农业面源水污染控制的环境经济分析(徐凌云，指导教师：逄勇)

(5) 给水排水工程：

饮用水处理中 MIEX 树脂再生及其影响因素研究(陈彬，指导教师：陈卫)

反硝化除磷技术研究(肖敏艳，指导教师：操家顺)

淮安宾馆建筑给水排水设计(李凯，指导教师：孙敏)

倒置 A2/0－MBR 组合工艺及其强化脱氮除磷功效研究(何玉洁，指导教师：郑晓英)

活性砂滤池脱氮效能研究及优化途径探讨(邱斌，指导教师：刘成)

污水处理厂脱氮微生物多样性研究(曹暮寒，指导教师：张松贺)

(6) 水利水电工程：

坝后式水电站设计及进水口结构计算(赵博，指导教师：包耘)

乌溪江水电站和电站主厂房排架结构计算(白玉，指导教师：叶翔)

溢流式水电站厂房设计及吊车梁结构计算(崔健健，指导教师：胡明)

钟吕水利枢纽堆石坝设计(正常蓄水位 276.0m)专题：趾板布置及计算，分标设计及标底编制(朱永龙，指导教师：王润英)

复合土工膜防渗钟吕面板堆石坝设计(正常蓄水位 276.2m)专题：趾板布置及计算，溢洪道设计(仲云飞，指导教师：沈长松)

赣江尾闾段一维河网模型及其应用研究(张云，指导教师：戴文鸿)

碾压砼坝及泄流消能设计——专题水流消能布置与结构设计(叶祖洋，指导教师：王得祥)

(7) 水工强化：

复杂地基上高拱坝数值分析(陈立，指导教师：张燎军)

纳子峡水电站混凝土面板堆石坝三维渗流有限元分析(荆玉翔，指导教师：沈振中)

土石坝有限元计算可视化程序开发(张凯，指导教师：刘斯宏)

活页尾门对明渠实验水流特性的影响(陈槐，指导教师：方国华)

植物对泥沙沉降规律的影响研究(王浩，指导教师：唐洪武)

(8) 农业水利工程：

地面灌溉优化设计(虞晓彬，指导教师：缴锡云)

天目水库灌区规划及初步设计(灌溉保证率 85%；排水标准日雨 200mm，2 日排除；沟道＋滴灌设计)(陈婕，指导教师：冯宝平)

博斯腾湖泵站初步设计(流量：$40m^3/s$；结构设计：电机梁)(张曼，指导教师：冯建刚)

函江水闸枢纽毕业设计——升卧式闸门－B 组水位－混凝土铺盖－验算闸门启闭力(谢升申，指导教师：黄细彬)

(9) 设施农业科学与工程：

基于 WRSIS 系统的农田氮素迁移特征研究(赵丽，指导教师：王为木)

句容市茅山生态观光农业规划——灌溉保证率 95%＋农业科技园区＋示范区节水工程(喷灌)(郭瑞琪，指导教师：邵光成)

(10) 港口航道与海岸工程：

灌河口外航道1万t级回淤计算及工程方案优化(陈迪，指导教师：廖迎娣)
南通港1.5万t件杂货码头改建工程(崔磊，指导教师：陈达)
深圳港5号泊位三期工程设计(冯曦，指导教师：欧阳锋、庄宁)
南通港1.5万t码头改造工程(高莹，指导教师：王震)
三沙渔港透空式防波堤的初步设计及水动力特征分析(贺小甲，指导教师：李熙)
宿迁港泗阳港区东作业区工程设计(李思远，指导教师：陶桂兰)
上海港3000t级新建码头工程设计(倪玮，指导教师：王瑞彩)
南京港龙潭港区一期工程(王瑶，指导教师：鲁子爱、孙海燕)
嵊泗马关滞流防浪工程沉箱式直立堤设计(谢冬梅，指导教师：赵红军)
长江深水航道悬沙输移动力机理计算与分析(管大为，指导教师：吴德安)

(11) 海洋技术：

基于GRACE资料分析比容变化对太平洋海平面季节变化的影响(李青青，指导教师：左军成)
瓯江河口外及近海水沙信息系统开发与分析(杨同军，指导教师：李熙)

(12) 土木工程：

泥水盾构的泥膜形成机理(魏代伟，指导教师：朱伟)
南京奥体中心主体育场钢屋盖结构优化设计(孙浩，指导教师：韦芳芳)
大空间错列桁架结构多层住宅设计研究(王永发，指导教师：曹平周)
温州叶宅整体平移保护工程设计(陈竹，指导教师：吴二军)
钢结构桥墩单墩体系目标位移的计算方法研究(徐声亮，指导教师：吉伯海)
球形颗粒大型单剪试验研究(周超，指导教师：卢廷浩)
白马湖疏浚淤泥生石灰、磷石膏材料化处理土的工程性质初探(蔡超，指导教师：高玉峰)
锈蚀钢筋混凝土构件性能评价及防护对策研究(潘邢华，指导教师：沈德建)

(13) 交通工程：

路段感应式行人安全过街设施优化设计研究(何赏璐，指导教师：郑长江)
铁路隧道工程风险评估软件开发及应用(李得昌，指导教师：沈才华)
大运河徐州段OD推求与运量分析(盛飞，指导教师：吴中)

(14) 工程力学：

新型高性能纳米混凝土的制备方法研究(朱晓珏，指导教师：黄丹)
筑坝料工程特性与本构模型研究(孙逸飞，指导教师：刘汉龙)
圆盘式磁流变汽车离合器仿真分析(戴上秋，指导教师：杜成斌)

(15) 材料科学与工程：

大塑性变形铝合金的动态力学性能研究(姚燚红，指导教师：马爱斌)
基于表面等离子体波的金属纳米褶皱传感器设计(陈冷，指导教师：吴玉萍，杨天)
有机脂封孔陶瓷涂层在酸性环境下的腐蚀试验研究(刘立群，指导教师：王泽华)
用SHS技术在钢基体表面制备Al_2O_3陶瓷复合材料(李迎敏，指导教师：江少群)
EVA交联度测定及老化性能研究(吕正龙，指导教师：申明霞)

(16) 电气工程及其自动化：

励磁系统动态等值方法的研究(闻丹银，指导教师：孙黎霞)
基于异步发电机风力发电系统的参数辨识(刘王春，指导教师：吴峰)
配电操作三维仿真培训研究(赵简，指导教师：赵晋泉)
基于改进最小生成树算法的配电网网架优化规划(吴霜，指导教师：卫志农)

城市电网运行方式的可视化方法(祝万，指导教师：陈星莺)
负荷预测的回归分析模型研究(陈蓓蓓，指导教师：袁越)
电力系统联网规划模型研究(邴焕帅，指导教师：卫志农)

(17) 自动化：
奇异摄动的 Markov 决策过程的仿真算法研究(王继奎，指导教师：叶彦斐)
温室温度控制系统控制算法仿真研究(朱文欢，指导教师：钱艳平)

(18) 热能与动力工程：
52～76m 水头 240MW 水电站机电部分设计(张福星，指导教师：张蓉生)
75.2～112.3m 水头 200MW 水电站机电部分设计(田蔷蔷，指导教师：张德虎)
贵港贯流式水轮机毕业设计(马凌腾，指导教师：郭建斌)
龙江水电站机电部分设计(杨晓春，指导教师：郭建斌)

(19) 计算机科学与技术：
基于 MVC 的数据库维护系统设计与实现(黄滟，指导教师：郭学俊)
Meego 平台下一种虚拟输入技术实现(史团委，指导教师：许峰)
基于优化算法的大学课程表问题的研究与实现(王姜，指导教师：邹阳)
智能排课算法、构件及其实现(邓志杰，指导教师：曹敬)
基于上下文感知的虚拟环境交互(朱晖，指导教师：刘惠义)
无线传感器网络数据查询处理方法的设计与实现(朱士坤，指导教师：毛莺池)
道路网上数据流聚集查询技术研究(朱忠华，指导教师：冯钧)

(20) 通信工程：
三维视频压缩关键技术研究(于红颖，指导教师：石爱业)
视频图像的识别技术(包金宇，指导教师：王慧斌)
交织技术及其在 CDMA 系统中的应用(钱裕春，指导教师：居美艳)

(21) 电子信息工程：
数据采集系统设计(周建良，指导教师：胡居荣，吕国芳)
60GHz 无线通信技术的研究(叶必兴，指导教师：王娴珏)
多功能等精度频率计的软件设计(杨正，指导教师：李东新)
基于 H.264/AVC 标准的视频解码器结构与算法的研究与分析(李成功，指导教师：曹 宁)

(22) 工程管理专业：
水利工程施工合同管理中的承包商索赔取证研究/水利工程招投标文件编制(陈朵，指导教师：杨志勇)
施工项目成本分析方法研究/河海大学学生六舍土建施工招标投标文件设计(苑文利，指导教师：谈飞)

(23) 市场营销：
我国餐饮企业提升竞争力的文化营销策略研究(陈兴超，指导教师：张静中)
高新技术企业知识产权竞争力构成要素分析(夏钰，指导教师：杨晨)
基于精准营销理念的共同基金资金吸收策略(孙维尧，指导教师：耿秀河)

(24) 财务管理：
供电公司财务控制问题探究(胡婕，指导教师：杜晓荣)
社保基金入市与我国股票市场发展的相关性分析(宋小雪，指导教师：崇曦农)

(25) 经济学：
中国汽车零部件产业安全实证分析(万红梅，指导教师：朱智洺)
基于因子分析的江苏省城市综合竞争力研究(任俊，指导教师：童纪新)

(26) 会计学：

风险导向内部审计在我国商业银行中的应用分析(时菽苓，指导教师：唐勇军)

上市公司审计收费影响因素实证研究(康达，指导教师：刘笑霞)

新企业所得税法的实施对我国上市公司税负影响分析——以江苏省上市公司为例(杨颖杰，指导教师：唐勇军)

(27) 信息管理：

基于时间序列预测模型的决策支持系统(李刚，指导教师：陶飞飞)

基于 Arc GIS 的 Web 地理信息系统设计研究(雷明，指导教师：陶飞飞)

(28) 电子商务：

水资源承载力决策支持系统设计——后台管理(吴洲，指导教师：胡震云)

(29) 工商管理：

企业新生代农民工心理契约研究(王玉梅，指导教师：刘戎)

手机营销渠道变革对 TY 通信公司客户关系管理影响及对策(赵亮亮，指导教师：唐震)

苏宁电器第三代物流储运模式研究(栾学峰，指导教师：臧德霞)

(30) 人力资源管理：

中国女性企业家领导风格研究(郑婷玉，指导教师：陈钢)

成长期中小企业人力资源管理研究(杨博文，指导教师：王全蓉)

大学生职业生涯管理对策研究(李龙生，指导教师：曾建华)

(31) 信息管理：

基于 SVM－FAHP 的供应链物流合作伙伴选择研究(钟佳萌，指导教师：陈军飞)

问卷调查型网站设计(石桥峰，指导教师：周申蓓)

(32) 思想政治教育：

一个山区村落变化的考察——以福建官洋村为例(郑丽香，指导教师：高燕)

(33) 劳动与社会保障：

被征地老年农民养老保障成本测算研究——以南京市为例(黄晶，指导教师：施国庆)

事业单位养老保险基金支付风险分析及改革设想(谭珊珊，指导教师：黄健元)

(34) 广播电视新闻学：

《守望与干预：从“邓玉娇案”看报纸和网络的舆论监督》(吴思媛，指导教师：尉天骄)

《电视新闻与民意表达——基于央视新闻频道的实证研究》(王朝红，指导教师：易前良)

《〈南方周末〉与环保传播——“绿色版”开设前后的比较分析》(林雯，指导教师：易前良)

(35) 法学：

论采光权的法律保护(赵欣童，指导教师：晋海)

经营者控制下公司独立人格的内部保障——对监事制度的反思与完善(刘撰，指导教师：王建文)

我国立法监督相关问题研究(方赞，指导教师：吴志红)

足球赌球行为法律性质研究(郑瑶，指导教师：徐安住)

论行政裁量基准的性质——以“周文明诉文山交警不按红头文件行政处罚案”为例(石晗弟，指导教师：徐军)

工伤认定法律问题探析——以“开胸验肺”事件为例(吕琼，指导教师：成红)

(36) 英语：

Analysis of Gone with the Wind from the Perspective of Feminism(宋彤彤，指导教师：蔡斌)

Lin Yutang and his Translation of the Analects(陈思莉，指导教师：祝吉芳)

(37) 数学与应用数学：

基于最小二乘支持向量机的血液光谱回归分析(陈楚楚，指导教师：朱卫华)

利用遥感数据反演表层土壤水分(王蒙，指导教师：吕海深)

两类非正态总体参数的最短置信区间、最优检验的研究(赵盼，指导教师：夏乐天)

(38) 信息与计算科学：

p—Laplacian 方程基态解的研究(蔡晓杰，指导教师：陈才生)

运动物体的视频跟踪算法及实现(何凯，指导教师：刘向阳)

(39) 应用物理：

基于偏最小二乘法的血液光谱分析(孔祥臻，指导教师：朱卫华)

锁定放大器和相关器研究与设计(夏洪海，指导教师：宋建平)

(40) 地理信息系统：

辐射沙洲地貌运动的光流法研究(居飞，指导教师：丁贤荣、程立刚)

基于 HJ-1 卫星 CCD 影像的鄱阳湖水体组分浓度反演研究(田汶灵，指导教师：张晓祥、陈晓玲)

遥感影像几何校正回归估计系统设计与实现(陈跃红，指导教师：张友静、葛咏)

(41) 测绘工程：

数码相机量测化检校方法研究及其评价(陈舒，指导教师：李浩)

时序植被指数数据的聚类分析研究(詹勇，指导教师：徐佳)

土壤水分主被动微波遥感联合反演研究(周敏璐，指导教师：杨英宝)

基于球形点云的球心坐标拟合算法研究(王鑫森，指导教师：陈建华)

(42) 地质工程：

惠州抽水蓄能电站输水管线外水压力研究(侯宇迪，指导教师：高正夏)

刘家沱滑坡的地质特征及稳定性分析(黄浩然，指导教师：袁宝远)

天荒坪抽水蓄能电站上水库东库岸边坡稳定性评价(曾云路，指导教师：张发明)

(43) 机械工程及自动化：

大跨度重载土壤切削平台钢结构强度计算(李钊，指导教师：倪福生)

Robocup 中型组足球机器人自定位和目标识别技术研究(谢永召，指导教师：周军)

遥控车位锁机构设计与控制软件编写(朱秦，指导教师：史中权)

具有最大功率点跟踪功能的太阳能充电器设计(韩洋洋，指导教师：丁坤)

PLC 在钢管无损检测系统中的应用(嵇仁荣，指导教师：傅雯)

人造假体的逆向设计(吴小鹏，指导教师：林岗)

检修门仿真分析(王婷，指导教师：胡友安)

组件生产线组框机设计(蔡金杰，指导教师：朱灯林)

基于 USB 接口的 HID 设备接口设计(闫雪，指导教师：刘波)

FIRA 足球机器人视觉系统若干关键技术的研究(张迪，指导教师：周军)

应变式智能电子秤单片机应用系统设计(陆卫丽，指导教师：卞新高)

太阳能真空管自动焊接设备的研制(陈栋，指导教师：庄曙东)

(44) 热能与动力工程：

绞刀二维流场 CFD 数值计算(夏云飞，指导教师：倪福生)
光伏建筑一体化系统性能动态模拟的软件开发(丁宽，指导教师：白建波)
某蜗轮蜗杆副的数值分析初步(朱秦，指导教师：刘巍)

(45) 金属材料工程：
铁碳合金共晶转变的多相场模拟(宋亓宁，指导教师：张根元)
粒度对填充方钴矿热点材料性能的影响(姚铮，指导教师：包晔峰)
带极电渣堆焊用烧结焊剂的研制(黎丽，指导教师：杨可)

(46) 工业设计：
镀锌钢板电阻点焊影响因素的研究(张炎璐，指导教师：包晔峰)
数字游戏健身椅(宋迪颖，指导教师：谢玓)

(47) 自动化：
400VDC/220VAC 单相桥式逆变器的研制(赵国庆，指导教师：戴卫力)
汽车悬架系统的神经网络控制器研究(徐箐，指导教师：费峻涛)
基于 DSP 的频谱分析仪设计(杨夏芳，指导教师：金纪东)
程控耐压绝缘测试仪系统的设计(季明红，指导教师：胡钢)
多功能家用机器人的设计与研究(潭宪军，指导教师：范新南)
水混浊度自动测试仪设计—总体设计和偏软部分(何嘉弘，指导教师：黄国铭)

(48) 电子科学与技术：
基于 MSP430 的嵌入式电子血压计设计(姜悦悦，指导教师：金纪东)
高层楼房物业管理系统设计(张思思，指导教师：江琴)
多功能灌渠测量终端及数据远程采集系统设计(欧敏，指导教师：沈金荣)

(49) 计算机科学与技术：
第四届全国体育大会航海模型比赛现场成绩处理系统(聂风鸣，指导教师：牟艳)
电信客户流失技术的研究(徐成龙，指导教师：陈慧萍)

(50) 通信工程：
无线传感器网络中基于 NS_2 的分簇路由协议的仿真研究(程梦莉，指导教师：韩光洁)
无线传感器网络中基于协作的安全定位算法研究(江金芳，指导教师：韩光洁)
多尺度几何变换域图像超分辨率增强技术研究(宋梦琪，指导教师：李庆武)
视频编码中变换编码算法的研究与实现(李莉，指导教师：朱金秀)
基于 ARM-Linux 的网络嵌入式视频监控系统(周浩，指导教师：金纪东)

(51) 电子信息工程：
无线传感器网络中基于 NS_2 的三维定位算法的仿真研究(王玮，指导教师：韩光洁)
超声水处理系统的规划设计与关键技术研究(李响，指导教师：朱昌平)
射频读卡器系统设计(王烨华，指导教师：胡钢)
基于短消息的远程通信系统设计与实现(金湘，指导教师：朱金秀)
基于 SOPC 技术的 VGA 显示控制系统设计(姜漫，指导教师：金纪东)
铝绞线中电磁超声导波有限元分析及建模(曹腾，指导教师：金纪东)
基于模糊理论的高压断路器故障诊断系统的研究与实现(陈振娇，指导教师：齐本胜)

(52) 会计学：
由金融危机引发对企业财务危机预警体系的思考(蒋虹，指导教师：于楚)
上市公司社会责任信息披露与公司盈利能力的相关性研究(亓文娟，指导教师：朱义

令)

我国上市公司股利分配政策的实证研究(杜旦，指导教师：王普查)

基于 logistic 分析的上市公司信用风险的实证研究(王丹静，指导教师：王普查)

新债务重组准则实施的盈余质量效应(王菲，指导教师：王普查)

上市公司财务治理与盈余管理相关性研究(李进璇，指导教师：于楚)

(53) 国际经济与贸易：

黄金期货价格影响因素实证分析(陈慧君，指导教师：史珍)

国际经济与贸易常州市高新技术产业竞争力实证研究——基于苏州、无锡两市的对比分析(王衷梅，指导教师：陈其勇)

股指期货套期保值的实证研究(张鹭，指导教师：程淑芳)

我国商业银行海外并购现状与对策分析(李彪，指导教师：高志汉)

当前苏州纺织业发展问题及对策分析(卢静羽，指导教师：姚惠泽)

后危机时代中美贸易摩擦的根源透视及企业对策分析(鄢楚慧，指导教师：王敏)

中国利用外商直接投资结构的合理性探究(高娟，指导教师：杨志明)

海尔品牌国际化对我国企业的启示(刘丹，指导教师：丁云伟)

(54) 信息管理与信息系统：

产学研结合下的信管专业学生创业教育培养途径探索(江洋，指导教师：潘江波)

基于 Web 的校园跳蚤市场的设计与实现(季颖，指导教师：房道伟)

学生科技基金项目管理系统(宗丽莎，指导教师：房道伟)

高校学生信息需求特征与信息行为分析与探讨(李郁芬，指导教师：冯兰萍)

基于数据库挖掘的常州市移动客户消费行为分析(曹先哲，指导教师：邓建高)

(55) 工商管理：

常州市高新技术产业高层次人才需求分析(包洪洁，指导教师：刘晓农)

关于中小型企业跨国经营策略研究——以常州企业为例(唐聪聪，指导教师：吴庆平)

关于国有上市公司薪酬体系研究(柳静薇，指导教师：吴庆平)

12. 河海大学 2010 年暑期社会实践活动优秀团队、先进个人、优秀调查报告、优秀摄影图片、优秀 DV

(1) 优秀团队(共 52 个)：

① 水文水资源学院(3 个)：

河海大学赴贵州省安顺市“情迷喀斯特，心系贵州情”实践团(牛帅、陈甫宁、张汉辰、张阳、李长春、段士可、张宜、韩若冰、陈晓恬、任重驹、陆天宇、柴思嘉)

秦皇岛卢龙县节水灌溉模式调查实践团(王振、张海秋、关蕴杰、肖智洋、颜衍、吴泽霖、张坤、沈默、乐怡倩、宋冠秀、李尚超、张宇)

河海大学赴杭州市“志于上善，情怀若水”实践团(张海秋、赵红钗、张梦泽、颜衍、马宜翔、高龙马斯、李宝军、乔雪媛)

② 水利水电学院(3 个)：

河溪海澜实践团(薛苑、王铭伦、黄蕴晗、陈策、崔晓倩、蔡玮、司源、李天华、卢一鸣、林川、戚核帅、张倩妮)

安徽小岗村节水高效农业发展现状调查实践团(牛腊梅、王适、张竹旸、欧玉鹏、王文娟、林慧、王宁、曹德君)

“科学实践沿海开发与规划”——江苏盐城沿海开发实践团(曾欣、张力、褚晓岑、丁贯西、王凝皙、冒俊、陈栋、张俊逸)

③ 港口海岸与近海工程学院(3个)：

河海大学2010年暑期大学生赴浙江省临安市“水利水电工程建设中的地质灾害与监控”实践团(陈欣迪、荀志国、于可忱、庄雨农、宋丽佳、胡超、张鹏程、汪垚、庄超、陈宇昕、李海钧、胡翔)

河海大学赴广西柳城县实践团吴善翔(陈蒙龙、许卓然、苏艺桐、张鑫、马天宇、程喆、李俐佳、王琳瑛、杨朴)

河海大学2010年暑期大学生赴山西朔州水资源分布、利用与旱情调查实践团(陈永刚、龚婷婷、李高阳、李媛、张志飞、王晴、任方方、朱广安、秦图)

④ 土木与交通学院(2个)：

刚就业的大学生所面临的困难和挑战实践团(付世荣、王振磊、邵燕华、李方渊、史鹏飞、司马圆、吴迪、邓树成、王一峰、田寄森、蔡大伟)

保护洞庭湖湿地，践行科学发展观实践团(张亚洲、张灿霞、黄帅、李响、王应宇、张明岩、杨骏、谢舒雷、王旭东、鄂泉名)

⑤ 环境学院(2个)：

河海大学2010年暑期大学生赴南通市水文化调查与宣传实践团(史佳媛、董长龙、陈萌、程林、肖瑶、何敏、韦雨婷、汤红、王萌、朱伟伟、王潇、许伟)

河海大学2010年暑假大学生赴浙江省诸暨市浦阳江调查实践团(钱柯桑、黄希望、蒋宗发、崔海胜、贾俊杰、李科兴、孙千千、徐燕、周琴)

⑥ 能源与电气学院(3个)：

河海大学2010年赴扬中电力系统防灾减灾实地调研实践团(刘泽琪、黄雨翔、王丽、陈琳、左帆、李松林、扬欢欣、黄琴、袁雯雯、周瑶、赖文发、孙忠锦)

河海大学2010年暑期大学生赴盐城、常州节能推广实践团(徐建凯、鲁泽仁、潘健、周能萍、周晶晶、毛剑、耿龙飞、王海港、王立白、李淑倩、朱克东、孙维)

河海大学2010年暑期社会实践赴江苏兴化社会实践团(包成、孙嘉翼、陆晓恺、李婷婷、张新春、邹笑吟、黄佳楠、张盼、沈彪、杜凌峰、刘慧燕)

⑦ 计算机与信息学院(3个)：

河海大学2010年暑期大学生赴甘肃敦煌市节水状况探究实践团(展娜、孟婉、蔡伟波、汤翔、白明皓、辛亮、周远超、程文晶、张露璐、于晓玲、刘光、惠军绪)

河海大学2010年暑期大学生赴大丰港二期开发对经济发展和生态文化RP实践团(褚泽凡、王天明、杨再昕、张玉华、童祥轩、吕萌、张雅惠、牛紫涵、郑绪平、韦宣承、王斐、欧阳星辰)

河海大学2010暑期大学生赴苏州太仓市“关于乡镇企业低碳经济发展现状调研”实践团(朱华庆、丁婧、谢仁建、刘雅茹、高筱惠)

⑧ 力学与材料学院(2个)：

河海大学暑期赴浙江省桐乡市乡镇水利基础设施与水环境调查实践团(严中奇、李坤、朱友峰、刘婷婷、徐晨、凌敏、游菲、傅俊俊、缪新河、胡驰、王恒、尤小乐)

河海大学赴连云港市调查港口开发现状实践团(刘玲、顾鑫、赵云鹏、李昊、王洁、王有龙、韩依颖、朱旭伟、陶勇鹏、徐夏波、任意、冯明阳)

⑨ 地球科学与工程学院(2个)：

河海大学2010年赴安吉调查《地表水规模性开发及对周边环境的影响》暑期实践团(汤文勇、周向向、韩银龙、朱林辉、吕晗波、余熙、孙浩、刘云、黄俊凯、卢立涛、秦志龙、孟慧琴)

河海大学2010年赴湖南攸县调查新农村实践团(欧阳湛、熊聪、廖翔、高立、李纯、吴嘉宝、杜京浓、陈敏、李运祝)

⑩ 理学院(2个):

"抗震救灾"河海大学科学发展暑期社会实践团(郭熙林、茅鑫同、丛小飞、胡英婷、陈焕霖、袁长生、王磊、张鹏、赵杏杏、朱晓波、陈一春、孙泽雷)

河海大学2010年暑期大学生赴浙江省杭州市等地关于"湿地的现状调查与宣传保护"实践团(应翔、叶超、陈玮健、赵一杰、匡艳红、强英杰、刘枫枫、马腾飞、王孝楠、曹江、宋林、刘晓良)

⑪ 商学院(5个):

河海大学2010年暑期大学生赴山西省孝义市探究山西经济发展走向实践团(张相丞、王怡然、李珀玮、王秋霞、李筱筠、邓梁、孙萌萌、邵雅恒、方洁、毕宇聪、沈默、姚迟)

河海大学2010年暑期大学生赴河南省郑州市水资源管理调研实践团(曹海东、李润天、龙婕、段海颖、吕洲祥、段迪、徐若冰、蒋译斓、刘雅茹、王婷、姜文华、金烨)

河海大学2010年暑期大学生赴射阳县滩涂调查实践团(陈名、叶子洁、张玢岩、姜凯曦、李思源、席怡然、池恒、赵雪颖、唐悦、龚萍、陈梅、杨国斌)

河海大学2010年暑期大学生赴盐城市水利建设状况调研实践团(范凯、刘焕雨、董赫斯、陈梅、章晨、陈斌、朱杰、高源、吴宇妍、王莉、李忆朋、郭艳婷)

河海大学2010年秦皇岛水利工程普查实践团(孙野、朱虹、张伟婷、袁麦琪、陆昌明、马丽、谢文倩、石家齐、叶萍、王峰、宋冠秀、李彦达)

⑫ 公共管理学院、法学院(2个):

沿海开发临港大产业用水安全调研实践团(孙沐芸、赵青青、张天娇、殷乐、袁珩、李逊唯、李婷婷、尹文君、王兆文、王腾、徐涛)

山西长治"低碳"特色产业研究实践团(安珏、林榕、杨赟子、范秀磊、陈维梁、杨芳、张艳、张文江、从艳、熊雄)

⑬ 外国语学院(1个):

河海大学2010年暑期大学生赴南京城乡各邮局实践团(王洁、戴明蓉、黄美玉、冯晓田、赵丹晶、刘昕、义媛、刘慧敏、陈秀丽、侯洋洋、肖丹、刘乃帅)

⑭ 大禹学院(1个):

"鹤娟水秀"暑期社会实践团(徐华亭、何祥瑞、黄丽蓉、邱丽颖、李路明、陈芸芸、张焱、柏宁、童麒、杨宇、李连杰、臧冬伟)

⑮ 青马工程(3个):

淮安市王兴水利基础设施调查实践团(李忆朋、来志强、俞丹丹、徐宗瑜、刘琰婷、王曼蝶、李亚男、林剑婷、王姗冉、刘旧、史国强、刘家鑫)

家电下乡政策研究实践团——以江苏省淮安市金湖县为例(陈明、陶维、王海焱、刘迪晨、王亚静、仇安群、王震、王丽珠、李婷婷)

对常州市水环境分布及水污染情况的调研实践团(周旭东、肖遥、吕馨怡、梁慧迪、孙如飞、戴俊、喻露露、张路新、范晨媛)

⑯ 学生处(3个):

河海大学爱超支教实践团(赵瑞乾、王冠、贺雪艳、田野、姜胧珊、陈昆、王敏敏、时啸、江乾坤、郎晓苏、秦玉娇、郭贞贞)

河海大学亦露实践团(陈玥、刘春瑞、南琼、邵玉清、李媛媛、李发玲、何兵、盛明芳、叶川、王义丹、范改娟、宋秋影)

河海大学传承爱的奉献实践团(赵明录、贾源淇、范思琦、陆晓敏、丁林、蒲飞云、王冲、徐利川、张伟、陈黎云、欧昌沛、宋博鑫)

⑰ 学生组织(1个):

探究新时期革命老区经济发展模式调查实践团(宋文波、胡欣、郇鸣、张涛、黄宇丹、张洪福)

⑱ 研究生院(1个):

河海大学赴贵州省水利调研博士实践团(国洪梅、徐进超、司新毅、杨绯、郭卫、王笑飞)

⑲ 常州校区(10个):

河海大学常州校区学生会赴盐城滨海社会实践团(殷旭、邵晴怡、赵敏、李生龙、陆玫叶、顾忆之、闫德超、覃丹佩、王欣)

机电工程学院赴连云港市社会实践团(倪扬、薛飞、尹力伟、周伟、张驰、朱裕菁、王佳思、黄可璠、韩佳慧)

机电工程学院赴张家港社会实践团(陶宇、徐晨毓、景洪海、尹文辰、杨日出、韩双鸿、许海波、蒋蕾)

机电工程学院赴扬州社会实践团(钱太华、黄炳晨、刘亚超、戴盼盼、杨敏捷、杨放)

商学院(常州)赴南通暑期社会实践团(徐亚萍、刘峰、安红林、姜官凯、朱桢、谢欣蓉、纪越、赵志文)

商学院(常州)赴江苏省南京中电光伏发电产业有限公司设备产销调研暑期社会实践团(单李娟、李美双、刘冰岩、朱浩、李飞、刘璟璐、周德昌、杨建强、孙苏贵、顾晨、刘建、莫骏、刘林)

商学院(常州)赴湖北省宜昌市及三峡库区实践团(钟睿、刘翘楚、张欣、何宜珊、马鹏飞)

计算机与信息学院(常州)赴南京社会实践小分队(金本立、程啸骏、方久瑞、黄昊宇、俞楷、杨歆旎、陈娅珺、吕一品)

计算机与信息学院(常州)赴常州社会实践团(罗永亮、赵俊洁、李海珍、刘俊、张春红、宋佳佳、邱世鑫)

计算机与信息学院(常州)赴盐城社会实践团(罗忍、姜全、李彬、夏俊、吴韬、刘静、刘龑)

(2) 先进个人(209名):

① 水文水资源学院(7名):

李悦昭　王　振　程嫣嫣　徐云飞　卢晶峰　蔡思宇　徐珺恺

② 水利水电学院(11名):

曾　欣　王铭伦　白一帆　王　雷　李　琦　黄绍磊　牛腊梅
薛　苑　李欣燕　王　宁　张诗悦

③ 港口海岸与近海工程学院(8名):

吴善翔　张　炫　孙昊元　陈欣迪　赵乙丁　杨　健　陈蒙龙
王耀东

④ 土木与交通学院(7 名):

付世荣　张亚洲　谷　帆　陈贤策　陈喜坤　袁周致远　普千益

⑤ 环境学院(6 名):

胡琦玉　朱晓晓　肖　甍　陈　萌　雷　阳　唐栖桐

⑥ 能源与电气学院(10 名):

陈　琳　秦　濛　卢　恒　袁广池　黄雨翔　莫　菲　左　帆
周能萍　陆晓恺　包　成

⑦ 计算机与信息学院(9 名):

李　霞　褚泽帆　何　菁　范玉龙　展　娜　李甘源　朱华庆
卢克静　周　靖

⑧ 力学与材料学院(5 名):

许忠厚　李　坤　严中奇　王怀鑫　刘　玲

⑨ 地球科学与工程学院(5 名):

汤文勇　欧阳湛　杨文治　罗　文　李天娇

⑩ 理学院(4 名):

郭熙林　应　翔　林　俊　茅鑫同

⑪ 商学院(16 名):

张相丞　曹海东　张辰秋　陈　名　周若冰　李润天　刘焕雨
赵　慧　王怡然　李珀玮　王秋霞　叶子洁　李　欣　刘　翀
徐若冰　巩芮材

⑫ 公共管理学院、法学院(7 名):

安　珏　常宴会　孙沐芸　江　沁　张馨月　杨海雯　丁扬霈

⑬ 外国语学院(3 名):

陈望舒　张　晗　吴舒雅

⑭ 大禹学院(1 名):

龚傲龙

⑮ 国防生(12 名):

刘小斌　田　畅　王　烨　娄　旻　赵政弘　周　攀　张　帆
黄军军　田雪龙　张伟伟　耿文瀚　王淑敏

⑯ 青马工程(7 名):

陈　明　陶　维　周旭东　来志强　李忆朋　徐宗瑜　李　涛

⑰ 学生处(9 名):

王　冠　贺雪艳　时　啸　陈　玥　李媛媛　范改娟　贾源淇
范思琦　赵明录

⑱ 学生组织(3 名):

胡　欣　邬　鸣　黄宇丹

⑲ 研究生院(10 名):

蔡萌生　朱　瑜　姚　莉　李　昂　杜　青　国洪梅　杨　绯
胡开明　唐　磊　谢蓉蓉

⑳ 常州校区(69 名):

陆玟叶　邵晴怡　尹力伟　周　伟　张　驰　朱裕菁　葛健强
仝立哲　张　益　张　丽　倪　晔　李　翔　杨　放　刘亚超
周友佳　邹婷婷　黄炳晨　景洪海　徐晨毓　尹文辰　蒋　蕾
许海波　窦宏伟　张　嘎　张　斌　金　鑫　骆焕彬　钟　睿

董云杰	朱　颉	尤嘉宁	陆妍霖	刘菁菁	徐亚萍	孙　轲
赵志文	张凌君	卞维濒	孔令浩	王洪亮	姚　倩	孙伯奇
张梦雅	朱文瀚	唐梦治	齐亚会	缪　炯	潘　迎	彭　俊
金本立	罗　忍	罗永亮	宋佳佳	邱世鑫	赵俊洁	陈娅珺
程啸骏	杨歆旎	姜　全	李　彬	吴　韬	沈　赋	赖泊能
张效元	洪　宇	黄　骥	居　悦	赵伟男	张　瑶	

(3) 优秀调查报告(共66篇)：

① 水文水资源学院(3篇)：

苏州市太湖流域水循环经济模式调查报告(卢晶峰)

南通市沿海滩涂围垦水资源调查报告(徐丁昊)

对于常熟市生态湖景区拆迁户社会保障初步研究及体会调查报告(李栋)

② 水利水电学院(5篇)：

临颍县周湾村移民安置效果调查研究报告(黄绍磊、王东、韩聪颖)

浙江沿海地区水利企事业的社会责任的调查(薛苑、王铭伦、崔晓倩)

安徽小岗村节水高效农业发展现状调查报告(牛腊梅)

盐城市沿海开发暑期社会实践调研报告(曾欣)

南水北调山东段建设情况及水文化(李君宇、于洋)

③ 港口海岸与近海工程学院(4篇)：

西南旱灾中暴露出我国农田水利的若干问题(吴善翔)

江苏沿海开发背景下连云港发展的战略选择(孙昊元、增若辰)

江苏省农村水利设施现状调查和整改方案实践论文——农村水利设施责任承包制(王耀东)

黄海水利工程和黄河水文化的调查研究(牛津剑、刘靓宇、宋凡、周谷城、陈明明、聂思航、张天阳、郑学成)

④ 土木与交通学院(3篇)：

刚就业大学生所面临的困难和挑战(付世荣)

东洞庭湖湿地保护现状(张亚洲)

“心系云南”抗旱工作调查报告(曾垂昌)

⑤ 环境学院(3篇)：

我国企业节能减排现状调查与重点环节探究——以靖江市三家国有企业节能减排为例(葛华飞)

南京市污水处理现状调查报告(金梦婷、王丹)

南京市六合区农业排水调查(贾志贺)

⑥ 能源与电气学院(5篇)：

河海大学2010年暑期大学生赴江苏省兴化市水利普查调查报告(陆晓恺)

赴扬中电力系统防灾减灾实地调研报告(黄雨翔)

赴盐城建湖、常州节能推广实践小分队(徐建凯)

河海大学2010年暑期社会实践赴江苏省南通地区风电力发电调研小分队调查报告(秦濛)

美在心灵，天涯归雁——赴海南省定安县实践小分队(谭皓丹)

⑦ 计算机与信息学院(5篇)：

关于苏州太仓市乡镇企业低碳经济发展现状的调研(朱华庆)

河海大学2010年暑期大学生赴泗阳县运河航运及运河景观规划调查报告(卢克静)

走进蚁族生活，探索青春之歌——对南京“蚁族”生存状态的调查(赵中磊、卢芳)
南京地区太阳能应用现状(葛茂)
正确处理电子废物，齐心共筑环保新家园(何菁)

⑧ 力学与材料学院(2 篇)：
资源的合理利用——浅议水利基础设施对乌镇农业发展的作用(李坤)
南京市水域治理与开发调研——以秦淮河为例(何功庆)

⑨ 地球科学与工程学院(2 篇)：
走进社会主义新农村罗家坪村村民的内心世界(欧阳湛)
关于居民节水环保意识及对水利建设了解情况的调查报告(汤文勇)

⑩ 理学院(2 篇)：
防震减灾，关注学生，研究当下中小学校舍抗震加固现状——以打响中小学校舍抗震加固第一枪的江苏省盱眙县为例(郭熙林、茅鑫同、丛小飞、胡英婷、陈焕霖、张鹏、陈一春)
积极参与水利普查，发扬河海水利精神——武汉市“大东湖生态水网修复”状况调查报告及分析(符仲)

⑪ 商学院(8 篇)：
由郑州市用水现状引发的对我国水资源管理制度的思考(曹海东)
山西省孝义市转型发展调研报告(邓梁)
苏州市水资源利用与管理调研报告(张辰秋)
赴徐州新型能源太阳能光伏产业发展实践调查报告(刘翀)
赴鲁节水灌溉实践调研报告(刘乃帅)
经济危机下的大学生就业形势浅析(赵梅西)
秦皇岛水利工程普查实践服务调研报告(孙野)
对南通市沿海开发战略下制造类工业重点企业的调研报告(陈黎云)

⑫ 公共管理学院、法学院(3 篇)：
山西长治低碳特色研究(安珏)
赴如东县调查沿海开发现状(江沁)
拆迁户权益保护问题研究(柏杨)

⑬ 外国语学院(1 篇)：
北京奥运场馆走势与南京青奥场馆路径(林汉青)

⑭ 大禹学院(1 篇)：
“鹤娟水秀”暑期社会实践团队总结报告(徐华亭)

⑮ 青马工程(3 篇)：
关于常州市水环境分布及水污染情况的调研报告(周旭东)
积极推进水利建设　加快发展农水经济——对淮安水利基础设施建设的思考(李忆朋)
金湖县家电下乡社会实践总结报告(陈明)

⑯ 学生处(6 篇)：
文化传承，与爱同行——2010 年河海大学爱心超市赴河南偃师爱心支教总结报告(王冠)
河海大学暑期社会实践亦露队调查问卷(盛明芳)
河海大学暑期社会实践亦露队调查问卷(何兵)
河海大学暑期社会实践亦露队调查问卷(宋秋影)
河海大学传承爱的奉献实践小分队东八里铺采访调研报告(范思琦)

河海大学传承爱的奉献实践小分队杨柳镇调研报告(范思琦)

⑰ 研究生院(3篇):

老挝人民共和国水电工程移民安置规划研究(蔡萌生、朱瑜)

缅甸同心桥水电站水力机械过渡过程数值模拟(姚莉)

科技服务 奉献智慧 展示风采(国洪梅、徐进超、司新毅、杨绯、郭卫、王笑飞)

⑱ 常州校区(7篇):

江苏沿海大开发下连云港地区经济社会发展现状调研报告(薛飞、倪扬)

常州地区大学生创业、就业观念调查报告(葛健强、尹力伟)

高峡出平湖,当惊世界殊(钟睿、刘翘楚)

牵手世博,绽放魅力苏州(董云杰、呼笑)

河海与你共成长(罗永亮)

重视吴越语、保护太湖水(黄骥)

"南沙建港精神"发挥的巨大作用(沈赋)

(4) 优秀摄影图片(30幅):

① 一等奖(5幅):

关爱在点滴之间(水利水电学院——冒俊)

"市民齐关注"万人签名(土木与交通学院——谷帆)

言传身教(能源与电气学院——黄雨翔)

绿海中的骄子(地球科学与工程学院——高立)

走进北川,走进羌寨(公共管理学院、法学院——孙彪)

② 二等奖(10幅):

区域水资源配置对不同等级干旱影响情况调查研究小组实践照片(水文水资源学院——徐珺恺)

绿意之声,此刻停留(水利水电学院——王鹏)

一个签名,一份力量(环境学院——赵熠)

市民签名(能源与电气学院——潘健)

侧影(计算机与信息学院——李霞)

全民参与(计算机与信息学院——卢芳)

实地考察(力学与材料学院——缪新河)

当严谨遇到认真(理学院——娄德福)

河海大学2010年暑期赴四川省绵阳市实践小分队实践活动剪影(商学院——李欣、王利鹏、张笑程)

礼物(外国语学院——仲莹)

③ 三等奖(15幅):

脚印(水文水资源学院——张海秋)

西湖采水(环境学院——陈颖颖)

与当地居民漫步于明清小道(能源与电气学院——包成)

温馨互动(计算机与信息学院——李霞)

会议报告(力学与材料学院——王恒)

签字活动(地球科学与工程学院——汤文勇)

抗震减灾签名活动(理学院——张鹏)

感动、黄河边的展望、今天你节水了吗?猎奇、明日之星(商学院——段迪)

烈日下的蜜蜂、"向日葵"的转动、漫山遍野的"向日葵"、认真学习(商学院

——周若冰）
低碳生产，绿色生活（公共管理学院、法学院——安珏）
很少喝到的矿泉水（公共管理学院、法学院——张绍庚）
我和你都一样，想的都一样（公共管理学院、法学院——薛梦莹）
挥洒汗水，耐心教诲（公共管理学院、法学院——张冰钰）
迪拜小公主（外国语学院——吴淑雅）
你问我答（大禹学院——储锡君）

(5) 优秀 DV（22 个）：

① 一等奖（4 个）：

大粮仓——“北大荒”农田水利（水利水电学院——郭梦琪）
河海大学 2010 年暑期大学生赴浙江省临安市“水利水电工程建设中的地质灾害与监控”实践小分队（港口海岸与近海工程学院——汪垚、陈宇昕）
如东之行回忆录（公共管理学院、法学院——江沁）
走进北川，走进羌寨（公共管理学院、法学院——张馨月）

② 二等奖（6 个）：

水环快乐之旅（环境学院——许韬）
情牵情的宣传，心贴心的守护——防灾减灾行动进社区（计算机与信息学院——李霞）
“落实科学发展　弘扬农村新心态”纪录片（地球科学与工程学院——欧阳湛）
2010 年河海大学暑期社会实践“湿地的现状调查与宣传保护”团队纪录片（理学院——应翔）
商学院 2010 年暑期赴河南省郑州市水资源管理调研实践小分队实践概况（商学院——徐若冰）
仰望星空，脚踏实地（公共管理学院、法学院——常宴会）

③ 三等奖（12 个）：

浙江温州——我们的足迹（水文水资源学院——范琳琳）
河海大学 2010 年暑期大学生赴山西朔州水资源分布、利用与旱情调查实践小分队实践 DV（港口海岸与近海工程学院——陈永刚）
节能攻坚靠你我，全民携手共和谐——赴盐城建湖、常州节能推广实践视频（能源与电气学院——蔡华）
阳光总在风雨后（力学与材料学院——王荣华、周童）
即将启程（地球科学与工程学院——吕晗波）
落实科学发展观，弘扬文化城市——赴江苏省南京市“文化城市　地铁文化”调查分析（地球科学与工程学院——罗文、汪明）
“深入基层，树立科学就业观”——河海大学地球科学与工程学院赴沭阳暑期实践小组新闻报道视频（地球科学与工程学院——颜璐）
璀璨煤海，水土情缘（商学院——孙萌萌）
参观吴家渡水电站，实地了解学习专业知识（商学院——张笑程）
“我做我的王”（公共管理学院、法学院——安珏）
走近污水治理——记河海大学外国语学院广州污水整治调研社会实践（外国语学院——张倩怡）
人水和谐（大禹学院——徐宽）

13. 2010 年度“海韵风华——感动河海十佳学生”获得者名单

学业成绩类：

丁旭(地球科学与工程学院)

道德风尚类:

史建亚(商学院)

科技创新类:

孟庆祥(水利水电学院)

创业实践类:

丛小飞(理学院)

技能训练类:

范辰(计算机与信息学院(常州))

社会实践类:

刘默尧(水文水资源学院)

文化艺术类:

王烁(外国语学院)

体育锻炼类:

刘小斌(地球科学与工程学院)

社会工作类:

宋文波(法学院)

其他类:

陈圣鹏(机电工程学院)

14. 2010年度“海韵风华——感动河海十佳学生提名奖”获得者名单

学业成绩类:

董立兴(商学院(常州))

道德风尚类:

刘义(水利水电学院)

科技创新类:

周友进(土木与交通学院)

创业实践类:

范凯(商学院)

技能训练类:

刘何稚(水利水电学院)

社会实践类:

倪扬(机电工程学院)

文化艺术类:

刘斌(公共管理学院)

体育锻炼类:

钟栗(大禹学院)

社会工作类:

樊宇(土木与交通学院)

其他类:

阿衣丁别克·居马拜(水利水电学院)

(人事处、学生处、研究生院、档案馆供稿)

毕业生名单

2010届毕业博士研究生名单

工程力学

贾　程　苑举卫　凌骐

岩土工程

高德军　沈广军　辛　凌　倪小东　朱明礼　徐　飞　陈　松　刘　荣
秦　峰　高志兵　范昭平　王　飞　曹　权　周　源　韦　杰　宋新江
桂　跃

结构工程

贾冬云　李晓娟　宣卫红　黄　杰　王新杰

土木工程材料

徐金霞　宋　丹　张　萍　喻　林

市政工程

赵金辉　许　航　王磊磊

水文学及水资源

马进荣　杨肖丽　韩　杰　方秀琴　刘　薇　孙营营　黄夏坤　谭忠成
张润润　宫兴龙　金君良　刘晓帆　王莉莉　杨　邦　邓玉梅　仲志余
姬　宏　李景波　张秀菊　温立成　张雪刚　康燕霞　欧阳如琳　盛　东
刘丽红　权　锦　颜亦琪　邓　鹏　高　成　李庆航　刘晓群　薛显武
郭慧芳　李　磊　王　军　王　涛　张　超　张小娜　马惠群　任　政
张　斌　李成柱　高文荣　彭顺风　李正最　魏玲娜　林　统　王永森
尹志杰　范荣亮

水力学及河流动力学

张文捷　陈五一　俞云利　徐锡荣　程　莉　丁全林　张向东　黄士力
雷　燕　艾万政　鲁俊

水工结构工程

景　继　孙　蓓　魏述和　曹邱林　于孝民　周兰庭　刘永强　叶志才
田正宏　伍　元　许　英　李　云　黄光明　海　燕　崔　娟　张晓悦
陈守开　方卫华　蒋裕丰　李宏恩　徐力群　张宏洋　李　波　杨志刚
李　季　陈方良　厉丹丹　王永明　郭利霞　吕生玺　武颖利

水利水电工程

吴学文　王　丰　芮　钧　曹林宁　陆桂明　曹永潇　梁　伟　于凤存
高玉琴　欧传奇　左　潞

港口、海岸及近海工程

解鸣晓　应　强　孟艳秋　夏莉敏　姚　静　秦　毅　雷智鹢　张　俞
冯向波　刘金贵　张　弛　刘怀汉　李谊纯　杨　星　杨耀中　张　卓

生态水利学

杜富慧　张丽丽

水信息学

李庆武　李臣明　尚　领　严锡君　陈军冰　樊棠怀　许国艳

农业水土工程

冯建刚　迟艺侠　李世欣　陈子平　褚琳琳　高焕芝　代小平　庞桂斌
朱新国　李新虎　王　宇　魏　征

环境科学

宋文婷　计　勇

环境工程

谢　龙　田　琦　徐亚东　朱　萍　刘兴平　金春久　石晓丹　邢雅囡
侯　俊

管理科学与工程

顾宇倩　王　佩　冯素玲　后小仙　庞庆华　谢卫奇　李雪淋　连远强
刘洪波　马树建　吴　丹　王洪海　柳巧玲　周建春　冯海昱　孙琪琦
唐　润　贾永飞　谢文轩　朱其忠　孙中良　吕江洪　徐　健　徐军祖
杨宝贵　戈和静

技术经济及管理

王炳杰　雷贵荣　晏成明　南　岚　管　斌　黄兆亚　崔金勋　王　宏
吴　琨　刘根厚　史兹国　丘　萍　雷志柱　赵丽洲　陈君君　余菲菲
蔡　华　陈永平　李士华　马宗国　陈春林　林代锐　张　彬　秦海涛
李君浒　彭智勇　王光玲　王　虹　周　芬　李　华　严效新　孙　萍
王慧娟　许　萍　周　姣　陈晓楠　解　勇　刘斯敖　王希泉　张杰貌
周　彧　贾文艺　强　培　司江伟　张　鹏　秦文婷　孙文霞　王　兰
王九大　李　蓉　杨春平　孙　斌　赵宏贵　盛济川　张宏如

地质工程

谈叶飞　彭　鹏　付延玲　薛　涛　李　枫　卢　瑾　周彦章

电力系统及其自动化

张仰飞　侯学勇　梁　华　张建华　钱科军　孙国强　张晓花　李畸勇
苗红霞

计算机应用技术

胡居荣　刘　景　李雯睿

景观生态学

薛　艳　冀凤全

马克思主义基本原理

杜　敏　寇宝银　滕玉成　彭恩胜　彭富明　袁　杰

桥梁与隧道工程

周道传

社会学

陈　如　史秋霞　陈　涛

海岸带资源与环境

吴宏旭　陈小文　魏有兴

水利水电建设工程管理

马　明　吴　娟　尹红莲

物理海洋学

张义丰

2010 届毕业硕士研究生名单

科学技术哲学

贺品一　冀雪超　吴月婵　张美美　宫世忱　李樱慧　吴宗亮

国民经济学

祁　博

金融学

国程程　嵇　珂　李　晗　龙新果　汤云超　徐　艳　杨　婕　郭弘翔
王　勇　刘　蕾　王彩霞　吴立稳　徐晓敏　周　婷　高文正　李新乐
宋建方　邓劲柏　马慧妍

环境与资源保护法学

周颖　陈美玲　刘倩　陆晓婷　王雅　吴晓娟　张倩　李翔
王照海　项尔东　杜晓静　李丽凤　王焕　徐晨婷　游娜娜　张预哲
左丹　高迎春　李伟　陆军　王宪民　袁泉　丁珏　高爽
黄敏　惠宝军　石榴花　田青青　卫然　夏芳　徐美菊　燕辉
杨燕燕　张坤梅　周茹　李伟星　张成刚　张伟

社会学

高婷　耿晓蕾　阚小静　刘婷　王娜　甘德行　涂文华　王海宝
蔡文慧　黄莉　王瑶　韩允　焦圆圆　沈淑珍　高岩　耿言虎
李利浩　张乃华

思想政治教育

解兆丹　张宾州　赵留芬　周芹　刘毅斌　钱冠华　唐在锦

马克思主义基本原理

马海菱　赵姗姗　陈远根　罗高峰　张波

马克思主义哲学

王腊梅　朱芸　傅欣　权磊　徐忠敏　张宇鹏　赵政委　周磊

高等教育学

王晓蓉　卢孙中　白云利　贾春红　林玲　陶圣叶　肖娟　余彩霞
张晓阳　胡戬　汪雅霜　庄道永

英语语言文学

陈永红　李莉　包懿　蔡晴　陈晶　戴海杨　杭冰　李畅
李建娟　李娟　李楠　李晓燕　李月星辰　路春燕　石苗苗　宋瑾瑜
孙小娟　王阿荣　王丹　王璐　王雯　王小金　王艳玲　吴晓芳
于敏　张凤　张秀　章莹　周蕾　王必春

应用数学

李超　李丹　卢辛全　李林叶

物理海洋学

董德信　薛丁源　郑国诞　董雪　何倩倩　苏长南　郑斌鑫

力学

顾春丽　吴晶　杨智慧　陈维清　韩林　秦武　方怡　林荔珊
刘娟　王红　王丽娜　王晓阳　王艳　徐中秋　柏杨　陈鸿杰
陈敬运　陈郡鹏　桂焱平　贾荣涛　刘斌　刘宽　刘兆富　吕直华
罗成喜　秦虎　秦网根　王勇　吴勇进　徐涛　竺启泽　雍君

机械工程

毕世书　李晶　邱欣欣　任超　任晓敏　史秋萍　王茜　赵文
蔡景勇　陈俊生　陈炜　窦新民　范骏波　戈文华　姜利　李显
林森　刘德伟　刘进　刘颖　王存磊　王红路　王建平　王思朝
王一楠　夏明　曾锋　张奔　张银　朱华　朱怀森　朱修强
范建荣　魏长赟

机械电子工程

陈桂顺

测试计量技术及仪器

陈霞　吴景江　殷海宁　张林亮　崔小梅　顾兴南　王文静　徐锫
王盛　翁多杰　左玉生

材料学

崔寅鑫　方文雪　贺静　苏明娟　胡世亮　王守伏　曹晶晶　崔熤
邓红芬　王中丽　安升辉　蔡海　范俊峰　高毅　卢文欢　邱俊波
沈志欣　王超　王麒　王涛　宣文　袁鸿斌　左俊卿

材料加工工程

许会这　尹小三　张振淑　陈云　史如森　徐勇　张国伟　张俊涛

电力系统及其自动化

陈燕萍　刘寒寒　王舒琴　袁虎玲　朱晨　李成　刘洪亮　刘利国
沈伟伟　夏梦　鲁华永　陈琳　桂淑华　陆娟娟　庞博　汪晶
谢琳　徐璐　曾亚萍　周智芝　常海军　陈虎　陈鹏　邓鹏
江志辉　焦春雷　孔令峰　孔祥飞　李明星　李森林　刘海华　陆琳
梅建群　邱玥灏　史兆培　孙俊　孙晓波　谈加西　王付宗　王鹏程
王通　徐强　杨友栋　余嘉彦　张如义　卓张华　刘源远

电力电子与电力传动

李丽　沈加敏　王芳　王西芝　褚荣堂　高吉普　刘强　王成亮
张淳　鲁雄飞

通信与信息系统

徐晓龙　陈瑜珊　胡波　梁舒舒　石丹　卞芒犀　陈豪　陈琦
邓杏松　葛仕俊　李国选　梁西安　林甲鑫　凌一帆　路都行　史志举
孙雅　唐骏　王洋　魏明　邬佳伟　吴志国　姚春　张伟
周建华　王荣　朱小艳　付聪　李杰　栾国强　马俊　汪海锐
王鹤　肖江雨　张长安　张伟　朱成健

信号与信息处理

黄慧　杨裕媛　赖华尧　李啸麟　沈磊　张彦炜　陈钊　马永衎

陈晨　付翀　李菊　卢秋丽　芦蓉　陆莉美　张潇　郑胜男
支雯　庄菲　胡阳　黄冠　赖晓路　林长青　任卓元　司文博
宋磊　宋士明　孙贵双　张亮　赵静　钟云龙

控制理论与控制工程

余如龙　周霞　陈进　李冰　漆志旺　沈豪　赵泽　姜文
黎洲　刘培　刘志辉　荣梅　王雯雯　王一凡　吴蓓　吴立佳
吴琳丽　徐荔　曾婧　张丹　赵海娜　赵燕娜　仲雅霓　戴晨骏
戴林超　杜江　韩云　郝建园　何杰　胡南　邝小金　李吉
刘相　卢鸿飞　乔霖　冉涛　孙帅　俞小勇　周建国　周映江

检测技术与自动化装置

陈思宁　丁婷　高燕　郝文瑞　何效红　吕丹　张一　章盼
吴伟乐　阳外玲　刘远高　余福祥　张俊　周炜

模式识别与智能系统

郑伏广　杨金花　陈贤明　高杰　金洲　王万国　许大军　杨晨
祝进　李天涛

计算机软件与理论

宋静　朱万海

计算机应用技术

许莉莉　张沈梅　钱玉昊

计算机科学与技术

胡玉婷　陆春艳　高志翔　金春　李庆雷　茅天天　任翔　仝哲
王兵兵　姚晓忠　余磊　张云峰　郑瑞波　陈雪芹　陈燕　丁金凤
洪梅雪　林莉莉　刘国慧　钱娜　汪晴　王昌频　王峥　吴少雄
肖遥虹　徐燕　薛慧君　杨金凤　杨萌　姚嘉钰　张爱华　朱瑛
卜迎庆　陈虎　陈晶　董济普　高建斌　韩晓　纪强　李前伟
李威　刘猛　罗自文　潘庆　宋鑫　宿安心　孙传明　孙刚
孙晓永　汤国山　唐国昌　唐志贤　王传秀　文犇　吴继明　肖二永
徐宜平　徐占　杨捷　易开楠　殷涛　余建军　张豹　张存广
张笑天　赵瑞　朱子建　谢瑀

岩土工程

余柳燕　田灿灿　李刚　李志刚　邱裕华　王贯国　王小龙　武沂泉
张绍华　张继宝　陈艳丽　丁建　许俊红　尹聪　周璐翡　安永福
曹玉鹏　陈华顺　陈晶晶　陈胜　陈永　邸小磊　杜强　鄂海清
范衍琦　方智荣　冯金荣　何洪涛　胡小波　黄振波　李治朋　林海
林峥　刘慧　刘曙召　刘洋　刘玉俊　马希磊　聂文达　裴大威
裘德利　荣绍洋　沈坚强　史江伟　舒跃华　孙飞　陶辉　王海建
王海明　王荣　王瑞涛　王涛　韦永耀　吴大成　肖军　谢渊洁

姚宇阆 叶圣元 张德恩 张开普 赵 亮 郑世华 钟四军 周恩泽
朱文君 李仁智 温 煦 帕尔哈提 何忠意 闫 俊

结构工程

陈雯雯 石 英 董先锋 刘 鹏 杨 青 殷小珠 张胜朋 赵文涛
赵正银 庄哲惺 胡建花 胡 珀 解学娟 田长虹 薛 颖 颜媛媛
杨 榕 朱 萍 陈育志 顾文虎 李 聪 李金坤 刘 勇 倪宋健
秦爱平 王建永 翁 伟 薛 彪 张 建 周 健 蒋 斌

市政工程

冯正宇 韩志刚 谢成塔 周 华 陈婷婷 高 敏 王婷婷 吴媛媛
张玉涛

防灾减灾工程及防护工程

秦天昊 尚剑飞 王 兵 於正芳 白 景 侯 松 李启宏 李 蔚
陆宇光 王 冰 王 飞 王振宇 唐胡丹

桥梁与隧道工程

郭青伟 鲍志旺 董亚东 刘龙源 陆近涛 莫海峰 叶 凯 袁 达

土木工程材料

龚明子 杜 宇 李 瑞 郑炳锋 周晓明 王靖翔 周 玥 金 丹
庞二波 王 锐

水文学及水资源

陈福容 贺颖庆 罗 静 苏 柳 温鲁哲 周 湫 周焱钰 樊 皓
胡伟升 纪鹏程 卢康明 潘 锋 王彬彬 王占海 吴 春 徐 强
赵 军 常蒲婷 陈 旺 陈雅倩 成丽婷 崔瑞香 樊婧妍 樊 静
侯 卓 胡小丽 黄美花 黄迎春 贾淑彬 李 会 李 静 李君钰
李涛涛 李文祥 李秀平 刘伯娟 刘美玲 马苗苗 倪夏梅 任智慧
沈雪娇 宋颖玲 王 欢 王 维 魏 琳 文云霞 吴春玲 吴红雨
谢小燕 杨志玲 翟春玲 张 萍 周 云 陈 翔 高永波 李剑锋
李彦伟 李兆忠 廖 拓 刘军涛 刘俊伟 刘 凯 陆泳舟 马乐军
牛 帅 施 征 汤春义 唐 林 王 健 王 鹏 王兴平 魏 峰
魏建辉 徐 蛟 杨会刚 杨万顺 朱大伟 朱 林 诸发文 妮 莎
季斐斐 申金玉 陈 润 黄启有 李肖阳 邵世光

水力学及河流动力学

贺翠玲 李舍梅 翟静静 傅 雷 辛小康 储 唯 崔 莹 樊 博
范玉鹏 侯铁群 李羽文 潘 静 彭嘉玉 王 彬 张 婧 曹 刚
程彦文 付长生 李小林 林凤标 陆 奇 彭 峰 饶 鹏 苏 扬
田 伟 王 海 王磊新 王新泉 邬海波 夏在森 闫训海 杨小全
杨 勇 姚德生 应焱华 翟亚洲 张立建 周加成 周治荣

水工结构工程

曹艳华	刘爱环	张子艳	汪　平	曹慧颖	丁　遥	龚存燕	袁　骄
顾芳芳	胡　娟	李　倩	祁亚丽	王　飞	徐　璐	张　岚	韩　勃
赵晓红	陈　浩	陈坤城	陈　鸥	崔永建	瞿忠烈	匡　义	郑理峰
李　根	李洪煊	李铁军	刘安荣	刘贝贝	刘海笑	卢继旺	祖　威
马　跃	潘利坦	佘亚鹏	宋　垒	佟剑杰	汪俊波	王公彬	周理想
王学峰	魏彦军	邬　俊	吴兆和	夏　炎	徐　骞	徐　伟	周　磊
姚　琨	张　飞	张　华	张　军	张　磊	张鹏飞	钟　锐	周　健

水利水电工程

曹　静	彭珍珍	宋　娟	黄亚栋	成永华	杜媛杰	段妮妮	朱雪强
高　媛	胡　蓉	纪　利	李　娜	林小丽	齐慧卿	舒依娜	周春飞
王春苗	熊　君	徐小韵	徐　艳	易　鸣	岳　娟	曾利华	赵淑杰
张海丽	章胜玲	蔡昊章	曹命凯	葛杭建	耿建强	黄渝桂	赵　海
李高会	刘文明	吕晓威	倪志伟	皮　顺	齐向南	齐央央	赵光辉
石忠伟	孙长城	田志伟	万　斌	王　兵	徐　进	杨　波	张正楼
张　豪							

港口、海岸及近海工程

蔡佳佳	查　苏	崔川川	韩　玲	蓝尹余	林　娜	刘玉倩	马跃东
祁　洁	邵　玮	水　燕	孙　飞	孙思源	唐　翠	王珍珍	刘　建
徐小红	赵丽娜	白雪清	崔　康	冯先导	符　成	郭兆珈	黄道刚
黄武平	黄云峰	孔祥猛	李春良	李　申	李文正	林佩辉	段　飞
刘秀魁	卢　坚	毛剑峰	邵　杰	史春勇	宋　良	汤　宇	丁克进
王大伟	王　珏	吴炳良	杨　嵚	叶海民	殷亚明	余家康	陈星亭
张　飞	张海民	张建红	张　志	章祝君	钟华林	朱　江	陈海波
李　珂	连校篇	束芳芳	覃　琳	吴　宇	张苏栋	邹玉婷	李元礼
秦洪喜	唐家杰	王云鹏	肖　富	薛　波	于　洋	赵朝志	郑维尧
朱申华	邹永超	陈加银	杜德军	董沛沛	吴　颖		

生态水利学

陈丽霞	胡小琴	吴艳香	成均玉	谢明华	戴海霞	李海娟	施稳萍
肖　燕	朱　丹	纪益秋	雷倪铭	冒甘泉	沈晓金	田亚南	章　洁
沈　荣	盛海峰	张　庭	郑　骞				

城市水务

蒋枝伶	邢智慧	李　达	王　磊	徐昌杰	赵　恺	赵　勇	邓　波
果利娟	黄　硕	钱　磊					

海岸带资源与环境

成　晔	冯　璐	李　莉	陈　侠	李世阳	卢桂营	程晋伊

水灾害与水安全

董佳瑞	徐　茜	陈　娟	金　秋	王军翠	王晓娟	庄　景	侯　攀

刘万军　钱　飞　王宇铭　杨向权　张晓磊　庄培源

水系统科学

叶霖娟　潘中建

水利水电建设工程管理

崔振华　陈允平　孟思宇　钱璧君　孙晓露　王　会　王　晓　翁月娇
郭曙啸　郝晓杰　林富志　刘兆磊　孙　涛　许敏钟　朱　豪

大地测量学与测量工程

陈玉莹　仲海蓓　李立瑞

摄影测量与遥感

何燕兰　李　昊　史晓萍　王　淼　黄　河　许　星

地图学与地理信息系统

陈　璐　陈志霞　崔　岑　李莉君　刘晏然　徐秀莉　张佳佳　张秀玲
陈李家　陶冬冬　谢丽军　叶　楠　张杰坦　张子衡　朱　昂

地质资源与地质工程

陈　丽　胡嫣然　李　玲　唐　扬　张香玲　蔡　飞　陈　利　陈露露
陈先威　程子轶　高宗旗　侯智勇　黄　新　刘　昂　刘晓翔　柳晓宁
陆海凌　路　遥　吕晓东　拾　峰　孙海春　万许辉　王大鹏　王　峰
王云亮　王志刚　魏　巍　谢瑞丰　徐　晋　许　波　许　礼　杨伟光
杨永健　俞　晨　张凌华　张树森　赵嘉琦　周　斐

交通运输规划与管理

孙　璇　张晓楠　庄　怡　姜玉波　王　雷　许春平　张剑宇　周　强
鲍业辉　桂　零　郝生凤　李巧连　王　婷　武玉娟　余丰茹　周　莉
董庆庆　王　彬　魏　辉　杨海飞　郑　惠

农业水土工程

栗金钊　张　杰　付春晓　侯淑楠　黄　培　李忠莉　刘敬晶　邵园园
孙雪梅　王颖聪　谢　菊　忻海飞　于文华　张晓柳　陈　栋　丁继辉
韩金旭　李志忠　刘一休　罗文彪　马华华　梅志强　钱学诚　饶　飞
王　超　于博文　原晓明　张文明　朱晓峰

农业生物环境与能源工程

李荣富　陈丹艳　代丽丹　冯美丽　高　志　王艳艳　谢俊英　杨腊梅
罗德芳　吴少杰　于海宽　周永波　朱方伟

环境科学

庄红红

环境科学与工程

李 晶	李 英	孙 慧	雷洪犇	蔡 梅	陈亚男	丁秀梅	葛敏霞
季丽君	姜磊娜	李 静	李 娜	刘月利	陆东燕	陆 洁	米娴妙
庞翠超	荣 华	申琳子	石瑞娟	宋桂云	孙佳佳	孙西艳	汤露露
王胜艳	徐秋霞	叶宏萌	张 颖	赵林多	周 静	包建平	笪海文
方盛荣	冯仕训	洪 波	胡晨昊	胡 进	李 斌	李 金	李军东
李 伟	李小虎	李云峰	刘爱平	潘云涛	秦 健	屈 健	屈 阳
石泽敏	孙 瀚	涂安国	魏 星	吴 昊	伍治林	肖俊清	张代明
周 明							

管理科学与工程

沈艳忱	丁 红	蒋 静	李碧琛	马玉铭	宋 娟	王 玲	吴珊珊
张信娟	宗 蔚	邹文燕	蔡陈磊	黄俊伟	李 恒	林文浩	田 卿
王书灏	向 勇	徐小康	张玉阳	耿 秀	李 燕	卢轶群	吴 茄
徐茜茜	岳梦霞	章 印	郑 婵	曹 勇	陈伟华	胡磊闯	黄 青
毛兵兵	任小强	王德恩	吴春华	肖劲勇	袁 婧	汪 景	

企业管理

刘 坚	谷文渊	居 兵	高 芳	龚海燕	郭婧蓉	匡 慧	李 洁
梁红静	刘 英	徐 静	徐 丽	范 盛	韩建军	王 楷	周 泉
顾媛媛	胡青青	刘煦宏	宋 倩	叶如菊			

行政管理学

杜 萍	韦永生	王道文	乔祥利	蔡 丹	陈静亚	陈菀娟	顾丹丹
马思睿	潘 雯	吴秀芹	邢 芳	杨丙丽	于丹丹	袁霭凤	张 燕
鲍伟明	陈金华	陈熔桢	杜平均	黄晓林	姜海波	罗红明	汪 斌
吴颖哲	杨正超	陈菲嫣	程晓芳	高晓欣	马文娟	吴 赟	杨 帆
何静文							

土地资源管理

雷茵茹	沈美玲	田 崖	吴雅贤	徐海楠	杨炬烽	安 洁	李珊珊
张 荣	庄 妍	丁 猛	邹伟伟				

政治学

郑 芊	张 凯	丁夏夏	魏小丽	谢学莉	靳纪伟	任锦生	尹景锐

民商法学

柯 慧	刘俊芳	马红君	孙文丽	于 艳	董志中	潘星星	陈名波
孙高强	谈 磊						

传播学

安 婧	宋 洁	田 田	田 野	王 玲	王梦婕	翟 丽	冯 刚
许 敏	余 清	冯 蕊	黄 芳	梁 榕	刘桂清	罗 倩	马 芳

穆文静　吴　越　周　瑾　朱胜利

测绘科学与技术

成　微　段　伟　石　磊　魏叶青　胥　超　张永超　杜艳琴　刘娟娟
庞逸群　王海青　吴小燕　杨泪朵　陈惠灵　桂　林　洪善波　胡自全
李　森　秦　滔　孙　超　涂道勇　王进锋　吴　野　武东辉　姚　林
袁全斌　袁树才　赵义春　时绿艳　杨　柳　蔡东健　丛康林　段兵兵
勾启泰

地理学

邢广美　高程程　李　婷　刘芳百惠　王敏京　张　月　吕　林　王　谦
王　强　袁宝华　赵崇亮　周　峰　周　义

地图制图学与地理信息工程

乔小艳　周　玲　吴　磊

电路与系统

叶　韵　陈　凯　侯栋炎　李周雨　王　军　王　玮　戴尚义　付瑞瑞
李　忠　宋　兵　赵　磊

概率论与数理统计

李文娟　魏　辉　周若榆　王保琪

工商管理

周　丹　周　莹　尹国庆　陈　岩　鲜成丽　闫凌舒　张　熠　赵　楠
甄素莲　赵　平　何　鹏　李　平　吴棣烨

会计学

丁丽娅　杜艳艳　胡　威　李　娜　卢丽娜　马桂芝　牟金娥　潘　岚
王　楠　杨　静　禹淑凤　张　娴　钟　慧　陈允球　姜　苏　刘　进
刘　钰　鲁　俊　乾　文　施　健　汪　超　杨　浩　蔡　烨　陆永平
覃　蕾　王　冉　尹小伟　马先勇

技术经济及管理

冯　丹　蓝江凤　鲁芸芸　邵义俊　朱　立

社会保障

丁　瑞　何　婧　王玉珍　徐春兰　张凤华　杨　柳

流体机械及工程

陈　阳　黄志泉　焦诗元　李　立　林金阶　肖　剑　杨雪林　司佳钧

流体力学

邱耿耀　徐　健　李志杰　张　静　胡建明　章　钦

伦理学

经秀美 涂吉蓉 韦 娜 吴海英 周 玲 马传浩 王霞光 吴寿波
张振林

凝聚态物理

姚长达 高 虹 耿芳芳 徐云玲

情报学

陈慈南 戴 舟 万海量

人口、资源与环境经济学

顾新飞

数学

狄让丽 胡珊珊 孔令燕 孙毓蔓 王春燕 钟 青 王 晶 吴丽娟
杨巧兰 袁 珍 郑红艳 周 鑫 朱丽娟 王玉良 周 淳

土壤学

王海燕 蔡 飞 高 缙 郭以明 袁宏伟 张以森

文艺学

李 义 徐 敏 张春平 付欣怡 贾新霞 吴 锐

宪法学与行政法学

李 咏 王丽华 闻 雯 张 妍 董磊磊 王 翼 白俊巍 邓海林

应用经济学

杨盈珂 张 瑞 陈东章 孔德财 方丽梅 梁 善 滕海燕 吴 洁
钟小梅 李宝军 夏 云

国际贸易学

崔丽娜 金 馨

应用心理学

丁 懿 李 薇 宋昕璐 王轶君 张 楠 张 岩 张烨君 赵之华
杨亮清 许文松

2010年授予专业学位人员名单

机械工程

曹 霞 陈保国 陈月平 黄协平 李 凌 马光彩 申如意 史琴艳

孙国强　王峰　王国良　吴海东　徐晓俊　周叙荣　朱雅萍　邹军贤

电气工程

胡志刚　李德芳　王以军　于洋　俞红卫　俞卫新　虞松宾　袁康敏
张春生　张海英　鲍兴川　景巍巍　刘宇同　赵新华　周宝升　朱寰

计算机技术

陈继军　陈亮　陈永　尔宝库　龚敏　贾明阳　孔繁琦　彭海云
宋炜　王景胜　王峥　徐磊　于俊　张建华　张力　张亮
张盛祥　张世禄　张学军　张熠　赵宏儒　钟佳　周珂　周勤华
朱吉华　陈涵　陈伟　黄金国　李秉哲　刘云恒　秦桂英　童怡
王枫　王亚萍　吴微微　肖宇　姚勇泉　陈民　陈艳芳　彭雪萍

软件工程

曾征　张群　张荣　张希健　张永良　张月琴　赵长青　赵洪君
赵令玉　朱寅非　常征旗　袁高峰　王炫

建筑与土木工程

陈建华　杜成仁　傅海　高乃国　何宇　黄燕　季兵　刘华山
刘培贵　倪桂华　裴蕾　彭忠福　戚斌　钱艳　乔午生　邱旭东
邱永明　冉东辉　邵化用　石艳红　舒博宁　司马仲华　苏立群　孙吉刚
王立军　王铭　王玉芳　韦海宏　魏来　吴爱兵　吴栋良　吴铁峰
朱国靖　祝刘文　曹义国　李森平　林立　刘忠　唐文彬　田晖
王廷永　夏春信　徐方　徐祝岭　杨振松　俞海雷　宗锋　夏浩
谢雪莲　邢红芳　许立峰　许文斌

水利工程

柏胜平　蔡红波　曹雰　曹盛军　曹宇　陈干琴　陈刚　陈红雨
陈洪兵　陈华　陈华山　陈剑飞　陈利华　陈松　陈望春　陈雄
成崇华　程利华　仇志权　储华平　崔恩贵　崔明远　崔小进　刀红英
邓书炤　丁凯　董碧波　董浩　董涛　杜雪梅　冯静　付晓亮
傅静　高建文　龚玉刚　龚主伟　谷小春　韩梅　韩晓　何海琦
何琰　侯昊华　侯志强　胡玉林　黄国水　黄慧鹏　黄健　黄祥东
江凌　姜敏　姜天钊　蒋安珩　蒋元海　瞿涛　孔令太　雷冬青
李大伟　李方柱　李峰　李光锋　李光辉　李洪任　李辉　李荐华
李来祥　李梅凤　李明　李书建　李学辉　李颖　李育阳　梁必玦
刘波　刘光明　刘国瑞　刘海辉　刘加磊　刘剑如　刘君　刘君伟
刘敏昊　刘仁德　刘卫国　刘向浩　刘兴欢　刘颖　卢颖　罗居刚
罗临江　马珏　马克俊　马平森　马仕麟　马文刚　毛明琪　孟丹
潘莉萍　潘维文　祁舵　祁伟洪　邱琳琳　任根泉　孙丽　孙玉琢
索荣青　谭德伦　童宏福　汪健　王超[1]　王超[2]　王利刚　王启田
王晓凌　王旭峰　王振　邬年华　吴海斌　吴晓彬　夏方坤　肖志国
谢长进　许鑫华　许云　薛毅　杨春　杨春生　易建州　殷健
詹青文　张冬　张九清　张利昕　张小路　张永波　张友利　赵金香

周永门　周召梅　朱昆鹏　朱黎雄　邹大胜　邹虹　邹文明　祖振敏
陈辉　崇林风　樊峻江　何兰超　黄成　黄维　李代华　李天恩
刘咏梅　罗爱华　汪凌　汪文萍　王岗　王娟　王谊　王永文
吴少山　谢永玉　徐建军　杨明非　游文苏　曾太平　张延明　钟东
朱玲　周柏兵　卞书登　程兵峰　崔铭瑾　任建斌

测绘工程

闫富强　杨永生

地质工程

才博　徐甲存　杨家春　杨晓斌　杨勇　杨志凌　周贤金　朱广红

环境工程

王静　王炜　吴振国　姚德贵　叶强　叶远胜　殷海军　尹静章
英爱社　于继春　于秀军　丁大勇　邱谨楠　王海涛

工业工程

杜世舰　蒋亚东　赵中强　尹军

电子与通信工程

戴金兰　胡淼　汪宁　吴慧霞　詹维　张松涛　郑毅　周航宇
周红卫　朱晓春　朱忠余　庄磊　陈海波　胡井军　刘翠梅　刘国强
王玲　杨林　郁跃　曾永华　刘翠红

项目管理

任小波　白洁　鲍海忠　陈军　陈明东　陈文　崔锦铭　戴健亮
邓永贵　段重剑　甘盟　郭威　瞿大界　瞿升腾　梁裕明　刘峻
龙坚　罗团忠　马荣宇　聂连明　彭爱华　青华彬　沈黎华　苏斌
苏秀华　孙存新　王厚军　王继伟　王晓林　吴煌峰　谢展明　叶瑜
张百川　郑春锋　周建峰　周银平　周勇　李浩　蔡立　蔡毅清
曹珊　陈甫源　崔江宁　戴颖　丁明　范丽芳　范瑞琪　侯彦硕
胡建忠　胡新元　胡云明　蓝张颖　李春　李光华　李健　廖荣贵
刘海霞　刘涛　吕刚　罗政　牛斌　祁文刚　曲洋　石永
王建平　王平[1]　王平[2]　王卫光　王永　王运忠　吴爱华　向升
谢祝雁　杨应献　张春光　张加军　章志平　赵永巧　周竞航　朱以持
朱兆平　朱祯　黄鹏

交通运输工程

程锋　储春祥　邓雄成　高静　韩邦峰　何国萍　贺梅　胡小文
解冬　金晓明　赖承光　李建明　梁鹏　林海聪　林旭东　刘海珍
刘加海　刘永辉　卢丙力　宋德宇　汤红俊　汤文武　王飞　王海燕
王洁　王洁　王金国　王莉婧　王其楼　王新华　王岩　夏杨玲
闫丰梅　杨陈　张贵改　张挺　张晓明　张志卿　符超　郝青玲
纪军　李高峰　毛宁　吴忠明

农业工程

贾　燕　李　鹏　张茂章

工商管理硕士(MBA)

孔建国　李　冰　戴　斐　周美生　姚　念　荚　巍　史　森　崔媛媛
吴鉴高　张玉祥　王　琅　华　茂　乔金红　郑云峰　曹　键　李　婕
倪从春　吴　芳　鞠益伟　胡太峰　蒋云山　敬智江　陈　纲　谢　曙
崇劲松　王士花　李童燕　徐中闻　施魏阳　胡　燕　周洪涛　余金卉
吕宏杰　朱　伟　陈正红　汪苏宁　郭跃明　陈峥嵘　李小亮　辛方伟
徐晓明　张济华　祝和明　刘中华　严　伟　孙伟征　杨　俊　杨翠霞
吉伟华　刘　军　骆　霞　邓　璐　李居河　吴　进　赵曼丽　杨宝鹤
熊一超　查　敏　周景霞　黄卫峰　薛鹏飞　王开洋　张守伦　朱永强
胡　海　孙志民　周文斌　麦伟锋　徐月平　章　莉　余永华　邱仁权
吴小明　刘　伟　刘会敢　孙荣海　任利杰　郭　斌　戴　萌　余龙明
方　成　葛　锋　陈家威　谷　萍　江　雯　王　清　章　佳　董淑环
黄　虎　武亚伟　刘远佶　张　杰　唐国保　温振勇　严志权　曹晓丹
陈燕华　傅　琳　黄怀红　林　蕾　刘恕梅　王　慧　夏薇薇　许海英
姚　远　余　南　张瑞玲　张　艳　张艳霞　安丰君　陈　药　陈启东
程华军　邓天松　丁宇昕　窦学兵　高光涛　高　华　姜绪青　李豫光
林权威　刘　军　刘永猛　马克国　苗雪刚　南　洋　秦旭东　孙善斌
孙志荣　汪掌初　吴　丁　吴　坚　夏林峰　徐福康　徐冠军　许学武
姚杰峰　尤胜圣　张举晖　张晓江　周大森　周科华　朱　智
Samuel Kumbuka Chuma

高校教师

涂晓燕　陈向阳　居燕秋　张居晓　屠怡文　陈晓燕　华　炜　仝泽柳
张　昊　张伟伟　王彭鹏　吴铁军　王薇薇　崔艳华

2010届毕业本科生名单

水文水资源学院

水文与水资源工程

刁贵芳　于　慧　马世进　马晓婷　马骏毅　尹小龙　方　盛　毋红卫
毛春浩　王广跃　王玉梅　王　帆　王　玲　王　振　王晓燕　王海花
王　涛　王森林　王　翔　王巍竹　冯学良　司　伟　田　苗　白路遥
艾买尔江·艾买提　艾散江·吾斯曼　买买提艾力·艾合买提　刘文丽
刘佑琳　刘晓霞　刘　晨　刘　涵　刘景锋　刘福瑶　朱　昊
米海古丽·苏来曼　许　丹　许冠东　许　鑫　邢向峰　邢彦婷　严小龙

严小菊　严桥　何苗苗　余乐　吴娟　吴蔚　宋韡　张卫国
张弘　张玉兰　张兵　张君　张昌顺　张健　张竞秋　张晨辰
张翼飞　李凤龙　李太清　李亚冰　李庆　李佳珑　李建和　李春烨
李轲　李峰平　李素　李偲松　杨君　杨秀芳　杨怡青　杨明明
杨春辉　杨昭　杨海　杨翀智　汪魁　沈少锋　沙尼亚·卡肯
陆丹松　陆沈钧　陈宁　陈光育　陈诚　陈铭　陈雪　周辰光
周翔　周瑜佳　周鹏　周赛　岳立恒　庞超　武剑　罗晖
郑皓　俏娃　姚雨龙　柳莹　段淑俐　胡欢翠　茹彪　赵祥
夏丽君　徐亿君　徐兆静　徐灵　晁琼　晋良辅　栗铭　聂勤星
袁震洲　顾钊[1]　顾钊[2]　高扬　高炎　商健　常白雪　常露
曹志　曹炎煦　符蓓蕾　黄江辉　黄晓亚　黄锦原　游圆　程闯闯
韩阳　鲁冠华　蓝姝佳　管晓媛　蔡爱芳　醋院科　穆耶赛尔·麦麦提
薛静　戴力　魏凌芳　瞿亚坤

资源环境与城乡规划管理

丁阳梅　毛涛　王小博　王乐　王扬　石正果　朱文　许力波
邢博　闫程　何萍　吴江国　张君龙　张斌　李小龙　李丽娜
李梓嘉　杜璇璇　杨富程　陈立尧　陈明敏　罗圣捷　罗茜　侯婷
钟景伟　徐晟　柴斌　郭圣迪　郭亮星　顾朱剑　顾晓慧　曾凡欢
熊帼

水务工程

马旭莹　牛军艳　牛有刚　王军　王琢文　韦春艳　付婷　卢启豪
叶常桃　田海翔　买合木提·艾合买提　汤锦锋　邢少佳　何少华
努尔艾力·艾合麦提　吴强　宋云颖　宋学科　宋金璐　张飞　张江
张珊　张秋霖　张彬彬　张景　李书嘉　李丽华　李海晶　李梦阳
杜广志　杨上仟　杨德全　沈冰洁　沈满满　肖宁　邰肇悦　陆浩
陈辰　陈剑龙　陈星宇　周晓东　林玉香　胡昊　赵旭　郝健
钟林斌　闻阳　唐传勋　徐刘诚　徐凯　贾晓峰　钱真　陶威
顾春华　曹翔　曹新茂　黄清烜　黄楚楚　程春龙　童琦媛　董立翔
管桂玲　缪宇　裴龙斐　薛松

水利水电学院

水利水电工程

丁飞　丁星星　丁荣宗　丁琳　卜楠楠　于良　马进南　马恒力
亢扬　勾嘉　卞彬　孔秀　尹笄　文茂　方国梁　方波
王子健　王小杰　王少伟　王文捷　王龙祥　王秀玲　王建龙　王昊
王泽民　王厚淇　王珊　王秋阳　王桂智　王浩　王钰虹　王渊
王猛　王越贞　王楠　邓旭　邓越　付玉超　冯博　冯嘉庆
古丽阿依夏木·吉力力　史悦洋　叶建亮　叶祖洋　叶薇　尼玛拉姆
田静　白玉　白鑫　石筱筱　石磊　艾买江·吉力力
艾克热木·艾合买提　龙舟　仲云飞　任威威　刘伟　刘红霞　刘志伟

刘浏　刘海洋　刘章　刘维　刘锐　刘磊　刘震　印梦华
吉村　吐尔迪·麦麦提　吕高峰　孙丹　孙学圣　成鹏飞　朱力
朱方园　朱永龙　朱国春　朱菲菲　米紫昊　西仁古丽·托合尼牙孜
邢凌云　闫芳　闫滨　何侃　何喻　余雯　别克江·阿斯哈尔
吴丝莹　吴鸿　宋彧　应晓丽　张九鼎　张子胤　张云　张驰
张丽　张丽丽　张凯　张金鑫　张哲　张校峰　张新海　张腾蛟
张磊　张耀文　李国强　李昂　李英玉　李俊　李继鎏　李艳青
李强　李晶　杨文华　杨华　杨帆　杨德玮　杨曦　汪大为
汪旭鹏　汪涛　沈磊　沈薇　肖凯提·帕尔海提　花玉龙　苏林
邹仕鑫　陆圣中　陆健健　陈立　陈洁　陈桥峰　陈雅丽　陈槐
陈蓓蕾　周健　周葛　周磊　岳凯　帕里哈提·肉孜
帕提古力·依明　房阔　於国善　林道通　武振　罗坤　范玲玲
金含嫣　侯建东　俞佩斯　冒微微　娄晓帆　宫志琦　胡乐　胡勇刚
胡翔　荆玉翔　赵应武　赵金　赵茜瑶　赵博　郝铮　钟展兴
闻杰　倪亮　倪钧钧　夏威夷　徐成　徐晨[1]　徐晨[2]　徐逸
徐磊　徐燚　秦美峰　翁青怡　聂立宇　袁龙　钱文江　钱尚拓
钱炜伦　顾立更　顾浩钦　顾晨霞　高志良　高彬　高嵩　崔健健
曹磊　梁艳　梅一韬　梅霆　盛芳芳　盛彩红　黄为　黄苏宁
黄国欢　黄浩　龚洪波　嵇敏　强巴　景凯宇　景浩源　景霞娟
焦洁　葛忆　董宇峰　董坤　董坤明　蒋利娟　谢坚　谢翘楚
韩孛阳　蒯本轩　阙飞　廖轶鹏　廖腾耀　漆云　管文尧　管玲玉
缪海萍　谭顺利　阚丽景　樊昆澎　薛冰菲　薛鑫鑫

农业水利工程

于浩　马福阳　孔晶晶　毛文鑫　牛振东　王晓明　王琲　王歆
冯清宝　冯硕　平措德旦　申世吉　艾合买提·热合曼　艾克拜尔·吐尔逊
艾孜麦提江·艾合麦提　刘勇　刘洋　吐尔洪·吐尔孙　吕蓓蓓
孙浩淼　安正韬　朱天然　汤梁　闫爽　齐奇　吴锦亮　宋雅静
张太波　张兴平　张帆　张曼　张璐　李志德　李明朝　李根
李鑫　杜宁　苏晨辉　阿布力肯木·艾买尔　阿地力·阿不都吉力力
阿曼古丽·尕依提　阿斯古丽·艾力　陈刚　陈宇　陈婕
麦热亚木古力·艾尔肯　周敏　季益柱　於慧　罗志文　侯天栋
侯丽娜　封晓辉　洪正义　胡彦　赵飞　唐皓　徐立　益西赤来
郭丽仙　郭祥琨　章飞飞　符亚衡　普珍　谢升申　窦建磊　虞晓彬
戴健

设施农业科学与工程

马业龙　马壮　王乙江　王心贺　王旭　王美新　韦雄伟　任绍君
任顺　刘伟[1]　刘伟[2]　刘晨　吕敬应　孙龙　纪媛　许帅
问智博　吴佳　张飞　张家捷　李飞笑　李佳芙　杨国军　杨禹涛
杨晶　肖波　陈中强　陈方园　季强　金英　哈元辰　赵丽
夏清　郭辉　郭瑞琪　高丽娜　曹宗杨　程思军　童芳芳　葛松
董伯陈　谢文彬　甄博　蔡敏　潘菲　鞠蕾

港口海岸与近海工程学院

港口航道与海岸工程

丁冬生	丁　峰	马贤义	方天玥	方　洋	王二宝	王有娟	王其上
王　斌	王　新	王　瑶	邓项舒	冯　曦	卢　锋	史　卿	白学仕
任　云	刘业骥	刘亚斐	刘　伟	刘华如	刘　扬	刘有志	刘　权
刘　芳	刘质伟	刘晓晖	刘　野	刘嘉琦	危小艳	吕文婷	吕鸣涛
吕俊飞	吕　澎	孙　竹	孙　浩	孙　鹏	成艳花	朱红俊	朱春蓉
许化群	许陈澄	许春阳	严�倞	严燕娟	何　清	余　高	吴开召
吴国强	吴　勇	宋龙超	宋宏磊	宋亮辉	宋　喆	张　飞	张书生
张　云	张　龙	张伟康	张丽鹏	张国营	张春凤	张选进	张　婧
张曼婷	张　博	张　强	张　惠	张敬成	张　斌	张智翔	张朝稳
张　程	时　健	李　正	李永吉	李　论	李　佳	李亮亮	李思远
李家华	李　辉	杜南京	杜留鹏	杨艺平	杨全义	杨佳岩	杨　健
杨　航	杨　萍	汪玮昕	汪　翔	肖文智	肖　旭	肖盛林	苏　南
邵永青	陆瑞卿	陆　澄	陈丹清	陈玉进	陈龙飞	陈波涛	陈　迪
陈昱贤	陈　洁	陈家和	陈　祥	陈乾阳	陈　强	陈　智	陈　琦
周大全	周立洋	周志孟	周杰鑫	周　峰	周婷婷	周　鑫	居　尧
屈俊飞	岳美锋	庞　婧	房俊文	明　晨	林在彬	林松林	林珈伊
武庆威	罗　西	罗　琳	金　新	侯虹波	俞　茜	姚　龙	姚　宇
姜　锐	柳云瀚	胡　昊	贺小甲	赵世康	赵　明	赵鸿浩	赵　睿
郝建涛	钟　诚	项　雯	倪　玮	倪　雁	唐　洋	唐高来	夏天生
夏　剑	夏鹏智	奚　佳	徐　凡	徐龙辉	徐　欢	徐建勋	徐　玫
徐振山	徐龑文	袁少春	袁庆晴	袁　超	郭国森	郭　鑫	顾天烨
高羽末	高　莹	高梓桐	崔　旭	崔衍强	崔　磊	梁宏健	盛国伟
章金河	黄伟昊	黄泽娟	黄槐重	傅　阳	彭　畅	曾　婧	蒋远超
蒋　颖	覃　晴	覃超岁	谢冬梅	谢伟丽	辜　鹏	窦润青	路　萌
管大为	管　浩	蔡　晨	蔡喆伟	谭友琪	薛　陈	戴　超	魏　龙

海洋技术

万　云	卞玉喜	孔丛颖	尤　捷	王　坚	王　洋	王　涛	卢　毅
田丝丝	刘功鹏	朱匡平	朱嘉玮	吴王栋	张　冲	张新伊	李　阳
李青青	李春辉	杨同军	杨　婷	邱欣欣	陆　绯	陈进楷	周　伟
林　涛	迮思干	郑　瑞	施丽华	赵玉麟	钟　怡	骆丽珍	唐旭波
唐馨婷	章　星	董　杰	蔡　丹	蔡东胜			

土木与交通学院

交通工程

于　仲	尹兰功	牛兴伟	王　委	王　辉	邓　甲	叶根果	龙　兴

任文勇　刘良云　何赏璐　张佳佳　张宗斌　张晏榕　张添锋　李小倩
李　朗　李得昌　杜　宇　杨立新　杨彬彬　汪原也　谷　力　陆於峰
陈　帅　陈建涛　陈　恺　陈哲旻　陈敏慧　郑　立　郑　晨　侯秀明
保昆红　施金金　洪　洋　赵　立　赵　进　赵承成　赵　鑫　徐　飞
郭志岗　郭建斌　钱皓寅　顾滨滨　高君卿　盛　飞　章金飞　葛友伟
雷　晨　谭　昊　樊　敏　魏　晓

土木工程

丁　涛　马永平　孔福鑫　王上龙　王东波　王永发　王学明　王　洋
王晓龙　王嘉东　王德华　王　磊　王聪翀　邓长江　冯义达　冯　皓
卢伟奇　叶　辉　田建成　艾来提江·艾木拉江　艾沙江·吾淑拉洪　艾章婵
刘　扬　刘国光　刘　欣　刘　栋[1]　刘　栋[2]　刘　浔　刘海旭　刘益龙
刘　琳　孙　佳　孙定忠　孙　浩　孙海南　孙　晶　孙超君　巩炳南
曲晓帆　朱广甫　朱文婷　朱树根　朱德胜　权飞雄　汤　棵　许兴春
许　异　严　伟　何小斐　何　学　何海涛　吴国祥　吴　昊　吴　波[1]
吴　波[2]　吴威皋　吴思雄　吴家应　吴斌华　宋文智　张　飞　张伟涛
张得鹏　张　敏　张　鑫　李玉龙　李宏亮　李欣衡　李晓峰　李涵彬
杨　飞　杨元上　杨　波[1]　杨　波[2]　沈丹雯　沈　伟　邱雪莲　邱聪晖
邵继平　邹　瑜　阿布来提·热合曼　陈小飞　陈兴专　陈华良　陈　竹
陈国威　陈　明　陈　亮　陈　峥　陈昱晨　陈晓波　陈　斌　陈　雷
侍　虎　周小辉　周宣兆　周莘翔　周智浩　周　超　周瑞丽　林　慧
武　任　郑长杰　金梦宇　姜兴汉　姜　涛　施勇勇　施　巍　柏建韦
段飞跃　荀　绚　赵辰洋　赵　越　郝　悦　骆凉平　倪克闯　凌　翔
唐　尧　夏雯雯　徐声亮　徐　潭　殷　敏　耿　敏　莫盛桦　顾　珑
顾锦健　高　明　戚　颖　曹　平　曹秋荣　梅　宇　隋倜倜　麻成博
黄辰杰　黄治龙　黄　卿　黄银冰　提桂娟　温　博　程　伟　董文韬
谢荣凯　韩玉涛　韩　聪　熊　笠　蔡委伟　蔡　超　裴行凯　谭　昇
谭　欣　樊延强　潘邢华　潘　杨　潘雨辰　戴岭南　戴　剑　戴惠兰
魏天伦　魏代伟　魏振敏

环 境 学 院

环境工程

于　淼　马　凯　元绍建　尹　亮　尹春华　王伟健　王则诏　王　欢
王忠健　王玲静　王海涟　王莲清　王智源　冯岳阳　卢陈涛　叶秋霞
刘　飞　刘晓谦　刘　浩　匡宏业　吕　涛　孙晓磊　朱铭铭　祁　凝
衣帕尔克孜·买买提衣明　许春洋　吴伟贞　吴建成　宋　邕　张　伟
张作为　张兵兵　张炜锋　张洪川　张哲霰　张　萍　张鹏程　张　璐
李小平　李　辰　李海燕　杨　武　杨　烨　苏比依·艾尔肯　阿丽亚
陆海波　陈　召　陈玉花　陈　杰　陈娅倩　陈夏彬　周天辰　周　昊
周晓军　季鹏飞　庞文霖　郑彩虹　侯婉宁　胡芬娟　赵　珺　郝文彬
唐文宇　唐丽娜　唐春燕　唐富裕　唐瑜谦　徐　囡　徐佳峰　徐凌云
谈为凯　钱　澄　高越超　康　晨　黄昭毅　黄　群　龚程晨　储开庆

普布普尺 温绮 滑磊 谢宏松 韩钰 雷小健 靳涛 臧震宇
樊俊晓 滕菲 潘翻番 穆守胜 戴腾

给水排水工程

丁峰 于志健 马天 马龙 毛庆金 王宁 王尧 王建华
王健健 王培 王康 王麒麟 付亚磊 代海健 卢小飞 卢向雷
卢安宁 史龙黎 旦增玉珍 白守芬 任家正 刘香 刘晓刚 刘瑞
刘静 孙玉清 孙凌宇 朱彬 纪斌斌 何玉洁 何浩 吴思源
张巧玲 张轩 张辰 张勇 张晓雨 张舒 张鑫 李凯
李杰 李洋 李康 李磊 杨谷斌 汪小惠 沈送来 肖敏艳
苏银 辛太明 邱斌 邵金钟 阿布力克木·艾则孜 阿斯叶·艾尼瓦
陆熙平 陈山山 陈彬 陈焕 单淇 周涛 帕丽扎提·伊力汗
房晓东 拉吉卓玛 罗旋 范超 金文龙 俞坤 施展 洪大林
祖木来提·牙尔买买提 赵云云 赵军伟 赵明志 赵凌 赵银
赵煜 唐旭佳 夏高响 夏敏 殷海峰 皋银银 秦涛 莫微
郭松 郭崇 钱晓蕾 钱海平 高困 曹暮寒 梅海江 黄文富
黄海峰 龚笑笑 储俊伟 彭俊 彭萍 谢凤英 谢昌伟 韩黔
蓝王诚 廖宝甲 潘兴华 潘宇龙 颜瞳

能源与电气学院

热能与动力工程

马凌腾 王杰 王金朋 王冠 冯俊 田蕾蕾 任青旭 关黎亮
刘香建 刘晓松 刘新宇 孙涛 孙游中 朱宏 朱峰 朱敏灵
毕苗洁 何香凝 余鹏展 张林 张春 张铭一 张强 张福星
张慧 李义 李凤刚 李呈桐 李钤 李常生 李鹏 李鑫
杜佳玮 杨春霞 杨晓春 肖坤 肖亮 苏宁 邱朗 陈庆松
陈璨 范江山 姚尧 姚振龙 柳志明 柳晗 荣喜聪 赵利剑
倪国梁 倪健 夏凯歌 夏林 展莲喜 殷海波 浦睿诣 聂剑楠
莫亚波 郭勇 顾庆琪 顾金彤 顾超 崔原浩 接玲玲 黄芝军
黄晓佳 黄浪 黄富佳 葛满 翟黎明 蔡朝 魏博斌

自动化

万志超 马翔 马路遥 方顺 王小平 王志勇 王继伟 王继奎
王盛楠 王维 王鑫 邓存章 刘健 刘锋 刘颖 刘鑫
吕琪珺 孙伟 孙昊 孙泉 曲鹏翔 朱文欢 朱成龙 朱春华
江海龙 汤帅健 许镇海 余波 张驰 张佳伟 张凯 张杰
张雷 李论 李金辉 李洪俊 杨生佳 汪选胜 肖军 陆燕
陈兴召 陈祚茂 孟浩 林佳芳 欧钰瞧 范玲波 郑方昊 姜超
施贵 查国强 柯星 钟珊 夏冬 徐军 徐晓文 涂希
袁文琪 高山 高昆 曹玉保 梁才银 黄攀 龚著林 傅浩
缪永端

电气工程及其自动化

于强	王广贤	王玉龙	王刚	王兵	王芹	王辰	王峥
王星	王鸿	王琼	王越	王锦迪	王鹏	付宇程	包淑慧
白茹	任杰桢	任桂瑶	刘王春	刘帅	刘永	刘立阳	刘杨
吕荫	吕鹏飞	孙亮	孙晓荣	孙莹莹	庄小龙	朱海舟	朱逸轩
朱德全	汤文娟	邢振飞	何杰	何家福	余忠伟	吴佳兵	吴波
吴珊	吴桂军	吴霜	宋云飞	宋奇	张一飞	张小龙	张玉顺
张华楠	张凯航	张晟	张桃娜	张朝斌	张楠	张赢	张巍成
李一	李丹	李多龙	李成	李建飞	李晓争	李艳	李萌
李楠	杨敏	沙丹丹	肖为健	肖洋	花玲玲	邱纪星	邴焕帅
陆文兵	陈星昊	陈莉	陈琳	陈蓓蓓	陈锟	周桂明	周琳
周超	周溪	季聪	房韫	练建安	范一文	姚建超	宣倩倩
封雷	施水健	皇甫星星	祝万	胡文旺	赵继超	赵简	赵磊
闻丹银	唐君	姬秋华	徐天乐	徐杰	翁帆帆	郭晟	郭益新
陶爽	顾登科	高成龙	曹融	梁云龙	梁钧原	黄正	黄兴
黄沈沈	黄奇	黄春燕	黄首孟	龚赟	彭裕龙	揣超智	曾建生
葛琪	蒋岨	韩勇	詹昕	鲍松	蔡科伟	蔡嘉	樊稳稳

计算机与信息学院

电子信息工程

丁磊	万琪	马秋平	毛志洋	王贺	王皖滇	王璨	叶必兴
石勇	仲秋	刘永涛	许鹏	何盛斌	余红	吴城龙	吴超
宋建功	张向龙	张志超	张杰	张艳	张赛	李成功	李雷
李澈	杜志伟	杨正	沈祥华	沈颖康	肖菊荣	陆小凯	陈功伯
陈龙	陈兆明	陈丽伟	陈鸿远	周建良	呼金浩	季纬	屈飞园
欧阳文全	武志鹏	郑斌	冒洋洋	姚海	姜伟	封晓楠	禹橙
郜强	倪亿华	徐飞	徐双全	徐伟	徐奔	桂涛	顾明珠
高玉芳	高杨	常璨	黄旭峰	谢辉宇	韩小龙	蓝德贤	熊鹤
潘超	戴海渊						

计算机科学与技术

丁山农	丁洁	马兴华	马健	马绪磊	马腾飞	仇建斌	卞一路
卞宏伟	王兆宇	王旭	王欢	王启爱	王泓浩	王姜	王艳辉
王硕	王翔	王慧	邓志杰	占军	卢龙飞	史一帆	史团委
史迪	叶金龙	田野	艾臻	任军	任锋	刘文凯	刘俊刚
刘锡	吕威	吕超	孙奕奕	孙婷	朱士坤	朱忠华	朱晖
权伟俊	许广辉	许励	吴宏印	宋俊	宋星慧	宋瑜	张欢
张明喜	张健	张浩	张裕文	李宇	李晓星	李靖	李靖宇
杜江	杨一凡	杨海燕	杨雄	沈玉敏	沈志峰	沈巍巍	芮超
陆俊杰	陆菁	陈启亮	陈明	陈思	陈胜	周金龙	周挺川
岳振瑜	林阳	林政宗	欧小冬	茅锡胶	郑恒利	金标	姜东昕

洪凡荣	荣亚明	赵小军	赵广全	赵东平	赵以权	赵成慧	赵 亮
赵瀚雄	徐冲铃	徐 宠	徐 玮	徐 星	徐洪欢	徐新坤	秦永亮
秦 俭	郭 钰	钱小东	顾红飞	顾 君	顾承卓	顾明君	顾 泉
顾晨龙	崔润泽	曹兆元	曹若文	黄江徽	黄荣荣	黄 铮	黄 滟
黄 鹏	储鹏飞	嵇 昉	曾 忠	蒋王锋	蒋发俊	蒋晓波	谢年群
韩银银	蔡汉溶	蔡学智	蔡海兵	戴启良	魏正平		

通信工程

丁洋阳	于红颖	马赛赛	王 欣	王 健	王 莹	王 睿	韦 健
韦 彬	包金宇	任兆禄	刘 成	刘君军	刘 静	吉晓佳	戎 昱
朱赛花	汤 胜	许晓燕	许根林	张洪学	张晓静	张腾宇	李亚东
李海峰	李雪娇	李 超	杨晓斌	杨溢成	肖天宇	苏 丹	陈 波
陈继宁	陈 晨	陈 婷	周明志	岳鹏飞	姚 岚	姜巧玲	施钻专
胡 诚	胡 晔	赵文帅	赵伟勋	赵颖毅	倪新洋	唐玉林	唐杰余
徐田田	徐有元	徐 阳	徐晓雪	徐鹏飞	秦 威	袁贵兰	贾琳琳
郭 鋆	钱 思	钱裕春	顾永明	顾立冬	顾 伟	顾旭辰	顾 健
曹 鑫	符 辉	黄兆东	韩 波	韩 勇	韩 斌	蔡 峰	樊传波
颜 波	戴习兵						

力学与材料学院

工程力学

丁胜勇	于 飞	卫滨洲	马龙祥	卞 伟	王升位	王寿涛	王 奇
王 欣	王 锐	王 溢	邓俊川	卢江乐	叶 茂	石路杨	刘 阳
刘 昌	刘 林	刘洪涛	刘颖波	吉 华	孙金磊	孙逸飞	朱利君
朱晓珏	许波琴	何 省	何 彬	佘海洋	余俊伟	吴云果	宋 健
张大快	张 深	张 磊	李 飞	李 明	李 钢	李 烨	杨成袁
杨建功	杨登山	沈晓斌	陈力恺	陈立平	陈洲泉	陈 静	陈德兴
周瑞琪	季春雷	范 颖	郑 翔	侯学彪	赵书闻	项笑炎	徐 军
徐国建	徐 炜	徐 灏	郭祥伟	高鹏程	符建云	黄梦笔	龚志伟
强 彬	童大云	管英杰	缪春波	潘 辉	薛陈聪	戴上秋	

材料科学与工程

丁 莹	马作为	马海峰	尤家成	王大亮	王亚松	王 伟	王 华
王凯乐	王青青	王 涛	王 磊	邓 娜	石晓晓	刘立群	刘军峰
刘 栋	刘洪娜	刘晓领	吕正龙	朱承龙	朱莹莹	许力扬	邢晓明
那彬彬	何 暘	余孝德	余 韬	吴文明	吴炳谦	张华清	张 异
张家上	张 旋	张然然	张静磊	张德松	张蕴施	李司晨	李正扬
李迎敏	李 炎	李 炜	李振亚	李 谦	李 蓉	李赛健	杨雨奕
杨 熹	沈子超	沈 飞	沈 宏	沈冀江	陆玖鹏	陈 龙	陈 冷
陈 栋	陈海芹	陈 雷	单吉林	季菁华	姚燚红	施桂生	柳新建
胡飞龙	胡迎波	胡 杰	饶紫阳	骆美赫	夏 凯	席 彬	徐 尧
浦浩楠	袁雪莲	谈海涛	郭亚伟	陶 涛	曹 宇	曾佳佳	程带兄

程峰峰　谢言　简国庆　熊传胜　蔡东　谭平平　颜啸　戴利伟

地球科学与工程学院

地理信息系统

马强　马疆　方庆　王玉柱　韦维　付成欢　史爱军　田汶灵
白明　刘丹青　刘旭　余乐　吴小东　吴瑶　宋洋　张芳钎
张袁　张鹏　李财宏　李进　李凌玥　李硕　杨亦宁　杨勇
陆晓春　陆雯雯　陈世　陈凯华　陈铁钢　陈跃红　陈湛峰　周洪奎
居飞　庞升辉　林柄来　范震宇　郑淑倩　郑鑫炜　姜妮　胡金
荆振华　赵晓旭　徐健钊　晏王波　郭文超　顾键　高志祥　曹宝金
梁欣　黄晖霞　韩冰　韩路　谭婷婷

地质工程

丁志洋　丁斌　马平平　马鑫　孔劲奇　牛彦博　王乐　王钧
王祥林　王霄　王露露　冯小路　刘星　刘健　刘彬　孙长海
孙艳双　安亚杰　安晓宇　朱玉龙　朱明　朱斌　吴伯建　宋健
宋德鑫　张小龙　张晓飞　张航　张焱　李欢　李涛　李翔
杨文敬　陈高翔　陈晶　周宏博　周星汉　季弼宸　宗成兵　屈雷
林小强　侯宇迪　姜秀　施文俊　赵万里　赵旭东　赵迁　钟响
徐青青　徐娟花　徐海杰　袁俊俊　贾建松　贾苹　郭立辉　顾骏
曹洪菲　黄剑宇　黄浩然　黄清保　曾云路　羡成星　羡晨娜　蒋光强
蒙璐　阚露

测绘工程

丁世伟　牛玉磊　王可伟　王冰澈　王帆　王灵　王佳　王国举
王俊　王彦泽　王秋燕　王聪　王鑫森　代文英　冯志鹏　叶飞
左国成　白荣凯　任尚勇　刘本银　刘岭　刘昆　刘炫中　刘新伟
吕小凡　孙志杰　纪立军　何天文　何庐山　张世龙　张世轩　张炎
张冠男　张洋　张梦雯　张铮　张朝伟　时凯　李佳龙　杨旭
杨凯　杨颖辉　阿力木·吾甫尔　阿不来提·库尔班
阿布都艾尼·阿布都沙拉木　陆保全　陈功　陈铁钢　陈骏烽　陈舒
陈超　周敏璐　周斌　周靖　季静静　明波　迪里木拉提·艾山
胡国锋　候建梅　唐联鹏　秦国成　袁晓海　郭光宾　郭建明　高治明
黄大海　曾维俊　董赫　詹勇　廖敏　缪海波　谭林飞

理学院

数学与应用数学

丁锦红　王蒙　田贺　刘欢　成玉洁　朱庆忠　余波　宋江涛
宋佳佳　张娟　李春会　李腾　杨明　杨雪　邹柯军　陆亮亮
陆斌　陈丹　陈伟　陈泳　陈荣鑫　陈楚楚　周捷　岳做方

林美萱 范迎军 姚业民 姜 昆 姜燚虹 胡 朋 赵 盼 郜玮娉
翁 峣 莫 磊 贾纪华 郭 俊 郭 俊 郭朝阳 顾建国 顾 鹏
顾 巍 高德超 曹 佩 梁钰翎 黄佳尧 黄健华 龚一波 葛开朋
董 兵 蒋 磊 鲁大勇 蒲雨奇

应用物理学

孔祥臻 尹学颖 王永举 王明宇 邓同春 叶君健 白晓伟 刘梦和
孙 江 孙江卫 孙国晶 孙 炯 孙晨财 严顺军 吴朋旨 张 飞
张俊敏 时国龙 李 刚 李 欢 沈 达 沈 磊 陈 虎 陈 然
周巧林 周 玮 周 鹏 房大伟 林 龙 林鑫斌 胡 鼎 赵明亮
赵振超 唐小林 夏杰宇 夏洪海 徐爱军 郭志持 郭 浩 郭铁锷
陶铭明 曹海锦 盛晓庆 黄文育 黄俊杰 黄柳胜 黄 蓉 戴晓伟

信息与计算科学

王龙生 王 伟 王滕滕 王 鑫 包佳佳 任家培 刘晓明 孙林林
孙 琳 闫 聪 何 凯 余从极 吴云云 吴正国 吴 珣 张长浩
张 昊 张彭成 张 瑞 张 蕊 李年富 李宏宇 李 薇 杜 龙
沙凤杰 肖 迪 芮文佳 邹逸宽 陆 航 陈 思 季晨曦 季 翊
宗 严 庞国飞 罗 娟 俞 隽 徐 宁 徐海晨 徐澎鹏 袁 震
钱 源 陶彦合 顾 潇 高建龙 曹 锋 黄 永 傅洲明 彭家意
蔡晓杰

商 学 院

工商管理

尹 佩 王玉梅 王丽娜 王丽娟 韦 茜 古 枫 石英莎 仲从朋
刘仕杰 孙 伟 孙 逸 朱 涛 何 荣 张怡君 张昕玥 李宏超
李智龙 李越扬 李 露 杨 帆 沈纪琴 肖 飞 肖莉莉 邹 俊
阿力木·吾买尔 陆 权 陈兰英 陈 琛 周姣姣 林学华 林婷婷
郑晓彤 姚梦飞 姚 斌 洪 宇 赵亮亮 夏 均 徐文君 徐 静
栾学锋 曹雅楠 梁 娟 黄山斌 彭明智 韩 帅 裔玲玉 赫俊杰
滕 腾 薛正国

工程管理

丁大为 尤文强 开 喆 牙克甫江·库娜洪 王文伟 王 经 王婷婷
王 慧 加娜古丽·巴汗 叶惠方 刘玉晶 刘晏军 朱唐盛 许 超
何 斌 宋邦鹏 张石炜 张海峰 张 瑞 李文龙 李玉宇 李 伟
李吉俊 李洪旭 李喜平 杨梓超 邹 敏 阿扎提江·赛麦提
阿布都卡哈尔·木合塔尔 陆 杰 陈立垚 陈 朵 陈 妍 周 林
周 润 周 彬 周 敏 林贞秀 油翠英 苑文利 金辰昊 姚振华
柏玉龙 赵杰夫 赵雯雯 唐新增 钱 勇 高 平 常兆广 银 萌
黄 力 黄爱亮 龚 杰 曾佑江 程余兵 葛佳佳 蒋 伟 谢志辉
廖晓娟

人力资源管理

从　政　王志银　王　晔　王莹莹　王　超　玉素甫·吾休尔　田　源
石汝萌　任　里　庄晓蕾　阳爱文　严　然　余小英　吴　双　吴金辉
吴振东　吴　秦　张小雷　张　慧　张　璐　李龙生　李　伟　李　强
李瑞玲　杨　洋　杨　夏　杨博文　沈璐辉　苏春惠　邱扬阳　邹　珺
陈　飞　陈宗平　林青山　欧阳锴　苗　宇　郑婷玉　金　伟　金寅琪
俞娟娟　贺长波　赵月皎　赵高燕　凌晓芬　夏冰心　徐　阳　晁　倩
袁　霄　陶聚宝　顾亚鹏　梁　晴　韩云鹤　韩洪春　简　爱　廖　堃
臧　瑜　蔡　瑜　潜常青　黎　筠

国际经济与贸易

丁俊峰　万红梅　万　真　上官樱　仇　慧　王　刚　王　玲　王浩然
兰　盈　左　蕾　任　佳　刘德超　匡　洁　朱艳桐　汤茂峰　许　露
何建良　何彦达　况淑蓥　吴　迪　吴金娟　张文静　张伟伟　张渊博
张　楠　李亚鹏　李　刚　李匡豪　李　芳　李　芸　李　哲　李晓波
李朝霞　杨　丹　汪　东　汪珊珊　沈梦萦　邱鹏鹏　陈　凡　陈　可
陈　晨　陈鸿飞　陈　煜　周　峰　周曦霞　季骏峰　季　鑫　林　琳
林　滔　金　嵩　姚　瑶　胡琼琼　赵沙沙　赵倩倩　徐力铭　徐菁媛
涂　睿　郭碧波　陶诗佳　高海群　曹丽慧　黄小平　黄　哲　黄雪薇
焦陈伟　董陈婷　鲁　聪　赛尔江·阿宝汉　樊　璐　潘　影　魏小容

财务管理

万　磊　毛腾龙　王　伟　王明月　王盼攀　王秋妍　王清清　车亚清
冯洪柱　冯　哲　田文娇　伍月姣　刘　丽　刘　佳　刘　敏　孙春祥
孙　策　朱秋蓉　牟芳丽　邢少帅　宋小雪　宋袁刚　张　璐　李倩倩
李倩楠　李　萌　李　萍　杨宗文　沈　博　沈晶晶　肖　丹　陈　丽
陈素玉　周　秦　岳　瑶　庞　唐　金严红　段青林　段　悦　胡　婕
胡智文　赵大帅　钟　颖　倪小刚　唐友全　徐敏敏　顾丽荣　彭德志
蒋　攀　韩　达　鲁　雯　管亚君　缪臻彦　潘　妹　潘　浩

会计学

义媛媛　于　芳　马长记　方丽洁　王志平　王学江　王　岳　王桂花
王　涛　王雪飞　王　惠　王　慧　刘慧荣　刘　巍　孙前程　安雨林
朱　晓　朱益岩　朱　锋　朱　靓　朱蔚娇　何训媛　吴仲如　吴丽丁
吴晓丹　吴　浩　吴海艳　张晗宁　张　森　张　鑫　时君君　时　杰
时萩苓　李凤娟　李　悦　李梦琦　李　翔　杜　岚　杜秋朋　杨　娜
杨铃钰　杨颖杰　肖　佳　谷金燕　陆海云　陈妏添　卓丹丹　周明霞
周　健　庞清尹　罗清华　金宇彤　俞　娟　俞　鑫　施　阳　柏　云
柏　丽　徐　彤　徐　进　徐鹏飞　常　琨　康　达　曹　巍　黄敏红
黄　薇　曾平高　曾仲桥　舒协钧　葛　靖　翟君伦　潘　红

市场营销

丁亚婷　刁晓东　马存壮　马渊瀚　王天娄　王　坚　王　磊　韦鸿远

冯贺 史长亮 白红磊 刘宏图 刘彪 刘梦琳 孙卫洋 孙越
孙雯 朱小琴 权美香 何欢 吴婉芳 张玥 张砜 张强
李文娟 李其超 杨亨国 杨侃侃 杨曼 沈建新 陈兴超 陈晓军
周晶晶 罗应海 范景瑞 金文秀 姜文卿 查敏 夏钰 徐园园
袁铭忠 钱李洲 梁恩松 曾宪睿 谢芳 蒙素青 缪舒乐 颜彦

信息管理与信息系统

丁太 丁琳娅 于飞 王俊 王星 王嵩 王豫成 付旭锋
付娴 帅良峰 生亚琴 白静 石桥峰 刘源 师蕾 庄园
朱玉峰 何云 吴涛 宋亮亮 张韦全 张彤 张羡 李刚
李树 李秋声 邵镭 陈泽 陈菁 陈鸿渐 陈磊 周龙华
罗清华 范可人 郁晓鹏 金晓光 俞幸吉 钟佳萌 倪高翔 倪静洁
夏海华 徐冬亮 徐林 徐荡 郭文斌 黄子云 黄建星 黄健全
蒋锋 雷明 蔡超

电子商务

尹文韬 王玉玲 王源辰 冯亮亮 白忠亮 刘仁芳 刘金昊 吕天迪
夷宏华 许贵荣 吴阳阳 吴洲 张同川 张兵兵 张姣姣 张春晓
张健 李畅 汪春军 沈冬勤 肖义 陆赛花 陈子凤 陈修敏
陈威 周杰 林剑乔 娄娜 施健 胡汉青 胡胜益 贺培秋
夏梁勇 徐林虎 殷泽明 耿嘉翎 崔佳佳 盛立新 黄子洋 黄鑫
喻会 彭娅男 彭载全 曾操 韩丹 管福能 赫湛博

经济学

王凤贤 王姣姣 王振山 王晓漪 王梅香 王略 王淼 王皓
冯寒 任俊 任蛟赟 刘铁源 安岩 朱云祥 闫丹丹 吴祠金
张扬 张志伟 李勇 李思宇 李桂芬 杨柔柔 沈姝君 沙晶
陈冬冬 陈学超 陈保军 陈莉娜 周鹏飞 郑丽娜 郑茹 金桂琳
姚赛杰 胡科 赵明亮 赵俊金 唐敏 夏梅琳 郭丽 钱蕾
高明兰 黄亚丽 黄铁林 傅梓懿 蒋唯敏 蒋瑜 虞燕敏 管林云
缪伟 潘炜

公共管理学院

思想政治教育

丁旺盛 马艾鑫 王凤霞 王桂兰 刘苏仪 江玥 何原 吴钧涵
李浩琳 李菁 李鹏 杨新元 周捷 周敬 郑丽香 唐丽华
常艳 曹建波 章龙 黄旭 黄艳 揭春兰 熊建庆

广播电视新闻学

丁曦 马梅颖 马超 支燕萍 王玉祥 王科峰 王淞 王朝红
邓缤鹏 付也萍 平晶晶 白莉莉 石富全 刘旭林 刘畅 向海兵
孙雯舟 朱林 朴红花 江涛 齐萍 何宁秀 吴小虎 吴思媛

吴清华	张　玲	张　晴	李秀侠	李　健	李　珣	李黄娟	李　越
肖又菁	苏亚军	陈　怡	陈　琪	周　霞	岳　颖	林淑琳	林　雯
郑　宇	郑珊珊	金冰青	宫　朋	胡惠明	党静媛	唐英静	夏文燕
徐苏微	徐　培	栾凌雁	涂圣勇	钱　程	高　雅	梁兴敏	黄晓雄
董亚娟	谢　逅	韩金磊	赖颖璐	管文璟	潘　月		

劳动与社会保障

文　成	文　俊	王　婷	王　媛	冯　然	史　丽	叶鑫宇	白玉珺
刘跃明	刘　皓	刘璐婵	吕　超	师快灵	朱梦云	朱　珺	吴凯林
吴国庭	张　宇	张良英	张晋静	李小曼	李　丹	李　洋	李锦岩
李鹏辉	杨菲菲	杨雪欣	杨婷婷	陈文婷	陈幼腾	陈　希	陈　超
陈　聪	周　曼	林　通	侯　皓	赵　灿	倪　萍	梁　霄	梅　丹
黄　晶	程永锦	谢蓉菲	虞　舜	裴文栋	谭珊珊		

外国语学院

英语

万　羽	万琳琳	于　珊	马艳辉	王作超	王影影	叶　芳	石　璐
孙秀娟	孙佩莹	朱真龙	朱章莉	余婷婷	吴忆蒙	宋彤彤	张宁川
张自力	张学春	张　峰	张晓晴	张　琪	张　静	李　丹	李　尧
李　波	李晓璐	李颖纯	李静雅	李　慧	杨湘云	邹海晶	邹璐熙
陆　跃	陈　凡	陈红娟	陈思莉	陈浩涛	周　成	易　凡	林海燕
段莉丽	胡　琴	钟响洲	倪婷婷	唐燕玉	徐一平	徐双妮	徐　振
高成龙	高慈欣	戚跃进	曹莉琴	龚岑淳	程　超	谢梦红	韩　敏
鲁玲芳	廖自然	戴绿青					

法　学　院

法学

马文仙	方　正	方　赞	毛伟伟	牛清雨	王大鹏	王克宇	王　妍
王　辰	王国平	王家明	王晓丽	王　超	王楠楠	王瑜青	付　强
句　薇	申　浩	石洽弟	龙贺林	任海霞	伏　茜	关彭元	刘　丹
刘红林	刘建君	刘　寅	刘　撰	吕　琼	孙志斌	孙环美	孙雪萍
庄玲玲	朱正诣	朱朝霞	纪宝玲	芒祖尔·斯迪克		佘小青	吴东娟
吴怡倩	吴　超	应兆丹	张　伟	张洪燕	张　娟	张靖雨	李予涵
李兴云	李　君	李玲惠	李　晶	李　静	杨　敏	杨　巍	汪　洁
肖　悦	陈国金	陈宗振	陈现安	陈　娇	陈雪峰	周小云	周文亮
周　煌	周　慧	周　璐	林二爽	林峻先	郑　丽	郑　瑶	娄　亿
宫文彬	段金武	洪　飞	胡　坚	赵欣童	赵琪文	唐甜甜	夏　娜
夏　露	徐　迪	徐　婕	徐　涵	徐晶晶	殷文丽	钱刘玉	陶　芦
顾英君	顾慧媛	高　楠	戚振华	曹　剑	曹　颉	曹缪辉	符　敏
黄素红	傅丽芳	傅艳艳	彭　艳	曾碧辉	董　微	蒋方洋	谢柯妮

简　露　　路　用　　熊　敬　　管秀丽　　穆斯塔基甫·吾甫尔　　薛世颖　　衡　亮
戴振东　　魏玉凤

机电工程学院

机械工程及自动化

丁之春	丁　伟	丁　超	万志敏	万晨程	于挺洋	马行成	方　维
王卫军	王大雷	王　飞	王世明	王永红	王宇飞	王成龙	王启虎
王希佳	王建东	王　昊	王　亮	王　威	王　荣	王振东	王晓光
王海龙	王海峰	王　婷	王森林	王新刚	王　鹏[1]	王　鹏[2]	王曜辰
邓圣华	邓　旺	付建钊	包敏芳	卢群英	叶芝良	叶　鹏	帅　伟
田高鹏	白　强	石春晖	仲　威	任家明	伏广臣	刘　伟[1]	刘　伟[2]
刘　尧	刘　侃	刘明伟	刘　娜	刘柏禹	刘海忠	刘艳丽	刘彬瑜
刘　超	刘　豪	刘德富	刘　霞	吕永湛	吕选才	孙　纪	孙思维
庄　勋	成开鹏	朱　丽	朱丽芳	朱秀海	朱　坤	朱晓东	朱　珠
朱　秦	朱鹏翔	汤羽昌	许东婷	许　成	许宗枝	许　越	邢鑫梅
闫　雪	何飞华	余健祥	吴小鹏	吴伟军	吴昊霖	吴瑞祥	宋正祥
张方圆	张正刚	张生婷	张石根	张光明	张兴林	张同良	张自永
张志刚	张　迪	张振华	张晓龙	张桂秋	张　雪	张　蒙	李守强
李欢欢	李　钊	李建琪	李欣欣	李　勇	李　栋	李海龙	李祥民
李　跃	李锦旋	杨小城	杨兆权	杨　刚	杨明明	杨祖伟	杨　浩
杨海兵	杨　雪	杨　媛	杨　雷	汪永军	汪　麾	汪　赟	沈建华
肖　丹	肖宁峰	肖志光	肖海鹏	花如军	苏湖标	谷大伟	邱　磊
邵　斌	陆卫丽	陆文龙	陆俊超	陆澄澄	陈　伟	陈　宇	陈红宁
陈启荣	陈复远	陈　洁	陈闻超	陈桂树	陈崇焕	陈　毅	单智超
单震东	周　文	周　帅	周江坤	周志奇	周　劼	周　俊	周　峰
周海勇	周梦豪	周　晴	周　游	周椿浩	孟立志	居　玲	庞路旺
竺笑笛	范　睿	郁文斌	郑　蒙	侯永隆	洪志坚	胡应江	胡定军
胡　迪	胡焕旭	赵炳雄	赵　萌	赵瑞鑫	赵　磊	郝旭东	钟　勇
钟晓燕	唐光明	夏　中	徐龙心	徐军健	徐　放	徐　炜	晏　鸿
涂双辰	秦新锋	钱志祥	顾光志	高庆雪	高自阳	高　丽	高丽军
高　建	高　虹	高祥荣	康庆波	梁立忠	盛　陈	黄小军	黄　川
黄广阳	黄伟城	黄　刚	黄　柱	黄玲玲	黄海仁	黄　维	龚香梅
嵇仁荣	嵇冬青	彭　东	彭正弘	彭　浪	彭　韬	曾良武	董　宇
董　彪	蒋　彬	蒋　磊	谢永召	韩洋洋	解小超	解传典	解祥林
蔡金杰	潘　磊	黎铭壮	穆兰园	薛云轩	薛　鹏	戴　伟	戴　逸

热能与动力工程

丁　宽	万振辉	卞　博	王亚欧	王　宇	王　陈	王林冰	王　玮
王　配	王善强	王　鑫	冯威利	刘白兰	刘　渊	刘　野	孙爱洲
孙　斌	孙　鹏	朱　秦	朱嘉杰	汤　程	许春茂	何宝莹	吴光浩
吴继绅	吴敏辉	张玉清	张诗妍	张　浩	张谊平	李玉刚	李　旻
杜　鹏	杨德爽	汪　晶	芦百树	邱　刚	闵　丽	陆建兴	陆修远

陈昌茂 陈林苏 陈 晨 陈媛媛 陈 强 姜 峰 施 洋 赵 鲤
闻 健 唐宗斌 夏云飞 席 晶 徐华娟 徐 波 钱 威 顾高川
黄雯雯 曾 志 程学博 蔡小敏 蔡 伟 谭明泉 潘哲哲 魏 豪

金属材料工程

尹 航 毛士东 王 东 王东杰 王 帅 王如见 王 旭 王 磊
王攀龙 付春坤 刘佳俊 刘秉鑫 刘科杰 刘 艳 刘 鑫 吕丹夏
朱宇豪 朱燕华 祁文彦 邢晓明 宋亓宁 张小丽 张家瑞 张海龙
李天雄 李 灵 李 欣 李振宇 李振金 李 梦 李新建 杨旭东
杨 春 杨 益 杨毓飏 沈恒龙 沈 磊 邱 平 陈 旭 陈玮烨
周 刚 周治嵩 孟庆禹 官 文 尚于杰 姚子铃 姚 铮 施志炎
施黄华 柏长兵 胡 煜 耿 亭 顾瑞超 崔 奇 梁 伟 梁 星
黄定本 黄 微 富中华 路 强 熊 然 蔡智伟 黎 丽 霍宏伟

工业设计

万文钦 于 亮 马长江 马 旺 孔菁菁 孔德明 王中秋 王猛猛
王强伟 王新刚 叶 枫 刘 伟 刘国强 刘柳长 刘鹏飞 朴晏辉
汤俣周 许俊欢 严 涛 吴 浩 宋迪颖 宋 鑫 张 帆 张 丽
张炎璐 张群辉 李为玉 李婧雯 杨利君 杨明亮 杨绍镇 杨 康
陈欣欣 陈 鹏 陈 静 周云浩 周 尧 周忠会 周桂萍 郑宇飞
赵国慧 唐嘉忆 徐 岩 徐 梁 聂明国 贾丽丽 顾小明 黄荣强
董世之 董依培 谢 松 韩帅利 韩 笑 雷 飞 谭冰洁 潘 悦

计算机与信息学院(常州)

通信工程

于 泉 马 卓 马晓培 卞 祥 王小玲 王 飞 王兆阳 王金钢
王荣华 王 琪 王 璐 乐玖玖 冯不悔 史 辰 史 蓉 司文翰
刘广贤 刘 称 刘 强 刘嗣颉 孙 杰 朱玉峰 朱 健 朱梦丹
朱蓉凤 朱 鹉 江 旺 江金芳 米建兵 吴万里 吴刘刘 吴 竞
宋梦琪 张邦湖 张 沛 张学萌 张亮亮 张美玲 张 喆 李 木
李 可 李成锦 李陆美 李佳美 李金华 李政达 李 珏 李振宇
李 莉 李培培 李 硕 李 童 李榕艳 杜昆祥 杨 阳 杨丽洁
杨琬琛 沈庆亮 沈红太 肖 婷 陈广智 陈 杰 陈淑龙 陈锋锋
陈雅文 陈鹏举 周 玲 周 浩 周 艳 林 玲 武文全 罗学晖
罗 荣 姚寿柏 施智辉 胡 忍 胡佳祺 胡 玮 胡境彬 饶康康
倪赋颖 夏 勇 徐 杨 徐 杰 徐嘉陆 徐 磊 徐耀华 柴力华
聂少江 袁 超 郭一君 郭 雷 郭 雷 顾 权 顾 浩 常久余
曹良城 曹 俊 曹 俊 梅 菊 章壮婷 黄 晓 彭 文 彭星星
彭 程 程梦莉 程慧敏 董 欣 谢润昊 谢 磊 雷泷杰 魏益丰
魏常宁 瞿小建

自动化

于文科 于 进 卞亚东 王 伟 王昕昀 王 泽 王姣娇 王 峰

王培培 王新锋 王 鹏 王耀镇 冯会祥 卢 成 叶 鑫 艾炳翔
乔彬彬 乔翔宇 刘 伟 刘伟航 刘志军 刘剑锋 刘瑞忠 孙光峤
朱孔府 朱 芮 许大伟 何嘉弘 吴 俊 吴 恒 吴浩明 吴银秋
宋传龙 张一鸣 张中锋 张玉纯 张劭滨 张星辰 张晓霞 张 磊
李木子 李佳利 李 勇 李 强 李鹏杰 杨文兵 杨明钢 杨奕宇
杨 洋 杨夏芳 杨 超 沈晶晶 芮旭初 辛明缘 邱海杰 闵华山
陆峦华 陆泉望 陈 伟 陈明震 陈 泰 季明红 庞志鹏 林 灿
林楚生 金运策 金岩岩 姚丁勤 封天琪 洪 旺 赵小静 赵国庆
赵 亮 赵 洋 凌爱斌 徐 菁 晏春雨 袁宇鹏 顾文翰 顾春雨
顾 程 高 山 扈 智 曹 进 梁 风 章龙飞 黄斌武 黄 翔
彭佳涛 彭腾飞 焦 石 董高秀 雷 鸣 靳钰洁 翟国民 蔡 苏
谭宪军 潘云蛟 潘益民 薛景川 霍 璐 魏熙德

电子信息工程

丁文龙 丁明明 刁庆杰 王小龙 王亚琴 王 玮 王 桐 王烨华
王婷婷 冯天伟 冯 笑 卢刘扣 石华林 石嘉敏 刘光淼 刘延光
刘 朕 刘 竞 匡 嫚 孙继龙 朱平涛 朱永亮 朱 凯 朱 凯
朱建磊 朱炜昀 朱 英 朱高虎 许 睿 何慧娟 吴 双 吴文景
吴君意 张红绪 张振振 张清华 时家祺 李山邻 李 杨 李保腾
李 响 李 洋 李智利 杜 峰 杨志建 杨 洋 杨荣生 杨 蠢
杨雅君 汪海鹏 沈陆宇 沙小莉 邹联平 陈正鹏 陈言志 陈振娇
陈 翔 周仁山 周 平 周彦文 林仕杰 金佑涵 金 湘 俞珍珍
姜 漫 姜 磊 胡万清 胡朝学 茹复礼 赵 璐 赵正翔 赵 娟
赵越铭 钟志伟 钮 青 骆 平 唐万兴 唐富义 徐小龙 徐 玮
徐莹莹 徐 梅 徐 雪 翁泾杰 聂 明 贾逸凡 郭玉龙 陶 宏
顾凌峰 高 荣 曹新鹏 曹 腾 梁高访 黄 星 黄雪崟 储诗羽
智 豪 程 亮 程海珠 谢 妮 甄宗凯 缪晓伟 潘小平 薛同思
戴 盛 魏云珠

计算机科学与技术

于安雷 马 龙 马鸿旭 孔昱戈 王亚明 王成皎 王志超 王 朋
邓 燕 卢玉剑 史一平 石益丰 石骏龙 任智华 孙 毅 朱 映
朱 盛 邢 行 严萍萍 吴 越 宋 玲 张 林 张钟宁 李 彦
李 梁 杜立扬 杨 正 步宇星 陈晓飞 陈 晨 周娇娇 林 欣
林艳燕 郑苏建 宦文伟 胡根宏 赵鹏宇 钟宏运 倪 瑶 徐以旭
徐成龙 聂凤鸣 袁 帅 钱鹏飞 陶 龙 顾万利 顾晓羽 商 振
康 舸 章 渊 蒋小路 韩建安 蔡一旌 蔡 蕲 魏 波

电子科学与技术

丁志茂 卞亚梅 王 飞 王 华 王 玲 王逸潇 王 超 冯 迪
厉晋东 刘 哲 刘晓鑫 刘 鑫 孙小军 师学军 朱宗霞 江 浩
佟国振 吴越峰 宋士昌 应歆怡 张兆平 张光友 张思思 张 博
张 富 张琥城 李 杰 李涵佼 杜宝伟 杨丰波 杨宏剑 杨 潇
沈晓萍 肖朋飞 邱全银 陆亚斌 陈长贵 陈永兴 陈源源 欧 敏

罗有强 罗海洋 郑剑锋 侯继斌 保晓霞 姜悦悦 柏兆来 荀　著
钟金财 项　歆 夏　源 席　婷 徐安安 翁亦俤 曹振宇 黄光试
黄志明 黄　沛 黄星星 董晓清 谢　挺 韩一霈 熊　筱 管佳艺
裴正玉 樊志钢 戴晓星

商学院(常州)

会计学

丁建华 马一鸣 亓文娟 尤倩倩 毛韦韬 王丹静 王文涛 王冬梅
王　彬 王　菲 王　静 叶文倩 叶倩文 白　雪 石凡巧 刘丹霞
刘奕兵 刘瑞芳 吕少春 孙小云 孙圣洁 孙颖捷 孙　蔷 孙慧莹
安　俊 朱宇翔 朱孝松 朱　林 朱　敏 朱　衡 江　洁 许崇玲
何伟科 余　媛 冷玉波 吴海英 宋明文 宋晓庆 张允景 张　生
张进东 张　奇 张岩超 张朋涛 张若青 张　迪 张　敏 张新达
张　群 李　杨 李进璇 李娇娇 李艳珊 李　康 杜　旦 杨晓剑
杨　艳 杨婧懿 杨雅婷 沈学斌 沈蓓艳 陈仲文 陈　松 陈　竑
陈晓凯 陈　媛 单柏杨 周巧玲 周启萍 周莹婷 房　慧 林祝君
林晓静 林　婕 罗　茜 罗桂梅 姚力涵 宫　蕊 祝立文 胡欣谊
胡　熹 费　龙 赵汝岗 赵亭亭 赵　琳 唐礼娟 唐　默 徐　进
徐珊珊 徐　源 徐　璇 涂　亮 袁　园 袁雅洁 顾婷婷 顾　毅
高　佳 高斯昕 曹超荣 梁雪松 黄超良 黄　静 程　瑜 蒋　虹
蒋雅丽 甄　勤 鲍晓晖 蔡文婧 颜丽芳 戴　琪

国际经济与贸易

丁辰岚 丁　旋 马蓓蓓 孔振飞 王化楠 王华琴 王春露 王　洋
王海洲 王衷梅 王渭力 王　程 龙　林 乔　超 刘　丹 刘　茹
刘栖洋 刘燕燕 刘鑫晶 吕剑峰 孙利娜 朱叶婷 朱　伟 朱　林
朱爱龙 朱慧芬 纪理爽 许翌豪 严　媛 佟士刚 吴庚林 吴俊义
宋述君 张　乐 张仕娇 张　帅 张　华 张　凯 张健祥 张惠玲
张　超 张赛赛 张　磊 张　鹭 时秋萍 李亚娟 李怀杰 李金鑫
李　彪 李　雷 李　鹏 杨松楼 杨　振 杨　晨 汪　雅 邵培珺
邹　城 陆高燕 陈　凤 陈玉曦 陈丽娟 陈希睿 陈　松 陈静怡
陈慧君 陈皞博 周　琳 周　鑫 季　丹 承玲璐 林　玉 罗　媛
金　峥 金铁颖 金碧云 侯国海 姚庆喜 姜京津 胡勇虎 胡晓旭
胡静文 赵　玉 赵　威 赵　海 赵　辉 赵　慧 唐淑娟 徐　栋
徐皓卿 徐颖舟 秦　剑 袁乐乐 郭翠梅 钱　丞 陶野弘 顾欣欣
高宇峰 高　娟 高　翔 盛　健 盛维娓 章　燕 黄业帅 黄用武
黄贤龙 黄　峰 龚育珍 葛雪菜 董　琳 蒋丽莉 谢家新 谢雪琴
鄢楚慧 管　俊 缪　非 蔡海燕 谭乔玥 潘志强 颜海啸 戴飞燕
魏远超

信息管理与信息系统

丁益春 万小博 于利国 马龙浩 马丽红 仇琴华 方　芳 王　力

王杨子　王倩　王晶晶　江洋　冯蕾　石正柏　乔靖轩　任林飞
刘辰　吕晓燕　孙恩凝　孙晓程　成燕　朱正超　朱伟　朱红杰
江彦谡　许俊炜　过敏娜　齐长志　严情　何统宇　余方超　吴永科
吴爽　宋姗姗　宋迪飞　张丽英　张志忠　李玉洁　李佳　李郁芬
李信　杨帆　杨雪　沈鑫　苏文龙　陈龙　周莫凡　孟勤俭
季烨　季颖　宗丽莎　易健　练惠东　罗鑫　郑天安　郑远
冒森森　姜旭　姜涛　施小平　赵菁　赵辉园　赵璐　倪中阳
唐秋红　徐定钧　郭孙佳　钱维　顾名胜　高赛　曹先哲　曹晓晓
曹博　黄齐智　黄倩　龚明　储韵文　程怡雪　董倩倩　董瑞
谢春雷　解晓峰　雷斯云　鲍应旺　管乐乐　蔡峰　蔡媛

工商管理

万宝瑞　马玥　马海静　卞辰苗　孔飞　尤锦荣　王宗财　王银群
包洪洁　卢尚鹍　刘妍洁　刘金明　刘辉辉　刘蕾　华芳　吕志刚
孙宏志　孙杰　朱靓　许秋娟　许珠逸　许梦溪　邢亚楠　阮祖英
何俊儒　余乐　吴红艳　张飞　张坤　张晓烨　李前学　李婵
杨晓岚　杨晓柳　杨磊　沈李晶　芦祖敏　陆婷　陈佳佳　陈栋
陈晓洋　周梦伟　周瑞杭　季冰倩　岳梓健　林钇成　郑斌　郑瑞娟
柳静薇　胥燕　赵佳芹　赵晓磊　唐聪聪　席国定　徐守柱　徐旭龙
袁礼广　袁刚　袁周波　陶辰　彭超　程波　童佳佳　舒展
蒋玮　韩秋燕　蔺国增　黎亮

2010 届本科结业生名单

于洋　马东辉　马志远　马杨　亢大川　水玉涛　王乐　王扬
王贞贞　王辰　王佳靓　王迪生　王浩　王骏　王新秀　冯健南
白春杨　刘丽莎　刘波　刘涛　刘婷婷　刘裕　刘豪　华奕辰
吐鲁洪·艾买尔　吕鹏飞　孙关林　孙维尧　朱永生　朱焕然　朱福平
朱霈原　江鹏飞　汤皆欢　许君　许志远　许睿　闫超　阮俊
吴华清　吴建东　吴晓光　吴磊　宋环宇　岑家全　张卫兵　张文俊
张宏伟　张恺炘　张贺　张益龙　张琳　李冬庆　李国莹　李亮
李盼盼　李彩新　李超　杨仁涛　杨林　杨轶凡　杨鹏程　沈杰
肖梦驰　邱欢　陆阳　陈云　陈以锋　陈龙　陈宇　陈志山
陈轩　陈诚　陈喆　陈骞　陈鹏飞　单飞　周勇　季炜涛
庞乃维　罗恺　罗淇　范小青　郑健　侯潇　姚圣煜　姜辰
施爱丰　段国瑞　胡钊坤　胡欣　倪龙　倪建强　倪晓磊　夏明亮
徐文博　徐沐荣　徐松松　徐泽西　徐栋梁　徐敏　徐梦馨　殷涛涛
索朗　郭本兵　钱陈胜　顾达　顾朝辉　高奇　梁晓超　梁敬杰
鄂洪凯　黄坛彬　龚绿青　傅元兵　傅峥嵘　彭飞　普布次仁　焦武昌
程健飞　程强　蒋宝庆　韩瑞　廖为　谭友田　樊纪江　潘诚
燕为　薛亮　薛鹏飞　戴亚军

2010年结业生换毕业证人员名单

丁　峰　卜　侃　马东辉　马苏泉　毛文元　王　力　王丹凤　王为民
王　乐　王成兴　王　纲　王　辰　王　佳　王佳靓　王　侃　王迪生
王　敖　王　骏　王朝旭　兰养琳　史宇航　叶亚钟　白春杨　乔晓凯
刘百川　刘宝权　刘轶洲　刘　涛　刘　彬　刘婷婷　向延安　孙维尧
朱振涛　汤皆欢　许志远　许　睿　阮　涛　何锦浩　余立斌　余　镪
佟祎钏　吴文静　吴华清　吴　俊　吴晓光　张凯凯　张　峰　张晓旭
张高峰　张　琳　张　超　张　鑫　时伟明　李云峰　李冬庆　李　劲
李景峰　李　智　李　超　李　鑫　杨明召　杨　林　杨春达　杨　鹏
杨鹏程　沙陈易　迟　雷　阿里木·阿布来提　陈　飞　陈　轩　陈　诚
陈　浩　陈　敏　陈　骞　单　飞　单　飞　林超平　罗　文　罗恒兄
金义强　侯　潇　姚诚志　姜　辰　施爱丰　洪业强　祝明聪　胡　文
胡　欣　钟　亮　倪晓磊　徐文博　徐文醉　徐沐荣　索　朗　袁进平
郭本兵　钱陈胜　钱　楷　顾　磊　高　飞　梁月嫦　鄂洪凯　黄勇飞
龚绿青　彭　飞　普布次仁　植　森　詹先恒　翟辉平　翟新可　谭友田
谭晓龙　薛鹏飞　戴亚军　戴丽银

2010年补授学位名单

卜　侃　马东辉　王　力　王丹凤　王　乐　王延波　王成兴　王　纲
王佳靓　王　侃　王迪生　王威淇　王朝旭　王　锐　王耀镇　韦晓丹
史　拓　叶亚钟　司大磊　白雪冰　石　磊　乔晓凯　刘长喜　刘百川
刘宝权　刘　健　刘　彬　刘婷婷　向延安　孙晨财　孙维尧　朱树波
朱莹东　朱　瑶　汤皆欢　米　娜　许志远　许　睿　阮　涛　齐　勇
何锦浩　佘天鹏　余　镪　吴文静　吴　玥　吴　俊　吴晓光　吴皓明
张东魁　张佳奇　张凯凯　张　峰　张晓旭　张　琳　张　鑫　时伟明
李　川　李冬庆　李建柱　李　俊　李　超　李　鑫　杨明召　杨　林
杨春达　杨鹏程　汪　维　沙　瑞　迟　雷　阿里木·阿布来提　陈　飞
陈　轩　陈　诚　陈　浩　陈　骞　单　飞[1]　单　飞[2]　周长友　周　阳
周志杰　周政旭　周　赞　罗恒兄　范劲飙　郑鹏飞　侯　潇　姚华帅
姜　烨　施陈业　洪业强　祝明聪　胡　欣　贺国权　赵丰年　钮　远
倪晓磊　唐　军　徐文博　徐沐荣　袁进平　袁学锋　郭本兵　钱陈胜
钱烽祥　钱　楷　顾　磊　高广宇　高　飞　梁月嫦　淡　仓　黄勇飞
黄海磊　龚绿青　彭　飞　普布次仁　曾　忠　植　森　焦　阳　童江平
董常睿　韩　晶　詹先恒　路　浩　缪　勇　翟辉平　翟新可　谭友田
谭晓龙　薛鹏飞　戴丽银

2010届继续教育毕业生名单

函　授

港口航道与海岸工程(专升本)

马旭　毛军喜　王小锋　王国平　王勇　王春明　王敏华　王磊
卢晓刚　刘海青　华晓敏　朱以刚　朱志斌　何晖　吴萍　宋顾贤
宋毅青　张开权　张向阳　张海建　张涛　张震　李月凤　李纯
杨冰　陆士钊　陈伟　周红霞　周厚亚　郑荣平　姚哲翊　胡宁晨
项勇　倪忠　徐华锋　袁泓　郭友兴　顾东健　顾保健　顾巍
高余春　黄宇峰　黄敏敏　黄瑛　龚胜男　童小飞　蒋建荣　蔡福康
谭程龙

电气工程及其自动化(专升本)

方珍　王大希　王文武　王玉旺　王妙云　王虹宇　王晓军　朱立辉
邢淑娟　何炜　余俊　宋婵　张仕权　杨永义　杨俊成　汪超前
苏忠利　邱洁　陆迪辉　陈治　陈晓　周士清　周善军　金正统
金伦英　金爱文　姚东平　姚斌勇　姚群燕　姜鑫　祝建云　胡文
钮玉锋　徐佩刚　徐国隆　徐剑彬　钱小明　顾庆晓　黄晓标　斯震波
谢卫俊　谢兆坤　滕晓威

土木工程(专升本)

于洁　方燕　王六生　王水龙　王改利　王娟　乔勇　刘勇
刘鹏　华盛伟　成红军　朱静　汤青峰　吴必亮　张东霞　张晓阳
李忠强　杨根东　周强　柳友伟　骆杨　徐玉强　曹锦平　梁小虎
嵇桂霞

水利水电工程(专升本)

丁名卿　丁丽　丁玮　丁虎虎　丁勇　丁战峰　刁元辉　万岑
万振威　于海　于海龙　山培强　马占奎　马永鑫　马岩　马建博
马俊超　马素苹　中达瓦　井辉　卞智辉　孔令洋　孔庆兴　孔建瑞
孔祥艳　尹华帮　文吉胜　文枭　方为红　方晓欣　方浩　方航均
方寅　方燕琴　毛国华　水剑虹　牛永杰　牛善斌　王一红　王小亚
王中伟　王书佩　王冬冬　王占胜　王永锋　王玉芳　王亚兰　王亚军
王亚存　王伟　王伟洲　王传宙　王兴华　王宇　王延丽　王有峰
王竹波　王红彬　王坚　王希　王志彬　王怀周　王男　王运涛
王运强　王国丽　王建国　王建涛　王昊　王杰　王林　王经岩
王金忠　王雨　王勇　王彦龙　王柱年　王圆　王峰[1]　王峰[2]
王晓飞　王晓轩　王晓霞　王海　王艳刚　王铁锋　王清林　王菁青
王菊玲　王萍萍　王强　王敬　王新国　王瑞峰　王蔓蔓　王磊

王磊　王聪　王震[1]　王震[2]　王燕　王巍　王巍达　车敏
邓进　邓禹　邓根平　韦乘林　付书艳　付天诚　付波　付玲
付润梅　付喜宏　仝文蓉　代娜　兰卫　冉进飞　冯兆甲　冯慧秀
包迎宾　卢文明　卢家俊　卢黎挺　卯战革　史玉勤　史沙沙　史剑侠
叶世忠　叶建　叶建忠　叶明东　叶松　叶培锁　宁月涛　宁安鹏
宁志超　宁灵宝　宁新龙　左淑霞　平帅军　田卓伦　田骁　白立
白雪滨　石开华　石文明　石建明　石燕兵　乔明生　任占领　任玉苗
任国标　任炎武　任艳武　关利宁　刘二阳　刘万荣　刘凡　刘广春
刘书红　刘仁元　刘月光　刘东红　刘正信　刘光然　刘冲　刘吉水
刘庆静　刘成斌　刘红卫　刘丽玲　刘志远　刘杨帆　刘沐　刘建国
刘性贵　刘明华　刘杰　刘治　刘泽磊　刘茂魁　刘彦昌　刘恒
刘洋　刘家坤　刘晓霞　刘海军　刘海涛　刘真真　刘莲娣　刘钻
刘婷　刘溪艳　刘德丽　刘慧芬　刘磊　刘儒　刘鑫　吕玉红
吕华　吕延昌　吕明　吕惠芬　孙云飞　孙世旭　孙东方　孙克勇
孙建华　孙松权　孙冠军　孙洪涛　孙晓伟　孙晓华　孙艳茹　孙璐
安文成　巩春芳　朱士良　朱云　朱文文　朱伟东　朱伟华　朱学强
朱忠英　朱青　朱俊勇　朱虹　朱家峰　朱晓春　朱爱峰　朱维猛
朱银军　朱鹏飞　次旦央宗　江伟挺　米玛次仁　许丽娟　许旺　许茂
许峰　许路林　达杰次仁　邢成强　邢金海　邢颜胤　闫海涛　闫乾坤
阮景波　阳晓红　阳辉　何无产　何伟　何洪领　何晓飞　何露
余亚萍　余志中　余芳　余金洋　余科　冷凝　吴仁波　吴代圣
吴卉芬　吴永伟　吴伟中　吴佳佳　吴建峰　吴杰　吴林珍　吴波
吴金丽　吴金锋　吴虹　吴康中　吴跃平　吴新友　宋永波　宋庆
宋江涛　宋丽丽　宋金朋　宋朝辉　宋楠　应博　张九娟　张小慧
张为善　张友奇　张引根　张世卿　张正才　张正发　张永生　张玉生
张龙杰　张亚丽　张任远　张会会　张伟[1]　张伟[2]　张伟兵　张全志
张全胜　张兴源　张军强　张吉锋　张廷泽　张旭　张权　张纪磊
张迅　张丽娜　张位首　张志平　张志敏　张灵广　张芳群　张佳
张凯　张定华　张宝华　张宝强　张建国　张建桥　张建斌　张杰
张松　张育鹏　张俊　张保强　张勋　张春菊　张栋　张相奇
张倩　张健　张娟　张峰　张振庆　张晓飞　张晓明　张涛
张艳艳　张莉萍　张晗　张跃飞　张喜　张喜艳　张超　张锋
张新辉　张瑞　张瑞坤　张磊　张燕梁　张耀民　折长鑫　时桂娟
李二成　李小红　李小波　李小勇　李文琼　李宁　李平　李汉青
李伟朋　李伟林　李全国　李兴彩　李冲林　李合香　李延鹏　李红恩
李纪雷　李达正　李丽丽　李怀续　李秀梅　李运兵　李国顺　李国玺
李建功　李建丽　李建强　李炳火　李盼盼　李倩　李娟　李振晟
李晓明　李海青　李海福　李涛　李艳玲　李高攀　李捷　李斌
李斐华　李琨　李新平　李鹏　李磊　李黎临　李巍　杜心敬
杜忻莲　杜金辉　杜艳辉　杜铭铭　杨中云　杨丹丹　杨少波　杨占卫
杨永　杨仲洪　杨帆　杨成浩　杨红云　杨丽娜　杨丽莎　杨社亚
杨忠福　杨治义　杨胜强　杨晓　杨晓东　杨艳丽　杨滨　杨慧荣
杨鲲鹏　汪先国　汪群　沈一鸣　沈宇翔　沈雪良　沈辉龙　沈鹏
肖伟卿　肖冰　肖磊　苌生瑜　苏伟　邱庆峰　邱君景　邱锐钧

邵平峰　邵百权　邵志平　邵磊　邹峰峰　邹谋　陆伟　陈凤琪
陈永贺　陈玉芳　陈立琼　陈优琳　陈宇　陈朱　陈宏伟　陈咏梅
陈国栋　陈国锋　陈炜　陈玥　陈彪　陈挺　陈界　陈虹廷
陈觉惠　陈晓松　陈海涛　陈润杰　陈楠　陈福连　陈静明　陈曦
单亚洲　单志娟　周文斌　周同刚　周丽云　周金伟　周冠卿　周洪斌
周益甫　周康　周敏捷　孟凡中　孟凡红　孟元媛　孟伟　孟佑强
孟利利　季士荣　尚会年　尚伟伟　尚其东　尚其坤　尚建业　屈芳丽
岳荣　岳涛　庞少剑　庞涛　旺加　旺杰　林伟晶　林思思
林继　武传军　武旭东　武孟强　油爱雪　罗代军　罗建礼　罗泽军
罗新华　苑文杰　苗守卫　苗青　范发亮　范永斌　范伟兵　范苏明
范继孝　范巍　茆俊马　郁超　郎涛　郑飞　郑永丽　郑丽珍
郑建飞　郑基桓　郑滔红　金伟伟　金美丽　金琰　侯军　侯晓蕊
侯琦　俞海　俞毅　姚光辉　姚远　姚录祥　姚景峡　姜丽君
娄永娟　施小可　施荣荣　树月　段茜　洪土生　相汉雨　胡飞
胡长虹　胡立锋　胡光宇　胡军　胡红伟　胡克银　胡型聪　胡晓红
胡钰东　茹国顺　费乐业　贺进春　贺海洋　赵广斌　赵东尧　赵东新
赵伟东　赵庆坤　赵君福　赵宏　赵志鹏　赵国栋　赵明明　赵金
赵钏　赵春雨　赵家麟　赵晓荣　赵雪丽　赵辉　赵雅静　赵鹏
赵睿　赵鑫艳　郝亚红　郝婷　钟声　饶飞　倪立周　倪华山
唐义智　唐小虎　唐付向　唐涛　唐爱玲　唐鹏　夏丹丹　夏世宏
夏百建　夏志东　姬青丽　席丽霞　席运胜　徐小兵　徐少华　徐伟
徐明　徐洁　徐荣宾　徐跃　柴继峰　殷蓬　秦运来　耿介
耿文娟　耿延梅　耿楠　袁继韩　诺进荣　谈箐　贾飞洁　贾畅东
贾峰　贾海叶　贾海涛　贾强　贾慧鹏　郭卫星　郭中防　郭天龙
郭永禧　郭治华　郭锐　郭新建　郭鹏　郭榛榛　都爽　钱君
陶永超　陶俊杰　高亚鲁　高先方　高全富　高宇　高岗　高良
高国杰　高尚如　高栓保　高媛　高登山　高锋　高群立　商艺娟
寇晓霞　崔志广　崔宗帅　崔勇乐　常艳玲　康菲菲　曹文杰　曹林林
曹欣　曹贺　曹道轲　曹耀东　梁庆　梁祎安　章玉华　章红
符义俊　黄小冬　黄飞乐　黄文龙　黄亚娟　黄建挺　黄忠仕　黄金华
黄青　黄晓见　黄益彬　黄磊　龚姚平　傅永平　傅杰民　傅赟
喻泽敏　喻淞　彭忠明　普布次仁　智燕玲　曾舟峰　温文科　焦红武
确巴　程芳园　程松女牙　程松园　程翀　程曼　程满洲　葛培
董元聪　董光宏　董坚　董进　董党　董锋　董燕　蒋东
蒋志全　蒋宗恩　谢珍珍　韩文均　韩加安　韩亚丽　韩秀祺　韩秉凤
韩保平　韩春周　韩栋　韩强　窦燕红　简正周　蒙远飞　蒙润江
詹学锋　路文典　路健　路桂珍　鄢旭燕　雷吕丽　雷鸣　靳冉
熊丽娜　缪祥辅　蔡伟　裴晓峰　滕锐　潘永　潘建春　潘璟
薛国良　薛晓鹏　薛海涛　薛跃跃　魏永强　魏伟　魏园园　魏金强
魏亮

水文与水资源工程(专升本)

丁昌言　于红泽　于克斯　于国宝　于涛　于鹏　马学红　马拓
马原　马振宇　巴桑卓玛　牛亚豪　王一清　王凡　王文宝　王永东

王玉德　王　刚　王印海　王　权　王志远　王连华　王承飞　王松吉
王保彩　王　勇　王　珑　王　健　王根山　王得光　王　静　王燕鹏
王巍巍　王耀武　邓君宇　邓清漪　付　帅　冯　丽　冯绘敏　史书宇
史向前　叶国顺　叶金荣　叶舒媛　宁晓娜　尼玛仓决　玉洪超　田忠学
边广麟　乔德有　仲海霞　任　友　任晓月　伏开文　刘正伟　刘永良
刘　佳　刘振宇　刘雯雯　刘　蕾　华立敏　向　飞　吕子超　孙友乐
孙天伟　孙佳竹　朱其林　朱剑云　朱海波　朱　慧　次仁尼玛　江少妹
江焰铃　池　惠　邢雪艳　闫春楠　严冬妮　何　军　余秋文　吴光琼
宋佳阳　宋润峰　宋　磊　宋　磊　张士英　张月花　张克浅　张　林
张　欣　张　娜　张振员　张海锋　张彩芬　张章新　张　琳　张舒雯
张　辉　张福连　张蓉蓉　张　磊　李万祥　李卫卫　李广辉　李云凯
李日芳　李正东　李申莹　李　伟　李传武　李向明　李红彬　李丽梅
李丽梅　李　佳　李国俊　李宝泉　李怡文　李昌平　李　明　李　青
李　俊　李　隽　李　斌　李睿肸　李　巍　杞　云　杨小锋　杨天宇
杨王宏　杨　仙　杨　光　杨守强　杨春华　杨标洪　杨攀科　汪银奎
沈晓雪　肖大鹏　肖小兰　肖炜芳　邹志瑞　邹嘉福　陆德智　陈三忠
陈东旭　陈伟仁　陈全华　陈吉明　陈红波　陈阳珊　陈　岗　陈国鑫
陈　娟　陈　艳　陈　琛　陈　祺　陈福强　卓　杰　周仕江　周　宇
周红兵　周　青　周　强　周　强　和青云　和春花　孟令鹏　季克强
庞海萍　房照娟　林一杰　林仙妹　林　华　林　芳　林进辉　林建平
林剑龙　林家辉　林梅惠　林　强　林燕珍　罗银欧　郑娟娟　侯玉斌
侯晓丽　俞　茜　姜英慧　宫克峰　柯桂香　段小兵　段元彤　祝　京
胡电海　胡林凯　胡绍磊　费国松　赵　文　赵正军　赵芳芳　赵明明
赵青峰　赵显冲　赵银良　赵福林　钟正杰　徐卫东　徐立燕　徐　坤
徐　亮　徐　勇　徐晓东　桑　杰　秦晓磊　秦　棋　索朗曲珍　耿延博
袁　锋　郭金星　郭晓斌　郭嘉丽　钱　堃　陶　勇　高　明　高　峰
高　鑫　崔玉乙　常方方　曹　健　曹　润　黄文军　黄启胜　黄志斌
黄　肖　黄昌生　黄茂焰　黄　勇　黄雪华　黄　楠　傅木清　喻爱平
董君杰　董　超　董　磊　蒋晨飞　谢志峰　韩　伟　韩　睿　鲁新锋
窦建云　雷梦婷　翟志峰　翟　娜　德吉维色　樊洪波　滕海波　潘宗龙
潮洪斌　燕　青　穆存法　戴　雷

工程管理(专升本)

丁以文　丁　伟　于立豪　马文武　马　磊　王　凡　王文静　王向阳
王庆娟　王　昕　王　琪　王　鹏　王碧辉　王　露　付志芳　付韶娟
冯雪霞　卢　敏　史颂颂　叶明林　田忠芳　任海新　刘丽秀　刘建祖
刘勇强　刘晓娟　刘　莹　刘　锴　朱丽珍　朱　娜　江雄英　何少华
何丽萍　何志刚　余纪玲　张庆富　张忠科　张继超　张　敏　张景志
张　源　张　鹏　李　宁　李国栋　李　松　李　钢　李　彬　李　越
李　想　李殿龙　李　鑫　杨三保　杨　静　杨　燕　汪惠芬　沈利民
肖亮孝　花自强　苏新国　陆　杨　陈　杠　陈国锐　陈　浩　陈媛媛
周　华　岳　磊　罗林燕　罗　洁　罗　慧　范方喜　郑永志　金国圣
侯　嘉　施文明　胡　伟　胡继科　赵　娜　郝　杰　徐玉光　徐　伟
徐红军　徐　洁　徐婷婷　徐　晶　袁新华　钱万军　陶维新　高玉荣

高 程 高 歌 崔雪梅 曹秋丽 梅 菁 章倍思 黄 军 黄 溪
储金定 储海军 彭 伟 舒 红 董文超 韩文海 韩继成 廉娅楠
雷 岩 蔡 鹏 潘金树

工商管理(专升本)

于 妍 于 勇 王 飞 王永华 田 敏 刘云俊 刘 君 刘 杰
刘翠红 戎梨花 朱贤君 祁跟进 许 俊 何红艳 张 平 张 娜
张荷芳 张培锋 李 军 李洪文 李 艳 杨 勤 沈明珠 苏建华
陆志刚 陈小云 陈亚丽 陈丽萍 陈建平 周 萍 易军宏 武恒悦
费国强 贺威程 奚小玲 徐文艳 徐晓亚 徐 惠 聂朝鸣 袁 娟
谈云光 顾剑亮 屠建南 黄 卫 黄燕萍 董立岑 韩 峰 滕惠玲

会计学(专升本)

丁华锋 方 燕 庄 玲 张启文 李叶红 杨小燕 邱小宇 陈媛媛
姜海波 董宏琪

供用电技术

马永朝 马 宏 马洪亮 方天琴 方 超 王双玲 王必红 王明凤
王 林[1] 王 林[2] 王晋娴 王梓宇 王强林 冯建娥 卢志平 宁建国
左金标 白艳兰 仲 涛 关 霖 刘万斌 刘玉珎 刘同号 刘明阳
刘德印 字红运 朱云峰 许园园 吴 勇 张王彬 张光琪 张 华
张旭亮 张红文 张丽芳 张丽娟 张志强 张李强 张佳梅 张承成
张松梅 张 彪 张晓红 张雪云 张 翔 张德志 张露华 李七绕
李天仁 李文卫 李玉仙 李丽泉 李远亮 李 季 李建梅 李映娟
李晓龙 李爱明 李莲锐 李 康 李新华 李新锋 李 楠 李 雷
李德庆 杨大伟 杨云莉 杨凤琳 杨四龙 杨光宇 杨红江 杨红波
杨希芹 杨建国 杨建强 杨星玉 杨洪军 杨 萍 杨惠娇 杨翠怀
杨 蕾 沈朝珍 沙德军 肖兆兰 苏 勇 邱开全 陆文龙 陈天虎
陈天贵 陈 平 陈华飞 陈 宏 陈其花 陈银香 和大友 和志勇
和国武 板自兵 林 军 武国兵 罗兵杨 罗 艳 苗德文 金素萍
保亚军 俞志国 御俊楠 奎文祥 姚益顺 姜绍德 施坚琴 施远相
段庆李 胡 俊 茶建波 赵红卫 赵荣东 赵 燕 徐慧声 海川丽
秦 娅 聂剑娇 聂润芹 高应武 高 波 康立广 曹满秋 储 光
曾鸿润 董桂显 谢雨松 鲁文武 赖凤仙 雷 云 雷文杰 熊会芳
熊国玉 熊国权 熊建芳 谭 旭 阚言宽 穆文芳 穆晓忠

财务管理

王小枚 王永传 王秀兰 王海霞 王漫漫 计 红 邓雄英 付 霞
代 静 史 骏 任志贤 伍春华 刘亚妮 刘娓娓 刘晓莉 孙华白
朱素娟 汤宝峰 张 娟 张 静 张 慧 李小娟 李胜茂 杨 会
杨瑛瑛 沈 妹 沈 玲 陆晓君 陆超男 卓 玲 周 娟 孟红雨
季爱华 金燕如 胡小琴 胡淼红 赵玉梅 赵娟莉 唐管粮 陶安娜
顾丹萍 崔 惠 谌 磊 龚声芬 董晓丹 谢春桃 赖成燕 鲍海英

电力系统及自动化

马云飞　王亚军　王　磊　边伟佳　李旭红　梁小燕

水文水资源管理

万里雪	马　薇	方友文	方友敏	王秀壮	王良曼	王忠龙	韦华强
韦扬眉	韦　妮	韦倩倩	韦德宁	兰美标	卢振伍	卢瑞华	田　云
艾　冰	龙声辉	农文竞	农世茂	刘一锋	刘永伟	刘春杰	刘　琦
吉亚军	孙　宁	许海波	何传毅	何　宏	何莉芳	何朝东	吴宏凯
吴秀艳	张　伟	张先红	张江慧	张裕娟	李小明	李伟艳	李红祥
李丽萍	李孝帮	李秀娜	李建英	李素英	李　彬	李　慧	杨玉元
杨伯华	杨　明	杨　欣	杨德勇	肖建国	苏　钊	邱亚黎	邹　丽
陆金瑞	陈文丽	陈振彬	陈铿全	周长蓉	周世琴	周树萍	周　斌
巫娟娟	林仕文	林　莹	欧丽珍	罗光远	罗应涛	罗敏莉	罗琼芳
范本玉	郑国华	施　鹰	胡　平	胡镜静	钟丽华	卿　毅	夏　丹
徐　茜	敖川黔	陶星旭	梁桂珍	梁植炜	盘承雄	黄　平	黄西明
黄君黎	黄肖云	黄建强	黄　林	黄炜强	黄英才	黄荣胜	黄海生
黄海燕	黄莉娟	黄康黔	龚月蝉	彭雪芹	游绍红	程　侠	舒通敏
葛峥岩	蒋林林	覃加国	覃壮权	覃　成	覃明基	覃峥英	谢梧平
虞世兴	雷德安	缪光宁	蔡　艳	谭东良	谭明飞	潘丽华	

水利水电工程管理

丁怀汝	于丽波	于国梁	于忠辉	子亚秀	马文飞	马尧俊	马丽英
马园辉	马绍林	马　跃	马　辉	孔德远	尹川城	尹　正	尹　骄
方学奇	王　戈	王正中	王自新	王应芬	王志美	王国鸿	王夜琼
王忠红	王明梅	王绍勇	王春艳	王春福	王艳苹	王　敏	王　梅
王淑芝	王　智	邓志恒	邓晓星	邓　辉	仝庆辉	冯　浩	冯　智
厉其贵	史学明	史杭琴	叶有亮	叶　坚	叶　涛	叶　旗	左成帆
左老粉	田永玲	田永梅	田娇	申屠杭军	白剑峰	白海林	边尉洲
乔丽芳	任　波	任　艳	农承祥	刘中华	刘　丹	刘传娟	刘　刚
刘向黎	刘如南	刘红梅	刘荣栋	刘　娟	刘景辉	刘　琨	刘增明
吕少红	吕成长	吕丽巧	字子华	孙文彪	孙丽凤	孙应座	安　娜
庄立迎	朱庆平	朱绕生	权春瑜	汤志军	自秀才	许　力	许仲林
许伟幸	许　航	达瓦培楚	闫　吉	阮光才	齐　良	何庆国	何保珍
何晓国	余兴礼	余秀琴	余建才	余　泳	吴友春	吴汉珍	吴杨伟
吴忠磊	吴素珍	吴起光	吴德金	宋柱正	张文春	张丕生	张以布
张　伟	张兴凯	张　华	张克花	张　良	张松衍	张　波	张泽伟
张　俊	张奎宏	张振杰	张海艳	张继元	张跃晶	张朝兰	张　赟
张　霞	张曦浩	李卫春	李云霞	李少芳	李文生	李文达	李正全
李永兰	李永基	李龙翠	李先玉	李秀莲	李陈龙	李国云	李国永
李学刚	李建琼	李径草	李明峰	李　炜	李若男	李秋瑶	李　娴
李晓丽	李晓艳	李　祥	李清颖	李　银	李雪莲	李朝贤	李福恋
李增国	李鹤天	李　燕	杜李平	杜勇春	杨中文	杨出标	杨加华
杨正采	杨正森	杨永新	杨　汇	杨仲斌	杨再乾	杨　丽	杨何宏

杨怀志　　杨　建　　杨明新　　杨金红　　杨金昌　　杨　俊　　杨剑雄　　杨政生
杨春菊　　杨　玲　　杨恩树　　杨益斌　　杨　梅　　杨琼美　　杨福祥　　杨慧娟
汪　发　　汪　源　　沈一钢　　沈长明　　沈建强　　沐巧芬　　肖江波　　肖驰华
苏文林　　苏　艺　　邱仕刚　　邱　宏　　邱靖茹　　邵连武　　邹　全　　邹惠霞
陆晓艳　　陈云晋　　陈东波　　陈加祥　　陈正兰　　陈玉博　　陈　成　　陈志康
陈佳新　　陈学富　　陈尚勇　　陈绍华　　陈绍熙　　陈晓明　　陈梅花　　陈　锐
陈源武　　陈鹏霖　　陈　磊　　周正勇　　周旭明　　周红英　　周红梅　　周丽娟
周建福　　周绍吉　　周　霖　　和　强　　宗光前　　拔志斌　　林　萍　　欧阳志华
罗安民　　罗　苹　　范丽珍　　范路迪　　郑明东　　郑祥立　　郑骑伟　　郑群英
侯　燕　　俞霄剑　　俞　璟　　姚国增　　姜国猛　　姜建东　　宣胜鸿　　施继彬
柳明增　　段　辉　　洪丽峰　　胡荣平　　胡　竟　　胡　琳　　胥亚梅　　贺艳华
赵升龙　　赵　友　　赵加祥　　赵玉龙　　赵润才　　赵　祥　　赵雪莱　　赵　滢
钟凤香　　钟伟杰　　钟普泓　　唐　军　　唐春丽　　唐　辉　　唐懿群　　夏建伟
夏明克　　徐　力　　徐小清　　徐成礼　　徐金娥　　徐政刚　　徐钰辉　　徐　彬
徐惠芝　　殷伟庆　　殷庆丽　　殷国鸿　　殷浪娟　　涂海勇　　聂长剑　　聂正伟
起丽琼　　郭从容　　郭孝勇　　郭艳芬　　郭　福　　钱红宇　　钱俊杰　　陶　令
顾振宇　　高伟良　　崔建兵　　梁　状　　梅伟平　　章　伟　　章斌翼　　黄元波
黄达尼　　黄良欧　　龚俊超　　普金华　　普晓燕　　游永财　　游玉柯　　葛玉兰
董士涛　　董服华　　董　琛　　董　辉　　蒋兆伦　　蒋林松　　谢　阳　　谢建军
赖　建　　路聪明　　鲍　英　　廖诗云　　熊文丽　　蔡伟平　　蔡承熙　　蔺以明
潘旭峰　　潘　勇　　薛春阳　　魏新聪

农业水利技术

张世葵　　杨继首　　陈代理　　周旺梅　　罗世忠　　廖飒飒　　熊　伟

计算机与信息管理

申凤龙　　项　凯

工商企业管理

尤　彦　　王玉发　　王建琴　　王晓琴　　王新民　　王　群　　王　靖　　付海燕
代玲玲　　卢艳丽　　叶肖龙　　田朋义　　白军军　　石春娟　　乔洪洪　　刘丽艳
刘　娜　　刘看看　　刘强兔　　吕小姣　　吕小玲　　孙飞翔　　许秋兰　　闫　达
齐继芳　　齐新鲜　　吴艳芬　　宋张亚　　张亚龙　　张伟玲　　张丽娜　　张　志
张纯红　　张建国　　张　眼　　张　琼　　李冬冬　　李传周　　李华平　　李芳芳
李建平　　李建伟　　李贻军　　李　香　　李海航　　杨文明　　杨　明　　杨欣桂
杨　雪　　杨　辉　　汪双辉　　沈翠红　　花卫东　　陈伯兰　　陈幸子　　陈雪莲
陈　静　　卓志英　　周伟伟　　周志红　　周国秀　　周　恒　　孟福宽　　罗寒松
范金兰　　郑　娅　　郑春美　　郑朝祥　　祝娟娟　　胡宾燕　　荆晓波　　赵东奇
郝　艳　　饶　佩　　唐芳芳　　唐　静　　夏士闯　　徐士华　　徐春阳　　徐海勇
徐梅英　　涂良勇　　贾传波　　高　威　　高家龙　　崔恒才　　常智鹏　　梁巧玉
黄屹立　　葛梅红　　董洪武　　董艳凤　　董　菲　　蒋　丽　　韩建峰　　鲁松营
鲁雪燕　　蔡明敏　　蔡春娟　　谭海洋　　樊宗清　　薛会玲　　魏雪艳

夜 大 学

法学(专升本)

于中尧	孔伟伟	王　原	左旷怡	成　鑫	朱丽莉	江　莉	张　帆
张芳芳	张陈飞	林　波	胡夷笳	赵国钰	赵　懿	莫其梅	高　赛
常晓伟	董　俊	潘　苗	潘　陶				

计算机科学与技术(专升本)

丁　健	马文英	王　春	王　峰	王　涛	冯　晓	叶明欣	刘　妍
孙　亮	朱小建	朱　蕾	许　敏	何　流	何　鹰	吴　杰	宋春雁
张震蛟	李中锋	李　伟	李　忠	李　峰	杨勇骏	沈永华	沈铭磊
邵　克	陆　洲	陈列列	周仲瑜	周　雪	金丽娜	胡玲玲	胡继先
赵仁进	赵　芳	赵建锋	徐　成	徐　进	顾留锁	顾静安	高立永
梁　超	黄文斌	强静美	彭剑强	董田平	蒋　凯	蒋茂华	蒋　楠
谢舜道	蔡春阳	衡　丹	戴忠泽				

人力资源管理(专升本)

丁陈玲	孔秀梅	方建俊	毛培蓓	王　俊	王海萍	付金娜	冯　阳
史　峰	叶　菲	任美华	刘　兴	刘丽娜	刘　娟	刘　颖	刘翠红
吕　华	余肖珣	吴　婷	宋　梅	张　云	张　琳	李　晔	李　婕
杨　眉	汪洪瑾	邱跃虎	邵月菲	陆　莹	陈耀华	林　玲	郑升容
唐　烨	夏　淼	徐敏杰	郭　敏	顾　峰	高　菲	崔　波	梅凌溪
黄蒙娜	葛　群	谢　方	樊春花	薛如娣	魏　娟		

国际金融

马　勃	尹冉冉	王　萍	王媛鞠	付文婷	严若愚	张　艳	李文静
汪莉萍	沈丽君	林苑圃	俞安培	胡月丽	胡光华	聂　瑞	钱艳冰
高德庆	梁　伟	黄晓林					

金融与财会

薛李梅

经济管理

丁静亚	万晓烽	于太强	马言凤	仇丽媛	仇苏玲	尹素梅	毛冬梅
毛　庆	王　月	王叶萍	王　园	王炎君	王　涛	王益莉	王　莹
王　敏	王　清	王新芳	王鹤庆	韦湘静	韦静英	冯　兰	冯红静
冯益军	史德坤	左仁良	任亚娟	伏蕾朱玉	刘红燕	刘丽亚	刘国彦
刘洪雷	刘振宇	刘梨花	刘　莉	刘敏芳	刘　静	吕　敏	孙　姚
孙静贤	庄　严	朱小燕	朱友翠	朱少花	朱　娟	朱莉莉	朱　雷
毕梦辰	江亚丽	汤云锋	汤　敏	纪文蓉	许　娟	许振华	许　萍
许智翔	邢凌花	余　清	吴　丹	吴　云	吴云娟	吴陈萍	吴征兵
吴　金	吴俊波	吴春艳	吴　蕾	宋云霞	宋金娟	宋　挺	宋晓虹

张云霞	张伟栋	张伟霞	张 军	张丽娜	张志娟	张 秀	张珍芬
张 蓓	张 燕	时顶松	李三武	李 庆	李放达	李恩芳	李振岭
杨青花	杨 萃	杨 静	沈红卫	沈张箐	沈金春	沈 钧	沙家金
苏平涛	贡延琴	邹海琴	邹 蔚	陆 琪	陆 霞	陈小英	陈小琴
陈长月	陈华萍	陈志芳	陈 杨	陈奇志	陈 姣	陈锡凯	陈燕燕
周永峰	周来芬	周桂仙	周福琴	岳 琴	杭 蕾	林 海	林 莉
林 琳	武金秀	范广益	范永欢	郑晨虎	金晓燕	侯有俊	俞云云
姚思怡	施立敏	施 超	洪金娣	种 鸣	胡广青	胡俊杰	胡珊珊
赵文虎	赵亚新	赵 江	赵国伟	赵爱明	凌 静	唐传庆	夏金玲
徐加军	徐 冰	徐 芳	徐 娟	徐海昌	徐 敏	殷 响	袁爱中
郭 峰	钱 霞	陶小飞	陶伟松	高 雅	常妙林	曹 云	曹红辉
曹穆颖	章欢欢	章珍香	黄 明	黄 荣	龚金丽	焦银峰	葛 蓓
蒋文丽	蒋 英	蒋剑钧	谢荷花	韩桂琴	蒲连春	虞贤芬	翟春潮
蔡 慧	滕建旻	潘春芳	薛炜斌	薛静梅	戴红梅	戴红慧	戴家斌
檀 伟	糜玲玲						

广告策划

刘 慧

广告设计与制作

孙 昊

计算机与信息管理

万春秋	万勤奋	王万里	王 飞	王 阳	王孝君	刘小清	刘 静
朱汉颖	汤史健	牟佳俊	吴建云	张家金	李永会	李 玲	杨镇杰
汪建东	邹小芬	陆震英	陈 婷	周 兰	周海鹰	周 银	孟令铜
季鸿翔	金群芬	封华光	赵金薇	徐 俊	贾振雷	贾彩霞	钱闻红
顾策震	高 飞	高志芳	高 超	商 婷	崔 玉	章德平	黄 云
黄 晖	彭 伟	葛燕芬	蒋文娟	蒋佳华	蒋 贤	蒋 辉	靳建国

财务管理

万玉庭	王 正	王华蓉	王 丽	王利霞	王昊骏	王 萍	王 智
王燕燕	王 巍	韦敏娟	冯春花	冯 晶	卢金芳	石荣美	任小花
任亚静	任金凤	任铭娟	刘华芬	刘英媛	刘倩英	刘晨晨	刘蔡珍
刘 翼	匡林娟	印 娟	吕 芳	孙红林	孙 洋	孙 萍	孙雁艳
庄红燕	朱秋琦	朱莲萍	祁晓明	何春苗	余文静	余爱梅	吴 君
吴 娜	吴秋云	吴晓燕	吴海燕	吴 敏	吴黎峰	吴燕凤	宋 月
张小玲	张之悦	张 叶	张园月	张志云	张宜雪	张春艳	张晓明
张 涛	张 婷	张 琪	张琴亚	李从燕	李健美	李 艳	李 璟
杜纪芳	杨 丹	杨玉婷	杨丽娜	杨妍妍	杨玲玲	杨 娟	杨海云
汪 婕	沈玲玲	沈慕洁	肖 文	言双菊	陆月红	陆春玲	陆晓余
陆 莹	陈 卫	陈启林	陈欣云	陈银漪	陈 婷	陈燕波	陈 露
单大燕	周文艳	周金霞	周 奕	周 娴	周蓓娜	孟文英	宗明玉
居 娜	房 红	郑 静	金 英	俞 洁	姚 成	娄丽娟	施益香

胡　燕	赵丽花	赵　芸	赵　洁	赵晓烨	骆志娟	倪　婷	凌　敏
唐华英	夏高峰	徐玲华	殷丹霞	袁　莉	谈　麟	钱丽娜	陶雄萍
顾胜红	顾雯雯	顾燕娟	高文梅	高　慧	曹敏娟	曹　露	黄　玉
黄　芳	黄　霞	龚　雯	惠晓丽	葛丹萍	葛　庆	蒋　清	谢真珍
辜　明	韩志君	虞　淼	雷　真	臧冬萍	谭　萍	潘红霞	潘声群
潘　菲	薛　羿	戴伟琳	戴海燕	糜佳俊	魏芳芳		

人力资源管理

万　浩	万　蕊	卞　玮	王　宏	王明云	王　博	王　燕	史苏洁
白　帆	刘　宁	刘　晨	刘新阳	吕文娟	吕世风	孙　丹	朱小琴
衣雪娟	张力婉	张　立	张春英	张　维	张智飞	张　琴	张　翼
李　丽	李　俊	李　玲	李　强	李　静	李　磊	杨　洁	汪　敏
邹　燕	陆　雯	陈小丽	陈轶锴	侍海姗	周文娟	郑寅岭	金　妹
金淑慧	侯亚书	姜　燕	施　圣	施建军	胡爱英	胡奥林	赵永生
赵绒绒	赵莉莉	陶　元	陶海霞	高蓉蓉	高　燕[1]	高　燕[2]	常　华
曹远琴	谢　媛	谢　静	鲁海燕	鲁智虹	缪玲玲	颜　歆	颜　慧

三维动画设计

姚金荣　　徐谦英

（研究生院、教务处、继续教育学院供稿）

2010 年大事记

1 月 11 日 我校在 2009 年度国家科学技术奖评选中共有 3 项科技成果获奖，唐洪武教授主持的“平原河流防洪安全水动力关键技术及工程应用”获国家科技进步二等奖；王保田教授等作为主要完成人的“膨胀土地区公路建设成套技术”获国家科技进步一等奖；吴建华教授等作为主要完成人的“高坝工程泄洪消能新技术的开发与应用”获国家科技进步二等奖。

1 月 18 日 江苏省发展改革委员会批准我校立项建设“江苏省水灾害监控与决策支持系统工程中心”。

2 月 3 日 我校与水利部海河水利委员会签订合作框架协议。

2 月 25 日 江苏省国家技术创新工程试点动员暨科学技术奖励大会在南京召开，我校共有 3 项科技成果获 2009 年度江苏省科学技术进步奖，其中由任立良教授主持完成的“流域水文物理过程及数字模拟”获科学技术进步一等奖，邵孝侯教授参与的“有机废弃物农业循环利用技术集成与示范应用”和王泽华教授参与的“数字行程控制陶瓷涂层活塞杆液压启闭机”均获三等奖。

2 月 26 日 26—27 日学校召开 2010 年度工作会议，明确近 3 年任期的发展目标与主要任务，全面部署学校处级领导班子新一任期工作和 2010 年学校主要工作。

2 月 学校完成新一轮处级干部选聘工作。

3 月 1 日 学校成立法律事务办公室，挂靠法学院。原法律顾问室撤销。

3 月 2 日 我校与水利部太湖流域管理局签订合作框架协议。

3 月 15 日 中国人民解放军海军副政委徐建中中将到我校视察指导工作。

3 月 20 日 召开学校第三十一次学生代表大会。

3 月 21 日 我校储继峰副教授、封学军副教授、王敏副教授 3 名青年学者入选 2009 年教育部“新世纪优秀人才支持计划”。

3 月 21 日 20 日—21 日，由美国土木工程师学会工程鉴定委员会、中国岩石力学与工程学会工程安全分会和环境岩土工程分会联合主办，我校承办的“中美土木工程鉴定与加固学术研讨会”在学校召开。

3 月 26 日 由我校参建的苏通长江大桥获得美国土木工程师协会授予的“2010 年度土木工程杰出成就奖”。

3 月 27 日 学校举办纪念力学专业办学 50 周年系列活动。

3 月 我校赵永乐教授被中国人才研究会授予“中国人才学研究突出贡献奖”。

4 月 8 日 教育部科技发展中心公布《“211 工程”建设高校在自然科学类国际组织或国外机构任职专家数统计排序表》，我校以 32 位专家在国际组织或国外机构任职，名列全国高校第五位、江苏高校首位。

4 月 9 日 学校举行 2010 年研究生毕业典礼暨学位授予仪式，共授予博士、硕士、专业学位 2399 人。

4 月 14 日 学校召开 2010 年党风廉政建设工作会议。

4 月 15 日 校党委印发《关于在全校开展向朱岳明同志学习的决定》。受江苏省委统战部邀请，以副校长鞠平为团长的我校朱岳明同志先进事迹报告团在江苏省政协会堂举行报告会。

4 月 19 日 我校与中国交通建设股份有限公司上海航道局有限公司、中国交通建设股份有限公司第三航务工程局有限公司分别签订全面合作框架协议书。

4月23日 学校举行第五届教职工代表大会第五次会议。

4月26日 我校与江苏省水利厅签订全面合作协议书。

4月29日 教育部副部长、党组副书记陈希到我校视察指导工作。

4月 《河海大学专业发展史(第一卷)》出版发行。

4月 我校组织多批师生参与西南干旱灾区的抗旱救灾斗争。4月12日，国家防汛抗旱总指挥部秘书长、水利部副部长刘宁专门听取了我校参与西南抗旱救灾情况汇报。

5月7日 全国水利相关院校参与的第一次全国水利普查工作座谈会在我校召开。

5月18日 学校举行国际学术交流中心开工仪式。国际学术交流中心占地面积5030平方米，建筑面积3万平方米。

5月31日 我校与来访的英国邓迪大学签订两校联合培养本科生及硕士生的“3＋1＋1”项目合作协议。

6月8日 我校戴会超教授获“第八届光华工程科技奖青年奖”。

6月11日 11—12日，召开中国共产党河海大学第十二次代表大会。选举产生了中国共产党河海大学第十二届委员会和纪律检查委员会。

6月13日 我校被教育部列入全国首批实施“卓越工程师教育培养计划”的61所高校。

6月22日 2010届本科生毕业典礼分别在校本部、常州校区及江宁校区举行。

6月 美国工程信息公司中国信息部公布，我校主办的英文国际学术期刊《Water Science and Engineering(水科学与水工程)》自2010年起被美国工程索引(EI)收录，成为核心源期刊。

7月7日 学校召开大学生思想政治教育工作会议。

7月7日 教育部、财政部批准，我校“农业水利工程”、“通信工程”入选国家特色专业；鞠平教授负责的“电力工程”、郑源教授负责的“水轮机”、胡明教授负责的“水电站”入选国家精品课程；束龙仓教授负责的“地下水水文学”入选国家双语教学示范课程。

7月12日 教育部批复同意我校新增“新能源科学与工程”和“物联网工程”两个战略性新兴产业本科专业。

7月26日 江苏省知识产权局批准我校建立“江苏省专利技术创造与运用实践基地”，这是江苏高校中唯一的专利技术基地。

8月27日 27—28日，学校举行2010年暑期战略研讨会，国务院学位办副主任郭新立出席并作报告。

9月2日 经国务院学位委员会批准，我校新增9个硕士专业学位授权点，分别是：金融、会计、国际商务、资产评估、法律、社会工作、翻译、工程管理、公共管理(即MPA)。新增硕士专业学位授权点均已列入学校2011年研究生招生目录。

9月5日 2010级本科新生开学典礼暨军训动员大会分别在校本部、江宁校区和常州校区举行。

9月6日 中国工程院院长、党组书记周济到我校视察指导工作。

9月16日 我校参加在南京国际展览中心举行的江苏省首届教育博览会。

9月19日 河海大学南通海洋与近海工程研究院揭牌典礼在南通科技园举行。

9月21日 中国工程院院士张建云被聘为我校双聘院士。

9月28日 学校发文成立第七届校学术委员会。

9月29日 学校召开人才工作会议，会议的主题是：落实人才强校战略，进一步推动学校跨越式发展。

10月8日 学校发文批准32位教授为新上岗博士生导师。

10月12日 学校召开2010年度教育教学工作会议，会议的主题是：强化实践教学，提高培养质量。

10月20日 学校颁布《河海大学“青年教授”聘用办法(试行)》。

10月26日 全国政协原副主席钱正英院士为活动题词：“纪念刘光文先生百年诞辰”；水利部副部长胡四一题词：“水文学问人生，河海大家风范”。水利部副部长胡四一、江苏省副省长黄莉新等为刘光文铜像揭幕。

10月26日 学校召开校友会第二届会员代表大会，通过校友会第二届理事会理事名单；校友会第二届理事会第一次会议通过第二届校友会顾问名单，选举产生第二届理事会会长、副会长、秘书长及常务理事，聘任第二届理事会副秘书长。

10月27日 学校举行江宁校区综合体育馆开工仪式。江宁校区综合体育馆占地面积1.3万平方米，建筑面积2.2万平方米。

10月27日 学校举行建校95周年校庆报告会暨2010年度“严恺教育科技基金”和“徐芝纶教育基金”颁奖典礼。

10月30日 30日—31日，由中国工程院土木水利与建筑工程学部、国家自然科学基金委员会材料与工程科学部主办的2010流域水安全与重大工程安全高层论坛在我校举行。

11月4日 学校举行纪念张闻天同志诞辰110周年报告会暨“张闻天班”命名仪式。

11月8日 学校成立水文化研究所。

11月18日 我校与中国水电顾问集团贵阳勘测设计研究院签订全面合作框架协议。

11月26日 我校陆桂华教授指导、吴志勇博士完成的学位论文《定量降雨与实时洪水预报研究》入选全国优秀博士学位论文；刘汉龙教授指导、陈育民博士完成的学位论文《砂土液化后流动大变形试验与计算方法研究》，彭世彰教授指导、徐俊增博士完成的学位论文《节水控制灌溉水稻生理生长响应机理研究》均获评全国优秀博士学位论文提名论文。

11月28日 我校水利工程博士后流动站被人事部评为“全国优秀博士后科研流动站”。

12月9日 我校与中国水电工程顾问集团公司签订战略合作协议书。

12月14日 我校与水利部淮河水利委员会共建研究生培养基地签约暨揭牌仪式在淮河水利委员会举行。

12月23日 水利部党组书记、部长陈雷到我校视察指导工作，水利部党组成员、副部长周英，江苏省委常委、副省长黄莉新等陪同视察。

12月23日 我校与广东省水利厅合作建立的“水利管理创新研究中心”揭牌仪式在学校举行。

12月28日 学校召开纪念国家学位条例颁布实施30周年大会。全国人大常委、民盟中央副主席、我校博士生导师索丽生，全国人大常委、致公党中央副主席、我校博士生导师严以新出席大会。

12月29日 我校与水利部松辽水利委员会、与中水东北勘测设计研究有限责任公司共建研究生培养基地签约暨揭牌仪式在松辽水利委员会举行。

12月30日 我校与吉林省水利厅签订全面合作协议书。

12月31日 我校与连云港市人民政府共建连云港大学科技园框架协议签字仪式在河海大学举行。

12月31日 学校召开落实全国水利工作会议精神动员会。

（档案馆、常州校区供稿）

后　记

经过编委会和编写组的共同努力，《河海大学年鉴(2010)》按计划得以付梓。在此，谨向所有关心、支持《河海大学年鉴(2010)》编撰工作的领导、撰稿人员表示衷心的感谢。

2010 年是《国家中长期教育改革和发展规划纲要》启动实施的第一年。在这一年里，学校第十二次党代会确定了建设高水平特色研究型大学的奋斗目标和“两步走”的发展战略，明确了今后一段时间学校发展的六大任务，河海大学正站在新的历史起点上实现学校发展的新跨越。《河海大学年鉴(2010)》以纪实的手法，在各单位的大力支持下，通过翔实的资料和准确的数据，对学校一年的工作进行了回顾，全面展示了学校在 2010 年取得的成绩。

在《河海大学年鉴(2010)》编辑过程中，由于牵涉面广、文字工作量大、时间紧迫，《河海大学年鉴(2010)》可能还会有疏漏之处，敬请读者不吝指正。

《河海大学年鉴(2010)》编写组

2011 年 7 月